Handbuch zur
betrieblichen Altersversorgung 2020

Inhaltsverzeichnis

Gesetze und Durchführungsverordnungen — 5

Betriebsrentengesetz (BetrAVG) — 7
Einkommensteuergesetz (EStG) — 47
Einführungsgesetz zum Handelsgesetzbuch (EGHGB) — 124
Handelsgesetzbuch (HGB) — 125
Körperschaftsteuergesetz (KStG) — 135
Sozialgesetzbuch (SGB) — 146
- Sozialgesetzbuch – Erstes Buch (SGB I) — 146
- Sozialgesetzbuch – Zweites Buch (SGB II) — 148
- Sozialgesetzbuch – Viertes Buch (SGB IV) — 160
- Sozialgesetzbuch – Fünftes Buch (SGB V) — 162
- Sozialgesetzbuch – Zwölftes Buch (SGB XII) — 171

Versicherungsaufsichtsgesetz (VAG) — 178
Pensionsfonds-Aufsichtsverordnung (PFAV) — 212
Altersvorsorge-Durchführungsverordnung (AltvDV) — 222
Sozialversicherungsentgeltverordnung (SvEV) — 236
Körperschaftsteuer-Durchführungsverordnung (KStDV) — 239
Lohnsteuer-Durchführungsverordnung (LStDV) — 242

Verwaltungsvorschriften — 249

Einkommensteuer-Richtlinie — 251
- R 6a EStR 2012: Rückstellungen für Pensionsverpflichtungen — 251

Körperschaftsteuer-Richtlinien 2015 — 264
- R 8.5 Verdeckte Gewinnausschüttung — 264
- R 8.7 Rückstellungen für Pensionszusagen an Gesellschafter-Geschäftsführer von Kapitalgesellschaften — 264
- H 8.5 Verdeckte Gewinnausschüttungen — 265
- H 8.7 Rückstellungen für Pensionszusagen an Gesellschafter-Geschäftsführer von Kapitalgesellschaften — 280
- H 8.9 Verdeckte Einlage — 284

Erbschaftsteuer-Richtlinie — 292
- R E 3.5 Vertragliche Hinterbliebenenbezüge aus einem Arbeitsverhältnis des Erblassers — 292

Verwaltungsrundschreiben — 295

BMF-Schreiben zur betrieblichen Altersversorgung (09.12.2016) — 297
BMF-Schreiben zur steuerlichen Förderung der betrieblichen Altersversorgung (06.12.2017) — 302

Inhaltsverzeichnis

BMF-Schreiben zur steuerlichen Förderung der betrieblichen Altersversorgung (08.08.2019)	362
BMF-Schreiben zur Anhebung der Altersgrenzen (06.03.2012)	364
BMF-Schreiben zur Angemessenheit der Gesamtbezüge eines Gesellschafter-Geschäftsführers (14.10.2002)	368
BMF-Schreiben zur Übertragung von Versorgungsverpflichtungen und Versorgungsanwartschaften auf Pensionsfonds (26.10.2006)	375
BMF-Schreiben zur betrieblichen Altersversorgung, Übertragung von Pensionsverpflichtungen und zu Versorgungsanwartschaften auf Pensionsfonds (10.07.2015)	379
BMF-Schreiben zur steuerlichen Gewinnermittlung (30.11.2017)	384
BMF-Schreiben zu Zusagen auf Leistungen der betrieblichen Altersversorgung; Bilanzsteuerrechtliche Berücksichtigung von überdurchschnittlich hohen Versorgungsanwartschaften (Überversorgung) (03.11.2004)	396
BMF-Schreiben zu Pensionszusagen an Gesellschafter-Geschäftsführer: Vereinbarung einer sofortigen ratierlichen Unverfallbarkeit, Länge des Erdienungszeitraums (09.12.2002)	404
BMF-Schreiben zur bilanzsteuerrechtlichen Berücksichtigung von Abfindungsklauseln in Pensionszusagen (06.04.2005)	406
BMF-Schreiben zur bilanzsteuerrechtlichen Berücksichtigung von Versorgungsleistungen (18.09.2017)	408
BMF-Schreiben zu Zeitwertkonten-Modellen (17.06.2009)	412
BMF-Schreiben zur Probezeit vor Zusage einer Pension an den Gesellschafter-Geschäftsführer einer Kapitalgesellschaft (14.12.2012)	423
BMF-Schreiben zur Finanzierbarkeit von Pensionszusagen gegenüber Gesellschafter-Geschäftsführern (06.09.2005)	425
BMF-Schreiben: Lohnsteuerliche Folgerungen der Übernahme der Pensionszusage eines beherrschenden Gesellschafter-Geschäftsführers (04.07.2017)	426
BMF-Schreiben: Betriebliche Altersversorgung; Berücksichtigung von gewinnabhängigen Pensionsleistungen bei der Bewertung von Pensionsrückstellungen nach § 6a EStG (18.10.2013)	428
BMF-Schreiben zur Nur-Pension (13.12.2012)	430
BMF-Schreiben zum Verzicht des Gesellschafter-Geschäftsführers auf eine Pensionsanwartschaft (14.08.2012)	431
BMF-Schreiben zu Unterstützungskasse, Steuerfreiheit, Auswirkung einer internen Teilung beim Versorgungsausgleich (10.11.2011)	434
BMF-Schreiben zu rückgedeckten Unterstützungskassen (31.01.2002)	436
BMF-Schreiben zu betrieblicher Altersversorgung, Unterstützungskassen (12.11.2010)	439

Inhaltsverzeichnis

BMF-Schreiben zu verdeckter Einlage in eine Kapitalgesellschaft und Zufluss von Gehaltsbestandsteilen bei einem Gesellschafter-Geschäftsführer einer Kapitalgesellschaft (12.5.2014)	444
BMF-Schreiben zur Änderung des § 4 Nr. 8 Buchst. h UStG durch Artikel 5 des Investmentsteuerreformgesetzes (13.12.2017)	446
BMF-Schreiben zur Mitteilung über steuerpflichtige Leistungen aus einem Altersvorsorgevertrag oder aus einer betrieblichen Altersversorgung ab dem Kalenderjahr 2019 (2.10.2019)	461
Abkommen zur Übertragung zwischen den Durchführungswegen Direktversicherung, Pensionskasse oder Pensionsfonds bei Arbeitgeberwechsel	468
Besprechung des GKV-Spitzenverbandes, der Deutschen Rentenversicherung Bund und der Bundesagentur für Arbeit über Fragen des gemeinsamen Beitragseinzugs am 08.11.2017	471
Allgemeine Informationen zur betrieblichen Altersvorsorge	**477**
Wie sieht unser Altersvorsorge-System aus?	479
Die Betriebsrente	483
Das BRSG und seine Folgen	512
Kennzahlen 2020	522
Stichwortverzeichnis	**525**

ISBN 978-3-648-13560-0 Best.-Nr. 06865-0008

Rechtsstand zum Redaktionsschluss: 17. Januar 2020

Alle Angaben nach sorgfältiger Prüfung, aber ohne Gewähr.

© 2020. Die Inhalte sind urheberrechtlich geschützt!
Haufe-Lexware GmbH & Co. KG

Redaktionsanschrift: Fraunhoferstraße 5, 82152 Planegg, Tel. 089-89517-0
E-Mail: online@haufe.de, Internet: http://www.haufe.de

Alle Rechte, auch die des auszugsweisen Nachdrucks, der fotomechanischen Wiedergabe (einschließlich Mikrokopie) sowie der Auswertung durch Datenbanken oder ähnliche Einrichtungen, vorbehalten. Die Ratschläge in diesem Buch sind von den Autoren und vom Verlag sorgfältig erwogen und geprüft, dennoch kann eine Garantie nicht übernommen werden. Eine Haftung des Verlags bzw. der Autoren und seiner Beauftragten für Personen-, Sach- und Vermögensschäden ist ausgeschlossen.

Gesetze und Durchführungsverordnungen

Betriebsrentengesetz (BetrAVG)

Gesetz zur Verbesserung der betrieblichen Altersversorgung vom 19. Dezember 1974 (BGBl. I 1974, S. 3610)

Zuletzt geändert durch das Gesetz zur Umsetzung der Richtlinie (EU) 2016/2341 des Europäischen Parlaments und des Rates vom 14. Dezember 2016 über die Tätigkeiten und die Beaufsichtigung von Einrichtungen der betrieblichen Altersversorgung (EbAV) (Neufassung) vom 19. Dezember 2018 (BGBl I 2018, S. 2672)

§§ 1 - 25 Erster Teil
Arbeitsrechtliche Vorschriften

§§ 1 - 4a Erster Abschnitt
Durchführung der betrieblichen Altersversorgung

§ 1 Zusage des Arbeitgebers auf betriebliche Altersversorgung

(1) Werden einem Arbeitnehmer Leistungen der Alters-, Invaliditäts- oder Hinterbliebenenversorgung aus Anlass seines Arbeitsverhältnisses vom Arbeitgeber zugesagt (betriebliche Altersversorgung), gelten die Vorschriften dieses Gesetzes. Die Durchführung der betrieblichen Altersversorgung kann unmittelbar über den Arbeitgeber oder über einen der in § 1b Abs. 2 bis 4 genannten Versorgungsträger erfolgen. Der Arbeitgeber steht für die Erfüllung der von ihm zugesagten Leistungen auch dann ein, wenn die Durchführung nicht unmittelbar über ihn erfolgt.

(2) Betriebliche Altersversorgung liegt auch vor, wenn

1. der Arbeitgeber sich verpflichtet, bestimmte Beiträge in eine Anwartschaft auf Alters-, Invaliditäts- oder Hinterbliebenenversorgung umzuwandeln (beitragsorientierte Leistungszusage),

2. der Arbeitgeber sich verpflichtet, Beiträge zur Finanzierung von Leistungen der betrieblichen Altersversorgung an einen Pensionsfonds, eine Pensionskasse oder eine Direktversicherung zu zahlen und für Leistungen zur Altersversorgung das planmäßig zuzurechnende Versorgungskapital auf der Grundlage der gezahlten Beiträge (Beiträge und die daraus erzielten Erträge), mindestens die Summe der zugesagten Beiträge, soweit sie nicht rechnungsmäßig für einen biometrischen Risikoausgleich verbraucht wurden, hierfür zur Verfügung zu stellen (Beitragszusage mit Mindestleistung),

2a. der Arbeitgeber durch Tarifvertrag oder auf Grund eines Tarifvertrages in einer Betriebs- oder Dienstvereinbarung verpflichtet wird, Beiträge zur Finanzierung von Leistungen der betrieblichen Altersversorgung an einen Pensionsfonds, eine Pensionskasse oder eine Direktversicherung nach § 22 zu zahlen; die Pflichten des Arbeitgebers nach Absatz 1 Satz 3, § 1a Absatz 4 Satz 2, den §§ 1b bis 6 und 16 sowie die Insolvenzsicherungspflicht nach dem Vierten Abschnitt bestehen nicht (reine Beitragszusage),

3. künftige Entgeltansprüche in eine wertgleiche Anwartschaft auf Versorgungsleistungen umgewandelt werden (Entgeltumwandlung) oder

4. der Arbeitnehmer Beiträge aus seinem Arbeitsentgelt zur Finanzierung von Leistungen der betrieblichen Altersversorgung an einen Pensionsfonds, eine Pensionskasse oder eine Direktversicherung leistet und die Zusage des Arbeitgebers auch die Leistungen aus diesen Beiträgen umfasst; die Regelungen für Entgeltumwandlung sind hierbei entsprechend anzuwenden, soweit die zugesagten Leistungen aus diesen Beiträgen im Wege der Kapitaldeckung finanziert werden.

§ 1a Anspruch auf betriebliche Altersversorgung durch Entgeltumwandlung

(1) Der Arbeitnehmer kann vom Arbeitgeber verlangen, dass von seinen künftigen Entgeltansprüchen bis zu 4 vom Hundert der jeweiligen Beitragsbemessungsgrenze in der allgemeinen Rentenversicherung durch Entgeltumwandlung für seine betriebliche Altersversorgung verwendet werden. Die Durchführung des Anspruchs des Arbeitnehmers wird durch Vereinbarung geregelt. Ist der Arbeitgeber zu einer Durchführung über einen Pensionsfonds oder eine Pensionskasse (§ 1b Abs. 3) oder über eine Versorgungseinrichtung nach § 22 bereit, ist die betriebliche Altersversorgung dort durchzuführen; an-

dernfalls kann der Arbeitnehmer verlangen, dass der Arbeitgeber für ihn eine Direktversicherung (§ 1b Abs. 2) abschließt. Soweit der Anspruch geltend gemacht wird, muss der Arbeitnehmer jährlich einen Betrag in Höhe von mindestens einem Hundertsechzigstel der Bezugsgröße nach § 18 Abs. 1 des Vierten Buches Sozialgesetzbuch für seine betriebliche Altersversorgung verwenden. Soweit der Arbeitnehmer Teile seines regelmäßigen Entgelts für betriebliche Altersversorgung verwendet, kann der Arbeitgeber verlangen, dass während eines laufenden Kalenderjahres gleich bleibende monatliche Beträge verwendet werden.

(1a) Der Arbeitgeber muss 15 Prozent des umgewandelten Entgelts zusätzlich als Arbeitgeberzuschuss an den Pensionsfonds, die Pensionskasse oder die Direktversicherung weiterleiten, soweit er durch die Entgeltumwandlung Sozialversicherungsbeiträge einspart.

(2) Soweit eine durch Entgeltumwandlung finanzierte betriebliche Altersversorgung besteht, ist der Anspruch des Arbeitnehmers auf Entgeltumwandlung ausgeschlossen.

(3) Soweit der Arbeitnehmer einen Anspruch auf Entgeltumwandlung für betriebliche Altersversorgung nach Absatz 1 hat, kann er verlangen, dass die Voraussetzungen für eine Förderung nach den §§ 10a, 82 Abs. 2 des Einkommensteuergesetzes erfüllt werden, wenn die betriebliche Altersversorgung über einen Pensionsfonds, eine Pensionskasse oder eine Direktversicherung durchgeführt wird.

(4) Falls der Arbeitnehmer bei fortbestehendem Arbeitsverhältnis kein Entgelt erhält, hat er das Recht, die Versicherung oder Versorgung mit eigenen Beiträgen fortzusetzen. Der Arbeitgeber steht auch für die Leistungen aus diesen Beiträgen ein. Die Regelungen über Entgeltumwandlung gelten entsprechend.

§ 1b Unverfallbarkeit und Durchführung der betrieblichen Altersversorgung

(1) Einem Arbeitnehmer, dem Leistungen aus der betrieblichen Altersversorgung zugesagt worden sind, bleibt die Anwartschaft erhalten, wenn das Arbeitsverhältnis vor Eintritt des Versorgungsfalls, jedoch nach Vollendung des 21. Lebensjahres endet und die Versorgungszusage zu diesem Zeitpunkt mindestens drei Jahre bestanden hat (unverfallbare Anwartschaft). Ein Arbeitnehmer behält seine Anwartschaft auch dann, wenn er aufgrund einer Vorruhestandsregelung ausscheidet und ohne das vorherige Ausscheiden die Wartezeit und

die sonstigen Voraussetzungen für den Bezug von Leistungen der betrieblichen Altersversorgung hätte erfüllen können. Eine Änderung der Versorgungszusage oder ihre Übernahme durch eine andere Person unterbricht nicht den Ablauf der Fristen nach Satz 1. Der Verpflichtung aus einer Versorgungszusage stehen Versorgungsverpflichtungen gleich, die auf betrieblicher Übung oder dem Grundsatz der Gleichbehandlung beruhen. Der Ablauf einer vorgesehenen Wartezeit wird durch die Beendigung des Arbeitsverhältnisses nach Erfüllung der Voraussetzungen der Sätze 1 und 2 nicht berührt. Wechselt ein Arbeitnehmer vom Geltungsbereich dieses Gesetzes in einen anderen Mitgliedstaat der Europäischen Union, bleibt die Anwartschaft in gleichem Umfange wie für Personen erhalten, die auch nach Beendigung eines Arbeitsverhältnisses innerhalb des Geltungsbereichs dieses Gesetzes verbleiben.

(2) Wird für die betriebliche Altersversorgung eine Lebensversicherung auf das Leben des Arbeitnehmers durch den Arbeitgeber abgeschlossen und sind der Arbeitnehmer oder seine Hinterbliebenen hinsichtlich der Leistungen des Versicherers ganz oder teilweise bezugsberechtigt (Direktversicherung), so ist der Arbeitgeber verpflichtet, wegen Beendigung des Arbeitsverhältnisses nach Erfüllung der in Absatz 1 Satz 1 und 2 genannten Voraussetzungen das Bezugsrecht nicht mehr zu widerrufen. Eine Vereinbarung, nach der das Bezugsrecht durch die Beendigung des Arbeitsverhältnisses nach Erfüllung der in Absatz 1 Satz 1 und 2 genannten Voraussetzungen auflösend bedingt ist, ist unwirksam. Hat der Arbeitgeber die Ansprüche aus dem Versicherungsvertrag abgetreten oder beliehen, so ist er verpflichtet, den Arbeitnehmer, dessen Arbeitsverhältnis nach Erfüllung der in Absatz 1 Satz 1 und 2 genannten Voraussetzungen geendet hat, bei Eintritt des Versicherungsfalles so zu stellen, als ob die Abtretung oder Beleihung nicht erfolgt wäre. Als Zeitpunkt der Erteilung der Versorgungszusage im Sinne des Absatzes 1 gilt der Versicherungsbeginn, frühestens jedoch der Beginn der Betriebszugehörigkeit.

(3) Wird die betriebliche Altersversorgung von einer rechtsfähigen Versorgungseinrichtung durchgeführt, die dem Arbeitnehmer oder seinen Hinterbliebenen auf ihre Leistungen einen Rechtsanspruch gewährt (Pensionskasse und Pensionsfonds), so gilt Absatz 1 entsprechend. Als Zeitpunkt der Erteilung der Versorgungszusage im Sinne des Absatzes 1 gilt der Versicherungsbeginn, frühestens jedoch der Beginn der Betriebszugehörigkeit.

(4) Wird die betriebliche Altersversorgung von einer rechtsfähigen Versorgungseinrichtung durchgeführt, die auf ihre Leistungen keinen Rechtsanspruch gewährt (Unterstützungskasse), so sind die nach Erfüllung der in Absatz 1 Satz 1 und 2 genannten Voraussetzungen und vor Eintritt des Versorgungsfalles aus dem Unternehmen ausgeschiedenen Arbeitnehmer und ihre Hinterbliebenen den bis zum Eintritt des Versorgungsfalles dem Unternehmen angehörenden Arbeitnehmern und deren Hinterbliebenen gleichgestellt. Die Versorgungszusage gilt in dem Zeitpunkt als erteilt im Sinne des Absatzes 1, von dem an der Arbeitnehmer zum Kreis der Begünstigten der Unterstützungskasse gehört.

(5) Soweit betriebliche Altersversorgung durch Entgeltumwandlung einschließlich eines möglichen Arbeitgeberzuschusses nach § 1a Absatz 1a erfolgt, behält der Arbeitnehmer seine Anwartschaft, wenn sein Arbeitsverhältnis vor Eintritt des Versorgungsfalles endet; in den Fällen der Absätze 2 und 3

1. dürfen die Überschussanteile nur zur Verbesserung der Leistung verwendet,
2. muss dem ausgeschiedenen Arbeitnehmer das Recht zur Fortsetzung der Versicherung oder Versorgung mit eigenen Beiträgen eingeräumt und
3. muss das Recht zur Verpfändung, Abtretung oder Beleihung durch den Arbeitgeber ausgeschlossen werden.

Im Fall einer Direktversicherung ist dem Arbeitnehmer darüber hinaus mit Beginn der Entgeltumwandlung ein unwiderrufliches Bezugsrecht einzuräumen.

§ 2 Höhe der unverfallbaren Anwartschaft

(1) Bei Eintritt des Versorgungsfalles wegen Erreichens der Altersgrenze, wegen Invalidität oder Tod haben ein vorher ausgeschiedener Arbeitnehmer, dessen Anwartschaft nach § 1b fortbesteht, und seine Hinterbliebenen einen Anspruch mindestens in Höhe des Teiles der ohne das vorherige Ausscheiden zustehenden Leistung, der dem Verhältnis der Dauer der Betriebszugehörigkeit zu der Zeit vom Beginn der Betriebszugehörigkeit bis zum Erreichen der Regelaltersgrenze in der gesetzlichen Rentenversicherung entspricht; an die Stelle des Erreichens der Regelaltersgrenze tritt ein früherer Zeitpunkt, wenn dieser in der Versorgungsregelung als feste Altersgrenze vorgesehen ist, spätestens der Zeitpunkt der Vollendung des 65. Lebensjahres,

falls der Arbeitnehmer ausscheidet und gleichzeitig eine Altersrente aus der gesetzlichen Rentenversicherung für besonders langjährig Versicherte in Anspruch nimmt. Der Mindestanspruch auf Leistungen wegen Invalidität oder Tod vor Erreichen der Altersgrenze ist jedoch nicht höher als der Betrag, den der Arbeitnehmer oder seine Hinterbliebenen erhalten hätten, wenn im Zeitpunkt des Ausscheidens der Versorgungsfall eingetreten wäre und die sonstigen Leistungsvoraussetzungen erfüllt gewesen wären.

(2) Ist bei einer Direktversicherung der Arbeitnehmer nach Erfüllung der Voraussetzungen des § 1b Abs. 1 und 5 vor Eintritt des Versorgungsfalles ausgeschieden, so gilt Absatz 1 mit der Maßgabe, daß sich der vom Arbeitgeber zu finanzierende Teilanspruch nach Absatz 1, soweit er über die von dem Versicherer nach dem Versicherungsvertrag auf Grund der Beiträge des Arbeitgebers zu erbringende Versicherungsleistung hinausgeht, gegen den Arbeitgeber richtet. An die Stelle der Ansprüche nach Satz 1 tritt auf Verlangen des Arbeitgebers die von dem Versicherer auf Grund des Versicherungsvertrages zu erbringende Versicherungsleistung, wenn

1. spätestens nach 3 Monaten seit dem Ausscheiden des Arbeitnehmers das Bezugsrecht unwiderruflich ist und eine Abtretung oder Beleihung des Rechts aus dem Versicherungsvertrag durch den Arbeitgeber und Beitragsrückstände nicht vorhanden sind,
2. vom Beginn der Versicherung, frühestens jedoch vom Beginn der Betriebszugehörigkeit an, nach dem Versicherungsvertrag die Überschußanteile nur zur Verbesserung der Versicherungsleistung zu verwenden sind und
3. der ausgeschiedene Arbeitnehmer nach dem Versicherungsvertrag das Recht zur Fortsetzung der Versicherung mit eigenen Beiträgen hat.

Der Arbeitgeber kann sein Verlangen nach Satz 2 nur innerhalb von 3 Monaten seit dem Ausscheiden des Arbeitnehmers diesem und dem Versicherer mitteilen. Der ausgeschiedene Arbeitnehmer darf die Ansprüche aus dem Versicherungsvertrag in Höhe des durch Beitragszahlungen des Arbeitgebers gebildeten geschäftsplanmäßigen Deckungskapitals oder, soweit die Berechnung des Deckungskapitals nicht zum Geschäftsplan gehört, des nach § 169 Abs. 3 und 4 des Versicherungsvertragsgesetzes berechneten Wertes weder abtreten noch beleihen. In dieser Höhe darf der Rückkaufswert auf Grund einer Kündigung des Versicherungsvertrages nicht in Anspruch genommen werden; im Falle einer Kündigung wird die Versicherung in eine prämienfreie Versicherung umgewandelt. § 169 Abs. 1 des Versicherungsvertragsgesetzes findet insoweit keine Anwendung. Eine Abfindung des Anspruchs nach § 3 ist weiterhin möglich.

(3) Für Pensionskassen gilt Absatz 1 mit der Maßgabe, daß sich der vom Arbeitgeber zu finanzierende Teilanspruch nach Absatz 1, soweit er über die von der Pensionskasse nach dem aufsichtsbehördlich genehmigten Geschäftsplan oder, soweit eine aufsichtsbehördliche Genehmigung nicht vorgeschrieben ist, nach den allgemeinen Versicherungsbedingungen und den fachlichen Geschäftsunterlagen im Sinne des § 9 Absatz 2 Nummer 2 in Verbindung mit § 234 Absatz 3 Nummer 1 [Ab 13.01.2019: *§ 219 Absatz 3 Nummer 1 Buchstabe b*] des Versicherungsaufsichtsgesetzes (Geschäftsunterlagen) auf Grund der Beiträge des Arbeitgebers zu erbringende Leistung hinausgeht, gegen den Arbeitgeber richtet. An die Stelle der Ansprüche nach Satz 1 tritt auf Verlangen des Arbeitgebers die von der Pensionskasse auf Grund des Geschäftsplanes oder der Geschäftsunterlagen zu erbringende Leistung, wenn nach dem aufsichtsbehördlich genehmigten Geschäftsplan oder den Geschäftsunterlagen

1. vom Beginn der Versicherung, frühestens jedoch vom Beginn der Betriebszugehörigkeit an, Überschußanteile, die auf Grund des Finanzierungsverfahrens regelmäßig entstehen, nur zur Verbesserung der Versicherungsleistung zu verwenden sind oder die Steigerung der Versorgungsanwartschaften des Arbeitnehmers der Entwicklung seines Arbeitsentgeltes, soweit es unter den jeweiligen Beitragsbemessungsgrenzen der gesetzlichen Rentenversicherungen liegt, entspricht und

2. der ausgeschiedene Arbeitnehmer das Recht zur Fortsetzung der Versicherung mit eigenen Beiträgen hat.

Absatz 2 Satz 3 bis 7 gilt entsprechend.

(3a) Für Pensionsfonds gilt Absatz 1 mit der Maßgabe, dass sich der vom Arbeitgeber zu finanzierende Teilanspruch, soweit er über die vom Pensionsfonds auf der Grundlage der nach dem geltenden Pensionsplan im Sinne des § 237 Absatz 3 Nummer 2 und 3 [Ab 13.01.2019: *§ 237 Absatz 1 Satz 3*] des Versicherungsaufsichtsgesetzes berechnete Deckungsrückstellung hinausgeht, gegen den Arbeitgeber richtet.

(4) Eine Unterstützungskasse hat bei Eintritt des Versorgungsfalles einem vorzeitig ausgeschiedenen Arbeitnehmer, der nach § 1b Abs. 4

gleichgestellt ist, und seinen Hinterbliebenen mindestens den nach Absatz 1 berechneten Teil der Versorgung zu gewähren.

(5) Bei einer unverfallbaren Anwartschaft aus Entgeltumwandlung tritt an die Stelle der Ansprüche nach Absatz 1, 3a oder 4 die vom Zeitpunkt der Zusage auf betriebliche Altersversorgung bis zum Ausscheiden des Arbeitnehmers erreichte Anwartschaft auf Leistungen aus den bis dahin umgewandelten Entgeltbestandteilen; dies gilt entsprechend für eine unverfallbare Anwartschaft aus Beiträgen im Rahmen einer beitragsorientierten Leistungszusage.

(6) An die Stelle der Ansprüche nach den Absätzen 2, 3, 3a und 5 tritt bei einer Beitragszusage mit Mindestleistung das dem Arbeitnehmer planmäßig zuzurechnende Versorgungskapital auf der Grundlage der bis zu seinem Ausscheiden geleisteten Beiträge (Beiträge und die bis zum Eintritt des Versorgungsfalls erzielten Erträge), mindestens die Summe der bis dahin zugesagten Beiträge, soweit sie nicht rechnungsmäßig für einen biometrischen Risikoausgleich verbraucht wurden.

(6) (weggefallen)

§ 2a Berechnung und Wahrung des Teilanspruchs

(1) Bei der Berechnung des Teilanspruchs eines mit unverfallbarer Anwartschaft ausgeschiedenen Arbeitnehmers nach § 2 sind die Versorgungsregelung und die Bemessungsgrundlagen im Zeitpunkt des Ausscheidens zugrunde zu legen; Veränderungen, die nach dem Ausscheiden eintreten, bleiben außer Betracht.

(2) Abweichend von Absatz 1 darf ein ausgeschiedener Arbeitnehmer im Hinblick auf den Wert seiner unverfallbaren Anwartschaft gegenüber vergleichbaren nicht ausgeschiedenen Arbeitnehmern nicht benachteiligt werden. Eine Benachteiligung gilt insbesondere als ausgeschlossen, wenn

1. die Anwartschaft
   a) als nominales Anrecht festgelegt ist,
   b) eine Verzinsung enthält, die auch dem ausgeschiedenen Arbeitnehmer zugutekommt, oder
   c) über einen Pensionsfonds, eine Pensionskasse oder eine Direktversicherung durchgeführt wird und die Erträge auch dem ausgeschiedenen Arbeitnehmer zugutekommen, oder
2. die Anwartschaft angepasst wird

a) um 1 Prozent jährlich,
b) wie die Anwartschaften oder die Nettolöhne vergleichbarer nicht ausgeschiedener Arbeitnehmer,
c) wie die laufenden Leistungen, die an die Versorgungsempfänger des Arbeitgebers erbracht werden, oder
d) entsprechend dem Verbraucherpreisindex für Deutschland.

(3) Ist bei der Berechnung des Teilanspruchs eine Rente der gesetzlichen Rentenversicherung zu berücksichtigen, so kann bei einer unmittelbaren oder über eine Unterstützungskasse durchgeführten Versorgungszusage das bei der Berechnung von Pensionsrückstellungen allgemein zulässige Verfahren zugrunde gelegt werden, es sei denn, der ausgeschiedene Arbeitnehmer weist die bei der gesetzlichen Rentenversicherung im Zeitpunkt des Ausscheidens erreichten Entgeltpunkte nach. Bei einer Versorgungszusage, die über eine Pensionskasse oder einen Pensionsfonds durchgeführt wird, sind der aufsichtsbehördlich genehmigte Geschäftsplan, der Pensionsplan oder die sonstigen Geschäftsunterlagen zugrunde zu legen.

(4) Versorgungsanwartschaften, die der Arbeitnehmer nach seinem Ausscheiden erwirbt, dürfen nicht zu einer Kürzung des Teilanspruchs führen.

§ 3 Abfindung

(1) Unverfallbare Anwartschaften im Falle der Beendigung des Arbeitsverhältnisses und laufende Leistungen dürfen nur unter den Voraussetzungen der folgenden Absätze abgefunden werden.

(2) Der Arbeitgeber kann eine Anwartschaft ohne Zustimmung des Arbeitnehmers abfinden, wenn der Monatsbetrag der aus der Anwartschaft resultierenden laufenden Leistung bei Erreichen der vorgesehenen Altersgrenze 1 vom Hundert, bei Kapitalleistungen zwölf Zehntel der monatlichen Bezugsgröße nach § 18 des Vierten Buches Sozialgesetzbuch nicht übersteigen würde. Dies gilt entsprechend für die Abfindung einer laufenden Leistung. Die Abfindung einer Anwartschaft bedarf der Zustimmung des Arbeitnehmers, wenn dieser nach Beendigung des Arbeitsverhältnisses ein neues Arbeitsverhältnis in einem anderen Mitgliedstaat der Europäischen Union begründet und dies innerhalb von drei Monaten nach Beendigung des Arbeitsverhältnisses seinem ehemaligen Arbeitgeber mitteilt. Die Abfindung ist unzulässig, wenn der Arbeitnehmer von seinem Recht auf Übertragung der Anwartschaft Gebrauch macht.

(3) Die Anwartschaft ist auf Verlangen des Arbeitnehmers abzufinden, wenn die Beiträge zur gesetzlichen Rentenversicherung erstattet worden sind.

(4) Der Teil der Anwartschaft, der während eines Insolvenzverfahrens erdient worden ist, kann ohne Zustimmung des Arbeitnehmers abgefunden werden, wenn die Betriebstätigkeit vollständig eingestellt und das Unternehmen liquidiert wird.

(5) Für die Berechnung des Abfindungsbetrages gilt § 4 Abs. 5 entsprechend.

(6) Die Abfindung ist gesondert auszuweisen und einmalig zu zahlen.

§ 4 Übertragung

(1) Unverfallbare Anwartschaften und laufende Leistungen dürfen nur unter den Voraussetzungen der folgenden Absätze übertragen werden.

(2) Nach Beendigung des Arbeitsverhältnisses kann im Einvernehmen des ehemaligen mit dem neuen Arbeitgeber sowie dem Arbeitnehmer

1. die Zusage vom neuen Arbeitgeber übernommen werden oder
2. der Wert der vom Arbeitnehmer erworbenen unverfallbaren Anwartschaft auf betriebliche Altersversorgung (Übertragungswert) auf den neuen Arbeitgeber übertragen werden, wenn dieser eine wertgleiche Zusage erteilt; für die neue Anwartschaft gelten die Regelungen über Entgeltumwandlung entsprechend.

(3) Der Arbeitnehmer kann innerhalb eines Jahres nach Beendigung des Arbeitsverhältnisses von seinem ehemaligen Arbeitgeber verlangen, dass der Übertragungswert auf den neuen Arbeitgeber oder auf die Versorgungseinrichtung nach § 22 des neuen Arbeitgebers übertragen wird, wenn

1. die betriebliche Altersversorgung über einen Pensionsfonds, eine Pensionskasse oder eine Direktversicherung durchgeführt worden ist und
2. der Übertragungswert die Beitragsbemessungsgrenze in der allgemeinen Rentenversicherung nicht übersteigt.

Der Anspruch richtet sich gegen den Versorgungsträger, wenn der ehemalige Arbeitgeber die versicherungsförmige Lösung nach § 2 Abs. 2 oder 3 gewählt hat oder soweit der Arbeitnehmer die Versicherung oder Versorgung mit eigenen Beiträgen fortgeführt hat. Der neue Arbeitgeber ist verpflichtet, eine dem Übertragungswert wertgleiche

Zusage zu erteilen und über einen Pensionsfonds, eine Pensionskasse oder eine Direktversicherung durchzuführen. Für die neue Anwartschaft gelten die Regelungen über Entgeltumwandlung entsprechend. Ist der neue Arbeitgeber zu einer Durchführung über eine Versorgungseinrichtung nach § 22 bereit, ist die betriebliche Altersversorgung dort durchzuführen; die Sätze 3 und 4 sind in diesem Fall nicht anzuwenden.

(4) Wird die Betriebstätigkeit eingestellt und das Unternehmen liquidiert, kann eine Zusage von einer Pensionskasse oder einem Unternehmen der Lebensversicherung ohne Zustimmung des Arbeitnehmers oder Versorgungsempfängers übernommen werden, wenn sichergestellt ist, dass die Überschussanteile ab Rentenbeginn entsprechend § 16 Abs. 3 Nr. 2 verwendet werden. § 2 Abs. 2 Satz 4 bis 6 gilt entsprechend.

(5) Der Übertragungswert entspricht bei einer unmittelbar über den Arbeitgeber oder über eine Unterstützungskasse durchgeführten betrieblichen Altersversorgung dem Barwert der nach § 2 bemessenen künftigen Versorgungsleistung im Zeitpunkt der Übertragung; bei der Berechnung des Barwerts sind die Rechnungsgrundlagen sowie die anerkannten Regeln der Versicherungsmathematik maßgebend. Soweit die betriebliche Altersversorgung über einen Pensionsfonds, eine Pensionskasse oder eine Direktversicherung durchgeführt worden ist, entspricht der Übertragungswert dem gebildeten Kapital im Zeitpunkt der Übertragung.

(6) Mit der vollständigen Übertragung des Übertragungswerts erlischt die Zusage des ehemaligen Arbeitgebers.

§ 4a Auskunftspflichten

(1) Der Arbeitgeber oder der Versorgungsträger hat dem Arbeitnehmer auf dessen Verlangen mitzuteilen,

1. ob und wie eine Anwartschaft auf betriebliche Altersversorgung erworben wird,
2. wie hoch der Anspruch auf betriebliche Altersversorgung aus der bisher erworbenen Anwartschaft ist und bei Erreichen der in der Versorgungsregelung vorgesehenen Altersgrenze voraussichtlich sein wird,
3. wie sich eine Beendigung des Arbeitsverhältnisses auf die Anwartschaft auswirkt und

4. wie sich die Anwartschaft nach einer Beendigung des Arbeitsverhältnisses entwickeln wird.

(2) Der Arbeitgeber oder der Versorgungsträger hat dem Arbeitnehmer oder dem ausgeschiedenen Arbeitnehmer auf dessen Verlangen mitzuteilen, wie hoch bei einer Übertragung der Anwartschaft nach § 4 Absatz 3 der Übertragungswert ist. Der neue Arbeitgeber oder der Versorgungsträger hat dem Arbeitnehmer auf dessen Verlangen mitzuteilen, in welcher Höhe aus dem Übertragungswert ein Anspruch auf Altersversorgung bestehen würde und ob eine Invaliditäts- oder Hinterbliebenenversorgung bestehen würde.

(3) Der Arbeitgeber oder der Versorgungsträger hat dem ausgeschiedenen Arbeitnehmer auf dessen Verlangen mitzuteilen, wie hoch die Anwartschaft auf betriebliche Altersversorgung ist und wie sich die Anwartschaft künftig entwickeln wird. Satz 1 gilt entsprechend für Hinterbliebene im Versorgungsfall.

(4) Die Auskunft muss verständlich, in Textform und in angemessener Frist erteilt werden.

§ 5 Zweiter Abschnitt Auszehrungsverbot

§ 5 Auszehrung und Anrechnung

(1) Die bei Eintritt des Versorgungsfalles festgesetzten Leistungen der betrieblichen Altersversorgung dürfen nicht mehr dadurch gemindert oder entzogen werden, daß Beträge, um die sich andere Versorgungsbezüge nach diesem Zeitpunkt durch Anpassung an die wirtschaftliche Entwicklung erhöhen, angerechnet oder bei der Begrenzung der Gesamtversorgung auf einen Höchstbetrag berücksichtigt werden.

(2) Leistungen der betrieblichen Altersversorgung dürfen durch Anrechnung oder Berücksichtigung anderer Versorgungsbezüge, soweit sie auf eigenen Beiträgen des Versorgungsempfängers beruhen, nicht gekürzt werden. Dies gilt nicht für Renten aus den gesetzlichen Rentenversicherungen, soweit sie auf Pflichtbeiträgen beruhen, sowie für sonstige Versorgungsbezüge, die mindestens zur Hälfte auf Beiträgen oder Zuschüssen des Arbeitgebers beruhen.

§ 6 Dritter Abschnitt Altersgrenze

§ 6 Vorzeitige Altersleistung

Einem Arbeitnehmer, der die Altersrente aus der gesetzlichen Rentenversicherung als Vollrente in Anspruch nimmt, sind auf sein Verlangen nach Erfüllung der Wartezeit und sonstiger Leistungsvoraussetzungen Leistungen der betrieblichen Altersversorgung zu gewähren. Fällt die Altersrente aus der gesetzlichen Rentenversicherung wieder weg oder wird sie auf einen Teilbetrag beschränkt, so können auch die Leistungen der betrieblichen Altersversorgung eingestellt werden. Der ausgeschiedene Arbeitnehmer ist verpflichtet, die Aufnahme oder Ausübung einer Beschäftigung oder Erwerbstätigkeit, die zu einem Wegfall oder zu einer Beschränkung der Altersrente aus der gesetzlichen Rentenversicherung führt, dem Arbeitgeber oder sonstigen Versorgungsträger unverzüglich anzuzeigen.

§§ 7 - 15 Vierter Abschnitt Insolvenzsicherung

§ 7 Umfang des Versicherungsschutzes

(1) Versorgungsempfänger, deren Ansprüche aus einer unmittelbaren Versorgungszusage des Arbeitgebers nicht erfüllt werden, weil über das Vermögen des Arbeitgebers oder über seinen Nachlaß das Insolvenzverfahren eröffnet worden ist, und ihre Hinterbliebenen haben gegen den Träger der Insolvenzsicherung einen Anspruch in Höhe der Leistung, die der Arbeitgeber aufgrund der Versorgungszusage zu erbringen hätte, wenn das Insolvenzverfahren nicht eröffnet worden wäre. Satz 1 gilt entsprechend,

1. wenn Leistungen aus einer Direktversicherung aufgrund der in § 1b Abs. 2 Satz 3 genannten Tatbestände nicht gezahlt werden und der Arbeitgeber seiner Verpflichtung nach § 1b Abs. 2 Satz 3 wegen der Eröffnung des Insolvenzverfahrens nicht nachkommt,

2. wenn eine Unterstützungskasse oder ein Pensionsfonds die nach ihrer Versorgungsregelung vorgesehene Versorgung nicht erbringt, weil über das Vermögen oder den Nachlass eines Arbeitgebers, der der Unterstützungskasse oder dem Pensionsfonds Zuwendungen leistet (Trägerunternehmen), das Insolvenzverfahren eröffnet worden ist.

§ 14 des Versicherungsvertragsgesetzes findet entsprechende Anwendung. Der Eröffnung des Insolvenzverfahrens stehen bei der Anwendung der Sätze 1 bis 3 gleich

1. die Abweisung des Antrags auf Eröffnung des Insolvenzverfahrens mangels Masse,
2. der außergerichtliche Vergleich (Stundungs-, Quoten- oder Liquidationsvergleich) des Arbeitgebers mit seinen Gläubigern zur Abwendung eines Insolvenzverfahrens, wenn ihm der Träger der Insolvenzsicherung zustimmt,
3. die vollständige Beendigung der Betriebstätigkeit im Geltungsbereich dieses Gesetzes, wenn ein Antrag auf Eröffnung des Insolvenzverfahrens nicht gestellt worden ist und ein Insolvenzverfahren offensichtlich mangels Masse nicht in Betracht kommt.

(1a) Der Anspruch gegen den Träger der Insolvenzsicherung entsteht mit dem Beginn des Kalendermonats, der auf den Eintritt des Sicherungsfalles folgt. Der Anspruch endet mit Ablauf des Sterbemonats des Begünstigten, soweit in der Versorgungszusage des Arbeitgebers nicht etwas anderes bestimmt ist. In den Fällen des Absatzes 1 Satz 1 und 4 Nr. 1 und 3 umfaßt der Anspruch auch rückständige Versorgungsleistungen, soweit diese bis zu zwölf Monaten vor Entstehen der Leistungspflicht des Trägers der Insolvenzsicherung entstanden sind.

(2) Personen, die bei Eröffnung des Insolvenzverfahrens oder bei Eintritt der nach Absatz 1 Satz 4 gleichstehenden Voraussetzungen (Sicherungsfall) eine nach § 1b unverfallbare Versorgungsanwartschaft haben, und ihre Hinterbliebenen haben bei Eintritt des Versorgungsfalls einen Anspruch gegen den Träger der Insolvenzsicherung, wenn die Anwartschaft beruht

1. auf einer unmittelbaren Versorgungszusage des Arbeitgebers oder
2. auf einer Direktversicherung und der Arbeitnehmer hinsichtlich der Leistungen des Versicherers widerruflich bezugsberechtigt ist oder die Leistungen aufgrund der in § 1b Abs. 2 Satz 3 genannten Tatbestände nicht gezahlt werden und der Arbeitgeber seiner Verpflichtung aus § 1b Abs. 2 Satz 3 wegen der Eröffnung des Insolvenzverfahrens nicht nachkommt.

Satz 1 gilt entsprechend für Personen, die zum Kreis der Begünstigten einer Unterstützungskasse oder eines Pensionsfonds gehören, wenn der Sicherungsfall bei einem Trägerunternehmen eingetreten ist. Die Höhe des Anspruchs richtet sich nach der Höhe der Leistungen nach § 2 Absatz 1 und 2 Satz 2, bei Unterstützungskassen nach dem Teil der nach der Versorgungsregelung vorgesehenen Versorgung, der dem Verhältnis der Dauer der Betriebszugehörigkeit zu der Zeit vom Beginn der Betriebszugehörigkeit bis zum Erreichen der in der Versorgungsregelung vorgesehenen festen Altersgrenze entspricht, es sei denn, § 2 Abs. 5 ist anwendbar. Für die Berechnung der Höhe des Anspruchs nach Satz 3 wird die Betriebszugehörigkeit bis zum Eintritt des Sicherungsfalles berücksichtigt. Bei Pensionsfonds mit Leistungszusagen gelten für die Höhe des Anspruchs die Bestimmungen für unmittelbare Versorgungszusagen entsprechend, bei Beitragszusagen mit Mindestleistung gilt für die Höhe des Anspruchs § 2 Absatz 6. Bei der Berechnung der Höhe des Anspruchs sind Veränderungen der Versorgungsregelung und der Bemessungsgrundlagen, die nach dem Eintritt des Sicherungsfalles eintreten, nicht zu berücksichtigen; § 2a Absatz 2 findet keine Anwendung.

(3) Ein Anspruch auf laufende Leistungen gegen den Träger der Insolvenzsicherung beträgt im Monat höchstens das Dreifache der im Zeitpunkt der ersten Fälligkeit maßgebenden monatlichen Bezugsgröße gemäß § 18 des Vierten Buches Sozialgesetzbuch. Satz 1 gilt entsprechend bei einem Anspruch auf Kapitalleistungen mit der Maßgabe, daß zehn vom Hundert der Leistung als Jahresbetrag einer laufenden Leistung anzusetzen sind.

(4) Ein Anspruch auf Leistungen gegen den Träger der Insolvenzsicherung vermindert sich in dem Umfang, in dem der Arbeitgeber oder sonstige Träger der Versorgung die Leistungen der betrieblichen Altersversorgung erbringt. Wird im Insolvenzverfahren ein Insolvenzplan bestätigt, vermindert sich der Anspruch auf Leistungen gegen den Träger der Insolvenzsicherung, insoweit, als nach dem Insolvenzplan der Arbeitgeber oder sonstige Träger der Versorgung einen Teil der Leistungen selbst zu erbringen hat. Sieht der Insolvenzplan vor, daß der Arbeitgeber oder sonstige Träger der Versorgung die Leistungen der betrieblichen Altersversorgung von einem bestimmten Zeitpunkt an selbst zu erbringen hat, entfällt der Anspruch auf Leistungen gegen den Träger der Insolvenzsicherung von diesem Zeitpunkt an. Die Sätze 2 und 3 sind für den außergerichtlichen Vergleich nach Absatz 1 Satz 4 Nr. 2 entsprechend anzuwenden. Im Insolvenzplan soll vorgesehen werden, daß bei einer nachhaltigen Besserung der wirtschaftlichen Lage des Arbeitgebers die vom Träger der Insolvenzsicherung zu erbringenden Leistungen ganz oder zum Teil vom Arbeitgeber oder sonstigen Träger der Versorgung wieder übernommen werden.

(5) Ein Anspruch gegen den Träger der Insolvenzsicherung besteht nicht, soweit nach den Umständen des Falles die Annahme gerechtfertigt ist, daß es der alleinige oder überwiegende Zweck der Versorgungszusage oder ihre Verbesserung oder der für die Direktversicherung in § 1b Abs. 2 Satz 3 genannten Tatbestände gewesen ist, den Träger der Insolvenzsicherung in Anspruch zu nehmen. Diese Annahme ist insbesondere dann gerechtfertigt, wenn bei Erteilung oder Verbesserung der Versorgungszusage wegen der wirtschaftlichen Lage des Arbeitgebers zu erwarten war, daß die Zusage nicht erfüllt werde. Ein Anspruch auf Leistungen gegen den Träger der Insolvenzsicherung besteht bei Zusagen und Verbesserungen von Zusagen, die in den beiden letzten Jahren vor dem Eintritt des Sicherungsfalls erfolgt sind, nur

1. für ab dem 1. Januar 2002 gegebene Zusagen, soweit bei Entgeltumwandlung Beträge von bis zu 4 vom Hundert der Beitragsbemessungsgrenze in der allgemeinen Rentenversicherung für eine betriebliche Altersversorgung verwendet werden oder

2. für im Rahmen von Übertragungen gegebene Zusagen, soweit der Übertragungswert die Beitragsbemessungsgrenze in der allgemeinen Rentenversicherung nicht übersteigt.

(6) Ist der Sicherungsfall durch kriegerische Ereignisse, innere Unruhen, Naturkatastrophen oder Kernenergie verursacht worden, kann der Träger der Insolvenzsicherung mit Zustimmung der Bundesanstalt für Finanzdienstleistungsaufsicht die Leistungen nach billigem Ermessen abweichend von den Absätzen 1 bis 5 festsetzen.

§ 8 Übertragung der Leistungspflicht

(1) Ein Anspruch gegen den Träger der Insolvenzsicherung auf Leistungen nach § 7 besteht nicht, wenn eine Pensionskasse oder ein Unternehmen der Lebensversicherung sich dem Träger der Insolvenzsicherung gegenüber verpflichtet, diese Leistungen zu erbringen, und die nach § 7 Berechtigten ein unmittelbares Recht erwerben, die Leistungen zu fordern.

(2) Der Träger der Insolvenzsicherung hat die gegen ihn gerichteten Ansprüche auf den Pensionsfonds, dessen Trägerunternehmen die Eintrittspflicht nach § 7 ausgelöst hat, im Sinne von Absatz 1 zu übertragen, wenn die Bundesanstalt für Finanzdienstleistungsaufsicht hierzu die Genehmigung erteilt. Die Genehmigung kann nur erteilt werden, wenn durch Auflagen der Bundesanstalt für Finanzdienstleistungsaufsicht die dauernde Erfüllbarkeit der Leistungen aus dem

Pensionsplan sichergestellt werden kann. Die Genehmigung der Bundesanstalt für Finanzdienstleistungsaufsicht kann der Pensionsfonds nur innerhalb von drei Monaten nach Eintritt des Sicherungsfalles beantragen.

(3) An die Stelle des Anspruchs gegen den Träger der Insolvenzsicherung nach § 7 tritt auf Verlangen des Berechtigten die Versicherungsleistung aus einer auf sein Leben abgeschlossenen Rückdeckungsversicherung, wenn die Versorgungszusage auf die Leistungen der Rückdeckungsversicherung verweist. Das Wahlrecht des Berechtigten nach Satz 1 besteht nicht, sofern die Rückdeckungsversicherung in die Insolvenzmasse des Arbeitgebers fällt oder eine Übertragung des Anspruchs durch den Träger der Insolvenzsicherung nach Absatz 2 erfolgt. Der Berechtigte hat das Recht, als Versicherungsnehmer in die Versicherung einzutreten und die Versicherung mit eigenen Beiträgen fortzusetzen; § 1b Absatz 5 Satz 1 Nummer 1 und § 2 Absatz 2 Satz 4 bis 6 gelten entsprechend. Der Träger der Insolvenzsicherung informiert den Berechtigten über sein Wahlrecht nach Satz 1 und über die damit verbundenen Folgen für den Insolvenzschutz. Das Wahlrecht erlischt sechs Monate nach Information durch den Träger der Insolvenzsicherung. Der Versicherer informiert den Träger der Insolvenzsicherung unverzüglich über den Versicherungsnehmerwechsel.

§ 8a Abfindung durch den Träger der Insolvenzsicherung

Der Träger der Insolvenzsicherung kann eine Anwartschaft ohne Zustimmung des Arbeitnehmers abfinden, wenn der Monatsbetrag der aus der Anwartschaft resultierenden laufenden Leistung bei Erreichen der vorgesehenen Altersgrenze 1 vom Hundert, bei Kapitalleistungen zwölf Zehntel der monatlichen Bezugsgröße nach § 18 des Vierten Buches Sozialgesetzbuch nicht übersteigen würde oder wenn dem Arbeitnehmer die Beiträge zur gesetzlichen Rentenversicherung erstattet worden sind. Dies gilt entsprechend für die Abfindung einer laufenden Leistung. Die Abfindung ist darüber hinaus möglich, wenn sie an ein Unternehmen der Lebensversicherung gezahlt wird, bei dem der Versorgungsberechtigte im Rahmen einer Direktversicherung versichert ist. § 2 Abs. 2 Satz 4 bis 6 und § 3 Abs. 5 gelten entsprechend.

§ 9 Mitteilungspflicht; Forderungs- und Vermögensübergang

(1) Der Träger der Insolvenzsicherung teilt dem Berechtigten die ihm nach § 7 oder § 8 zustehenden Ansprüche oder Anwartschaften schriftlich mit. Unterbleibt die Mitteilung, so ist der Anspruch oder die An-

wartschaft spätestens ein Jahr nach dem Sicherungsfall bei dem Träger der Insolvenzsicherung anzumelden: erfolgt die Anmeldung später, so beginnen die Leistungen frühestens mit dem Ersten des Monats der Anmeldung, es sei denn, daß der Berechtigte an der rechtzeitigen Anmeldung ohne sein Verschulden verhindert war.

(2) Ansprüche oder Anwartschaften des Berechtigten gegen den Arbeitgeber auf Leistungen der betrieblichen Altersversorgung, die den Anspruch gegen den Träger der Insolvenzsicherung begründen, gehen im Falle eines Insolvenzverfahrens mit dessen Eröffnung, in den übrigen Sicherungsfällen dann auf den Träger der Insolvenzsicherung über, wenn dieser nach Absatz 1 Satz 1 dem Berechtigten die ihm zustehenden Ansprüche oder Anwartschaften mitteilt. Der Übergang kann nicht zum Nachteil des Berechtigten geltend gemacht werden. Die mit der Eröffnung des Insolvenzverfahrens übergegangenen Anwartschaften werden im Insolvenzverfahren als unbedingte Forderungen nach § 45 der Insolvenzordnung geltend gemacht.

(3) Ist der Träger der Insolvenzsicherung zu Leistungen verpflichtet, die ohne den Eintritt des Sicherungsfalles eine Unterstützungskasse erbringen würde, geht deren Vermögen einschließlich der Verbindlichkeiten auf ihn über; die Haftung für die Verbindlichkeiten beschränkt sich auf das übergegangene Vermögen. Wenn die übergegangenen Vermögenswerte den Barwert der Ansprüche und Anwartschaften gegen den Träger der Insolvenzsicherung übersteigen, hat dieser den übersteigenden Teil entsprechend der Satzung der Unterstützungskasse zu verwenden. Bei einer Unterstützungskasse mit mehreren Trägerunternehmen hat der Träger der Insolvenzsicherung einen Anspruch gegen die Unterstützungskasse auf einen Betrag, der dem Teil des Vermögens der Kasse entspricht, der auf das Unternehmen entfällt, bei dem der Sicherungsfall eingetreten ist. Die Sätze 1 bis 3 gelten nicht, wenn der Sicherungsfall auf den in § 7 Abs. 1 Satz 4 Nr. 2 genannten Gründen beruht, es sei denn, daß das Trägerunternehmen seine Betriebstätigkeit nach Eintritt des Sicherungsfalls nicht fortsetzt und aufgelöst wird (Liquidationsvergleich).

(3a) Absatz 3 findet entsprechende Anwendung auf einen Pensionsfonds, wenn die Bundesanstalt für Finanzdienstleistungsaufsicht die Genehmigung für die Übertragung der Leistungspflicht durch den Träger der Insolvenzsicherung nach § 8 Absatz 2 nicht erteilt.

(4) In einem Insolvenzplan, der die Fortführung des Unternehmens oder eines Betriebes vorsieht, kann für den Träger der Insolvenzsicherung eine besondere Gruppe gebildet werden. Sofern im Insolvenzplan nichts anderes vorgesehen ist, kann der Träger der Insolvenzsicherung, wenn innerhalb von drei Jahren nach der Aufhebung des Insolvenzverfahrens ein Antrag auf Eröffnung eines neuen Insolvenzverfahrens über das Vermögen des Arbeitgebers gestellt wird, in diesem Verfahren als Insolvenzgläubiger Erstattung der von ihm erbrachten Leistungen verlangen.

(5) Dem Träger der Insolvenzsicherung steht gegen den Beschluß, durch den das Insolvenzverfahren eröffnet wird, die sofortige Beschwerde zu.

§ 10 Beitragspflicht und Beitragsbemessung

(1) Die Mittel für die Durchführung der Insolvenzsicherung werden auf Grund öffentlich-rechtlicher Verpflichtung durch Beiträge aller Arbeitgeber aufgebracht, die Leistungen der betrieblichen Altersversorgung unmittelbar zugesagt haben oder eine betriebliche Altersversorgung über eine Unterstützungskasse, eine Direktversicherung der in § 7 Abs. 1 Satz 2 und Absatz 2 Satz 1 Nr. 2 bezeichneten Art oder einen Pensionsfonds durchführen.

(2) Die Beiträge müssen den Barwert der im laufenden Kalenderjahr entstehenden Ansprüche auf Leistungen der Insolvenzsicherung decken zuzüglich eines Betrages für die aufgrund eingetretener Insolvenzen zu sichernden Anwartschaften, der sich aus dem Unterschied der Barwerte dieser Anwartschaften am Ende des Kalenderjahres und am Ende des Vorjahres bemisst. Der Rechnungszinsfuß bei der Berechnung des Barwerts der Ansprüche der Insolvenzsicherung bestimmt sich nach § 235 Absatz 1 Satz 1 Nummer 4 des Versicherungsaufsichtsgesetzes [Ab 13.01.2019: *§ 235 Absatz 1 Nummer 4 des Versicherungsaufsichtsgesetzes*]; soweit keine Übertragung nach § 8 Abs. 1 stattfindet, ist der Rechnungszinsfuß bei der Berechnung des Barwerts der Anwartschaften um ein Drittel höher. Darüber hinaus müssen die Beiträge die im gleichen Zeitraum entstehenden Verwaltungskosten und sonstigen Kosten, die mit der Gewährung der Leistungen zusammenhängen, und die Zuführung zu einem von der Bundesanstalt für Finanzdienstleistungsaufsicht festgesetzten Ausgleichsfonds decken; § 193 des Versicherungsaufsichtsgesetzes bleibt unberührt. Auf die am Ende des Kalenderjahres fälligen Beiträge können Vorschüsse erhoben werden. In Jahren, in

denen sich außergewöhnlich hohe Beiträge ergeben würden, kann zu deren Ermäßigung der Ausgleichsfonds in einem von der Bundesanstalt für Finanzdienstleistungsaufsicht zu genehmigenden Umfang herangezogen werden; außerdem können die nach den Sätzen 1 bis 3 erforderlichen Beiträge auf das laufende und die bis zu vier folgenden Kalenderjahre verteilt werden.

(3) Die nach Absatz 2 erforderlichen Beiträge werden auf die Arbeitgeber nach Maßgabe der nachfolgenden Beträge umgelegt, soweit sie sich auf die laufenden Versorgungsleistungen und die nach § 1b unverfallbaren Versorgungsanwartschaften beziehen (Beitragsbemessungsgrundlage); diese Beträge sind festzustellen auf den Schluß des Wirtschaftsjahres des Arbeitgebers, das im abgelaufenen Kalenderjahr geendet hat:

1. Bei Arbeitgebern, die Leistungen der betrieblichen Altersversorgung unmittelbar zugesagt haben, ist Beitragsbemessungsgrundlage der Teilwert der Pensionsverpflichtung (§ 6a Abs. 3 des Einkommensteuergesetzes).

2. Bei Arbeitgebern, die eine betriebliche Altersversorgung über eine Direktversicherung mit widerruflichem Bezugsrecht durchführen, ist Beitragsbemessungsgrundlage das geschäftsplanmäßige Deckungskapital oder, soweit die Berechnung des Deckungskapitals nicht zum Geschäftsplan gehört, die Deckungsrückstellung. Für Versicherungen, bei denen der Versicherungsfall bereits eingetreten ist, und für Versicherungsanwartschaften, für die ein unwiderrufliches Bezugsrecht eingeräumt ist, ist das Deckungskapital oder die Deckungsrückstellung nur insoweit zu berücksichtigen, als die Versicherungen abgetreten oder beliehen sind.

3. Bei Arbeitgebern, die eine betriebliche Altersversorgung über eine Unterstützungskasse durchführen, ist Beitragsbemessungsgrundlage das Deckungskapital für die laufenden Leistungen (§ 4d Abs. 1 Nr. 1 Buchstabe a des Einkommensteuergesetzes) zuzüglich des Zwanzigfachen der nach § 4d Abs. 1 Nr. 1 Buchstabe b Satz 1 des Einkommensteuergesetzes errechneten jährlichen Zuwendungen für Leistungsanwärter im Sinne von § 4d Abs. 1 Nr. 1 Buchstabe b Satz 2 des Einkommensteuergesetzes.

4. Bei Arbeitgebern, soweit sie betriebliche Altersversorgung über einen Pensionsfonds durchführen, ist Beitragsbemessungsgrundlage 20 vom Hundert des entsprechend Nummer 1 ermittelten Betrages.

(4) Aus den Beitragsbescheiden des Trägers der Insolvenzsicherung findet die Zwangsvollstreckung in entsprechender Anwendung der Vorschriften der Zivilprozeßordnung statt. Die vollstreckbare Ausfertigung erteilt der Träger der Insolvenzsicherung.

§ 10a Säumniszuschläge; Zinsen; Verjährung

(1) Für Beiträge, die wegen Verstoßes des Arbeitgebers gegen die Meldepflicht erst nach Fälligkeit erhoben werden, kann der Träger der Insolvenzsicherung für jeden angefangenen Monat vom Zeitpunkt der Fälligkeit an einen Säumniszuschlag in Höhe von bis zu eins vom Hundert der nacherhobenen Beiträge erheben.

(2) Für festgesetzte Beiträge und Vorschüsse, die der Arbeitgeber nach Fälligkeit zahlt, erhebt der Träger der Insolvenzsicherung für jeden Monat Verzugszinsen in Höhe von 0,5 vom Hundert der rückständigen Beiträge. Angefangene Monate bleiben außer Ansatz.

(3) Vom Träger der Insolvenzsicherung zu erstattende Beiträge werden vom Tage der Fälligkeit oder bei Feststellung des Erstattungsanspruchs durch gerichtliche Entscheidung vom Tage der Rechtshängigkeit an für jeden Monat mit 0,5 vom Hundert verzinst. Angefangene Monate bleiben außer Ansatz.

(4) Ansprüche auf Zahlung der Beiträge zur Insolvenzsicherung gemäß § 10 sowie Erstattungsansprüche nach Zahlung nicht geschuldeter Beiträge zur Insolvenzsicherung verjähren in sechs Jahren. Die Verjährungsfrist beginnt mit Ablauf des Kalenderjahres, in dem die Beitragspflicht entstanden oder der Erstattungsanspruch fällig geworden ist. Auf die Verjährung sind die Vorschriften des Bürgerlichen Gesetzbuchs anzuwenden.

§ 11 Melde-, Auskunfts- und Mitteilungspflichten

(1) Der Arbeitgeber hat dem Träger der Insolvenzsicherung eine betriebliche Altersversorgung nach § 1b Abs. 1 bis 4 für seine Arbeitnehmer innerhalb von 3 Monaten nach Erteilung der unmittelbaren Versorgungszusage, dem Abschluß einer Direktversicherung oder der Errichtung einer Unterstützungskasse oder eines Pensionsfonds mitzuteilen. Der Arbeitgeber, der sonstige Träger der Versorgung, der Insolvenzverwalter und die nach § 7 Berechtigten sind verpflichtet, dem Träger der Insolvenzsicherung alle Auskünfte zu erteilen, die zur Durchführung der Vorschriften dieses Abschnittes erforderlich sind,

sowie Unterlagen vorzulegen, ans denen die erforderlichen Angaben ersichtlich sind.

(2) Ein beitragspflichtiger Arbeitgeber hat dem Träger der Insolvenzsicherung spätestens bis zum 30. September eines jeden Kalenderjahres die Höhe des nach § 10 Abs. 3 für die Bemessung des Beitrages maßgebenden Betrages bei unmittelbaren Versorgungszusagen und Pensionsfonds auf Grund eines versicherungsmathematischen Gutachtens, bei Direktversicherungen auf Grund einer Bescheinigung des Versicherers und bei Unterstützungskassen auf Grund einer nachprüfbaren Berechnung mitzuteilen. Der Arbeitgeber hat die in Satz 1 bezeichneten Unterlagen mindestens 6 Jahre aufzubewahren.

(3) Der Insolvenzverwalter hat dem Träger der Insolvenzsicherung die Eröffnung des Insolvenzverfahrens, Namen und Anschriften der Versorgungsempfänger und die Höhe ihrer Versorgung nach § 7 unverzüglich mitzuteilen. Er hat zugleich Namen und Anschriften der Personen, die bei Eröffnung des Insolvenzverfahrens eine nach § 1 unverfallbare Versorgungsanwartschaft haben, sowie die Höhe ihrer Anwartschaft nach § 7 mitzuteilen.

(4) Der Arbeitgeber, der sonstige Träger der Versorgung und die nach § 7 Berechtigten sind verpflichtet, dem Insolvenzverwalter Auskünfte über alle Tatsachen zu erteilen, auf die sich die Mitteilungspflicht nach Absatz 3 bezieht.

(5) In den Fällen, in denen ein Insolvenzverfahren nicht eröffnet wird (§ 7 Abs. 1 Satz 4) oder nach § 207 der Insolvenzordnung eingestellt worden ist, sind die Pflichten des Insolvenzverwalters nach Absatz 3 vom Arbeitgeber oder dem sonstigen Träger der Versorgung zu erfüllen.

(6) Kammern und andere Zusammenschlüsse von Unternehmern oder anderen selbständigen Berufstätigen, die als Körperschaften des öffentlichen Rechts errichtet sind, ferner Verbände und andere Zusammenschlüsse, denen Unternehmer oder andere selbständige Berufstätige kraft Gesetzes angehören oder anzugehören haben, haben den Träger der Insolvenzsicherung bei der Ermittlung der nach § 10 beitragspflichtigen Arbeitgeber zu unterstützen.

(7) Die nach den Absätzen 1 bis 3 und 5 zu Mitteilungen und Auskünften und die nach Absatz 6 zur Unterstützung Verpflichteten haben die vom Träger der Insolvenzsicherung vorgesehenen Vordrucke zu verwenden.

(8) Zur Sicherung der vollständigen Erfassung der nach § 10 beitragspflichtigen Arbeitgeber können die Finanzämter dem Träger der Insolvenzsicherung mitteilen, welche Arbeitgeber für die Beitragspflicht in Betracht kommen. Die Bundesregierung wird ermächtigt, durch Rechtsverordnung mit Zustimmung des Bundesrates das Nähere zu bestimmen und Einzelheiten des Verfahrens zu regeln.

§ 12 Ordnungswidrigkeiten

(1) Ordnungswidrig handelt, wer vorsätzlich oder fahrlässig
1. entgegen § 11 Abs. 1 Satz 1, Abs. 2 Satz 1, Abs. 3 oder Abs. 5 eine Mitteilung nicht, nicht richtig, nicht vollständig oder nicht rechtzeitig vornimmt,
2. entgegen § 11 Abs. 1 Satz 2 oder Abs. 4 eine Auskunft nicht, nicht richtig, nicht vollständig oder nicht rechtzeitig erteilt oder
3. entgegen § 11 Abs. 1 Satz 2 Unterlagen nicht, nicht richtig, nicht vollständig oder nicht rechtzeitig vorlegt oder entgegen § 11 Abs. 2 Satz 2 Unterlagen nicht aufbewahrt.

(2) Die Ordnungswidrigkeit kann mit einer Geldbuße bis zu zweitausendfünfhundert Euro geahndet werden.

(3) Verwaltungsbehörde im Sinne des § 36 Abs. 1 Nr. 1 des Gesetzes über Ordnungswidrigkeiten ist die Bundesanstalt für Finanzdienstleistungsaufsicht.

§ 13 *(weggefallen)*

§ 14 Träger der Insolvenzsicherung

(1) Träger der Insolvenzsicherung ist der Pensions-Sicherungs-Verein Versicherungsverein auf Gegenseitigkeit. Er ist zugleich Träger der Insolvenzsicherung von Versorgungszusagen Luxemburger Unternehmen nach Maßgabe des Abkommens vom 22. September 2000 zwischen der Bundesrepublik Deutschland und dem Großherzogtum Luxemburg über Zusammenarbeit im Bereich der Insolvenzsicherung betrieblicher Altersversorgung.

(2) Der Pensions-Sicherungs-Verein Versicherungsverein auf Gegenseitigkeit unterliegt der Aufsicht durch die Bundesanstalt für Finanzdienstleistungsaufsicht. Soweit dieses Gesetz nichts anderes bestimmt, gelten für ihn die Vorschriften für kleine Versicherungsunternehmen nach den §§ 212 bis 216 des Versicherungsaufsichtsgesetzes und die auf Grund des § 217 des Versicherungsaufsichts-

gesetzes erlassenen Rechtsverordnungen entsprechend. Die folgenden Vorschriften gelten mit folgenden Maßgaben:

1. § 212 Absatz 2 Nummer 1 des Versicherungsaufsichtsgesetzes gilt mit der Maßgabe, dass § 30 des Versicherungsaufsichtsgesetzes Anwendung findet;
2. § 212 Absatz 3 Nummer 6 des Versicherungsaufsichtsgesetzes gilt ohne Maßgabe; § 212 Absatz 3 Nummer 7, 10 und 12 des Versicherungsaufsichtsgesetzes gilt mit der Maßgabe, dass die dort genannten Vorschriften auch auf die interne Revision Anwendung finden; § 212 Absatz 3 Nummer 13 des Versicherungsaufsichtsgesetzes gilt mit der Maßgabe, dass die Bundesanstalt für Finanzdienstleistungsaufsicht bei Vorliegen der gesetzlichen Tatbestandsmerkmale die Erlaubnis zum Geschäftsbetrieb widerrufen kann;
3. § 214 Absatz 1 des Versicherungsaufsichtsgesetzes gilt mit der Maßgabe, dass grundsätzlich die Hälfte des Ausgleichsfonds den Eigenmitteln zugerechnet werden kann. Auf Antrag des Pensions-Sicherungs-Vereins Versicherungsverein auf Gegenseitigkeit kann die Bundesanstalt für Finanzdienstleistungsaufsicht im Fall einer Inanspruchnahme des Ausgleichsfonds nach § 10 Absatz 2 Satz 5 festsetzen, dass der Ausgleichsfonds vorübergehend zu einem hierüber hinausgehenden Anteil den Eigenmitteln zugerechnet werden kann; § 214 Absatz 1 Satz 2 [Ab 13.01.2019: *§ 214 Absatz 6*] des Versicherungsaufsichtsgesetzes findet keine Anwendung;
4. der Umfang des Sicherungsvermögens muss mindestens der Summe aus den Bilanzwerten der in § 125 Absatz 2 des Versicherungsaufsichtsgesetzes genannten Beträge und dem nicht den Eigenmitteln zuzurechnenden Teil des Ausgleichsfonds entsprechen;
5. § 134 Absatz 3 Satz 2 des Versicherungsaufsichtsgesetzes gilt mit der Maßgabe, dass die Aufsichtsbehörde die Frist für Maßnahmen des Pensions-Sicherungs-Vereins Versicherungsverein auf Gegenseitigkeit um einen angemessenen Zeitraum verlängern kann; § 134 Absatz 6 Satz 1 des Versicherungsaufsichtsgesetzes ist entsprechend anzuwenden;
6. § 135 Absatz 2 Satz 2 des Versicherungsaufsichtsgesetzes gilt mit der Maßgabe, dass die Aufsichtsbehörde die genannte Frist um einen angemessenen Zeitraum verlängern kann.

(3) Der Bundesminister für Arbeit und Sozialordnung weist durch Rechtsverordnung mit Zustimmung des Bundesrates die Stellung des Trägers der Insolvenzsicherung der Kreditanstalt für Wiederaufbau zu,

bei der ein Fonds zur Insolvenzsicherung der betrieblichen Altersversorgung gebildet wird, wenn

1. bis zum 31. Dezember 1974 nicht nachgewiesen worden ist, daß der in Absatz 1 genannte Träger die Erlaubnis der Aufsichtsbehörde zum Geschäftsbetrieb erhalten hat,
2. der in Absatz 1 genannte Träger aufgelöst worden ist oder
3. die Aufsichtsbehörde den Geschäftsbetrieb des in Absatz 1 genannten Trägers untersagt oder die Erlaubnis zum Geschäftsbetrieb widerruft.

In den Fällen der Nummern 2 und 3 geht das Vermögen des in Absatz 1 genannten Trägers einschließlich der Verbindlichkeiten auf die Kreditanstalt für Wiederaufbau über, die es dem Fonds zur Insolvenzsicherung der betrieblichen Altersversorgung zuweist.

(4) Wird die Insolvenzsicherung von der Kreditanstalt für Wiederaufbau durchgeführt, gelten die Vorschriften dieses Abschnittes mit folgenden Abweichungen:

1. In § 7 Abs. 6 entfällt die Zustimmung der Bundesanstalt für Finanzdienstleistungsaufsicht.
2. § 10 Abs. 2 findet keine Anwendung. Die von der Kreditanstalt für Wiederaufbau zu erhebenden Beiträge müssen den Bedarf für die laufenden Leistungen der Insolvenzsicherung im laufenden Kalenderjahr und die im gleichen Zeitraum entstehenden Verwaltungskosten und sonstigen Kosten, die mit der Gewährung der Leistungen zusammenhängen, decken. Bei einer Zuweisung nach Absatz 2 Nr. 1 beträgt der Beitrag für die ersten 3 Jahre mindestens 0,1 vom Hundert der Beitragsbemessungsgrundlage gemäß § 10 Abs. 3; der nicht benötigte Teil dieses Beitragsaufkommens wird einer Betriebsmittelreserve zugeführt. Bei einer Zuweisung nach Absatz 2 Nr. 2 oder 3 wird in den ersten 3 Jahren zu dem Beitrag nach Nummer 2 Satz 2 ein Zuschlag von 0,08 vom Hundert der Beitragsbemessungsgrundlage gemäß § 10 Abs. 3 zur Bildung einer Betriebsmittelreserve erhoben. Auf die Beiträge können Vorschüsse erhoben werden.
3. In § 12 Abs. 3 tritt an die Stelle der Bundesanstalt für Finanzdienstleistungsaufsicht die Kreditanstalt für Wiederaufbau.

Die Kreditanstalt für Wiederaufbau verwaltet den Fonds im eigenen Namen. Für Verbindlichkeiten des Fonds haftet sie nur mit dem Vermögen des Fonds. Dieser haftet nicht für die sonstigen Verbindlichkeiten der Bank. § 11 Abs. 1 Satz 1 des Gesetzes über die Kreditanstalt für Wiederaufbau in der Fassung der Bekanntmachung vom 23. Juni 1969 (BGBl. I S. 573), das zuletzt durch Artikel 14 des Gesetzes vom 21. Juni 2002 (BGBl. I S. 2010) geändert worden ist, ist in der jeweils geltenden Fassung auch für den Fonds anzuwenden.

§ 15 Verschwiegenheitspflicht

Personen, die bei dem Träger der Insolvenzsicherung beschäftigt oder für ihn tätig sind, dürfen fremde Geheimnisse, insbesondere Betriebs- oder Geschäftsgeheimnisse, nicht unbefugt offenbaren oder verwerten. Sie sind nach dem Gesetz über die förmliche Verpflichtung nichtbeamteter Personen vom 2. März 1974 (BGBl. I S. 469, 547) von der Bundesanstalt für Finanzdienstleistungsaufsicht auf die gewissenhafte Erfüllung ihrer Obliegenheiten zu verpflichten.

§ 16 Fünfter Abschnitt Anpassung

§ 16 Anpassungsprüfungspflicht

(1) Der Arbeitgeber hat alle drei Jahre eine Anpassung der laufenden Leistungen der betrieblichen Altersversorgung zu prüfen und hierüber nach billigem Ermessen zu entscheiden; dabei sind insbesondere die Belange des Versorgungsempfängers und die wirtschaftliche Lage des Arbeitgebers zu berücksichtigen.

(2) Die Verpflichtung nach Absatz 1 gilt als erfüllt, wenn die Anpassung nicht geringer ist als der Anstieg

1. des Verbraucherpreisindexes für Deutschland oder
2. der Nettolöhne vergleichbarer Arbeitnehmergruppen des Unternehmens

im Prüfungszeitraum.

(3) Die Verpflichtung nach Absatz 1 entfällt, wenn

1. der Arbeitgeber sich verpflichtet, die laufenden Leistungen jährlich um wenigstens eins vom Hundert anzupassen,
2. die betriebliche Altersversorgung über eine Direktversicherung im Sinne des § 1b Abs. 2 oder über eine Pensionskasse im Sinne des § 1b Abs. 3 durchgeführt wird und ab Rentenbeginn sämtliche auf

den Rentenbestand entfallende Überschußanteile zur Erhöhung der laufenden Leistungen verwendet werden oder
3. eine Beitragszusage mit Mindestleistung erteilt wurde; Absatz 5 findet insoweit keine Anwendung.

(4) Sind laufende Leistungen nach Absatz 1 nicht oder nicht in vollem Umfang anzupassen (zu Recht unterbliebene Anpassung), ist der Arbeitgeber nicht verpflichtet, die Anpassung zu einem späteren Zeitpunkt nachzuholen. Eine Anpassung gilt als zu Recht unterblieben, wenn der Arbeitgeber dem Versorgungsempfänger die wirtschaftliche Lage des Unternehmens schriftlich dargelegt, der Versorgungsempfänger nicht binnen drei Kalendermonaten nach Zugang der Mitteilung schriftlich widersprochen hat und er auf die Rechtsfolgen eines nicht fristgemäßen Widerspruchs hingewiesen wurde.

(5) Soweit betriebliche Altersversorgung durch Entgeltumwandlung finanziert wird, ist der Arbeitgeber verpflichtet, die Leistungen mindestens entsprechend Absatz 3 Nr. 1 anzupassen oder im Falle der Durchführung über eine Direktversicherung oder eine Pensionskasse sämtliche Überschussanteile entsprechend Absatz 3 Nr. 2 zu verwenden.

(6) Eine Verpflichtung zur Anpassung besteht nicht für monatliche Raten im Rahmen eines Auszahlungsplans sowie für Renten ab Vollendung des 85. Lebensjahres im Anschluss an einen Auszahlungsplan.

§§ 17 - 18a Sechster Abschnitt Geltungsbereich

§ 17 Persönlicher Geltungsbereich

(1) Arbeitnehmer im Sinne der §§ 1 bis 16 sind Arbeiter und Angestellte einschließlich der zu ihrer Berufsausbildung Beschäftigten; ein Berufsausbildungsverhältnis steht einem Arbeitsverhältnis gleich. Die §§ 1 bis 16 gelten entsprechend für Personen, die nicht Arbeitnehmer sind, wenn ihnen Leistungen der Alters-, Invaliditäts- oder Hinterbliebenenversorgung aus Anlaß ihrer Tätigkeit für ein Unternehmen zugesagt worden sind. Arbeitnehmer im Sinne von § 1a Abs. 1 sind nur Personen nach den Sätzen 1 und 2, soweit sie aufgrund der Beschäftigung oder Tätigkeit bei dem Arbeitgeber, gegen den sich der Anspruch nach § 1a richten würde, in der gesetzlichen Rentenversicherung pflichtversichert sind.

(2) Die §§ 7 bis 15 gelten nicht für den Bund, die Länder, die Gemeinden sowie die Körperschaften, Stiftungen und Anstalten des öffentlichen Rechts, bei denen das Insolvenzverfahren nicht zulässig ist, und solche juristischen Personen des öffentlichen Rechts, bei denen der Bund, ein Land oder eine Gemeinde kraft Gesetzes die Zahlungsfähigkeit sichert.

(3) Gesetzliche Regelungen über Leistungen der betrieblichen Altersversorgung werden unbeschadet des § 18 durch die §§ 1 bis 16 und 26 bis 30 nicht berührt.

§ 18 Sonderregelungen für den öffentlichen Dienst

(1) Für Personen, die

1. bei der Versorgungsanstalt des Bundes und der Länder (VBL) oder einer kommunalen oder kirchlichen Zusatzversorgungseinrichtung versichert sind, oder
2. bei einer anderen Zusatzversorgungseinrichtung versichert sind, die mit einer der Zusatzversorgungseinrichtungen nach Nummer 1 ein Überleitungsabkommen abgeschlossen hat oder aufgrund satzungsrechtlicher Vorschriften der Zusatzversorgungseinrichtungen nach Nummer 1 ein solches Abkommen abschließen kann, oder
3. unter das Hamburgische Zusatzversorgungsgesetz oder unter das Bremische Ruhelohngesetz in ihren jeweiligen Fassungen fallen oder auf die diese Gesetze sonst Anwendung finden,

gelten die §§ 2, 2a Absatz 1, 3 und 4 sowie die §§ 5, 16, 27 und 28 nicht, soweit sich aus den nachfolgenden Regelungen nichts Abweichendes ergibt; § 4 gilt nicht, wenn die Anwartschaft oder die laufende Leistung ganz oder teilweise umlage- oder haushaltsfinanziert ist.

(2) Bei Eintritt des Versorgungsfalles vor dem 2. Januar 2002 erhalten die in Absatz 1 Nummer 1 und 2 bezeichneten Personen, deren Anwartschaft nach § 1b fortbesteht und deren Arbeitsverhältnis vor Eintritt des Versorgungsfalles geendet hat, von der Zusatzversorgungseinrichtung aus der Pflichtversicherung eine Zusatzrente nach folgenden Maßgaben:

1. Der monatliche Betrag der Zusatzrente beträgt für jedes Jahr der aufgrund des Arbeitsverhältnisses bestehenden Pflichtversicherung bei einer Zusatzversorgungseinrichtung 2,25 vom Hundert, höchstens jedoch 100 vom Hundert der Leistung, die bei dem höchstmöglichen Versorgungssatz zugestanden hätte (Voll-Leistung). Für die Berechnung der Voll-Leistung

a) ist der Versicherungsfall der Regelaltersrente maßgebend,
b) ist das Arbeitsentgelt maßgebend, das nach der Versorgungsregelung für die Leistungsbemessung maßgebend wäre, wenn im Zeitpunkt des Ausscheidens der Versicherungsfall im Sinne der Versorgungsregelung eingetreten wäre,
c) findet § 2a Absatz 1 entsprechend Anwendung,
d) ist im Rahmen einer Gesamtversorgung der im Falle einer Teilzeitbeschäftigung oder Beurlaubung nach der Versorgungsregelung für die gesamte Dauer des Arbeitsverhältnisses maßgebliche Beschäftigungsquotient nach der Versorgungsregelung als Beschäftigungsquotient auch für die übrige Zeit maßgebend,
e) finden die Vorschriften der Versorgungsregelung über eine Mindestleistung keine Anwendung und
f) ist eine anzurechnende Grundversorgung nach dem bei der Berechnung von Pensionsrückstellungen für die Berücksichtigung von Renten aus der gesetzlichen Rentenversicherung allgemein zulässigen Verfahren zu ermitteln. Hierbei ist das Arbeitsentgelt nach Buchstabe b zugrunde zu legen und – soweit während der Pflichtversicherung Teilzeitbeschäftigung bestand – diese nach Maßgabe der Versorgungsregelung zu berücksichtigen.

2. Die Zusatzrente vermindert sich um 0,3 vom Hundert für jeden vollen Kalendermonat, den der Versorgungsfall vor Vollendung des 65. Lebensjahres eintritt, höchstens jedoch um den in der Versorgungsregelung für die Voll-Leistung vorgesehenen Vomhundertsatz.

3. Übersteigt die Summe der Vomhundertsätze nach Nummer 1 aus unterschiedlichen Arbeitsverhältnissen 100, sind die einzelnen Leistungen im gleichen Verhältnis zu kürzen.

4. Die Zusatzrente muss monatlich mindestens den Betrag erreichen, der sich aufgrund des Arbeitsverhältnisses nach der Versorgungsregelung als Versicherungsrente aus den jeweils maßgeblichen Vomhundertsätzen der zusatzversorgungspflichtigen Entgelte oder der gezahlten Beiträge und Erhöhungsbeträge ergibt.

5. Die Vorschriften der Versorgungsregelung über das Erlöschen, das Ruhen und die Nichtleistung der Versorgungsrente gelten entsprechend. Soweit die Versorgungsregelung eine Mindestleistung

in Ruhensfällen vorsieht, gilt dies nur, wenn die Mindestleistung der Leistung im Sinne der Nummer 4 entspricht.

6. Verstirbt die in Absatz 1 genannte Person und beginnt die Hinterbliebenenrente vor dem 2. Januar 2002, erhält eine Witwe oder ein Witwer 60 vom Hundert, eine Witwe oder ein Witwer im Sinne des § 46 Abs. 1 des Sechsten Buches Sozialgesetzbuch 42 vom Hundert, eine Halbwaise 12 vom Hundert und eine Vollwaise 20 vom Hundert der unter Berücksichtigung der in diesem Absatz genannten Maßgaben zu berechnenden Zusatzrente; die §§ 46, 48, 103 bis 105 des Sechsten Buches Sozialgesetzbuch sind entsprechend anzuwenden. Die Leistungen an mehrere Hinterbliebene dürfen den Betrag der Zusatzrente nicht übersteigen; gegebenenfalls sind die Leistungen im gleichen Verhältnis zu kürzen.

7. Versorgungsfall ist der Versicherungsfall im Sinne der Versorgungsregelung.

(2a) Bei Eintritt des Versorgungsfalles oder bei Beginn der Hinterbliebenenrente nach dem 1. Januar 2002 erhalten die in Absatz 1 Nummer 1 und 2 genannten Personen, deren Anwartschaft nach § 1b fortbesteht und deren Arbeitsverhältnis vor Eintritt des Versorgungsfalles geendet hat, von der Zusatzversorgungseinrichtung die nach der jeweils maßgebenden Versorgungsregelung vorgesehenen Leistungen.

(3) Personen, auf die bis zur Beendigung ihres Arbeitsverhältnisses die Regelungen des Hamburgischen Zusatzversorgungsgesetzes oder des Bremischen Ruhelohngesetzes in ihren jeweiligen Fassungen Anwendung gefunden haben, haben Anspruch gegenüber ihrem ehemaligen Arbeitgeber auf Leistungen in sinngemäßer Anwendung des Absatzes 2 mit Ausnahme von Absatz 2 Nummer 3 und 4 sowie Nummer 5 Satz 2; bei Anwendung des Hamburgischen Zusatzversorgungsgesetzes bestimmt sich der monatliche Betrag der Zusatzrente abweichend von Absatz 2 nach der nach dem Hamburgischen Zusatzversorgungsgesetz maßgebenden Berechnungsweise. An die Stelle des Stichtags 2. Januar 2002 tritt im Bereich des Hamburgischen Zusatzversorgungsgesetzes der 1. August 2003 und im Bereich des Bremischen Ruhelohngesetzes der 1. März 2007.

(4) Die Leistungen nach den Absätzen 2, 2a und 3 werden in der Pflichtversicherung jährlich zum 1. Juli um 1 Prozent erhöht. In der freiwilligen Versicherung bestimmt sich die Anpassung der Leistungen nach der jeweils maßgebenden Versorgungsregelung.

(5) Besteht bei Eintritt des Versorgungsfalles neben dem Anspruch auf Zusatzrente nach Absatz 2 oder auf die in Absatz 3 oder Absatz 7 bezeichneten Leistungen auch Anspruch auf eine Versorgungsrente oder Versicherungsrente der in Absatz 1 Satz 1 Nr. 1 und 2 bezeichneten Zusatzversorgungseinrichtungen oder Anspruch auf entsprechende Versorgungsleistungen der Versorgungsanstalt der deutschen Kulturorchester oder der Versorgungsanstalt der deutschen Bühnen oder nach den Regelungen des Ersten Ruhegeldgesetzes, des Zweiten Ruhegeldgesetzes oder des Bremischen Ruhelohngesetzes, in deren Berechnung auch die der Zusatzrente zugrunde liegenden Zeiten berücksichtigt sind, ist nur die im Zahlbetrag höhere Rente zu leisten.

(6) Eine Anwartschaft auf Versorgungsleistungen kann bei Übertritt der anwartschaftsberechtigten Person in ein Versorgungssystem einer überstaatlichen Einrichtung in das Versorgungssystem dieser Einrichtung übertragen werden, wenn ein entsprechendes Abkommen zwischen der Zusatzversorgungseinrichtung oder der Freien und Hansestadt Hamburg oder der Freien Hansestadt Bremen und der überstaatlichen Einrichtung besteht.

(7) Für Personen, die bei der Versorgungsanstalt der deutschen Kulturorchester oder der Versorgungsanstalt der deutschen Bühnen pflichtversichert sind, gelten die §§ 2 und 3, mit Ausnahme von § 3 Absatz 2 Satz 3, sowie die §§ 4, 5, 16, 27 und 28 nicht. Bei Eintritt des Versorgungsfalles treten an die Stelle der Zusatzrente und der Leistungen an Hinterbliebene nach Absatz 2 und an die Stelle der Regelung in Absatz 4 die satzungsgemäß vorgesehenen Leistungen; Absatz 2 Nr. 5 findet entsprechend Anwendung. Als pflichtversichert gelten auch die freiwillig Versicherten der Versorgungsanstalt der deutschen Kulturorchester und der Versorgungsanstalt der deutschen Bühnen.

(8) Gegen Entscheidungen der Zusatzversorgungseinrichtungen über Ansprüche nach diesem Gesetz ist der Rechtsweg gegeben, der für Versicherte der Einrichtung gilt.

(9) Bei Personen, die aus einem Arbeitsverhältnis ausscheiden, in dem sie nach § 5 Abs. 1 Satz 1 Nr. 2 des Sechsten Buches Sozialgesetzbuch versicherungsfrei waren, dürfen die Ansprüche nach § 2 Abs. 1 Satz 1 und 2 nicht hinter dem Rentenanspruch zurückbleiben, der sich ergeben hätte, wenn der Arbeitnehmer für die Zeit der versicherungsfreien Beschäftigung in der gesetzlichen Rentenversicherung nachversichert worden wäre; die Vergleichsberechnung ist im Versorgungsfall

aufgrund einer Auskunft der Deutschen Rentenversicherung Bund vorzunehmen.

§ 18a Verjährung

Der Anspruch auf Leistungen aus der betrieblichen Altersversorgung verjährt in 30 Jahren. Ansprüche auf regelmäßig wiederkehrende Leistungen unterliegen der regelmäßigen Verjährungsfrist nach den Vorschriften des Bürgerlichen Gesetzbuchs.

§§ 19 – 25 Siebter Abschnitt Betriebliche Altersversorgung und Tarifvertrag

§§ 19 - 20 Unterabschnitt 1 Tariföffnung; Optionssysteme

§ 19 Allgemeine Tariföffnungsklausel

(1) Von den §§ 1a, 2, 2a Absatz 1, 3 und 4, § 3, mit Ausnahme des § 3 Absatz 2 Satz 3, von den §§ 4, 5, 16, 18a Satz 1, §§ 27 und 28 kann in Tarifverträgen abgewichen werden.

(2) Die abweichenden Bestimmungen haben zwischen nichttarifgebundenen Arbeitgebern und Arbeitnehmern Geltung, wenn zwischen diesen die Anwendung der einschlägigen tariflichen Regelung vereinbart ist.

(3) Im Übrigen kann von den Bestimmungen dieses Gesetzes nicht zuungunsten des Arbeitnehmers abgewichen werden.

§ 20 Tarifvertrag und Entgeltumwandlung; Optionssysteme

(1) Soweit Entgeltansprüche auf einem Tarifvertrag beruhen, kann für diese eine Entgeltumwandlung nur vorgenommen werden, soweit dies durch Tarifvertrag vorgesehen oder durch Tarifvertrag zugelassen ist.

(2) In einem Tarifvertrag oder auf Grund eines Tarifvertrages in einer Betriebs- oder Dienstvereinbarung kann geregelt werden, dass der Arbeitgeber für alle Arbeitnehmer oder für eine Gruppe von Arbeitnehmern des Unternehmens oder einzelner Betriebe eine automati-

sche Entgeltumwandlung einführt, gegen die der Arbeitnehmer ein Widerspruchsrecht hat (Optionssystem). Das Angebot des Arbeitgebers auf Entgeltumwandlung gilt als vom Arbeitnehmer angenommen, wenn er nicht widersprochen hat und das Angebot

1. in Textform und mindestens drei Monate vor der ersten Fälligkeit des umzuwandelnden Entgelts gemacht worden ist und
2. deutlich darauf hinweist,
   a) welcher Betrag und welcher Vergütungsbestandteil umgewandelt werden sollen und
   b) dass der Arbeitnehmer ohne Angabe von Gründen innerhalb einer Frist von mindestens einem Monat nach dem Zugang des Angebots widersprechen und die Entgeltumwandlung mit einer Frist von höchstens einem Monat beenden kann.

Nichttarifgebundene Arbeitgeber können ein einschlägiges tarifvertragliches Optionssystem anwenden oder auf Grund eines einschlägigen Tarifvertrages durch Betriebs- oder Dienstvereinbarung die Einführung eines Optionssystems regeln; Satz 2 gilt entsprechend.

§§ 21 – 25 Unterabschnitt 2 Tarifvertrag und reine Beitragszusage

§ 21 Tarifvertragsparteien

(1) Vereinbaren die Tarifvertragsparteien eine betriebliche Altersversorgung in Form der reinen Beitragszusage, müssen sie sich an deren Durchführung und Steuerung beteiligen.

(2) Die Tarifvertragsparteien sollen im Rahmen von Tarifverträgen nach Absatz 1 bereits bestehende Betriebsrentensysteme angemessen berücksichtigen. Die Tarifvertragsparteien müssen insbesondere prüfen, ob auf der Grundlage einer Betriebs- oder Dienstvereinbarung oder, wenn ein Betriebs- oder Personalrat nicht besteht, durch schriftliche Vereinbarung zwischen Arbeitgeber und Arbeitnehmer, tarifvertraglich vereinbarte Beiträge für eine reine Beitragszusage für eine andere nach diesem Gesetz zulässige Zusageart verwendet werden dürfen.

(3) Die Tarifvertragsparteien sollen nichttarifgebundenen Arbeitgebern und Arbeitnehmern den Zugang zur durchführenden Versorgungseinrichtung nicht verwehren. Der durchführenden Versorgungs-

einrichtung dürfen im Hinblick auf die Aufnahme und Verwaltung von Arbeitnehmern nichttarifgebundener Arbeitgeber keine sachlich unbegründeten Vorgaben gemacht werden.

(4) Wird eine reine Beitragszusage über eine Direktversicherung durchgeführt, kann eine gemeinsame Einrichtung nach § 4 des Tarifvertragsgesetzes als Versicherungsnehmer an die Stelle des Arbeitgebers treten.

§ 22 Arbeitnehmer und Versorgungseinrichtung

(1) Bei einer reinen Beitragszusage hat der Pensionsfonds, die Pensionskasse oder die Direktversicherung dem Versorgungsempfänger auf der Grundlage des planmäßig zuzurechnenden Versorgungskapitals laufende Leistungen der betrieblichen Altersversorgung zu erbringen. Die Höhe der Leistungen darf nicht garantiert werden.

(2) Die auf den gezahlten Beiträgen beruhende Anwartschaft auf Altersrente ist sofort unverfallbar. Die Erträge der Versorgungseinrichtung müssen auch dem ausgeschiedenen Arbeitnehmer zugutekommen.

(3) Der Arbeitnehmer hat gegenüber der Versorgungseinrichtung das Recht,

1. nach Beendigung des Arbeitsverhältnisses
    a) die Versorgung mit eigenen Beiträgen fortzusetzen oder
    b) innerhalb eines Jahres das gebildete Versorgungskapital auf die neue Versorgungseinrichtung, an die Beiträge auf der Grundlage einer reinen Beitragszusage gezahlt werden, zu übertragen,
2. entsprechend § 4a Auskunft zu verlangen und
3. entsprechend § 6 vorzeitige Altersleistungen in Anspruch zu nehmen.

(4) Die bei der Versorgungseinrichtung bestehende Anwartschaft ist nicht übertragbar, nicht beleihbar und nicht veräußerbar. Sie darf vorbehaltlich des Satzes 3 nicht vorzeitig verwertet werden. Die Versorgungseinrichtung kann Anwartschaften und laufende Leistungen bis zu der Wertgrenze in § 3 Absatz 2 Satz 1 abfinden; § 3 Absatz 2 Satz 2 gilt entsprechend.

(5) Für die Verjährung der Ansprüche gilt § 18a entsprechend.

§ 23 Zusatzbeiträge des Arbeitgebers

(1) Zur Absicherung der reinen Beitragszusage soll im Tarifvertrag ein Sicherungsbeitrag vereinbart werden.

(2) Bei einer reinen Beitragszusage ist im Fall der Entgeltumwandlung im Tarifvertrag zu regeln, dass der Arbeitgeber 15 Prozent des umgewandelten Entgelts zusätzlich als Arbeitgeberzuschuss an die Versorgungseinrichtung weiterleiten muss, soweit der Arbeitgeber durch die Entgeltumwandlung Sozialversicherungsbeiträge einspart.

§ 24 Nichttarifgebundene Arbeitgeber und Arbeitnehmer

Nichttarifgebundene Arbeitgeber und Arbeitnehmer können die Anwendung der einschlägigen tariflichen Regelung vereinbaren.

§ 25 Verordnungsermächtigung

Das Bundesministerium für Arbeit und Soziales wird ermächtigt, im Einvernehmen mit dem Bundesministerium der Finanzen durch Rechtsverordnung Mindestanforderungen an die Verwendung der Beiträge nach § 1 Absatz 2 Nummer 2a festzulegen. Die Ermächtigung kann im Einvernehmen mit dem Bundesministerium der Finanzen auf die Bundesanstalt für Finanzdienstleistungsaufsicht übertragen werden. Rechtsverordnungen nach den Sätzen 1 und 2 bedürfen nicht der Zustimmung des Bundesrates.

§§ 26 – 32 Zweiter Teil Übergangs- und Schlußvorschriften

§ 26 [Ausschluß der Rückwirkung]

Die §§ 1 bis 4 und 18 gelten nicht, wenn das Arbeitsverhältnis oder Dienstverhältnis vor dem Inkrafttreten des Gesetzes beendet worden ist.

§ 26a Übergangsvorschrift zu § 1a Absatz 1a

§ 1a Absatz 1a gilt für individual- und kollektivrechtliche Entgeltumwandlungsvereinbarungen, die vor dem 1. Januar 2019 geschlossen worden sind, erst ab dem 1. Januar 2022.

§ 27 [Direktversicherung und Pensionskassen]

§ 2 Abs. 2 Satz 2 Nr. 2 und 3 und Abs. 3 Satz 2 Nr. 1 und 2 gelten in Fällen, in denen vor dem Inkrafttreten des Gesetzes die Direktversicherung abgeschlossen worden ist oder die Versicherung des Arbeitnehmers bei einer Pensionskasse begonnen hat, mit der Maßgabe, daß die in diesen Vorschriften genannten Voraussetzungen spätestens für die Zeit nach Ablauf eines Jahres seit dem Inkrafttreten des Gesetzes erfüllt sein müssen.

§ 28 [Auszehrungs- und Anrechnungsverbot]

§ 5 gilt für Fälle, in denen der Versorgungsfall vor dem Inkrafttreten des Gesetzes eingetreten ist, mit der Maßgabe, daß diese Vorschrift bei der Berechnung der nach dem Inkrafttreten des Gesetzes fällig werdenden Versorgungsleistungen anzuwenden ist.

§ 29 [Vorzeitige Altersleistung]

§ 6 gilt für die Fälle, in denen das Altersruhegeld der gesetzlichen Rentenversicherung bereits vor dem Inkrafttreten des Gesetzes in Anspruch genommen worden ist, mit der Maßgabe, daß die Leistungen der betrieblichen Altersversorgung vom Inkrafttreten des Gesetzes an zu gewähren sind.

§ 30 [Erstmalige Beitrags- und Leistungspflicht bei Insolvenzsicherung]

Ein Anspruch gegen den Träger der Insolvenzsicherung nach § 7 besteht nur, wenn der Sicherungsfall nach dem Inkrafttreten der §§ 7 bis 15 eingetreten ist; er kann erstmals nach dem Ablauf von sechs Monaten nach diesem Zeitpunkt geltend gemacht werden. Die Beitragspflicht des Arbeitgebers beginnt mit dem Inkrafttreten der §§ 7 bis 15.

§ 30a *[weggefallen]*

§ 30b [Insolvenzsicherung]

§ 4 Abs. 3 gilt nur für Zusagen, die nach dem 31. Dezember 2004 erteilt wurden.

§ 30c [Laufende Leistungen]

(1) § 16 Abs. 3 Nr. 1 gilt nur für laufende Leistungen, die auf Zusagen beruhen, die nach dem 31. Dezember 1998 erteilt werden.

(1a) § 16 Absatz 3 Nummer 2 gilt auch für Anpassungszeiträume, die vor dem 1. Januar 2016 liegen; in diesen Zeiträumen bereits erfolgte Anpassungen oder unterbliebene Anpassungen, gegen die der Versorgungsberechtigte vor dem 1. Januar 2016 Klage erhoben hat, bleiben unberührt.

(2) § 16 Abs. 4 gilt nicht für vor dem 1. Januar 1999 zu Recht unterbliebene Anpassungen.

(3) § 16 Abs. 5 gilt nur für laufende Leistungen, die auf Zusagen beruhen, die nach dem 31. Dezember 2000 erteilt werden.

(4) Für die Erfüllung der Anpassungsprüfungspflicht für Zeiträume vor dem 1. Januar 2003 gilt § 16 Abs. 2 Nr. 1 mit der Maßgabe, dass an die Stelle des Verbraucherpreisindexes für Deutschland der Preisindex für die Lebenshaltung von 4-Personen-Haushalten von Arbeitern und Angestellten mit mittlerem Einkommen tritt.

§ 30d Übergangsregelung zu § 18

(1) Ist der Versorgungsfall vor dem 1. Januar 2001 eingetreten oder ist der Arbeitnehmer vor dem 1. Januar 2001 aus dem Beschäftigungsverhältnis bei einem öffentlichen Arbeitgeber ausgeschieden und der Versorgungsfall nach dem 31. Dezember 2000 und vor dem 2. Januar 2002 eingetreten, sind für die Berechnung der Voll-Leistung die Regelungen der Zusatzversorgungseinrichtungen nach § 18 Abs. 1 Satz 1 Nr. 1 und 2 oder die Gesetze im Sinne des § 18 Abs. 1 Satz 1 Nr. 3 sowie die weiteren Berechnungsfaktoren jeweils in der am 31. Dezember 2000 geltenden Fassung maßgebend; § 18 Abs. 2 Nr. 1 Buchstabe b bleibt unberührt. Die Steuerklasse III/0 ist zugrunde zu legen. Ist der Versorgungsfall vor dem 1. Januar 2001 eingetreten, besteht der Anspruch auf Zusatzrente mindestens in der Höhe, wie er sich aus § 18 in der Fassung vom 16. Dezember 1997 (BGBl. I S. 2998) ergibt.

(2) Die Anwendung des § 18 ist in den Fällen des Absatzes 1 ausgeschlossen, soweit eine Versorgungsrente der in § 18 Abs. 1 Satz 1 Nr. 1 und 2 bezeichneten Zusatzversorgungseinrichtungen oder eine entsprechende Leistung aufgrund der Regelungen des Ersten Ruhegeldgesetzes, des Zweiten Ruhegeldgesetzes oder des Bremischen Ruhelohngesetzes bezogen wird, oder eine Versicherungsrente abgefunden wurde.

(2a) Für Personen, deren Beschäftigungsverhältnis vor dem 1. Januar 2002 vor Eintritt des Versorgungsfalls geendet hat und deren Anwartschaft nach § 1b fortbesteht, haben die in § 18 Absatz 1 Satz 1 Nummer 1 und 2 bezeichneten Zusatzversorgungseinrichtungen bei Eintritt des Versorgungsfalls nach dem 1. Januar 2002 die Anwartschaft für Zeiten bis zum 1. Januar 2002 nach § 18 Absatz 2 unter Berücksichtigung des § 18 Absatz 5 zu ermitteln.

(3) Für Arbeitnehmer im Sinne des § 18 Abs. 1 Satz 1 Nr. 4, 5 und 6 in der bis zum 31. Dezember 1998 geltenden Fassung, für die bis zum 31. Dezember 1998 ein Anspruch auf Nachversicherung nach § 18 Abs. 6 ent-

standen ist, gilt Absatz 1 Satz 1 für die aufgrund der Nachversicherung zu ermittelnde Voll-Leistung entsprechend mit der Maßgabe, dass sich der nach § 2 zu ermittelnde Anspruch gegen den ehemaligen Arbeitgeber richtet. Für den nach § 2 zu ermittelnden Anspruch gilt § 18 Abs. 2 Nr. 1 Buchstabe b entsprechend; für die übrigen Bemessungsfaktoren ist auf die Rechtslage am 31. Dezember 2000 abzustellen. Leistungen der gesetzlichen Rentenversicherung, die auf einer Nachversicherung wegen Ausscheidens aus einem Dienstordnungsverhältnis beruhen, und Leistungen, die die zuständige Versorgungseinrichtung aufgrund von Nachversicherungen im Sinne des § 18 Abs. 6 in der am 31. Dezember 1998 geltenden Fassung gewährt, werden auf den Anspruch nach § 2 angerechnet. Hat das Arbeitsverhältnis im Sinne des § 18 Abs. 9 bereits am 31. Dezember 1998 bestanden, ist in die Vergleichsberechnung nach § 18 Abs. 9 auch die Zusatzrente nach § 18 in der bis zum 31. Dezember 1998 geltenden Fassung einzubeziehen.

§ 30e [Leistungszusage]

(1) § 1 Abs. 2 Nr. 4 zweiter Halbsatz gilt für Zusagen, die nach dem 31. Dezember 2002 erteilt werden.

(2) § 1 Abs. 2 Nr. 4 zweiter Halbsatz findet auf Pensionskassen, deren Leistungen der betrieblichen Altersversorgung durch Beiträge der Arbeitnehmer und Arbeitgeber gemeinsam finanziert und die als beitragsorientierte Leistungszusage oder als Leistungszusage durchgeführt werden, mit der Maßgabe Anwendung, dass dem ausgeschiedenen Arbeitnehmer das Recht zur Fortführung mit eigenen Beiträgen nicht eingeräumt werden und eine Überschussverwendung gemäß § 1b Abs. 5 Nr. 1 nicht erfolgen muss. Wird dem ausgeschiedenen Arbeitnehmer ein Recht zur Fortführung nicht eingeräumt, gilt für die Höhe der unverfallbaren Anwartschaft § 2 Absatz 5 entsprechend. Für die Anpassung laufender Leistungen gelten die Regelungen nach § 16 Abs. 1 bis 4. Die Regelung in Absatz 1 bleibt unberührt.

§ 30f [Anwartschaft]

(1) Wenn Leistungen der betrieblichen Altersversorgung vor dem 1. Januar 2001 zugesagt worden sind, ist § 1b Abs. 1 mit der Maßgabe anzuwenden, dass die Anwartschaft erhalten bleibt, wenn das Arbeitsverhältnis vor Eintritt des Versorgungsfalles, jedoch nach Vollendung des 35. Lebensjahres endet und die Versorgungszusage zu diesem Zeitpunkt

1. mindestens zehn Jahre oder
2. bei mindestens zwölfjähriger Betriebszugehörigkeit mindestens drei Jahre

bestanden hat; in diesen Fällen bleibt die Anwartschaft auch erhalten, wenn die Zusage ab dem 1. Januar 2001 fünf Jahre bestanden hat und bei Beendigung des Arbeitsverhältnisses das 30. Lebensjahr vollendet ist. § 1b Abs. 5 findet für Anwartschaften aus diesen Zusagen keine Anwendung.

(2) Wenn Leistungen der betrieblichen Altersversorgung vor dem 1. Januar 2009 und nach dem 31. Dezember 2000 zugesagt worden sind, ist § 1b Abs. 1 Satz 1 mit der Maßgabe anzuwenden, dass die Anwartschaft erhalten bleibt, wenn das Arbeitsverhältnis vor Eintritt des Versorgungsfalls, jedoch nach Vollendung des 30. Lebensjahres endet und die Versorgungszusage zu diesem Zeitpunkt fünf Jahre bestanden hat; in diesen Fällen bleibt die Anwartschaft auch erhalten, wenn die Zusage ab dem 1. Januar 2009 fünf Jahre bestanden hat und bei Beendigung des Arbeitsverhältnisses das 25. Lebensjahr vollendet ist.

(3) Wenn Leistungen der betrieblichen Altersversorgung vor dem 1. Januar 2018 und nach dem 31. Dezember 2008 zugesagt worden sind, ist § 1b Absatz 1 Satz 1 mit der Maßgabe anzuwenden, dass die Anwartschaft erhalten bleibt, wenn das Arbeitsverhältnis vor Eintritt des Versorgungsfalls, jedoch nach Vollendung des 25. Lebensjahres endet und die Versorgungszusage zu diesem Zeitpunkt fünf Jahre bestanden hat; in diesen Fällen bleibt die Anwartschaft auch erhalten, wenn die Zusage ab dem 1. Januar 2018 drei Jahre bestanden hat und bei Beendigung des Arbeitsverhältnisses das 21. Lebensjahr vollendet ist.

§ 30g [Zusage von Anwartschaften]

(1) § 2a Absatz 2 gilt nicht für Beschäftigungszeiten vor dem 1. Januar 2018. Für Beschäftigungszeiten nach dem 31. Dezember 2017 gilt § 2a Absatz 2 nicht, wenn das Versorgungssystem vor dem 20. Mai 2014 für neue Arbeitnehmer geschlossen war.

(2) § 2 Abs. 5 gilt nur für Anwartschaften, die auf Zusagen beruhen, die nach dem 31. Dezember 2000 erteilt worden sind. Im Einvernehmen zwischen Arbeitgeber und Arbeitnehmer kann § 2 Abs. 5 auch auf Anwartschaften angewendet werden, die auf Zusagen beruhen, die vor dem 1. Januar 2001 erteilt worden sind.

(2) § 3 findet keine Anwendung auf laufende Leistungen, die vor dem 1. Januar 2005 erstmals gezahlt worden sind.

§ 30h [Entgeltumwandlungen]

§ 20 Absatz 1 gilt für Entgeltumwandlungen, die auf Zusagen beruhen, die nach dem 29. Juni 2001 erteilt werden.

§ 30i

(1) Der Barwert der bis zum 31. Dezember 2005 aufgrund eingetretener Insolvenzen zu sichernden Anwartschaften wird einmalig auf die beitragspflichtigen Arbeitgeber entsprechend § 10 Abs. 3 umgelegt und vom Träger der Insolvenzsicherung nach Maßgabe der Beträge zum Schluss des Wirtschaftsjahres, das im Jahr 2004 geendet hat, erhoben. Der Rechnungszinsfuß bei der Berechnung des Barwerts beträgt 3,67 vom Hundert.

(2) Der Betrag ist in 15 gleichen Raten fällig. Die erste Rate wird am 31. März 2007 fällig, die weiteren zum 31. März der folgenden Kalenderjahre. Bei vorfälliger Zahlung erfolgt eine Diskontierung der einzelnen Jahresraten mit dem zum Zeitpunkt der Zahlung um ein Drittel erhöhten Rechnungszinsfuß nach der nach § 235 Nummer 4 des Versicherungsaufsichtsgesetzes erlassenen Rechtsverordnung, wobei nur volle Monate berücksichtigt werden.

(3) Der abgezinste Gesamtbetrag ist gemäß Absatz 2 am 31. März 2007 fällig, wenn die sich ergebende Jahresrate nicht höher als 50 Euro ist.

(4) Insolvenzbedingte Zahlungsausfälle von ausstehenden Raten werden im Jahr der Insolvenz in die erforderlichen jährlichen Beiträge gemäß § 10 Abs. 2 eingerechnet.

§ 30j Übergangsregelung zu § 20 Absatz 2

§ 20 Absatz 2 gilt nicht für Optionssysteme, die auf der Grundlage von Betriebs- oder Dienstvereinbarungen vor dem 1. Juni 2017 eingeführt worden sind.

§ 31 [Übergangsvorschriften]

Auf Sicherungsfälle, die vor dem 1. Januar 1999 eingetreten sind, ist dieses Gesetz in der bis zu diesem Zeitpunkt geltenden Fassung anzuwenden.

§ 32 [Inkrafttreten]

Dieses Gesetz tritt vorbehaltlich des Satzes 2 am Tag nach seiner Verkündung in Kraft. Die §§ 7 bis 15 treten am 1. Januar 1975 in Kraft.

Einkommensteuergesetz (EStG)

Vom 16. Oktober 1934 (RGBl. I 1934, S. 1005)

Zuletzt geändert durch das Gesetz zur Umsetzung des Klimaschutzprogramms 2030 im Steuerrecht vom 21. Dezember 2019 (BGBl I 2019, S. 2886)

- Auszug -

...

§§ 3 – 3c 2. Steuerfreie Einnahmen

§ 3 [Steuerfreie Einnahmen]

Steuerfrei sind

...

55. der in den Fällen des § 4 Absatz 2 Nummer 2 und Absatz 3 des Betriebsrentengesetzes vom 19. Dezember 1974 (BGBl. I S. 3610), das zuletzt durch Artikel 8 des Gesetzes vom 5. Juli 2004 (BGBl. I S. 1427) geändert worden ist, in der jeweils geltenden Fassung geleistete Übertragungswert nach § 4 Absatz 5 des Betriebsrentengesetzes, wenn die betriebliche Altersversorgung beim ehemaligen und neuen Arbeitgeber über einen Pensionsfonds, eine Pensionskasse oder ein Unternehmen der Lebensversicherung durchgeführt wird; dies gilt auch, wenn eine Versorgungsanwartschaft aus einer betrieblichen Altersversorgung auf Grund vertraglicher Vereinbarung ohne Fristerfordernis unverfallbar ist. Satz 1 gilt auch, wenn der Übertragungswert vom ehemaligen Arbeitgeber oder von einer Unterstützungskasse an den neuen Arbeitgeber oder eine andere Unterstützungskasse geleistet wird. Die Leistungen des neuen Arbeitgebers, der Unterstützungskasse, des Pensionsfonds, der Pensionskasse oder des Unternehmens der Lebensversicherung auf Grund des Betrags nach Satz 1 und 2 gehören zu den Einkünften, zu denen die Leistungen gehören würden, wenn

die Übertragung nach § 4 Absatz 2 Nummer 2 und Absatz 3 des Betriebsrentengesetzes nicht stattgefunden hätte;

...

55c. Übertragungen von Altersvorsorgevermögen im Sinne des § 92 auf einen anderen auf den Namen des Steuerpflichtigen lautenden Altersvorsorgevertrag (§ 1 Absatz 1 Satz 1 Nummer 10 Buchstabe b des Altersvorsorgeverträge-Zertifizierungsgesetzes), soweit die Leistungen zu steuerpflichtigen Einkünften nach § 22 Nummer 5 führen würden. Dies gilt entsprechend

a) wenn Anwartschaften aus einer betrieblichen Altersversorgung, die über einen Pensionsfonds, eine Pensionskasse oder ein Unternehmen der Lebensversicherung (Direktversicherung) durchgeführt wird, lediglich auf einen anderen Träger einer betrieblichen Altersversorgung in Form eines Pensionsfonds, einer Pensionskasse oder eines Unternehmens der Lebensversicherung (Direktversicherung) übertragen werden, soweit keine Zahlungen unmittelbar an den Arbeitnehmer erfolgen,

b) wenn Anwartschaften der betrieblichen Altersversorgung abgefunden werden, soweit das Altersvorsorgevermögen zugunsten eines auf den Namen des Steuerpflichtigen lautenden Altersvorsorgevertrages geleistet wird,

c) wenn im Fall des Todes des Steuerpflichtigen das Altersvorsorgevermögen auf einen auf den Namen des Ehegatten lautenden Altersvorsorgevertrag übertragen wird, wenn die Ehegatten im Zeitpunkt des Todes des Zulageberechtigten nicht dauernd getrennt gelebt haben (§ 26 Absatz 1) und ihren Wohnsitz oder gewöhnlichen Aufenthalt in einem Mitgliedstaat der Europäischen Union oder einem Staat hatten, auf den das Abkommen über den Europäischen Wirtschaftsraum anwendbar ist; dies gilt auch, wenn die Ehegatten ihren vor dem Zeitpunkt, ab dem das Vereinigte Königreich Großbritannien und Nordirland nicht mehr Mitgliedstaat der Europäischen Union ist und auch nicht wie ein solcher zu behandeln ist, begründeten Wohnsitz oder gewöhnlichen Aufenthalt im Vereinigten Königreich Großbritannien und Nordirland hatten und der Vertrag vor dem 23. Juni 2016 abgeschlossen worden ist;

...

63. Beiträge des Arbeitgebers aus dem ersten Dienstverhältnis an einen Pensionsfonds, eine Pensionskasse oder für eine Direktversicherung zum Aufbau einer kapitalgedeckten betrieblichen Altersversorgung, bei der eine Auszahlung der zugesagten Alters-, Invaliditäts- oder Hinterbliebenenversorgungsleistungen entsprechend § 82 Absatz 2 Satz 2 vorgesehen ist, soweit die Beiträge im Kalenderjahr 8 Prozent der Beitragsbemessungsgrenze in der allgemeinen Rentenversicherung nicht übersteigen. Dies gilt nicht, soweit der Arbeitnehmer nach § 1a Absatz 3 des Betriebsrentengesetzes verlangt hat, dass die Voraussetzungen für eine Förderung nach § 10a oder Abschnitt XI erfüllt werden. Aus Anlass der Beendigung des Dienstverhältnisses geleistete Beiträge im Sinne des Satzes 1 sind steuerfrei, soweit sie 4 Prozent der Beitragsbemessungsgrenze in der allgemeinen Rentenversicherung, vervielfältigt mit der Anzahl der Kalenderjahre, in denen das Dienstverhältnis des Arbeitnehmers zu dem Arbeitgeber bestanden hat, höchstens jedoch zehn Kalenderjahre, nicht übersteigen. Beiträge im Sinne des Satzes 1, die für Kalenderjahre nachgezahlt werden, in denen das erste Dienstverhältnis ruhte und vom Arbeitgeber im Inland kein steuerpflichtiger Arbeitslohn bezogen wurde, sind steuerfrei, soweit sie 8 Prozent der Beitragsbemessungsgrenze in der allgemeinen Rentenversicherung, vervielfältigt mit der Anzahl dieser Kalenderjahre, höchstens jedoch zehn Kalenderjahre, nicht übersteigen.

63a. Sicherungsbeiträge des Arbeitgebers nach § 23 Absatz 1 des Betriebsrentengesetzes, soweit sie nicht unmittelbar dem einzelnen Arbeitnehmer gutgeschrieben oder zugerechnet werden;

...

65.

a) Beiträge des Trägers der Insolvenzsicherung (§ 14 des Betriebsrentengesetzes) zugunsten eines Versorgungsberechtigten und seiner Hinterbliebenen an eine Pensionskasse oder ein Unternehmen der Lebensversicherung zur Ablösung von Verpflichtungen, die der Träger der Insolvenzsicherung im Sicherungsfall gegenüber dem Versorgungsberechtigten und seinen Hinterbliebenen hat,

b) Leistungen zur Übernahme von Versorgungsleistungen oder unverfallbaren Versorgungsanwartschaften durch eine Pensionskasse oder ein Unternehmen der Lebensversicherung in den in § 4 Absatz 4 des Betriebsrentengesetzes bezeichneten Fällen,

c) der Erwerb von Ansprüchen durch den Arbeitnehmer gegenüber einem Dritten im Fall der Eröffnung des Insolvenzverfahrens oder in den Fällen des § 7 Absatz 1 Satz 4 des Betriebsrentengesetzes, soweit der Dritte neben dem Arbeitgeber für die Erfüllung von Ansprüchen auf Grund bestehender Versorgungsverpflichtungen oder Versorgungsanwartschaften gegenüber dem Arbeitnehmer und dessen Hinterbliebenen einsteht; dies gilt entsprechend, wenn der Dritte für Wertguthaben aus einer Vereinbarung über die Altersteilzeit nach dem Altersteilzeitgesetz vom 23. Juli 1996 (BGBl. I S. 1078), zuletzt geändert durch Artikel 234 der Verordnung vom 31. Oktober 2006 (BGBl. I S. 2407), in der jeweils geltenden Fassung oder auf Grund von Wertguthaben aus einem Arbeitszeitkonto in den im ersten Halbsatz genannten Fällen für den Arbeitgeber einsteht und

d) der Erwerb von Ansprüchen durch den Arbeitnehmer im Zusammenhang mit dem Eintritt in die Versicherung nach § 8 Absatz 3 des Betriebsrentengesetzes.

In den Fällen nach Buchstabe a, b und c gehören die Leistungen der Pensionskasse, des Unternehmens der Lebensversicherung oder des Dritten zu den Einkünften, zu denen jene Leistungen gehören würden, die ohne Eintritt eines Falles nach Buchstabe a, b und c zu erbringen wären. Soweit sie zu den Einkünften aus nichtselbständiger Arbeit im Sinne des § 19 gehören, ist von ihnen Lohnsteuer einzubehalten. Für die Erhebung der Lohnsteuer gelten die Pensionskasse, das Unternehmen der Lebensversicherung oder der Dritte als Arbeitgeber und der Leistungsempfänger als Arbeitnehmer. Im Fall des Buchstaben d gehören die Versorgungsleistungen des Unternehmens der Lebensversicherung oder der Pensionskasse, soweit sie auf Beiträgen beruhen, die bis zum Eintritt des Arbeitnehmers in die Versicherung geleistet wurden, zu den sonstigen Einkünften im Sinne des § 22 Nummer 5 Satz 1; soweit der Arbeitnehmer in den Fällen des § 8 Absatz 3 des Betriebsrentengesetzes die Versicherung mit eigenen Beiträgen fortgesetzt hat, sind die auf diesen Beiträgen beruhenden Versorgungsleistungen sonstige Einkünfte im Sinne des § 22 Nummer 5 Satz 1 oder Satz 2;

66. Leistungen eines Arbeitgebers oder einer Unterstützungskasse an einen Pensionsfonds zur Übernahme bestehender Versorgungsverpflichtungen oder Versorgungsanwartschaften durch den Pensionsfonds, wenn ein Antrag nach § 4d Absatz 3 oder § 4e Absatz 3 gestellt worden ist;

...

§ 4b Direktversicherung

Der Versicherungsanspruch aus einer Direktversicherung, die von einem Steuerpflichtigen aus betrieblichem Anlass abgeschlossen wird, ist dem Betriebsvermögen des Steuerpflichtigen nicht zuzurechnen, soweit am Schluss des Wirtschaftsjahres hinsichtlich der Leistungen des Versicherers die Person, auf deren Leben die Lebensversicherung abgeschlossen ist, oder ihre Hinterbliebenen bezugsberechtigt sind. Das gilt auch, wenn der Steuerpflichtige die Ansprüche aus dem Versicherungsvertrag abgetreten oder beliehen hat, sofern er sich der bezugsberechtigten Person gegenüber schriftlich verpflichtet, sie bei Eintritt des Versicherungsfalls so zu stellen, als ob die Abtretung oder Beleihung nicht erfolgt wäre.

§ 4c Zuwendungen an Pensionskassen

(1) Zuwendungen an eine Pensionskasse dürfen von dem Unternehmen, das die Zuwendungen leistet (Trägerunternehmen), als Betriebsausgaben abgezogen werden, soweit sie auf einer in der Satzung oder im Geschäftsplan der Kasse festgelegten Verpflichtung oder auf einer Anordnung der Versicherungsaufsichtsbehörde beruhen oder der Abdeckung von Fehlbeträgen bei der Kasse dienen. Soweit die allgemeinen Versicherungsbedingungen und die fachlichen Geschäftsunterlagen im Sinne des § 219 Absatz 3 Nummer 1 Buchstabe b des Versicherungsaufsichtsgesetzes [Vom 01.01.2016 bis 12.01.2019: *§ 234 Absatz 3 Nummer 1 des Versicherungsaufsichtsgesetzes*;] nicht zum Geschäftsplan gehören, gelten diese als Teil des Geschäftsplans.

(2) Zuwendungen im Sinne des Absatzes 1 dürfen als Betriebsausgaben nicht abgezogen werden, soweit die Leistungen der Kasse, wenn sie vom Trägerunternehmen unmittelbar erbracht würden, bei diesem nicht betrieblich veranlasst wären.

§ 4d Zuwendungen an Unterstützungskassen

(1) Zuwendungen an eine Unterstützungskasse dürfen von dem Unternehmen, das die Zuwendungen leistet (Trägerunternehmen), als Betriebsausgaben abgezogen werden, soweit die Leistungen der Kasse, wenn sie vom Trägerunternehmen unmittelbar erbracht würden, bei diesem betrieblich veranlasst wären und sie die folgenden Beträge nicht übersteigen:

1. bei Unterstützungskassen, die lebenslänglich laufende Leistungen gewähren:

a) das Deckungskapital für die laufenden Leistungen nach der dem Gesetz als Anlage 1 beigefügten Tabelle. Leistungsempfänger ist jeder ehemalige Arbeitnehmer des Trägerunternehmens, der von der Unterstützungskasse Leistungen erhält; soweit die Kasse Hinterbliebenenversorgung gewährt, ist Leistungsempfänger der Hinterbliebene eines ehemaligen Arbeitnehmers des Trägerunternehmens, der von der Kasse Leistungen erhält. Dem ehemaligen Arbeitnehmer stehen andere Personen gleich, denen Leistungen der Alters-, Invaliditäts- oder Hinterbliebenenversorgung aus Anlass ihrer ehemaligen Tätigkeit für das Trägerunternehmen zugesagt worden sind;

b) in jedem Wirtschaftsjahr für jeden Leistungsanwärter,

aa) wenn die Kasse nur Invaliditätsversorgung oder nur Hinterbliebenenversorgung gewährt, jeweils 6 Prozent,

bb) wenn die Kasse Altersversorgung mit oder ohne Einschluss von Invaliditätsversorgung oder Hinterbliebenenversorgung gewährt, 25 Prozent

der jährlichen Versorgungsleistungen, die der Leistungsanwärter oder, wenn nur Hinterbliebenenversorgung gewährt wird, dessen Hinterbliebene nach den Verhältnissen am Schluss des Wirtschaftsjahres der Zuwendung im letzten Zeitpunkt der Anwartschaft, spätestens zum Zeitpunkt des Erreichens der Regelaltersgrenze der gesetzlichen Rentenversicherung erhalten können. Leistungsanwärter ist jeder Arbeitnehmer oder ehemalige Arbeitnehmer des Trägerunternehmens, der von der Unterstützungskasse schriftlich zugesagte Leistungen erhalten kann und am Schluss des Wirtschaftsjahres, in dem die Zuwendung erfolgt,

aa) bei erstmals nach dem 31. Dezember 2017 zugesagten Leistungen das 23. Lebensjahr vollendet hat,

bb) bei erstmals nach dem 31. Dezember 2008 und vor dem 1. Januar 2018 zugesagten Leistungen das 27. Lebensjahr vollendet hat oder

cc) bei erstmals vor dem 1. Januar 2009 zugesagten Leistungen das 28. Lebensjahr vollendet hat;

soweit die Kasse nur Hinterbliebenenversorgung gewährt, gilt als Leistungsanwärter jeder Arbeitnehmer oder ehemalige Arbeitnehmer des Trägerunternehmens, der am Schluss des Wirtschaftsjahres, in dem die Zuwendung erfolgt, das nach dem ersten Halbsatz maßgebende Lebensjahr vollendet hat und dessen Hinterbliebene die Hinterbliebenenversorgung erhalten können. Das Trägerunternehmen kann bei der Berechnung nach Satz 1 statt des dort maßgebenden Betrags den Durchschnittsbetrag der von der Kasse im Wirtschaftsjahr an Leistungsempfänger im Sinne des Buchstabens a Satz 2 gewährten Leistungen zugrunde legen. In diesem Fall sind Leistungsanwärter im Sinne des Satzes 2 nur die Arbeitnehmer oder ehemaligen Arbeitnehmer des Trägerunternehmens, die am Schluss des Wirtschaftsjahres, in dem die Zuwendung erfolgt, das 50. Lebensjahr vollendet haben. Dem Arbeitnehmer oder ehemaligen Arbeitnehmer als Leistungsanwärter stehen andere Personen gleich, denen schriftlich Leistungen der Alters-, Invaliditäts- oder Hinterbliebenenversorgung aus Anlass ihrer Tätigkeit für das Trägerunternehmen zugesagt worden sind;

c) den Betrag des Beitrages, den die Kasse an einen Versicherer zahlt, soweit sie sich die Mittel für ihre Versorgungsleistungen, die der Leistungsanwärter oder Leistungsempfänger nach den Verhältnissen am Schluss des Wirtschaftsjahres der Zuwendung erhalten kann, durch Abschluss einer Versicherung verschafft. Bei Versicherungen für einen Leistungsanwärter ist der Abzug des Beitrages nur zulässig, wenn der Leistungsanwärter die in Buchstabe b Satz 2 und 5 genannten Voraussetzungen erfüllt, die Versicherung für die Dauer bis zu dem Zeitpunkt abgeschlossen ist, für den erstmals Leistungen der Altersversorgung vorgesehen sind, mindestens jedoch bis zu dem Zeitpunkt, an dem der Leistungsanwärter das 55. Lebensjahr vollendet hat, und während dieser Zeit jährlich Beiträge gezahlt werden, die der Höhe nach gleich bleiben oder steigen. Das Gleiche gilt für Leistungsanwärter, die das das nach Buchstabe b Satz 2 jeweils maßgebende Lebensjahr noch nicht vollendet haben, für Leistungen der Invaliditäts- oder Hinterbliebenenversorgung, für Leistungen der Altersversorgung unter der Voraussetzung, dass die Leistungsanwartschaft bereits unverfallbar ist. Ein Abzug ist ausgeschlossen, wenn die Ansprüche aus der Versicherung der Sicherung eines Darlehens dienen. Liegen die Voraussetzungen der Sätze 1 bis 4 vor, sind die Zuwendungen nach den Buchstaben a und b in dem Verhältnis zu vermindern, in dem die Leistungen der Kasse durch die Versicherung gedeckt sind;

d) den Betrag, den die Kasse einem Leistungsanwärter im Sinne des Buchstabens b Satz 2 und 5 vor Eintritt des Versorgungsfalls als Abfindung für künftige Versorgungsleistungen gewährt, den Übertragungswert nach § 4 Absatz 5 des Betriebsrentengesetzes oder den Betrag, den sie an einen anderen Versorgungsträger zahlt, der eine ihr obliegende Versorgungsverpflichtung übernommen hat.

Zuwendungen dürfen nicht als Betriebsausgaben abgezogen werden, wenn das Vermögen der Kasse ohne Berücksichtigung künftiger Versorgungsleistungen am Schluss des Wirtschaftsjahres das zulässige Kassenvermögen übersteigt. Bei der Ermittlung des Vermögens der Kasse ist am Schluss des Wirtschaftsjahres vorhandener Grundbesitz mit 200 Prozent der Einheitswerte anzusetzen, die zu dem Feststellungszeitpunkt maßgebend sind, der dem Schluss des Wirtschaftsjahres folgt; Ansprüche aus einer Versicherung sind mit dem Wert des geschäftsplanmäßigen Deckungskapitals zuzüglich der Guthaben aus Beitragsrückerstattung am Schluss des Wirtschaftsjahres anzusetzen, und das übrige Vermögen ist mit dem gemeinen Wert am Schluss des Wirtschaftsjahres zu bewerten. Zulässiges Kassenvermögen ist die Summe aus dem Deckungskapital für alle am Schluss des Wirtschaftsjahres laufenden Leistungen nach der dem Gesetz als Anlage 1 beigefügten Tabelle für Leistungsempfänger im Sinne des Satzes 1 Buchstabe a und dem Achtfachen der nach Satz 1 Buchstabe b abzugsfähigen Zuwendungen. Soweit sich die Kasse die Mittel für ihre Leistungen durch Abschluss einer Versicherung verschafft, ist, wenn die Voraussetzungen für den Abzug des Beitrages nach Satz 1 Buchstabe c erfüllt sind, zulässiges Kassenvermögen der Wert des geschäftsplanmäßigen Deckungskapitals aus der Versicherung am Schluss des Wirtschaftsjahres; in diesem Fall ist das zulässige Kassenvermögen nach Satz 4 in dem Verhältnis zu vermindern, in dem die Leistungen der Kasse durch die Versicherung gedeckt sind. Soweit die Berechnung des Deckungskapitals nicht zum Geschäftsplan gehört, tritt an die Stelle des geschäftsplanmäßigen Deckungskapitals der nach § 169 Absatz 3 und 4 des Versicherungsvertragsgesetzes berechnete Wert, beim zulässigen Kassenvermögen ohne Berücksichtigung des Guthabens aus Beitragsrückerstattung. Gewährt eine Unterstützungskasse anstelle von lebenslänglich laufenden Leistungen eine ein-

malige Kapitalleistung, so gelten 10 Prozent der Kapitalleistung als Jahresbetrag einer lebenslänglich laufenden Leistung;
2. bei Kassen, die keine lebenslänglich laufenden Leistungen gewähren, für jedes Wirtschaftsjahr 0,2 Prozent der Lohn- und Gehaltssumme des Trägerunternehmens, mindestens jedoch den Betrag der von der Kasse in einem Wirtschaftsjahr erbrachten Leistungen, soweit dieser Betrag höher ist als die in den vorangegangenen fünf Wirtschaftsjahren vorgenommenen Zuwendungen abzüglich der in dem gleichen Zeitraum erbrachten Leistungen. Diese Zuwendungen dürfen nicht als Betriebsausgaben abgezogen werden, wenn das Vermögen der Kasse am Schluss des Wirtschaftsjahres das zulässige Kassenvermögen übersteigt. Als zulässiges Kassenvermögen kann 1 Prozent der durchschnittlichen Lohn- und Gehaltssumme der letzten drei Jahre angesetzt werden. Hat die Kasse bereits 10 Wirtschaftsjahre bestanden, darf das zulässige Kassenvermögen zusätzlich die Summe der in den letzten zehn Wirtschaftsjahren gewährten Leistungen nicht übersteigen. Für die Bewertung des Vermögens der Kasse gilt Nummer 1 Satz 3 entsprechend. Bei der Berechnung der Lohn- und Gehaltssumme des Trägerunternehmens sind Löhne und Gehälter von Personen, die von der Kasse keine nicht lebenslänglich laufenden Leistungen erhalten können, auszuscheiden.

Gewährt eine Kasse lebenslänglich laufende und nicht lebenslänglich laufende Leistungen, so gilt Satz 1 Nummer 1 und 2 nebeneinander. Leistet ein Trägerunternehmen Zuwendungen an mehrere Unterstützungskassen, so sind diese Kassen bei der Anwendung der Nummern 1 und 2 als Einheit zu behandeln.

(2) Zuwendungen im Sinne des Absatzes 1 sind von dem Trägerunternehmen in dem Wirtschaftsjahr als Betriebsausgaben abzuziehen, in dem sie geleistet werden. Zuwendungen, die bis zum Ablauf eines Monats nach Aufstellung oder Feststellung der Bilanz des Trägerunternehmens für den Schluss eines Wirtschaftsjahres geleistet werden, können von dem Trägerunternehmen noch für das abgelaufene Wirtschaftsjahr durch eine Rückstellung gewinnmindernd berücksichtigt werden. Übersteigen die in einem Wirtschaftsjahr geleisteten Zuwendungen die nach Absatz 1 abzugsfähigen Beträge, so können die übersteigenden Beträge im Wege der Rechnungsabgrenzung auf die folgenden drei Wirtschaftsjahre vorgetragen und im Rahmen der für diese Wirtschaftsjahre abzugsfähigen Beträge als Betriebsausgaben behandelt werden. § 5 Absatz 1 Satz 2 ist nicht anzuwenden.

(3) Abweichend von Absatz 1 Satz 1 Nummer 1 Satz 1 Buchstabe d und Absatz 2 können auf Antrag die insgesamt erforderlichen Zuwendungen an die Unterstützungskasse für den Betrag, den die Kasse an einen Pensionsfonds zahlt, der eine ihr obliegende Versorgungsverpflichtung ganz oder teilweise übernommen hat, nicht im Wirtschaftsjahr der Zuwendung, sondern erst in den dem Wirtschaftsjahr der Zuwendung folgenden zehn Wirtschaftsjahren gleichmäßig verteilt als Betriebsausgaben abgezogen werden. Der Antrag ist unwiderruflich; der jeweilige Rechtsnachfolger ist an den Antrag gebunden.

§ 4e Beiträge an Pensionsfonds

(1) Beiträge an einen Pensionsfonds im Sinne des § 236 des Versicherungsaufsichtsgesetzes dürfen von dem Unternehmen, das die Beiträge leistet (Trägerunternehmen), als Betriebsausgaben abgezogen werden, soweit sie auf einer festgelegten Verpflichtung beruhen oder der Abdeckung von Fehlbeträgen bei dem Fonds dienen.

(2) Beiträge im Sinne des Absatzes 1 dürfen als Betriebsausgaben nicht abgezogen werden, soweit die Leistungen des Fonds, wenn sie vom Trägerunternehmen unmittelbar erbracht würden, bei diesem nicht betrieblich veranlasst wären.

(3) Der Steuerpflichtige kann auf Antrag die insgesamt erforderlichen Leistungen an einen Pensionsfonds zur teilweisen oder vollständigen Übernahme einer bestehenden Versorgungsverpflichtung oder Versorgungsanwartschaft durch den Pensionsfonds erst in den dem Wirtschaftsjahr der Übertragung folgenden zehn Wirtschaftsjahren gleichmäßig verteilt als Betriebsausgaben abziehen. Der Antrag ist unwiderruflich; der jeweilige Rechtsnachfolger ist an den Antrag gebunden. Ist eine Pensionsrückstellung nach § 6a gewinnerhöhend aufzulösen, ist Satz 1 mit der Maßgabe anzuwenden, dass die Leistungen an den Pensionsfonds im Wirtschaftsjahr der Übertragung in Höhe der aufgelösten Rückstellung als Betriebsausgaben abgezogen werden können; der die aufgelöste Rückstellung übersteigende Betrag ist in den dem Wirtschaftsjahr der Übertragung folgenden zehn Wirtschaftsjahren gleichmäßig verteilt als Betriebsausgaben abzuziehen. Satz 3 gilt entsprechend, wenn es im Zuge der Leistungen des Arbeitgebers an den Pensionsfonds zu Vermögensübertragungen einer Unterstützungskasse an den Arbeitgeber kommt.

...

§ 6a Pensionsrückstellung

(1) Für eine Pensionsverpflichtung darf eine Rückstellung (Pensionsrückstellung) nur gebildet werden, wenn und soweit

1. der Pensionsberechtigte einen Rechtsanspruch auf einmalige oder laufende Pensionsleistungen hat,
2. die Pensionszusage keine Pensionsleistungen in Abhängigkeit von künftigen gewinnabhängigen Bezügen vorsieht und keinen Vorbehalt enthält, dass die Pensionsanwartschaft oder die Pensionsleistung gemindert oder entzogen werden kann, oder ein solcher Vorbehalt sich nur auf Tatbestände erstreckt, bei denen Vorliegen nach allgemeinen Rechtsgrundsätzen unter Beachtung billigen Ermessens eine Minderung oder ein Entzug der Pensionsanwartschaft oder der Pensionsleistung zulässig ist, und
3. die Pensionszusage schriftlich erteilt ist; die Pensionszusage muss eindeutige Angaben zu Art, Form, Voraussetzungen und Höhe der in Aussicht gestellten künftigen Leistungen enthalten.

(2) Eine Pensionsrückstellung darf erstmals gebildet werden

1. vor Eintritt des Versorgungsfalls für das Wirtschaftsjahr, in dem die Pensionszusage erteilt wird, frühestens jedoch für das Wirtschaftsjahr, bis zu dessen Mitte der Pensionsberechtigte bei
   a) erstmals nach dem 31. Dezember 2017 zugesagten Pensionsleistungen das 23. Lebensjahr vollendet,
   b) erstmals nach dem 31. Dezember 2008 und vor dem 1. Januar 2018 zugesagten Pensionsleistungen das 27. Lebensjahr vollendet,
   c) erstmals nach dem 31. Dezember 2000 und vor dem 1. Januar 2009 zugesagten Pensionsleistungen das 28. Lebensjahr vollendet,
   d) erstmals vor dem 1. Januar 2001 zugesagten Pensionsleistungen das 30. Lebensjahr vollendet

   oder bei nach dem 31. Dezember 2000 vereinbarten Entgeltumwandlungen im Sinne von § 1 Absatz 2 des Betriebsrentengesetzes für das Wirtschaftsjahr, in dessen Verlauf die Pensionsanwartschaft gemäß den Vorschriften des Betriebsrentengesetzes unverfallbar wird,
2. nach Eintritt des Versorgungsfalls für das Wirtschaftsjahr, in dem der Versorgungsfall eintritt.

(3) Eine Pensionsrückstellung darf höchstens mit dem Teilwert der Pensionsverpflichtung angesetzt werden. Als Teilwert einer Pensionsverpflichtung gilt

1. vor Beendigung des Dienstverhältnisses des Pensionsberechtigten der Barwert der künftigen Pensionsleistungen am Schluss des Wirtschaftsjahres abzüglich des sich auf denselben Zeitpunkt ergebenden Barwerts betragsmäßig gleich bleibender Jahresbeträge, bei einer Entgeltumwandlung im Sinne von § 1 Absatz 2 des Betriebsrentengesetzes mindestens jedoch der Barwert der gemäß den Vorschriften des Betriebsrentengesetzes unverfallbaren künftigen Pensionsleistungen am Schluss des Wirtschaftsjahres. Die Jahresbeträge sind so zu bemessen, dass am Beginn des Wirtschaftsjahres, in dem das Dienstverhältnis begonnen hat, ihr Barwert gleich dem Barwert der künftigen Pensionsleistungen ist; die künftigen Pensionsleistungen sind dabei mit dem Betrag anzusetzen, der sich nach den Verhältnissen am Bilanzstichtag ergibt. Es sind die Jahresbeträge zugrunde zu legen, die vom Beginn des Wirtschaftsjahres, in dem das Dienstverhältnis begonnen hat, bis zu dem in der Pensionszusage vorgesehenen Zeitpunkt des Eintritts des Versorgungsfalls rechnungsmäßig aufzubringen sind. Erhöhungen oder Verminderungen der Pensionsleistungen nach dem Schluss des Wirtschaftsjahres, die hinsichtlich des Zeitpunktes ihres Wirksamwerdens oder ihres Umfangs ungewiss sind, sind bei der Berechnung des Barwerts der künftigen Pensionsleistungen und der Jahresbeträge erst zu berücksichtigen, wenn sie eingetreten sind. Wird die Pensionszusage erst nach dem Beginn des Dienstverhältnisses erteilt, so ist die Zwischenzeit für die Berechnung der Jahresbeträge nur insoweit als Wartezeit zu behandeln, als sie in der Pensionszusage als solche bestimmt ist. Hat das Dienstverhältnis schon vor der Vollendung des nach Absatz 2 Nummer 1 maßgebenden Lebensjahres des Pensionsberechtigten bestanden, gilt es als zu Beginn des Wirtschaftsjahres begonnen, bis zu dessen Mitte der Pensionsberechtigte das nach Absatz 2 Nummer 1 maßgebende Lebensjahr vollendet; bei nach dem 31. Dezember 2000 vereinbarten Entgeltumwandlungen im Sinne von § 1 Absatz 2 des Betriebsrentengesetzes gilt für davor liegende Wirtschaftsjahre als Teilwert der Barwert der gemäß den Vorschriften des Betriebsrentengesetzes unverfallbaren künftigen Pensionsleistungen am Schluss des Wirtschaftsjahres;

2. nach Beendigung des Dienstverhältnisses des Pensionsberechtigten unter Aufrechterhaltung seiner Pensionsanwartschaft oder nach Eintritt des Versorgungsfalls der Barwert der künftigen Pensionsleistungen am Schluss des Wirtschaftsjahres; Nummer 1 Satz 4 gilt sinngemäß.

Bei der Berechnung des Teilwerts der Pensionsverpflichtung sind ein Rechnungszinsfuß von 6 Prozent und die anerkannten Regeln der Versicherungsmathematik anzuwenden.

(4) Eine Pensionsrückstellung darf in einem Wirtschaftsjahr höchstens um den Unterschied zwischen dem Teilwert der Pensionsverpflichtung am Schluss des Wirtschaftsjahres und am Schluss des vorangegangenen Wirtschaftsjahres erhöht werden. Soweit der Unterschiedsbetrag auf der erstmaligen Anwendung neuer oder geänderter biometrischer Rechnungsgrundlagen beruht, kann er nur auf mindestens drei Wirtschaftsjahre gleichmäßig verteilt der Pensionsrückstellung zugeführt werden; Entsprechendes gilt beim Wechsel auf andere biometrische Rechnungsgrundlagen. In dem Wirtschaftsjahr, in dem mit der Bildung einer Pensionsrückstellung frühestens begonnen werden darf (Erstjahr), darf die Rückstellung bis zur Höhe des Teilwerts der Pensionsverpflichtung am Schluss des Wirtschaftsjahres gebildet werden; diese Rückstellung kann auf das Erstjahr und die beiden folgenden Wirtschaftsjahre gleichmäßig verteilt werden. Erhöht sich in einem Wirtschaftsjahr gegenüber dem vorangegangenen Wirtschaftsjahr der Barwert der künftigen Pensionsleistungen um mehr als 25 Prozent, so kann die für dieses Wirtschaftsjahr zulässige Erhöhung der Pensionsrückstellung auf dieses Wirtschaftsjahr und die beiden folgenden Wirtschaftsjahre gleichmäßig verteilt werden. Am Schluss des Wirtschaftsjahres, in dem das Dienstverhältnis des Pensionsberechtigten unter Aufrechterhaltung seiner Pensionsanwartschaft endet oder der Versorgungsfall eintritt, darf die Pensionsrückstellung stets bis zur Höhe des Teilwerts der Pensionsverpflichtung gebildet werden; die für dieses Wirtschaftsjahr zulässige Erhöhung der Pensionsrückstellung kann auf dieses Wirtschaftsjahr und die beiden folgenden Wirtschaftsjahre gleichmäßig verteilt werden. Satz 2 gilt in den Fällen der Sätze 3 bis 5 entsprechend.

(5) Die Absätze 3 und 4 gelten entsprechend, wenn der Pensionsberechtigte zu dem Pensionsverpflichteten in einem anderen Rechtsverhältnis als einem Dienstverhältnis steht.

...

§ 9a Pauschbeträge für Werbungskosten

Für Werbungskosten sind bei der Ermittlung der Einkünfte die folgenden Pauschbeträge abzuziehen, wenn nicht höhere Werbungskosten nachgewiesen werden:

1.
   a) von den Einnahmen aus nichtselbständiger Arbeit vorbehaltlich Buchstabe b:

      ein Arbeitnehmer-Pauschbetrag von 1 000 Euro ;

   b) von den Einnahmen aus nichtselbständiger Arbeit, soweit es sich um Versorgungsbezüge im Sinne des § 19 Absatz 2 handelt:

      ein Pauschbetrag von 102 Euro;

2. *(weggefallen)*
3. von den Einnahmen im Sinne des § 22 Nummer 1, 1a und 5: ein Pauschbetrag von insgesamt 102 Euro.

Der Pauschbetrag nach Satz 1 Nummer 1 Buchstabe b darf nur bis zur Höhe der um den Versorgungsfreibetrag einschließlich des Zuschlags zum Versorgungsfreibetrag (§ 19 Absatz 2) geminderten Einnahmen, die Pauschbeträge nach Satz 1 Nummer 1 Buchstabe a und Nummer 3 dürfen nur bis zur Höhe der Einnahmen abgezogen werden.

...

§ 10 [Sonderausgaben]

(1) Sonderausgaben sind die folgenden Aufwendungen, wenn sie weder Betriebsausgaben noch Werbungskosten sind oder wie Betriebsausgaben oder Werbungskosten behandelt werden:

...

2.
   a) Beiträge zu den gesetzlichen Rentenversicherungen oder zur landwirtschaftlichen Alterskasse sowie zu berufsständischen Versorgungseinrichtungen, die den gesetzlichen Rentenversicherungen vergleichbare Leistungen erbringen;

   b) Beiträge des Steuerpflichtigen

      aa) zum Aufbau einer eigenen kapitalgedeckten Altersversorgung, wenn der Vertrag nur die Zahlung einer monatlichen, auf das Leben des Steuerpflichtigen bezogenen lebenslangen Leibrente nicht vor Vollendung des 62. Lebensjahres oder zusätzlich die ergänzende Absicherung des Eintritts der Berufsunfähigkeit (Berufsunfähigkeitsrente), der verminderten Erwerbsfähigkeit (Erwerbsminderungsrente) oder von Hinterbliebenen (Hinterbliebenenrente) vorsieht. Hinterbliebene in diesem Sinne sind der Ehegatte des Steuerpflichtigen und die Kinder, für die er Anspruch auf Kindergeld oder auf einen Freibetrag nach § 32 Absatz 6 hat. Der Anspruch auf Waisenrente darf längstens für den Zeitraum bestehen, in dem der Rentenberechtigte die Voraussetzungen für die Berücksichtigung als Kind im Sinne des § 32 erfüllt;

bb) für seine Absicherung gegen den Eintritt der Berufsunfähigkeit oder der verminderten Erwerbsfähigkeit (Versicherungsfall), wenn der Vertrag nur die Zahlung einer monatlichen, auf das Leben des Steuerpflichtigen bezogenen lebenslangen Leibrente für einen Versicherungsfall vorsieht, der bis zur Vollendung des 67. Lebensjahres eingetreten ist. Der Vertrag kann die Beendigung der Rentenzahlung wegen eines medizinisch begründeten Wegfalls der Berufsunfähigkeit oder der verminderten Erwerbsfähigkeit vorsehen. Die Höhe der zugesagten Rente kann vom Alter des Steuerpflichtigen bei Eintritt des Versicherungsfalls abhängig gemacht werden, wenn der Steuerpflichtige das 55. Lebensjahr vollendet hat.

...

(2) Voraussetzung für den Abzug der in Absatz 1 Nummer 2, 3 und 3a bezeichneten Beträge (Vorsorgeaufwendungen) ist, dass sie

1. nicht in unmittelbarem wirtschaftlichen Zusammenhang mit steuerfreien Einnahmen stehen; ungeachtet dessen sind Vorsorgeaufwendungen im Sinne des Absatzes 1 Nummer 2, 3 und 3a zu berücksichtigen, soweit

   a) sie in unmittelbarem wirtschaftlichen Zusammenhang mit in einem Mitgliedstaat der Europäischen Union oder einem Vertragsstaat des Abkommens über den Europäischen Wirtschaftsraum erzielten Einnahmen aus nichtselbständiger Tätigkeit stehen,

b) diese Einnahmen nach einem Abkommen zur Vermeidung der Doppelbesteuerung im Inland steuerfrei sind und

c) der Beschäftigungsstaat keinerlei steuerliche Berücksichtigung von Vorsorgeaufwendungen im Rahmen der Besteuerung dieser Einnahmen zulässt;

steuerfreie Zuschüsse zu einer Kranken- oder Pflegeversicherung stehen insgesamt in unmittelbarem wirtschaftlichen Zusammenhang mit den Vorsorgeaufwendungen im Sinne des Absatzes 1 Nummer 3,

2. geleistet werden an

a) Versicherungsunternehmen,

aa) die ihren Sitz oder ihre Geschäftsleitung in einem Mitgliedstaat der Europäischen Union oder einem Vertragsstaat des Abkommens über den Europäischen Wirtschaftsraum haben und das Versicherungsgeschäft im Inland betreiben dürfen, oder

bb) denen die Erlaubnis zum Geschäftsbetrieb im Inland erteilt ist.

Darüber hinaus werden Beiträge nur berücksichtigt, wenn es sich um Beträge im Sinne des Absatzes 1 Nummer 3 Satz 1 Buchstabe a an eine Einrichtung handelt, die eine anderweitige Absicherung im Krankheitsfall im Sinne des § 5 Absatz 1 Nummer 13 des Fünften Buches Sozialgesetzbuch oder eine der Beihilfe oder freien Heilfürsorge vergleichbare Absicherung im Sinne des § 193 Absatz 3 Satz 2 Nummer 2 des Versicherungsvertragsgesetzes gewährt. Dies gilt entsprechend, wenn ein Steuerpflichtiger, der weder seinen Wohnsitz noch seinen gewöhnlichen Aufenthalt im Inland hat, mit den Beiträgen einen Versicherungsschutz im Sinne des Absatzes 1 Nummer 3 Satz 1 erwirbt,

b) berufsständische Versorgungseinrichtungen,

c) einen Sozialversicherungsträger oder

d) einen Anbieter im Sinne des § 80.

Vorsorgeaufwendungen nach Absatz 1 Nummer 2 Buchstabe b werden nur berücksichtigt, wenn die Beiträge zugunsten eines Vertrags geleistet wurden, der nach § 5a des Altersvorsorgeverträge-Zertifizierungsgesetzes zertifiziert ist, wobei die Zertifizierung Grundlagenbescheid im Sinne des § 171 Absatz 10 der Abgabenordnung ist.

(2a) Bei Vorsorgeaufwendungen nach Absatz 1 Nummer 2 Buchstabe b hat der Anbieter als mitteilungspflichtige Stelle nach Maßgabe des § 93c der Abgabenordnung und unter Angabe der Vertrags- oder der Versicherungsdaten die Höhe der im jeweiligen Beitragsjahr geleisteten Beiträge und die Zertifizierungsnummer an die zentrale Stelle (§ 1) zu übermitteln. § 22a Absatz 2 gilt entsprechend. § 72a Absatz 4 und § 93c Absatz 4 der Abgabenordnung finden keine Anwendung.

(2b) Bei Vorsorgeaufwendungen nach Absatz 1 Nummer 3 hat das Versicherungsunternehmen, der Träger der gesetzlichen Kranken- und Pflegeversicherung, die Künstlersozialkasse oder eine Einrichtung im Sinne des Absatzes 2 Satz 1 Nummer 2 Buchstabe a Satz 2 als mitteilungspflichtige Stelle nach Maßgabe des § 93c der Abgabenordnung und unter Angabe der Vertrags- oder der Versicherungsdaten die Höhe der im jeweiligen Beitragsjahr geleisteten und erstatteten Beiträge sowie die in § 93c Absatz 1 Nummer 2 Buchstabe c der Abgabenordnung genannten Daten mit der Maßgabe, dass insoweit als Steuerpflichtiger die versicherte Person gilt, an die zentrale Stelle (§ 81) zu übermitteln; sind Versicherungsnehmer und versicherte Person nicht identisch, sind zusätzlich die Identifikationsnummer und der Tag der Geburt des Versicherungsnehmers anzugeben. Satz 1 gilt nicht, soweit diese Daten mit der elektronischen Lohnsteuerbescheinigung (§ 41b Absatz 1 Satz 2) oder der Rentenbezugsmitteilung (§ 22a Absatz 1 Satz 1 Nummer 4) zu übermitteln sind. § 22a Absatz 2 gilt entsprechend. Zuständige Finanzbehörde im Sinne des § 72a Absatz 4 und des § 93c Absatz 4 der Abgabenordnung ist das Bundeszentralamt für Steuern. Wird in den Fällen des § 72a Absatz 4 der Abgabenordnung eine unzutreffende Höhe der Beiträge übermittelt, ist die entgangene Steuer mit 30 Prozent des zu hoch ausgewiesenen Betrags anzusetzen.

(3) Vorsorgeaufwendungen nach Absatz 1 Nummer 2 sind bis zu dem Höchstbeitrag zur knappschaftlichen Rentenversicherung, aufgerundet auf einen vollen Betrag in Euro, zu berücksichtigen. Bei zusammenveranlagten Ehegatten verdoppelt sich der Höchstbetrag. Der Höchstbetrag nach Satz 1 oder 2 ist bei Steuerpflichtigen, die

1. Arbeitnehmer sind und die während des ganzen oder eines Teils des Kalenderjahres

    a) in der gesetzlichen Rentenversicherung versicherungsfrei oder auf Antrag des Arbeitgebers von der Versicherungspflicht befreit waren und denen für den Fall ihres Ausscheidens aus der Beschäftigung auf Grund des Beschäftigungsverhältnisses eine lebenslängliche Versorgung oder an deren Stelle eine Abfindung zusteht oder die in der gesetzlichen Rentenversicherung nachzuversichern sind oder

b) nicht der gesetzlichen Rentenversicherungspflicht unterliegen, eine Berufstätigkeit ausgeübt und im Zusammenhang damit auf Grund vertraglicher Vereinbarungen Anwartschaftsrechte auf eine Altersversorgung erworben haben, oder

2. Einkünfte im Sinne des § 22 Nummer 4 erzielen und die ganz oder teilweise ohne eigene Beitragsleistung einen Anspruch auf Altersversorgung erwerben,

um den Betrag zu kürzen, der, bezogen auf die Einnahmen aus der Tätigkeit, die die Zugehörigkeit zum genannten Personenkreis begründen, dem Gesamtbeitrag (Arbeitgeber- und Arbeitnehmeranteil) zur allgemeinen Rentenversicherung entspricht. Im Kalenderjahr 2013 sind 76 Prozent der nach den Sätzen 1 bis 3 ermittelten Vorsorgeaufwendungen anzusetzen. Der sich danach ergebende Betrag, vermindert um den nach § 3 Nummer 62 steuerfreien Arbeitgeberanteil zur gesetzlichen Rentenversicherung und einen diesem gleichgestellten steuerfreien Zuschuss des Arbeitgebers, ist als Sonderausgabe abziehbar. Der Prozentsatz in Satz 4 erhöht sich in den folgenden Kalenderjahren bis zum Kalenderjahr 2025 um je 2 Prozentpunkte je Kalenderjahr. Beiträge nach § 168 Absatz 1 Nummer 1b oder 1c oder nach § 172 Absatz 3 oder 3a des Sechsten Buches Sozialgesetzbuch vermindern den abziehbaren Betrag nach Satz 5 nur, wenn der Steuerpflichtige die Hinzurechnung dieser Beiträge zu den Vorsorgeaufwendungen nach Absatz 1 Nummer 2 Satz 7 beantragt hat.

(4) Vorsorgeaufwendungen im Sinne des Absatzes 1 Nummer 3 und 3a können je Kalenderjahr insgesamt bis 2 800 Euro abgezogen werden. Der Höchstbetrag beträgt 1 900 Euro bei Steuerpflichtigen, die ganz oder teilweise ohne eigene Aufwendungen einen Anspruch auf vollständige oder teilweise Erstattung oder Übernahme von Krankheitskosten haben oder für deren Krankenversicherung Leistungen im Sinne des § 3 Nummer 9, 14, 57 oder 62 erbracht werden. Bei zusammen veranlagten Ehegatten bestimmt sich der gemeinsame Höchstbetrag aus der Summe der jedem Ehegatten unter den Voraussetzungen von Satz 1 und 2 zustehenden Höchstbeträge. Übersteigen die Vorsorgeaufwendungen im Sinne des Absatzes 1 Nummer 3 die nach den Sätzen 1 bis 3 zu berücksichtigenden Vorsorgeaufwendungen, sind diese abzuziehen und ein Abzug von Vorsorgeaufwendungen im Sinne des Absatzes 1 Nummer 3a scheidet aus.

(4a) Ist in den Kalenderjahren 2013 bis 2019 der Abzug der Vorsorgeaufwendungen nach Absatz 1 Nummer 2 Buchstabe a, Absatz 1 Nummer 3 und Nummer 3a in der für das Kalenderjahr 2004 geltenden Fassung des § 10 Absatz 3 mit folgenden Höchstbeträgen für den Vorwegabzug

Kalenderjahr	Vorwegabzug für den Steuerpflichtigen	Vorwegabzug im Fall der Zusammenveranlagung von Ehegatten
2013	2 100	4 200
2014	1 800	3 600
2015	1 500	3 000
2016	1 200	2 400
2017	900	1 800
2018	600	1 200
2019	300	600

zuzüglich des Erhöhungsbetrags nach Satz 3 günstiger, ist der sich danach ergebende Betrag anstelle des Abzugs nach Absatz 3 und 4 anzusetzen. Mindestens ist bei Anwendung des Satzes 1 der Betrag anzusetzen, der sich ergeben würde, wenn zusätzlich noch die Vorsorgeaufwendungen nach Absatz 1 Nummer 2 Buchstabe b in die Günstigerprüfung einbezogen werden würden; der Erhöhungsbetrag nach Satz 3 ist nicht hinzuzurechnen. Erhöhungsbetrag sind die Beiträge nach Absatz 1 Nummer 2 Buchstabe b, soweit sie nicht den um die Beiträge nach Absatz 1 Nummer 2 Buchstabe a und den nach § 3 Nummer 62 steuerfreien Arbeitgeberanteil zur gesetzlichen Rentenversicherung und einen diesem gleichgestellten steuerfreien Zuschuss verminderten Höchstbetrag nach Absatz 3 Satz 1 bis 3 überschreiten; Absatz 3 Satz 4 und 6 gilt entsprechend.

...

§ 10a Zusätzliche Altersvorsorge

(1) In der inländischen gesetzlichen Rentenversicherung Pflichtversicherte können Altersvorsorgebeiträge (§ 82) zuzüglich der dafür nach Abschnitt XI zustehenden Zulage jährlich bis zu 2 100 Euro als Sonderausgaben abziehen; das Gleiche gilt für

1. Empfänger von inländischer Besoldung nach dem Bundesbesoldungsgesetz oder einem Landesbesoldungsgesetz,

2. Empfänger von Amtsbezügen aus einem inländischen Amtsverhältnis, deren Versorgungsrecht die entsprechende Anwendung des § 69e Absatz 3 und 4 des Beamtenversorgungsgesetzes vorsieht,

3. die nach § 5 Absatz 1 Satz 1 Nummer 2 und 3 des Sechsten Buches Sozialgesetzbuch versicherungsfrei Beschäftigten, die nach § 6 Absatz 1 Satz 1 Nummer 2 oder nach § 230 Absatz 2 Satz 2 des Sechsten Buches Sozialgesetzbuch von der Versicherungspflicht befreiten Beschäftigten, deren Versorgungsrecht die entsprechende Anwendung des § 69e Absatz 3 und 4 des Beamtenversorgungsgesetzes vorsieht,

4. Beamte, Richter, Berufssoldaten und Soldaten auf Zeit, die ohne Besoldung beurlaubt sind, für die Zeit einer Beschäftigung, wenn während der Beurlaubung die Gewährleistung einer Versorgungsanwartschaft unter den Voraussetzungen des § 5 Absatz 1 Satz 1 des Sechsten Buches Sozialgesetzbuch auf diese Beschäftigung erstreckt wird, und

5. Steuerpflichtige im Sinne der Nummern 1 bis 4, die beurlaubt sind und deshalb keine Besoldung, Amtsbezüge oder Entgelt erhalten, sofern sie eine Anrechnung von Kindererziehungszeiten nach § 56 des Sechsten Buches Sozialgesetzbuch in Anspruch nehmen könnten, wenn die Versicherungsfreiheit in der inländischen gesetzlichen Rentenversicherung nicht bestehen würde,

wenn sie spätestens bis zum Ablauf des Beitragsjahres (§ 88) gegenüber der zuständigen Stelle (§ 81a) schriftlich eingewilligt haben, dass diese der zentralen Stelle (§ 81) jährlich mitteilt, dass der Steuerpflichtige zum begünstigten Personenkreis gehört, dass die zuständige Stelle der zentralen Stelle die für die Ermittlung des Mindesteigenbeitrags (§ 86) und die Gewährung der Kinderzulage (§ 85) erforderlichen Daten übermittelt und die zentrale Stelle diese Daten für das Zulageverfahren verarbeiten [Bis 25.11.2019: *verwenden*] darf. Bei der Erteilung der Einwilligung ist der Steuerpflichtige darauf hinzuweisen, dass er die Einwilligung vor Beginn des Kalenderjahres, für das sie erstmals nicht mehr gelten soll, gegenüber der zuständigen Stelle widerrufen kann. Versicherungspflichtige nach dem Gesetz über die Alterssicherung der Landwirte stehen Pflichtversicherten gleich; dies gilt auch für Personen, die

1. eine Anrechnungszeit nach § 58 Absatz 1 Nummer 3 oder Nummer 6 des Sechsten Buches Sozialgesetzbuch in der gesetzlichen Rentenversicherung erhalten und

2. unmittelbar vor einer Anrechnungszeit nach § 58 Absatz 1 Nummer 3 oder Nummer 6 des Sechsten Buches Sozialgesetzbuch einer der im ersten Halbsatz, in Satz 1 oder in Satz 4 genannten begünstigten Personengruppen angehörten.

Die Sätze 1 und 2 gelten entsprechend für Steuerpflichtige, die nicht zum begünstigten Personenkreis nach Satz 1 oder 3 gehören und eine Rente wegen voller Erwerbsminderung oder Erwerbsunfähigkeit oder eine Versorgung wegen Dienstunfähigkeit aus einem der in Satz 1 oder 3 genannten Alterssicherungssysteme beziehen, wenn unmittelbar vor dem Bezug der entsprechenden Leistungen der Leistungsbezieher einer der in Satz 1 oder 3 genannten begünstigten Personengruppen angehörte; dies gilt nicht, wenn der Steuerpflichtige das 67. Lebensjahr vollendet hat. Bei der Ermittlung der dem Steuerpflichtigen zustehenden Zulage nach Satz 1 bleibt die Erhöhung der Grundzulage nach § 84 Satz 2 außer Betracht.

(1a) Sofern eine Zulagenummer (§ 90 Absatz 1 Satz 2) durch die zentrale Stelle oder eine Versicherungsnummer nach § 147 des Sechsten Buches Sozialgesetzbuch noch nicht vergeben ist, haben die in Absatz 1 Satz 1 Nummer 1 bis 5 genannten Steuerpflichtigen über die zuständige Stelle eine Zulagenummer bei der zentralen Stelle zu beantragen. Für Empfänger einer Versorgung im Sinne des Absatzes 1 Satz 4 gilt Satz 1 entsprechend.

(2) Ist der Sonderausgabenabzug nach Absatz 1 für den Steuerpflichtigen günstiger als der Anspruch auf die Zulage nach Abschnitt XI, erhöht sich die unter Berücksichtigung des Sonderausgabenabzugs ermittelte tarifliche Einkommensteuer um den Anspruch auf Zulage. In den anderen Fällen scheidet der Sonderausgabenabzug aus. Die Günstigerprüfung wird von Amts wegen vorgenommen.

(2a) (weggefallen)

(3) Der Abzugsbetrag nach Absatz 1 steht im Fall der Veranlagung von Ehegatten nach § 26 Absatz 1 jedem Ehegatten unter den Voraussetzungen des Absatzes 1 gesondert zu. Gehört nur ein Ehegatte zu dem nach Absatz 1 begünstigten Personenkreis und ist der andere Ehegatte nach § 79 Satz 2 zulageberechtigt, sind bei dem nach Absatz 1 abzugsberechtigten Ehegatten die von beiden Ehegatten geleisteten Altersvorsorgebeiträge und die dafür zustehenden Zulagen bei der Anwendung der Absätze 1 und 2 zu berücksichtigen. Der Höchstbetrag nach Absatz 1 Satz 1 erhöht sich in den Fällen des Satzes 2 um 60 Euro. Dabei sind die von dem Ehegatten, der zu dem nach Absatz 1 begünstigten Personen-

kreis gehört, geleisteten Altersvorsorgebeiträge vorrangig zu berücksichtigen, jedoch mindestens 60 Euro der von dem anderen Ehegatten geleisteten Altersvorsorgebeiträge. Gehören beide Ehegatten zu dem nach Absatz 1 begünstigten Personenkreis und liegt ein Fall der Veranlagung nach § 26 Absatz 1 vor, ist bei der Günstigerprüfung nach Absatz 2 der Anspruch auf Zulage beider Ehegatten anzusetzen.

(4) Im Fall des Absatzes 2 Satz 1 stellt das Finanzamt die über den Zulageanspruch nach Abschnitt XI hinausgehende Steuerermäßigung gesondert fest und teilt diese der zentralen Stelle (§ 81) mit; § 10d Absatz 4 Satz 3 bis 5 gilt entsprechend. Sind Altersvorsorgebeiträge zugunsten von mehreren Verträgen geleistet worden, erfolgt die Zurechnung im Verhältnis der nach Absatz 1 berücksichtigten Altersvorsorgebeiträge. Ehegatten ist der nach Satz 1 festzustellende Betrag auch im Fall der Zusammenveranlagung jeweils getrennt zuzurechnen; die Zurechnung erfolgt im Verhältnis der nach Absatz 1 berücksichtigten Altersvorsorgebeiträge. Werden Altersvorsorgebeiträge nach Absatz 3 Satz 2 berücksichtigt, die der nach § 79 Satz 2 zulageberechtigte Ehegatte zugunsten eines auf seinen Namen lautenden Vertrages geleistet hat, ist die hierauf entfallende Steuerermäßigung dem Vertrag zuzurechnen, zu dessen Gunsten die Altersvorsorgebeiträge geleistet wurden. Die Übermittlung an die zentrale Stelle erfolgt unter Angabe der Vertragsnummer und der Identifikationsnummer (§ 139b der Abgabenordnung) sowie der Zulage- oder Versicherungsnummer nach § 147 des Sechsten Buches Sozialgesetzbuch.

(5) Nach Maßgabe des § 93c der Abgabenordnung hat der Anbieter als mitteilungspflichtige Stelle auch unter Angabe der Vertragsdaten die Höhe der im jeweiligen Beitragsjahr zu berücksichtigenden Altersvorsorgebeiträge sowie die Zulage- oder Versicherungsnummer nach § 147 des Sechsten Buches Sozialgesetzbuch an die zentrale Stelle zu übermitteln. § 22a Absatz 2 gilt entsprechend. Die Übermittlung muss auch dann erfolgen, wenn im Fall der mittelbaren Zulageberechtigung keine Altersvorsorgebeiträge geleistet worden sind. § 72a Absatz 4 der Abgabenordnung findet keine Anwendung. Die übrigen Voraussetzungen für den Sonderausgabenabzug nach den Absätzen 1 bis 3 werden im Wege der Datenerhebung und des automatisierten Datenabgleichs nach § 91 überprüft. Erfolgt eine Datenübermittlung nach Satz 1 und wurde noch keine Zulagenummer (§ 90 Absatz 1 Satz 2) durch die zentrale Stelle oder keine Versicherungsnummer nach § 147 des Sechsten Buches Sozialgesetzbuch vergeben, gilt § 90 Absatz 1 Satz 2 und 3 entsprechend.

(6) Für die Anwendung der Absätze 1 bis 5 stehen den in der inländischen gesetzlichen Rentenversicherung Pflichtversicherten nach Absatz 1 Satz 1 die Pflichtmitglieder in einem ausländischen gesetzlichen Alterssicherungssystem gleich, wenn diese Pflichtmitgliedschaft

1. mit einer Pflichtmitgliedschaft in einem inländischen Alterssicherungssystem nach Absatz 1 Satz 1 oder 3 vergleichbar ist und
2. vor dem 1. Januar 2010 begründet wurde.

Für die Anwendung der Absätze 1 bis 5 stehen den Steuerpflichtigen nach Absatz 1 Satz 4 die Personen gleich,

1. die aus einem ausländischen gesetzlichen Alterssicherungssystem eine Leistung erhalten, die den in Absatz 1 Satz 4 genannten Leistungen vergleichbar ist,
2. die unmittelbar vor dem Bezug der entsprechenden Leistung nach Satz 1 oder Absatz 1 Satz 1 oder 3 begünstigt waren und
3. die noch nicht das 67. Lebensjahr vollendet haben.

Als Altersvorsorgebeiträge (§ 82) sind bei den in Satz 1 oder 2 genannten Personen nur diejenigen Beiträge zu berücksichtigen, die vom Abzugsberechtigten zugunsten seines vor dem 1. Januar 2010 abgeschlossenen Vertrags geleistet wurden. Endet die unbeschränkte Steuerpflicht eines Zulageberechtigten im Sinne des Satzes 1 oder 2 durch Aufgabe des inländischen Wohnsitzes oder gewöhnlichen Aufenthalts und wird die Person nicht nach § 1 Absatz 3 als unbeschränkt einkommensteuerpflichtig behandelt, so gelten die §§ 93 und 94 entsprechend; § 95 Absatz 2 und 3 und § 99 Absatz 1 in der am 31. Dezember 2008 geltenden Fassung sind anzuwenden.

(7) Soweit nichts anderes bestimmt ist, sind die Regelungen des § 10a und des Abschnitts XI in der für das jeweilige Beitragsjahr geltenden Fassung anzuwenden.

...

§ 19 [Nichtselbständige Arbeit]

(1) Zu den Einkünften aus nichtselbständiger Arbeit gehören

1. Gehälter, Löhne, Gratifikationen, Tantiemen und andere Bezüge und Vorteile für eine Beschäftigung im öffentlichen oder privaten Dienst;

1a. Zuwendungen des Arbeitgebers an seinen Arbeitnehmer und dessen Begleitpersonen anlässlich von Veranstaltungen auf betrieblicher Ebene mit gesellschaftlichem Charakter (Betriebsveranstaltung). Zuwendungen im Sinne des Satzes 1 sind alle Aufwendungen des Arbeitgebers einschließlich Umsatzsteuer unabhängig davon, ob sie einzelnen Arbeitnehmern individuell zurechenbar sind oder ob es sich um einen rechnerischen Anteil an den Kosten der Betriebsveranstaltung handelt, die der Arbeitgeber gegenüber Dritten für den äußeren Rahmen der Betriebsveranstaltung aufwendet. Soweit solche Zuwendungen den Betrag von 110 Euro je Betriebsveranstaltung und teilnehmenden Arbeitnehmer nicht übersteigen, gehören sie nicht zu den Einkünften aus nichtselbständiger Arbeit, wenn die Teilnahme an der Betriebsveranstaltung allen Angehörigen des Betriebs oder eines Betriebsteils offensteht. Satz 3 gilt für bis zu zwei Betriebsveranstaltungen jährlich. Die Zuwendungen im Sinne des Satzes 1 sind abweichend von § 8 Absatz 2 mit den anteilig auf den Arbeitnehmer und dessen Begleitpersonen entfallenden Aufwendungen des Arbeitgebers im Sinne des Satzes 2 anzusetzen;

2. Wartegelder, Ruhegelder, Witwen- und Waisengelder und andere Bezüge und Vorteile aus früheren Dienstleistungen, auch soweit sie von Arbeitgebern ausgleichspflichtiger Personen an ausgleichsberechtigte Personen infolge einer nach § 10 oder § 14 des Versorgungsausgleichsgesetzes durchgeführten Teilung geleistet werden;

3. laufende Beiträge und laufende Zuwendungen des Arbeitgebers aus einem bestehenden Dienstverhältnis an einen Pensionsfonds, eine Pensionskasse oder für eine Direktversicherung für eine betriebliche Altersversorgung. Zu den Einkünften aus nichtselbständiger Arbeit gehören auch Sonderzahlungen, die der Arbeitgeber neben den laufenden Beiträgen und Zuwendungen an eine solche Versorgungseinrichtung leistet, mit Ausnahme der Zahlungen des Arbeitgebers

   a) zur erstmaligen Bereitstellung der Kapitalausstattung zur Erfüllung der Solvabilitätskapitalanforderung nach den §§ 89, 213, 234g oder 238 des Versicherungsaufsichtsgesetzes [Bis 12.01.2019: *§§ 89, 213, auch in Verbindung mit den §§ 234 und 238 des Versicherungsaufsichtsgesetzes*],

   b) zur Wiederherstellung einer angemessenen Kapitalausstattung nach unvorhersehbaren Verlusten oder zur Finanzierung der Verstärkung der Rechnungsgrundlagen auf Grund einer unvorhersehbaren und nicht nur vorübergehenden Änderung der Verhältnisse, wobei die Sonderzahlungen nicht zu einer Absenkung des laufenden Beitrags führen oder durch die Absenkung des laufenden Beitrags Sonderzahlungen ausgelöst werden dürfen,

c) in der Rentenbezugszeit nach § 236 Absatz 2 des Versicherungsaufsichtsgesetzes oder

d) in Form von Sanierungsgeldern;

Sonderzahlungen des Arbeitgebers sind insbesondere Zahlungen an eine Pensionskasse anlässlich

a) seines Ausscheidens aus einer nicht im Wege der Kapitaldeckung finanzierten betrieblichen Altersversorgung oder

b) des Wechsels von einer nicht im Wege der Kapitaldeckung zu einer anderen nicht im Wege der Kapitaldeckung finanzierten betrieblichen Altersversorgung.

Von Sonderzahlungen im Sinne des Satzes 2 zweiter Halbsatz Buchstabe b ist bei laufenden und wiederkehrenden Zahlungen entsprechend dem periodischen Bedarf nur auszugehen, soweit die Bemessung der Zahlungsverpflichtungen des Arbeitgebers in das Versorgungssystem nach dem Wechsel die Bemessung der Zahlungsverpflichtung zum Zeitpunkt des Wechsels übersteigt. Sanierungsgelder sind Sonderzahlungen des Arbeitgebers an eine Pensionskasse anlässlich der Systemumstellung einer nicht im Wege der Kapitaldeckung finanzierten betrieblichen Altersversorgung auf der Finanzierungs- oder Leistungsseite, die der Finanzierung der zum Zeitpunkt der Umstellung bestehenden Versorgungsverpflichtungen oder Versorgungsanwartschaften dienen; bei laufenden und wiederkehrenden Zahlungen entsprechend dem periodischen Bedarf ist nur von Sanierungsgeldern auszugehen, soweit die Bemessung der Zahlungsverpflichtungen des Arbeitgebers in das Versorgungssystem nach der Systemumstellung die Bemessung der Zahlungsverpflichtung zum Zeitpunkt der Systemumstellung übersteigt.

Es ist gleichgültig, ob es sich um laufende oder um einmalige Bezüge handelt und ob ein Rechtsanspruch auf sie besteht.

(2) Von Versorgungsbezügen bleiben ein nach einem Prozentsatz ermittelter, auf einen Höchstbetrag begrenzter Betrag (Versorgungsfreibetrag) und ein Zuschlag zum Versorgungsfreibetrag steuerfrei. Versorgungsbezüge sind

1. das Ruhegehalt, Witwen- oder Waisengeld, der Unterhaltsbeitrag oder ein gleichartiger Bezug
   a) auf Grund beamtenrechtlicher oder entsprechender gesetzlicher Vorschriften,
   b) nach beamtenrechtlichen Grundsätzen von Körperschaften, Anstalten oder Stiftungen des öffentlichen Rechts oder öffentlich-rechtlichen Verbänden von Körperschaften

   oder
2. in anderen Fällen Bezüge und Vorteile aus früheren Dienstleistungen wegen Erreichens einer Altersgrenze, verminderter Erwerbsfähigkeit oder Hinterbliebenenbezüge; Bezüge wegen Erreichens einer Altersgrenze gelten erst dann als Versorgungsbezüge, wenn der Steuerpflichtige das 63. Lebensjahr oder, wenn er schwerbehindert ist, das 60. Lebensjahr vollendet hat.

Der maßgebende Prozentsatz, der Höchstbetrag des Versorgungsfreibetrags und der Zuschlag zum Versorgungsfreibetrag sind der nachstehenden Tabelle zu entnehmen:

Jahr des Versorgungsbeginns	Versorgungsfreibetrag		Zuschlag zum Versorgungsfreibetrag in Euro
	in % der Versorgungsbezüge	Höchstbetrag in Euro	
bis 2005	40,0	3 000	900
ab 2006	38,4	2 880	864
2007	36,8	2 760	828
2008	35,2	2 640	792
2009	33,6	2 520	756
2010	32,0	2 400	720
2011	30,4	2 280	684
2012	28,8	2 160	648
2013	27,2	2 040	612
2014	25,6	1 920	576
2015	24,0	1 800	540
2016	22,4	1 680	504
2017	20,8	1 560	468
2018	19,2	1 440	432
2019	17,6	1 320	396
2020	16,0	1 200	360
2021	15,2	1 140	342

Jahr des Versorgungsbeginns	Versorgungsfreibetrag		Zuschlag zum Versorgungsfreibetrag in Euro
	in % der Versorgungsbezüge	Höchstbetrag in Euro	
2022	14,4	1 080	324
2023	13,6	1 020	306
2024	12,8	960	288
2025	12,0	900	270
2026	11,2	840	252
2027	10,4	780	234
2028	9,6	720	216
2029	8,8	660	198
2030	8,0	600	180
2031	7,2	540	162
2032	6,4	480	144
2033	5,6	420	126
2034	4,8	360	108
2035	4,0	300	90
2036	3,2	240	72
2037	2,4	180	54
2038	1,6	120	36
2039	0,8	60	18
2040	0,0	0	0

Bemessungsgrundlage für den Versorgungsfreibetrag ist

a) bei Versorgungsbeginn vor 2005 das Zwölffache des Versorgungsbezugs für Januar 2005,

b) bei Versorgungsbeginn ab 2005 das Zwölffache des Versorgungsbezugs für den ersten vollen Monat,

jeweils zuzüglich voraussichtlicher Sonderzahlungen im Kalenderjahr, auf die zu diesem Zeitpunkt ein Rechtsanspruch besteht. Der Zuschlag zum Versorgungsfreibetrag darf nur bis zur Höhe der um den Versorgungsfreibetrag geminderten Bemessungsgrundlage berücksichtigt werden. Bei mehreren Versorgungsbezügen mit unterschiedlichem Bezugsbeginn bestimmen sich der insgesamt berücksichtigungsfähige Höchstbetrag des Versorgungsfreibetrags und der Zuschlag zum Versorgungsfreibetrag nach dem Jahr des Beginns des ersten Versorgungsbezugs. Folgt ein Hinterbliebenenbezug einem Versorgungsbezug, bestimmen sich der Prozentsatz, der Höchstbetrag des Versorgungsfreibetrags und der Zuschlag zum Versorgungsfreibetrag für den Hinterbliebenenbezug nach dem Jahr des Beginns des Versorgungsbezugs. Der nach den Sätzen 3 bis 7 berechnete Versorgungsfreibetrag und Zuschlag zum Versorgungsfreibetrag gelten für die gesamte Laufzeit des Versorgungsbezugs. Regelmäßige Anpassungen des Versorgungsbezugs führen nicht zu einer Neuberechnung. Abweichend hiervon sind der Versorgungsfreibetrag und der Zuschlag zum Versorgungsfreibetrag neu zu berechnen, wenn sich der Versorgungsbezug wegen Anwendung von Anrechnungs-, Ruhens-, Erhöhungs- oder Kürzungsregelungen erhöht oder vermindert. In diesen Fällen sind die Sätze 3 bis 7 mit dem geänderten Versorgungsbezug als Bemessungsgrundlage im Sinne des Satzes 4 anzuwenden; im Kalenderjahr der Änderung sind der höchste Versorgungsfreibetrag und Zuschlag zum Versorgungsfreibetrag maßgebend. Für jeden vollen Kalendermonat, für den keine Versorgungsbezüge gezahlt werden, ermäßigen sich der Versorgungsfreibetrag und der Zuschlag zum Versorgungsfreibetrag in diesem Kalenderjahr um je ein Zwölftel.

§ 19a *(weggefallen)*

§ 20 [Kapitalvermögen]

(1) Zu den Einkünften aus Kapitalvermögen gehören

1. Gewinnanteile (Dividenden), Ausbeuten und sonstige Bezüge aus Aktien, Genussrechten, mit denen das Recht am Gewinn und Liquidationserlös einer Kapitalgesellschaft verbunden ist, aus Anteilen an Gesellschaften mit beschränkter Haftung, an Erwerbs- und Wirtschaftsgenossenschaften sowie an bergbautreibenden Vereinigungen, die die Rechte einer juristischen Person haben. Zu den sonstigen Bezügen gehören auch verdeckte Gewinnausschüttungen. Die Bezüge gehören nicht zu den Einnahmen, soweit sie aus Ausschüttungen einer Körperschaft stammen, für die Beträge aus dem steuerlichen Einlagekonto im Sinne des § 27 des Körperschaftsteuergesetzes als verwendet gelten. Als sonstige Bezüge gelten auch Einnahmen, die anstelle der Bezüge im Sinne des Satzes 1 von einem anderen als dem Anteilseigner nach Absatz 5 bezogen werden, wenn die Aktien mit Dividendenberechtigung erworben, aber ohne Dividendenanspruch geliefert werden;

2. Bezüge, die nach der Auflösung einer Körperschaft oder Personenvereinigung im Sinne der Nummer 1 anfallen und die nicht in

der Rückzahlung von Nennkapital bestehen; Nummer 1 Satz 3 gilt entsprechend. Gleiches gilt für Bezüge, die auf Grund einer Kapitalherabsetzung oder nach der Auflösung einer unbeschränkt steuerpflichtigen Körperschaft oder Personenvereinigung im Sinne der Nummer 1 anfallen und die als Gewinnausschüttung im Sinne des § 28 Absatz 2 Satz 2 und 4 des Körperschaftsteuergesetzes gelten;

3. Investmenterträge nach § 16 des Investmentsteuergesetzes;

3a. Spezial-Investmenterträge nach § 34 des Investmentsteuergesetzes;

4. Einnahmen aus der Beteiligung an einem Handelsgewerbe als stiller Gesellschafter und aus partiarischen Darlehen, es sei denn, dass der Gesellschafter oder Darlehensgeber als Mitunternehmer anzusehen ist. Auf Anteile des stillen Gesellschafters am Verlust des Betriebes sind § 15 Absatz 4 Satz 6 bis 8 und § 15a sinngemäß anzuwenden;

5. Zinsen aus Hypotheken und Grundschulden und Renten aus Rentenschulden. Bei Tilgungshypotheken und Tilgungsgrundschulden ist nur der Teil der Zahlungen anzusetzen, der als Zins auf den jeweiligen Kapitalrest entfällt;

6. der Unterschiedsbetrag zwischen der Versicherungsleistung und der Summe der auf sie entrichteten Beiträge (Erträge) im Erlebensfall oder bei Rückkauf des Vertrags bei Rentenversicherungen mit Kapitalwahlrecht, soweit nicht die lebenslange Rentenzahlung gewählt und erbracht wird, und bei Kapitalversicherungen mit Sparanteil, wenn der Vertrag nach dem 31. Dezember 2004 abgeschlossen worden ist. Wird die Versicherungsleistung nach Vollendung des 60. Lebensjahres des Steuerpflichtigen und nach Ablauf von zwölf Jahren seit dem Vertragsabschluss ausgezahlt, ist die Hälfte des Unterschiedsbetrags anzusetzen. Bei entgeltlichem Erwerb des Anspruchs auf die Versicherungsleistung treten die Anschaffungskosten an die Stelle der vor dem Erwerb entrichteten Beiträge. Die Sätze 1 bis 3 sind auf Erträge aus fondsgebundenen Lebensversicherungen, auf Erträge im Erlebensfall bei Rentenversicherungen ohne Kapitalwahlrecht, soweit keine lebenslange Rentenzahlung vereinbart und erbracht wird, und auf Erträge bei Rückkauf des Vertrages bei Rentenversicherungen ohne Kapitalwahlrecht entsprechend anzuwenden. Ist in einem Versicherungsvertrag eine gesonderte Verwaltung von speziell für diesen Vertrag zusammengestellten Kapitalanlagen vereinbart, die nicht auf

öffentlich vertriebene Investmentfondsanteile oder Anlagen, die die Entwicklung eines veröffentlichten Indexes abbilden, beschränkt ist, und kann der wirtschaftlich Berechtigte unmittelbar oder mittelbar über die Veräußerung der Vermögensgegenstände und die Wiederanlage der Erlöse bestimmen (vermögensverwaltender Versicherungsvertrag), sind die dem Versicherungsunternehmen zufließenden Erträge dem wirtschaftlich Berechtigten aus dem Versicherungsvertrag zuzurechnen; Sätze 1 bis 4 sind nicht anzuwenden. Satz 2 ist nicht anzuwenden, wenn

a) in einem Kapitallebensversicherungsvertrag mit vereinbarter laufender Beitragszahlung in mindestens gleichbleibender Höhe bis zum Zeitpunkt des Erlebensfalls die vereinbarte Leistung bei Eintritt des versicherten Risikos weniger als 50 Prozent der Summe der für die gesamte Vertragsdauer zu zahlenden Beiträge beträgt und

b) bei einem Kapitallebensversicherungsvertrag die vereinbarte Leistung bei Eintritt des versicherten Risikos das Deckungskapital oder den Zeitwert der Versicherung spätestens fünf Jahre nach Vertragsabschluss nicht um mindestens 10 Prozent des Deckungskapitals, des Zeitwerts oder der Summe der gezahlten Beiträge übersteigt. Dieser Prozentsatz darf bis zum Ende der Vertragslaufzeit in jährlich gleichen Schritten auf Null sinken.

Hat der Steuerpflichtige Ansprüche aus einem von einer anderen Person abgeschlossenen Vertrag entgeltlich erworben, gehört zu den Einkünften aus Kapitalvermögen auch der Unterschiedsbetrag zwischen der Versicherungsleistung bei Eintritt eines versicherten Risikos und den Aufwendungen für den Erwerb und Erhalt des Versicherungsanspruches; insoweit findet Satz 2 keine Anwendung. Satz 7 gilt nicht, wenn die versicherte Person den Versicherungsanspruch von einem Dritten erwirbt oder aus anderen Rechtsverhältnissen entstandene Abfindungs- und Ausgleichsansprüche arbeitsrechtlicher, erbrechtlicher oder familienrechtlicher Art durch Übertragung von Ansprüchen aus Versicherungsverträgen erfüllt werden. Bei fondsgebundenen Lebensversicherungen sind 15 Prozent des Unterschiedsbetrages steuerfrei oder dürfen nicht bei der Ermittlung der Einkünfte abgezogen werden, soweit der Unterschiedsbetrag aus Investmenterträgen stammt;

...

§ 22 Arten der sonstigen Einkünfte

Sonstige Einkünfte sind

1. Einkünfte aus wiederkehrenden Bezügen, soweit sie nicht zu den in § 2 Absatz 1 Nummer 1 bis 6 bezeichneten Einkunftsarten gehören; § 15b ist sinngemäß anzuwenden. Werden die Bezüge freiwillig oder auf Grund einer freiwillig begründeten Rechtspflicht oder einer gesetzlich unterhaltsberechtigten Person gewährt, so sind sie nicht dem Empfänger zuzurechnen; dem Empfänger sind dagegen zuzurechnen

   a) Bezüge, die von einer Körperschaft, Personenvereinigung oder Vermögensmasse außerhalb der Erfüllung steuerbegünstigter Zwecke im Sinne der §§ 52 bis 54 der Abgabenordnung gewährt werden, und

   b) Bezüge im Sinne des § 1 der Verordnung über die Steuerbegünstigung von Stiftungen, die an die Stelle von Familienfideikommissen getreten sind, in der im Bundesgesetzblatt Teil III, Gliederungsnummer 611-4-3, veröffentlichten bereinigten Fassung.

   Zu den in Satz 1 bezeichneten Einkünften gehören auch

   a) Leibrenten und andere Leistungen,

   aa) die aus den gesetzlichen Rentenversicherungen, der landwirtschaftlichen Alterskasse, den berufsständischen Versorgungseinrichtungen und aus Rentenversicherungen im Sinne des § 10 Absatz 1 Nummer 2 Buchstabe b erbracht werden, soweit sie jeweils der Besteuerung unterliegen. Bemessungsgrundlage für den der Besteuerung unterliegenden Anteil ist der Jahresbetrag der Rente. Der der Besteuerung unterliegende Anteil ist nach dem Jahr des Rentenbeginns und dem in diesem Jahr maßgebenden Prozentsatz aus der nachstehenden Tabelle zu entnehmen:

Jahr des Rentenbeginns	Besteuerungsanteil in %
bis 2005	50
ab 2006	52
2007	54
2008	56
2009	58
2010	60
2011	62

Jahr des Rentenbeginns	Besteuerungsanteil in %
2012	64
2013	66
2014	68
2015	70
2016	72
2017	74
2018	76
2019	78
2020	80
2021	81
2022	82
2023	83
2024	84
2025	85
2026	86
2027	87
2028	88
2029	89
2030	90
2031	91
2032	92
2033	93
2034	94
2035	95
2036	96
2037	97
2038	98
2039	99
2040	100

Der Unterschiedsbetrag zwischen dem Jahresbetrag der Rente und dem der Besteuerung unterliegenden Anteil der Rente ist der steuerfreie Teil der Rente. Dieser gilt ab dem Jahr, das dem Jahr des Rentenbeginns folgt, für die gesamte Laufzeit des Rentenbezugs. Abweichend hiervon ist der steuerfreie Teil der Rente bei einer Veränderung des Jahresbetrags der Rente in dem Verhältnis anzupassen, in dem der veränderte Jahresbetrag der Rente zum Jahresbetrag der Rente steht, der der Ermittlung des steuerfreien Teils der Rente zugrunde liegt. Regelmäßige Anpassungen des Jahresbetrags der Rente führen nicht zu einer Neuberechnung und bleiben bei einer Neuberechnung außer Betracht. Folgen nach dem 31. Dezember 2004 Renten aus derselben Versicherung einander nach, gilt für die spätere Rente Satz 3 mit der Maßgabe, dass sich der Prozentsatz nach dem Jahr richtet, das sich ergibt, wenn die Laufzeit der vorhergehenden Renten von dem Jahr des Beginns der späteren Rente abgezogen wird; der Prozentsatz kann jedoch nicht niedriger bemessen werden als der für das Jahr 2005;

bb) die nicht solche im Sinne des Doppelbuchstaben aa sind und bei denen in den einzelnen Bezügen Einkünfte aus Erträgen des Rentenrechts enthalten sind. Dies gilt auf Antrag auch für Leibrenten und andere Leistungen, soweit diese auf bis zum 31. Dezember 2004 geleisteten Beiträgen beruhen, welche oberhalb des Betrags des Höchstbeitrags zur gesetzlichen Rentenversicherung gezahlt wurden; der Steuerpflichtige muss nachweisen, dass der Betrag des Höchstbeitrags mindestens zehn Jahre überschritten wurde; soweit hiervon im Versorgungsausgleich übertragene Rentenanwartschaften betroffen sind, gilt § 4 Absatz 1 und 2 des Versorgungsausgleichsgesetzes entsprechend. Als Ertrag des Rentenrechts gilt für die gesamte Dauer des Rentenbezugs der Unterschiedsbetrag zwischen dem Jahresbetrag der Rente und dem Betrag, der sich bei gleichmäßiger Verteilung des Kapitalwerts der Rente auf ihre voraussichtliche Laufzeit ergibt; dabei ist der Kapitalwert nach dieser Laufzeit zu berechnen. Der Ertrag des Rentenrechts (Ertragsanteil) ist aus der nachstehenden Tabelle zu entnehmen:

Bei Beginn der Rente vollendetes Lebensjahr des Rentenberechtigten	Ertragsanteil in %	Bei Beginn der Rente vollendetes Lebensjahr des Rentenberechtigten	Ertragsanteil in %
0 bis 1	59	51 bis 52	29
2 bis 3	58	53	28
4 bis 5	57	54	27
6 bis 8	56	55 bis 56	26

Bei Beginn der Rente vollendetes Lebensjahr des Rentenberechtigten	Ertragsanteil in %	Bei Beginn der Rente vollendetes Lebensjahr des Rentenberechtigten	Ertragsanteil in %
9 bis 10	55	57	25
11 bis 12	54	58	24
13 bis 14	53	59	23
15 bis 16	52	60 bis 61	22
17 bis 18	51	62	21
19 bis 20	50	63	20
21 bis 22	49	64	19
23 bis 24	48	65 bis 66	18
25 bis 26	47	67	17
27	46	68	16
28 bis 29	45	69 bis 70	15
30 bis 31	44	71	14
32	43	72 bis 73	13
33 bis 34	42	74	12
35	41	75	11
36 bis 37	40	76 bis 77	10
38	39	78 bis 79	9
39 bis 40	38	80	8
41	37	81 bis 82	7
42	36	83 bis 84	6
43 bis 44	35	85 bis 87	5
45	34	88 bis 91	4
46 bis 47	33	92 bis 93	3
48	32	94 bis 96	2
49	31	ab 97	1
50	30		

Die Ermittlung des Ertrags aus Leibrenten, die vor dem 1. Januar 1955 zu laufen begonnen haben, und aus Renten, deren Dauer von der Lebenszeit mehrerer Personen oder einer anderen Person als des Rentenberechtigten abhängt, sowie aus Leibrenten, die auf eine bestimmte Zeit beschränkt sind, wird durch eine Rechtsverordnung bestimmt;

b) Einkünfte aus Zuschüssen und sonstigen Vorteilen, die als wiederkehrende Bezüge gewährt werden;

4. Entschädigungen, Amtszulagen, Zuschüsse zu Kranken- und Pflegeversicherungsbeiträgen, Übergangsgelder, Überbrückungsgelder, Sterbegelder, Versorgungsabfindungen, Versorgungsbezüge, die auf Grund des Abgeordnetengesetzes oder des Europaabgeordnetengesetzes, sowie vergleichbare Bezüge, die auf Grund der entsprechenden Gesetze der Länder gezahlt werden, und die Entschädigungen, das Übergangsgeld, das Ruhegehalt und die Hinterbliebenenversorgung, die auf Grund des Abgeordnetenstatuts des Europäischen Parlaments von der Europäischen Union gezahlt werden. Werden zur Abgeltung des durch das Mandat veranlassten Aufwandes Aufwandsentschädigungen gezahlt, so dürfen die durch das Mandat veranlassten Aufwendungen nicht als Werbungskosten abgezogen werden. Wahlkampfkosten zur Erlangung eines Mandats im Bundestag, im Europäischen Parlament oder im Parlament eines Landes dürfen nicht als Werbungskosten abgezogen werden. Es gelten entsprechend

   a) ...
   b) für Versorgungsbezüge § 19 Absatz 2 nur bezüglich des Versorgungsfreibetrags; beim Zusammentreffen mit Versorgungsbezügen im Sinne des § 19 Absatz 2 Satz 2 bleibt jedoch insgesamt höchstens ein Betrag in Höhe des Versorgungsfreibetrags nach § 19 Absatz 2 Satz 3 im Veranlagungszeitraum steuerfrei,
   c) ...
   d) ...

5. Leistungen aus Altersvorsorgeverträgen, Pensionsfonds, Pensionskassen und Direktversicherungen. Soweit die Leistungen nicht auf Beiträgen, auf die § 3 Nummer 63, 63a, § 10a, Abschnitt XI oder Abschnitt XII angewendet wurden, nicht auf Zulagen im Sinne des Abschnitts XI, nicht auf Zahlungen im Sinne des § 92a Absatz 2 Satz 4 Nummer 1 und des § 92a Absatz 3 Satz 9 Nummer 2, nicht auf steuerfreien Leistungen nach § 3 Nummer 66 und nicht auf Ansprüchen beruhen, die durch steuerfreie Zuwendungen nach § 3 Nummer 56 oder die durch die nach § 3 Nummer 55b Satz 1 oder § 3 Nummer 55c steuerfreie Leistung aus einem neu begründeten Anrecht erworben wurden,

a) ist bei lebenslangen Renten sowie bei Berufsunfähigkeits-, Erwerbsminderungs- und Hinterbliebenenrenten Nummer 1 Satz 3 Buchstabe a entsprechend anzuwenden,

b) ist bei Leistungen aus Versicherungsverträgen, Pensionsfonds, Pensionskassen und Direktversicherungen, die nicht solche nach Buchstabe a sind, § 20 Absatz 1 Nummer 6 in der jeweils für den Vertrag geltenden Fassung entsprechend anzuwenden,

c) unterliegt bei anderen Leistungen der Unterschiedsbetrag zwischen der Leistung und der Summe der auf sie entrichteten Beiträge der Besteuerung; § 20 Absatz 1 Nummer 6 Satz 2 gilt entsprechend.

In den Fällen des § 93 Absatz 1 Satz 1 und 2 gilt das ausgezahlte geförderte Altersvorsorgevermögen nach Abzug der Zulagen im Sinne des Abschnitts XI als Leistung im Sinne des Satzes 2. Als Leistung im Sinne des Satzes 1 gilt auch der Verminderungsbetrag nach § 92a Absatz 2 Satz 5 und der Auflösungsbetrag nach § 92a Absatz 3 Satz 5. Der Auflösungsbetrag nach § 92a Absatz 2 Satz 6 wird zu 70 Prozent als Leistung nach Satz 1 erfasst. Tritt nach dem Beginn der Auszahlungsphase zu Lebzeiten des Zulageberechtigten der Fall des § 92a Absatz 3 Satz 1 ein, dann ist

a) innerhalb eines Zeitraums bis zum zehnten Jahr nach dem Beginn der Auszahlungsphase das Eineinhalbfache,

b) innerhalb eines Zeitraums zwischen dem zehnten und 20. Jahr nach dem Beginn der Auszahlungsphase das Einfache

des nach Satz 5 noch nicht erfassten Auflösungsbetrags als Leistung nach Satz 1 zu erfassen; § 92a Absatz 3 Satz 9 gilt entsprechend mit der Maßgabe, dass als noch nicht zurückgeführter Betrag im Wohnförderkonto der noch nicht erfasste Auflösungsbetrag gilt. Bei erstmaligem Bezug von Leistungen, in den Fällen des § 93 Absatz 1 sowie bei Änderung der im Kalenderjahr auszuzahlenden Leistung hat der Anbieter (§ 80) nach Ablauf des Kalenderjahres dem Steuerpflichtigen nach amtlich vorgeschriebenem Muster den Betrag der im abgelaufenen Kalenderjahr zugeflossenen Leistungen im Sinne der Sätze 1 bis 3 je gesondert mitzuteilen; **mit Einverständnis des Steuerpflichtigen kann die Mitteilung elektronisch bereitgestellt werden**. Werden dem Steuerpflichtigen Abschluss- und Vertriebskosten eines Altersvorsorgevertrages erstattet, gilt der Erstattungsbetrag als Leistung im Sinne des Satzes 1. In den Fällen des § 3 Nummer 55a richtet sich die Zuordnung zu Satz 1 oder Satz 2 bei der ausgleichsberechtigten Person danach, wie eine nur auf die Ehezeit bezogene Zuordnung der sich aus dem übertragenen Anrecht ergebenden Leistung zu Satz 1 oder Satz 2 bei der ausgleichspflichtigen Person im Zeitpunkt der Übertragung ohne die Teilung vorzunehmen gewesen wäre. Dies gilt sinngemäß in den Fällen des § 3 Nummer 55 und 55e. Wird eine Versorgungsverpflichtung nach § 3 Nummer 66 auf einen Pensionsfonds übertragen und hat der Steuerpflichtige bereits vor dieser Übertragung Leistungen auf Grund dieser Versorgungsverpflichtung erhalten, so sind insoweit auf die Leistungen aus dem Pensionsfonds im Sinne des Satzes 1 die Beträge nach § 9a Satz 1 Nummer 1 und § 19 Absatz 2 entsprechend anzuwenden; § 9a Satz 1 Nummer 3 ist nicht anzuwenden. Wird auf Grund einer internen Teilung nach § 10 des Versorgungsausgleichsgesetzes oder einer externen Teilung nach § 14 des Versorgungsausgleichsgesetzes ein Anrecht zugunsten der ausgleichsberechtigten Person begründet, so gilt dieser Vertrag insoweit zu dem gleichen Zeitpunkt als abgeschlossen wie der Vertrag der ausgleichspflichtigen Person, wenn die aus dem Vertrag der ausgleichspflichtigen Person ausgezahlten Leistungen zu einer Besteuerung nach Satz 2 führen. Für Leistungen aus Altersvorsorgeverträgen nach § 93 Absatz 3 ist § 34 Absatz 1 entsprechend anzuwenden. Soweit Begünstigungen, die mit denen in Satz 2 vergleichbar sind, bei der deutschen Besteuerung gewährt wurden, gelten die darauf beruhenden Leistungen ebenfalls als Leistung nach Satz 1. § 20 Absatz 1 Nummer 6 Satz 9 in der ab dem 27. Juli 2016 geltenden Fassung ist anzuwenden, soweit keine Steuerbefreiung nach den §§ 8 bis 12 des Investmentsteuergesetzes erfolgt ist.

§ 22a Rentenbezugsmitteilungen an die zentrale Stelle

(1) Nach Maßgabe des § 93c der Abgabenordnung haben die Träger der gesetzlichen Rentenversicherung, die landwirtschaftliche Alterskasse, die berufsständischen Versorgungseinrichtungen, die Pensionskassen, die Pensionsfonds, die Versicherungsunternehmen, die Unternehmen, die Verträge im Sinne des § 10 Absatz 1 Nummer 2 Buchstabe b anbieten, und die Anbieter im Sinne des § 80 als mitteilungspflichtige Stellen der zentralen Stelle (§ 81) unter Beachtung der im Bundessteuerblatt veröffentlichten Auslegungsvorschriften der Finanzverwaltung folgende Daten zu übermitteln (Rentenbezugsmitteilung):

1. die in § 93c Absatz 1 Nummer 2 Buchstabe c der Abgabenordnung genannten Daten mit der Maßgabe, dass der Leistungsempfänger als Steuerpflichtiger gilt. Eine inländische Anschrift des Leistungsempfängers ist nicht zu übermitteln. Ist der mitteilungspflichtigen Stelle eine ausländische Anschrift des Leistungsempfängers bekannt, ist diese anzugeben. In diesen Fällen ist auch die Staatsangehörigkeit des Leistungsempfängers, soweit bekannt, mitzuteilen;
2. je gesondert den Betrag der Leibrenten und anderen Leistungen im Sinne des § 22 Nummer 1 Satz 3 Buchstabe a Doppelbuchstabe aa und bb Satz 4 sowie Doppelbuchstabe bb Satz 5 in Verbindung mit § 55 Absatz 2 der Einkommensteuer-Durchführungsverordnung sowie im Sinne des § 22 Nummer 5 Satz 1 bis 3. Der im Betrag der Rente enthaltene Teil, der ausschließlich auf einer Anpassung der Rente beruht, ist gesondert mitzuteilen;
3. Zeitpunkt des Beginns und des Endes des jeweiligen Leistungsbezugs; folgen nach dem 31. Dezember 2004 Renten aus derselben Versicherung einander nach, so ist auch die Laufzeit der vorhergehenden Renten mitzuteilen;
4. die Beiträge im Sinne des § 10 Absatz 1 Nummer 3 Buchstabe a Satz 1 und 2 und Buchstabe b, soweit diese von der mitteilungspflichtigen Stelle an die Träger der gesetzlichen Kranken- und Pflegeversicherung abgeführt werden;
5. die dem Leistungsempfänger zustehenden Beitragszuschüsse nach § 106 des Sechsten Buches Sozialgesetzbuch;
6. ab dem 1. Januar 2017 ein gesondertes Merkmal und ab dem 1. Januar 2019 zwei gesonderte Merkmale für Verträge, auf denen gefördertes Altersvorsorgevermögen gebildet wurde; die zentrale Stelle ist in diesen Fällen berechtigt, die Daten dieser Rentenbezugsmitteilung im Zulagekonto zu speichern und zu verarbeiten;
7. ab dem 1. Januar 2019 die gesonderte Kennzeichnung einer Leistung aus einem Altersvorsorgevertrag nach § 93 Absatz 3.

§ 72a Absatz 4 und § 93c Absatz 1 Nummer 3 der Abgabenordnung finden keine Anwendung.

(2) Der Leistungsempfänger hat der mitteilungspflichtigen Stelle seine Identifikationsnummer sowie den Tag seiner Geburt mitzuteilen. Teilt der Leistungsempfänger die Identifikationsnummer der mitteilungspflichtigen Stelle trotz Aufforderung nicht mit, übermittelt das Bundeszentralamt für Steuern der mitteilungspflichtigen Stelle auf deren

Anfrage die Identifikationsnummer des Leistungsempfängers sowie, falls es sich bei der mitteilungspflichtigen Stelle um einen Träger der gesetzlichen Sozialversicherung handelt, auch den beim Bundeszentralamt für Steuern gespeicherten Tag der Geburt des Leistungsempfängers (§ 139b Absatz 3 Nummer 8 der Abgabenordnung), wenn dieser von dem in der Anfrage übermittelten Tag der Geburt abweicht und für die weitere Datenübermittlung benötigt wird; weitere Daten dürfen nicht übermittelt werden. In der Anfrage dürfen nur die in § 139b Absatz 3 der Abgabenordnung genannten Daten des Leistungsempfängers angegeben werden, soweit sie der mitteilungspflichtigen Stelle bekannt sind. Die Anfrage der mitteilungspflichtigen Stelle und die Antwort des Bundeszentralamtes für Steuern sind nach amtlich vorgeschriebenem Datensatz durch Datenfernübertragung über die zentrale Stelle zu übermitteln. Die zentrale Stelle führt eine ausschließlich automatisierte Prüfung der ihr übermittelten Daten daraufhin durch, ob sie vollständig und schlüssig sind und ob das vorgeschriebene Datenformat verwendet worden ist. Sie speichert die Daten des Leistungsempfängers nur für Zwecke dieser Prüfung bis zur Übermittlung an das Bundeszentralamt für Steuern oder an die mitteilungspflichtige Stelle. Die Daten sind für die Übermittlung zwischen der zentralen Stelle und dem Bundeszentralamt für Steuern zu verschlüsseln. Die mitteilungspflichtige Stelle darf die Identifikationsnummer sowie einen nach Satz 2 mitgeteilten Tag der Geburt nur verarbeiten [Bis 25.11.2019: *verwenden*], soweit dies für die Erfüllung der Mitteilungspflicht nach Absatz 1 Satz 1 erforderlich ist. § 93c der Abgabenordnung ist für das Verfahren nach den Sätzen 1 bis 8 nicht anzuwenden.

(3) Die mitteilungspflichtige Stelle hat den Leistungsempfänger jeweils darüber zu unterrichten, dass die Leistung der zentralen Stelle mitgeteilt wird.

...

§ 24a Altersentlastungsbetrag

Der Altersentlastungsbetrag ist bis zu einem Höchstbetrag im Kalenderjahr ein nach einem Prozentsatz ermittelter Betrag des Arbeitslohns und der positiven Summe der Einkünfte, die nicht solche aus nichtselbständiger Arbeit sind. Bei der Bemessung des Betrags bleiben außer Betracht:

1. Versorgungsbezüge im Sinne des § 19 Absatz 2;
2. Einkünfte aus Leibrenten im Sinne des § 22 Nummer 1 Satz 3 Buchstabe a;
3. Einkünfte im Sinne des § 22 Nummer 4 Satz 4 Buchstabe b;
4. Einkünfte im Sinne des § 22 Nummer 5 Satz 1, soweit § 22 Nummer 5 Satz 11 anzuwenden ist;
5. Einkünfte im Sinne des § 22 Nummer 5 Satz 2 Buchstabe a.

Der Altersentlastungsbetrag wird einem Steuerpflichtigen gewährt, der vor dem Beginn des Kalenderjahres, in dem er sein Einkommen bezogen hat, das 64. Lebensjahr vollendet hatte. Im Fall der Zusammenveranlagung von Ehegatten zur Einkommensteuer sind die Sätze 1 bis 3 für jeden Ehegatten gesondert anzuwenden. Der maßgebende Prozentsatz und der Höchstbetrag des Altersentlastungsbetrags sind der nachstehenden Tabelle zu entnehmen:

Das auf die Vollendung des 64. Lebensjahres folgende Kalenderjahr	Altersentlastungsbetrag	
	in % der Einkünfte	Höchstbetrag in Euro
2005	40,0	1 900
2006	38,4	1 824
2007	36,8	1 748
2008	35,2	1 672
2009	33,6	1 596
2010	32,0	1 520
2011	30,4	1 444
2012	28,8	1 368
2013	27,2	1 292
2014	25,6	1 216
2015	24,0	1 140
2016	22,4	1 064
2017	20,8	988
2018	19,2	912
2019	17,6	836
2020	16,0	760
2021	15,2	722
2022	14,4	684
2023	13,6	646
2024	12,8	608

Das auf die Vollendung des 64. Lebensjahres folgende Kalenderjahr	Altersentlastungsbetrag	
	in % der Einkünfte	Höchstbetrag in Euro
2025	12,0	570
2026	11,2	532
2027	10,4	494
2028	9,6	456
2029	8,8	418
2030	8,0	380
2031	7,2	342
2032	6,4	304
2033	5,6	266
2034	4,8	228
2035	4,0	190
2036	3,2	152
2037	2,4	114
2038	1,6	76
2039	0,8	38
2040	0,0	0

...

§ 34 Außerordentliche Einkünfte

(1) Sind in dem zu versteuernden Einkommen außerordentliche Einkünfte enthalten, so ist die auf alle im Veranlagungszeitraum bezogenen außerordentlichen Einkünfte entfallende Einkommensteuer nach den Sätzen 2 bis 4 zu berechnen. Die für die außerordentlichen Einkünfte anzusetzende Einkommensteuer beträgt das Fünffache des Unterschiedsbetrags zwischen der Einkommensteuer für das um diese Einkünfte verminderte zu versteuernde Einkommen (verbleibendes zu versteuerndes Einkommen) und der Einkommensteuer für das verbleibende zu versteuernde Einkommen zuzüglich eines Fünftels dieser Einkünfte. Ist das verbleibende zu versteuernde Einkommen negativ und das zu versteuernde Einkommen positiv, so beträgt die Einkommensteuer das Fünffache der auf ein Fünftel des zu versteuernden Einkommens entfallenden Einkommensteuer. Die Sätze 1 bis 3 gelten nicht für außerordentliche Einkünfte im Sinne des Absatzes 2 Num-

mer 1, wenn der Steuerpflichtige auf diese Einkünfte ganz oder teilweise § 6b oder § 6c anwendet.

(2) Als außerordentliche Einkünfte kommen nur in Betracht:

1. Veräußerungsgewinne im Sinne der §§ 14, 14a Absatz 1, der §§ 16 und 18 Absatz 3 mit Ausnahme des steuerpflichtigen Teils der Veräußerungsgewinne, die nach § 3 Nummer 40 Buchstabe b in Verbindung mit § 3c Absatz 2 teilweise steuerbefreit sind;
2. Entschädigungen im Sinne des § 24 Nummer 1;
3. Nutzungsvergütungen und Zinsen im Sinne des § 24 Nummer 3, soweit sie für einen Zeitraum von mehr als drei Jahren nachgezahlt werden;
4. Vergütungen für mehrjährige Tätigkeiten; mehrjährig ist eine Tätigkeit, soweit sie sich über mindestens zwei Veranlagungszeiträume erstreckt und einen Zeitraum von mehr als zwölf Monaten umfasst.

5. (weggefallen)

(3) Sind in dem zu versteuernden Einkommen außerordentliche Einkünfte im Sinne des Absatzes 2 Nummer 1 enthalten, so kann auf Antrag abweichend von Absatz 1 die auf den Teil dieser außerordentlichen Einkünfte, der den Betrag von insgesamt 5 Millionen Euro nicht übersteigt, entfallende Einkommensteuer nach einem ermäßigten Steuersatz bemessen werden, wenn der Steuerpflichtige das 55. Lebensjahr vollendet hat oder wenn er im sozialversicherungsrechtlichen Sinne dauernd berufsunfähig ist. Der ermäßigte Steuersatz beträgt 56 Prozent des durchschnittlichen Steuersatzes, der sich ergäbe, wenn die tarifliche Einkommensteuer nach dem gesamten zu versteuernden Einkommen zuzüglich der dem Progressionsvorbehalt unterliegenden Einkünfte zu bemessen wäre, mindestens jedoch 14 Prozent. Auf das um die in Satz 1 genannten Einkünfte verminderte zu versteuernde Einkommen (verbleibendes zu versteuerndes Einkommen) sind vorbehaltlich des Absatzes 1 die allgemeinen Tarifvorschriften anzuwenden. Die Ermäßigung nach den Sätzen 1 bis 3 kann der Steuerpflichtige nur einmal im Leben in Anspruch nehmen. Erzielt der Steuerpflichtige in einem Veranlagungszeitraum mehr als einen Veräußerungs- oder Aufgabegewinn im Sinne des Satzes 1, kann er die Ermäßigung nach den Sätzen 1 bis 3 nur für einen Veräußerungs- oder Aufgabegewinn beantragen. Absatz 1 Satz 4 ist entsprechend anzuwenden.

...

§ 40b Pauschalierung der Lohnsteuer bei bestimmten Zukunftssicherungsleistungen

(1) Der Arbeitgeber kann die Lohnsteuer von den Zuwendungen zum Aufbau einer nicht kapitalgedeckten betrieblichen Altersversorgung an eine Pensionskasse mit einem Pauschsteuersatz von 20 Prozent der Zuwendungen erheben.

(2) Absatz 1 gilt nicht, soweit die zu besteuernden Zuwendungen des Arbeitgebers für den Arbeitnehmer 1 752 Euro im Kalenderjahr übersteigen oder nicht aus seinem ersten Dienstverhältnis bezogen werden. Sind mehrere Arbeitnehmer gemeinsam in der Pensionskasse versichert, so gilt als Zuwendung für den einzelnen Arbeitnehmer der Teilbetrag, der sich bei einer Aufteilung der gesamten Zuwendungen durch die Zahl der begünstigten Arbeitnehmer ergibt, wenn dieser Teilbetrag 1 752 Euro nicht übersteigt; hierbei sind Arbeitnehmer, für die Zuwendungen von mehr als 2 148 Euro im Kalenderjahr geleistet werden, nicht einzubeziehen. Für Zuwendungen, die der Arbeitgeber für den Arbeitnehmer aus Anlass der Beendigung des Dienstverhältnisses erbracht hat, vervielfältigt sich der Betrag von 1 752 Euro mit der Anzahl der Kalenderjahre, in denen das Dienstverhältnis des Arbeitnehmers zu dem Arbeitgeber bestanden hat; in diesem Fall ist Satz 2 nicht anzuwenden. Der vervielfältigte Betrag vermindert sich um die nach Absatz 1 pauschal besteuerten Zuwendungen, die der Arbeitgeber in dem Kalenderjahr, in dem das Dienstverhältnis beendet wird, und in den sechs vorangegangenen Kalenderjahren erbracht hat.

(3) Von den Beiträgen für eine Unfallversicherung des Arbeitnehmers kann der Arbeitgeber die Lohnsteuer mit einem Pauschsteuersatz von 20 Prozent der Beiträge erheben, wenn mehrere Arbeitnehmer gemeinsam in einem Unfallversicherungsvertrag versichert sind und der Teilbetrag, der sich bei einer Aufteilung der gesamten Beiträge nach Abzug der Versicherungsteuer durch die Zahl der begünstigten Arbeitnehmer ergibt, 100 Euro [Von 2002 bis 2019: *62 Euro*] im Kalenderjahr nicht übersteigt

(4) In den Fällen des § 19 Absatz 1 Satz 1 Nummer 3 Satz 2 hat der Arbeitgeber die Lohnsteuer mit einem Pauschsteuersatz in Höhe von 15 Prozent der Sonderzahlungen zu erheben.

(5) § 40 Absatz 3 ist anzuwenden. Die Anwendung des § 40 Absatz 1 Satz 1 Nummer 1 auf Bezüge im Sinne des Absatzes 1, des Absatzes 3 und des Absatzes 4 ist ausgeschlossen.

...

§ 52 Anwendungsvorschriften

(1) Diese Fassung des Gesetzes ist, soweit in den folgenden Absätzen nichts anderes bestimmt ist, erstmals für den Veranlagungszeitraum 2020 anzuwenden. Beim Steuerabzug vom Arbeitslohn gilt Satz 1 mit der Maßgabe, dass diese Fassung des Gesetzes erstmals auf den laufenden Arbeitslohn anzuwenden ist, der für einen nach dem 31. Dezember 2019 endenden Lohnzahlungszeitraum gezahlt wird, und auf sonstige Bezüge, die nach dem 31. Dezember 2019 zufließen. Beim Steuerabzug vom Kapitalertrag gilt Satz 1 mit der Maßgabe, dass diese Fassung des Gesetzes erstmals auf Kapitalerträge anzuwenden ist, die dem Gläubiger nach dem 31. Dezember 2019 zufließen.

Für 2019:

(1) Diese Fassung des Gesetzes ist, soweit in den folgenden Absätzen nichts anderes bestimmt ist, erstmals für den Veranlagungszeitraum 2019 anzuwenden. Beim Steuerabzug vom Arbeitslohn gilt Satz 1 mit der Maßgabe, dass diese Fassung erstmals auf den laufenden Arbeitslohn anzuwenden ist, der für einen nach dem 31. Dezember 2018 endenden Lohnzahlungszeitraum gezahlt wird, und auf sonstige Bezüge, die nach dem 31. Dezember 2018 zufließen. Beim Steuerabzug vom Kapitalertrag gilt Satz 1 mit der Maßgabe, dass diese Fassung des Gesetzes erstmals auf Kapitalerträge anzuwenden ist, die dem Gläubiger nach dem 31. Dezember 2018 zufließen.

...

(4) § 3 Nummer 5 in der am 30. Juni 2013 geltenden Fassung ist vorbehaltlich des Satzes 2 erstmals für den Veranlagungszeitraum 2013 anzuwenden. § 3 Nummer 5 in der am 29. Juni 2013 geltenden Fassung ist weiterhin anzuwenden für freiwillig Wehrdienst Leistende, die das Dienstverhältnis vor dem 1. Januar 2014 begonnen haben. § 3 Nummer 10 in der am 31. Dezember 2005 geltenden Fassung ist weiter anzuwenden für ausgezahlte Übergangsbeihilfen an Soldatinnen auf Zeit und Soldaten auf Zeit, wenn das Dienstverhältnis vor dem 1. Januar 2006

begründet worden ist. Auf fortlaufende Leistungen nach dem Gesetz über die Heimkehrerstiftung vom 21. Dezember 1992 (BGBl. I S. 2094, 2101), das zuletzt durch Artikel 1 des Gesetzes vom 10. Dezember 2007 (BGBl. I S. 2830) geändert worden ist, in der jeweils geltenden Fassung ist § 3 Nummer 19 in der am 31. Dezember 2010 geltenden Fassung weiter anzuwenden. § 3 Nummer 26 und 26a in der Fassung des Artikels 2 des Gesetzes vom 11. Dezember 2018 (BGBl. I S. 2338) ist in allen offenen Fällen anzuwenden. Für die Anwendung des § 3 Nummer 34 in der Fassung des Artikels 3 des Gesetzes vom 11. Dezember 2018 (BGBl. I S. 2338) ist das Zertifizierungserfordernis nach § 20 Absatz 2 Satz 2 in Verbindung mit § 20 Absatz 5 des Fünften Buches Sozialgesetzbuch für bereits vor dem 1. Januar 2019 begonnene unzertifizierte Gesundheitsmaßnahmen erstmals maßgeblich für Sachbezüge, die nach dem 31. Dezember 2019 gewährt werden. § 3 Nummer 37 in der Fassung des Artikels 3 des Gesetzes vom 11. Dezember 2018 (BGBl. I S. 2338) ist letztmals für den Veranlagungszeitraum **2030** [Bis 31.12.2019: *2021*] anzuwenden, sowie beim Steuerabzug vom Arbeitslohn auf Vorteile, die in einem vor dem **1. Januar 2031** [Bis 31.12.2019: *1. Januar 2022*] endenden Lohnzahlungszeitraum oder als sonstige Bezüge vor dem **1. Januar 2031** [Bis 31.12.2019: *1. Januar 2022*] zugewendet werden. § 3 Nummer 40 ist erstmals anzuwenden für

1. Gewinnausschüttungen, auf die bei der ausschüttenden Körperschaft der nach Artikel 3 des Gesetzes vom 23. Oktober 2000 (BGBl. I S. 1433) aufgehobene Vierte Teil des Körperschaftsteuergesetzes nicht mehr anzuwenden ist; für die übrigen in § 3 Nummer 40 genannten Erträge im Sinne des § 20 gilt Entsprechendes;
2. Erträge im Sinne des § 3 Nummer 40 Satz 1 Buchstabe a, b, c und j nach Ablauf des ersten Wirtschaftsjahres der Gesellschaft, an der die Anteile bestehen, für das das Körperschaftsteuergesetz in der Fassung des Artikels 3 des Gesetzes vom 23. Oktober 2000 (BGBl. I S. 1433) erstmals anzuwenden ist.

§ 3 Nummer 40 Satz 3 und 4 in der am 12. Dezember 2006 geltenden Fassung ist für Anteile, die einbringungsgeboren im Sinne des § 21 des Umwandlungssteuergesetzes in der am 12. Dezember 2006 geltenden Fassung sind, weiter anzuwenden. § 3 Nummer 40 Satz 3 erster Halbsatz in der am 1. Januar 2017 geltenden Fassung ist erstmals für den Veranlagungszeitraum 2017 anzuwenden; der zweite Halbsatz ist anzuwenden auf Anteile, die nach dem 31. Dezember 2016 dem Betriebsvermögen zugehen. Bei vom Kalenderjahr abweichenden Wirtschaftsjahren ist § 3 Nummer 40 Buchstabe d Satz 2 in der am 30. Juni 2013 geltenden Fassung erstmals für den Veranlagungszeitraum anzuwenden, in dem das Wirtschaftsjahr endet, das nach dem 31. Dezember 2013 begonnen hat. § 3 Nummer 40a in der am 6. August 2004 geltenden Fassung ist auf Vergütungen im Sinne des § 18 Absatz 1 Nummer 4 anzuwenden, wenn die vermögensverwaltende Gesellschaft oder Gemeinschaft nach dem 31. März 2002 und vor dem 1. Januar 2009 gegründet worden ist oder soweit die Vergütungen in Zusammenhang mit der Veräußerung von Anteilen an Kapitalgesellschaften stehen, die nach dem 7. November 2003 und vor dem 1. Januar 2009 erworben worden sind. § 3 Nummer 40a in der am 19. August 2008 geltenden Fassung ist erstmals auf Vergütungen im Sinne des § 18 Absatz 1 Nummer 4 anzuwenden, wenn die vermögensverwaltende Gesellschaft oder Gemeinschaft nach dem 31. Dezember 2008 gegründet worden ist. § 3 Nummer 46 in der am 17. November 2016 geltenden Fassung ist erstmals anzuwenden auf Vorteile, die in einem nach dem 31. Dezember 2016 endenden Lohnzahlungszeitraum oder als sonstige Bezüge nach dem 31. Dezember 2016 zugewendet werden, und letztmals anzuwenden auf Vorteile, die in einem vor dem **1. Januar 2031** [Bis 31.12.2019: *1. Januar 2021*] endenden Lohnzahlungszeitraum oder als sonstige Bezüge vor dem 1. Januar 2021 zugewendet werden. Der Höchstbetrag nach § 3 Nummer 63 Satz 1 verringert sich um Zuwendungen, auf die § 40b Absatz 1 und 2 Satz 1 und 2 in der am 31. Dezember 2004 geltenden Fassung angewendet wird. § 3 Nummer 63 Satz 3 in der ab dem 1. Januar 2018 geltenden Fassung ist nicht anzuwenden, soweit § 40b Absatz 1 und 2 Satz 3 und 4 in der am 31. Dezember 2004 geltenden Fassung angewendet wird. § 3 Nummer 71 in der am 31. Dezember 2014 geltenden Fassung ist erstmals für den Veranlagungszeitraum 2013 anzuwenden. § 3 Nummer 71 in der Fassung des Artikels 1 des Gesetzes vom 27. Juni 2017 (BGBl. I S. 2074) ist erstmals für den Veranlagungszeitraum 2017 anzuwenden.

...

(7) (weggefallen)

...

(13) (weggefallen)

...

(27) § 19a in der am 31. Dezember 2008 geltenden Fassung ist weiter anzuwenden, wenn
1. die Vermögensbeteiligung vor dem 1. April 2009 überlassen wird oder
2. auf Grund einer am 31. März 2009 bestehenden Vereinbarung ein Anspruch auf die unentgeltliche oder verbilligte Überlassung einer Vermögensbeteiligung besteht sowie die Vermögensbeteiligung vor dem 1. Januar 2016 überlassen wird

und der Arbeitgeber bei demselben Arbeitnehmer im Kalenderjahr nicht § 3 Nummer 39 anzuwenden hat.

(28) ... Für Kapitalerträge aus Versicherungsverträgen, die vor dem 1. Januar 2005 abgeschlossen worden sind, ist § 20 Absatz 1 Nummer 6 in der am 31. Dezember 2004 geltenden Fassung mit der Maßgabe weiterhin anzuwenden, dass in Satz 3 die Wörter "§ 10 Absatz 1 Nummer 2 Buchstabe b Satz 5" durch die Wörter "§ 10 Absatz 1 Nummer 2 Buchstabe b Satz 6" ersetzt werden ...

...

(40) § 40b Absatz 1 und 2 in der am 31. Dezember 2004 geltenden Fassung ist weiter anzuwenden auf Beiträge für eine Direktversicherung des Arbeitnehmers und Zuwendungen an eine Pensionskasse, wenn vor dem 1. Januar 2018 mindestens ein Beitrag nach § 40b Absatz 1 und 2 in einer vor dem 1. Januar 2005 geltenden Fassung pauschal besteuert wurde.

...

§ 79 Zulageberechtigte

Die in § 10a Absatz 1 genannten Personen haben Anspruch auf eine Altersvorsorgezulage (Zulage). Ist nur ein Ehegatte nach Satz 1 begünstigt, so ist auch der andere Ehegatte zulageberechtigt, wenn
1. beide Ehegatten nicht dauernd getrennt leben (§ 26 Absatz 1),
2. beide Ehegatten ihren Wohnsitz oder gewöhnlichen Aufenthalt in einem Mitgliedstaat der Europäischen Union oder einem Staat haben, auf den das Abkommen über den Europäischen Wirtschaftsraum anwendbar ist,

3. ein auf den Namen des anderen Ehegatten lautender Altersvorsorgevertrag besteht,
4. der andere Ehegatte zugunsten des Altersvorsorgevertrags nach Nummer 3 im jeweiligen Beitragsjahr mindestens 60 Euro geleistet hat und
5. die Auszahlungsphase des Altersvorsorgevertrags nach Nummer 3 noch nicht begonnen hat.

Satz 1 gilt entsprechend für die in § 10a Absatz 6 Satz 1 und 2 genannten Personen, sofern sie unbeschränkt steuerpflichtig sind oder für das Beitragsjahr nach § 1 Absatz 3 als unbeschränkt steuerpflichtig behandelt werden.

§ 80 Anbieter

Anbieter im Sinne dieses Gesetzes sind Anbieter von Altersvorsorgeverträgen gemäß § 1 Absatz 2 des Altersvorsorgeverträge-Zertifizierungsgesetzes sowie die in § 82 Absatz 2 genannten Versorgungseinrichtungen.

§ 81 Zentrale Stelle

Zentrale Stelle im Sinne dieses Gesetzes ist die Deutsche Rentenversicherung Bund.

§ 81a Zuständige Stelle

Zuständige Stelle ist bei einem
1. Empfänger von Besoldung nach dem Bundesbesoldungsgesetz oder einem Landesbesoldungsgesetz die die Besoldung anordnende Stelle,
2. Empfänger von Amtsbezügen im Sinne des § 10a Absatz 1 Satz 1 Nummer 2 die die Amtsbezüge anordnende Stelle,
3. versicherungsfrei Beschäftigten sowie bei einem von der Versicherungspflicht befreiten Beschäftigten im Sinne des § 10a Absatz 1 Satz 1 Nummer 3 der die Versorgung gewährleistende Arbeitgeber der rentenversicherungsfreien Beschäftigung,
4. Beamten, Richter, Berufssoldaten und Soldaten auf Zeit im Sinne des § 10a Absatz 1 Satz 1 Nummer 4 der zur Zahlung des Arbeitsentgelts verpflichtete Arbeitgeber und
5. Empfänger einer Versorgung im Sinne des § 10a Absatz 1 Satz 4 die die Versorgung anordnende Stelle.

Für die in § 10a Absatz 1 Satz 1 Nummer 5 genannten Steuerpflichtigen gilt Satz 1 entsprechend.

§ 82 Altersvorsorgebeiträge

(1) Geförderte Altersvorsorgebeiträge sind im Rahmen des in § 10a Absatz 1 Satz 1 genannten Höchstbetrags

1. Beiträge,
2. Tilgungsleistungen,

die der Zulageberechtigte (§ 79) bis zum Beginn der Auszahlungsphase zugunsten eines auf seinen Namen lautenden Vertrags leistet, der nach § 5 des Altersvorsorgeverträge-Zertifizierungsgesetzes zertifiziert ist (Altersvorsorgevertrag). Die Zertifizierung ist Grundlagenbescheid im Sinne des § 171 Absatz 10 der Abgabenordnung. Als Tilgungsleistungen gelten auch Beiträge, die vom Zulageberechtigten zugunsten eines auf seinen Namen lautenden Altersvorsorgevertrags im Sinne des § 1 Absatz 1a Satz 1 Nummer 3 des Altersvorsorgeverträge-Zertifizierungsgesetzes erbracht wurden und die zur Tilgung eines im Rahmen des Altersvorsorgevertrags abgeschlossenen Darlehens abgetreten wurden. Im Fall der Übertragung von gefördertem Altersvorsorgevermögen nach § 1 Absatz 1 Satz 1 Nummer 10 Buchstabe b des Altersvorsorgeverträge-Zertifizierungsgesetzes in einen Altersvorsorgevertrag im Sinne des § 1 Absatz 1a Satz 1 Nummer 3 des Altersvorsorgeverträge-Zertifizierungsgesetzes gelten die Beiträge nach Satz 1 Nummer 1 ab dem Zeitpunkt der Übertragung als Tilgungsleistungen nach Satz 3; eine erneute Förderung nach § 10a oder Abschnitt XI erfolgt insoweit nicht. Tilgungsleistungen nach den Sätzen 1 und 3 werden nur berücksichtigt, wenn das zugrunde liegende Darlehen für eine nach dem 31. Dezember 2007 vorgenommene wohnungswirtschaftliche Verwendung im Sinne des § 92a Absatz 1 Satz 1 eingesetzt wurde. Bei einer Aufgabe der Selbstnutzung nach § 92a Absatz 3 Satz 1 gelten im Beitragsjahr der Aufgabe der Selbstnutzung auch die nach der Aufgabe der Selbstnutzung geleisteten Beiträge oder Tilgungsleistungen als Altersvorsorgebeiträge nach Satz 1. Bei einer Reinvestition nach § 92a Absatz 3 Satz 9 Nummer 1 gelten im Beitragsjahr der Reinvestition auch die davor geleisteten Beiträge oder Tilgungsleistungen als Altersvorsorgebeiträge nach Satz 1. Bei einem beruflich bedingten Umzug nach § 92a Absatz 4 gelten

1. im Beitragsjahr des Wegzugs auch die nach dem Wegzug und
2. im Beitragsjahr des Wiedereinzugs auch die vor dem Wiedereinzug

geleisteten Beiträge und Tilgungsleistungen als Altersvorsorgebeiträge nach Satz 1.

(2) Zu den Altersvorsorgebeiträgen gehören auch

a) die aus dem individuell versteuerten Arbeitslohn des Arbeitnehmers geleisteten Beiträge an einen Pensionsfonds, eine Pensionskasse oder eine Direktversicherung zum Aufbau einer kapitalgedeckten betrieblichen Altersversorgung und

b) Beiträge des Arbeitnehmers und des ausgeschiedenen Arbeitnehmers, die dieser im Fall der zunächst durch Entgeltumwandlung (§ 1a des Betriebsrentengesetzes) finanzierten und nach § 3 Nummer 63 oder § 10a und diesem Abschnitt geförderten kapitalgedeckten betrieblichen Altersversorgung nach Maßgabe des § 1a Absatz 4, des § 1b Absatz 5 Satz 1 Nummer 2 und des § 22 Absatz 3 Nummer 1 Buchstabe a des Betriebsrentengesetzes selbst erbringt.

Satz 1 gilt nur, wenn

1.
   a) vereinbart ist, dass die zugesagten Altersversorgungsleistungen als monatliche Leistungen in Form einer lebenslangen Leibrente oder als Ratenzahlungen im Rahmen eines Auszahlungsplans mit einer anschließenden Teilkapitalverrentung ab spätestens dem 85. Lebensjahr ausgezahlt werden und die Leistungen während der gesamten Auszahlungsphase gleich bleiben oder steigen; dabei können bis zu zwölf Monatsleistungen in einer Auszahlung zusammengefasst und bis zu 30 Prozent des zu Beginn der Auszahlungsphase zur Verfügung stehenden Kapitals außerhalb der monatlichen Leistungen ausgezahlt werden, und

   b) ein vereinbartes Kapitalwahlrecht nicht oder nicht außerhalb des letzten Jahres vor dem vertraglich vorgesehenen Beginn der Altersversorgungsleistung ausgeübt wurde, oder

2. bei einer reinen Beitragszusage nach § 1 Absatz 2 Nummer 2a des Betriebsrentengesetzes der Pensionsfonds, die Pensionskasse oder die Direktversicherung eine lebenslange Zahlung als Altersversorgungsleistung zu erbringen hat.

Die §§ 3 und 4 des Betriebsrentengesetzes stehen dem vorbehaltlich des § 93 nicht entgegen.

(3) Zu den Altersvorsorgebeiträgen gehören auch die Beitragsanteile, die zur Absicherung der verminderten Erwerbsfähigkeit des Zulageberechtigten und zur Hinterbliebenenversorgung verwendet werden, wenn in der Leistungsphase die Auszahlung in Form einer Rente erfolgt.

(4) Nicht zu den Altersvorsorgebeiträgen zählen

1. Aufwendungen, die vermögenswirksame Leistungen nach dem Fünften Vermögensbildungsgesetz in der jeweils geltenden Fassung darstellen,
2. prämienbegünstigte Aufwendungen nach dem Wohnungsbau-Prämiengesetz in der Fassung der Bekanntmachung vom 30. Oktober 1997 (BGBl. I S. 2678), zuletzt geändert durch Artikel 5 des Gesetzes vom 29. Juli 2008 (BGBl. I S. 1509), in der jeweils geltenden Fassung,
3. Aufwendungen, die im Rahmen des § 10 als Sonderausgaben geltend gemacht werden,
4. Zahlungen nach § 92a Absatz 2 Satz 4 Nummer 1 und Absatz 3 Satz 9 Nummer 2 oder
5. Übertragungen im Sinne des § 3 Nummer 55 bis 55c.

(5) Der Zulageberechtigte kann für ein abgelaufenes Beitragsjahr bis zum Beitragsjahr 2011 Altersvorsorgebeiträge auf einen auf seinen Namen lautenden Altersvorsorgevertrag leisten, wenn

1. der Anbieter des Altersvorsorgevertrags davon Kenntnis erhält, in welcher Höhe und für welches Beitragsjahr die Altersvorsorgebeiträge berücksichtigt werden sollen,
2. in dem Beitragsjahr, für das die Altersvorsorgebeiträge berücksichtigt werden sollen, ein Altersvorsorgevertrag bestanden hat,
3. im fristgerechten Antrag auf Zulage für dieses Beitragsjahr eine Zulageberechtigung nach § 79 Satz 2 angegeben wurde, aber tatsächlich eine Zulageberechtigung nach § 79 Satz 1 vorliegt,
4. die Zahlung der Altersvorsorgebeiträge für abgelaufene Beitragsjahre bis zum Ablauf von zwei Jahren nach Erteilung der Bescheinigung nach § 92, mit der zuletzt Ermittlungsergebnisse für dieses Beitragsjahr bescheinigt wurden, längstens jedoch bis zum Beginn der Auszahlungsphase des Altersvorsorgevertrages erfolgt und
5. der Zulageberechtigte vom Anbieter in hervorgehobener Weise darüber informiert wurde oder dem Anbieter seine Kenntnis darüber versichert, dass die Leistungen aus diesen Altersvorsorgebei-

trägen der vollen nachgelagerten Besteuerung nach § 22 Nummer 5 Satz 1 unterliegen.

Wurden die Altersvorsorgebeiträge dem Altersvorsorgevertrag gutgeschrieben und sind die Voraussetzungen nach Satz 1 erfüllt, so hat der Anbieter der zentralen Stelle (§ 81) die entsprechenden Daten nach § 89 Absatz 2 Satz 1 für das zurückliegende Beitragsjahr nach einem mit der zentralen Stelle abgestimmten Verfahren mitzuteilen. Die Beträge nach Satz 1 gelten für die Ermittlung der zu zahlenden Altersvorsorgezulage nach § 83 als Altersvorsorgebeiträge für das Beitragsjahr, für das sie gezahlt wurden. Für die Anwendung des § 10a Absatz 1 Satz 1 sowie bei der Ermittlung der dem Steuerpflichtigen zustehenden Zulage im Rahmen des § 2 Absatz 6 und des § 10a sind die nach Satz 1 gezahlten Altersvorsorgebeiträge weder für das Beitragsjahr nach Satz 1 Nummer 2 noch für das Beitragsjahr der Zahlung zu berücksichtigen.

§ 83 Altersvorsorgezulage

In Abhängigkeit von den geleisteten Altersvorsorgebeiträgen wird eine Zulage gezahlt, die sich aus einer Grundzulage (§ 84) und einer Kinderzulage (§ 85) zusammensetzt.

§ 84 Grundzulage

Jeder Zulageberechtigte erhält eine Grundzulage; diese beträgt ab dem Beitragsjahr 2018 jährlich 175 Euro. Für Zulageberechtigte nach § 79 Satz 1, die zu Beginn des Beitragsjahres (§ 88) das 25. Lebensjahr noch nicht vollendet haben, erhöht sich die Grundzulage nach Satz 1 um einmalig 200 Euro. Die Erhöhung nach Satz 2 ist für das erste nach dem 31. Dezember 2007 beginnende Beitragsjahr zu gewähren, für das eine Altersvorsorgezulage beantragt wird.

§ 85 Kinderzulage

(1) Die Kinderzulage beträgt für jedes Kind, für das gegenüber dem Zulageberechtigten Kindergeld festgesetzt wird, jährlich 185 Euro. Für ein nach dem 31. Dezember 2007 geborenes Kind erhöht sich die Kinderzulage nach Satz 1 auf 300 Euro. Der Anspruch auf Kinderzulage entfällt für den Veranlagungszeitraum, für den das Kindergeld insgesamt zurückgefordert wird. Erhalten mehrere Zulageberechtigte für dasselbe Kind Kindergeld, steht die Kinderzulage demjenigen zu, dem gegenüber für den ersten Anspruchszeitraum (§ 66 Absatz 2) im Kalenderjahr Kindergeld festgesetzt worden ist.

(2) Bei Eltern verschiedenen Geschlechts, die miteinander verheiratet sind, nicht dauernd getrennt leben (§ 26 Absatz 1) und ihren Wohnsitz oder gewöhnlichen Aufenthalt in einem Mitgliedstaat der Europäischen Union oder einem Staat haben, auf den das Abkommen über den Europäischen Wirtschaftsraum (EWR-Abkommen) anwendbar ist, wird die Kinderzulage der Mutter zugeordnet, auf Antrag beider Eltern dem Vater. Bei Eltern gleichen Geschlechts, die miteinander verheiratet sind oder eine Lebenspartnerschaft führen, nicht dauernd getrennt leben (§ 26 Absatz 1) und ihren Wohnsitz oder gewöhnlichen Aufenthalt in einem Mitgliedstaat der Europäischen Union oder einem Staat haben, auf den das EWR-Abkommen anwendbar ist, ist die Kinderzulage dem Elternteil zuzuordnen, dem gegenüber das Kindergeld festgesetzt wird, auf Antrag beider Eltern dem anderen Elternteil. Der Antrag kann für ein abgelaufenes Beitragsjahr nicht zurückgenommen werden.

§ 86 Mindesteigenbeitrag

(1) Die Zulage nach den §§ 84 und 85 wird gekürzt, wenn der Zulageberechtigte nicht den Mindesteigenbeitrag leistet. Dieser beträgt jährlich 4 Prozent der Summe der in dem dem Kalenderjahr vorangegangenen Kalenderjahr

1. erzielten beitragspflichtigen Einnahmen im Sinne des Sechsten Buches Sozialgesetzbuch,
2. bezogenen Besoldung und Amtsbezüge,
3. in den Fällen des § 10a Absatz 1 Satz 1 Nummer 3 und Nummer 4 erzielten Einnahmen, die beitragspflichtig wären, wenn die Versicherungsfreiheit in der gesetzlichen Rentenversicherung nicht bestehen würde und
4. bezogenen Rente wegen voller Erwerbsminderung oder Erwerbsunfähigkeit oder bezogenen Versorgungsbezüge wegen Dienstunfähigkeit in den Fällen des § 10a Absatz 1 Satz 4,

jedoch nicht mehr als der in § 10a Absatz 1 Satz 1 genannte Höchstbetrag, vermindert um die Zulage nach den §§ 84 und 85; gehört der Ehegatte zum Personenkreis nach § 79 Satz 2, berechnet sich der Mindesteigenbeitrag des nach § 79 Satz 1 Begünstigten unter Berücksichtigung der den Ehegatten insgesamt zustehenden Zulagen. Auslandsbezogene Bestandteile nach den §§ 52 ff. des Bundesbesoldungsgesetzes oder entsprechender Regelungen eines Landesbesoldungsgesetzes bleiben unberücksichtigt. Als Sockelbetrag sind ab dem Jahr 2005 jährlich 60 Euro zu leisten. Ist der Sockelbetrag höher als der Mindesteigenbeitrag nach Satz 2, so ist der Sockelbetrag als Mindesteigenbeitrag zu leisten. Die Kürzung der Zulage ermittelt sich nach dem Verhältnis der Altersvorsorgebeiträge zum Mindesteigenbeitrag.

(2) Ein nach § 79 Satz 2 begünstigter Ehegatte hat Anspruch auf eine ungekürzte Zulage, wenn der zum begünstigten Personenkreis nach § 79 Satz 1 gehörende Ehegatte seinen geförderten Mindesteigenbeitrag unter Berücksichtigung der den Ehegatten insgesamt zustehenden Zulagen erbracht hat. Werden bei einer in der gesetzlichen Rentenversicherung pflichtversicherten Person beitragspflichtige Einnahmen zu Grunde gelegt, die höher sind als das tatsächlich erzielte Entgelt oder die Entgeltersatzleistung, ist das tatsächlich erzielte Entgelt oder der Zahlbetrag der Entgeltersatzleistung für die Berechnung des Mindesteigenbeitrags zu berücksichtigen. Für die nicht erwerbsmäßig ausgeübte Pflegetätigkeit einer nach § 3 Satz 1 Nummer 1a des Sechsten Buches Sozialgesetzbuch rentenversicherungspflichtigen Person ist für die Berechnung des Mindesteigenbeitrags ein tatsächlich erzieltes Entgelt von 0 Euro zu berücksichtigen.

(3) Für Versicherungspflichtige nach dem Gesetz über die Alterssicherung der Landwirte ist Absatz 1 mit der Maßgabe anzuwenden, dass auch die Einkünfte aus Land- und Forstwirtschaft im Sinne des § 13 des zweiten dem Beitragsjahr vorangegangenen Veranlagungszeitraums als beitragspflichtige Einnahmen des vorangegangenen Kalenderjahres gelten. Negative Einkünfte im Sinne des Satzes 1 bleiben unberücksichtigt, wenn weitere nach Absatz 1 oder Absatz 2 zu berücksichtigende Einnahmen erzielt werden.

(4) Wird nach Ablauf des Beitragsjahres festgestellt, dass die Voraussetzungen für die Gewährung einer Kinderzulage nicht vorgelegen haben, ändert sich dadurch die Berechnung des Mindesteigenbeitrags für dieses Beitragsjahr nicht.

(5) Bei den in § 10a Absatz 6 Satz 1 und 2 genannten Personen ist der Summe nach Absatz 1 Satz 2 die Summe folgender Einnahmen und Leistungen aus dem dem Kalenderjahr vorangegangenen Kalenderjahr hinzuzurechnen:

1. die erzielten Einnahmen aus der Tätigkeit, die die Zugehörigkeit zum Personenkreis des § 10a Absatz 6 Satz 1 begründet, und

2. die bezogenen Leistungen im Sinne des § 10a Absatz 6 Satz 2 Nummer 1.

§ 87 Zusammentreffen mehrerer Verträge

(1) Zahlt der nach § 79 Satz 1 Zulageberechtigte Altersvorsorgebeiträge zugunsten mehrerer Verträge, so wird die Zulage nur für zwei dieser Verträge gewährt. Der insgesamt nach § 86 zu leistende Mindesteigenbeitrag muss zugunsten dieser Verträge geleistet worden sein. Die Zulage ist entsprechend dem Verhältnis der auf diese Verträge geleisteten Beiträge zu verteilen.

(2) Der nach § 79 Satz 2 Zulageberechtigte kann die Zulage für das jeweilige Beitragsjahr nicht auf mehrere Altersvorsorgeverträge verteilen. Es ist nur der Altersvorsorgevertrag begünstigt, für den zuerst die Zulage beantragt wird.

§ 88 Entstehung des Anspruchs auf Zulage

Der Anspruch auf die Zulage entsteht mit Ablauf des Kalenderjahres, in dem die Altersvorsorgebeiträge geleistet worden sind (Beitragsjahr).

§ 89 Antrag

(1) Der Zulageberechtigte hat den Antrag auf Zulage nach amtlich vorgeschriebenem Vordruck bis zum Ablauf des zweiten Kalenderjahres, das auf das Beitragsjahr (§ 88) folgt, bei dem Anbieter seines Vertrages einzureichen. Hat der Zulageberechtigte im Beitragsjahr Altersvorsorgebeiträge für mehrere Verträge gezahlt, so hat er mit dem Zulageantrag zu bestimmen, auf welche Verträge die Zulage überwiesen werden soll. Beantragt der Zulageberechtigte die Zulage für mehr als zwei Verträge, so wird die Zulage nur für die zwei Verträge mit den höchsten Altersvorsorgebeiträgen gewährt. Sofern eine Zulagenummer (§ 90 Absatz 1 Satz 2) durch die zentrale Stelle (§ 81) oder eine Versicherungsnummer nach § 147 des Sechsten Buches Sozialgesetzbuch für den nach § 79 Satz 2 berechtigten Ehegatten noch nicht vergeben ist, hat dieser über seinen Anbieter eine Zulagenummer bei der zentralen Stelle zu beantragen. Der Antragsteller ist verpflichtet, dem Anbieter unverzüglich eine Änderung der Verhältnisse mitzuteilen, die zu einer Minderung oder zum Wegfall des Zulageanspruchs führt.

(1a) Der Zulageberechtigte kann den Anbieter seines Vertrages schriftlich bevollmächtigen, für ihn abweichend von Absatz 1 die Zulage für jedes Beitragsjahr zu beantragen. Absatz 1 Satz 5 gilt mit Ausnahme der Mitteilung geänderter beitragspflichtiger Einnahmen im Sinne des Sechsten Buches Sozialgesetzbuch entsprechend. Ein Widerruf der Vollmacht ist bis zum Ablauf des Beitragsjahres, für das der Anbieter keinen Antrag auf Zulage stellen soll, gegenüber dem Anbieter zu erklären.

(2) Der Anbieter ist verpflichtet,

a) die Vertragsdaten,

b) die Identifikationsnummer, die Versicherungsnummer nach § 147 des Sechsten Buches Sozialgesetzbuch, die Zulagenummer des Zulageberechtigten und dessen Ehegatten oder einen Antrag auf Vergabe einer Zulagenummer eines nach § 79 Satz 2 berechtigten Ehegatten,

c) die vom Zulageberechtigten mitgeteilten Angaben zur Ermittlung des Mindesteigenbeitrags (§ 86),

d) die Identifikationsnummer des Kindes sowie die weiteren für die Gewährung der Kinderzulage erforderlichen Daten,

e) die Höhe der geleisteten Altersvorsorgebeiträge und

f) das Vorliegen einer nach Absatz 1a erteilten Vollmacht

als die für die Ermittlung und Überprüfung des Zulageanspruchs und Durchführung des Zulageverfahrens erforderlichen Daten zu erfassen. Er hat die Daten der bei ihm im Laufe eines Kalendervierteljahres eingegangenen Anträge bis zum Ende des folgenden Monats nach amtlich vorgeschriebenem Datensatz durch amtlich bestimmte Datenfernübertragung an die zentrale Stelle zu übermitteln. Dies gilt auch im Fall des Absatzes 1 Satz 5. § 22a Absatz 2 gilt entsprechend.

(3) Ist der Anbieter nach Absatz 1a Satz 1 bevollmächtigt worden, hat er der zentralen Stelle die nach Absatz 2 Satz 1 erforderlichen Angaben für jedes Kalenderjahr bis zum Ablauf des auf das Beitragsjahr folgenden Kalenderjahres zu übermitteln. Liegt die Bevollmächtigung erst nach dem im Satz 1 genannten Meldetermin vor, hat der Anbieter die Angaben bis zum Ende des folgenden Kalendervierteljahres nach der Bevollmächtigung, spätestens jedoch bis zum Ablauf der in Absatz 1 Satz 1 genannten Antragsfrist, zu übermitteln. Absatz 2 Satz 2 und 3 gilt sinngemäß.

§ 90 Verfahren

(1) Die zentrale Stelle ermittelt auf Grund der von ihr erhobenen oder der ihr übermittelten Daten, ob und in welcher Höhe ein Zulageanspruch besteht. Soweit der zuständige Träger der Rentenversicherung

keine Versicherungsnummer vergeben hat, vergibt die zentrale Stelle zur Erfüllung der ihr nach diesem Abschnitt zugewiesenen Aufgaben eine Zulagenummer. Die zentrale Stelle teilt im Fall eines Antrags nach § 10a Absatz 1a der zuständigen Stelle, im Fall eines Antrags nach § 89 Absatz 1 Satz 4 dem Anbieter die Zulagenummer mit; von dort wird sie an den Antragsteller weitergeleitet.

(2) Die zentrale Stelle veranlasst die Auszahlung an den Anbieter zugunsten der Zulageberechtigten durch die zuständige Kasse. Ein gesonderter Zulagenbescheid ergeht vorbehaltlich des Absatzes 4 nicht. Der Anbieter hat die erhaltenen Zulagen unverzüglich den begünstigten Verträgen gutzuschreiben. Zulagen, die nach Beginn der Auszahlungsphase für das Altersvorsorgevermögen von der zentralen Stelle an den Anbieter überwiesen werden, können vom Anbieter an den Anleger ausgezahlt werden. Besteht kein Zulageanspruch, so teilt die zentrale Stelle dies dem Anbieter durch Datensatz mit. Die zentrale Stelle teilt dem Anbieter die Altersvorsorgebeiträge im Sinne des § 82, auf die § 10a oder dieser Abschnitt angewendet wurde, durch Datensatz mit.

(3) Erkennt die zentrale Stelle bis zum Ende des zweiten auf die Ermittlung der Zulage folgenden Jahres nachträglich, dass der Zulageanspruch ganz oder teilweise nicht besteht oder weggefallen ist, so hat sie zu Unrecht gutgeschriebene oder ausgezahlte Zulagen bis zum Ablauf eines Jahres nach der Erkenntnis zurückzufordern und dies dem Anbieter durch Datensatz mitzuteilen. Bei bestehendem Vertragsverhältnis hat der Anbieter das Konto zu belasten. Die ihm im Kalendervierteljahr mitgeteilten Rückforderungsbeträge hat er bis zum zehnten Tag des dem Kalendervierteljahr folgenden Monats in einem Betrag bei der zentralen Stelle anzumelden und an diese abzuführen. Die Anmeldung nach Satz 3 ist nach amtlich vorgeschriebenem Vordruck abzugeben. Sie gilt als Steueranmeldung im Sinne der Abgabenordnung.

(3a) Erfolgt nach der Durchführung einer versorgungsrechtlichen Teilung eine Rückforderung von zu Unrecht gezahlten Zulagen, setzt die zentrale Stelle den Rückforderungsbetrag nach Absatz 3 unter Anrechnung bereits vom Anbieter einbehaltener und abgeführter Beträge gegenüber dem Zulageberechtigten fest, soweit

1. das Guthaben auf dem Vertrag des Zulageberechtigten zur Zahlung des Rückforderungsbetrags nach § 90 Absatz 3 Satz 1 nicht ausreicht und

2. im Rückforderungsbetrag ein Zulagebetrag enthalten ist, der in der Ehe- oder Lebenspartnerschaftszeit ausgezahlt wurde.

Erfolgt nach einer Inanspruchnahme eines Altersvorsorge-Eigenheimbetrags im Sinne des § 92a Absatz 1 oder während einer Darlehenstilgung bei Altersvorsorgeverträgen nach § 1 Absatz 1a des Altersvorsorgeverträge-Zertifizierungsgesetzes eine Rückforderung zu Unrecht gezahlter Zulagen, setzt die zentrale Stelle den Rückforderungsbetrag nach Absatz 3 unter Anrechnung bereits vom Anbieter einbehaltener und abgeführter Beträge gegenüber dem Zulageberechtigten fest, soweit das Guthaben auf dem Altersvorsorgevertrag des Zulageberechtigten zur Zahlung des Rückforderungsbetrags nicht ausreicht. Der Anbieter hat in diesen Fällen der zentralen Stelle die nach Absatz 3 einbehaltenen und abgeführten Beträge nach amtlich vorgeschriebenem Datensatz durch amtlich bestimmte Datenfernübertragung mitzuteilen.

(4) Eine Festsetzung der Zulage erfolgt nur auf besonderen Antrag des Zulageberechtigten. Der Antrag ist schriftlich innerhalb eines Jahres vom Antragsteller an den Anbieter zu richten; die Frist beginnt mit der Erteilung der Bescheinigung nach § 92, die die Ermittlungsergebnisse für das Beitragsjahr enthält, für das eine Festsetzung der Zulage erfolgen soll. Der Anbieter leitet den Antrag der zentralen Stelle zur Festsetzung zu. Er hat dem Antrag eine Stellungnahme und die zur Festsetzung erforderlichen Unterlagen beizufügen. Die zentrale Stelle teilt die Festsetzung auch dem Anbieter mit. Im Übrigen gilt Absatz 3 entsprechend.

(5) Im Rahmen des Festsetzungsverfahrens kann der Zulageberechtigte bis zum rechtskräftigen Abschluss des Festsetzungsverfahrens eine nicht fristgerecht abgegebene Einwilligung nach § 10a Absatz 1 Satz 1 Halbsatz 2 gegenüber der zuständigen Stelle nachholen. Über die Nachholung hat er die zentrale Stelle unter Angabe des Datums der Erteilung der Einwilligung unmittelbar zu informieren. Hat der Zulageberechtigte im Rahmen des Festsetzungsverfahrens eine wirksame Einwilligung gegenüber der zuständigen Stelle erteilt, wird er so gestellt, als hätte er die Einwilligung innerhalb der Frist nach § 10a Absatz 1 Satz 1 Halbsatz 2 wirksam gestellt.

§ 90a *(weggefallen)*

§ 91 Datenerhebung und Datenabgleich

(1) Für die Berechnung und Überprüfung der Zulage sowie die Überprüfung des Vorliegens der Voraussetzungen des Sonderausgabenabzugs nach § 10a übermitteln die Träger der gesetzlichen Rentenversicherung, die landwirtschaftliche Alterskasse, die Bundesagentur für Arbeit, die Meldebehörden, die Familienkassen und die Finanzämter der zentralen Stelle auf Anforderung unter Angabe der Identifikationsnummer (§ 139b der Abgabenordnung) des Steuerpflichtigen die bei ihnen vorhandenen Daten nach § 89 Absatz 2 durch Datenfernübertragung; für Zwecke der Berechnung des Mindesteigenbeitrags für ein Beitragsjahr darf die zentrale Stelle bei den Trägern der gesetzlichen Rentenversicherung und der landwirtschaftlichen Alterskasse die bei ihnen vorhandenen Daten zu den beitragspflichtigen Einnahmen sowie in den Fällen des § 10a Absatz 1 Satz 4 zur Höhe der bezogenen Rente wegen voller Erwerbsminderung oder Erwerbsunfähigkeit erheben, sofern diese nicht vom Anbieter nach § 89 übermittelt worden sind; im Datenabgleich mit den Familienkassen sind auch die Identifikationsnummern des Kindergeldberechtigten und des Kindes anzugeben. [Vom 01.01.2009 bis 17.12.2019: *Für die Berechnung und Überprüfung der Zulage sowie die Überprüfung des Vorliegens der Voraussetzungen des Sonderausgabenabzugs nach § 10a übermitteln die Träger der gesetzlichen Rentenversicherung, die landwirtschaftliche Alterskasse, die Bundesagentur für Arbeit, die Meldebehörden, die Familienkassen und die Finanzämter der zentralen Stelle auf Anforderung die bei ihnen vorhandenen Daten nach § 89 Absatz 2 durch Datenfernübertragung; für Zwecke der Berechnung des Mindesteigenbeitrags für ein Beitragsjahr darf die zentrale Stelle bei den Trägern der gesetzlichen Rentenversicherung und der landwirtschaftlichen Alterskasse die bei ihnen vorhandenen Daten zu den beitragspflichtigen Einnahmen sowie in den Fällen des § 10a Absatz 1 Satz 4 zur Höhe der bezogenen Rente wegen voller Erwerbsminderung oder Erwerbsunfähigkeit erheben, sofern diese nicht vom Anbieter nach § 89 übermittelt worden sind.*] Für Zwecke der Überprüfung nach Satz 1 darf die zentrale Stelle die ihr übermittelten Daten mit den ihr nach § 89 Absatz 2 übermittelten Daten automatisiert abgleichen. Führt die Überprüfung zu einer Änderung der ermittelten oder festgesetzten Zulage, ist dies dem Anbieter mitzuteilen. Ergibt die Überprüfung eine Abweichung von dem in der Steuerfestsetzung berücksichtigten Sonderausgabenabzug nach § 10a oder der gesonderten Feststellung nach § 10a Absatz 4, ist dies dem Finanzamt

mitzuteilen; die Steuerfestsetzung oder die gesonderte Feststellung ist insoweit zu ändern.

(2) Die zuständige Stelle hat der zentralen Stelle die Daten nach § 10a Absatz 1 Satz 1 zweiter Halbsatz bis zum 31. März des dem Beitragsjahr folgenden Kalenderjahres durch Datenfernübertragung zu übermitteln. Liegt die Einwilligung nach § 10a Absatz 1 Satz 1 zweiter Halbsatz erst nach dem im Satz 1 genannten Meldetermin vor, hat die zuständige Stelle die Daten spätestens bis zum Ende des folgenden Kalendervierteljahres nach Erteilung der Einwilligung nach Maßgabe von Satz 1 zu übermitteln.

§ 92 Bescheinigung

Der Anbieter hat dem Zulageberechtigten jährlich bis zum Ablauf des auf das Beitragsjahr folgenden Jahres eine Bescheinigung nach amtlich vorgeschriebenem Muster zu erteilen über

1. die Höhe der im abgelaufenen Beitragsjahr geleisteten Altersvorsorgebeiträge (Beiträge und Tilgungsleistungen),
2. die im abgelaufenen Beitragsjahr getroffenen, aufgehobenen oder geänderten Ermittlungsergebnisse (§ 90),
3. die Summe der bis zum Ende des abgelaufenen Beitragsjahres dem Vertrag gutgeschriebenen Zulagen,
4. die Summe der bis zum Ende des abgelaufenen Beitragsjahres geleisteten Altersvorsorgebeiträge (Beiträge und Tilgungsleistungen),
5. den Stand des Altersvorsorgevermögens,
6. den Stand des Wohnförderkontos (§ 92a Absatz 2 Satz 1), sofern er diesen von der zentralen Stelle mitgeteilt bekommen hat, und
7. die Bestätigung der durch den Anbieter erfolgten Datenübermittlung an die zentrale Stelle im Fall des § 10a Absatz 5 Satz 1

Einer jährlichen Bescheinigung bedarf es nicht, wenn zu Satz 1 Nummer 1, 2, 6 und 7 keine Angaben erforderlich sind und sich zu Satz 1 Nummer 3 bis 5 keine Änderungen gegenüber der zuletzt erteilten Bescheinigung ergeben. Liegen die Voraussetzungen des Satzes 2 nur hinsichtlich der Angabe nach Satz 1 Nummer 6 nicht vor und wurde die Geschäftsbeziehung im Hinblick auf den jeweiligen Altersvorsorgevertrag zwischen Zulageberechtigtem und Anbieter beendet, weil

1. das angesparte Kapital vollständig aus dem Altersvorsorgevertrag entnommen wurde oder
2. das gewährte Darlehen vollständig getilgt wurde,

bedarf es keiner jährlichen Bescheinigung, wenn der Anbieter dem Zulageberechtigten in einer Bescheinigung im Sinne dieser Vorschrift Folgendes mitteilt: "Das Wohnförderkonto erhöht sich bis zum Beginn der Auszahlungsphase jährlich um 2 Prozent, solange Sie keine Zahlungen zur Minderung des Wohnförderkontos leisten." Der Anbieter kann dem Zulageberechtigten mit dessen Einverständnis die Bescheinigung auch elektronisch bereitstellen.

§ 92a Verwendung für eine selbst genutzte Wohnung

(1) Der Zulageberechtigte kann das in einem Altersvorsorgevertrag gebildete und nach § 10a oder nach diesem Abschnitt geförderte Kapital in vollem Umfang oder, wenn das verbleibende geförderte Restkapital mindestens 3 000 Euro beträgt, teilweise wie folgt verwenden (Altersvorsorge-Eigenheimbetrag):

1. bis zum Beginn der Auszahlungsphase unmittelbar für die Anschaffung oder Herstellung einer Wohnung oder zur Tilgung eines zu diesem Zweck aufgenommenen Darlehens, wenn das dafür entnommene Kapital mindestens 3 000 Euro beträgt, oder

2. bis zum Beginn der Auszahlungsphase unmittelbar für den Erwerb von Pflicht-Geschäftsanteilen an einer eingetragenen Genossenschaft für die Selbstnutzung einer Genossenschaftswohnung oder zur Tilgung eines zu diesem Zweck aufgenommenen Darlehens, wenn das dafür entnommene Kapital mindestens 3 000 Euro beträgt, oder

3. bis zum Beginn der Auszahlungsphase unmittelbar für die Finanzierung eines Umbaus einer Wohnung, wenn

   a) das dafür entnommene Kapital

      aa) mindestens 6 000 Euro beträgt und für einen innerhalb eines Zeitraums von drei Jahren nach der Anschaffung oder Herstellung der Wohnung vorgenommenen Umbau verwendet wird oder

      bb) mindestens 20 000 Euro beträgt,

   b) das dafür entnommene Kapital zu mindestens 50 Prozent auf Maßnahmen entfällt, die die Vorgaben der DIN 18040 Teil 2, Ausgabe September 2011, soweit baustrukturell möglich, erfüllen, und der verbleibende Teil der Kosten der Reduzierung von Barrieren in oder an der Wohnung dient; die zweckgerechte Verwendung ist durch einen Sachverständigen zu bestätigen; und

c) der Zulageberechtigte oder ein Mitnutzer der Wohnung für die Umbaukosten weder eine Förderung durch Zuschüsse noch eine Steuerermäßigung nach § 35a in Anspruch nimmt oder nehmen wird noch die Berücksichtigung als außergewöhnliche Belastung nach § 33 beantragt hat oder beantragen wird und dies schriftlich bestätigt. Diese Bestätigung ist bei der Antragstellung nach § 92b Absatz 1 Satz 1 gegenüber der zentralen Stelle abzugeben. Bei der Inanspruchnahme eines Darlehens im Rahmen eines Altersvorsorgevertrags nach § 1 Absatz 1a des Altersvorsorgeverträge-Zertifizierungsgesetzes hat der Zulageberechtigte die Bestätigung gegenüber seinem Anbieter abzugeben.

Die DIN 18040 ist im Beuth-Verlag GmbH, Berlin und Köln, erschienen und beim Deutschen Patent- und Markenamt in München archivmäßig gesichert niedergelegt. Die technischen Mindestanforderungen für die Reduzierung von Barrieren in oder an der Wohnung nach Satz 1 Nummer 3 Buchstabe b werden durch das Bundesministerium für Umwelt, Naturschutz, Bau und Reaktorsicherheit im Einvernehmen mit dem Bundesministerium der Finanzen festgelegt und im Bundesbaublatt veröffentlicht. Sachverständige im Sinne dieser Vorschrift sind nach Landesrecht Bauvorlageberechtigte sowie nach § 91 Absatz 1 Nummer 8 der Handwerksordnung öffentlich bestellte und vereidigte Sachverständige, die für ein Sachgebiet bestellt sind, das die Barrierefreiheit und Barrierereduzierung in Wohngebäuden umfasst, und die eine besondere Sachkunde oder ergänzende Fortbildung auf diesem Gebiet nachweisen. Eine nach Satz 1 begünstigte Wohnung ist

1. eine Wohnung in einem eigenen Haus oder

2. eine eigene Eigentumswohnung oder

3. eine Genossenschaftswohnung einer eingetragenen Genossenschaft,

wenn diese Wohnung in einem Mitgliedstaat der Europäischen Union oder in einem Staat, auf den das Abkommen über den Europäischen Wirtschaftsraum (EWR-Abkommen) anwendbar ist, belegen ist und die Hauptwohnung oder den Mittelpunkt der Lebensinteressen des Zulageberechtigten darstellt; dies gilt auch für eine im Vereinigten Königreich Großbritannien und Nordirland belegene Wohnung, die vor dem Zeitpunkt, ab dem das Vereinigte Königreich Großbritannien und Nordirland nicht mehr Mitgliedstaat der Europäischen Union ist und auch nicht wie ein solcher zu behandeln ist, bereits begünstigt war, soweit für diese

Wohnung bereits vor diesem Zeitpunkt eine Verwendung nach Satz 1 erfolgt ist und keine erneute beantragt wird. Einer Wohnung im Sinne des Satzes 5 steht ein eigentumsähnliches oder lebenslanges Dauerwohnrecht nach § 33 des Wohnungseigentumsgesetzes gleich, soweit Vereinbarungen nach § 39 des Wohnungseigentumsgesetzes getroffen werden. Bei der Ermittlung des Restkapitals nach Satz 1 ist auf den Stand des geförderten Altersvorsorgevermögens zum Ablauf des Tages abzustellen, an dem die zentrale Stelle den Bescheid nach § 92b ausgestellt hat. Der Altersvorsorge-Eigenheimbetrag gilt nicht als Leistung aus einem Altersvorsorgevertrag, die dem Zulageberechtigten im Zeitpunkt der Auszahlung zufließt.

(2) Der Altersvorsorge-Eigenheimbetrag, die Tilgungsleistungen im Sinne des § 82 Absatz 1 Satz 1 Nummer 2 und die hierfür gewährten Zulagen sind durch die zentrale Stelle in Bezug auf den zugrunde liegenden Altersvorsorgevertrag gesondert zu erfassen (Wohnförderkonto); die zentrale Stelle teilt für jeden Altersvorsorgevertrag, für den sie ein Wohnförderkonto (Altersvorsorgevertrag mit Wohnförderkonto) führt, dem Anbieter jährlich den Stand des Wohnförderkontos nach amtlich vorgeschriebenem Datensatz durch Datenfernübertragung mit. Beiträge, die nach § 82 Absatz 1 Satz 3 wie Tilgungsleistungen behandelt wurden, sind im Zeitpunkt der unmittelbaren Darlehenstilgung einschließlich der zur Tilgung eingesetzten Zulagen und Erträge in das Wohnförderkonto aufzunehmen; zur Tilgung eingesetzte ungeförderte Beiträge einschließlich der darauf entfallenden Erträge fließen dem Zulageberechtigten in diesem Zeitpunkt zu. Nach Ablauf eines Beitragsjahres, letztmals für das Beitragsjahr des Beginns der Auszahlungsphase, ist der sich aus dem Wohnförderkonto ergebende Gesamtbetrag um 2 Prozent zu erhöhen. Das Wohnförderkonto ist zu vermindern um

1. Zahlungen des Zulageberechtigten auf einen auf seinen Namen lautenden zertifizierten Altersvorsorgevertrag nach § 1 Absatz 1 des Altersvorsorgeverträge-Zertifizierungsgesetzes bis zum Beginn der Auszahlungsphase zur Minderung der in das Wohnförderkonto eingestellten Beträge; der Anbieter, bei dem die Einzahlung erfolgt, hat die Einzahlung der zentralen Stelle nach amtlich vorgeschriebenem Datensatz durch Datenfernübertragung mitzuteilen; erfolgt die Einzahlung nicht auf den Altersvorsorgevertrag mit Wohnförderkonto, hat der Zulageberechtigte dem Anbieter, bei dem die Einzahlung erfolgt, die Vertragsdaten des Altersvor-

sorgevertrags mit Wohnförderkonto mitzuteilen; diese hat der Anbieter der zentralen Stelle zusätzlich mitzuteilen;
2. den Verminderungsbetrag nach Satz 5.

Verminderungsbetrag ist der sich mit Ablauf des Kalenderjahres des Beginns der Auszahlungsphase ergebende Stand des Wohnförderkontos dividiert durch die Anzahl der Jahre bis zur Vollendung des 85. Lebensjahres des Zulageberechtigten; als Beginn der Auszahlungsphase gilt der vom Zulageberechtigten und Anbieter vereinbarte Zeitpunkt, der zwischen der Vollendung des 60. Lebensjahres und des 68. Lebensjahres des Zulageberechtigten liegen muss; ist ein Auszahlungszeitpunkt nicht vereinbart, so gilt die Vollendung des 67. Lebensjahres als Beginn der Auszahlungsphase; die Verschiebung des Beginns der Auszahlungsphase über das 68. Lebensjahr des Zulageberechtigten hinaus ist unschädlich, sofern es sich um eine Verschiebung im Zusammenhang mit der Abfindung einer Kleinbetragsrente auf Grund des § 1 Absatz 1 Satz 1 Nummer 4 Buchstabe a des Altersvorsorgeverträge-Zertifizierungsgesetzes handelt. Anstelle einer Verminderung nach Satz 5 kann der Zulageberechtigte jederzeit in der Auszahlungsphase von der zentralen Stelle die Auflösung des Wohnförderkontos verlangen (Auflösungsbetrag). Der Anbieter hat im Zeitpunkt der unmittelbaren Darlehenstilgung die Beträge nach Satz 2 erster Halbsatz und der Anbieter eines Altersvorsorgevertrags mit Wohnförderkonto hat zu Beginn der Auszahlungsphase den Zeitpunkt des Beginns der Auszahlungsphase der zentralen Stelle nach amtlich vorgeschriebenem Datensatz durch Datenfernübertragung spätestens bis zum Ablauf des zweiten Monats, der auf den Monat der unmittelbaren Darlehenstilgung oder des Beginns der Auszahlungsphase folgt, mitzuteilen. Wird gefördertes Altersvorsorgevermögen nach § 93 Absatz 2 Satz 1 von einem Anbieter auf einen anderen auf den Namen des Zulageberechtigten lautenden Altersvorsorgevertrag vollständig übertragen und hat die zentrale Stelle für den bisherigen Altersvorsorgevertrag ein Wohnförderkonto geführt, so schließt sie das Wohnförderkonto des bisherigen Vertrags und führt es zu dem neuen Altersvorsorgevertrag fort. Erfolgt eine Zahlung nach Satz 4 Nummer 1 oder nach Absatz 3 Satz 9 Nummer 2 auf einen anderen Altersvorsorgevertrag als auf den Altersvorsorgevertrag mit Wohnförderkonto, schließt die zentrale Stelle das Wohnförderkonto des bisherigen Vertrags und führt es ab dem Zeitpunkt der Einzahlung für den Altersvorsorgevertrag fort, auf den die Einzahlung erfolgt ist. Die zentrale Stelle teilt die Schließung des Wohnförderkontos dem Anbieter des bisherigen Altersvorsorgevertrags mit Wohnförderkonto mit.

(2a) Geht im Rahmen der Regelung von Scheidungsfolgen der Eigentumsanteil des Zulageberechtigten an der Wohnung im Sinne des Absatzes 1 Satz 5 ganz oder teilweise auf den anderen Ehegatten über, geht das Wohnförderkonto in Höhe des Anteils, der dem Verhältnis des übergegangenen Eigentumsanteils zum ursprünglichen Eigentumsanteil entspricht, mit allen Rechten und Pflichten auf den anderen Ehegatten über; dabei ist auf das Lebensalter des anderen Ehegatten abzustellen. Hat der andere Ehegatte das Lebensalter für den vertraglich vereinbarten Beginn der Auszahlungsphase oder, soweit kein Beginn der Auszahlungsphase vereinbart wurde, das 67. Lebensjahr im Zeitpunkt des Übergangs des Wohnförderkontos bereits überschritten, so gilt als Beginn der Auszahlungsphase der Zeitpunkt des Übergangs des Wohnförderkontos. Der Zulageberechtigte hat den Übergang des Eigentumsanteils der zentralen Stelle nachzuweisen. Dazu hat er die für die Anlage eines Wohnförderkontos erforderlichen Daten des anderen Ehegatten mitzuteilen. Die Sätze 1 bis 4 gelten entsprechend für Ehegatten, die im Zeitpunkt des Todes des Zulageberechtigten

1. nicht dauernd getrennt gelebt haben (§ 26 Absatz 1) und
2. ihren Wohnsitz oder gewöhnlichen Aufenthalt in einem Mitgliedstaat der Europäischen Union oder einem Staat hatten, auf den das Abkommen über den Europäischen Wirtschaftsraum anwendbar ist; dies gilt auch, wenn die Ehegatten ihren vor dem Zeitpunkt, ab dem das Vereinigte Königreich Großbritannien und Nordirland nicht mehr Mitgliedstaat der Europäischen Union ist und auch nicht wie ein solcher zu behandeln ist, begründeten Wohnsitz oder gewöhnlichen Aufenthalt im Vereinigten Königreich Großbritannien und Nordirland hatten und der Altersvorsorgevertrag vor dem 23. Juni 2016 abgeschlossen worden ist.

(3) Nutzt der Zulageberechtigte die Wohnung im Sinne des Absatzes 1 Satz 5, für die ein Altersvorsorge-Eigenheimbetrag verwendet oder für die eine Tilgungsförderung im Sinne des § 82 Absatz 1 in Anspruch genommen worden ist, nicht nur vorübergehend nicht mehr zu eigenen Wohnzwecken, hat er dies dem Anbieter, in der Auszahlungsphase der zentralen Stelle, unter Angabe des Zeitpunkts der Aufgabe der Selbstnutzung anzuzeigen. Eine Aufgabe der Selbstnutzung liegt auch vor, soweit der Zulageberechtigte das Eigentum an der Wohnung aufgibt. Die Anzeigepflicht gilt entsprechend für den Rechtsnachfolger der begünstigten Wohnung, wenn der Zulageberechtigte stirbt. Die Anzeigepflicht entfällt, wenn das Wohnförderkonto vollständig zurückgeführt

worden ist, es sei denn, es liegt ein Fall des § 22 Nummer 5 Satz 6 vor. Im Fall des Satzes 1 gelten die im Wohnförderkonto erfassten Beträge als Leistungen aus einem Altersvorsorgevertrag, die dem Zulageberechtigten nach letztmaliger Erhöhung des Wohnförderkontos nach Absatz 2 Satz 3 zum Ende des Veranlagungszeitraums, in dem die Selbstnutzung aufgegeben wurde, zufließen; das Wohnförderkonto ist aufzulösen (Auflösungsbetrag). Verstirbt der Zulageberechtigte, ist der Auflösungsbetrag ihm noch zuzurechnen. Der Anbieter hat der zentralen Stelle den Zeitpunkt der Aufgabe nach amtlich vorgeschriebenem Datensatz durch Datenfernübertragung spätestens bis zum Ablauf des zweiten Monats, der auf den Monat der Anzeige des Zulageberechtigten folgt, mitzuteilen. Wurde im Fall des Satzes 1 eine Tilgungsförderung nach § 82 Absatz 1 Satz 3 in Anspruch genommen und erfolgte keine Einstellung in das Wohnförderkonto nach Absatz 2 Satz 2, sind die Beiträge, die nach § 82 Absatz 1 Satz 3 wie Tilgungsleistungen behandelt wurden, sowie die darauf entfallenden Zulagen und Erträge in ein Wohnförderkonto aufzunehmen und anschließend die weiteren Regelungen dieses Absatzes anzuwenden; Absatz 2 Satz 2 zweiter Halbsatz und Satz 7 gilt entsprechend. Die Sätze 5 bis 7 sowie § 20 sind nicht anzuwenden, wenn

1. der Zulageberechtigte einen Betrag in Höhe des noch nicht zurückgeführten Betrags im Wohnförderkonto innerhalb von zwei Jahren vor dem Veranlagungszeitraum und von fünf Jahren nach Ablauf des Veranlagungszeitraums, in dem er die Wohnung letztmals zu eigenen Wohnzwecken genutzt hat, für eine weitere Wohnung im Sinne des Absatzes 1 Satz 5 verwendet,

2. der Zulageberechtigte einen Betrag in Höhe des noch nicht zurückgeführten Betrags im Wohnförderkonto innerhalb eines Jahres nach Ablauf des Veranlagungszeitraums, in dem er die Wohnung letztmals zu eigenen Wohnzwecken genutzt hat, auf einen auf seinen Namen lautenden zertifizierten Altersvorsorgevertrag zahlt; Absatz 2 Satz 4 Nummer 1 ist entsprechend anzuwenden,

3. die Ehewohnung auf Grund einer richterlichen Entscheidung nach § 1361b des Bürgerlichen Gesetzbuchs oder nach der Verordnung über die Behandlung der Ehewohnung und des Hausrats dem anderen Ehegatten zugewiesen wird,

4. der Zulageberechtigte krankheits- oder pflegebedingt die Wohnung nicht mehr bewohnt, sofern er Eigentümer dieser Wohnung bleibt, sie ihm weiterhin zur Selbstnutzung zur Verfügung steht

und sie nicht von Dritten, mit Ausnahme seines Ehegatten, genutzt wird oder

5. der Zulageberechtigte innerhalb von fünf Jahren nach Ablauf des Veranlagungszeitraums, in dem er die Wohnung letztmals zu eigenen Wohnzwecken genutzt hat, die Selbstnutzung dieser Wohnung wieder aufnimmt.

Satz 9 Nummer 1 und 2 setzt voraus, dass der Zulageberechtigte dem Anbieter, in der Auszahlungsphase der zentralen Stelle, die fristgemäße Reinvestitionsabsicht im Rahmen der Anzeige nach Satz 1 und den Zeitpunkt der Reinvestition oder die Aufgabe der Reinvestitionsabsicht anzeigt; in den Fällen des Absatzes 2a und des Satzes 9 Nummer 3 gelten die Sätze 1 bis 9 entsprechend für den anderen, geschiedenen oder überlebenden Ehegatten, wenn er die Wohnung nicht nur vorübergehend nicht mehr zu eigenen Wohnzwecken nutzt. Satz 5 ist mit der Maßgabe anzuwenden, dass der Eingang der Anzeige der aufgegebenen Reinvestitionsabsicht, spätestens jedoch der 1. Januar

1. des sechsten Jahres nach dem Jahr der Aufgabe der Selbstnutzung bei einer Reinvestitionsabsicht nach Satz 9 Nummer 1 oder

2. des zweiten Jahres nach dem Jahr der Aufgabe der Selbstnutzung bei einer Reinvestitionsabsicht nach Satz 9 Nummer 2

als Zeitpunkt der Aufgabe gilt. Satz 9 Nummer 5 setzt voraus, dass bei einer beabsichtigten Wiederaufnahme der Selbstnutzung der Zulageberechtigte dem Anbieter, in der Auszahlungsphase der zentralen Stelle, die Absicht der fristgemäßen Wiederaufnahme der Selbstnutzung im Rahmen der Anzeige nach Satz 1 und den Zeitpunkt oder die Aufgabe der Reinvestitionsabsicht nach Satz 10 anzeigt. Satz 10 zweiter Halbsatz und Satz 11 gelten für die Anzeige der Absicht der fristgemäßen Wiederaufnahme der Selbstnutzung entsprechend.

(4) Absatz 3 sowie § 20 sind auf Antrag des Steuerpflichtigen nicht anzuwenden, wenn er

1. die Wohnung im Sinne des Absatzes 1 Satz 5 auf Grund eines beruflich bedingten Umzugs für die Dauer der beruflich bedingten Abwesenheit nicht selbst nutzt; wird während dieser Zeit mit einer anderen Person ein Nutzungsrecht für diese Wohnung vereinbart, ist diese Vereinbarung von vornherein entsprechend zu befristen,

2. beabsichtigt, die Selbstnutzung wieder aufzunehmen und

3. die Selbstnutzung spätestens mit der Vollendung seines 67. Lebensjahres aufnimmt.

Der Steuerpflichtige hat den Antrag bei der zentralen Stelle zu stellen und dabei die notwendigen Nachweise zu erbringen. Die zentrale Stelle erteilt dem Steuerpflichtigen einen Bescheid über die Bewilligung des Antrags und informiert den Anbieter des Altersvorsorgevertrags mit Wohnförderkonto des Zulageberechtigten über die Bewilligung, eine Wiederaufnahme der Selbstnutzung nach einem beruflich bedingten Umzug und den Wegfall der Voraussetzungen nach diesem Absatz; die Information hat nach amtlich vorgeschriebenem Datensatz durch Datenfernübertragung zu erfolgen. Entfällt eine der in Satz 1 genannten Voraussetzungen, ist Absatz 3 mit der Maßgabe anzuwenden, dass bei einem Wegfall der Voraussetzung nach Satz 1 Nummer 1 als Zeitpunkt der Aufgabe der Zeitpunkt des Wegfalls der Voraussetzung und bei einem Wegfall der Voraussetzung nach Satz 1 Nummer 2 oder Nummer 3 der Eingang der Mitteilung des Steuerpflichtigen nach Absatz 3 als Zeitpunkt der Aufgabe gilt, spätestens jedoch die Vollendung des 67. Lebensjahres des Steuerpflichtigen.

§ 92b Verfahren bei Verwendung für eine selbst genutzte Wohnung

(1) Der Zulageberechtigte hat die Verwendung des Kapitals nach § 92a Absatz 1 Satz 1 spätestens zehn Monate vor dem Beginn der Auszahlungsphase des Altersvorsorgevertrags im Sinne des § 1 Absatz 1 Nummer 2 des Altersvorsorgeverträge- Zertifizierungsgesetzes bei der zentralen Stelle zu beantragen und dabei die notwendigen Nachweise zu erbringen. Er hat zu bestimmen, aus welchen Altersvorsorgeverträgen der Altersvorsorge-Eigenheimbetrag ausgezahlt werden soll. Die zentrale Stelle teilt dem Zulageberechtigten durch Bescheid und den Anbietern der in Satz 2 genannten Altersvorsorgeverträge nach amtlich vorgeschriebenem Datensatz durch Datenfernübertragung mit, bis zu welcher Höhe eine wohnungswirtschaftliche Verwendung im Sinne des § 92a Absatz 1 Satz 1 vorliegen kann.

(2) Die Anbieter der in Absatz 1 Satz 2 genannten Altersvorsorgeverträge dürfen den Altersvorsorge-Eigenheimbetrag auszahlen, sobald sie die Mitteilung nach Absatz 1 Satz 3 erhalten haben. Sie haben der zentralen Stelle nach amtlich vorgeschriebenem Datensatz durch Datenfernübertragung Folgendes spätestens bis zum Ablauf des zweiten Monats, der auf den Monat der Auszahlung folgt, anzuzeigen:

1. den Auszahlungszeitpunkt und den Auszahlungsbetrag,
2. die Summe der bis zum Auszahlungszeitpunkt dem Altersvorsorgevertrag gutgeschriebenen Zulagen,
3. die Summe der bis zum Auszahlungszeitpunkt geleisteten Altersvorsorgebeiträge und
4. den Stand des geförderten Altersvorsorgevermögens im Zeitpunkt der Auszahlung.

(3) Die zentrale Stelle stellt zu Beginn der Auszahlungsphase und in den Fällen des § 92a Absatz 2a und 3 Satz 5 den Stand des Wohnförderkontos, soweit für die Besteuerung erforderlich, den Verminderungsbetrag und den Auflösungsbetrag von Amts wegen gesondert fest. Die zentrale Stelle teilt die Feststellung dem Zulageberechtigten, in den Fällen des § 92a Absatz 2a Satz 1 auch dem anderen Ehegatten, durch Bescheid und dem Anbieter nach amtlich vorgeschriebenem Datensatz durch Datenfernübertragung mit. Der Anbieter hat auf Anforderung der zentralen Stelle die zur Feststellung erforderlichen Unterlagen vorzulegen. Auf Antrag des Zulageberechtigten stellt die zentrale Stelle den Stand des Wohnförderkontos gesondert fest. § 90 Absatz 4 Satz 2 bis 5 gilt entsprechend.

§ 93 Schädliche Verwendung

(1) Wird gefördertes Altersvorsorgevermögen nicht unter den in § 1 Absatz 1 Satz 1 Nummer 4 und 10 Buchstabe c des Altersvorsorgeverträge-Zertifizierungsgesetzes oder § 1 Absatz 1 Satz 1 Nummer 4, 5 und 10 Buchstabe c des Altersvorsorgeverträge-Zertifizierungsgesetzes in der bis zum 31. Dezember 2004 geltenden Fassung genannten Voraussetzungen an den Zulageberechtigten ausgezahlt (schädliche Verwendung), sind die auf das ausgezahlte geförderte Altersvorsorgevermögen entfallenden Zulagen und die nach § 10a Absatz 4 gesondert festgestellten Beträge (Rückzahlungsbetrag) zurückzuzahlen. Dies gilt auch bei einer Auszahlung nach Beginn der Auszahlungsphase (§ 1 Absatz 1 Satz 1 Nummer 2 des Altersvorsorgeverträge-Zertifizierungsgesetzes) und bei Auszahlungen im Falle des Todes des Zulageberechtigten. Hat der Zulageberechtigte Zahlungen im Sinne des § 92a Absatz 2 Satz 4 Nummer 1 oder § 92a Absatz 3 Satz 9 Nummer 2 geleistet, dann handelt es sich bei dem hierauf beruhenden Altersvorsorgevermögen um gefördertes Altersvorsorgevermögen im Sinne des Satzes 1; der Rückzahlungsbetrag bestimmt sich insoweit nach der für die in das Wohnförderkonto eingestellten Beträge

gewährten Förderung. Eine Rückzahlungsverpflichtung besteht nicht für den Teil der Zulagen und der Steuerermäßigung,

a) der auf nach § 1 Absatz 1 Satz 1 Nummer 2 des Altersvorsorgeverträge-Zertifizierungsgesetzes angespartes gefördertes Altersvorsorgevermögen entfällt, wenn es in Form einer Hinterbliebenenrente an die dort genannten Hinterbliebenen ausgezahlt wird; dies gilt auch für Leistungen im Sinne des § 82 Absatz 3 an Hinterbliebene des Steuerpflichtigen;

b) der den Beitragsanteilen zuzuordnen ist, die für die zusätzliche Absicherung der verminderten Erwerbsfähigkeit und eine zusätzliche Hinterbliebenenabsicherung ohne Kapitalbildung verwendet worden sind;

c) der auf gefördertes Altersvorsorgevermögen entfällt, das im Fall des Todes des Zulageberechtigten auf einen auf den Namen des Ehegatten lautenden Altersvorsorgevertrag übertragen wird, wenn die Ehegatten im Zeitpunkt des Todes des Zulageberechtigten nicht dauernd getrennt gelebt haben (§ 26 Absatz 1) und ihren Wohnsitz oder gewöhnlichen Aufenthalt in einem Mitgliedstaat der Europäischen Union oder einem Staat hatten, auf den das Abkommen über den Europäischen Wirtschaftsraum (EWR-Abkommen) anwendbar ist; dies gilt auch, wenn die Ehegatten ihren vor dem Zeitpunkt, ab dem das Vereinigte Königreich Großbritannien und Nordirland nicht mehr Mitgliedstaat der Europäischen Union ist und auch nicht wie ein solcher zu behandeln ist, begründeten Wohnsitz oder gewöhnlichen Aufenthalt im Vereinigten Königreich Großbritannien und Nordirland hatten und der Vertrag vor dem 23. Juni 2016 abgeschlossen worden ist;

d) der auf den Altersvorsorge-Eigenheimbetrag entfällt.

(1a) Eine schädliche Verwendung liegt nicht vor, wenn gefördertes Altersvorsorgevermögen auf Grund einer internen Teilung nach § 10 des Versorgungsausgleichsgesetzes oder auf Grund einer externen Teilung nach § 14 des Versorgungsausgleichsgesetzes auf einen zertifizierten Altersvorsorgevertrag oder eine nach § 82 Absatz 2 begünstigte betriebliche Altersversorgung übertragen wird; die auf das übertragene Anrecht entfallende steuerliche Förderung geht mit allen Rechten und Pflichten auf die ausgleichsberechtigte Person über. Eine schädliche Verwendung liegt ebenfalls nicht vor, wenn gefördertes Altersvorsorgevermögen auf Grund einer externen Teilung nach § 14 des Versorgungsausgleichsgesetzes auf die Versorgungsausgleichskasse oder die gesetzliche Rentenversicherung übertragen wird; die

Rechte und Pflichten der ausgleichspflichtigen Person aus der steuerlichen Förderung des übertragenen Anteils entfallen. In den Fällen der Sätze 1 und 2 teilt die zentrale Stelle der ausgleichspflichtigen Person die Höhe der auf die Ehezeit im Sinne des § 3 Absatz 1 des Versorgungsausgleichsgesetzes oder die Lebenspartnerschaftszeit im Sinne des § 20 Absatz 2 des Lebenspartnerschaftsgesetzes entfallenden gesondert festgestellten Beträge nach § 10a Absatz 4 und die ermittelten Zulagen mit. Die entsprechenden Beträge sind monatsweise zuzuordnen. Die zentrale Stelle teilt die geänderte Zuordnung der gesondert festgestellten Beträge nach § 10a Absatz 4 sowie der ermittelten Zulagen der ausgleichspflichtigen und in den Fällen des Satzes 1 auch der ausgleichsberechtigten Person durch Feststellungsbescheid mit. Nach Eintritt der Unanfechtbarkeit dieses Feststellungsbescheids informiert die zentrale Stelle den Anbieter durch einen Datensatz über die geänderte Zuordnung.

(2) Die Übertragung von gefördertem Altersvorsorgevermögen auf einen anderen auf den Namen des Zulageberechtigten lautenden Altersvorsorgevertrag (§ 1 Absatz 1 Satz 1 Nummer 10 Buchstabe b des Altersvorsorgeverträge-Zertifizierungsgesetzes) stellt keine schädliche Verwendung dar. Dies gilt sinngemäß in den Fällen des § 4 Absatz 2 und 3 des Betriebsrentengesetzes, wenn das geförderte Altersvorsorgevermögen auf eine der in § 82 Absatz 2 Buchstabe a genannten Einrichtungen der betrieblichen Altersversorgung zum Aufbau einer kapitalgedeckten betrieblichen Altersversorgung übertragen und eine lebenslange Altersversorgung entsprechend § 82 Absatz 2 Satz 2 vorgesehen ist, wie auch in den Fällen einer Übertragung nach § 3 Nummer 55c Satz 2 Buchstabe a. In den übrigen Fällen der Abfindung von Anwartschaften der betrieblichen Altersversorgung gilt dies, soweit das geförderte Altersvorsorgevermögen zugunsten eines auf den Namen des Zulageberechtigten lautenden Altersvorsorgevertrages geleistet wird. Auch keine schädliche Verwendung sind der gesetzliche Forderungs- und Vermögensübergang nach § 9 des Betriebsrentengesetzes und die gesetzlich vorgesehene schuldbefreiende Übertragung nach § 8 Absatz 1 des Betriebsrentengesetzes.

(3) Auszahlungen zur Abfindung einer Kleinbetragsrente zu Beginn der Auszahlungsphase oder im darauffolgenden Jahr gelten nicht als schädliche Verwendung. Eine Kleinbetragsrente ist eine Rente, die bei gleichmäßiger Verrentung des gesamten zu Beginn der Auszahlungsphase zur Verfügung stehenden Kapitals eine monatliche Rente ergibt, die 1 Prozent der monatlichen Bezugsgröße nach § 18 des Vierten Buches Sozialgesetzbuch nicht übersteigt. Bei der Berechnung

dieses Betrags sind alle bei einem Anbieter bestehenden Verträge des Zulageberechtigten insgesamt zu berücksichtigen, auf die nach diesem Abschnitt geförderte Altersvorsorgebeiträge geleistet wurden. Die Sätze 1 bis 3 gelten entsprechend, wenn

1. nach dem Beginn der Auszahlungsphase ein Versorgungsausgleich durchgeführt wird und
2. sich dadurch die Rente verringert.

(4) Wird bei einem einheitlichen Vertrag nach § 1 Absatz 1a Satz 1 Nummer 2 zweiter Halbsatz des Altersvorsorgeverträge-Zertifizierungsgesetzes das Darlehen nicht wohnungswirtschaftlich im Sinne des § 92a Absatz 1 Satz 1 verwendet, liegt zum Zeitpunkt der Darlehensauszahlung eine schädliche Verwendung des geförderten Altersvorsorgevermögens vor, es sei denn, das geförderte Altersvorsorgevermögen wird innerhalb eines Jahres nach Ablauf des Veranlagungszeitraums, in dem das Darlehen ausgezahlt wurde, auf einen anderen zertifizierten Altersvorsorgevertrag übertragen, der auf den Namen des Zulageberechtigten lautet. Der Zulageberechtigte hat dem Anbieter die Absicht zur Kapitalübertragung, den Zeitpunkt der Kapitalübertragung bis zum Zeitpunkt der Darlehensauszahlung und die Aufgabe der Absicht zur Kapitalübertragung mitzuteilen. Wird die Absicht zur Kapitalübertragung aufgegeben, tritt die schädliche Verwendung zu dem Zeitpunkt ein, zu dem die Mitteilung des Zulageberechtigten hierzu beim Anbieter eingeht, spätestens aber am 1. Januar des zweiten Jahres nach dem Jahr, in dem das Darlehen ausgezahlt wurde.

§ 94 Verfahren bei schädlicher Verwendung

(1) In den Fällen des § 93 Absatz 1 hat der Anbieter der zentralen Stelle vor der Auszahlung des geförderten Altersvorsorgevermögens die schädliche Verwendung nach amtlich vorgeschriebenem Datensatz durch amtlich bestimmte Datenfernübertragung anzuzeigen. Die zentrale Stelle ermittelt den Rückzahlungsbetrag und teilt diesen dem Anbieter durch Datensatz mit. Der Anbieter hat den Rückzahlungsbetrag einzubehalten, mit der nächsten Anmeldung nach § 90 Absatz 3 anzumelden und an die zentrale Stelle abzuführen. Der Anbieter hat die einbehaltenen und abgeführten Beträge der zentralen Stelle nach amtlich vorgeschriebenem Datensatz durch amtlich bestimmte Datenfernübertragung mitzuteilen und diese Beträge dem Zulageberechtigten zu bescheinigen; **mit Einverständnis des Zulageberechtigten kann die Bescheinigung elektronisch bereitgestellt werden.** In den Fällen des § 93 Absatz 3 gilt Satz 1 entsprechend.

(2) Eine Festsetzung des Rückzahlungsbetrags erfolgt durch die zentrale Stelle auf besonderen Antrag des Zulageberechtigten oder sofern die Rückzahlung nach Absatz 1 ganz oder teilweise nicht möglich oder nicht erfolgt ist. § 90 Absatz 4 Satz 2 bis 6 gilt entsprechend; 90 Absatz 4 Satz 5 gilt nicht, wenn die Geschäftsbeziehung im Hinblick auf den jeweiligen Altersvorsorgevertrag zwischen dem Zulageberechtigten und dem Anbieter beendet wurde. Im Rückforderungsbescheid sind auf den Rückzahlungsbetrag die vom Anbieter bereits einbehaltenen und abgeführten Beträge nach Maßgabe der Bescheinigung nach Absatz 1 Satz 4 anzurechnen. Der Zulageberechtigte hat den verbleibenden Rückzahlungsbetrag innerhalb eines Monats nach Bekanntgabe des Rückforderungsbescheids an die zuständige Kasse zu entrichten. Die Frist für die Festsetzung des Rückzahlungsbetrags beträgt vier Jahre und beginnt mit Ablauf des Kalenderjahrs, in dem die Auszahlung im Sinne des § 93 Absatz 1 erfolgt ist.

(3) Sofern der zentralen Stelle für den Zulageberechtigten im Zeitpunkt der schädlichen Verwendung eine Meldung nach § 118 Absatz 1a des Zwölften Buches Sozialgesetzbuch zum erstmaligen Bezug von Hilfe zum Lebensunterhalt und von Grundsicherung im Alter und bei Erwerbsminderung vorliegt, teilt die zentrale Stelle zum Zeitpunkt der Mitteilung nach Absatz 1 Satz 2 der Datenstelle der Rentenversicherungsträger als Vermittlungsstelle die schädliche Verwendung durch Datenfernübertragung mit. Dies gilt nicht, wenn das Ausscheiden aus diesem Hilfebezug nach § 118 Absatz 1a des Zwölften Buches Sozialgesetzbuch angezeigt wurde.

§ 95 Sonderfälle der Rückzahlung

(1) Die §§ 93 und 94 gelten entsprechend, wenn

1. sich der Wohnsitz oder gewöhnliche Aufenthalt des Zulageberechtigten außerhalb der Mitgliedstaaten der Europäischen Union und der Staaten befindet, auf die das Abkommen über den Europäischen Wirtschaftsraum (EWR-Abkommen) anwendbar ist, oder wenn der Zulageberechtigte ungeachtet eines Wohnsitzes oder gewöhnlichen Aufenthaltes in einem dieser Staaten nach einem Abkommen zur Vermeidung der Doppelbesteuerung mit einem dritten Staat als außerhalb des Hoheitsgebiets dieser Staaten ansässig gilt und

2. entweder keine Zulageberechtigung besteht oder der Vertrag in der Auszahlungsphase ist.

Satz 1 gilt nicht, sofern sich der Wohnsitz oder gewöhnliche Aufenthalt des Zulageberechtigten bereits seit dem 22. Juni 2016 ununterbrochen im Vereinigten Königreich Großbritannien und Nordirland befindet und der Vertrag vor dem 23. Juni 2016 abgeschlossen worden ist.

(2) Auf Antrag des Zulageberechtigten ist der Rückzahlungsbetrag im Sinne des § 93 Absatz 1 Satz 1 zunächst bis zum Beginn der Auszahlung zu stunden. Die Stundung ist zu verlängern, wenn der Rückzahlungsbetrag mit mindestens 15 Prozent der Leistungen aus dem Vertrag getilgt wird. Die Stundung endet, wenn das geförderte Altersvorsorgevermögen nicht unter den in § 1 Absatz 1 Satz 1 Nummer 4 des Altersvorsorgeverträge-Zertifizierungsgesetzes genannten Voraussetzungen an den Zulageberechtigten ausgezahlt wird. Der Stundungsantrag ist über den Anbieter an die zentrale Stelle zu richten. **Der Anbieter hat dem Zulageberechtigten den Stundungsantrag bereitzustellen; mit Einverständnis des Zulageberechtigten kann der Antrag elektronisch bereitgestellt werden.** Die zentrale Stelle teilt ihre Entscheidung auch dem Anbieter mit.

(3) Wurde der Rückzahlungsbetrag nach Absatz 2 gestundet und

1. verlegt der ehemals Zulageberechtigte seinen ausschließlichen Wohnsitz oder gewöhnlichen Aufenthalt in einen Mitgliedstaat der Europäischen Union oder einen Staat, auf den das Abkommen über den Europäischen Wirtschaftsraum (EWR-Abkommen) anwendbar ist, oder

2. wird der ehemals Zulageberechtigte erneut zulageberechtigt,

sind der Rückzahlungsbetrag und die bereits entstandenen Stundungszinsen von der zentralen Stelle zu erlassen.

§ 96 Anwendung der Abgabenordnung, allgemeine Vorschriften

(1) Auf die Zulagen und die Rückzahlungsbeträge sind die für Steuervergütungen geltenden Vorschriften der Abgabenordnung entsprechend anzuwenden. Dies gilt nicht für § 163 der Abgabenordnung.

(2) Hat der Anbieter vorsätzlich oder grob fahrlässig

1. unrichtige oder unvollständige Daten übermittelt oder
2. Daten pflichtwidrig nicht übermittelt,

obwohl der Zulageberechtigte seiner Informationspflicht gegenüber dem Anbieter zutreffend und rechtzeitig nachgekommen ist, haftet der Anbieter für die entgangene Steuer und die zu Unrecht gewährte Steuervergünstigung. Dies gilt auch, wenn im Verhältnis zum Zulageberechtigten Festsetzungsverjährung eingetreten ist. Der Zulageberechtigte haftet als Gesamtschuldner neben dem Anbieter, wenn er weiß, dass der Anbieter unrichtige oder unvollständige Daten übermittelt oder Daten pflichtwidrig nicht übermittelt hat. Für die Inanspruchnahme des Anbieters ist die zentrale Stelle zuständig.

(3) Die zentrale Stelle hat auf Anfrage des Anbieters Auskunft über die Anwendung des Abschnitts XI zu geben.

(4) Die zentrale Stelle kann beim Anbieter ermitteln, ob er seine Pflichten erfüllt hat. Die §§ 193 bis 203 der Abgabenordnung gelten sinngemäß. Auf Verlangen der zentralen Stelle hat der Anbieter ihr Unterlagen, soweit sie im Ausland geführt und aufbewahrt werden, verfügbar zu machen.

(5) Der Anbieter erhält vom Bund oder den Ländern keinen Ersatz für die ihm aus diesem Verfahren entstehenden Kosten.

(6) Der Anbieter darf die im Zulageverfahren bekannt gewordenen Verhältnisse der Beteiligten nur für das Verfahren verwerten. Er darf sie ohne Zustimmung der Beteiligten nur offenbaren, soweit dies gesetzlich zugelassen ist.

(7) Für die Zulage gelten die Strafvorschriften des § 370 Absatz 1 bis 4, der §§ 371, 375 Absatz 1 und des § 376 sowie die Bußgeldvorschriften der §§ 378, 379 Absatz 1 und 4 und der §§ 383 und 384 der Abgabenordnung entsprechend. Für das Strafverfahren wegen einer Straftat nach Satz 1 sowie der Begünstigung einer Person, die eine solche Tat begangen hat, gelten die §§ 385 bis 408, für das Bußgeldverfahren wegen einer Ordnungswidrigkeit nach Satz 1 die §§ 409 bis 412 der Abgabenordnung entsprechend.

§ 97 Übertragbarkeit

Das nach § 10a oder Abschnitt XI geförderte Altersvorsorgevermögen einschließlich seiner Erträge, die geförderten laufenden Altersvorsorgebeiträge und der Anspruch auf die Zulage sind nicht übertragbar. § 93 Absatz 1a und § 4 des Betriebsrentengesetzes bleiben unberührt.

§ 98 Rechtsweg

In öffentlich-rechtlichen Streitigkeiten über die auf Grund des Abschnitts XI ergehenden Verwaltungsakte ist der Finanzrechtsweg gegeben.

...

§ 100 Förderbetrag zur betrieblichen Altersversorgung

(1) Arbeitgeber im Sinne des § 38 Absatz 1 dürfen vom Gesamtbetrag der einzubehaltenden Lohnsteuer für jeden Arbeitnehmer mit einem ersten Dienstverhältnis einen Teilbetrag des Arbeitgeberbeitrags zur kapitalgedeckten betrieblichen Altersversorgung (Förderbetrag) entnehmen und bei der nächsten Lohnsteuer-Anmeldung gesondert absetzen. Übersteigt der insgesamt zu gewährende Förderbetrag den Betrag, der insgesamt an Lohnsteuer abzuführen ist, so wird der übersteigende Betrag dem Arbeitgeber auf Antrag von dem Finanzamt, an das die Lohnsteuer abzuführen ist, aus den Einnahmen der Lohnsteuer ersetzt.

(2) Der Förderbetrag beträgt im Kalenderjahr 30 Prozent des zusätzlichen Arbeitgeberbeitrags nach Absatz 3, höchstens 144 Euro. In Fällen, in denen der Arbeitgeber bereits im Jahr 2016 einen zusätzlichen Arbeitgeberbeitrag an einen Pensionsfonds, eine Pensionskasse oder für eine Direktversicherung geleistet hat, ist der jeweilige Förderbetrag auf den Betrag beschränkt, den der Arbeitgeber darüber hinaus leistet.

(3) Voraussetzung für die Inanspruchnahme des Förderbetrags nach den Absätzen 1 und 2 ist, dass

1. der Arbeitslohn des Arbeitnehmers im Lohnzahlungszeitraum, für den der Förderbetrag geltend gemacht wird, im Inland dem Lohnsteuerabzug unterliegt;

2. der Arbeitgeber für den Arbeitnehmer zusätzlich zum ohnehin geschuldeten Arbeitslohn im Kalenderjahr mindestens einen Betrag in Höhe von 240 Euro an einen Pensionsfonds, eine Pensionskasse oder für eine Direktversicherung zahlt;

3. im Zeitpunkt der Beitragsleistung der laufende Arbeitslohn (§ 39b Absatz 2 Satz 1 und 2), der pauschal besteuerte Arbeitslohn (§ 40a Absatz 1 und 3) oder das pauschal besteuerte Arbeitsentgelt (§ 40a Absatz 2 und 2a) nicht mehr beträgt als

    a) 73,34 Euro bei einem täglichen Lohnzahlungszeitraum,

    b) 513,34 Euro bei einem wöchentlichen Lohnzahlungszeitraum,

    c) 2 200 Euro bei einem monatlichen Lohnzahlungszeitraum oder

    d) 26 400 Euro bei einem jährlichen Lohnzahlungszeitraum;

4. eine Auszahlung der zugesagten Alters-, Invaliditäts- oder Hinterbliebenenversorgungsleistungen entsprechend § 82 Absatz 2 Satz 2 vorgesehen ist;

5. sichergestellt ist, dass von den Beiträgen jeweils derselbe prozentuale Anteil zur Deckung der Vertriebskosten herangezogen wird; der Prozentsatz kann angepasst werden, wenn die Kalkulationsgrundlagen geändert werden, darf die ursprüngliche Höhe aber nicht überschreiten.

(4) Für die Inanspruchnahme des Förderbetrags sind die Verhältnisse im Zeitpunkt der Beitragsleistung maßgeblich; spätere Änderungen der Verhältnisse sind unbeachtlich. Abweichend davon sind die für den Arbeitnehmer nach Absatz 1 geltend gemachten Förderbeträge zurückzugewähren, wenn eine Anwartschaft auf Leistungen aus einer nach Absatz 1 geförderten betrieblichen Altersversorgung später verfällt und sich daraus eine Rückzahlung an den Arbeitgeber ergibt. Der Förderbetrag ist nur zurückzugewähren, soweit er auf den Rückzahlungsbetrag entfällt. Der Förderbetrag ist in der Lohnsteuer-Anmeldung für den Lohnzahlungszeitraum, in dem die Rückzahlung zufließt, der an das Betriebsstättenfinanzamt abzuführenden Lohnsteuer hinzuzurechnen.

(5) Für den Förderbetrag gelten entsprechend:
1. die §§ 41, 41a, 42e, 42f und 42g,
2. die für Steuervergütungen geltenden Vorschriften der Abgabenordnung mit Ausnahme des § 163 der Abgabenordnung und
3. die §§ 195 bis 203 der Abgabenordnung, die Strafvorschriften des § 370 Absatz 1 bis 4, der §§ 371, 375 Absatz 1 und des § 376, die Bußgeldvorschriften der §§ 378, 379 Absatz 1 und 4 und der §§ 383 und 384 der Abgabenordnung, die §§ 385 bis 408 für das Strafverfahren und die §§ 409 bis 412 der Abgabenordnung für das Bußgeldverfahren.

(6) Der Arbeitgeberbeitrag im Sinne des Absatzes 3 Nummer 2 ist steuerfrei, soweit er im Kalenderjahr 480 Euro nicht übersteigt. Die Steuerfreistellung des § 3 Nummer 63 bleibt hiervon unberührt.

Einführungsgesetz zum Handelsgesetzbuch (EGHGB)

vom 10. Mai 1897 (RGBl. 1897, S. 437),

zuletzt geändert durch das Gesetz zur Umsetzung der zweiten Aktionärsrechterichtlinie (ARUG II) vom 12. Dezember 2019 (BGBl I 2019, S. 2637)

– Auszug –

...

Art. 28 [Pensionen und Pensionsanwartschaften]

(1) Für eine laufende Pension oder eine Anwartschaft auf eine Pension auf Grund einer unmittelbaren Zusage braucht eine Rückstellung nach § 249 Abs. 1 Satz 1 des Handelsgesetzbuchs nicht gebildet zu werden, wenn der Pensionsberechtigte seinen Rechtsanspruch vor dem 1. Januar 1987 erworben hat oder sich ein vor diesem Zeitpunkt erworbener Rechtsanspruch nach dem 31. Dezember 1986 erhöht. Für eine mittelbare Verpflichtung aus einer Zusage für eine laufende Pension oder eine Anwartschaft auf eine Pension sowie für eine ähnliche unmittelbare oder mittelbare Verpflichtung braucht eine Rückstellung in keinem Fall gebildet zu werden.

(2) Bei Anwendung des Absatzes 1 müssen Kapitalgesellschaften die in der Bilanz nicht ausgewiesenen Rückstellungen für laufende Pensionen, Anwartschaften auf Pensionen und ähnliche Verpflichtungen jeweils im Anhang und im Konzernanhang in einem Betrag angeben.

Handelsgesetzbuch (HGB)

vom 10. Mai 1897 (RGBl. 1897, 219),

zuletzt geändert durch das Gesetz zur Umsetzung der zweiten Aktionärsrechterichtlinie (ARUG II) vom 12. Dezember 2019 (BGBl I 2019, S. 2637)

– Auszug –

§§ 242 – 256a Zweiter Unterabschnitt Eröffnungsbilanz. Jahresabschluß

...

§§ 246 – 251 Zweiter Titel Ansatzvorschriften

§ 246 Vollständigkeit. Verrechnungsverbot

(1) Der Jahresabschluss hat sämtliche Vermögensgegenstände, Schulden, Rechnungsabgrenzungsposten sowie Aufwendungen und Erträge zu enthalten, soweit gesetzlich nichts anderes bestimmt ist. Vermögensgegenstände sind in der Bilanz des Eigentümers aufzunehmen; ist ein Vermögensgegenstand nicht dem Eigentümer, sondern einem anderen wirtschaftlich zuzurechnen, hat dieser ihn in seiner Bilanz auszuweisen. Schulden sind in die Bilanz des Schuldners aufzunehmen. Der Unterschiedsbetrag, um den die für die Übernahme eines Unternehmens bewirkte Gegenleistung den Wert der einzelnen Vermögensgegenstände des Unternehmens abzüglich der Schulden im Zeitpunkt der Übernahme übersteigt (entgeltlich erworbener Geschäfts- oder Firmenwert), gilt als zeitlich begrenzt nutzbarer Vermögensgegenstand.

(2) Posten der Aktivseite dürfen nicht mit Posten der Passivseite, Aufwendungen nicht mit Erträgen, Grundstücksrechte nicht mit Grundstückslasten verrechnet werden. Vermögensgegenstände, die dem Zugriff aller übrigen Gläubiger entzogen sind und ausschließlich der Erfüllung von Schulden aus Altersversorgungsverpflichtungen oder vergleichbaren langfristig fälligen Verpflichtungen dienen, sind mit diesen Schulden zu verrechnen; entsprechend ist mit den zugehörigen Aufwendungen und Erträgen aus der Abzinsung und aus dem zu ver-

rechnenden Vermögen zu verfahren. Übersteigt der beizulegende Zeitwert der Vermögensgegenstände den Betrag der Schulden, ist der übersteigende Betrag unter einem gesonderten Posten zu aktivieren.

(3) Die auf den vorhergehenden Jahresabschluss angewandten Ansatzmethoden sind beizubehalten. § 252 Abs. 2 ist entsprechend anzuwenden.

...

§ 249 Rückstellungen

(1) Rückstellungen sind für ungewisse Verbindlichkeiten und für drohende Verluste aus schwebenden Geschäften zu bilden. Ferner sind Rückstellungen zu bilden für

1. im Geschäftsjahr unterlassene Aufwendungen für Instandhaltung, die im folgenden Geschäftsjahr innerhalb von drei Monaten, oder für Abraumbeseitigung, die im folgenden Geschäftsjahr nachgeholt werden,
2. Gewährleistungen, die ohne rechtliche Verpflichtung erbracht werden.

(2) Für andere als die in Absatz 1 bezeichneten Zwecke dürfen Rückstellungen nicht gebildet werden. Rückstellungen dürfen nur aufgelöst werden, soweit der Grund hierfür entfallen ist.

...

§§ 252 - 256a Dritter Titel Bewertungsvorschriften

§ 252 Allgemeine Bewertungsgrundsätze

(1) Bei der Bewertung der im Jahresabschluß ausgewiesenen Vermögensgegenstände und Schulden gilt insbesondere folgendes:

1. Die Wertansätze in der Eröffnungsbilanz des Geschäftsjahrs müssen mit denen der Schlußbilanz des vorhergehenden Geschäftsjahrs übereinstimmen.
2. Bei der Bewertung ist von der Fortführung der Unternehmenstätigkeit auszugehen, sofern dem nicht tatsächliche oder rechtliche Gegebenheiten entgegenstehen.

3. Die Vermögensgegenstände und Schulden sind zum Abschlußstichtag einzeln zu bewerten.
4. Es ist vorsichtig zu bewerten, namentlich sind alle vorhersehbaren Risiken und Verluste, die bis zum Abschlußstichtag entstanden sind, zu berücksichtigen, selbst wenn diese erst zwischen dem Abschlußstichtag und dem Tag der Aufstellung des Jahresabschlusses bekanntgeworden sind; Gewinne sind nur zu berücksichtigen, wenn sie am Abschlußstichtag realisiert sind.
5. Aufwendungen und Erträge des Geschäftsjahrs sind unabhängig von den Zeitpunkten der entsprechenden Zahlungen im Jahresabschluß zu berücksichtigen.
6. Die auf den vorhergehenden Jahresabschluss angewandten Bewertungsmethoden sind beizubehalten.

(2) Von den Grundsätzen des Absatzes 1 darf nur in begründeten Ausnahmefällen abgewichen werden.

§ 253 Zugangs- und Folgebewertung

(1) Vermögensgegenstände sind höchstens mit den Anschaffungs- oder Herstellungskosten, vermindert um die Abschreibungen nach den Absätzen 3 bis 5, anzusetzen. Verbindlichkeiten sind zu ihrem Erfüllungsbetrag und Rückstellungen in Höhe des nach vernünftiger kaufmännischer Beurteilung notwendigen Erfüllungsbetrages anzusetzen. Soweit sich die Höhe von Altersversorgungsverpflichtungen ausschließlich nach dem beizulegenden Zeitwert von Wertpapieren im Sinn des § 266 Abs. 2 A. III. 5 bestimmt, sind Rückstellungen hierfür zum beizulegenden Zeitwert dieser Wertpapiere anzusetzen, soweit er einen garantierten Mindestbetrag übersteigt. Nach § 246 Abs. 2 Satz 2 zu verrechnende Vermögensgegenstände sind mit ihrem beizulegenden Zeitwert zu bewerten. Kleinstkapitalgesellschaften (§ 267a) dürfen eine Bewertung zum beizulegenden Zeitwert nur vornehmen, wenn sie von keiner der in § 264 Absatz 1 Satz 5, § 266 Absatz 1 Satz 4, § 275 Absatz 5 und § 326 Absatz 2 vorgesehenen Erleichterungen Gebrauch machen. Macht eine Kleinstkapitalgesellschaft von mindestens einer der in Satz 5 genannten Erleichterungen Gebrauch, erfolgt die Bewertung der Vermögensgegenstände nach Satz 1, auch soweit eine Verrechnung nach § 246 Absatz 2 Satz 2 vorgesehen ist.

(2) Rückstellungen mit einer Restlaufzeit von mehr als einem Jahr sind abzuzinsen mit dem ihrer Restlaufzeit entsprechenden durchschnittlichen Marktzinssatz, der sich im Falle von Rückstellungen für Altersversorgungsverpflichtungen aus den vergangenen zehn Ge-

schäftsjahren und im Falle sonstiger Rückstellungen aus den vergangenen sieben Geschäftsjahren ergibt. Abweichend von Satz 1 dürfen Rückstellungen für Altersversorgungsverpflichtungen oder vergleichbare langfristig fällige Verpflichtungen pauschal mit dem durchschnittlichen Marktzinssatz abgezinst werden, der sich bei einer angenommenen Restlaufzeit von 15 Jahren ergibt. Die Sätze 1 und 2 gelten entsprechend für auf Rentenverpflichtungen beruhende Verbindlichkeiten, für die eine Gegenleistung nicht mehr zu erwarten ist. Der nach den Sätzen 1 und 2 anzuwendende Abzinsungszinssatz wird von der Deutschen Bundesbank nach Maßgabe einer Rechtsverordnung ermittelt und monatlich bekannt gegeben. In der Rechtsverordnung nach Satz 4, die nicht der Zustimmung des Bundesrates bedarf, bestimmt das Bundesministerium der Justiz und für Verbraucherschutz im Benehmen mit der Deutschen Bundesbank das Nähere zur Ermittlung der Abzinsungszinssätze, insbesondere die Ermittlungsmethodik und deren Grundlagen, sowie die Form der Bekanntgabe.

(3) Bei Vermögensgegenständen des Anlagevermögens, deren Nutzung zeitlich begrenzt ist, sind die Anschaffungs- oder die Herstellungskosten um planmäßige Abschreibungen zu vermindern. Der Plan muss die Anschaffungs- oder Herstellungskosten auf die Geschäftsjahre verteilen, in denen der Vermögensgegenstand voraussichtlich genutzt werden kann. Kann in Ausnahmefällen die voraussichtliche Nutzungsdauer eines selbst geschaffenen immateriellen Vermögensgegenstands des Anlagevermögens nicht verlässlich geschätzt werden, sind planmäßige Abschreibungen auf die Herstellungskosten über einen Zeitraum von zehn Jahren vorzunehmen. Satz 3 findet auf einen entgeltlich erworbenen Geschäfts- oder Firmenwert entsprechende Anwendung. Ohne Rücksicht darauf, ob ihre Nutzung zeitlich begrenzt ist, sind bei Vermögensgegenständen des Anlagevermögens bei voraussichtlich dauernder Wertminderung außerplanmäßige Abschreibungen vorzunehmen, um diese mit dem niedrigeren Wert anzusetzen, der ihnen am Abschlussstichtag beizulegen ist. Bei Finanzanlagen können außerplanmäßige Abschreibungen auch bei voraussichtlich nicht dauernder Wertminderung vorgenommen werden.

(4) Bei Vermögensgegenständen des Umlaufvermögens sind Abschreibungen vorzunehmen, um diese mit einem niedrigeren Wert anzusetzen, der sich aus einem Börsen- oder Marktpreis am Abschlussstichtag ergibt. Ist ein Börsen- oder Marktpreis nicht festzustellen und übersteigen die Anschaffungs- oder Herstellungskosten den Wert, der den Vermögensgegenständen am Abschlussstichtag beizulegen ist, so ist auf diesen Wert abzuschreiben.

(5) Ein niedrigerer Wertansatz nach Absatz 3 Satz 5 oder 6 und Absatz 4 darf nicht beibehalten werden, wenn die Gründe dafür nicht mehr bestehen. Ein niedrigerer Wertansatz eines entgeltlich erworbenen Geschäfts- oder Firmenwertes ist beizubehalten.

(6) Im Falle von Rückstellungen für Altersversorgungsverpflichtungen ist der Unterschiedsbetrag zwischen dem Ansatz der Rückstellungen nach Maßgabe des entsprechenden durchschnittlichen Marktzinssatzes aus den vergangenen zehn Geschäftsjahren und dem Ansatz der Rückstellungen nach Maßgabe des entsprechenden durchschnittlichen Marktzinssatzes aus den vergangenen sieben Geschäftsjahren in jedem Geschäftsjahr zu ermitteln. Gewinne dürfen nur ausgeschüttet werden, wenn die nach der Ausschüttung verbleibenden frei verfügbaren Rücklagen zuzüglich eines Gewinnvortrags und abzüglich eines Verlustvortrags mindestens dem Unterschiedsbetrag nach Satz 1 entsprechen. Der Unterschiedsbetrag nach Satz 1 ist in jedem Geschäftsjahr im Anhang oder unter der Bilanz darzustellen.

...

§§ 264 - 289f Erster Unterabschnitt Jahresabschluß der Kapitalgesellschaft und Lagebericht

...

§ 266 Gliederung der Bilanz

(1) Die Bilanz ist in Kontoform aufzustellen. Dabei haben mittelgroße und große Kapitalgesellschaften (§ 267 Absatz 2 und 3) auf der Aktivseite die in Absatz 2 und auf der Passivseite die in Absatz 3 bezeichneten Posten gesondert und in der vorgeschriebenen Reihenfolge auszuweisen. Kleine Kapitalgesellschaften (§ 267 Abs. 1) brauchen nur eine verkürzte Bilanz aufzustellen, in die nur die in den Absätzen 2 und 3 mit Buchstaben und römischen Zahlen bezeichneten Posten gesondert und in der vorgeschriebenen Reihenfolge aufgenommen werden. Kleinstkapitalgesellschaften (§ 267a) brauchen nur eine verkürzte Bilanz aufzustellen, in die nur die in den Absätzen 2 und 3 mit Buchstaben bezeichneten Posten gesondert und in der vorgeschriebenen Reihenfolge aufgenommen werden.

(2) Aktivseite

A. Anlagevermögen:
   I. Immaterielle Vermögensgegenstände:
      1. Selbst geschaffene gewerbliche Schutzrechte und ähnliche Rechte und Werte;
      2. entgeltlich erworbene Konzessionen, gewerbliche Schutzrechte und ähnliche Rechte und Werte sowie Lizenzen an solchen Rechten und Werten;
      3. Geschäfts- oder Firmenwert;
      4. geleistete Anzahlungen;
   II. Sachanlagen:
      1. Grundstücke, grundstücksgleiche Rechte und Bauten einschließlich der Bauten auf fremden Grundstücken;
      2. technische Anlagen und Maschinen;
      3. andere Anlagen, Betriebs- und Geschäftsausstattung;
      4. geleistete Anzahlungen und Anlagen im Bau;
   III. Finanzanlagen:
      1. Anteile an verbundenen Unternehmen;
      2. Ausleihungen an verbundene Unternehmen;
      3. Beteiligungen;
      4. Ausleihungen an Unternehmen, mit denen ein Beteiligungsverhältnis besteht;
      5. Wertpapiere des Anlagevermögens;
      6. sonstige Ausleihungen.
B. Umlaufvermögen:
   I. Vorräte:
      1. Roh-, Hilfs- und Betriebsstoffe;
      2. unfertige Erzeugnisse, unfertige Leistungen;
      3. fertige Erzeugnisse und Waren;
      4. geleistete Anzahlungen;
   II. Forderungen und sonstige Vermögensgegenstände:
      1. Forderungen aus Lieferungen und Leistungen;
      2. Forderungen gegen verbundene Unternehmen;
      3. Forderungen gegen Unternehmen, mit denen ein Beteiligungsverhältnis besteht;
      4. sonstige Vermögensgegenstände;
   III. Wertpapiere:
      1. Anteile an verbundenen Unternehmen;
      2. sonstige Wertpapiere;
   IV. Kassenbestand, Bundesbankguthaben, Guthaben bei Kreditinstituten und Schecks.
C. Rechnungsabgrenzungsposten.
D. Aktive latente Steuern.
E. Aktiver Unterschiedsbetrag aus der Vermögensverrechnung.

(3) Passivseite

A. Eigenkapital:
   I. Gezeichnetes Kapital;
   II. Kapitalrücklage;
   III. Gewinnrücklagen:
      1. gesetzliche Rücklage;
      2. Rücklage für Anteile an einem herrschenden oder mehrheitlich beteiligten Unternehmen;
      3. satzungsmäßige Rücklagen;
      4. andere Gewinnrücklagen;
   IV. Gewinnvortrag/Verlustvortrag;
   V. Jahresüberschuß/Jahresfehlbetrag.
B. Rückstellungen:
   1. Rückstellungen für Pensionen und ähnliche Verpflichtungen;
   2. Steuerrückstellungen;
   3. sonstige Rückstellungen.
C. Verbindlichkeiten:
   1. Anleihen,
      davon konvertibel;
   2. Verbindlichkeiten gegenüber Kreditinstituten;
   3. erhaltene Anzahlungen auf Bestellungen;
   4. Verbindlichkeiten aus Lieferungen und Leistungen;
   5. Verbindlichkeiten aus der Annahme gezogener Wechsel und der Ausstellung eigener Wechsel;
   6. Verbindlichkeiten gegenüber verbundenen Unternehmen;
   7. Verbindlichkeiten gegenüber Unternehmen, mit denen ein Beteiligungsverhältnis besteht;
   8. sonstige Verbindlichkeiten,
      davon aus Steuern,
      davon im Rahmen der sozialen Sicherheit.
D. Rechnungsabgrenzungsposten.
E. Passive latente Steuern.

...

§ 285 Sonstige Pflichtangaben

Ferner sind im Anhang anzugeben:

...

9. für die Mitglieder des Geschäftsführungsorgans, eines Aufsichtsrats, eines Beirats oder einer ähnlichen Einrichtung jeweils für jede Personengruppe

   a) die für die Tätigkeit im Geschäftsjahr gewährten Gesamtbezüge (Gehälter, Gewinnbeteiligungen, Bezugsrechte und sonstige aktienbasierte Vergütungen, Aufwandsentschädigungen, Versicherungsentgelte, Provisionen und Nebenleistungen jeder Art). In die Gesamtbezüge sind auch Bezüge einzurechnen, die nicht ausgezahlt, sondern in Ansprüche anderer Art umgewandelt oder zur Erhöhung anderer Ansprüche verwendet werden. Außer den Bezügen für das Geschäftsjahr sind die weiteren Bezüge anzugeben, die im Geschäftsjahr gewährt, bisher aber in keinem Jahresabschluss angegeben worden sind. Bezugsrechte und sonstige aktienbasierte Vergütungen sind mit ihrer Anzahl und dem beizulegenden Zeitwert zum Zeitpunkt ihrer Gewährung anzugeben; spätere Wertveränderungen, die auf einer Änderung der Ausübungsbedingungen beruhen, sind zu berücksichtigen;

Bis 31.12.2019:

a) die für die Tätigkeit im Geschäftsjahr gewährten Gesamtbezüge (Gehälter, Gewinnbeteiligungen, Bezugsrechte und sonstige aktienbasierte Vergütungen, Aufwandsentschädigungen, Versicherungsentgelte, Provisionen und Nebenleistungen jeder Art). In die Gesamtbezüge sind auch Bezüge einzurechnen, die nicht ausgezahlt, sondern in Ansprüche anderer Art umgewandelt oder zur Erhöhung anderer Ansprüche verwendet werden. Außer den Bezügen für das Geschäftsjahr sind die weiteren Bezüge anzugeben, die im Geschäftsjahr gewährt, bisher aber in keinem Jahresabschluss angegeben worden sind. Bezugsrechte und sonstige aktienbasierte Vergütungen sind mit ihrer Anzahl und dem beizulegenden Zeitwert zum Zeitpunkt ihrer Gewährung anzugeben; spätere Wertveränderungen, die auf einer Änderung der Ausübungsbedingungen beruhen, sind zu berücksichtigen. Bei einer börsennotierten Aktiengesellschaft sind zusätzlich unter Namensnennung die Bezüge jedes einzelnen Vorstandsmitglieds, aufgeteilt nach erfolgsunabhängigen und erfolgsbezogenen Komponenten sowie Komponenten mit langfristiger Anreizwirkung, gesondert anzugeben. Dies gilt auch für:

aa) *Leistungen, die dem Vorstandsmitglied für den Fall einer vorzeitigen Beendigung seiner Tätigkeit zugesagt worden sind;*

bb) *Leistungen, die dem Vorstandsmitglied für den Fall der regulären Beendigung seiner Tätigkeit zugesagt worden sind, mit ihrem Barwert, sowie den von der Gesellschaft während des Geschäftsjahrs hierfür aufgewandten oder zurückgestellten Betrag;*

cc) *während des Geschäftsjahrs vereinbarte Änderungen dieser Zusagen;*

dd) *Leistungen, die einem früheren Vorstandsmitglied, das seine Tätigkeit im Laufe des Geschäftsjahrs beendet hat, in diesem Zusammenhang zugesagt und im Laufe des Geschäftsjahrs gewährt worden sind.*

Leistungen, die dem einzelnen Vorstandsmitglied von einem Dritten im Hinblick auf seine Tätigkeit als Vorstandsmitglied zugesagt oder im Geschäftsjahr gewährt worden sind, sind ebenfalls anzugeben. Enthält der Jahresabschluss weitergehende Angaben zu bestimmten Bezügen, sind auch diese zusätzlich einzeln anzugeben;

b) die Gesamtbezüge (Abfindungen, Ruhegehälter, Hinterbliebenenbezüge und Leistungen verwandter Art) der früheren Mitglieder der bezeichneten Organe und ihrer Hinterbliebenen. Buchstabe a Satz 2 und 3 ist entsprechend anzuwenden. Ferner ist der Betrag der für diese Personengruppe gebildeten Rückstellungen für laufende Pensionen und Anwartschaften auf Pensionen und der Betrag der für diese Verpflichtungen nicht gebildeten Rückstellungen anzugeben;

c) die gewährten Vorschüsse und Kredite unter Angabe der Zinssätze, der wesentlichen Bedingungen und der gegebenenfalls im Geschäftsjahr zurückgezahlten oder erlassenen Beträge sowie die zugunsten dieser Personen eingegangenen Haftungsverhältnisse;

...

24. zu den Rückstellungen für Pensionen und ähnliche Verpflichtungen das angewandte versicherungsmathematische Berechnungsverfahren sowie die grundlegenden Annahmen der Berechnung, wie

Zinssatz, erwartete Lohn und Gehaltssteigerungen und zugrunde gelegte Sterbetafeln;

25. im Fall der Verrechnung von Vermögensgegenständen und Schulden nach § 246 Abs. 2 Satz 2 die Anschaffungskosten und der beizulegende Zeitwert der verrechneten Vermögensgegenstände, der Erfüllungsbetrag der verrechneten Schulden sowie die verrechneten Aufwendungen und Erträge; Nummer 20 Buchstabe a ist entsprechend anzuwenden;

...

Körperschaftsteuergesetz (KStG)

(ab VZ 2001)

Vom 22. April 1999 (BGBl. I 1999, S. 817),

zuletzt geändert durch das Gesetz zur Einführung einer Pflicht zur Mitteilung grenzüberschreitender Steuergestaltungen vom 21. Dezember 2019 (BGBl I 2019, S. 2875)

– Auszug –

...

§ 5 Befreiungen

(1) Von der Körperschaftsteuer sind befreit

1. das Bundeseisenbahnvermögen, die staatlichen Lotterieunternehmen und der Erdölbevorratungsverband nach § 2 Absatz 1 des Erdölbevorratungsgesetzes vom 16. Januar 2012 (BGBl. I S. 74) in der jeweils geltenden Fassung;
2. die Deutsche Bundesbank, die Kreditanstalt für Wiederaufbau, die Landwirtschaftliche Rentenbank, die Bayerische Landesanstalt für Aufbaufinanzierung, , die Niedersächsische Gesellschaft für öffentliche Finanzierungen mit beschränkter Haftung, die Bremer Aufbau-Bank GmbH, die Landeskreditbank Baden-Württemberg – Förderbank, die Bayerische Landesbodenkreditanstalt, die Investitionsbank Berlin, die Hamburgische Investitions- und Förderbank, die NRW.Bank, die Investitions- und Förderbank Niedersachsen , die Saarländische Investitionskreditbank Aktiengesellschaft, die Investitionsbank Schleswig-Holstein –, die Investitionsbank des Landes Brandenburg, die Sächsische Aufbaubank – Förderbank – , die Thüringer Aufbaubank, die Investitionsbank Sachsen-Anhalt – Anstalt der Norddeutschen Landesbank – Girozentrale –, die Investitions- und Strukturbank Rheinland-Pfalz, das Landesförderinstitut Mecklenburg-Vorpommern – Geschäftsbereich der Norddeutschen Landesbank Girozentrale –, die Wirtschafts- und Infrastrukturbank Hessen - rechtlich unselbstständige Anstalt in der Landesbank Hessen-Thüringen Girozentrale und die Liquiditäts-Konsortialbank Gesellschaft mit beschränkter Haftung;

2a. die Bundesanstalt für vereinigungsbedingte Sonderaufgaben;
3. rechtsfähige Pensions-, Sterbe- und Krankenkassen, die den Personen, denen die Leistungen der Kasse zugute kommen oder zugute kommen sollen (Leistungsempfängern), einen Rechtsanspruch gewähren, und rechtsfähige Unterstützungskassen, die den Leistungsempfängern keinen Rechtsanspruch gewähren,

   a) wenn sich die Kasse beschränkt

      aa) auf Zugehörige oder frühere Zugehörige einzelner oder mehrerer wirtschaftlicher Geschäftsbetriebe oder

      bb) auf Zugehörige oder frühere Zugehörige der Spitzenverbände der freien Wohlfahrtspflege (Arbeiterwohlfahrt-Bundesverband e.V., Deutscher Caritasverband e.V., Deutscher Paritätischer Wohlfahrtsverband e.V., Deutsches Rotes Kreuz, Diakonisches Werk – Innere Mission und Hilfswerk der Evangelischen Kirche in Deutschland sowie Zentralwohlfahrtsstelle der Juden in Deutschland e.V.) einschließlich ihrer Untergliederungen, Einrichtungen und Anstalten und sonstiger gemeinnütziger Wohlfahrtsverbände oder

      cc) auf Arbeitnehmer sonstiger Körperschaften, Personenvereinigungen und Vermögensmassen im Sinne der §§ 1 und 2; den Arbeitnehmern stehen Personen, die sich in einem arbeitnehmerähnlichen Verhältnis befinden, gleich;

      zu den Zugehörigen oder Arbeitnehmern rechnen jeweils auch deren Angehörige;

   b) wenn sichergestellt ist, dass der Betrieb der Kasse nach dem Geschäftsplan und nach Art und Höhe der Leistungen eine soziale Einrichtung darstellt. Diese Voraussetzung ist bei Unterstützungskassen, die Leistungen von Fall zu Fall gewähren, nur gegeben, wenn sich diese Leistungen mit Ausnahme des Sterbegeldes auf Fälle der Not oder Arbeitslosigkeit beschränken;

   c) wenn vorbehaltlich des § 6 die ausschließliche und unmittelbare Verwendung des Vermögens und der Einkünfte der Kasse nach der Satzung und der tatsächlichen Geschäftsführung für die Zwecke der Kasse dauernd gesichert ist;

   d) wenn bei Pensions-, Sterbe- und Krankenkassen am Schluss des Wirtschaftsjahrs, zu dem der Wert der Deckungsrückstellung versicherungsmathematisch zu berechnen ist, das nach den handelsrechtlichen Grundsätzen ordnungsmäßiger Buchführung unter Berücksichtigung des Geschäftsplans sowie der allgemeinen Versicherungsbedingungen und der fachlichen Geschäftsunterlagen im Sinne des § 219 Absatz 3 Nrummer 1 des Versicherungsaufsichtsgesetzes auszuweisende Vermögen nicht höher ist als bei einem Versicherungsverein auf Gegenseitigkeit die Verlustrücklage und bei einer Kasse anderer Rechtsform der dieser Rücklage entsprechende Teil des Vermögens. Bei der Ermittlung des Vermögens ist eine Rückstellung für Beitragsrückerstattung nur insoweit abziehbar, als den Leistungsempfängern ein Anspruch auf die Überschussbeteiligung zusteht. Übersteigt das Vermögen der Kasse den bezeichneten Betrag, so ist die Kasse nach Maßgabe des § 6 Abs. 1 bis 4 steuerpflichtig; und

e) wenn bei Unterstützungskassen am Schluss des Wirtschaftsjahrs das Vermögen ohne Berücksichtigung künftiger Versorgungsleistungen nicht höher ist als das um 25 Prozent erhöhte zulässige Kassenvermögen. Für die Ermittlung des tatsächlichen und des zulässigen Kassenvermögens gilt § 4d des Einkommensteuergesetzes. Übersteigt das Vermögen der Kasse den in Satz 1 bezeichneten Betrag, so ist die Kasse nach Maßgabe des § 6 Abs. 5 steuerpflichtig;

4. kleinere Versicherungsvereine auf Gegenseitigkeit im Sinne des § 210 des Versicherungsaufsichtsgesetzes, wenn

a) ihre Beitragseinnahmen im Durchschnitt der letzten drei Wirtschaftsjahre einschließlich des im Veranlagungszeitraum endenden Wirtschaftsjahrs die durch Rechtsverordnung festzusetzenden Jahresbeträge nicht überstiegen haben oder

b) sich ihr Geschäftsbetrieb auf die Sterbegeldversicherung beschränkt und die Versicherungsvereine nach dem Geschäftsplan sowie nach Art und Höhe der Leistungen soziale Einrichtungen darstellen;

5. Berufsverbände ohne öffentlich-rechtlichen Charakter sowie kommunale Spitzenverbände auf Bundes- oder Landesebene einschließlich ihrer Zusammenschlüsse, wenn der Zweck dieser Verbände nicht auf einen wirtschaftlichen Geschäftsbetrieb gerichtet ist. Die Steuerbefreiung ist ausgeschlossen,

a) soweit die Körperschaften oder Personenvereinigungen einen wirtschaftlichen Geschäftsbetrieb unterhalten oder

b) wenn die Berufsverbände Mittel von mehr als 10 Prozent der Einnahmen für die unmittelbare oder mittelbare Unterstützung oder Förderung politischer Parteien verwenden.

Die Sätze 1 und 2 gelten auch für Zusammenschlüsse von juristischen Personen des öffentlichen Rechts, die wie die Berufsverbände allgemeine ideelle und wirtschaftliche Interessen ihrer Mitglieder wahrnehmen. Verwenden Berufsverbände Mittel für die unmittelbare oder mittelbare Unterstützung oder Förderung politischer Parteien, beträgt die Körperschaftsteuer 50 Prozent der Zuwendungen;

6. Körperschaften oder Personenvereinigungen, deren Hauptzweck die Verwaltung des Vermögens für einen nichtrechtsfähigen Berufsverband der in Nummer 5 bezeichneten Art ist, sofern ihre Erträge im Wesentlichen aus dieser Vermögensverwaltung herrühren und ausschließlich dem Berufsverband zufließen;

7. politische Parteien im Sinne des § 2 des Parteiengesetzes und ihre Gebietsverbände, sofern die jeweilige Partei nicht gemäß § 18 Absatz 7 des Parteiengesetzes von der staatlichen Teilfinanzierung ausgeschlossen ist, sowie kommunale Wählervereinigungen und ihre Dachverbände. Wird ein wirtschaftlicher Geschäftsbetrieb unterhalten, so ist die Steuerbefreiung insoweit ausgeschlossen;

8. öffentlich-rechtliche Versicherungs- und Versorgungseinrichtungen von Berufsgruppen, deren Angehörige auf Grund einer durch Gesetz angeordneten oder auf Gesetz beruhenden Verpflichtung Mitglieder dieser Einrichtung sind, wenn die Satzung der Einrichtung die Zahlung keiner höheren jährlichen Beiträge zulässt als das Zwölffache der Beiträge, die sich bei einer Beitragsbemessungsgrundlage in Höhe der doppelten monatlichen Beitragsbemessungsgrenze in der allgemeinen Rentenversicherung ergeben würden. Ermöglicht die Satzung der Einrichtung nur Pflichtmitgliedschaften sowie freiwillige Mitgliedschaften, die unmittelbar an eine Pflichtmitgliedschaft anschließen, so steht dies der Steuerbefreiung nicht entgegen, wenn die Satzung die Zahlung keiner höheren jährlichen Beiträge zulässt als das Fünfzehnfache der Beiträge, die sich bei einer Beitragsbemessungsgrundlage in Höhe der doppelten monatlichen Beitragsbemessungsgrenze in der allgemeinen Rentenversicherung ergeben würden;

...

15. der Pensions-Sicherungs-Verein Versicherungsverein auf Gegenseitigkeit,

   a) wenn er mit Erlaubnis der Versicherungsaufsichtsbehörde ausschließlich die Aufgaben des Trägers der Insolvenzsicherung wahrnimmt, die sich aus dem Gesetz zur Verbesserung der betrieblichen Altersversorgung vom 19. Dezember 1974 (BGBl. I S. 3610) ergeben, und

b) wenn seine Leistungen nach dem Kreis der Empfänger sowie nach Art und Höhe den in den §§ 7 bis 9, 17 und 30 des Gesetzes zur Verbesserung der betrieblichen Altersversorgung bezeichneten Rahmen nicht überschreiten;

...

22. gemeinsame Einrichtungen der Tarifvertragsparteien im Sinne des § 4 Abs. 2 des Tarifvertragsgesetzes vom 25. August 1969 (BGBl. I S. 1323), die satzungsmäßige Beiträge auf der Grundlage des § 186a des Arbeitsförderungsgesetzes vom 25. Juni 1969 (BGBl. I S. 582) oder tarifvertraglicher Vereinbarungen erheben und Leistungen ausschließlich an die tarifgebundenen Arbeitnehmer des Gewerbezweigs oder an deren Hinterbliebene erbringen, wenn sie dabei zu nicht steuerbegünstigten Betrieben derselben oder ähnlicher Art nicht in größerem Umfang in Wettbewerb treten, als es bei Erfüllung ihrer begünstigten Aufgaben unvermeidlich ist. Wird ein wirtschaftlicher Geschäftsbetrieb unterhalten, dessen Tätigkeit nicht ausschließlich auf die Erfüllung der begünstigten Tätigkeiten gerichtet ist, ist die Steuerbefreiung insoweit ausgeschlossen;

23. die Auftragsforschung öffentlich-rechtlicher Wissenschafts- und Forschungseinrichtungen; ist die Tätigkeit auf die Anwendung gesicherter wissenschaftlicher Erkenntnisse, die Übernahme von Projektträgerschaften sowie wirtschaftliche Tätigkeiten ohne Forschungsbezug gerichtet, ist die Steuerbefreiung insoweit ausgeschlossen;

24. die Global Legal Entity Identifier Stiftung, soweit die Stiftung Tätigkeiten ausübt, die im unmittelbaren Zusammenhang mit der Einführung, dem Unterhalten und der Fortentwicklung eines Systems zur eindeutigen Identifikation von Rechtspersonen mittels eines weltweit anzuwendenden Referenzcodes stehen.

(2) Die Befreiungen nach Absatz 1 und nach anderen Gesetzen als dem Körperschaftsteuergesetz gelten nicht

1. für inländische Einkünfte, die dem Steuerabzug vollständig oder teilweise unterliegen; Entsprechendes gilt für die in § 32 Abs. 3 Satz 1 zweiter Halbsatz genannten Einkünfte,

2. für beschränkt Steuerpflichtige im Sinne des § 2 Nr. 1, es sei denn, es handelt sich um Steuerpflichtige im Sinne des Absatzes 1 Nr. 9,

die nach den Rechtsvorschriften eines Mitgliedstaats der Europäischen Union oder nach den Rechtsvorschriften eines Staates, auf den das Abkommen über den Europäischen Wirtschaftsraum vom 3. Januar 1994 (ABl. EG Nr. L 1 S. 3), zuletzt geändert durch den Beschluss des Gemeinsamen EWR-Ausschusses Nr. 91/2007 vom 6. Juli 2007 (ABl. EU Nr. L 328 S. 40), in der jeweiligen Fassung Anwendung findet, gegründete Gesellschaften im Sinne des Artikels 54 des Vertrags über die Arbeitsweise der Europäischen Union oder des Artikels 34 des Abkommens über den Europäischen Wirtschaftsraum sind, deren Sitz und Ort der Geschäftsleitung sich innerhalb des Hoheitsgebiets eines dieser Staaten befindet, und mit diesen Staaten ein Amtshilfeabkommen besteht,

3. soweit § 38 Abs. 2 anzuwenden ist.

§ 6 Einschränkung der Befreiung von Pensions-, Sterbe-, Kranken- und Unterstützungskassen

(1) Übersteigt am Schluss des Wirtschaftsjahrs, zu dem der Wert der Deckungsrückstellung versicherungsmathematisch zu berechnen ist, das Vermögen einer Pensions-, Sterbe- oder Krankenkasse im Sinne des § 5 Abs. 1 Nr. 3 den in Buchstabe d dieser Vorschrift bezeichneten Betrag, so ist die Kasse steuerpflichtig, soweit ihr Einkommen anteilig auf das übersteigende Vermögen entfällt.

(2) Die Steuerpflicht entfällt mit Wirkung für die Vergangenheit, soweit das übersteigende Vermögen innerhalb von 18 Monaten nach dem Schluss des Wirtschaftsjahrs, für das es festgestellt worden ist, mit Zustimmung der Versicherungsaufsichtsbehörde zur Leistungserhöhung, zur Auszahlung an das Trägerunternehmen, zur Verrechnung mit Zuwendungen des Trägerunternehmens, zur gleichmäßigen Herabsetzung künftiger Zuwendungen des Trägerunternehmens oder zur Verminderung der Beiträge der Leistungsempfänger verwendet wird.

(3) Wird das übersteigende Vermögen nicht in der in Absatz 2 bezeichneten Weise verwendet, so erstreckt sich die Steuerpflicht auch auf die folgenden Kalenderjahre, für die der Wert der Deckungsrückstellung nicht versicherungsmathematisch zu berechnen ist.

(4) Bei der Ermittlung des Einkommens der Kasse sind Beitragsrückerstattungen oder sonstige Vermögensübertragungen an das Trägerunternehmen außer in den Fällen des Absatzes 2 nicht abziehbar. Das Gleiche gilt für Zuführungen zu einer Rückstellung für Beitragsrückerstattung, soweit den Leistungsempfängern ein Anspruch auf die Überschussbeteiligung nicht zusteht.

(5) Übersteigt am Schluss des Wirtschaftsjahrs das Vermögen einer Unterstützungskasse im Sinne des § 5 Abs. 1 Nr. 3 den in Buchstabe e dieser Vorschrift bezeichneten Betrag, so ist die Kasse steuerpflichtig, soweit ihr Einkommen anteilig auf das übersteigende Vermögen entfällt. Bei der Ermittlung des Einkommens sind Zuwendungen des Trägerunternehmens nicht erhöhend und Versorgungsleistungen der Kasse sowie Vermögensübertragungen an das Trägerunternehmen nicht mindernd zu berücksichtigen

(5a) Unterstützungskassen in der Rechtsform der Kapitalgesellschaft können bis zum 31. Dezember 2016 auf amtlich vorgeschriebenem Vordruck einen positiven Zuwendungsbetrag erklären. Dieser errechnet sich aus den Zuwendungen des Trägerunternehmens in den Veranlagungszeiträumen 2006 bis 2015 abzüglich der Versorgungsleistungen in diesem Zeitraum, soweit diese Zuwendungen und diese Versorgungsleistungen in dem steuerpflichtigen Teil des Einkommens der Kasse nach Absatz 5 Satz 1 enthalten waren. Dabei gelten Versorgungsleistungen in den Veranlagungszeiträumen 2006 bis 2015 als vornehmlich aus Zuwendungen des Trägerunternehmens in diesem Zeitraum erbracht. Ab dem Veranlagungszeitraum 2016 mindert sich das steuerpflichtige Einkommen der Kasse in Höhe des zum Schluss des vorherigen Veranlagungszeitraums festgestellten Betrags nach Satz 6; es mindert sich höchstens um einen Betrag in Höhe der im Wirtschaftsjahr getätigten Versorgungsleistungen. Durch die Minderung darf das Einkommen nicht negativ werden. Gesondert festzustellen sind,

1. der Zuwendungsbetrag auf den 31. Dezember 2015 und
2. der zum 31. Dezember des jeweiligen Folgejahres verbleibende Zuwendungsbetrag, der sich ergibt, wenn vom zum Schluss des Vorjahres festgestellten Betrag der Betrag abgezogen wird, um den sich das steuerpflichtige Einkommen im laufenden Veranlagungszeitraum nach den Sätzen 4 und 5 gemindert hat.

(6) Auf den Teil des Vermögens einer Pensions-, Sterbe-, Kranken- oder Unterstützungskasse, der am Schluss des Wirtschaftsjahrs den in § 5 Abs. 1 Nr. 3 Buchstabe d oder e bezeichneten Betrag übersteigt, ist Buchstabe c dieser Vorschrift nicht anzuwenden. Bei Unterstützungskassen gilt dies auch, soweit das Vermögen vor dem Schluss des Wirtschaftsjahrs den in § 5 Abs. 1 Nr. 3 Buchstabe e bezeichneten Betrag übersteigt.

...

§§ 7 – 22 Zweiter Teil Einkommen

§§ 7 – 13 Erstes Kapitel Allgemeine Vorschriften

§ 7 Grundlagen der Besteuerung

(1) Die Körperschaftsteuer bemisst sich nach dem zu versteuernden Einkommen.

(2) Zu versteuerndes Einkommen ist das Einkommen im Sinne des § 8 Abs. 1, vermindert um die Freibeträge der §§ 24 und 25.

(3) Die Körperschaftsteuer ist eine Jahressteuer. Die Grundlagen für ihre Festsetzung sind jeweils für ein Kalenderjahr zu ermitteln. Besteht die unbeschränkte oder beschränkte Steuerpflicht nicht während eines ganzen Kalenderjahrs, so tritt an die Stelle des Kalenderjahrs der Zeitraum der jeweiligen Steuerpflicht.

(4) Bei Steuerpflichtigen, die verpflichtet sind, Bücher nach den Vorschriften des Handelsgesetzbuchs zu führen, ist der Gewinn nach dem Wirtschaftsjahr zu ermitteln, für das sie regelmäßig Abschlüsse machen. Weicht bei diesen Steuerpflichtigen das Wirtschaftsjahr, für das sie regelmäßig Abschlüsse machen, vom Kalenderjahr ab, so gilt der Gewinn aus Gewerbebetrieb als in dem Kalenderjahr bezogen, in dem das Wirtschaftsjahr endet. Die Umstellung des Wirtschaftsjahrs auf einen vom Kalenderjahr abweichenden Zeitraum ist steuerlich nur wirksam, wenn sie im Einvernehmen mit dem Finanzamt vorgenommen wird.

§ 8 Ermittlung des Einkommens

(1) Was als Einkommen gilt und wie das Einkommen zu ermitteln ist, bestimmt sich nach den Vorschriften des Einkommensteuergesetzes und dieses Gesetzes. Bei Betrieben gewerblicher Art im Sinne des § 4 sind die Absicht, Gewinn zu erzielen, und die Beteiligung am allgemeinen wirtschaftlichen Verkehr nicht erforderlich. Bei den inländischen öffentlich-rechtlichen Rundfunkanstalten beträgt das Einkommen aus dem Geschäft der Veranstaltung von Werbesendungen 16 Prozent der Entgelte (§ 10 Abs. 1 des Umsatzsteuergesetzes) aus Werbesendungen.

(2) Bei unbeschränkt Steuerpflichtigen im Sinne des § 1 Abs. 1 Nr. 1 bis 3 sind alle Einkünfte als Einkünfte aus Gewerbebetrieb zu behandeln.

(3) Für die Ermittlung des Einkommens ist es ohne Bedeutung, ob das Einkommen verteilt wird. Auch verdeckte Gewinnausschüttungen sowie Ausschüttungen jeder Art auf Genussrechte, mit denen das Recht auf Beteiligung am Gewinn und am Liquidationserlös der Kapitalgesellschaft verbunden ist, mindern das Einkommen nicht. Verdeckte Einlagen erhöhen das Einkommen nicht. Das Einkommen erhöht sich, soweit eine verdeckte Einlage das Einkommen des Gesellschafters gemindert hat. Satz 4 gilt auch für eine verdeckte Einlage, die auf einer verdeckten Gewinnausschüttung einer dem Gesellschafter nahe stehenden Person beruht und bei der Besteuerung des Gesellschafters nicht berücksichtigt wurde, es sei denn, die verdeckte Gewinnausschüttung hat bei der leistenden Körperschaft das Einkommen nicht gemindert. In den Fällen des Satzes 5 erhöht die verdeckte Einlage nicht die Anschaffungskosten der Beteiligung.

(4) (weggefallen)

(5) Bei Personenvereinigungen bleiben für die Ermittlung des Einkommens Beiträge, die auf Grund der Satzung von den Mitgliedern lediglich in ihrer Eigenschaft als Mitglieder erhoben werden, außer Ansatz.

(6) Besteht das Einkommen nur aus Einkünften, von denen lediglich ein Steuerabzug vorzunehmen ist, so ist ein Abzug von Betriebsausgaben oder Werbungskosten nicht zulässig.

...

§§ 20 – 21b Drittes Kapitel Sondervorschriften für Versicherungen und Pensionsfonds

...

§ 21 Beitragsrückerstattungen

(1) Aufwendungen für Beitragsrückerstattungen und Direktgutschriften, die für das selbst abgeschlossene Geschäft gewährt werden, sind abziehbar

1. in dem nach Art der Lebensversicherung betriebenen Geschäft bis zu einem Höchstbetrag, der sich auf Grundlage des nach handelsrechtlichen Vorschriften ermittelten Jahresergebnisses für das selbst abgeschlossene Geschäft ohne Berücksichtigung eines Gewinnabführungsvertrages ermittelt. Diese Grundlage erhöht sich um die für Beitragsrückerstattungen und Direktgutschriften aufgewendeten Beträge, soweit die Beträge das Jahresergebnis gemindert haben. Sie mindert sich um den Nettoertrag des Eigenkapitals am Beginn des Wirtschaftsjahrs. Als Eigenkapital gilt das nach den Vorschriften der auf Grund des § 39 des Versicherungsaufsichtsgesetzes erlassenen Verordnungen über die Berichterstattung von Versicherungsunternehmen zu ermittelnde Eigenkapital zuzüglich 10 Prozent des ungebundenen Teils der Rückstellung für Beitragsrückerstattung. Als Nettoertrag gilt 70 Prozent der Differenz zwischen Erträgen und Aufwendungen aus Kapitalanlagen, die anteilig auf das Eigenkapital entfallen. Dabei sind die Kapitalanlagen auszusondern, bei denen das Anlagerisiko nicht vom Versicherungsunternehmen getragen wird. Als Höchstbetrag mindestens abziehbar sind die Aufwendungen, die auf Grund gesetzlicher Vorschriften zu gewähren sind. Die Sätze 1 bis 7 sind für Pensionsfonds entsprechend anzuwenden,
2. in den übrigen Versicherungsgeschäften auf Grund des versicherungstechnischen Überschusses bis zur Höhe des Überschusses, der sich aus den Beitragseinnahmen nach Abzug aller anteiligen abziehbaren und nichtabziehbaren Betriebsausgaben einschließlich der Versicherungsleistungen, Rückstellungen und Rechnungsabgrenzungsposten ergibt. Der Berechnung des Überschusses sind die auf das Wirtschaftsjahr entfallenden Beitragseinnahmen und Betriebsausgaben des einzelnen Versicherungszweiges aus dem selbst abgeschlossenen Geschäft für eigene Rechnung zugrunde zu legen.

Der nach Satz 1 Nummer 1 für den Abzug maßgebliche Betrag ist in dem Verhältnis abziehbar, wie die für die Beitragsrückerstattung maßgeblichen Überschüsse am Kapitalanlageergebnis im Geltungsbereich dieses Gesetzes dem Grunde nach steuerpflichtig und nicht steuerbefreit sind. Ist maßgeblicher Betrag der sich nach Satz 1 Nummer 1 Satz 7 ergebende Betrag, ist Satz 2 nur für Aufwendungen aus dem Kapitalanlageergebnis anzuwenden.

(2) § 6 Absatz 1 Nummer 3a des Einkommensteuergesetzes ist nicht anzuwenden.

§ 21a Deckungsrückstellungen

(1) § 6 Abs. 1 Nr. 3a Buchstabe e des Einkommensteuergesetzes ist von Versicherungsunternehmen und Pensionsfonds mit der der Maßgabe anzuwenden, dass Deckungsrückstellungen im Sinne des § 341f des Handelsgesetzbuchs mit dem sich für die zugrunde liegenden Verträge aus der Bestimmung in Verbindung mit § 25 der Verordnung über die Rechnungslegung von Versicherungsunternehmen oder in Verbindung mit der auf Grund des § 240 Satz 1 Nummer 10 des Versicherungsaufsichtsgesetzes erlassenen Rechtsverordnung ergebenden Höchstzinssatz oder einem niedrigeren zulässigerweise verwendeten Zinssatz abgezinst werden können. Für die von Schaden- und Unfallversicherungsunternehmen gebildeten Renten-Deckungsrückstellungen kann der Höchstzinssatz, der sich auf Grund der nach § 217 Satz 1 Nummer 7 des Versicherungsaufsichtsgesetzes erlassenen Rechtsverordnung ergibt, oder ein niedrigerer zulässigerweise verwendeter Zinssatz zugrunde gelegt werden.

(2) Soweit die in Absatz 1 genannten versicherungsrechtlichen Bestimmungen auf Versicherungsunternehmen mit Sitz in einem anderen Mitgliedstaat der Europäischen Union oder in einem anderen Vertragsstaat des EWR-Abkommens keine Anwendung finden, können diese entsprechend verfahren.

...

§ 34 Schlussvorschriften

(1) Diese Fassung des Gesetzes gilt, soweit in den folgenden Absätzen nichts anderes bestimmt ist, erstmals für den **Veranlagungszeitraum 2020** [Vom 01.01.2017 bis 17.12.2019: *Veranlagungszeitraum 2017*].

...

Sozialgesetzbuch (SGB)

Sozialgesetzbuch – Erstes Buch (SGB I)

Allgemeiner Teil

Vom 11. Dezember 1975 (BGBl. I 1975, S. 3015)

Zuletzt geändert durch das Gesetz zur Regelung des Sozialen Entschädigungsrechts vom 12. Dezember 2019 (BGBl I 2019, S. 2652)

– Auszug –

§§ 11 – 17 Erster Titel Allgemeines über Sozialleistungen und Leistungsträger

...

§ 15 Auskunft

(1) Die nach Landesrecht zuständigen Stellen, die Träger der gesetzlichen Krankenversicherung und der sozialen Pflegeversicherung sind verpflichtet, über alle sozialen Angelegenheiten nach diesem Gesetzbuch Auskünfte zu erteilen.

(2) Die Auskunftspflicht erstreckt sich auf die Benennung der für die Sozialleistungen zuständigen Leistungsträger sowie auf alle Sach- und Rechtsfragen, die für die Auskunftsuchenden von Bedeutung sein können und zu deren Beantwortung die Auskunftsstelle imstande ist.

(3) Die Auskunftsstellen sind verpflichtet, untereinander und mit den anderen Leistungsträgern mit dem Ziel zusammenzuarbeiten, eine möglichst umfassende Auskunftserteilung durch eine Stelle sicherzustellen.

(4) Die Träger der gesetzlichen Rentenversicherung sollen über Möglichkeiten zum Aufbau einer staatlich geförderten zusätzlichen Altersvorsorge produkt- und anbieterneutral Auskünfte erteilen.

...

Sozialgesetzbuch – Zweites Buch (SGB II)

Grundsicherung für Arbeitsuchende

Vom 24. Dezember 2003 (BGBl. I 2003, S. 2954)

Zuletzt geändert durch das Gesetz für bessere und unabhängigere Prüfungen (MDK-Reformgesetz) vom 14. Dezember 2019 (BGBl I 2019, S. 2789)

– Auszug –

§§ 7 – 13 Kapitel 2 Anspruchsvoraussetzungen

§ 7 Leistungsberechtigte

(1) Leistungen nach diesem Buch erhalten Personen, die

1. das 15. Lebensjahr vollendet und die Altersgrenze nach § 7a noch nicht erreicht haben,
2. erwerbsfähig sind,
3. hilfebedürftig sind und
4. ihren gewöhnlichen Aufenthalt in der Bundesrepublik Deutschland haben (erwerbsfähige Leistungsberechtigte).

Ausgenommen sind

1. Ausländerinnen und Ausländer, die weder in der Bundesrepublik Deutschland Arbeitnehmerinnen, Arbeitnehmer oder Selbständige noch aufgrund des § 2 Absatz 3 des Freizügigkeitsgesetzes/EU freizügigkeitsberechtigt sind, und ihre Familienangehörigen für die ersten drei Monate ihres Aufenthalts,
2. Ausländerinnen und Ausländer,
    a) die kein Aufenthaltsrecht haben,
    b) deren Aufenthaltsrecht sich allein aus dem Zweck der Arbeitsuche ergibt oder

c) die ihr Aufenthaltsrecht allein oder neben einem Aufenthaltsrecht nach Buchstabe b aus Artikel 10 der Verordnung (EU) Nr. 492/2011 des Europäischen Parlaments und des Rates vom 5. April 2011 über die Freizügigkeit der Arbeitnehmer innerhalb der Union (ABl. L 141 vom 27.5.2011, S. 1), die durch die Verordnung (EU) 2016/589 (ABl. L 107 vom 22.4.2016, S. 1) geändert worden ist, ableiten,

und ihre Familienangehörigen,

3. Leistungsberechtigte nach § 1 des Asylbewerberleistungsgesetzes.

Satz 2 Nummer 1 gilt nicht für Ausländerinnen und Ausländer, die sich mit einem Aufenthaltstitel nach Kapitel 2 Abschnitt 5 des Aufenthaltsgesetzes in der Bundesrepublik Deutschland aufhalten. Abweichend von Satz 2 Nummer 2 erhalten Ausländerinnen und Ausländer und ihre Familienangehörigen Leistungen nach diesem Buch, wenn sie seit mindestens fünf Jahren ihren gewöhnlichen Aufenthalt im Bundesgebiet haben; dies gilt nicht, wenn der Verlust des Rechts nach § 2 Absatz 1 des Freizügigkeitsgesetzes/EU festgestellt wurde. Die Frist nach Satz 4 beginnt mit der Anmeldung bei der zuständigen Meldebehörde. Zeiten des nicht rechtmäßigen Aufenthalts, in denen eine Ausreisepflicht besteht, werden auf Zeiten des gewöhnlichen Aufenthalts nicht angerechnet. Aufenthaltsrechtliche Bestimmungen bleiben unberührt.

(2) Leistungen erhalten auch Personen, die mit erwerbsfähigen Leistungsberechtigten in einer Bedarfsgemeinschaft leben. Dienstleistungen und Sachleistungen werden ihnen nur erbracht, wenn dadurch Hemmnisse bei der Eingliederung der erwerbsfähigen Leistungsberechtigten beseitigt oder vermindert werden. Zur Deckung der Bedarfe nach § 28 erhalten die dort genannten Personen auch dann Leistungen für Bildung und Teilhabe, wenn sie mit Personen in einem Haushalt zusammenleben, mit denen sie nur deshalb keine Bedarfsgemeinschaft bilden, weil diese aufgrund des zu berücksichtigenden Einkommens oder Vermögens selbst nicht leistungsberechtigt sind.

(3) Zur Bedarfsgemeinschaft gehören

1. die erwerbsfähigen Leistungsberechtigten,

2. die im Haushalt lebenden Eltern oder der im Haushalt lebende Elternteil eines unverheirateten erwerbsfähigen Kindes, welches das 25. Lebensjahr noch nicht vollendet hat, und die im Haushalt

lebende Partnerin oder der im Haushalt lebende Partner dieses Elternteils,

3. als Partnerin oder Partner der erwerbsfähigen Leistungsberechtigten

   a) die nicht dauernd getrennt lebende Ehegattin oder der nicht dauernd getrennt lebende Ehegatte,

   b) die nicht dauernd getrennt lebende Lebenspartnerin oder der nicht dauernd getrennt lebende Lebenspartner,

   c) eine Person, die mit der erwerbsfähigen leistungsberechtigten Person in einem gemeinsamen Haushalt so zusammenlebt, dass nach verständiger Würdigung der wechselseitige Wille anzunehmen ist, Verantwortung füreinander zu tragen und füreinander einzustehen.

4. die dem Haushalt angehörenden unverheirateten Kinder der in den Nummern 1 bis 3 genannten Personen, wenn sie das 25. Lebensjahr noch nicht vollendet haben, soweit sie die Leistungen zur Sicherung ihres Lebensunterhalts nicht aus eigenem Einkommen oder Vermögen beschaffen können.

(3a) Ein wechselseitiger Wille, Verantwortung füreinander zu tragen und füreinander einzustehen, wird vermutet, wenn Partner

1. länger als ein Jahr zusammenleben,
2. mit einem gemeinsamen Kind zusammenleben,
3. Kinder oder Angehörige im Haushalt versorgen oder
4. befugt sind, über Einkommen oder Vermögen des anderen zu verfügen.

(4) Leistungen nach diesem Buch erhält nicht, wer in einer stationären Einrichtung untergebracht ist, Rente wegen Alters oder Knappschaftsausgleichsleistung oder ähnliche Leistungen öffentlich-rechtlicher Art bezieht. Dem Aufenthalt in einer stationären Einrichtung ist der Aufenthalt in einer Einrichtung zum Vollzug richterlich angeordneter Freiheitsentziehung gleichgestellt. Abweichend von Satz 1 erhält Leistungen nach diesem Buch,

1. wer voraussichtlich für weniger als sechs Monate in einem Krankenhaus (§ 107 des Fünften Buches) untergebracht ist oder
2. wer in einer stationären Einrichtung nach Satz 1 untergebracht und unter den üblichen Bedingungen des allgemeinen Arbeitsmarktes mindestens 15 Stunden wöchentlich erwerbstätig ist.

Die Sätze 1 und 3 Nummer 2 gelten für Bewohner von Räumlichkeiten im Sinne des § 42a Absatz 2 Satz 1 Nummer 2 und Satz 3 des Zwölften Buches entsprechend.

Vom 01.08.2006 bis 31.12.2019:

(4) Leistungen nach diesem Buch erhält nicht, wer in einer stationären Einrichtung untergebracht ist, Rente wegen Alters oder Knappschaftsausgleichsleistung oder ähnliche Leistungen öffentlich rechtlicher Art bezieht. Dem Aufenthalt in einer stationären Einrichtung ist der Aufenthalt in einer Einrichtung zum Vollzug richterlich angeordneter Freiheitsentziehung gleichgestellt. Abweichend von Satz 1 erhält Leistungen nach diesem Buch,

1. *wer voraussichtlich für weniger als sechs Monate in einem Krankenhaus (§ 107 des Fünften Buches) untergebracht ist oder*
2. *wer in einer stationären Einrichtung **nach Satz 1** untergebracht und unter den üblichen Bedingungen des allgemeinen Arbeitsmarktes mindestens 15 Stunden wöchentlich erwerbstätig ist.*

(4a) Erwerbsfähige Leistungsberechtigte erhalten keine Leistungen, wenn sie sich ohne Zustimmung des zuständigen Trägers nach diesem Buch außerhalb des zeit- und ortsnahen Bereichs aufhalten und deshalb nicht für die Eingliederung in Arbeit zur Verfügung stehen. Die Zustimmung ist zu erteilen, wenn für den Aufenthalt außerhalb des zeit- und ortsnahen Bereichs ein wichtiger Grund vorliegt und die Eingliederung in Arbeit nicht beeinträchtigt wird. Ein wichtiger Grund liegt insbesondere vor bei

1. Teilnahme an einer ärztlich verordneten Maßnahme der medizinischen Vorsorge oder Rehabilitation,
2. Teilnahme an einer Veranstaltung, die staatspolitischen, kirchlichen oder gewerkschaftlichen Zwecken dient oder sonst im öffentlichen Interesse liegt, oder
3. Ausübung einer ehrenamtlichen Tätigkeit.

Die Zustimmung kann auch erteilt werden, wenn für den Aufenthalt außerhalb des zeit- und ortsnahen Bereichs kein wichtiger Grund vorliegt und die Eingliederung in Arbeit nicht beeinträchtigt wird. Die Dauer der Abwesenheiten nach Satz 4 soll in der Regel insgesamt drei Wochen im Kalenderjahr nicht überschreiten.

Anzuwenden ab 01.01.2024:

(4b) Personen, denen Leistungen zum Lebensunterhalt nach § 93 des Vierzehnten Buches zuerkannt worden sind, haben keinen Anspruch auf Leistungen zur Sicherung des Lebensunterhalts.

(5) Auszubildende, deren Ausbildung im Rahmen des Bundesausbildungsförderungsgesetzes dem Grunde nach förderungsfähig ist, haben über die Leistungen nach § 27 hinaus keinen Anspruch auf Leistungen zur Sicherung des Lebensunterhalts. Satz 1 gilt auch für Auszubildende, deren Bedarf sich nach § 61 Absatz 2 [Bis 31.07.2019: *und 3*], § 62 Absatz 3, § 123 Nummer 2 sowie § 124 Nummer 2 [Bis 31.07.2019: *§ 123 Absatz 1 Nummer 2 und 3 sowie § 124 Absatz 1 Nummer 3 und Absatz 3*] des Dritten Buches bemisst.

(6) Absatz 5 Satz 1 ist nicht anzuwenden auf Auszubildende,

1. die aufgrund von § 2 Absatz 1a des Bundesausbildungsförderungsgesetzes keinen Anspruch auf Ausbildungsförderung haben,
2. deren Bedarf sich nach den §§ 12, 13 Absatz 1 in Verbindung mit Absatz 2 Nummer 1 oder nach § 13 Absatz 1 Nummer 1 in Verbindung mit Absatz 2 Nummer 2 des Bundesausbildungsförderungsgesetzes bemisst und die Leistungen nach dem Bundesausbildungsförderungsgesetz
   a) erhalten oder nur wegen der Vorschriften zur Berücksichtigung von Einkommen und Vermögen nicht erhalten oder
   b) beantragt haben und über deren Antrag das zuständige Amt für Ausbildungsförderung noch nicht entschieden hat; lehnt das zuständige Amt für Ausbildungsförderung die Leistungen ab, findet Absatz 5 mit Beginn des folgenden Monats Anwendung, oder
3. die eine Abendhauptschule, eine Abendrealschule oder ein Abendgymnasium besuchen, sofern sie aufgrund des § 10 Absatz 3 des Bundesausbildungsförderungsgesetzes keinen Anspruch auf Ausbildungsförderung haben.

...

§ 9 Hilfebedürftigkeit

(1) Hilfebedürftig ist, wer seinen Lebensunterhalt nicht oder nicht ausreichend aus dem zu berücksichtigenden Einkommen oder Vermögen sichern kann und die erforderliche Hilfe nicht von anderen,

insbesondere von Angehörigen oder von Trägern anderer Sozialleistungen, erhält.

(2) Bei Personen, die in einer Bedarfsgemeinschaft leben, sind auch das Einkommen und Vermögen des Partners zu berücksichtigen. Bei unverheirateten Kindern, die mit ihren Eltern oder einem Elternteil in einer Bedarfsgemeinschaft leben und die ihren Lebensunterhalt nicht aus eigenem Einkommen oder Vermögen sichern können, sind auch das Einkommen und Vermögen der Eltern oder des Elternteils und dessen in Bedarfsgemeinschaft lebender Partnerin oder lebenden Partners zu berücksichtigen. Ist in einer Bedarfsgemeinschaft nicht der gesamte Bedarf aus eigenen Kräften und Mitteln gedeckt, gilt jede Person der Bedarfsgemeinschaft im Verhältnis des eigenen Bedarfs zum Gesamtbedarf als hilfebedürftig, dabei bleiben die Bedarfe nach § 28 außer Betracht. In den Fällen des § 7 Absatz 2 Satz 3 ist Einkommen und Vermögen, soweit es die nach Satz 3 zu berücksichtigenden Bedarfe übersteigt, im Verhältnis mehrerer Leistungsberechtigter zueinander zu gleichen Teilen zu berücksichtigen.

(3) Absatz 2 Satz 2 findet keine Anwendung auf ein Kind, das schwanger ist oder sein Kind bis zur Vollendung des sechsten Lebensjahres betreut.

(4) Hilfebedürftig ist auch derjenige, dem der sofortige Verbrauch oder die sofortige Verwertung von zu berücksichtigendem Vermögen nicht möglich ist oder für den dies eine besondere Härte bedeuten würde.

(5) Leben Hilfebedürftige in Haushaltsgemeinschaft mit Verwandten oder Verschwägerten, so wird vermutet, dass sie von ihnen Leistungen erhalten, soweit dies nach deren Einkommen und Vermögen erwartet werden kann.

...

§ 11 Zu berücksichtigendes Einkommen

(1) Als Einkommen zu berücksichtigen sind Einnahmen in Geld abzüglich der nach § 11b abzusetzenden Beträge mit Ausnahme der in § 11a genannten Einnahmen. Dies gilt auch für Einnahmen in Geldeswert, die im Rahmen einer Erwerbstätigkeit, des Bundesfreiwilligendienstes oder eines Jugendfreiwilligendienstes zufließen. Als Einkommen zu berücksichtigen sind auch Zuflüsse aus darlehensweise gewährten Sozialleistungen, soweit sie dem Lebensunterhalt dienen.

Der Kinderzuschlag nach § 6a des Bundeskindergeldgesetzes ist als Einkommen dem jeweiligen Kind zuzurechnen. Dies gilt auch für das Kindergeld für zur Bedarfsgemeinschaft gehörende Kinder, soweit es bei dem jeweiligen Kind zur Sicherung des Lebensunterhalts, mit Ausnahme der Bedarfe nach § 28, benötigt wird.

(2) Laufende Einnahmen sind für den Monat zu berücksichtigen, in dem sie zufließen. Zu den laufenden Einnahmen zählen auch Einnahmen, die an einzelnen Tagen eines Monats aufgrund von kurzzeitigen Beschäftigungsverhältnissen erzielt werden. Für laufende Einnahmen, die in größeren als monatlichen Zeitabständen zufließen, gilt Absatz 3 entsprechend.

(3) Einmalige Einnahmen sind in dem Monat, in dem sie zufließen, zu berücksichtigen. Zu den einmaligen Einnahmen gehören auch als Nachzahlung zufließende Einnahmen, die nicht für den Monat des Zuflusses erbracht werden. Sofern für den Monat des Zuflusses bereits Leistungen ohne Berücksichtigung der einmaligen Einnahme erbracht worden sind, werden sie im Folgemonat berücksichtigt. Entfiele der Leistungsanspruch durch die Berücksichtigung in einem Monat, ist die einmalige Einnahme auf einen Zeitraum von sechs Monaten gleichmäßig aufzuteilen und monatlich mit einem entsprechenden Teilbetrag zu berücksichtigen.

§ 11a Nicht zu berücksichtigendes Einkommen

(1) Nicht als Einkommen zu berücksichtigen sind

1. Leistungen nach diesem Buch,
2. [anzuwenden bis 31.12.2023] **die Grundrente nach dem Bundesversorgungsgesetz und nach den Gesetzen, die eine entsprechende Anwendung des Bundesversorgungsgesetzes vorsehen,**
3. die Renten oder Beihilfen, die nach dem Bundesentschädigungsgesetz für Schaden an Leben sowie an Körper oder Gesundheit erbracht werden, bis zur Höhe der vergleichbaren **Grundrente nach dem Bundesversorgungsgesetz** [Ab 01.01.2024: *Entschädigungszahlungen nach Kapitel 9 des Vierzehnten Buches*].

(2) Entschädigungen, die wegen eines Schadens, der kein Vermögensschaden ist, nach § 253 Absatz 2 des Bürgerlichen Gesetzbuchs geleistet werden, sind nicht als Einkommen zu berücksichtigen.

(3) Leistungen, die aufgrund öffentlich-rechtlicher Vorschriften zu einem ausdrücklich genannten Zweck erbracht werden, sind nur so

weit als Einkommen zu berücksichtigen, als die Leistungen nach diesem Buch im Einzelfall demselben Zweck dienen. Abweichend von Satz 1 sind als Einkommen zu berücksichtigen

1. die Leistungen nach § 39 des Achten Buches, die für den erzieherischen Einsatz erbracht werden,
    a) für das dritte Pflegekind zu 75 Prozent,
    b) für das vierte und jedes weitere Pflegekind vollständig,
2. die Leistungen nach § 23 des Achten Buches,
3. die Leistungen der Ausbildungsförderung nach dem Bundesausbildungsförderungsgesetz sowie vergleichbare Leistungen der Begabtenförderungswerke; § 14b Absatz 2 Satz 1 des Bundesausbildungsförderungsgesetzes bleibt unberührt,
4. die Berufsausbildungsbeihilfe nach dem Dritten Buch mit Ausnahme der Bedarfe nach § 64 Absatz 3 Satz 1 des Dritten Buches sowie
5. Reisekosten zur Teilhabe am Arbeitsleben nach § 127 Absatz 1 Satz 1 des Dritten Buches in Verbindung mit § 53 des Neunten Buches.

(4) Zuwendungen der freien Wohlfahrtspflege sind nicht als Einkommen zu berücksichtigen, soweit sie die Lage der Empfängerinnen und Empfänger nicht so günstig beeinflussen, dass daneben Leistungen nach diesem Buch nicht gerechtfertigt wären.

(5) Zuwendungen, die ein anderer erbringt, ohne hierzu eine rechtliche oder sittliche Pflicht zu haben, sind nicht als Einkommen zu berücksichtigen, soweit

1. ihre Berücksichtigung für die Leistungsberechtigten grob unbillig wäre oder
2. sie die Lage der Leistungsberechtigten nicht so günstig beeinflussen, dass daneben Leistungen nach diesem Buch nicht gerechtfertigt wären.

(6) Überbrückungsgeld nach § 51 des Strafvollzugsgesetzes oder vergleichbare Leistungen nach landesrechtlichen Regelungen sind nicht als Einkommen zu berücksichtigen, soweit sie den Bedarf der leistungsberechtigten Person für 28 Tage übersteigen. Die Berücksichtigung des als Einkommen verbleibenden Teils der in Satz 1 bezeichneten Leistungen richtet sich nach § 11 Absatz 3.

§ 11b Absetzbeträge

(1) Vom Einkommen abzusetzen sind

1. auf das Einkommen entrichtete Steuern,
2. Pflichtbeiträge zur Sozialversicherung einschließlich der Beiträge zur Arbeitsförderung,
3. Beiträge zu öffentlichen oder privaten Versicherungen oder ähnlichen Einrichtungen, soweit diese Beiträge gesetzlich vorgeschrieben oder nach Grund und Höhe angemessen sind; hierzu gehören Beiträge

   a) zur Vorsorge für den Fall der Krankheit und der Pflegebedürftigkeit für Personen, die in der gesetzlichen Krankenversicherung nicht versicherungspflichtig sind,

   b) zur Altersvorsorge von Personen, die von der Versicherungspflicht in der gesetzlichen Rentenversicherung befreit sind,

   soweit die Beiträge nicht nach § 26 bezuschusst werden,
4. geförderte Altersvorsorgebeiträge nach § 82 des Einkommensteuergesetzes, soweit sie den Mindesteigenbeitrag nach § 86 des Einkommensteuergesetzes nicht überschreiten,
5. die mit der Erzielung des Einkommens verbundenen notwendigen Ausgaben,
6. für Erwerbstätige ferner ein Betrag nach Absatz 3,
7. Aufwendungen zur Erfüllung gesetzlicher Unterhaltsverpflichtungen bis zu dem in einem Unterhaltstitel oder in einer notariell beurkundeten Unterhaltsvereinbarung festgelegten Betrag,
8. bei erwerbsfähigen Leistungsberechtigten, deren Einkommen nach dem Vierten Abschnitt des Bundesausbildungsförderungsgesetzes oder nach § 67 oder § 126 des Dritten Buches bei der Berechnung der Leistungen der Ausbildungsförderung für mindestens ein Kind berücksichtigt wird, der nach den Vorschriften der Ausbildungsförderung berücksichtigte Betrag.

Bei der Verteilung einer einmaligen Einnahme nach § 11 Absatz 3 Satz 4 sind die auf die einmalige Einnahme im Zuflussmonat entfallenden Beträge nach den Nummern 1, 2, 5 und 6 vorweg abzusetzen.

(2) Bei erwerbsfähigen Leistungsberechtigten, die erwerbstätig sind, ist anstelle der Beträge nach Absatz 1 Satz 1 Nummer 3 bis 5 ein Betrag von insgesamt 100 Euro monatlich von dem Einkommen aus Erwerbstätigkeit abzusetzen. Beträgt das monatliche Einkommen aus

Erwerbstätigkeit mehr als 400 Euro, gilt Satz 1 nicht, wenn die oder der erwerbsfähige Leistungsberechtigte nachweist, dass die Summe der Beträge nach Absatz 1 Satz 1 Nummer 3 bis 5 den Betrag von 100 Euro übersteigt. Erhält eine leistungsberechtigte Person mindestens aus einer Tätigkeit Bezüge oder Einnahmen, die nach § 3 Nummer 12, 26, 26a oder 26b des Einkommensteuergesetzes steuerfrei sind, gelten die Sätze 1 und 2 mit den Maßgaben, dass jeweils an die Stelle des Betrages von

1. 100 Euro monatlich der Betrag von 200 Euro monatlich, höchstens jedoch der Betrag, der sich aus der Summe von 100 Euro und dem Betrag der steuerfreien Bezüge oder Einnahmen ergibt, und
2. 400 Euro der Betrag, der sich nach Nummer 1 ergibt,

tritt. § 11a Absatz 3 bleibt unberührt. Von den in § 11a Absatz 3 Satz 2 Nummer 3 bis 5 genannten Leistungen, von dem Ausbildungsgeld nach dem Dritten Buch sowie von dem erhaltenen Unterhaltsbeitrag nach § 10 Absatz 2 des Aufstiegsfortbildungsförderungsgesetzes sind für die Absetzbeträge nach § 11b Absatz 1 Satz 1 Nummer 3 bis 5 mindestens 100 Euro abzusetzen, wenn die Absetzung nicht bereits nach den Sätzen 1 bis 3 erfolgt. Von dem Taschengeld nach § 2 Nummer 4 des Bundesfreiwilligendienstgesetzes oder § 2 Absatz 1 Nummer 3 des Jugendfreiwilligendienstegesetzes ist anstelle der Beträge nach § 11b Absatz 1 Satz 1 Nummer 3 bis 5 ein Betrag von insgesamt 200 Euro monatlich abzusetzen, soweit die Absetzung nicht bereits nach den Sätzen 1 bis 3 erfolgt.

(3) Bei erwerbsfähigen Leistungsberechtigten, die erwerbstätig sind, ist von dem monatlichen Einkommen aus Erwerbstätigkeit ein weiterer Betrag abzusetzen. Dieser beläuft sich

1. für den Teil des monatlichen Einkommens, das 100 Euro übersteigt und nicht mehr als 1 000 Euro beträgt, auf 20 Prozent und
2. für den Teil des monatlichen Einkommens, das 1 000 Euro übersteigt und nicht mehr als 1 200 Euro beträgt, auf 10 Prozent.

Anstelle des Betrages von 1 200 Euro tritt für erwerbsfähige Leistungsberechtigte, die entweder mit mindestens einem minderjährigen Kind in Bedarfsgemeinschaft leben oder die mindestens ein minderjähriges Kind haben, ein Betrag von 1 500 Euro.

§ 12 Zu berücksichtigendes Vermögen

(1) Als Vermögen sind alle verwertbaren Vermögensgegenstände zu berücksichtigen.

(2) Vom Vermögen sind abzusetzen

1. ein Grundfreibetrag in Höhe von 150 Euro je vollendetem Lebensjahr für jede in der Bedarfsgemeinschaft lebende volljährige Person und deren Partnerin oder Partner, mindestens aber jeweils 3 100 Euro; der Grundfreibetrag darf für jede volljährige Person und ihre Partnerin oder ihren Partner jeweils den nach Satz 2 maßgebenden Höchstbetrag nicht übersteigen,
1a. ein Grundfreibetrag in Höhe von 3 100 Euro für jedes leistungsberechtigte minderjährige Kind,
2. Altersvorsorge in Höhe des nach Bundesrecht ausdrücklich als Altersvorsorge geförderten Vermögens einschließlich seiner Erträge und der geförderten laufenden Altersvorsorgebeiträge, soweit die Inhaberin oder der Inhaber das Altersvorsorgevermögen nicht vorzeitig verwendet,
3. geldwerte Ansprüche, die der Altersvorsorge dienen, soweit die Inhaberin oder der Inhaber sie vor dem Eintritt in den Ruhestand aufgrund einer unwiderruflichen vertraglichen Vereinbarung nicht verwerten kann und der Wert der geldwerten Ansprüche 750 Euro je vollendetem Lebensjahr der erwerbsfähigen leistungsberechtigten Person und deren Partnerin oder Partner, höchstens jedoch jeweils den nach Satz 2 maßgebenden Höchstbetrag nicht übersteigt,
4. ein Freibetrag für notwendige Anschaffungen in Höhe von 750 Euro für jeden in der Bedarfsgemeinschaft lebenden Leistungsberechtigten.

Bei Personen, die

1. vor dem 1. Januar 1958 geboren sind, darf der Grundfreibetrag nach Satz 1 Nummer 1 jeweils 9 750 Euro und der Wert der geldwerten Ansprüche nach Satz 1 Nummer 3 jeweils 48 750 Euro,
2. nach dem 31. Dezember 1957 und vor dem 1. Januar 1964 geboren sind, darf der Grundfreibetrag nach Satz 1 Nummer 1 jeweils 9 900 Euro und der Wert der geldwerten Ansprüche nach Satz 1 Nummer 3 jeweils 49 500 Euro,
3. nach dem 31. Dezember 1963 geboren sind, darf der Grundfreibetrag nach Satz 1 Nummer 1 jeweils 10 050 Euro und der Wert der geldwerten Ansprüche nach Satz 1 Nummer 3 jeweils 50 250 Euro

nicht übersteigen.

(3) Als Vermögen sind nicht zu berücksichtigen
1. angemessener Hausrat,
2. ein angemessenes Kraftfahrzeug für jede in der Bedarfsgemeinschaft lebende erwerbsfähige Person,
3. von der Inhaberin oder dem Inhaber als für die Altersvorsorge bestimmt bezeichnete Vermögensgegenstände in angemessenem Umfang, wenn die erwerbsfähige leistungsberechtigte Person oder deren Partnerin oder Partner von der Versicherungspflicht in der gesetzlichen Rentenversicherung befreit ist,
4. ein selbst genutztes Hausgrundstück von angemessener Größe oder eine entsprechende Eigentumswohnung,
5. Vermögen, solange es nachweislich zur baldigen Beschaffung oder Erhaltung eines Hausgrundstücks von angemessener Größe bestimmt ist, soweit dieses zu Wohnzwecken behinderter oder pflegebedürftiger Menschen dient oder dienen soll und dieser Zweck durch den Einsatz oder die Verwertung des Vermögens gefährdet würde,
6. Sachen und Rechte, soweit ihre Verwertung offensichtlich unwirtschaftlich ist oder für den Betroffenen eine besondere Härte bedeuten würde.

Für die Angemessenheit sind die Lebensumstände während des Bezugs der Leistungen zur Grundsicherung für Arbeitsuchende maßgebend.

(4) Das Vermögen ist mit seinem Verkehrswert zu berücksichtigen. Für die Bewertung ist der Zeitpunkt maßgebend, in dem der Antrag auf Bewilligung oder erneute Bewilligung der Leistungen der Grundsicherung für Arbeitsuchende gestellt wird, bei späterem Erwerb von Vermögen der Zeitpunkt des Erwerbs. Wesentliche Änderungen des Verkehrswertes sind zu berücksichtigen.

...

Sozialgesetzbuch – Viertes Buch (SGB IV)

Gemeinsame Vorschriften für die Sozialversicherung

Vom 23. Dezember 1976 (BGBl. I 1976, S. 3845)

Zuletzt geändert durch das Gesetz für bessere und unabhängigere Prüfungen (MDK-Reformgesetz) vom 14. Dezember 2019 (BGBl I 2019, S. 2789)

– Auszug –

...

§§ 14 – 18 Dritter Titel Arbeitsentgelt und sonstiges Einkommen

§ 14 Arbeitsentgelt

(1) Arbeitsentgelt sind alle laufenden oder einmaligen Einnahmen aus einer Beschäftigung, gleichgültig, ob ein Rechtsanspruch auf die Einnahmen besteht, unter welcher Bezeichnung oder in welcher Form sie geleistet werden und ob sie unmittelbar aus der Beschäftigung oder im Zusammenhang mit ihr erzielt werden. Arbeitsentgelt sind auch Entgeltteile, die durch Entgeltumwandlung nach § 1 Absatz 2 Nummer 3 des Betriebsrentengesetzes für betriebliche Altersversorgung in den Durchführungswegen Direktzusage oder Unterstützungskasse verwendet werden, soweit sie 4 vom Hundert der jährlichen Beitragsbemessungsgrenze der allgemeinen Rentenversicherung übersteigen.

(2) Ist ein Nettoarbeitsentgelt vereinbart, gelten als Arbeitsentgelt die Einnahmen des Beschäftigten einschließlich der darauf entfallenden Steuern und der seinem gesetzlichen Anteil entsprechenden Beiträge zur Sozialversicherung und zur Arbeitsförderung. Sind bei illegalen Beschäftigungsverhältnissen Steuern und Beiträge zur Sozialversicherung und zur Arbeitsförderung nicht gezahlt worden, gilt ein Nettoarbeitsentgelt als vereinbart.

(3) Wird ein Haushaltsscheck (§ 28a Absatz 7) verwendet, bleiben Zuwendungen unberücksichtigt, die nicht in Geld gewährt worden sind.

(4) (weggefallen)

§ 15 Arbeitseinkommen

(1) Arbeitseinkommen ist der nach den allgemeinen Gewinnermittlungsvorschriften des Einkommensteuerrechts ermittelte Gewinn aus einer selbständigen Tätigkeit. Einkommen ist als Arbeitseinkommen zu werten, wenn es als solches nach dem Einkommensteuerrecht zu bewerten ist.

(2) Bei Landwirten, deren Gewinn aus Land- und Forstwirtschaft nach § 13a des Einkommensteuergesetzes ermittelt wird, ist als Arbeitseinkommen der sich aus § 32 Absatz 6 des Gesetzes über die Alterssicherung der Landwirte ergebende Wert anzusetzen.

...

Sozialgesetzbuch – Fünftes Buch (SGB V)

Gesetzliche Krankenversicherung

Vom 20. Dezember 1988 (BGBl. I 1988, S. 2477),

zuletzt geändert durch das Gesetz zur Regelung des Sozialen Entschädigungsrechts vom 12. Dezember 2019 (BGBl I 2019, S. 2652)

– Auszug –

...

§§ 198 – 206 Vierter Abschnitt Meldungen

...

§ 201 Meldepflichten bei Rentenantragstellung und Rentenbezug

(1) Wer eine Rente der gesetzlichen Rentenversicherung beantragt, hat mit dem Antrag eine Meldung für die zuständige Krankenkasse einzureichen. Der Rentenversicherungsträger hat die Meldung unverzüglich an die zuständige Krankenkasse weiterzugeben.

(2) Wählen versicherungspflichtige Rentner oder Hinterbliebene eine andere Krankenkasse, hat die gewählte Krankenkasse dies der bisherigen Krankenkasse und dem zuständigen Rentenversicherungsträger unverzüglich mitzuteilen.

(3) Nehmen versicherungspflichtige Rentner oder Hinterbliebene eine versicherungspflichtige Beschäftigung auf, für die eine andere als die bisherige Krankenkasse zuständig ist, hat die für das versicherungspflichtige Beschäftigungsverhältnis zuständige Krankenkasse dies der bisher zuständigen Krankenkasse und dem Rentenversicherungsträger mitzuteilen. Satz 1 gilt entsprechend, wenn das versicherungspflichtige Beschäftigungsverhältnis endet.

(4) Der Rentenversicherungsträger hat der zuständigen Krankenkasse unverzüglich mitzuteilen

1. Beginn und Höhe einer Rente der gesetzlichen Rentenversicherung, den Monat, für den die Rente erstmalig laufend gezahlt wird,

1a. (weggefallen)

2. den Tag der Rücknahme des Rentenantrags,
3. bei Ablehnung des Rentenantrags den Tag, an dem über den Rentenantrag verbindlich entschieden worden ist,
4. Ende, Entzug, Wegfall und sonstige Nichtleistung der Rente sowie
5. Beginn und Ende der Beitragszahlung aus der Rente.

(5) Wird der Bezieher einer Rente der gesetzlichen Rentenversicherung versicherungspflichtig, hat die Krankenkasse dies dem Rentenversicherungsträger unverzüglich mitzuteilen. Satz 1 gilt entsprechend, wenn die Versicherungspflicht aus einem anderen Grund als den in Absatz 4 Nr. 4 genannten Gründen endet.

(6) Die Meldungen sind auf maschinell verwertbaren Datenträgern oder durch Datenübertragung zu erstatten. Der Spitzenverband Bund der Krankenkassen vereinbart mit der Deutschen Rentenversicherung Bund das Nähere über das Verfahren im Benehmen mit dem **Bundesamt für Soziale Sicherung** [Bis 31.12.2019: *Bundesversicherungsamt*].

§ 202 Meldepflichten bei Versorgungsbezügen

(1) Die Zahlstelle hat bei der erstmaligen Bewilligung von Versorgungsbezügen sowie bei Mitteilung über die Beendigung der Mitgliedschaft eines Versorgungsempfängers und in den Fällen des § 5 Absatz 1 Nummer 11b die zuständige Krankenkasse des Versorgungsempfängers zu ermitteln und dieser Beginn, Höhe, Veränderungen und Ende der Versorgungsbezüge und in den Fällen des § 5 Absatz 1 Nummer 11b den Tag der Antragstellung unverzüglich mitzuteilen. Bei den am 1. Januar 1989 vorhandenen Versorgungsempfängern hat die Ermittlung der Krankenkasse innerhalb von sechs Monaten zu erfolgen. Der Versorgungsempfänger hat der Zahlstelle seine Krankenkasse anzugeben und einen Kassenwechsel sowie die Aufnahme einer versicherungspflichtigen Beschäftigung anzuzeigen. Die Krankenkasse hat der Zahlstelle von Versorgungsbezügen und dem Bezieher von Versorgungsbezügen unverzüglich die Beitragspflicht des Versorgungsempfängers und, soweit die Summe der beitragspflichtigen Ein-

nahmen nach § 237 Satz 1 Nummer 1 und 2 die Beitragsbemessungsgrenze überschreitet, deren Umfang mitzuteilen.

(2) Die Zahlstelle hat der zuständigen Krankenkasse die Meldung durch gesicherte und verschlüsselte Datenübertragung aus systemgeprüften Programmen oder mittels maschineller Ausfüllhilfen zu erstatten. **Die Krankenkasse hat nach inhaltlicher Prüfung alle fehlerfreien Angaben elektronisch** [Bis 25.11.2019: *zu übernehmen*], **zu verarbeiten** [Bis 25.11.2019: *und zu nutzen*]. Alle Rückmeldungen der Krankenkasse an die Zahlstelle erfolgen arbeitstäglich durch Datenübertragung. Den Aufbau des Datensatzes, notwendige Schlüsselzahlen und Angaben legt der Spitzenverband Bund der Krankenkassen in Grundsätzen fest, die vom Bundesministerium für Arbeit und Soziales im Einvernehmen mit dem Bundesministerium für Gesundheit zu genehmigen sind; die Bundesvereinigung der Deutschen Arbeitgeberverbände ist anzuhören.

(3) Die Zahlstellen haben für die Durchführung der Meldeverfahren nach diesem Gesetzbuch eine Zahlstellennummer beim Spitzenverband Bund der Krankenkassen elektronisch zu beantragen. Die Zahlstellennummern und alle Angaben, die zur Vergabe der Zahlstellennummer notwendig sind, werden in einer gesonderten elektronischen Datei beim Spitzenverband Bund der Krankenkassen gespeichert. Die Sozialversicherungsträger, ihre Verbände und ihre Arbeitsgemeinschaften, die Künstlersozialkasse, die Behörden der Zollverwaltung, soweit sie Aufgaben nach § 2 des Schwarzarbeitsbekämpfungsgesetzes oder nach § 66 des Zehnten Buches wahrnehmen, sowie die zuständigen Aufsichtsbehörden und die Arbeitgeber dürfen die ihnen von den Zahlstellen zur Erfüllung einer gesetzlichen Aufgabe nach diesem Buch übermittelten Zahlstellennummern verarbeiten, [Bis 25.11.2019: *nutzen und übermitteln,*] soweit dies für die Erfüllung einer gesetzlichen Aufgabe nach diesem Gesetzbuch erforderlich ist. Andere Behörden, Gerichte oder Dritte dürfen die Zahlstellennummern verarbeiten, sofern sie nach anderen gesetzlichen Vorschriften zu deren Erhebung befugt sind und soweit dies für die Erfüllung einer gesetzlichen Aufgabe einer der in Satz 3 genannten Stellen erforderlich ist. [Bis 25.11.2019: *Andere Behörden, Gerichte oder Dritte dürfen die Zahlstellennummern verarbeiten, nutzen oder übermitteln, soweit dies für die Erfüllung einer gesetzlichen Aufgabe einer der in Satz 3 genannten Stellen erforderlich ist.*] Das Nähere zum Verfahren und den Aufbau der Zahlstellennummer regeln die Grundsätze nach Absatz 2 Satz 4.

...

§ 205 Meldepflichten bestimmter Versicherungspflichtiger

Versicherungspflichtige, die eine Rente der gesetzlichen Rentenversicherung oder der Rente vergleichbare Einnahmen (Versorgungsbezüge) beziehen, haben ihrer Krankenkasse unverzüglich zu melden

1. Beginn und Höhe der Rente,
2. Beginn, Höhe, Veränderungen und die Zahlstelle der Versorgungsbezüge sowie
3. Beginn, Höhe und Veränderungen des Arbeitseinkommens.

§ 206 Auskunfts- und Mitteilungspflichten der Versicherten

(1) Wer versichert ist oder als Versicherter in Betracht kommt, hat der Krankenkasse, soweit er nicht nach § 28o des Vierten Buches auskunftspflichtig ist,

1. auf Verlangen über alle für die Feststellung der Versicherungs- und Beitragspflicht und für die Durchführung der der Krankenkasse übertragenen Aufgaben erforderlichen Tatsachen unverzüglich Auskunft zu erteilen,
2. Änderungen in den Verhältnissen, die für die Feststellung der Versicherungs- und Beitragspflicht erheblich sind und nicht durch Dritte gemeldet werden, unverzüglich mitzuteilen.

Er hat auf Verlangen die Unterlagen, aus denen die Tatsachen oder die Änderung der Verhältnisse hervorgehen, der Krankenkasse in deren Geschäftsräumen unverzüglich vorzulegen.

(2) Entstehen der Krankenkasse durch eine Verletzung der Pflichten nach Absatz 1 zusätzliche Aufwendungen, kann sie von dem Verpflichteten die Erstattung verlangen.

...

§ 220 Grundsatz

(1) Die Mittel der Krankenversicherung werden durch Beiträge und sonstige Einnahmen aufgebracht; als Beiträge gelten auch Zusatzbeiträge nach § 242. Darlehensaufnahmen sind nicht zulässig. Die Aufsichtsbehörde kann im Einzelfall Darlehensaufnahmen bei Kreditinstituten zur Finanzierung des Erwerbs von Grundstücken für Eigeneinrichtungen nach § 140 sowie der Errichtung, der Erweiterung oder des

Umbaus von Gebäuden für Eigeneinrichtungen nach § 140 genehmigen.

(2) Der beim Bundesamt für Soziale Sicherung [Bis 31.12.2019: *Bundesversicherungsamt*] gebildete Schätzerkreis schätzt jedes Jahr bis zum 15. Oktober für das jeweilige Jahr und für das Folgejahr

1. die Höhe der voraussichtlichen beitragspflichtigen Einnahmen der Mitglieder der Krankenkassen,
2. die Höhe der voraussichtlichen jährlichen Einnahmen des Gesundheitsfonds,
3. die Höhe der voraussichtlichen jährlichen Ausgaben der Krankenkassen sowie
4. die voraussichtliche Zahl der Versicherten und der Mitglieder der Krankenkassen.

Die Schätzung für das Folgejahr dient als Grundlage für die Festlegung des durchschnittlichen Zusatzbeitragssatzes nach § 242a, für die Zuweisungen aus dem Gesundheitsfonds nach den §§ 266 und 270 sowie für die Durchführung des Einkommensausgleichs nach § 270a. Bei der Schätzung der Höhe der voraussichtlichen jährlichen Einnahmen bleiben die Beträge nach § 271 Absatz 1a außer Betracht.

(3) Für das Haushalts- und Rechnungswesen einschließlich der Statistiken bei der Verwaltung des Gesundheitsfonds durch das Bundesamt für Soziale Sicherung [Bis 31.12.2019: *Bundesversicherungsamt*] gelten die §§ 67 bis 69, 70 Abs. 5, § 72 Abs. 1 und 2 Satz 1 erster Halbsatz, die §§ 73 bis 77 Absatz 1a Satz 1 bis 6 und § 79 Abs. 1 und 2 in Verbindung mit Abs. 3a des Vierten Buches sowie die auf Grund des § 78 des Vierten Buches erlassenen Rechtsverordnungen entsprechend. Für das Vermögen gelten die §§ 80 und 85 des Vierten Buches entsprechend. Die Bestellung des Wirtschaftsprüfers oder des vereidigten Buchprüfers zur Prüfung der Jahresrechnung des Gesundheitsfonds erfolgt durch die beim Bundesamt für Soziale Sicherung [Bis 31.12.2019: *Bundesversicherungsamt*] eingerichtete Prüfstelle im Einvernehmen mit dem Bundesministerium für Gesundheit und dem Bundesministerium der Finanzen. Die Entlastung des Präsidenten oder der Präsidentin des Bundesversicherungsamts als Verwalter des Gesundheitsfonds erfolgt durch das Bundesministerium für Gesundheit im Einvernehmen mit dem Bundesministerium der Finanzen.

...

§ 223 Beitragspflicht, beitragspflichtige Einnahmen, Beitragsbemessungsgrenze

(1) Die Beiträge sind für jeden Kalendertag der Mitgliedschaft zu zahlen, soweit dieses Buch nichts Abweichendes bestimmt.

(2) Die Beiträge werden nach den beitragspflichtigen Einnahmen der Mitglieder bemessen. Für die Berechnung ist die Woche zu sieben, der Monat zu dreißig und das Jahr zu dreihundertsechzig Tagen anzusetzen.

(3) Beitragspflichtige Einnahmen sind bis zu einem Betrag von einem Dreihundertsechzigstel der Jahresarbeitsentgeltgrenze nach § 6 Abs. 7 für den Kalendertag zu berücksichtigen (Beitragsbemessungsgrenze). Einnahmen, die diesen Betrag übersteigen, bleiben außer Ansatz, soweit dieses Buch nichts Abweichendes bestimmt.

...

§§ 226 – 240 Zweiter Titel Beitragspflichtige Einnahmen der Mitglieder

§ 226 Beitragspflichtige Einnahmen versicherungspflichtig Beschäftigter

(1) Bei versicherungspflichtig Beschäftigten werden der Beitragsbemessung zugrunde gelegt
1. das Arbeitsentgelt aus einer versicherungspflichtigen Beschäftigung,
2. der Zahlbetrag der Rente der gesetzlichen Rentenversicherung,
3. der Zahlbetrag der der Rente vergleichbaren Einnahmen (Versorgungsbezüge),
4. das Arbeitseinkommen, soweit es neben einer Rente der gesetzlichen Rentenversicherung oder Versorgungsbezügen erzielt wird.

Dem Arbeitsentgelt steht das Vorruhestandsgeld gleich. Bei Auszubildenden, die in einer außerbetrieblichen Einrichtung im Rahmen eines Berufsausbildungsvertrages nach dem Berufsbildungsgesetz ausgebildet werden, steht die Ausbildungsvergütung dem Arbeitsentgelt gleich.

(2) Die nach Absatz 1 Satz 1 Nr. 3 und 4 zu bemessenden Beiträge sind nur zu entrichten, wenn die monatlichen beitragspflichtigen Einnahmen nach Absatz 1 Satz 1 Nr. 3 und 4 insgesamt ein Zwanzigstel der monatlichen Bezugsgröße nach § 18 des Vierten Buches übersteigen.

(3) Für Schwangere, deren Mitgliedschaft nach § 192 Abs. 2 erhalten bleibt, gelten die Bestimmungen der Satzung.

(4) Bei Arbeitnehmern, die gegen ein monatliches Arbeitsentgelt bis zum oberen Grenzbetrag des Übergangsbereichs (§ 20 Absatz 2 des Vierten Buches) mehr als geringfügig beschäftigt sind, gilt der Betrag der beitragspflichtigen Einnahme nach § 163 Absatz 10 des Sechsten Buches entsprechend.

Vom 22.07.2009 bis 30.06.2019:

(4) Bei Arbeitnehmern, die gegen ein monatliches Arbeitsentgelt bis zum oberen Grenzbetrag der Gleitzone (§ 20 Absatz 2 des Vierten Buches) mehr als geringfügig beschäftigt sind, gilt der Betrag der beitragspflichtigen Einnahme nach § 163 Absatz 10 Satz 1 bis 5 und 8 oder § 276b des Sechsten Buches entsprechend.

...

§ 229 Versorgungsbezüge als beitragspflichtige Einnahmen

(1) Als der Rente vergleichbare Einnahmen (Versorgungsbezüge) gelten, soweit sie wegen einer Einschränkung der Erwerbsfähigkeit oder zur Alters- oder Hinterbliebenenversorgung erzielt werden,

1. Versorgungsbezüge aus einem öffentlich-rechtlichen Dienstverhältnis oder aus einem Arbeitsverhältnis mit Anspruch auf Versorgung nach beamtenrechtlichen Vorschriften oder Grundsätzen; außer Betracht bleiben

    a) lediglich übergangsweise gewährte Bezüge,

    b) unfallbedingte Leistungen und Leistungen **der Beschädigtenversorgung** [Ab 01.01.2024: *Entschädigungszahlungen nach dem Vierzehnten Buch*],

    c) bei einer Unfallversorgung ein Betrag von 20 vom Hundert des Zahlbetrags und

d) bei einer erhöhten Unfallversorgung der Unterschiedsbetrag zum Zahlbetrag der Normalversorgung, mindestens 20 vom Hundert des Zahlbetrags der erhöhten Unfallversorgung,
2. Bezüge aus der Versorgung der Abgeordneten, Parlamentarischen Staatssekretäre und Minister,
3. Renten der Versicherungs- und Versorgungseinrichtungen, die für Angehörige bestimmter Berufe errichtet sind,
4. Renten und Landabgaberenten nach dem Gesetz über die Alterssicherung der Landwirte mit Ausnahme einer Übergangshilfe,
5. Renten der betrieblichen Altersversorgung einschließlich der Zusatzversorgung im öffentlichen Dienst und der hüttenknappschaftlichen Zusatzversorgung; außer Betracht bleiben Leistungen aus Altersvorsorgevermögen im Sinne des § 92 des Einkommensteuergesetzes sowie Leistungen, die der Versicherte nach dem Ende des Arbeitsverhältnisses als alleiniger Versicherungsnehmer aus nicht durch den Arbeitgeber finanzierten Beiträgen erworben hat.

Satz 1 gilt auch, wenn Leistungen dieser Art aus dem Ausland oder von einer zwischenstaatlichen oder überstaatlichen Einrichtung bezogen werden. Tritt an die Stelle der Versorgungsbezüge eine nicht regelmäßig wiederkehrende Leistung oder ist eine solche Leistung vor Eintritt des Versicherungsfalls vereinbart oder zugesagt worden, gilt ein Einhundertzwanzigstel der Leistung als monatlicher Zahlbetrag der Versorgungsbezüge, längstens jedoch für einhundertzwanzig Monate.

(2) Für Nachzahlungen von Versorgungsbezügen gilt § 228 Abs. 2 entsprechend.

...

§ 237 Beitragspflichtige Einnahmen versicherungspflichtiger Rentner

Bei versicherungspflichtigen Rentnern werden der Beitragsbemessung zugrunde gelegt
1. der Zahlbetrag der Rente der gesetzlichen Rentenversicherung,
2. der Zahlbetrag der der Rente vergleichbaren Einnahmen und
3. das Arbeitseinkommen.

Bei Versicherungspflichtigen nach § 5 Absatz 1 Nummer 11b sind die dort genannten Leistungen bis zum Erreichen der Altersgrenzen des § 10 Absatz 2 beitragsfrei. Dies gilt entsprechend **für die Leistungen der Hinterbliebenenversorgung nach § 229 Absatz 1 Satz 1 Nummer 1 und** für die Waisenrente nach § 15 des Gesetzes über die Alterssicherung der Landwirte. § 226 Abs. 2 und die §§ 228, 229 und 231 gelten entsprechend.

...

§§ 241 – 248 Dritter Titel Beitragssätze, Zusatzbeitrag

...

§ 248 Beitragssatz aus Versorgungsbezügen und Arbeitseinkommen

Bei Versicherungspflichtigen gilt für die Bemessung der Beiträge aus Versorgungsbezügen und Arbeitseinkommen der allgemeine Beitragssatz. Abweichend von Satz 1 gilt bei Versicherungspflichtigen für die Bemessung der Beiträge aus Versorgungsbezügen nach § 229 Absatz 1 Satz 1 Nummer 4 die Hälfte des allgemeinen Beitragssatzes und abweichend von § 242 Absatz 1 Satz 2 die Hälfte des kassenindividuellen Zusatzbeitragssatzes. Veränderungen des Zusatzbeitragssatzes gelten für Versorgungsbezüge nach § 229 in den Fällen des § 256 Absatz 1 Satz 1 jeweils vom ersten Tag des zweiten auf die Veränderung folgenden Kalendermonats an.

...

Sozialgesetzbuch – Zwölftes Buch (SGB XII)

Sozialhilfe

Vom 27. Dezember 2003 (BGBl. I 2003, S. 3022),

zuletzt geändert durch das Gesetz für bessere und unabhängigere Prüfungen (MDK Reformgesetz) vom 14. Dezember 2019 (BGBl I 2019, S. 2789)

– Auszug –

§§ 82 – 96 Elftes Kapitel Einsatz des Einkommens und des Vermögens

§§ 82 – 84 Erster Abschnitt Einkommen

§ 82 Begriff des Einkommens

(1) Zum Einkommen gehören alle Einkünfte in Geld oder Geldeswert mit Ausnahme der Leistungen nach diesem Buch, der Grundrente nach dem Bundesversorgungsgesetz und nach den Gesetzen, die eine entsprechende Anwendung des Bundesversorgungsgesetzes vorsehen, und der Renten oder Beihilfen nach dem Bundesentschädigungsgesetz für Schaden an Leben sowie an Körper oder Gesundheit bis zur Höhe der vergleichbaren Grundrente nach dem Bundesversorgungsgesetz. [Ab 01.01.2024: *Zum Einkommen gehören alle Einkünfte in Geld oder Geldeswert mit Ausnahme der Leistungen nach diesem Buch und der Renten oder Beihilfen nach dem Bundesentschädigungsgesetz für Schaden an Leben sowie an Körper oder Gesundheit bis zur Höhe der vergleichbaren Leistungen nach dem Vierzehnten Buch.*] Einkünfte aus Rückerstattungen, die auf Vorauszahlungen beruhen, die Leistungsberechtigte aus dem Regelsatz erbracht haben,

sind kein Einkommen. Bei Minderjährigen ist das Kindergeld dem jeweiligen Kind als Einkommen zuzurechnen, soweit es bei diesem zur Deckung des notwendigen Lebensunterhaltes, mit Ausnahme der Bedarfe nach § 34, benötigt wird.

(2) Von dem Einkommen sind abzusetzen

1. auf das Einkommen entrichtete Steuern,
2. Pflichtbeiträge zur Sozialversicherung einschließlich der Beiträge zur Arbeitsförderung,
3. Beiträge zu öffentlichen oder privaten Versicherungen oder ähnlichen Einrichtungen, soweit diese Beiträge gesetzlich vorgeschrieben oder nach Grund und Höhe angemessen sind, sowie geförderte Altersvorsorgebeiträge nach § 82 des Einkommensteuergesetzes, soweit sie den Mindesteigenbeitrag nach § 86 des Einkommensteuergesetzes nicht überschreiten, und
4. die mit der Erzielung des Einkommens verbundenen notwendigen Ausgaben.

Erhält eine leistungsberechtigte Person aus einer Tätigkeit Bezüge oder Einnahmen, die nach § 3 Nummer 12, 26, 26a oder 26b des Einkommensteuergesetzes steuerfrei sind **oder die als Taschengeld nach § 2 Nummer 4 des Bundesfreiwilligendienstgesetzes oder nach § 2 Absatz 1 Nummer 3 des Jugendfreiwilligendienstegesetzes gezahlt werden**, ist abweichend von Satz 1 Nummer 2 bis 4 und den Absätzen 3 und 6 ein Betrag von bis zu 200 Euro monatlich nicht als Einkommen zu berücksichtigen. Soweit ein Betrag nach Satz 2 in Anspruch genommen wird, gelten die Beträge nach Absatz 3 Satz 1 zweiter Halbsatz und nach Absatz 6 Satz 1 zweiter Halbsatz insoweit als ausgeschöpft.

(3) Bei der Hilfe zum Lebensunterhalt und Grundsicherung im Alter und bei Erwerbsminderung ist ferner ein Betrag in Höhe von 30 vom Hundert des Einkommens aus selbständiger und nichtselbständiger Tätigkeit der Leistungsberechtigten abzusetzen, höchstens jedoch 50 vom Hundert der Regelbedarfsstufe 1 nach der Anlage zu § 28. Abweichend von Satz 1 ist bei einer Beschäftigung in einer Werkstatt für behinderte Menschen oder bei einem anderen Leistungsanbieter nach § 60 des Neunten Buches von dem Entgelt ein Achtel der Regelbedarfsstufe 1 nach der Anlage zu § 28 zuzüglich 50 vom Hundert des diesen Betrag übersteigenden Entgelts abzusetzen. Im Übrigen kann

in begründeten Fällen ein anderer als in Satz 1 festgelegter Betrag vom Einkommen abgesetzt werden.

(4) Bei der Hilfe zum Lebensunterhalt und Grundsicherung im Alter und bei Erwerbsminderung ist ferner ein Betrag von 100 Euro monatlich aus einer zusätzlichen Altersvorsorge der Leistungsberechtigten zuzüglich 30 vom Hundert des diesen Betrag übersteigenden Einkommens aus einer zusätzlichen Altersvorsorge der Leistungsberechtigten abzusetzen, höchstens jedoch 50 vom Hundert der Regelbedarfsstufe 1 nach der Anlage zu § 28.

(5) Einkommen aus einer zusätzlichen Altersvorsorge im Sinne des Absatzes 4 ist jedes monatlich bis zum Lebensende ausgezahlte Einkommen, auf das der Leistungsberechtigte vor Erreichen der Regelaltersgrenze auf freiwilliger Grundlage Ansprüche erworben hat und das dazu bestimmt und geeignet ist, die Einkommenssituation des Leistungsberechtigten gegenüber möglichen Ansprüchen aus Zeiten einer Versicherungspflicht in der gesetzlichen Rentenversicherung nach den §§ 1 bis 4 des Sechsten Buches, nach § 1 des Gesetzes über die Alterssicherung der Landwirte, aus beamtenrechtlichen Versorgungsansprüchen und aus Ansprüchen aus Zeiten einer Versicherungspflicht in einer Versicherungs- und Versorgungseinrichtung, die für Angehörige bestimmter Berufe errichtet ist, zu verbessern. Als Einkommen aus einer zusätzlichen Altersvorsorge gelten auch laufende Zahlungen aus

1. einer betrieblichen Altersversorgung im Sinne des Betriebsrentengesetzes,

2. einem nach § 5 des Altersvorsorgeverträge-Zertifizierungsgesetzes zertifizierten Altersvorsorgevertrag und

3. einem nach § 5a des Altersvorsorgeverträge-Zertifizierungsgesetzes zertifizierten Basisrentenvertrag.

Werden bis zu zwölf Monatsleistungen aus einer zusätzlichen Altersvorsorge, insbesondere gemäß einer Vereinbarung nach § 10 Absatz 1 Nummer 2 Satz 3 erster Halbsatz des Einkommensteuergesetzes, zusammengefasst, so ist das Einkommen gleichmäßig auf den Zeitraum aufzuteilen, für den die Auszahlung erfolgte.

(6) Für Personen, die Leistungen der Hilfe zur Pflege, der Blindenhilfe oder Leistungen der Eingliederungshilfe nach dem Neunten Buch erhalten, ist ein Betrag in Höhe von 40 Prozent des Einkommens aus selbständiger und nichtselbständiger Tätigkeit der Leis-

tungsberechtigten abzusetzen, höchstens jedoch 65 Prozent der Regelbedarfsstufe 1 nach der Anlage zu § 28.

Bis 31.12.2019:

(6) Für Personen, die Leistungen der Hilfe zur Pflege erhalten, ist ein Betrag in Höhe von 40 vom Hundert des Einkommens aus selbständiger und nichtselbständiger Tätigkeit der Leistungsberechtigten abzusetzen, höchstens jedoch 65 vom Hundert der Regelbedarfsstufe 1 nach der Anlage zu § 28. Für Personen, die Leistungen der Eingliederungshilfe für behinderte Menschen erhalten, gilt Satz 1 bis zum 31. Dezember 2019 entsprechend.

(7) Einmalige Einnahmen, bei denen für den Monat des Zuflusses bereits Leistungen ohne Berücksichtigung der Einnahme erbracht worden sind, werden im Folgemonat berücksichtigt. Entfiele der Leistungsanspruch durch die Berücksichtigung in einem Monat, ist die einmalige Einnahme auf einen Zeitraum von sechs Monaten gleichmäßig zu verteilen und mit einem entsprechenden Teilbetrag zu berücksichtigen. In begründeten Einzelfällen ist der Anrechnungszeitraum nach Satz 2 angemessen zu verkürzen. Die Sätze 1 und 2 sind auch anzuwenden, soweit während des Leistungsbezugs eine Auszahlung zur Abfindung einer Kleinbetragsrente im Sinne des § 93 Absatz 3 Satz 2 des Einkommensteuergesetzes oder nach § 3 Absatz 2 des Betriebsrentengesetzes erfolgt und durch den ausgezahlten Betrag das Vermögen überschritten wird, welches nach § 90 Absatz 2 Nummer 9 und Absatz 3 nicht einzusetzen ist.

...

§§ 85 – 89 Zweiter Abschnitt Einkommensgrenzen für die Leistungen nach dem Fünften bis Neunten Kapitel

...

§ 88 Einsatz des Einkommens unter der Einkommensgrenze

(1) Die Aufbringung der Mittel kann, auch soweit das Einkommen unter der Einkommensgrenze liegt, verlangt werden,

1. soweit von einem anderen Leistungen für einen besonderen Zweck erbracht werden, für den sonst Sozialhilfe zu leisten wäre,
2. wenn zur Deckung des Bedarfs nur geringfügige Mittel erforderlich sind.

Darüber hinaus soll in angemessenem Umfang die Aufbringung der Mittel verlangt werden, wenn eine Person für voraussichtlich längere Zeit Leistungen in einer stationären Einrichtung bedarf.

(2) Bei einer stationären Leistung in einer stationären Einrichtung wird von dem Einkommen, das der Leistungsberechtigte aus einer entgeltlichen Beschäftigung erzielt, die Aufbringung der Mittel in Höhe von einem Achtel der Regelbedarfsstufe 1 nach der Anlage zu § 28 zuzüglich 50 vom Hundert des diesen Betrag übersteigenden Einkommens aus der Beschäftigung nicht verlangt. § 82 Absatz 3 und 6 ist nicht anzuwenden.

...

§§ 90 – 91 Dritter Abschnitt Vermögen

§ 90 Einzusetzendes Vermögen

(1) Einzusetzen ist das gesamte verwertbare Vermögen.

(2) Die Sozialhilfe darf nicht abhängig gemacht werden vom Einsatz oder von der Verwertung

1. eines Vermögens, das aus öffentlichen Mitteln zum Aufbau oder zur Sicherung einer Lebensgrundlage oder zur Gründung eines Hausstandes erbracht wird,
2. eines nach § 10a oder Abschnitt XI des Einkommensteuergesetzes geförderten Altersvorsorgevermögens im Sinne des § 92 des Einkommensteuergesetzes; dies gilt auch für das in der Auszahlungsphase insgesamt zur Verfügung stehende Kapital, soweit die Auszahlung als monatliche oder als sonstige regelmäßige Leistung im Sinne von § 82 Absatz 5 Satz 3 erfolgt; für diese Auszahlungen ist § 82 Absatz 4 und 5 anzuwenden,
3. **eines sonstigen Vermögens, solange es nachweislich zur baldigen Beschaffung oder Erhaltung eines Hausgrundstücks im Sinne der Nummer 8 bestimmt ist, soweit dieses Wohnzwe-**

cken von Menschen mit erheblichen Teilhabeeinschränkungen (§ 99 des Neunten Buches) oder von blinden Menschen (§ 72) oder pflegebedürftigen Menschen (§ 61) dient oder dienen soll und dieser Zweck durch den Einsatz oder die Verwertung des Vermögens gefährdet würde,

Bis 31.12.2019:

3. *eines sonstigen Vermögens, solange es nachweislich zur baldigen Beschaffung oder Erhaltung eines Hausgrundstücks im Sinne der Nummer 8 bestimmt ist, soweit dieses Wohnzwecken behinderter (§ 53 Abs. 1 Satz 1 und § 72) oder pflegebedürftiger Menschen (§ 61) dient oder dienen soll und dieser Zweck durch den Einsatz oder die Verwertung des Vermögens gefährdet würde,*

4. eines angemessenen Hausrats; dabei sind die bisherigen Lebensverhältnisse der nachfragenden Person zu berücksichtigen,

5. von Gegenständen, die zur Aufnahme oder Fortsetzung der Berufsausbildung oder der Erwerbstätigkeit unentbehrlich sind,

6. von Familien- und Erbstücken, deren Veräußerung für die nachfragende Person oder ihre Familie eine besondere Härte bedeuten würde,

7. von Gegenständen, die zur Befriedigung geistiger, insbesondere wissenschaftlicher oder künstlerischer Bedürfnisse dienen und deren Besitz nicht Luxus ist,

8. eines angemessenen Hausgrundstücks, das von der nachfragenden Person oder einer anderen in den § 19 Abs. 1 bis 3 genannten Person allein oder zusammen mit Angehörigen ganz oder teilweise bewohnt wird und nach ihrem Tod von ihren Angehörigen bewohnt werden soll. Die Angemessenheit bestimmt sich nach der Zahl der Bewohner, dem Wohnbedarf (zum Beispiel behinderter, blinder oder pflegebedürftiger Menschen), der Grundstücksgröße, der Hausgröße, dem Zuschnitt und der Ausstattung des Wohngebäudes sowie dem Wert des Grundstücks einschließlich des Wohngebäudes,

9. kleinerer Barbeträge oder sonstiger Geldwerte; dabei ist eine besondere Notlage der nachfragenden Person zu berücksichtigen.

(3) Die Sozialhilfe darf ferner nicht vom Einsatz oder von der Verwertung eines Vermögens abhängig gemacht werden, soweit dies für den, der das Vermögen einzusetzen hat, und für seine unterhaltsbe-

rechtigten Angehörigen eine Härte bedeuten würde. Dies ist bei der Leistung nach dem Fünften bis Neunten Kapitel insbesondere der Fall, soweit eine angemessene Lebensführung oder die Aufrechterhaltung einer angemessenen Alterssicherung wesentlich erschwert würde.

...

Versicherungsaufsichtsgesetz (VAG)

Gesetz über die Beaufsichtigung der Versicherungsunternehmen vom 01. April 2015 (BGBl I 2015, S. 434)

Zuletzt geändert durch das Gesetz zur Umsetzung der zweiten Aktionärsrechterichtlinie (ARUG II) vom 12. Dezember 2019 (BGBl I 2019, S. 2637)

– Auszug –

§ 1 Geltungsbereich

(1) Der Aufsicht nach diesem Gesetz unterliegen

1. Versicherungsunternehmen im Sinne des § 7 Nummer 33 und 34,
2. Versicherungs-Holdinggesellschaften im Sinne des § 7 Nummer 31 sowie Unternehmen im Sinne des § 293 Absatz 4,
3. Versicherungs-Zweckgesellschaften im Sinne des § 168,
4. Sicherungsfonds im Sinne des § 223 und
5. Pensionsfonds im Sinne des § 236 Absatz 1.

...

§ 144 Information bei betrieblicher Altersversorgung

(1) Soweit Lebensversicherungsunternehmen Leistungen der betrieblichen Altersversorgung erbringen, gelten für die Information der Versorgungsanwärter und Versorgungsempfänger die §§ 234k bis 234p und 235a entsprechend.

(2) Auf Versicherungsgeschäfte in anderen Mitglied- oder Vertragsstaaten ist Absatz 1 anzuwenden, wenn den Versicherungsverträgen deutsches Recht zugrunde liegt.

...

§ 223 Sicherungsfonds

(1) Bei der Kreditanstalt für Wiederaufbau werden ein Sicherungsfonds für die Lebensversicherer und ein Sicherungsfonds für die Krankenversicherer als nicht rechtsfähige Sondervermögen des Bundes errichtet. Die Sicherungsfonds können im Rechtsverkehr handeln, klagen oder verklagt werden.

(2) Aufgabe der Sicherungsfonds ist der Schutz der Ansprüche der Versicherungsnehmer, der versicherten Personen, der Bezugsberechtigten und der sonstigen aus dem Versicherungsvertrag begünstigten Personen. Zu diesem Zweck sorgen die Sicherungsfonds für die Weiterführung der Verträge eines betroffenen Versicherungsunternehmens.

(3) Die Kreditanstalt für Wiederaufbau verwaltet die Sicherungsfonds. Für die Verwaltung erhält sie eine kostendeckende Vergütung aus den Sondervermögen.

(4) Über den Widerspruch gegen Verwaltungsakte eines Sicherungsfonds entscheidet die Bundesanstalt.

§ 224 Beleihung Privater

(1) Das Bundesministerium der Finanzen wird ermächtigt, durch Rechtsverordnung im Einvernehmen mit dem Bundesministerium der Justiz und für Verbraucherschutz ohne Zustimmung des Bundesrates Aufgaben und Befugnisse eines oder beider Sicherungsfonds einer juristischen Person des Privatrechts zu übertragen, wenn diese bereit ist, die Aufgaben des Sicherungsfonds zu übernehmen und hinreichende Gewähr für die Erfüllung der Ansprüche der Entschädigungsversicherten bietet. Eine juristische Person bietet hinreichende Gewähr, wenn

1. die Personen, die nach Gesetz oder Satzung die Geschäftsführung und Vertretung der juristischen Person ausüben, zuverlässig und geeignet sind,

2. sie über die zur Erfüllung ihrer Aufgaben notwendige Ausstattung und Organisation, insbesondere für die Beitragseinziehung, die Leistungsbearbeitung und die Verwaltung der Mittel, verfügt und dafür eigene Mittel im Gegenwert von mindestens 1 Million Euro vorhält und

3. sie nachweist, dass sie zur Organisation insbesondere der Beitragseinziehung, der Leistungsbearbeitung und der Verwaltung

der Mittel im Zeitpunkt der Bestandsübertragung gemäß § 222 Absatz 2 in der Lage ist.

Auch ein nach § 8 zugelassenes Unternehmen kann beliehen werden. Durch die Rechtsverordnung nach Satz 1 kann sich das Bundesministerium der Finanzen die Genehmigung der Satzung und von Satzungsänderungen der juristischen Person vorbehalten.

(2) Im Fall der Beleihung nach Absatz 1 tritt die juristische Person des Privatrechts in die Rechte und Pflichten des jeweiligen Sicherungsfonds ein. § 223 Absatz 4 ist entsprechend anzuwenden. Eine Übertragung der Vermögensmasse erfolgt nicht.

§ 225 Aufsicht

Die Bundesanstalt hat Missständen entgegenzuwirken, welche die ordnungsgemäße Erfüllung der Aufgaben der Sicherungsfonds gefährden können. Die Bundesanstalt kann Anordnungen treffen, die geeignet und erforderlich sind, diese Missstände zu beseitigen oder zu verhindern. Der Bundesanstalt stehen gegenüber den Sicherungsfonds die Auskunfts- und Prüfungsrechte nach den §§ 305 und 306 zu. Im Übrigen gelten für die Sicherungsfonds nur die Vorschriften dieses Kapitels sowie § 332.

§ 226 Finanzierung

(1) Die Versicherungsunternehmen, die einem Sicherungsfonds angehören, sind verpflichtet, Beiträge an den Sicherungsfonds zu leisten. Die Beiträge sollen die Fehlbeträge der übernommenen Versicherungsverträge, die entstehenden Verwaltungskosten und sonstige Kosten, die durch die Tätigkeit des Sicherungsfonds entstehen, decken.

(2) Für die Erfüllung der Verpflichtungen aus übernommenen Versicherungsverträgen haftet der Sicherungsfonds nur mit dem auf Grund der Beitragsleistungen nach Abzug der Kosten nach Absatz 1 Satz 2 zur Verfügung stehenden Vermögen sowie den nach § 222 Absatz 2 Satz 1 übertragenen Vermögensgegenständen. Dieses Vermögen haftet nicht für die sonstigen Verbindlichkeiten des Sicherungsfonds. Ein Sicherungsfonds nach § 224 hat dieses Vermögen getrennt von seinem übrigen Vermögen zu halten und zu verwalten.

(3) Die für die Übernahme von Versicherungsverträgen angesammelten Mittel (Sicherungsvermögen) sind gemäß den Grundsätzen des § 124 Absatz 1 anzulegen.

(4) Der Umfang dieses Vermögens soll 1 Promille der Summe der versicherungstechnischen Netto-Rückstellungen im Sinne der §§ 341e bis 341h des Handelsgesetzbuchs aller dem Sicherungsfonds angeschlossenen Versicherungsunternehmen nicht unterschreiten.

(5) Die angeschlossenen Versicherungsunternehmen sind verpflichtet, Jahresbeiträge zu leisten. Die Summe der Jahresbeiträge aller dem Sicherungsfonds für die Lebensversicherer angehörenden Versicherungsunternehmen beträgt 0,2 Promille der Summe ihrer versicherungstechnischen Netto-Rückstellungen im Sinne der §§ 341e bis 341h des Handelsgesetzbuchs. Der individuelle Jahresbeitrag jedes Versicherungsunternehmens wird vom Sicherungsfonds nach dem in der Verordnung nach Absatz 7 festgelegten Verfahren jährlich ermittelt. Erträge des Sicherungsfonds werden an die dem Sicherungsfonds angehörenden Versicherungsunternehmen im Verhältnis ihrer Beiträge ausgeschüttet. Der Sicherungsfonds hat Sonderbeiträge bis zur Höhe von maximal 1 Promille der Summe der versicherungstechnischen Netto-Rückstellungen im Sinne der §§ 341e bis 341h des Handelsgesetzbuchs der angeschlossenen Versicherungsunternehmen zu erheben, wenn dies zur Durchführung seiner Aufgaben erforderlich ist. Der Anteil eines Versicherungsunternehmens am Fondsvermögen ist zur Bedeckung seiner versicherungstechnischen Rückstellungen im Sinne der §§ 341e bis 341h des Handelsgesetzbuchs geeignet.

(6) Auf den Sicherungsfonds für die Krankenversicherer sind die Absätze 2 bis 5 nicht anzuwenden. Der Sicherungsfonds erhebt nach der Übernahme der Versicherungsverträge zur Erfüllung seiner Aufgaben Sonderbeiträge bis zur Höhe von maximal 2 Promille der Summe der versicherungstechnischen Netto-Rückstellungen im Sinne der §§ 341e bis 341h des Handelsgesetzbuchs der angeschlossenen Krankenversicherungsunternehmen.

(7) Das Nähere über den Mindestbetrag des Sicherungsvermögens, die Jahres- und Sonderbeiträge sowie die Obergrenze für die Zahlungen pro Kalenderjahr regelt das Bundesministerium der Finanzen im Benehmen mit dem Bundesministerium der Justiz und für Verbraucherschutz durch Rechtsverordnung, die nicht der Zustimmung des Bundesrates bedarf. Hinsichtlich der Jahresbeiträge sind Art und Umfang der gesicherten Geschäfte sowie die Anzahl, Größe und Geschäftsstruktur der dem Sicherungsfonds angehörenden Versicherungsunternehmen zu berücksichtigen. Die Höhe der Beiträge soll auch die Finanz- und Risikolage der Beitragszahler berücksichtigen.

Die Rechtsverordnung kann auch Bestimmungen zur Anlage der Mittel enthalten.

(8) Aus den Beitragsbescheiden des Sicherungsfonds findet die Vollstreckung nach den Bestimmungen des Verwaltungs-Vollstreckungsgesetzes statt. Die vollstreckbare Ausfertigung erteilt der Sicherungsfonds.

§ 227 Rechnungslegung des Sicherungsfonds

(1) Die Sicherungsfonds haben für den Schluss eines jeden Kalenderjahres jeweils einen Geschäftsbericht aufzustellen und einen unabhängigen Wirtschaftsprüfer oder eine unabhängige Wirtschaftsprüfungsgesellschaft mit der Prüfung der Vollständigkeit des Geschäftsberichts und der Richtigkeit der Angaben zu beauftragen. Die Sicherungsfonds haben der Bundesanstalt den von ihnen bestellten Prüfer unverzüglich nach der Bestellung anzuzeigen. Die Bundesanstalt kann innerhalb eines Monats nach Zugang der Anzeige die Bestellung eines anderen Prüfers verlangen, wenn dies zur Erreichung des Prüfungszwecks geboten ist; Widerspruch und Anfechtungsklage hiergegen haben keine aufschiebende Wirkung. Der Geschäftsbericht muss Angaben zur Tätigkeit und zu den finanziellen Verhältnissen des Sicherungsfonds, insbesondere zur Höhe und Anlage der Mittel, zur Verwendung der Mittel für Entschädigungsfälle, zur Höhe der Beiträge sowie zu den Kosten der Verwaltung, enthalten.

(2) Die Sicherungsfonds haben der Bundesanstalt den festgestellten Geschäftsbericht jeweils bis zum 31. Mai einzureichen. Der Prüfer hat der Bundesanstalt den Bericht über die Prüfung des Geschäftsberichts unverzüglich nach Beendigung der Prüfung einzureichen. Die Bundesanstalt ist auf Anforderung auch über die Angaben nach Absatz 1 Satz 4 näher zu unterrichten.

§ 228 Mitwirkungspflichten

(1) Die Versicherungsunternehmen sind verpflichtet, dem Sicherungsfonds, dem sie angehören, auf Verlangen alle Auskünfte zu erteilen und alle Unterlagen vorzulegen, welche der Sicherungsfonds zur Wahrnehmung seines Auftrags nach diesem Gesetz benötigt.

(2) Der zur Erteilung einer Auskunft Verpflichtete kann die Auskunft zu solchen Fragen verweigern, deren Beantwortung ihn selbst oder einen der in § 383 Absatz 1 Nummer 1 bis 3 der Zivilprozessordnung bezeichneten Angehörigen der Gefahr strafgerichtlicher Verfolgung oder

eines Verfahrens nach dem Gesetz über Ordnungswidrigkeiten aussetzen würde. Der Verpflichtete ist über sein Recht zur Verweigerung der Auskunft zu belehren.

(3) Die Mitarbeiter der Sicherungsfonds sowie die Personen, derer sie sich bedienen, können die Geschäftsräume eines Versicherungsunternehmens innerhalb der üblichen Betriebs- und Geschäftszeiten betreten, sobald die Aufsichtsbehörde die Feststellung gemäß § 222 Absatz 1 getroffen hat. Ihnen sind sämtliche Unterlagen vorzulegen, die sie benötigen, um eine Bestandsübertragung vorzubereiten. Sofern Funktionen des Versicherungsunternehmens auf ein anderes Unternehmen ausgegliedert worden sind, gelten die Sätze 1 und 2 gegenüber diesem Unternehmen entsprechend.

(4) Hat das Unternehmen, dessen Bestand übertragen wird, Verträge über eine Ausgliederung, die der Verwaltung des Bestandes dient, abgeschlossen, kann der Sicherungsfonds anstelle des Unternehmens in den Vertrag eintreten. § 415 des Bürgerlichen Gesetzbuchs ist nicht anzuwenden. Eine ordentliche Kündigung des Vertrags durch den Dienstleister ist frühestens zum letzten Tag des zwölften Monats nach dem Eintritt des Sicherungsfonds möglich. Fordert der andere Teil den Sicherungsfonds zur Ausübung seines Wahlrechts auf, so hat der Sicherungsfonds unverzüglich zu erklären, ob er in den Vertrag eintreten will. Unterlässt er dies, kann er auf Erfüllung nicht bestehen.

§ 229 Ausschluss

(1) Erfüllt ein Versicherungsunternehmen die Beitrags- oder Mitwirkungspflichten nach § 226 oder § 228 nicht, nicht richtig, nicht vollständig oder nicht rechtzeitig, so hat der Sicherungsfonds die Bundesanstalt zu unterrichten. Ist die Bundesanstalt nicht die zuständige Aufsichtsbehörde, unterrichtet sie diese unverzüglich. Erfüllt das Versicherungsunternehmen auch innerhalb eines Monats nach Aufforderung durch die Bundesanstalt seine Verpflichtungen nicht, kann der Sicherungsfonds dem Versicherungsunternehmen mit einer Frist von zwölf Monaten den Ausschluss aus dem Sicherungsfonds ankündigen. Nach Ablauf dieser Frist kann der Sicherungsfonds mit Zustimmung der Bundesanstalt das Versicherungsunternehmen von dem Sicherungsfonds ausschließen, wenn die Verpflichtungen von dem Versicherungsunternehmen weiterhin nicht erfüllt werden. Nach dem Ausschluss haftet der Sicherungsfonds nur noch für Verbindlichkeiten

des Versicherungsunternehmens, die vor Ablauf dieser Frist begründet wurden.

(2) Für Verbindlichkeiten eines Versicherungsunternehmens, die entstanden sind, nachdem seine Erlaubnis zum Geschäftsbetrieb erloschen ist, haftet der Sicherungsfonds nicht.

§ 230 Verschwiegenheitspflicht

Personen, die bei einem Sicherungsfonds beschäftigt oder für ihn tätig sind, dürfen fremde Geheimnisse, insbesondere Betriebs- oder Geschäftsgeheimnisse, nicht unbefugt offenbaren oder verwerten. Sie sind nach dem Verpflichtungsgesetz vom 2. März 1974 (BGBl. I S. 469, 547) von der Bundesanstalt auf eine gewissenhafte Erfüllung ihrer Obliegenheiten zu verpflichten. Ein unbefugtes Offenbaren oder Verwerten liegt nicht vor, wenn Tatsachen an die Bundesanstalt weitergegeben werden.

§ 231 Zwangsmittel

(1) Der Sicherungsfonds kann seine Anordnungen nach den Bestimmungen des Verwaltungs-Vollstreckungsgesetzes durchsetzen.

(2) Die Höhe des Zwangsgeldes beträgt bei Maßnahmen gemäß § 226 Absatz 1 und 5 Satz 1 sowie § 228 Absatz 1 bis zu fünfzigtausend Euro.

§§ 232 – 243b Teil 4 Einrichtungen der betrieblichen Altersversorgung

§§ 232 – 235a Kapitel 1 Pensionskassen

§§ 232 – 234 Abschnitt 1 Abgrenzung zu anderen Lebensversicherungsunternehmen

§ 232 Pensionskassen

(1) Eine Pensionskasse ist ein rechtlich selbständiges Lebensversicherungsunternehmen, dessen Zweck die Absicherung wegfallenden Erwerbseinkommens wegen Alters, Invalidität oder Todes ist und das

Versicherungsaufsichtsgesetz (VAG) 185

1. das Versicherungsgeschäft im Wege des Kapitaldeckungsverfahrens betreibt,
2. Leistungen grundsätzlich erst ab dem Zeitpunkt des Wegfalls des Erwerbseinkommens vorsieht; soweit das Erwerbseinkommen teilweise wegfällt, können die allgemeinen Versicherungsbedingungen anteilige Leistungen vorsehen,
3. Leistungen im Todesfall nur an Hinterbliebene erbringen darf, wobei für Dritte ein Storbegeld begrenzt auf die Höhe der gewöhnlichen Bestattungskosten vereinbart werden kann, und
4. der versicherten Person einen eigenen Anspruch auf Leistung gegen die Pensionskasse einräumt oder Leistungen als Rückdeckungsversicherung erbringt.

(2) Pensionskassen dürfen nur Erstversicherungsgeschäft betreiben. Ihnen kann die Erlaubnis ausschließlich in den Versicherungssparten nach Anlage 1 Nummer 19, 21 und 24 erteilt werden.

§ 233 Regulierte Pensionskassen

(1) Pensionskassen können mit Genehmigung der Bundesanstalt reguliert werden (regulierte Pensionskassen). Den Antrag, reguliert zu werden, können stellen

1. Pensionskassen in der Rechtsform des Versicherungsvereins auf Gegenseitigkeit, wenn
   a) die Satzung vorsieht, dass Versicherungsansprüche gekürzt werden dürfen,
   b) nach der Satzung mindestens 50 Prozent der Mitglieder der obersten Vertretung Versicherte oder ihre Vertreter sein sollen oder, wenn nur das Rückdeckungsgeschäft betrieben wird, nach der Satzung ein solches Recht den Versicherungsnehmern eingeräumt wird,
   c) ausschließlich die unter § 17 des Betriebsrentengesetzes fallenden Personen, die Geschäftsleiter oder die Inhaber der Trägerunternehmen versichert werden sowie solche Personen, die der Pensionskasse durch Gesetz zugewiesen werden oder die nach Beendigung des Arbeitsverhältnisses das Versicherungsverhältnis mit der Pensionskasse fortführen, und
   d) keine rechnungsmäßigen Abschlusskosten für die Vermittlung von Versicherungsverträgen erhoben und keine Vergütung für die Vermittlung oder den Abschluss von Versicherungsverträgen gewährt werden und

2. Pensionskassen, bei denen die Bundesanstalt festgestellt hat, dass sie die Voraussetzungen des § 156a Absatz 3 Satz 1 des Versicherungsaufsichtsgesetzes in der Fassung vom 15. Dezember 2004 erfüllen.

Die Bundesanstalt genehmigt den Antrag, wenn die Voraussetzungen des Satzes 2 Nummer 1 oder 2 erfüllt sind.

(2) Separate Abrechnungsverbände nach § 2 Absatz 1, Pensionskassen unter Landesaufsicht und Pensionskassen, die auf Grund eines allgemeinverbindlichen Tarifvertrags errichtete gemeinsame Einrichtungen im Sinne des § 4 Absatz 2 des Tarifvertragsgesetzes sind, gelten immer als regulierte Pensionskassen.

(3) Für regulierte Pensionskassen gelten nicht § 140 Absatz 2 Satz 2 und Absatz 4, § 145 Absatz 2 und 3 sowie § 234 Absatz 2 Satz 2 und 3 und Absatz 6. Entsprechend anzuwenden sind § 210 Absatz 3 Satz 1, § 219 Absatz 2 Satz 2 und Absatz 3 Nummer 1 Buchstabe b und Nummer 2. Soweit Versicherungsverhältnisse vor der Regulierung der Pensionskassen abgeschlossen worden sind und ihnen kein von der Aufsichtsbehörde genehmigter Geschäftsplan zugrunde liegt, gehören die fachlichen Geschäftsunterlagen im Sinne des § 219 Absatz 3 Nummer 1 Buchstabe b abweichend von Satz 2 nicht zum Geschäftsplan. Entgegen Satz 1 wird in diesem Fall auf die allgemeinen Versicherungsbedingungen § 234 Absatz 2 Satz 2 und 3 weiterhin angewendet.

(4) Auf regulierte Pensionskassen, die mit Genehmigung der Aufsichtsbehörde nach Maßgabe des § 211 Absatz 2 Nummer 2 des Versicherungsvertragsgesetzes von § 153 des Versicherungsvertragsgesetzes abweichende Bestimmungen getroffen haben, findet § 139 Absatz 3 und 4 keine Anwendung. Regulierte Pensionskassen, die nicht nach Maßgabe des § 211 Absatz 2 Nummer 2 des Versicherungsvertragsgesetzes von § 153 des Versicherungsvertragsgesetzes abweichende Bestimmungen getroffen haben, können mit Genehmigung der Aufsichtsbehörde den Sicherungsbedarf aus den Versicherungsverträgen mit Zinsgarantie gemäß § 139 Absatz 4 nach einem abweichenden Verfahren berechnen.

(5) Erfüllt eine regulierte Pensionskasse nicht mehr die Voraussetzungen des Absatzes 1 oder 2, stellt die Bundesanstalt durch Bescheid fest, dass es sich nicht mehr um eine regulierte Pensionskasse handelt. Auf Versicherungsverhältnisse, die vor dem im Bescheid genann-

ten Zeitpunkt in Kraft getreten sind, ist § 234 Absatz 6 entsprechend anzuwenden.

§ 234 Besonderheiten der Geschäftstätigkeit, die nicht die Geschäftsorganisation betreffen

(1) Für Pensionskassen gilt § 341k des Handelsgesetzbuchs; § 36 Absatz 2 findet keine Anwendung. § 1 Absatz 2 Satz 4, § 35 Absatz 2, § 37 Absatz 2, die §§ 40 bis 42 und 48 Absatz 2a, die §§ 52 bis 56, 141 Absatz 5 Satz 2 und § 144 gelten nicht.

(2) Die allgemeinen Versicherungsbedingungen gehören zum Geschäftsplan als Bestandteil nach § 9 Absatz 2 Nummer 2. Das Genehmigungserfordernis nach § 12 Absatz 1 Satz 1 gilt für sie nicht. Änderungen und die Einführung neuer allgemeiner Versicherungsbedingungen werden erst drei Monate nach Vorlage bei der Aufsichtsbehörde wirksam, falls die Aufsichtsbehörde nicht vorher die Unbedenklichkeit feststellt.

(3) Von § 138 können Pensionskassen mit Genehmigung der Aufsichtsbehörde abweichen. In § 141 Absatz 5 Satz 1 Nummer 1 und 2 treten die Grundsätze der auf Grund des § 235 Absatz 1 Nummer 4 bis 7 erlassenen Rechtsverordnung an die Stelle der Grundsätze der auf Grund des § 88 Absatz 3 erlassenen Rechtsverordnung. Der Treuhänder nach § 142 muss auch über ausreichende Kenntnisse im Bereich der betrieblichen Altersversorgung verfügen. Ist die Pensionskasse ein kleinerer Verein, hat der Verantwortliche Aktuar zu bestätigen, dass die Voraussetzungen der nach § 235 Absatz 1 Satz 1 Nummer 8 oder 9 erlassenen Rechtsverordnung erfüllt sind.

(4) Hängt die Höhe der Versorgungsleistungen von der Wertentwicklung eines nach Maßgabe des Geschäftsplans gebildeten Investmentvermögens ab, ist für dieses Investmentvermögen entsprechend den §§ 67, 101, 120, 135, 148 und 158 des Kapitalanlagegesetzbuchs oder entsprechend § 44 des Investmentgesetzes in der bis zum 21. Juli 2013 geltenden Fassung gesondert Rechnung zu legen; § 101 Absatz 2 des Kapitalanlagegesetzbuchs oder § 44 Absatz 2 des Investmentgesetzes in der bis zum 21. Juli 2013 geltenden Fassung ist nicht anzuwenden.

(5) Abweichend von § 210 Absatz 1 Satz 1 ist § 184 auch dann anzuwenden, wenn die Pensionskasse ein kleinerer Verein ist. Dabei hat die Satzung zu bestimmen, dass der Vorstand vom Aufsichtsrat oder vom obersten Organ zu bestellen ist.

(6) Auf Versicherungsverhältnisse, die vor dem 1. Januar 2006 in Kraft getreten sind, ist § 336 entsprechend anzuwenden, soweit ihnen ein von der Aufsichtsbehörde genehmigter Geschäftsplan zugrunde liegt. § 142 gilt in diesen Fällen nicht.

...

§§ 234k – 234p Abschnitt 4 Informationspflichten gegenüber Versorgungsanwärtern und Versorgungsempfängern

§ 234k Anforderungen an zu erteilende Informationen

(1) Die nach diesem Abschnitt vorgeschriebenen Informationen über ein Altersversorgungssystem müssen

1. in deutscher Sprache gefasst sein;
2. klar, prägnant und verständlich formuliert sein, wobei fachsprachliche Begriffe oder Wendungen nicht verwendet werden, wenn der Sachverhalt auch in Allgemeinsprache dargestellt werden kann;
3. schlüssig sein, wobei Begriffe und Bezeichnungen einheitlich verwendet und beibehalten werden;
4. in lesefreundlicher Form aufgemacht werden;
5. regelmäßig aktualisiert werden.

(2) Die Informationen dürfen nicht irreführend sein.

(3) Die vorgeschriebenen Informationen werden kostenlos zur Verfügung gestellt.

(4) Die Vorschriften dieses Abschnitts sind nicht anzuwenden auf Altersversorgungssysteme, die von der Pensionskasse grenzüberschreitend im Sinne des § 241 betrieben werden.

§ 234l Allgemeine Informationen zu einem Altersversorgungssystem

(1) Für jedes betriebene Altersversorgungssystem stellt die Pensionskasse den Versorgungsanwärtern und Versorgungsempfängern allgemeine Informationen über das Altersversorgungssystem zur Verfügung.

(2) Die Pensionskasse teilt den Versorgungsanwärtern und Versorgungsempfängern innerhalb einer angemessenen Frist alle für sie maßgeblichen Informationen zu geänderten Bestimmungen des Altersversorgungssystems mit.

(3) Werden die Methoden und Annahmen zur Berechnung der versicherungstechnischen Rückstellungen wesentlich geändert, stellt die Pensionskasse eine Erläuterung zu den damit verbundenen Auswirkungen auf die Versorgungsanwärter und Versorgungsempfänger innerhalb einer angemessenen Frist zur Verfügung.

§ 234m Information der Versorgungsanwärter bei Beginn des Versorgungsverhältnisses

(1) Die Pensionskasse stellt dem Versorgungsanwärter bei Beginn des Versorgungsverhältnisses folgende Informationen zur Verfügung:

1. Name, Anschrift, Rechtsform und Sitz der Pensionskasse,
2. die Vertragsbedingungen einschließlich der Tarifbestimmungen, soweit sie für das Versorgungsverhältnis gelten, sowie die Angabe des auf den Vertrag anwendbaren Rechts,
3. Angaben zur Laufzeit des Versorgungsverhältnisses,
4. allgemeine Angaben über die für das Versorgungsverhältnis geltenden Steuerregeln,
5. die mit dem Altersversorgungssystem verbundenen finanziellen, versicherungstechnischen und sonstigen Risiken sowie die Art und Aufteilung der Risiken,
6. allgemeine Angaben darüber, inwieweit die Leistungen im Versorgungsfall der Beitragspflicht in der gesetzlichen Kranken- und Pflegeversicherung unterliegen.

(2) Wurde der Versorgungsanwärter automatisch in das Altersversorgungssystem aufgenommen, erhält er außerdem folgende Informationen:

1. die ihm zustehenden Wahlmöglichkeiten einschließlich der Anlageoptionen,
2. die wesentlichen Merkmale des Altersversorgungssystems einschließlich der Art der Leistungen,
3. Angaben dazu, ob und inwieweit die Anlagepolitik Belangen aus den Bereichen Umwelt, Klima, Soziales und Unternehmensführung Rechnung trägt,
4. Angaben dazu, wo weitere Informationen erhältlich sind.

§ 234n Information vor dem Beitritt zu einem Altersversorgungssystem

Die Pensionskasse stellt sicher, dass Versorgungsanwärtern, die nicht automatisch in das Altersversorgungssystem aufgenommen werden, die in § 234m Absatz 2 bezeichneten Informationen zur Verfügung gestellt werden, bevor sie dem Altersversorgungssystem beitreten.

§ 234o Information der Versorgungsanwärter während der Anwartschaftsphase

(1) Pensionskassen stellen dem Versorgungsanwärter mindestens alle zwölf Monate die für ihn wesentlichen Informationen über den Stand seines Versorgungsverhältnisses zur Verfügung. Die Informationen werden in knapper, präziser Form zusammengestellt und die Überschrift "Renteninformation" vorangestellt.

(2) Die Renteninformation muss den Besonderheiten der gesetzlichen Altersversorgungssysteme und dem Arbeits-, Sozial- und Steuerrecht Rechnung tragen.

(3) Die Pensionskasse hat in die Renteninformation eine Projektion der Altersversorgungsleistungen bis zum voraussichtlichen Renteneintrittsalter aufzunehmen. Sie muss in deutlicher Form darauf hinweisen, dass

1. die Angaben in der Projektion nicht garantiert sind und die endgültige Höhe der Altersversorgungsleistungen von der Projektion abweichen kann sowie

2. der Versorgungsanwärter aus der Projektion keine Ansprüche gegen die Pensionskasse ableiten kann.

(4) Enthält die Renteninformation wesentliche Änderungen gegenüber den Informationen der vorherigen Renteninformation, werden diese deutlich kenntlich gemacht.

(5) Darüber, in welcher Form die Altersversorgungsleistungen bezogen werden können, informiert die Pensionskasse den Versorgungsanwärter rechtzeitig vor Erreichen des Termins, ab dem voraussichtlich Altersversorgungsleistungen bezogen werden. Sie hat die Informationen auch auf Anfrage des Versorgungsanwärters mitzuteilen.

§ 234p Information der Versorgungsempfänger

(1) Die Pensionskasse unterrichtet den Versorgungsempfänger regelmäßig über die ihm zustehenden Leistungen und über etwaige Wahlrechte, in welcher Form die Leistungen bezogen werden können.

(2) Die Pensionskasse informiert die Versorgungsempfänger über eine Kürzung der ihnen zustehenden Leistungen

1. unverzüglich nach der endgültigen Entscheidung über die Kürzung und
2. drei Monate vor dem Stichtag, an dem die Kürzung wirksam wird.

(3) Tragen die Versorgungsempfänger in der Auszahlungsphase ein wesentliches Anlagerisiko, werden sie von der Pensionskasse regelmäßig angemessen informiert.

§§ 235 – 235a Abschnitt 5 Verordnungsermächtigungen

§ 235 Verordnungsermächtigungen zur Finanzaufsicht

(1) Das Bundesministerium der Finanzen wird ermächtigt, für Pensionskassen durch Rechtsverordnung Vorschriften zu erlassen

1. über die Berechnung und die Höhe der Solvabilitätskapitalanforderung;
2. über den maßgebenden Mindestbetrag der Mindestkapitalanforderung sowie über seine Berechnung;
3. darüber, wie nicht in der Bilanz ausgewiesene Eigenmittel errechnet werden und in welchem Umfang sie auf die Solvabilitätskapitalanforderung und die Mindestkapitalanforderung angerechnet werden dürfen;
4. über einen oder mehrere Höchstwerte für den Rechnungszins bei Versicherungsverträgen mit Zinsgarantie;
5. über weitere Vorgaben zur Ermittlung der Diskontierungszinssätze nach § 341f Absatz 2 des Handelsgesetzbuchs;
6. über die Höchstbeträge für die Zillmerung;
7. über die versicherungsmathematischen Rechnungsgrundlagen und die Bewertungsansätze für die Deckungsrückstellung;

8. darüber, wie bei Pensionskassen, bei denen vertraglich sowohl Arbeitnehmer als auch Arbeitgeber zur Prämienzahlung verpflichtet sind, für Lebensversicherungsverträge, denen kein genehmigter Geschäftsplan zugrunde liegt, der auf die Arbeitnehmer entfallende Teil der überrechnungsmäßigen Erträge zu bestimmen ist und welche Beteiligung der Arbeitnehmer an diesen Erträgen angemessen im Sinne des § 140 Absatz 2 ist;

9. über die versicherungsmathematischen Methoden zur Berechnung der Prämien einschließlich der Prämienänderungen und der versicherungstechnischen Rückstellungen im Sinne der §§ 341e bis 341h des Handelsgesetzbuchs, insbesondere der Deckungsrückstellung, bei Pensionskassen mit kollektiven Finanzierungssystemen für Lebensversicherungsverträge, denen kein genehmigter Geschäftsplan zugrunde liegt, insbesondere darüber wie die maßgeblichen Annahmen zur Sterblichkeit, zur Alters- und Geschlechtsabhängigkeit des Risikos und zur Stornowahrscheinlichkeit, die Annahmen über die Zusammensetzung des Bestandes und des Neuzugangs, der Zinssatz einschließlich der Höhe der Sicherheitszuschläge und die Grundsätze für die Bemessung der sonstigen Zuschläge zu berücksichtigen sind;

10. über Anlagegrundsätze qualitativer und quantitativer Art für das Sicherungsvermögen ergänzend zu § 124 Absatz 1 Satz 1 und 2 Nummer 1 Buchstabe a, Nummer 2, 3, 5 bis 8 sowie § 234h Absatz 1 bis 3, um die Kongruenz sowie die dauernde Erfüllbarkeit des jeweiligen Geschäftsplans sicherzustellen, wobei die Anlageformen des § 215 Absatz 2 Satz 1 Nummer 1 bis 7 und weitere durch diese Verordnung zugelassene Anlageformen sowie die Festlegungen im Geschäftsplan hinsichtlich des Anlagerisikos und des Trägers dieses Risikos zu berücksichtigen sind, sowie über Beschränkungen von Anlagen beim Trägerunternehmen;

11. über den Inhalt der Prüfungsberichte gemäß § 35 Absatz 1, soweit dies zur Erfüllung der Aufgaben der Aufsichtsbehörde erforderlich ist, insbesondere, um einheitliche Unterlagen zur Beurteilung der von den Pensionskassen durchgeführten Versicherungsgeschäfte zu erhalten;

12. über den Inhalt, die Form und die Stückzahl der gemäß § 234g Absatz 4 zu erstellenden Solvabilitätsübersicht und des Berichts über die Vermögensanlagen sowie die Frist für die Einreichung bei der Aufsichtsbehörde und

13. über die Art und Weise der Datenübermittlung, die zu verwendenden Datenformate sowie die einzuhaltende Datenqualität.

(2) Die Ermächtigung kann durch Rechtsverordnung auf die Bundesanstalt übertragen werden. Rechtsverordnungen nach Absatz 1 Satz 1 und nach Satz 1 bedürfen nicht der Zustimmung des Bundesrates. Rechtsverordnungen nach Absatz 1 Satz 1 Nummer 9 und 11 und nach Satz 1, soweit sie die Ermächtigung nach Absatz 1 Satz 1 Nummer 9 und 11 erfassen, ergehen im Einvernehmen mit dem Bundesministerium der Justiz und für Verbraucherschutz.

§ 235a Verordnungsermächtigung zu den Informationspflichten

Das Bundesministerium der Finanzen wird ermächtigt, im Einvernehmen mit dem Bundesministerium für Arbeit und Soziales für Pensionskassen, die nicht der Aufsicht durch die Aufsichtsbehörden der Länder unterliegen, durch Rechtsverordnung Vorschriften zu erlassen

1. über Inhalt, Aufbau und Gestaltung der Informationen nach § 234l Absatz 1,
2. über Inhalt, Aufbau und Gestaltung der Renteninformation nach § 234o Absatz 1 bis 3,
3. über Inhalt und Frequenz der Unterrichtung nach § 234p Absatz 1 und 3,
4. darüber, welche Informationen über § 234m Absatz 1 oder 2 hinaus bei Beginn des Versorgungsverhältnisses zu erteilen sind,
5. darüber, welche Informationen dem Versorgungsanwärter im Fall des § 234n zusätzlich vor dem Beitritt zum Altersversorgungssystem zu erteilen sind,
6. darüber, welche weiteren Informationen die Pensionskasse dem Versorgungsanwärter oder dem Versorgungsempfänger auf Anfrage zu erteilen hat,
7. darüber, wie Informationen dem Versorgungsanwärter oder dem Versorgungsempfänger zur Verfügung zu stellen sind, und
8. über die Festlegung der Annahmen, die den Projektionen nach § 234o Absatz 3 zugrunde zu legen sind.

Rechtsverordnungen nach Satz 1 bedürfen nicht der Zustimmung des Bundesrates.

§§ 236 – 240 Kapitel 2 Pensionsfonds

§ 236 Pensionsfonds

(1) Ein Pensionsfonds im Sinne dieses Gesetzes ist eine rechtsfähige Versorgungseinrichtung, die

1. im Wege des Kapitaldeckungsverfahrens Leistungen der betrieblichen Altersversorgung für einen oder mehrere Arbeitgeber zugunsten von Arbeitnehmern erbringt,
2. die Höhe der Leistungen oder die Höhe der für diese Leistungen zu entrichtenden künftigen Beiträge nicht für alle vorgesehenen Leistungsfälle durch versicherungsförmige Garantien zusagen darf,
3. den Arbeitnehmern einen eigenen Anspruch auf Leistung gegen den Pensionsfonds einräumt und
4. verpflichtet ist, die Altersversorgungsleistung als lebenslange Zahlung oder als Einmalkapitalzahlung zu erbringen.

Eine lebenslange Zahlung im Sinne des Satzes 1 Nummer 4 kann mit einem teilweisen oder vollständigen Kapitalwahlrecht verbunden werden.

Pensionsfonds dürfen auch Sterbegeldzahlungen an Hinterbliebene erbringen, wobei das Sterbegeld begrenzt ist auf die Höhe der gewöhnlichen Bestattungskosten.

(2) Pensionsfonds können Altersversorgungsleistungen abweichend von Absatz 1 Satz 1 Nummer 4 erbringen, solange Beitragszahlungen durch den Arbeitgeber auch in der Rentenbezugszeit vorgesehen sind. Ein fester Termin für das Zahlungsende darf nicht vorgesehen werden. Satz 1 gilt nicht für Zusagen im Sinne des § 1 Absatz 2 Nummer 2 des Betriebsrentengesetzes.

(3) Bei Zusagen im Sinne des § 1 Absatz 2 Nummer 2 des Betriebsrentengesetzes können Pensionsfonds lebenslange Zahlungen als Altersversorgungsleistungen abweichend von Absatz 1 Satz 1 Nummer 4 erbringen, wenn

1. die zuständigen Tarifvertragsparteien zustimmen,
2. der Pensionsplan eine lebenslange Zahlung sowie eine Mindesthöhe dieser lebenslangen Zahlung (Mindesthöhe) zur Auszahlung des nach § 1 Absatz 2 Nummer 2 des Betriebsrentengesetzes zur Verfügung zu stellenden Versorgungskapitals vorsieht,

3. eine planmäßige Verwendung dieses Versorgungskapitals sowie der darauf entfallenden Zinsen und Erträge für laufende Leistungen festgelegt ist und
4. der Pensionsfonds die Zusage des Arbeitgebers nachweist, selbst für die Erbringung der Mindesthöhe einzustehen, und die Zustimmung der Tarifvertragsparteien nach Nummer 1 der Aufsichtsbehörde vorlegt.

Absatz 2 Satz 2 gilt entsprechend.

(4) Als Arbeitnehmer im Sinne dieser Vorschrift gelten auch ehemalige Arbeitnehmer sowie die unter § 17 Absatz 1 Satz 2 des Betriebsrentengesetzes fallenden Personen.

(5) Pensionsfonds bedürfen zum Geschäftsbetrieb der Erlaubnis der Aufsichtsbehörde.

(6) Das Bundesministerium der Finanzen wird ermächtigt, durch Rechtsverordnung im Fall des Absatzes 3 nähere Bestimmungen zu erlassen zu

1. einer Auszahlungsbegrenzung des Pensionsfonds für den Fall, dass der Arbeitgeber die Mindesthöhe zu erbringen hat,
2. Vorschriften für die Ermittlung und Anpassung der lebenslangen Zahlung sowie für die Ermittlung der Mindesthöhe,
3. Form und Inhalt der Zusage des Arbeitgebers, selbst für die Erbringung der Mindesthöhe einzustehen, sowie des Nachweises dieser Zusage.

Die Ermächtigung kann durch Rechtsverordnung auf die Bundesanstalt übertragen werden. Diese erlässt die Vorschriften im Benehmen mit den Versicherungsaufsichtsbehörden der Länder. Rechtsverordnungen nach den Sätzen 1 bis 3 bedürfen nicht der Zustimmung des Bundesrates.

§ 237 Anzuwendende Vorschriften

(1) Für Pensionsfonds gelten die auf Lebensversicherungsunternehmen, die Pensionskassen sind, anwendbaren Vorschriften entsprechend, soweit dieser Teil keine abweichenden Regelungen enthält. Dabei treten

1. die Pensionspläne an die Stelle der allgemeinen Versicherungsbedingungen,
2. die Belange der Versorgungsanwärter und Versorgungsempfänger an die Stelle der Belange der Versicherten,

3. die Versorgungsverhältnisse an die Stelle der Versicherungsverhältnisse.

Pensionspläne sind die im Rahmen des Geschäftsplans ausgestalteten Bedingungen zur planmäßigen Leistungserbringung im Versorgungsfall.

(2) Nicht anwendbar sind § 8 Absatz 2, § 10 Absatz 4, § 13 Absatz 2, § 125 Absatz 5 und 6, § 139 Absatz 3 und 4, die §§ 210, 232 und 233, 234 Absatz 3 Satz 1, 2 und 4 sowie Absatz 5 und 6, die §§ 234i und 234j Absatz 1, die §§ 235 und 312 Absatz 4 Satz 1, 3 und 4 sowie Absatz 5 Satz 2 und § 313.

(3) Die Erlaubnis zum Geschäftsbetrieb darf nur Aktiengesellschaften einschließlich der Europäischen Gesellschaft und Pensionsfondsvereinen auf Gegenseitigkeit erteilt werden. Auf Pensionsfondsvereine sind die Vorschriften über Versicherungsvereine auf Gegenseitigkeit entsprechend anzuwenden, soweit nichts anderes bestimmt ist.

(4) In § 140 Absatz 2 tritt die auf Grund des § 240 Satz 1 Nummer 7 erlassene Rechtsverordnung an die Stelle der auf Grund des § 145 Absatz 2 erlassenen Rechtsverordnung. In § 141 Absatz 5 Satz 1 Nummer 1 und 2 treten die Grundsätze der auf Grund des § 240 Satz 1 Nummer 10 bis 12 erlassenen Rechtsverordnung an die Stelle der Grundsätze der auf Grund des § 88 Absatz 3 erlassenen Rechtsverordnung.

§ 238 Finanzielle Ausstattung

(1) Für Pensionsfonds treten die Absätze 2 bis 5 an die Stelle des § 234g. In § 234f Absatz 2 Satz 2 tritt Absatz 4 an die Stelle von § 234g Absatz 3.

(2) Pensionsfonds müssen stets über Eigenmittel mindestens in Höhe der Solvabilitätskapitalanforderung verfügen, die sich nach dem gesamten Geschäftsumfang bemisst.

(3) Die Solvabilitätskapitalanforderung wird durch die Rechtsverordnung zu § 240 Satz 1 Nummer 9 bestimmt. Ein Drittel der Solvabilitätskapitalanforderung gilt als Mindestkapitalanforderung.

(4) Für die Ermittlung der Eigenmittel ist die auf Grund des § 240 Satz 1 Nummer 9 erlassene Rechtsverordnung maßgebend.

(5) Pensionsfonds haben der Aufsichtsbehörde jährlich eine Berechnung der Solvabilitätskapitalanforderung vorzulegen und ihr die Eigenmittel nachzuweisen.

§ 239 Vermögensanlage

(1) Pensionsfonds haben unter Berücksichtigung der jeweiligen Pensionspläne Sicherungsvermögen zu bilden. Sie haben dafür zu sorgen, dass die Bestände der Sicherungsvermögen in einer der Art und Dauer der zu erbringenden Altersversorgung entsprechenden Weise unter Berücksichtigung der Festlegungen des jeweiligen Pensionsplans angelegt werden.

(2) Pensionsfonds haben der Aufsichtsbehörde eine Erklärung zu den Grundsätzen ihrer Anlagepolitik vorzulegen

1. spätestens vier Monate nach Ende eines Geschäftsjahres und
2. unverzüglich nach einer wesentlichen Änderung der Anlagepolitik.

Die Erklärung muss Angaben enthalten über das Verfahren zur Risikobewertung und zur Risikosteuerung sowie zur Strategie in Bezug auf den jeweiligen Pensionsplan, insbesondere die Aufteilung der Vermögenswerte je nach Art und Dauer der Altersversorgungsleistungen. Außerdem ist auf die Frage einzugehen, wie die Anlagepolitik ökologischen, sozialen und die Unternehmensführung betreffenden Belangen Rechnung trägt. Pensionsfonds müssen die Erklärung öffentlich zugänglich machen. Spätestens nach drei Jahren ist die Erklärung zu überprüfen.

(3) Die dauernde Erfüllbarkeit eines Pensionsplans kann auch bei einer vorübergehenden Unterdeckung als gewährleistet angesehen werden, wenn die Unterdeckung 5 Prozent des Betrags der versicherungstechnischen Rückstellungen im Sinne der §§ 341e bis 341h des Handelsgesetzbuchs nicht übersteigt und die Belange der Versorgungsanwärter und Versorgungsempfänger gewahrt sind. In diesem Fall ist ein zwischen Arbeitgeber und Pensionsfonds vereinbarter Plan zur Wiederherstellung der Bedeckung des Sicherungsvermögens (Bedeckungsplan) erforderlich, der der Genehmigung der Aufsichtsbehörde bedarf. Der Plan muss folgende Bedingungen erfüllen:

1. aus dem Plan muss hervorgehen, wie die zur vollständigen Bedeckung der versicherungstechnischen Rückstellungen im Sinne der §§ 341e bis 341h des Handelsgesetzbuchs erforderliche Höhe der Vermögenswerte innerhalb eines angemessenen Zeitraums erreicht werden soll; der Zeitraum darf drei Jahre nicht überschreiten, und
2. bei der Erstellung des Plans ist die besondere Situation des Pensionsfonds zu berücksichtigen, insbesondere die Struktur seiner Akti-

va und Passiva, sein Risikoprofil, sein Liquiditätsplan, das Altersprofil der Versorgungsberechtigten sowie gegebenenfalls die Tatsache, dass es sich um ein neu geschaffenes System handelt.

Die Genehmigung ist zu erteilen, wenn durch den Arbeitgeber die Erfüllung der Nachschusspflicht zur vollständigen Bedeckung der versicherungstechnischen Rückstellungen im Sinne der §§ 341e bis 341h des Handelsgesetzbuchs durch Bürgschaft oder Garantie eines geeigneten Kreditinstituts oder in anderer geeigneter Weise sichergestellt ist. Der Pensionsfonds hat dem Pensionssicherungsverein die Vereinbarung unverzüglich zur Kenntnis zu geben.

(4) Für Pensionspläne nach § 236 Absatz 2 ist Absatz 3 mit der Maßgabe anzuwenden, dass die Unterdeckung 10 Prozent des Betrags der versicherungstechnischen Rückstellungen im Sinne der §§ 341e bis 341h des Handelsgesetzbuchs nicht übersteigt. Die Frist, bis zu der die vollständige Bedeckung wieder erreicht werden muss, kann von der Aufsichtsbehörde verlängert werden; sie darf insgesamt zehn Jahre nicht überschreiten.

§ 240 Verordnungsermächtigung

Das Bundesministerium der Finanzen wird ermächtigt, für Pensionsfonds, die nicht der Aufsicht durch die Aufsichtsbehörden der Länder unterliegen, durch Rechtsverordnung Vorschriften zu erlassen über

1. den Wortlaut der versicherungsmathematischen Bestätigung, den Inhalt, den Umfang und die Vorlagefrist des Erläuterungsberichts gemäß § 141 Absatz 5 Satz 1 Nummer 2 sowie über den Inhalt, den Umfang und die Vorlagefrist des Berichts gemäß § 141 Absatz 5 Satz 1 Nummer 4, jeweils in Verbindung mit § 237 Absatz 1;
2. die Buchführung, den Inhalt, die Form und die Stückzahl des bei der Aufsichtsbehörde einzureichenden internen Berichts, bestehend aus einer für Aufsichtszwecke gegliederten Bilanz und einer Gewinn-und-Verlustrechnung sowie besonderen Erläuterungen zur Bilanz und zur Gewinn-und-Verlustrechnung, soweit dies zur Durchführung der Aufsicht nach diesem Gesetz erforderlich ist;
3. den Inhalt, die Form und die Stückzahl des bei der Aufsichtsbehörde vierteljährlich einzureichenden internen Zwischenberichts, bestehend aus einer Zusammenstellung von aktuellen Buchhaltungs- und Bestandsdaten sowie aus Angaben über die Anzahl der Versorgungsfälle, soweit dies zur Durchführung der Aufsicht nach diesem Gesetz erforderlich ist;

4. den Inhalt des Prüfungsberichts nach § 341k des Handelsgesetzbuchs, soweit dies zur Durchführung der Aufsicht nach diesem Gesetz erforderlich ist, insbesondere, um einheitliche Unterlagen zur Beurteilung der von den Pensionsfonds durchgeführten Geschäfte zu erhalten;
5. den Inhalt des Prüfungsberichts gemäß § 35 Absatz 1 Satz 1, soweit dies zur Erfüllung der Aufgaben der Aufsichtsbehörde erforderlich ist, insbesondere, um einheitliche Unterlagen zur Beurteilung der von den Pensionsfonds durchgeführten Geschäfte zu erhalten;
6. die Art und Weise der Datenübermittlung, die zu verwendenden Datenformate sowie die einzuhaltende Datenqualität;
7. die Zuführung zur Rückstellung für Beitragsrückerstattung gemäß § 145 Absatz 2 in Verbindung mit § 237 Absatz 1;
8. Anlagegrundsätze qualitativer und quantitativer Art für das Sicherungsvermögen ergänzend zu § 124 Absatz 1 Satz 1 und 2 Nummer 1 Buchstabe a, Nummer 2, 3, 5 bis 8 sowie § 234h Absatz 1 bis 3, um die Kongruenz und die dauernde Erfüllbarkeit des jeweiligen Pensionsplans sicherzustellen, wobei die Anlageformen des § 215 Absatz 2 Satz 1 Nummer 1 bis 7 sowie weitere durch diese Verordnung zugelassene Anlageformen sowie die Festlegungen im Pensionsplan hinsichtlich des Anlagerisikos und des Trägers dieses Risikos zu berücksichtigen sind, sowie über Beschränkungen von Anlagen beim Trägerunternehmen; Artikel 18 der Richtlinie 2003/41/EG ist zu beachten;
9. die Berechnung und die Höhe der Solvabilitätskapitalanforderung, den für Pensionsfonds maßgeblichen Mindestbetrag der Mindestkapitalanforderung sowie damit zusammenhängende Genehmigungsbefugnisse einschließlich des Verfahrens, darüber, was als Eigenmittel im Sinne des § 238 Absatz 2 anzusehen ist, darüber, dass der Aufsichtsbehörde über die Solvabilitätskapitalanforderung und die Eigenmittel zu berichten ist sowie über die Form und den Inhalt und die Frist für die Einreichung dieses Berichts bei der Aufsichtsbehörde;
10. Höchstwerte für den Rechnungszins bei Verträgen mit Zinsgarantie;
11. weitere Vorgaben zur Ermittlung der Diskontierungszinssätze nach § 341f Absatz 2 des Handelsgesetzbuchs sowie

12. die versicherungsmathematischen Rechnungsgrundlagen und die Bewertungsansätze für die Deckungsrückstellung.

Die Ermächtigung kann durch Rechtsverordnung auf die Bundesanstalt übertragen werden. Rechtsverordnungen nach den Sätzen 1 und 2 bedürfen nicht der Zustimmung des Bundesrates. Rechtsverordnungen nach Satz 1 Nummer 4 und 10 bis 12 und nach Satz 2, soweit sie die Ermächtigungen nach Satz 1 Nummer 4 und 10 bis 12 erfassen, ergehen im Einvernehmen mit dem Bundesministerium der Justiz und für Verbraucherschutz.

§§ 241 – 243b Kapitel 3 Grenzüberschreitende Geschäftstätigkeit von Einrichtungen der betrieblichen Altersversorgung und grenzüberschreitende Übertragung von Beständen

§ 241 Grenzüberschreitende Geschäftstätigkeit

(1) Grenzüberschreitende Geschäftstätigkeit einer Einrichtung der betrieblichen Altersversorgung liegt vor, wenn sie ein Altersversorgungssystem betreibt, bei dem der Tätigkeitsstaat ein anderer Mitglied- oder Vertragsstaat als der Herkunftsstaat der Einrichtung ist. Tätigkeitsstaat ist der Mitglied- oder Vertragsstaat, dessen sozial- und arbeitsrechtliche Vorschriften im Bereich der betrieblichen Altersversorgung auf die Beziehung zwischen dem Trägerunternehmen und seinen Versorgungsanwärtern und Versorgungsempfängern angewendet werden.

(2) Auf Pensionskassen und Pensionsfonds sind die §§ 57 bis 60 nicht anwendbar. Für Einrichtungen der betrieblichen Altersversorgung, deren Herkunftsstaat ein anderer Mitglied- oder Vertragsstaat ist, sind die §§ 61 bis 66 nicht anwendbar.

§ 242 Grenzüberschreitende Geschäftstätigkeit von Pensionskassen und Pensionsfonds

(1) Pensionskassen und Pensionsfonds haben ihre Absicht, für ein Trägerunternehmen die betriebliche Altersversorgung im Wege der grenzüberschreitenden Geschäftstätigkeit durchzuführen, der Aufsichtsbehörde anzuzeigen. Dabei haben sie anzugeben

1. den Tätigkeitsstaat,
2. Name und Standort der Hauptverwaltung des Trägerunternehmens und
3. die Hauptmerkmale des Altersversorgungssystems, das für das Trägerunternehmen betrieben werden soll.

Die Aufsichtsbehörde prüft, ob die beabsichtigte Geschäftstätigkeit rechtlich zulässig ist und ob die Verwaltungsstruktur, die Finanzlage sowie die Zuverlässigkeit und die fachliche Eignung der Geschäftsleiter der beabsichtigten grenzüberschreitenden Geschäftstätigkeit angemessen sind. Sie kann verlangen, dass für das zu betreibende Altersversorgungssystem ein gesondertes Sicherungsvermögen einzurichten ist. Auf die grenzüberschreitende Geschäftstätigkeit einer Pensionskasse ist § 232 Absatz 1 Nummer 2 und 3 nicht anzuwenden. Im Fall eines Pensionsfonds sind § 236 Absatz 1 Satz 1 Nummer 2 bis 4 und Satz 2 sowie Absatz 2 und § 239 Absatz 3 und 4 nicht anzuwenden.

(2) Sobald die Anzeige nach Absatz 1 Satz 1 und 2 vollständig vorliegt, entscheidet die Aufsichtsbehörde innerhalb von drei Monaten, ob die Anforderungen nach Absatz 1 Satz 3 erfüllt sind. Sind die Anforderungen erfüllt, übermittelt sie die Angaben nach Absatz 1 Satz 2 den zuständigen Behörden des Tätigkeitsstaats und teilt der Pensionskasse oder dem Pensionsfonds mit, dass diese Behörden informiert wurden. Andernfalls untersagt sie der Pensionskasse oder dem Pensionsfonds die Aufnahme der grenzüberschreitenden Geschäftstätigkeit.

(3) Im Fall des Absatzes 2 Satz 2 übermittelt die Aufsichtsbehörde der Pensionskasse oder dem Pensionsfonds die von den zuständigen Behörden des Tätigkeitsstaats erteilten Informationen über

1. die einschlägigen arbeits- und sozialrechtlichen Vorschriften im Bereich der betrieblichen Altersversorgung, die bei der Durchführung des für das Trägerunternehmen betriebenen Altersversorgungssystems einzuhalten sind, sowie
2. die Vorschriften des Tätigkeitsstaats, die nach Titel IV der Richtlinie (EU) 2016/2341 erlassen worden sind.

Pensionskassen und Pensionsfonds sind berechtigt, die grenzüberschreitende Geschäftstätigkeit im Einklang mit den in Satz 1 Nummer 1 und 2 genannten Vorschriften aufzunehmen, sobald ihnen die Mitteilung der Aufsichtsbehörde nach Satz 1 vorliegt, spätestens aber sechs Wochen, nachdem sie die Mitteilung nach Absatz 2 Satz 2 erhalten haben.

(4) Wird die Aufsichtsbehörde von den zuständigen Behörden des Tätigkeitsstaats über wesentliche Änderungen der in Absatz 3 Satz 1 Nummer 1 und 2 genannten Vorschriften benachrichtigt, hat sie diese Informationen an die Pensionskasse oder an den Pensionsfonds weiterzuleiten.

(5) Die Aufsichtsbehörde trifft in Abstimmung mit den zuständigen Behörden des Tätigkeitsstaats die erforderlichen Maßnahmen, um sicherzustellen, dass die Pensionskasse oder der Pensionsfonds die von den zuständigen Behörden des Tätigkeitsstaats festgestellten Verstöße gegen die in Absatz 3 Satz 1 Nummer 1 und 2 genannten Vorschriften unterbindet. Die Aufsichtsbehörde kann die grenzüberschreitende Geschäftstätigkeit untersagen oder einschränken, wenn die Pensionskasse oder der Pensionsfonds die Anforderungen nach Absatz 3 Satz 1 Nummer 1 nicht einhält.

(6) Bei Pensionskassen und Pensionsfonds, die der Landesaufsicht unterliegen, informiert die zuständige Landesaufsichtsbehörde die Bundesanstalt über eine Anzeige nach Absatz 1 Satz 1 und 2. Die Bundesanstalt unterstützt die Landesaufsichtsbehörde auf Anforderung bei der Durchführung des Verfahrens nach den Absätzen 2 und 3 und bei der Durchführung von Maßnahmen nach Absatz 5.

(7) Die Aufsichtsbehörde informiert die Europäische Aufsichtsbehörde für das Versicherungswesen und die betriebliche Altersversorgung darüber, in welchen Mitglied- und Vertragsstaaten die Pensionskasse oder der Pensionsfonds grenzüberschreitend tätig ist. Sie teilt ihr Änderungen dieser Angaben laufend mit.

§ 243 Grenzüberschreitende Geschäftstätigkeit von Einrichtungen, deren Herkunftsstaat ein anderer Mitglied- oder Vertragsstaat ist

(1) Die Absätze 2 bis 6 sind anzuwenden auf Altersversorgungssysteme,

1. die von einer Einrichtung, deren Herkunftsstaat ein anderer Mitglied- oder Vertragsstaat ist und eine Zulassung im Sinne des Artikels 9 Absatz 1 der Richtlinie (EU) 2016/2341 hat, im Rahmen einer grenzüberschreitenden Geschäftstätigkeit für das Trägerunternehmen betrieben werden und

2. bei denen der Tätigkeitsstaat Deutschland ist.

(2) Hat die Bundesanstalt von den zuständigen Behörden des Herkunftsstaats der Einrichtung die in Artikel 11 Absatz 3 Satz 2 der Richtlinie (EU) 2016/2341 genannten Angaben erhalten, informiert sie innerhalb von sechs Wochen diese Behörden über

1. die einschlägigen arbeits- und sozialrechtlichen Vorschriften im Bereich der betrieblichen Altersversorgung, die einzuhalten sind, wenn in Deutschland Altersversorgungssysteme für ein Trägerunternehmen durchgeführt werden, sowie
2. die Vorschriften, die nach Titel IV der Richtlinie (EU) 2016/2341 erlassen worden sind.

Die Einrichtung ist berechtigt, die grenzüberschreitende Geschäftstätigkeit im Einklang mit den in Satz 1 Nummer 1 und 2 genannten Vorschriften aufzunehmen, sobald sie von den zuständigen Behörden des Herkunftsstaats die von der Bundesanstalt übermittelten Informationen erhalten hat, spätestens aber nach Ablauf der in Satz 1 genannten Frist.

(3) Die Bundesanstalt stellt fest, welchem Durchführungsweg im Sinne des § 1b Absatz 2 bis 4 des Betriebsrentengesetzes die Einrichtung zuzuordnen ist, und übermittelt die Feststellung an die Einrichtung und den Pensions-Sicherungs-Verein Versicherungsverein auf Gegenseitigkeit.

(4) Die Bundesanstalt benachrichtigt die zuständigen Behörden des Herkunftsstaats über wesentliche Änderungen der in Absatz 2 Satz 1 Nummer 1 und 2 genannten Vorschriften.

(5) Die Bundesanstalt überwacht laufend, ob die Einrichtung die in Absatz 2 Satz 1 Nummer 1 und 2 genannten Vorschriften einhält. Bei Verstößen gegen diese Vorschriften unterrichtet sie unverzüglich die zuständigen Behörden des Herkunftsstaats. Verstößt die Einrichtung weiterhin gegen die Vorschriften, kann die Bundesanstalt nach Unterrichtung der zuständigen Behörden des Herkunftsstaats selbst geeignete Maßnahmen ergreifen, um die Verstöße zu beenden oder zu ahnden. Kommt eine andere Lösung nicht in Betracht, kann sie der Einrichtung untersagen, weiter im Inland für das Trägerunternehmen tätig zu sein.

(6) Für die Zwecke des Absatzes 5 Satz 1 ist § 305 Absatz 1 Nummer 1, Absatz 2 Nummer 1 und 2 sowie Absatz 5 entsprechend anwendbar.

(7) Auf Antrag der Aufsichtsbehörde des Herkunftsstaats kann die Bundesanstalt die freie Verfügung über Vermögenswerte untersagen, die sich im Besitz eines Verwahrers oder einer Verwahrstelle mit Standort im Inland befinden.

§ 243a Übertragung von Beständen auf eine Pensionskasse oder einen Pensionsfonds

(1) Jeder Vertrag, durch den der Bestand an Versorgungsverhältnissen eines Altersversorgungssystems, das eine Einrichtung der betrieblichen Altersversorgung mit einem anderen Herkunftsstaat als Deutschland betreibt, ganz oder teilweise auf eine Pensionskasse oder einen Pensionsfonds übertragen werden soll, bedarf der Genehmigung der Aufsichtsbehörde. Der Antrag auf Genehmigung wird von der Pensionskasse oder dem Pensionsfonds gestellt. Die Aufsichtsbehörde leitet den Antrag unverzüglich an die zuständige Behörde im Herkunftsstaat der Einrichtung weiter.

(2) Der Vertrag nach Absatz 1 Satz 1 muss sicherstellen, dass die Kosten der Übertragung weder von den bisherigen Versorgungsanwärtern und Versorgungsempfängern der Pensionskasse oder des Pensionsfonds noch von den verbleibenden Versorgungsanwärtern und Versorgungsempfängern der Einrichtung getragen werden.

(3) Die Übertragung bedarf der Zustimmung

1. der Mehrheit der betroffenen Versorgungsanwärter und der Mehrheit der betroffenen Versorgungsempfänger des Altersversorgungssystems oder der Mehrheit ihrer Vertreter, wobei die jeweilige Mehrheit nach den maßgebenden nationalen Regelungen ermittelt wird, und

2. des Trägerunternehmens der Einrichtung, sofern dessen Zustimmung erforderlich ist.

(4) Der Antrag nach Absatz 1 Satz 2 muss enthalten

1. die schriftliche Vereinbarung zwischen der Einrichtung und der Pensionskasse oder dem Pensionsfonds, in der die Bedingungen für die Übertragung festgelegt sind;

2. eine Beschreibung der Hauptmerkmale des Altersversorgungssystems des zu übertragenden Bestandes;

Versicherungsaufsichtsgesetz (VAG) 205

3. eine Beschreibung der zu übertragenden Verbindlichkeiten oder versicherungstechnischen Rückstellungen und der anderen Rechte und Pflichten sowie die zugehörigen Vermögenswerte oder die flüssigen Mittel, die ihnen entsprechen;

4. für die Einrichtung und die Pensionskasse oder den Pensionsfonds jeweils Angaben zum
   a) Namen,
   b) Ort der Hauptverwaltung,
   c) Herkunftsstaat;

5. den Namen und den Hauptstandort der betroffenen Trägerunternehmen der Einrichtung;

6. den Nachweis der Zustimmung nach Absatz 3;

7. die Angabe der Mitglied- und Vertragsstaaten, deren sozial- und arbeitsrechtliche Vorschriften im Bereich der betrieblichen Altersversorgung für das Altersversorgungssystem des zu übertragenden Bestands maßgeblich sind.

(5) Hat die Aufsichtsbehörde den Antrag nach Absatz 1 Satz 2 erhalten, prüft sie, ob

1. die nach Absatz 4 vorgeschriebenen Informationen enthalten sind,

2. der beantragten Übertragung angemessen sind
   a) die Verwaltungsstruktur und die Finanzlage der Pensionskasse oder des Pensionsfonds,
   b) die Zuverlässigkeit und die fachliche Eignung der Geschäftsleiter der Pensionskasse oder des Pensionsfonds,

3. die langfristigen Interessen der Versorgungsanwärter und Versorgungsempfänger
   a) der Pensionskasse oder des Pensionsfonds,
   b) des zu übertragenden Bestands

   während und nach der Übertragung angemessen geschützt sind,

4. in dem Fall, dass die Übertragung eine grenzüberschreitende Geschäftstätigkeit der Pensionskasse oder des Pensionsfonds zur Folge hat, die versicherungstechnischen Rückstellungen der Pensionskasse oder des Pensionsfonds im Übertragungszeitpunkt vollständig kapitalgedeckt sind, und

5. die zu übertragenden Vermögenswerte ausreichend und angemessen sind, um die Verbindlichkeiten, die versicherungstechnischen Rückstellungen und die sonstigen zu übertragenden Verpflichtungen und Ansprüche nach den für Pensionskassen und Pensionsfonds geltenden Bestimmungen zu decken.

Die Prüfung nach Satz 1 erfolgt auch mit Blick darauf, ob die Belange der Versorgungsanwärter und Versorgungsempfänger gewahrt sind.

(6) Die Aufsichtsbehörde entscheidet auf Grund der Prüfung nach Absatz 5 innerhalb von drei Monaten über einen Antrag nach Absatz 1 Satz 2. Sie unterrichtet die zuständige Behörde im Herkunftsstaat der Einrichtung über die getroffene Entscheidung innerhalb von zwei Wochen. Eine Genehmigung ist ausgeschlossen, wenn diese Behörde der Übertragung nicht zugestimmt hat.

(7) Wird der Antrag nach Absatz 1 Satz 2 genehmigt, findet § 13 Absatz 5 sowie 7 Satz 1 und 2 Anwendung.

(8) Hat die Übertragung eine grenzüberschreitende Geschäftstätigkeit der Pensionskasse oder des Pensionsfonds zur Folge, ist § 242 Absatz 1 bis 3 nicht anzuwenden. Die Aufsichtsbehörde übermittelt die Informationen über die in § 242 Absatz 3 Satz 1 Nummer 1 und 2 genannten Vorschriften, die sie aus Anlass der Übertragung von der zuständigen Behörde im Herkunftsstaat der Einrichtung erhalten hat, innerhalb von einer Woche der Pensionskasse oder dem Pensionsfonds.

(9) Pensionskassen und Pensionsfonds können das übernommene Altersversorgungssystem betreiben,

1. sobald sie die Genehmigung nach Absatz 1 Satz 1 erhalten haben, es sei denn, die Übertragung hat eine grenzüberschreitende Geschäftstätigkeit zur Folge,
2. sobald sie die Genehmigung nach Absatz 1 Satz 1 und die in Absatz 8 Satz 2 genannten Informationen von der Aufsichtsbehörde erhalten haben, spätestens aber sieben Wochen nach Erhalt der Genehmigung.

...

§ 244 *(weggefallen)*

§§ 244a – 244d Teil 4a Reine Beitragszusagen in der betrieblichen Altersversorgung

§ 244a Geltungsbereich

(1) Bei der Durchführung reiner Beitragszusagen nach § 1 Absatz 2 Nummer 2a des Betriebsrentengesetzes haben Pensionsfonds, Pensionskassen und andere Lebensversicherungsunternehmen die Vorschriften dieses Teils einzuhalten.

(2) Die auf Pensionsfonds, Pensionskassen und andere Lebensversicherungsunternehmen anwendbaren Vorschriften dieses Gesetzes gelten nur insoweit, als dieser Teil keine abweichenden Regelungen enthält.

§ 244b Verpflichtungen

(1) Pensionsfonds, Pensionskassen und andere Lebensversicherungsunternehmen dürfen reine Beitragszusagen nur dann durchführen, wenn

1. sie dafür keine Verpflichtungen eingehen, die garantierte Leistungen beinhalten,
2. die allgemeinen Versicherungsbedingungen oder die Pensionspläne eine lebenslange Zahlung als Altersversorgungsleistung vorsehen und
3. festgelegt ist, dass das planmäßig zuzurechnende Versorgungskapital sowie die darauf entfallenden Zinsen und Erträge planmäßig für laufende Leistungen verwendet werden.

(2) Pensionskassen und andere Lebensversicherungsunternehmen bedürfen der Erlaubnis für die in Nummer 21 der Anlage 1 genannte Sparte.

§ 244c Sicherungsvermögen

Unter Berücksichtigung der jeweiligen Tarifverträge ist

1. im Fall eines Pensionsfonds ein gesondertes Sicherungsvermögen einzurichten und
2. im Fall einer Pensionskasse oder eines anderen Lebensversicherungsunternehmens ein gesonderter Anlagestock im Sinne des § 125 Absatz 5 einzurichten.

§ 244d Verordnungsermächtigung

Das Bundesministerium der Finanzen wird ermächtigt, im Einvernehmen mit dem Bundesministerium für Arbeit und Soziales durch Rechtsverordnung nähere Bestimmungen zu erlassen bezüglich

1. der Ermittlung und Anpassung der lebenslangen Zahlung,
2. der Anforderungen an das Risikomanagement, insbesondere mit dem Ziel, die Volatilität der Höhe der lebenslangen Zahlungen zu begrenzen,
3. der Informationspflichten gegenüber den Versorgungsanwärtern und Rentenempfängern und
4. der Berichterstattung gegenüber der Aufsichtsbehörde.

Die Ermächtigung kann durch Rechtsverordnung im Einvernehmen mit dem Bundesministerium für Arbeit und Soziales auf die Bundesanstalt übertragen werden. Rechtsverordnungen nach den Sätzen 1 und 2 bedürfen nicht der Zustimmung des Bundesrates.

...

Anlage 1 Einteilung der Risiken nach Sparten

1. Unfall
    a) Summenversicherung
    b) Kostenversicherung
    c) kombinierte Leistungen
    d) Personenbeförderung
2. Krankheit
    a) Tagegeld
    b) Kostenversicherung
    c) kombinierte Leistungen
3. Landfahrzeug-Kasko (ohne Schienenfahrzeuge)
    Sämtliche Schäden an:
    a) Kraftfahrzeugen
    b) Landfahrzeugen ohne eigenen Antrieb

4. Schienenfahrzeug-Kasko

   Sämtliche Schäden an Schienenfahrzeugen

5. Luftfahrzeug-Kasko

   Sämtliche Schäden an Luftfahrzeugen

6. See-, Binnensee- und Flussschifffahrts-Kasko

   Sämtliche Schäden an:
   a) Flussschiffen
   b) Binnenseeschiffen
   c) Seeschiffen

7. Transportgüter

   Sämtliche Schäden an transportierten Gütern, unabhängig von dem jeweils verwendeten Transportmittel

8. Feuer- und Elementarschäden

   Sämtliche Sachschäden (soweit sie nicht unter die Nummern 3 bis 7 fallen), die verursacht werden durch:
   a) Feuer
   b) Explosion
   c) Sturm
   d) andere Elementarschäden außer Sturm
   e) Kernenergie
   f) Bodensenkungen und Erdrutsch

9. Hagel-, Frost- und sonstige Sachschäden

   Sämtliche Sachschäden (soweit sie nicht unter die Nummern 3 bis 7 fallen), die außer durch Hagel oder Frost durch Ursachen aller Art (wie beispielsweise Diebstahl) hervorgerufen werden, soweit diese Ursachen nicht von Nummer 8 erfasst sind

10. Haftpflicht für Landfahrzeuge mit eigenem Antrieb
    a) Kraftfahrzeughaftpflicht
    b) Haftpflicht aus Landtransporten
    c) sonstige

11. Luftfahrzeughaftpflicht

    Haftpflicht aller Art (einschließlich derjenigen des Frachtführers), die sich aus der Verwendung von Luftfahrzeugen ergibt

12. See-, Binnensee- und Flussschifffahrtshaftpflicht

    Haftpflicht aller Art (einschließlich derjenigen des Frachtführers), die sich aus der Verwendung von Flussschiffen, Binnenseeschiffen und Seeschiffen ergibt

13. Allgemeine Haftpflicht

    Alle sonstigen Haftpflichtfälle, die nicht unter die Nummern 10 bis 12 fallen

14. Kredit

    a) allgemeine Zahlungsunfähigkeit
    b) Ausfuhrkredit
    c) Abzahlungsgeschäfte
    d) Hypothekendarlehen
    e) landwirtschaftliche Darlehen

15. Kaution

16. Verschiedene finanzielle Verluste

    a) Berufsrisiken
    b) ungenügende Einkommen (allgemein)
    c) Schlechtwetter
    d) Gewinnausfall
    e) laufende Unkosten allgemeiner Art
    f) unvorhergesehene Geschäftsunkosten
    g) Wertverluste
    h) Miet- oder Einkommensausfall
    i) indirekte kommerzielle Verluste außer den bereits erwähnten
    j) nichtkommerzielle Geldverluste
    k) sonstige finanzielle Verluste

17. Rechtsschutz

18. Beistandsleistungen zugunsten von Personen, die sich in Schwierigkeiten befinden

    a) auf Reisen oder während der Abwesenheit von ihrem Wohnsitz oder ständigem Aufenthaltsort
    b) unter anderen Bedingungen, sofern die Risiken nicht unter andere Versicherungssparten fallen

19. Leben
   (soweit nicht unter den Nummern 20 bis 24 aufgeführt)
20. Heirats- und Geburtenversicherung
21. Fondsgebundene Lebensversicherung
22. Tontinengeschäfte
23. Kapitalisierungsgeschäfte
24. Geschäfte der Verwaltung von Versorgungseinrichtungen
25. Pensionsfondsgeschäfte

Pensionsfonds-Aufsichtsverordnung (PFAV)

Verordnung betreffend die Aufsicht über Pensionsfonds und über die Durchführung reiner Beitragszusagen in der betrieblichen Altersversorgung vom 18.4.2016 (BGBl. I S. 842)

Zuletzt geändert durch Art. 14 G v. 25.3.2019 I 357

– Auszug –

Teil 1 Pensionsfonds

...

Kapitel 5 Deckungsrückstellung

§ 21 Versicherungsmathematische Bestätigung

(1) Bei Pensionsfonds hat der Verantwortliche Aktuar, wenn keine Einwendungen zu erheben sind, die folgende versicherungsmathematische Bestätigung abzugeben:

„Es wird bestätigt, dass die in der Bilanz unter den Posten ... der Passiva eingestellte Deckungsrückstellung unter Beachtung des § 341f HGB sowie unter Beachtung der auf Grund des § 240 Satz 1 Nummer 10 bis 12 VAG erlassenen Rechtsverordnungen berechnet worden ist."

(2) Sind Einwendungen zu erheben, so hat der Verantwortliche Aktuar zu erklären, dass die versicherungsmathematische Bestätigung versagt oder eingeschränkt wird. In beiden Fällen ist die Erklärung um zusätzliche Bemerkungen derart zu ergänzen, dass die Gründe für die Versagung oder Inhalt und Tragweite der Einschränkung klar umrissen werden.

§ 22 Versicherungsförmige Garantien

(1) Soweit der Pensionsfonds im Rahmen eines beitrags- oder leistungsbezogenen Pensionsplans eine versicherungsförmige Garantie übernimmt, sind Deckungsrückstellungen unter Beachtung von § 23 Absatz 1 zu bilden. Der Rechnungszinssatz ist unter Berücksichtigung der Mischung der die Verpflichtung deckenden Vermögenswerte und ihrer möglichen Wertschwankungen vorsichtig anzusetzen. Er beträgt höchstens 0,9 Prozent bei Verträgen, die auf Euro lauten. Bei Verträgen, die auf andere Währungen lauten, setzt die Bundesanstalt für Finanzdienstleistungsaufsicht den Höchstzinssatz unter Berücksichtigung der Festlegungen der Deckungsrückstellungsverordnung vom 18. April 2016 (BGBl. I S. 767) in der jeweils geltenden Fassung nach pflichtgemäßem Ermessen fest.

(2) Eine versicherungsförmige Garantie im Sinne des Absatzes 1 liegt dann vor, wenn sich der Pensionsfonds gegen in Höhe und Fälligkeit fest vereinbarte Beiträge zu fest vereinbarten Leistungen verpflichtet hat. Dies ist insbesondere gegeben, wenn der Pensionsfonds

1. im Rahmen leistungs- oder beitragsbezogener Pensionspläne eine Leistung der Höhe nach zusagt, die unter Ausschluss einer vertraglichen Nachschussverpflichtung aus bereits erbrachten Beiträgen finanziert ist (beitragsfreie Verpflichtung), oder

2. im Rahmen beitragsbezogener Pensionspläne die Zusage der Mindestleistung übernimmt.

(3) Der von einem Pensionsfonds zum Zeitpunkt der Übernahme der versicherungsförmigen Garantie verwendete Rechnungszins gilt für die gesamte weitere Laufzeit des Vertrages. Bei Versorgungsverhältnissen, die bei einer internen Teilung nach § 10 des Versorgungsausgleichsgesetzes zugunsten der ausgleichsberechtigten Person geschaffen werden, kann auch der Rechnungszins verwendet werden, der zum Zeitpunkt der Übernahme der versicherungsförmigen Garantie für das ursprüngliche Versorgungsverhältnis verwendet wurde. § 23 Absatz 2 und 3 bleibt unberührt.

(4) Abweichend von Absatz 3 Satz 1 kann für Verträge, denen derselbe Pensionsplan und dieselben Grundsätze für die Berechnung der mathematischen Rückstellungen zugrunde liegen, unter Beachtung von Absatz 1 Satz 2 ein nicht für die gesamte Laufzeit des Vertrages geltender einheitlicher Rechnungszins verwendet werden, der den jeweils gültigen Höchstzinssatz nicht überschreiten darf. Eine dadurch

erforderliche Herabsetzung des Rechnungszinses kann mit Zustimmung der Aufsichtsbehörde stufenweise erfolgen.

(5) Ab Beginn des Rentenbezugs darf für die folgenden acht Jahre sowie für den Teil der Deckungsrückstellung, der auf die laufende Rentenzahlung entfällt, der Höchstzinssatz 85 Prozent des arithmetischen Mittels der letzten Monatswerte der Umlaufrenditen der Anleihen der öffentlichen Hand mit einer Restlaufzeit von einem Jahr bis zu acht Jahren betragen; die letzten Monatswerte ergeben sich aus der von der Deutschen Bundesbank in ihren Monatsberichten veröffentlichten Kapitalmarktstatistik. Der für die Bestimmung des Rechnungszinses des einzelnen Vertrages maßgebliche Zeitpunkt ist der Zeitpunkt des Rentenbeginns.

§ 23 Versicherungsmathematische Rechnungsgrundlagen bei versicherungsförmigen Garantien

(1) Bei der nach versicherungsmathematischen Methoden vorzunehmenden Ableitung von Rechnungsgrundlagen sind sämtliche Umstände, die Änderungen und Schwankungen der aus den zugrunde liegenden Statistiken gewonnenen Daten bewirken können, zu berücksichtigen und nach versicherungsmathematischen Grundsätzen geeignet zu gewichten. Die Ableitung von Rechnungsgrundlagen auf der Basis eines besten Schätzwertes genügt nicht. Die Rechnungsgrundlagen müssen ausreichend vorsichtig festgesetzt werden und nachteilige Abweichungen der relevanten Faktoren von den getroffenen, aus den Statistiken abgeleiteten Annahmen einbeziehen. Dies gilt sowohl für die grundsätzlich auf ein einzelnes Risiko abzustellende Bewertung als auch sinngemäß für die Bewertung bei nicht individualisierbaren Risiken, für die keine ausreichenden Statistiken verfügbar sind. Eine Beteiligung am Überschuss muss in angemessener Weise über die Laufzeit jedes Vertrages berücksichtigt werden.

(2) Bei einer gemäß § 341f Absatz 2 des Handelsgesetzbuchs erforderlichen Berechnung der zu erwartenden Erträge des Pensionsfonds ist als Rendite zugrunde zu legen ein Referenzzins, der kalenderjährlich nach Maßgabe der folgenden Sätze ermittelt wird. Verwendet werden die von der Deutschen Bundesbank gemäß § 7 der Rückstellungsabzinsungsverordnung veröffentlichten Monatsendstände derjenigen Null-Kupon-Euro-Zinsswapsätze, die eine Laufzeit von 10 Jahren haben. Für die neun vorangegangenen Kalenderjahre wird jeweils der auf die zweite Nachkommastelle aufgerundete Jahresmittelwert der Monatsendstände bestimmt; dabei werden für die Jahre 2009 bis

2013 als Jahresmittelwerte 3,81, 3,13, 3,15, 2,14 und 1,96 Prozent angesetzt. Für das laufende Kalenderjahr wird der auf die zweite Nachkommastelle aufgerundete Mittelwert der Monatsendstände der ersten neun Monate bestimmt. Die Summe der neun Jahresmittelwerte aus Satz 3 und des Mittelwerts aus Satz 4 wird durch 10 geteilt. Es werden die folgenden, auf die nächsthöhere zweite Nachkommastelle gerundeten Differenzen gebildet:

1. der in Satz 5 erhaltene Wert abzüglich des Referenzzinses des vorherigen Kalenderjahres,
2. 9 Prozent des in Satz 4 erhaltenen Werts abzüglich 9 Prozent des Referenzzinses des vorherigen Kalenderjahres.

Haben die Differenzen aus Satz 6 Nummer 1 und 2 das gleiche Vorzeichen, ergibt sich der Referenzzins des Kalenderjahres dadurch, dass der Referenzzins des vorherigen Kalenderjahres um die Differenz, die den kleineren Absolutbetrag hat, angepasst wird. Andernfalls bleibt der Referenzzins gegenüber dem vorherigen Kalenderjahr unverändert. Der Referenzzins des Kalenderjahres 2017 beträgt 2,21 Prozent.

(3) Zu jedem Bilanzstichtag ist der gemäß Absatz 2 ermittelte Referenzzins des Kalenderjahres, in dem das Geschäftsjahr begonnen hat, mit dem höchsten in den nächsten 15 Jahren für einen Vertrag maßgeblichen Rechnungszins zu vergleichen. Ist der Referenzzins kleiner als der höchste maßgebliche Rechnungszins, ist der einzelvertraglichen Berechnung der Deckungsrückstellung Folgendes zugrunde zu legen:

1. für den Zeitraum der nächsten 15 Jahre jeweils das Minimum aus dem für das jeweilige Jahr maßgeblichen Rechnungszins und dem Referenzzins und
2. für den Zeitraum nach Ablauf von 15 Jahren der jeweils maßgebliche Rechnungszins. Andernfalls ist für die gesamte Restlaufzeit der jeweils maßgebliche Rechnungszins zu verwenden.

(4) Die Annahmen und Berechnungsmethoden dürfen nur insoweit geändert werden, als die den Annahmen zugrunde liegenden rechtlichen oder wirtschaftlichen Rahmenbedingungen dies erfordern oder rechtfertigen.

§ 24 Zusagen ohne versicherungsförmige Garantien

(1) Soweit ein leistungsbezogener Pensionsplan die periodische Überprüfung und gegebenenfalls Neufestsetzung der für die Zukunft der

Höhe und dem Zeitpunkt nach vereinbarten Beiträge in Abhängigkeit von der Entwicklung der Leistungsverpflichtungen und der Vermögensanlage vorsieht („Feststellungsverfahren"), ist die Deckungsrückstellung gemäß § 341f des Handelsgesetzbuchs prospektiv zu bilden, wobei für die Berechnung des Barwertes der künftigen Beiträge die jeweils vereinbarten Beiträge anzusetzen sind. Bei der Berechnung von Barwerten ist für die Zeit vor Rentenbezug der Rechnungszins vorsichtig zu wählen. Er muss die Vertragswährung und die im Bestand befindlichen Vermögenswerte sowie den erwarteten Ertrag künftiger Vermögenswerte angemessen berücksichtigen. § 23 Absatz 1 ist mit der Maßgabe anzuwenden, dass die Rechnungsgrundlagen auf Basis eines besten Schätzwertes unter Einbeziehung einer Sicherheitsspanne, die insbesondere den zeitlichen Abstand bis zur nächsten Neufeststellung der künftig vom Arbeitgeber zu erbringenden Beiträge berücksichtigt, abgeleitet werden. Für die Zeit des Rentenbezugs ist höchstens der jeweils geltende Rechnungszins gemäß § 22 Absatz 1 anzusetzen; wenn der Pensionsfonds eine Garantie übernimmt, darf der zum Zeitpunkt der Garantieübernahme geltende Rechnungszins gemäß § 22 Absatz 1 nicht mehr überschritten werden. Absatz 2 bleibt unberührt.

(2) In den Fällen des § 236 Absatz 2 des Versicherungsaufsichtsgesetzes ist die Deckungsrückstellung in der Rentenbezugszeit prospektiv als Barwert der Leistungen zu bilden. Der Rechnungszins ist vorsichtig zu wählen. Er muss die Vertragswährung und die im Bestand befindlichen Vermögenswerte sowie den Ertrag künftiger Vermögenswerte angemessen berücksichtigen. § 23 Absatz 1 ist mit der Maßgabe anzuwenden, dass die Rechnungsgrundlagen auf Basis eines besten Schätzwertes unter Einbeziehung ihrer künftigen Veränderungen abgeleitet werden.

(3) In den Fällen des § 236 Absatz 3 des Versicherungsaufsichtsgesetzes ist die Deckungsrückstellung in der Rentenbezugszeit nach der retrospektiven Methode zu bilden, wobei die Deckungsrückstellung bei Rentenbeginn dem vorhandenen Versorgungskapital entspricht.

...

Teil 2 Durchführung reiner Beitragszusagen in der betrieblichen Altersversorgung

§ 33 Anwendungsbereich

Die Vorschriften dieses Teils gelten, soweit eine durchführende Einrichtung reine Beitragszusagen nach § 1 Absatz 2 Nummer 2a des Betriebsrentengesetzes durchführt. Durchführende Einrichtung im Sinne dieser Verordnung ist ein Pensionsfonds, eine Pensionskasse oder ein anderes Lebensversicherungsunternehmen.

§ 34 Vermögensanlage

Die Beiträge, die zur Finanzierung von Leistungen der betrieblichen Altersversorgung eingezahlt werden, sind anzulegen. Für die Anlage dieser Beiträge sind die §§ 16 bis 20 entsprechend anzuwenden.

§ 35 Deckungsrückstellung

(1) In der Ansparphase ist die Deckungsrückstellung das planmäßig zuzurechnende Versorgungskapital auf der Grundlage der gezahlten Beiträge und der daraus erzielten Erträge. Dabei kann ein kollektives Versorgungskapital gebildet werden, das den Versorgungsanwärtern insgesamt planmäßig zugerechnet ist.

(2) In der Rentenbezugszeit ist die Deckungsrückstellung nach der retrospektiven Methode zu bilden, wobei die Deckungsrückstellung bei Rentenbeginn dem vorhandenen Versorgungskapital des Versorgungsanwärters entspricht.

(3) Mit Zusatzbeiträgen nach § 23 Absatz 1 des Betriebsrentengesetzes und daraus erzielten Erträgen kann eine zusätzliche Deckungsrückstellung gebildet werden, die den Versorgungsberechtigten insgesamt zugeordnet ist.

§ 36 Kapitaldeckungsgrad

(1) Der Kapitaldeckungsgrad ist das Verhältnis der Deckungsrückstellung, die nach § 35 Absatz 2 für die Rentenempfänger zu bilden ist, zum Barwert der durch die durchführende Einrichtung an diese Rentenempfänger zu erbringenden Leistungen, gegebenenfalls einschließlich damit verbundener Anwartschaften auf Hinterbliebenenleistungen. Bei der Berechnung des Barwertes ist § 24 Absatz 2 Satz 2 bis 4 entsprechend anzuwenden.

(2) Der Kapitaldeckungsgrad darf 125 Prozent nicht übersteigen.

§ 37 Anfängliche Höhe der lebenslangen Zahlung

(1) Die anfängliche Höhe der lebenslangen Zahlung ergibt sich durch Verrentung des bei Rentenbeginn vorhandenen Versorgungskapitals des Versorgungsanwärters. Bei der Verrentung sind die planmäßigen Verwaltungskosten zu berücksichtigen. Im Übrigen sind die Rechnungsgrundlagen zu verwenden, mit denen der Barwert nach § 36 Absatz 1 Satz 2 berechnet wird. Abweichend von Satz 3 kann der Rechnungszins nach Maßgabe des Absatzes 2 vorsichtiger gewählt werden.

(2) Der Rechnungszins zur Verrentung des bei Rentenbeginn vorhandenen Versorgungskapitals darf nur insoweit vorsichtiger gewählt werden, als sich für das Versorgungsverhältnis bei entsprechender Anwendung von § 36 Absatz 1 ein Kapitaldeckungsgrad ergibt, der die Obergrenze nach § 36 Absatz 2 nicht übersteigt.

§ 38 Anpassung der lebenslangen Zahlungen

(1) Der Kapitaldeckungsgrad nach § 36 Absatz 1 darf 100 Prozent nicht unterschreiten und die Obergrenze nach § 36 Absatz 2 nicht übersteigen. Fällt der Kapitaldeckungsgrad unter 100 Prozent, sind die durch die durchführende Einrichtung an die Rentenempfänger zu erbringenden Leistungen zu senken; bei einem zu hohen Kapitaldeckungsgrad sind diese Leistungen zu erhöhen. Nach der Anpassung der Leistungen muss die Anforderung nach Satz 1 wieder erfüllt sein.

(2) Eine Erhöhung der Leistungen darf nur insoweit vorgenommen werden, als ein Kapitaldeckungsgrad von 110 Prozent nicht unterschritten wird.

(3) Die durchführende Einrichtung hat zu gewährleisten, dass die Anforderung nach Absatz 1 Satz 1 jederzeit eingehalten wird. Mindestens einmal jährlich hat sie die an die Rentenempfänger zu erbringenden Leistungen zu überprüfen und gegebenenfalls anzupassen.

§ 39 Risikomanagement

(1) Im Rahmen des Risikomanagements sind die Vorgaben des Betriebsrentengesetzes sowie die zugrunde liegenden Vereinbarungen, insbesondere zur Begrenzung der Volatilität des Versorgungskapitals und der lebenslangen Zahlungen, zu berücksichtigen.

(2) Zu den Vereinbarungen im Sinne des Absatzes 1 gehören die den Zusagen zugrunde liegenden Tarifverträge nach § 1 Absatz 2 Nummer 2a des Betriebsrentengesetzes sowie die der Durchführung dieser

Zusagen zugrunde liegenden schriftlichen Vereinbarungen mit der durchführenden Einrichtung. Die durchführende Einrichtung hat vor dem Abschluss einer Vereinbarung zur Durchführung von Zusagen nach § 1 Absatz 2 Nummer 2a des Betriebsrentengesetzes zu prüfen, ob die Durchführung dieser Zusagen in der vorgesehenen Form mit den bestehenden aufsichtsrechtlichen Regelungen vereinbar ist.

(3) Die Risikostrategie im Sinne von § 26 Absatz 2 des Versicherungsaufsichtsgesetzes hat Art, Umfang und Komplexität des Geschäfts der Durchführung reiner Beitragszusagen und der mit diesem Geschäft verbundenen Risiken ausdrücklich zu berücksichtigen.

(4) Das Risikomanagement hat Verfahren zur Messung, Überwachung, Steuerung und Begrenzung der Volatilität der lebenslangen Zahlungen vorzusehen. Die Festlegungen der Tarifvertragsparteien sind dabei zu berücksichtigen.

(5) Das Risikomanagement muss konsistent sein mit den Informationen der durchführenden Einrichtung gegenüber den Versorgungsanwärtern, Rentenempfängern und Tarifvertragsparteien. Dies betrifft insbesondere die Informationen zur erwarteten Höhe der lebenslangen Zahlungen und zu ihrer erwarteten Volatilität sowie zu der erwarteten Volatilität des Versorgungskapitals.

§ 40 Risikoberichte

In den unternehmensinternen Risikoberichten im Sinne des § 26 Absatz 1 Satz 1 und 2 des Versicherungsaufsichtsgesetzes, die der Berichterstattung gegenüber dem Vorstand dienen, ist darzulegen, wie im Rahmen des Risikomanagements die Durchführung reiner Beitragszusagen berücksichtigt wurde. Dabei ist insbesondere auf die Vorgaben des § 39 einzugehen.

§ 41 Laufende Informationspflichten gegenüber den Versorgungsanwärtern und Rentenempfängern

(1) Über die sonstigen verpflichtenden Informationen hinaus stellt die durchführende Einrichtung den Versorgungsanwärtern mindestens einmal jährlich folgende Informationen kostenlos zur Verfügung:

1. die Höhe des planmäßig zuzurechnenden Versorgungskapitals des Versorgungsanwärters und die Höhe der lebenslangen Zahlung, die sich ohne weitere Beitragszahlung allein aus diesem Versorgungskapital ergäbe, jeweils mit dem ausdrücklichen Hinweis,

dass diese Beträge nicht garantiert sind und sich bis zum Rentenbeginn verringern oder erhöhen können,

2. die Höhe der bisher insgesamt eingezahlten Beiträge und gesondert die Höhe der während des letzten Jahres eingezahlten Beiträge,

3. die jährliche Rendite des Sicherungsvermögens nach § 244c des Versicherungsaufsichtsgesetzes, zumindest für die letzten fünf Jahre, und

4. Informationen über Wahlrechte, die der Versorgungsanwärter während der Anwartschaftsphase oder bei Rentenbeginn ausüben kann.

(2) Über die sonstigen verpflichtenden Informationen hinaus stellt die durchführende Einrichtung den Rentenempfängern mindestens einmal jährlich folgende Informationen kostenlos zur Verfügung:

1. Informationen über die allgemeinen Regelungen zur Anpassung der Höhe der lebenslangen Zahlung mit dem ausdrücklichen Hinweis, dass die aktuelle Höhe der lebenslangen Zahlung nicht garantiert ist und sich verringern oder erhöhen kann,

2. die Höhe des zuletzt ermittelten Kapitaldeckungsgrads,

3. eine Einschätzung darüber, ob und gegebenenfalls wann mit einer Anpassung der Höhe der lebenslangen Zahlungen zu rechnen ist.

§ 42 Berichterstattung gegenüber der Aufsichtsbehörde

(1) Schließt eine durchführende Einrichtung eine Vereinbarung zur Durchführung reiner Beitragszusagen ab, so hat sie der Aufsichtsbehörde unverzüglich die folgenden Unterlagen vorzulegen:

1. die Vereinbarung,

2. den zugrunde liegenden Tarifvertrag nach § 1 Absatz 2 Nummer 2a des Betriebsrentengesetzes sowie

3. das Ergebnis ihrer Prüfung nach § 39 Absatz 2 Satz 2.

(2) Die durchführende Einrichtung hat der Aufsichtsbehörde spätestens sieben Monate nach dem Ende eines Geschäftsjahres Folgendes mitzuteilen:

1. die Höhe des Kapitaldeckungsgrads und die Höhe der maßgebenden Obergrenze,

2. die Annahmen und Methoden zur Festlegung der anfänglichen Höhe der lebenslangen Zahlung,

3. das Ausmaß der Anpassungen der lebenslangen Zahlungen sowie die den Anpassungen zugrunde liegenden Annahmen und Methoden.

Bei Pensionsfonds haben diese Ausführungen im Rahmen des versicherungsmathematischen Gutachtens nach § 10 Absatz 1 Nummer 4 zu erfolgen, bei Pensionskassen im Rahmen des versicherungsmathematischen Gutachtens nach § 17 der Versicherungsberichterstattungs-Verordnung.

...

Altersvorsorge-Durchführungsverordnung (AltvDV)

Verordnung zur Durchführung der steuerlichen Vorschriften des Einkommensteuergesetzes zur Altersvorsorge und zum Rentenbezugsmitteilungsverfahren sowie zum weiteren Datenaustausch mit der zentralen Stelle vom 17. Dezember 2002 (BGBl. I 2002, S. 4544)

Zuletzt geändert durch: Zweites Gesetz zur Anpassung des Datenschutzrechts an die Verordnung (EU) 2016/679 und zur Umsetzung der Richtlinie (EU) 2016/680 (Zweites Datenschutz-Anpassungs- und Umsetzungsgesetz EU – 2. DSAnpUG-EU) vom 20. November 2019 (BGBl I 2019, S. 1626)

[Vorspann]

Auf Grund des § 99 Abs. 2 des Einkommensteuergesetzes 2002 in der Fassung der Bekanntmachung vom 19. Oktober 2002 (BGBl. I S. 4210) in Verbindung mit § 1 des Zuständigkeitsanpassungsgesetzes vom 16. August 2002 (BGBl. I S. 3165) und dem Organisationserlass vom 22. Oktober 2002 (BGBl. I S. 4206) verordnet das Bundesministerium der Finanzen im Einvernehmen mit dem Bundesministerium für Gesundheit und Soziale Sicherung und dem Bundesministerium des Innern:

Abschnitt 1 Grundsätze der Datenübermittlung

§ 1 Datensätze

(1) Eine Übermittlung von Daten nach

1. § 10 Absatz 2a, 2b und 4b, den §§ 10a, 22a oder Abschnitt XI des Einkommensteuergesetzes,
2. § 32b Absatz 3 des Einkommensteuergesetzes, soweit auf § 22a des Einkommensteuergesetzes verwiesen wird, oder
3. dieser Verordnung

sowie eine nach diesen Vorschriften bestehende Anzeige- und Mitteilungspflicht zwischen den am Verfahren Beteiligten erfolgen in Form eines amtlich vorgeschriebenen Datensatzes.

(2) Absatz 1 gilt nicht für

1. Mitteilungen an den Zulageberechtigten,
2. Mitteilungen des Zulageberechtigten nach § 10a oder Abschnitt XI des Einkommensteuergesetzes,
3. Anzeigen nach den §§ 5 und 13 oder
4. Mitteilungen nach den §§ 6, 10 Absatz 2 Satz 2 und § 11 Absatz 1 und 3.

Wird die Mitteilung nach § 11 Abs. 1 und 3 über die zentrale Stelle übermittelt, ist Absatz 1 anzuwenden. Die Mitteilung des Anbieters an den Zulageberechtigten nach § 90 Abs. 1 Satz 3 des Einkommensteuergesetzes kann mit der Bescheinigung nach § 92 des Einkommensteuergesetzes erfolgen.

§ 2 Technisches Übermittlungsformat

(1) Die Datensätze sind im XML-Format zu übermitteln.

(2) Der codierte Zeichensatz für eine nach § 10a oder Abschnitt XI des Einkommensteuergesetzes oder nach einer im Abschnitt 2 dieser Verordnung vorzunehmenden Datenübermittlung hat vorbehaltlich der Sätze 2 und 3 den Anforderungen der DIN 66303, Ausgabe Juni 2000, zu entsprechen. Die zentrale Stelle kann für einzelne oder alle Datensätze die Verwendung eines anderen Zeichensatzes und die dafür erforderliche Codierung bestimmen. Der Zeitpunkt der erstmaligen Verwendung wird mindestens sechs Monate vorher durch das Bundesministerium der Finanzen im Bundessteuerblatt bekannt gegeben.

(3) Der codierte Zeichensatz für eine Datenübermittlung nach

1. § 10 Absatz 2a, 2b und 4b oder § 22a des Einkommensteuergesetzes,
2. § 32b Absatz 3 des Einkommensteuergesetzes, soweit auf § 22a des Einkommensteuergesetzes verwiesen wird, oder
3. den Abschnitten 3 und 4 dieser Verordnung

hat vorbehaltlich des Satzes 2 den Anforderungen der ISO/IEC 8859-15, Ausgabe März 1999, zu entsprechen. Absatz 2 Satz 2 und 3 gilt entsprechend.

§ 2a DIN- und ISO/IEC-Normen

DIN- und ISO/IEC-Normen, auf die in dieser Verordnung verwiesen wird, sind im Beuth-Verlag GmbH, Berlin und Köln, erschienen und beim Deutschen Patent- und Markenamt in München archivmäßig gesichert niedergelegt.

§ 3 Verfahren der Datenübermittlung, Schnittstellen

(1) Die Übermittlung der Datensätze hat durch Datenfernübertragung zu erfolgen.

(1a) Bei der elektronischen Übermittlung sind die für den jeweiligen Besteuerungszeitraum oder -zeitpunkt bestimmten Schnittstellen ordnungsgemäß zu bedienen. Die für die Datenübermittlung erforderlichen Schnittstellen und die dazugehörige Dokumentation werden über das Internet in einem geschützten Bereich der zentralen Stelle zur Verfügung gestellt.

(2) Werden Mängel festgestellt, die eine ordnungsgemäße Übernahme der Daten beeinträchtigen, kann die Übernahme der Daten abgelehnt werden. Der Absender ist über die Mängel zu unterrichten.

(3) Die technischen Einrichtungen für die Datenübermittlung stellt jede übermittelnde Stelle für ihren Bereich bereit.

§ 4 Übermittlung durch Datenfernübertragung

(1) Bei der Datenfernübertragung sind dem jeweiligen Stand der Technik entsprechende Maßnahmen zur Sicherstellung von Datenschutz und Datensicherheit zu treffen, die insbesondere die Vertraulichkeit und Unversehrtheit der Daten sowie die Authentifizierung der übermittelnden und empfangenden Stelle gewährleisten. Bei der Nutzung allgemein zugänglicher Netze sind Verschlüsselungsverfahren zu verwenden. Die zentrale Stelle bestimmt das einzusetzende Verschlüsselungsverfahren, das dem jeweiligen Stand der Technik entsprechen muss.

(2) Die zentrale Stelle bestimmt den zu nutzenden Übertragungsweg. Hierbei soll der Übertragungsweg zugelassen werden, der von den an der Datenübermittlung Beteiligten gewünscht wird.

(3) Die erforderlichen Daten können unter den Voraussetzungen der Artikel 28 und 29 der Verordnung (EU) 2016/679 des Europäischen Parlaments und des Rates vom 27. April 2016 zum Schutz natürlicher Personen bei der Verarbeitung personenbezogener Daten, zum freien

Datenverkehr und zur Aufhebung der Richtlinie 95/46/EG (Datenschutz-Grundverordnung) (ABl. L 119 vom 4.5.2016, S. 1; L 314 vom 22.11.2016, S. 72) in der jeweils geltenden Fassung durch einen Auftragnehmer der übermittelnden Stelle an die zentrale Stelle übertragen werden. Geeignet ist ein Auftragnehmer, der die Anforderungen an den Datenschutz und die Datensicherheit gemäß dieser Verordnung erfüllt.

(4) Der nach Absatz 3 mit der Datenfernübertragung beauftragte Auftragnehmer gilt als Empfangsbevollmächtigter für Mitteilungen der zentralen Stelle an den Auftraggeber, solange dieser nicht widerspricht.

§ 5 Identifikation der am Verfahren Beteiligten

(1) Der Anbieter, die zuständige Stelle und die Familienkassen haben der zentralen Stelle auf Anforderung anzuzeigen:

1. die Kundenart,
2. den Namen und die Anschrift,
3. soweit erforderlich die E-Mail-Adresse,
4. die Telefon- und soweit vorhanden die Telefaxnummer,
5. die Betriebsnummer und
6. die Art der Verbindung.

(2) Der Anbieter hat zusätzlich zu den in Absatz 1 aufgeführten Angaben eine Zertifizierungsnummer sowie die Bankverbindung, über welche die Zulagenzahlungen abgewickelt werden sollen, anzuzeigen. Hat der Anbieter ausschließlich Daten nach § 10 Absatz 2a, 2b und 4b des Einkommensteuergesetzes zu übermitteln, ist die Angabe der Bankverbindung nicht erforderlich.

(2a) Die Familienkassen haben zusätzlich zu den in Absatz 1 aufgeführten Angaben eine von ihnen im Außenverhältnis gegenüber dem Kindergeldempfänger verwendete Kurzbezeichnung der Familienkasse anzuzeigen.

(3) Im Fall der Beauftragung eines Auftragnehmers (§ 4 Abs. 3) hat der Auftraggeber der zentralen Stelle auch die in Absatz 1 genannten Daten des Auftragnehmers anzuzeigen. Eine Mandanten- oder Institutionsnummer des Beteiligten beim Auftragnehmer ist ebenfalls anzuzeigen.

(4) Die am Verfahren Beteiligten (übermittelnde Stellen und ihre Auftragnehmer) erhalten von der zentralen Stelle eine Kundennummer

und ein Passwort, die den Zugriff auf den geschützten Bereich des Internets der zentralen Stelle ermöglichen.

(5) Jede Änderung der in den Absätzen 1 bis 3 genannten Daten ist der zentralen Stelle von dem am Verfahren Beteiligten unter Angabe der Kundennummer (Absatz 4) unverzüglich anzuzeigen.

(6) Die Absätze 1 und 3 bis 5 gelten für die mitteilungspflichtigen Stellen im Sinne des § 10 Absatz 2a, 2b und 4b, § 22a Absatz 1 Satz 1 und § 32b Absatz 3 des Einkommensteuergesetzes entsprechend.

§§ 6 – 19 Abschnitt 2 Vorschriften zur Altersvorsorge nach § 10a oder Abschnitt XI des Einkommensteuergesetzes

§§ 6 – 13 Unterabschnitt 1 Mitteilungs- und Anzeigepflichten

§ 6 Mitteilungspflichten des Arbeitgebers

(1) Der Arbeitgeber hat der Versorgungseinrichtung (Pensionsfonds, Pensionskasse, Direktversicherung), die für ihn die betriebliche Altersversorgung durchführt, spätestens zwei Monate nach Ablauf des Kalenderjahres oder nach Beendigung des Dienstverhältnisses im Laufe des Kalenderjahres mitzuteilen, in welcher Höhe die für den einzelnen Arbeitnehmer geleisteten Beiträge individuell besteuert wurden. Die Mitteilungspflicht des Arbeitgebers kann durch einen Auftragnehmer wahrgenommen werden.

(2) Eine Mitteilung nach Absatz 1 kann unterbleiben, wenn die Versorgungseinrichtung dem Arbeitgeber mitgeteilt hat, dass

1. sie die Höhe der individuell besteuerten Beiträge bereits kennt oder aus den bei ihr vorhandenen Daten feststellen kann oder
2. eine Förderung nach § 10a oder Abschnitt XI des Einkommensteuergesetzes nicht möglich ist.

(3) Der Arbeitnehmer kann gegenüber der Versorgungseinrichtung für die individuell besteuerten Beiträge insgesamt auf die Förderung nach

§ 10a oder Abschnitt XI des Einkommensteuergesetzes verzichten; der Verzicht kann für die Zukunft widerrufen werden.

(4) Soweit eine Mitteilung nach Absatz 1 unterblieben ist und die Voraussetzungen des Absatzes 2 Nr. 1 nicht vorliegen oder der Arbeitnehmer nach Absatz 3 verzichtet hat, hat die Versorgungseinrichtung davon auszugehen, dass es sich nicht um Altersvorsorgebeiträge im Sinne des § 82 Abs. 2 des Einkommensteuergesetzes handelt.

§ 7 Besondere Mitteilungspflichten der zuständigen Stelle

(1) Beantragt ein Steuerpflichtiger, der zu dem in § 10a Abs. 1 Satz 1 zweiter Halbsatz des Einkommensteuergesetzes bezeichneten Personenkreis gehört, über die für ihn zuständige Stelle (§ 81a des Einkommensteuergesetzes) eine Zulagennummer (§ 10a Abs. 1a des Einkommensteuergesetzes), übermittelt die zuständige Stelle die Angaben des Steuerpflichtigen an die zentrale Stelle. Für Empfänger einer Versorgung im Sinne des § 10a Abs. 1 Satz 4 des Einkommensteuergesetzes gilt Satz 1 entsprechend.

(2) Hat der Steuerpflichtige die nach § 10a Abs. 1 Satz 1 zweiter Halbsatz des Einkommensteuergesetzes erforderliche Einwilligung erteilt, hat die zuständige Stelle die Zugehörigkeit des Steuerpflichtigen zum begünstigten Personenkreis für das Beitragsjahr zu bestätigen und die für die Ermittlung des Mindesteigenbeitrags und für die Gewährung der Kinderzulage erforderlichen Daten an die zentrale Stelle zu übermitteln. Sind für ein Beitragsjahr oder für das vorangegangene Kalenderjahr mehrere zuständige Stellen nach § 91 Abs. 2 des Einkommensteuergesetzes zur Meldung der Daten nach § 10a Abs. 1 Satz 1 zweiter Halbsatz des Einkommensteuergesetzes verpflichtet, meldet jede zuständige Stelle die Daten für den Zeitraum, für den jeweils das Beschäftigungs-, Amts- oder Dienstverhältnis bestand und auf den sich jeweils die zu übermittelnden Daten beziehen. Gehört der Steuerpflichtige im Beitragsjahr nicht mehr zum berechtigten Personenkreis im Sinne des § 10a Abs. 1 Satz 1 zweiter Halbsatz des Einkommensteuergesetzes oder ist er nicht mehr Empfänger einer Versorgung im Sinne des § 10a Abs. 1 Satz 4 des Einkommensteuergesetzes oder hat er im Beitragsjahr erstmalig einen Altersvorsorgevertrag (§ 82 Abs. 1 des Einkommensteuergesetzes) abgeschlossen, hat die zuständige Stelle die für die Ermittlung des Mindesteigenbeitrags erforderlichen Daten an die zentrale Stelle zu übermitteln, wenn ihr eine Einwilligung des Steuerpflichtigen vorliegt. Sind die zuständige Stelle und die Familienkasse verschiedenen ju-

ristischen Personen zugeordnet, entfällt die Meldung der kinderbezogenen Daten nach Satz 1. In den anderen Fällen kann eine Übermittlung der Kinderdaten durch die zuständige Stelle entfallen, wenn sichergestellt ist, dass die Familienkasse die für die Gewährung der Kinderzulage erforderlichen Daten an die zentrale Stelle übermittelt oder ein Datenabgleich (§ 91 Abs. 1 Satz 1 erster Halbsatz des Einkommensteuergesetzes) erfolgt.

(3) Hat die zuständige Stelle die für die Gewährung der Kinderzulage erforderlichen Daten an die zentrale Stelle übermittelt (§ 91 Abs. 2 des Einkommensteuergesetzes) und wird für diesen gemeldeten Zeitraum das Kindergeld insgesamt zurückgefordert, hat die zuständige Stelle dies der zentralen Stelle bis zum 31. März des Kalenderjahres, das dem Kalenderjahr der Rückforderung folgt, mitzuteilen.

§ 8 *(weggefallen)*

§ 9 Besondere Mitteilungspflicht der Familienkasse

Hat die zuständige Familienkasse der zentralen Stelle die Daten für die Gewährung der Kinderzulage übermittelt und wird für diesen gemeldeten Zeitraum das Kindergeld insgesamt zurückgefordert, hat die Familienkasse dies der zentralen Stelle unverzüglich mitzuteilen.

§ 10 Besondere Mitteilungspflichten des Anbieters

(1) Der Anbieter hat die vom Antragsteller im Zulageantrag anzugebenden Daten sowie die Mitteilungen nach § 89 Abs. 1 Satz 5 des Einkommensteuergesetzes zu erfassen und an die zentrale Stelle zu übermitteln. Erfolgt eine Datenübermittlung nach § 89 Abs. 3 des Einkommensteuergesetzes, gilt Satz 1 entsprechend.

(2) Der Anbieter hat einen ihm bekannt gewordenen Tatbestand des § 95 Absatz 1 des Einkommensteuergesetzes der zentralen Stelle mitzuteilen. Wenn dem Anbieter ausschließlich eine Anschrift des Zulageberechtigten außerhalb der Mitgliedstaaten der Europäischen Union und der Staaten, auf die das Abkommen über den Europäischen Wirtschaftsraum (EWR-Abkommen) anwendbar ist, bekannt ist, teilt er dies der zentralen Stelle mit.

(3) Der Anbieter hat der zentralen Stelle die Zahlung des nach § 90 Abs. 3 Satz 3 des Einkommensteuergesetzes abzuführenden Rückforderungsbetrages und des nach § 94 Abs. 1 Satz 3 des Einkommen-

steuergesetzes abzuführenden Rückzahlungsbetrages, jeweils bezogen auf den Zulageberechtigten, sowie die Zahlung von ihm geschuldeter Verspätungs- oder Säumniszuschläge mitzuteilen.

§ 11 Anbieterwechsel

(1) Im Fall der Übertragung von Altersvorsorgevermögen nach § 1 Abs. 1 Satz 1 Nr. 10 Buchstabe b des Altersvorsorgeverträge-Zertifizierungsgesetzes sowie in den Fällen des § 93 Abs. 1 Satz 4 Buchstabe c, Abs. 1a Satz 1 und 2 oder Abs. 2 Satz 2 und 3 des Einkommensteuergesetzes hat der Anbieter des bisherigen Vertrags dem Anbieter des neuen Vertrags die in § 92 des Einkommensteuergesetzes genannten Daten einschließlich der auf den Zeitpunkt der Übertragung fortgeschriebenen Beträge im Sinne des § 19 Abs. 1 und 2 mitzuteilen. Dies gilt auch bei einer Übertragung von ausschließlich ungefördertem Altersvorsorgevermögen, die mit einer Übertragung nach § 93 Absatz 1a Satz 1 des Einkommensteuergesetzes vergleichbar ist. Bei der Übermittlung hat er die bisherige Vertragsnummer, die Zertifizierungsnummer und die Anbieternummer anzugeben. Der Anbieter des bisherigen Vertrags kann die Mitteilung nach Satz 1 über die zentrale Stelle dem Anbieter des neuen Vertrags übermitteln. Die zentrale Stelle leitet die Mitteilung ohne inhaltliche Prüfung an den Anbieter des neuen Vertrags. Der Anbieter des bisherigen Vertrags hat den Anbieter des neuen Vertrags über eine Abweisung eines Datensatzes nach § 12 Abs. 1 Satz 3 oder 4 unverzüglich zu unterrichten.

(2) Wird das Altersvorsorgevermögen im laufenden Beitragsjahr vollständig auf einen neuen Anbieter übertragen, ist dieser Anbieter zur Ausstellung der Bescheinigung nach § 92 des Einkommensteuergesetzes sowie zur Übermittlung der Daten nach § 10a Abs. 5 des Einkommensteuergesetzes an die zentrale Stelle für das gesamte Beitragsjahr verpflichtet.

(3) Bei Übertragungen von Altersvorsorgevermögen nach Absatz 1 Satz 1 oder Satz 2 haben der Anbieter des bisherigen Vertrags sowie der Anbieter des neuen Vertrags die Übertragung der zentralen Stelle mitzuteilen. Bei einer Übertragung von gefördertem Altersvorsorgevermögen nach § 82 Absatz 1 Satz 4 des Einkommensteuergesetzes hat der Anbieter des neuen Vertrags dies der zentralen Stelle ergänzend mitzuteilen. Bei einer Übertragung von Altersvorsorgevermögen nach § 93 Absatz 1a Satz 2 des Einkommensteuergesetzes oder bei einer Übertragung von ausschließlich ungefördertem Altersvorsorgevermögen, die mit einer Übertragung nach § 93 Absatz 1a Satz 2 des

Einkommensteuergesetzes vergleichbar ist, hat der Anbieter des bisherigen Vertrags die Übertragung der zentralen Stelle mitzuteilen. Bei einer Übertragung nach § 93 Absatz 1a Satz 1 oder Satz 2 des Einkommensteuergesetzes oder bei einer Übertragung von ausschließlich ungefördertem Altersvorsorgevermögen, die mit einer Übertragung nach § 93 Absatz 1a Satz 1 oder Satz 2 des Einkommensteuergesetzes vergleichbar ist, hat der Anbieter des bisherigen Vertrags der zentralen Stelle außerdem die vom Familiengericht angegebene Ehezeit oder die Lebenspartnerschaftszeit mitzuteilen.

(4) Wird Altersvorsorgevermögen auf Grund vertraglicher Vereinbarung nur teilweise auf einen anderen Vertrag übertragen, gehen Zulagen, Beiträge und Erträge anteilig auf den neuen Vertrag über. Die Absätze 1 und 3 gelten entsprechend.

(5) *(weggefallen)*

§ 12 Besondere Mitteilungspflichten der zentralen Stelle gegenüber dem Anbieter

(1) Die zentrale Stelle hat dem Anbieter das Ermittlungsergebnis (§ 90 Abs. 1 Satz 1 des Einkommensteuergesetzes) mitzuteilen. Die Mitteilung steht unter dem Vorbehalt der Nachprüfung (§ 164 der Abgabenordnung). Das Ermittlungsergebnis kann auch durch Abweisung des nach § 89 Abs. 2 des Einkommensteuergesetzes übermittelten Datensatzes, der um eine in dem vom Bundesministerium der Finanzen veröffentlichten Fehlerkatalog besonders gekennzeichnete Fehlermeldung ergänzt wird, übermittelt werden. Ist der Datensatz nach § 89 Abs. 2 des Einkommensteuergesetzes auf Grund von unzureichenden oder fehlerhaften Angaben des Zulageberechtigten abgewiesen sowie um eine Fehlermeldung ergänzt worden und werden die Angaben innerhalb der Antragsfrist des § 89 Abs. 1 Satz 1 des Einkommensteuergesetzes von dem Zulageberechtigten an den Anbieter nicht nachgereicht, gilt auch diese Abweisung des Datensatzes als Übermittlung des Ermittlungsergebnisses.

(2) Die zentrale Stelle hat dem Anbieter die Auszahlung der Zulage nach § 90 Abs. 2 Satz 1 des Einkommensteuergesetzes und § 15, jeweils bezogen auf den Zulageberechtigten, mitzuteilen. Mit Zugang der Mitteilung nach Satz 1 entfällt der Vorbehalt der Nachprüfung der Mitteilung nach Absatz 1 Satz 2. Die zentrale Stelle kann eine Mahnung (§ 259 der Abgabenordnung) nach amtlich vorgeschriebenem Datensatz an den Anbieter übermitteln.

(3) Wird der Rückzahlungsbetrag nach § 95 Abs. 3 Satz 1 des Einkommensteuergesetzes erlassen, hat die zentrale Stelle dies dem Anbieter mitzuteilen.

§ 13 Anzeigepflichten des Zulageberechtigten

(1) *(weggefallen)*

(2) Liegt ein Tatbestand des § 95 Absatz 1 des Einkommensteuergesetzes vor, hat der Zulageberechtigte dies dem Anbieter auch dann anzuzeigen, wenn aus dem Vertrag bereits Leistungen bezogen werden.

§§ 14 – 17 Unterabschnitt 2 Ermittlung, Festsetzung, Auszahlung, Rückforderung und Rückzahlung der Zulagen

§ 14 Nachweis der Rentenversicherungspflicht und der Höhe der maßgebenden Einnahmen

(1) Weichen die Angaben des Zulageberechtigten zur Rentenversicherungspflicht oder zu den beitragspflichtigen Einnahmen oder zu der bezogenen Rente wegen voller Erwerbsminderung oder Erwerbsunfähigkeit im Sinne des Sechsten Buches Sozialgesetzbuch – Gesetzliche Rentenversicherung – in der Fassung der Bekanntmachung vom 19. Februar 2002 (BGBl. I S. 754, 1404, 3384), zuletzt geändert durch Artikel 5 des Gesetzes vom 23. Juli 2002 (BGBl. I S. 2787), in der jeweils geltenden Fassung von den nach § 91 Abs. 1 Satz 1 des Einkommensteuergesetzes übermittelten Angaben des zuständigen Sozialversicherungsträgers ab, sind für den Nachweis der Rentenversicherungspflicht oder die Berechnung des Mindesteigenbeitrags die Angaben des zuständigen Sozialversicherungsträgers maßgebend. Für die von der landwirtschaftlichen Alterskasse übermittelten Angaben gilt Satz 1 entsprechend. Wird abweichend vom tatsächlich erzielten Entgelt oder vom Zahlbetrag der Entgeltersatzleistung ein höherer Betrag als beitragspflichtige Einnahmen im Sinne des § 86 Abs. 1 Satz 2 Nr. 1 des Einkommensteuergesetzes berücksichtigt und stimmen der vom Zulageberechtigten angegebene und der bei dem zuständigen Sozialversicherungsträger ermittelte Zeitraum überein, ist Satz 1 insoweit

nicht anzuwenden. Im Festsetzungsverfahren ist dem Zulageberechtigten Gelegenheit zu geben, eine Klärung mit dem Sozialversicherungsträger herbeizuführen.

(2) Liegt der zentralen Stelle eine Bestätigung der zuständigen Stelle über die Zugehörigkeit des Zulageberechtigten zu dem in § 10a Abs. 1 Satz 1 Nr. 1 bis 5 und Satz 4 des Einkommensteuergesetzes genannten Personenkreis vor, gilt Absatz 1 entsprechend.

§ 15 Auszahlung der Zulage

Die Zulagen werden jeweils am 15. der Monate Februar, Mai, August und November eines Jahres zur Zahlung angewiesen. Zum jeweiligen Auszahlungstermin werden angewiesen:

a) Zulagen, die bis zum Ablauf des dem Auszahlungstermin vorangegangenen Kalendervierteljahres über den Anbieter beantragt worden sind und von der zentralen Stelle bis zum Ablauf des dem Auszahlungstermin vorangehenden Kalendermonats ermittelt wurden,

b) Erhöhungen von Zulagen, die bis zum Ablauf des dem Auszahlungstermin vorangehenden Kalendervierteljahres ermittelt oder festgesetzt wurden.

§ 16 Kleinbetragsgrenze für Rückforderungen gegenüber dem Zulageberechtigten

Ein Rückzahlungsbetrag nach § 94 Abs. 2 des Einkommensteuergesetzes, der nicht über den Anbieter zurückgefordert werden kann, wird nur festgesetzt, wenn die Rückforderung mindestens 10 Euro beträgt.

§ 17 Vollstreckung von Bescheiden über Forderungen der zentralen Stelle

Bescheide über Forderungen der zentralen Stelle werden von den Hauptzollämtern vollstreckt. Zuständig ist das Hauptzollamt, in dessen Vollstreckungsbezirk der Schuldner oder die Schuldnerin einen Wohnsitz oder gewöhnlichen Aufenthalt hat. Mangelt es an einem Wohnsitz oder gewöhnlichen Aufenthalt im Inland, ist das Hauptzollamt Potsdam zuständig. Über die Niederschlagung (§ 261 der Abgabenordnung) entscheidet die zentrale Stelle.

§§ 18 – 19 Unterabschnitt 3 Bescheinigungs-, Aufzeichnungs- und Aufbewahrungspflichten

§ 18 Erteilung der Anbieterbescheinigungen

(1) Werden Bescheinigungen nach § 22 Nr. 5 Satz 7, § 92 oder § 94 Abs. 1 Satz 4 des Einkommensteuergesetzes mit Hilfe automatischer Einrichtungen erstellt, können Unterschrift und Namenswiedergabe des Anbieters oder des Vertretungsberechtigten fehlen.

(2) Wird die Bescheinigung nach § 92 oder § 94 Abs. 1 Satz 4 des Einkommensteuergesetzes durch die Post übermittelt, ist das Datum der Aufgabe zur Post auf der Bescheinigung anzugeben. Für die Berechnung der Frist nach § 90 Abs. 4 Satz 2 des Einkommensteuergesetzes ist § 122 Abs. 2 und 2a der Abgabenordnung sinngemäß anzuwenden.

§ 19 Aufzeichnungs- und Aufbewahrungspflichten

(1) Der Anbieter nach § 1 Abs. 2 des Altersvorsorgeverträge- Zertifizierungsgesetzes hat für jedes Kalenderjahr Aufzeichnungen zu führen über

1. Name und Anschrift des Anlegers,
2. Vertragsnummer und Vertragsdatum,
3. Altersvorsorgebeiträge, auf die § 10a oder Abschnitt XI des Einkommensteuergesetzes angewendet wurde,
4. dem Vertrag gutgeschriebene Zulagen,
5. dem Vertrag insgesamt gutgeschriebene Erträge,
6. Beiträge, auf die § 10a oder Abschnitt XI des Einkommensteuergesetzes nicht angewendet wurde,
7. Beiträge und Zulagen, die zur Absicherung der verminderten Erwerbsfähigkeit verwendet wurden
8. Beiträge und Zulagen, die zur Hinterbliebenenabsicherung im Sinne des § 1 Abs. 1 Satz 1 Nr. 2 des Altersvorsorgeverträge-Zertifizierungsgesetzes oder § 1 Abs. 1 Satz 1 Nr. 6 des Altersvorsorgeverträge-Zertifizierungsgesetzes in der bis zum 31. Dezember 2004 geltenden Fassung verwendet wurden, und
9. die im Wohnförderkonto (§ 92a Abs. 2 Satz 1 des Einkommensteuergesetzes) zu berücksichtigenden Beträge.

Werden zugunsten des Altersvorsorgevertrags auch nicht geförderte Beiträge geleistet, sind die Erträge anteilig den geförderten und den nicht geförderten Beiträgen zuzuordnen und entsprechend aufzuzeichnen. Die auf den 31. Dezember des jeweiligen Kalenderjahres fortgeschriebenen Beträge sind gesondert aufzuzeichnen.

(2) Für einen Anbieter nach § 80 zweite Alternative des Einkommensteuergesetzes gilt Absatz 1 sinngemäß. Darüber hinaus hat er Aufzeichnungen zu führen über

1. Beiträge, auf die § 3 Nr. 63 des Einkommensteuergesetzes angewendet wurde; hierzu gehören auch die Beiträge im Sinne des § 5 Abs. 3 Satz 2 der Lohnsteuer-Durchführungsverordnung,

2. Beiträge, auf die § 40b des Einkommensteuergesetzes in der am 31. Dezember 2004 geltenden Fassung angewendet wurde, und

3. Leistungen, auf die § 3 Nr. 66 des Einkommensteuergesetzes angewendet wurde.

(3) Für die Aufbewahrung der Aufzeichnungen nach den Absätzen 1 und 2, der Mitteilungen nach § 5 Abs. 2 der Lohnsteuer-Durchführungsverordnung und des Antrags auf Altersvorsorgezulage oder der einer Antragstellung nach § 89 Abs. 3 des Einkommensteuergesetzes zugrunde liegenden Unterlagen gilt § 147 Abs. 3 der Abgabenordnung entsprechend. Die Unterlagen sind spätestens am Ende des zehnten Kalenderjahres zu löschen oder zu vernichten, das auf die Mitteilung nach § 22 Nr. 5 Satz 7 des Einkommensteuergesetzes folgt. Satz 2 gilt nicht, soweit die Löschung oder Vernichtung schutzwürdige Interessen des Anlegers oder die Wahrnehmung von Aufgaben oder berechtigten Interessen des Anbieters beeinträchtigen würde.

(3a) Unterlagen über die Auszahlung des Altersvorsorge- Eigenheimbetrages im Sinne des § 92a Absatz 1 Satz 1 des Einkommensteuergesetzes sowie Unterlagen, die eine wohnungswirtschaftliche Verwendung im Sinne des § 92a Absatz 1 Satz 1 des Einkommensteuergesetzes nach dem 31. Dezember 2007 eines Darlehens im Sinne des § 1 Absatz 1a des Altersvorsorgeverträge-Zertifizierungsgesetzes nachweisen, sind für die Dauer von zehn Jahren nach der Auflösung oder der Schließung des für den Altersvorsorgevertrag geführten Wohnförderkontos (§ 92a Absatz 2 Satz 1 des Einkommensteuergesetzes) aufzubewahren.

(4) Nach Absatz 3 Satz 1 und Absatz 3a aufzubewahrende schriftliche Unterlagen können als Wiedergabe auf einem Bild- oder ande-

ren dauerhaften Datenträger aufbewahrt werden, wenn sichergestellt ist, dass

1. die Wiedergabe während der Dauer der Aufbewahrungsfrist verfügbar bleibt und innerhalb angemessener Zeit lesbar gemacht werden kann und
2. die lesbar gemachte Wiedergabe mit der schriftlichen Unterlage bildlich und inhaltlich übereinstimmt.

Das Vorliegen der Voraussetzung nach Satz 1 Nr. 2 ist vor der Vernichtung der schriftlichen Unterlage zu dokumentieren.

(5) Sonstige Vorschriften über Aufzeichnungs- und Aufbewahrungspflichten bleiben unberührt.

(6) Der Anbieter hat der zentralen Stelle auf Anforderung den Inhalt der Aufzeichnungen mitzuteilen und die für die Überprüfung der Zulage erforderlichen Unterlagen zur Verfügung zu stellen.

...

Sozialversicherungsentgeltverordnung (SvEV)

Verordnung über die sozialversicherungsrechtliche Beurteilung von Zuwendungen des Arbeitgebers als Arbeitsentgelt vom 21.12.2006 (BGBl. I 2006, S. 3385)

Zuletzt geändert durch die Elfte Verordnung zur Änderung der Sozialversicherungsentgeltverordnung vom 29. November 2019 (BGBl I 2019, S. 1997)

– Auszug –

§ 1 Dem sozialversicherungspflichtigen Arbeitsentgelt nicht zuzurechnende Zuwendungen

(1) Dem Arbeitsentgelt sind nicht zuzurechnen:

1. einmalige Einnahmen, laufende Zulagen, Zuschläge, Zuschüsse sowie ähnliche Einnahmen, die zusätzlich zu Löhnen oder Gehältern gewährt werden, soweit sie lohnsteuerfrei sind; dies gilt nicht für Sonntags-, Feiertags- und Nachtarbeitszuschläge, soweit das Entgelt, auf dem sie berechnet werden, mehr als 25 Euro für jede Stunde beträgt,
2. sonstige Bezüge nach § 40 Abs. 1 Satz 1 Nr. 1 des Einkommensteuergesetzes, die nicht einmalig gezahltes Arbeitsentgelt nach § 23a des Vierten Buches Sozialgesetzbuch sind,
3. Einnahmen nach § 40 Abs. 2 des Einkommensteuergesetzes,
4. Beiträge nach § 40b des Einkommensteuergesetzes in der am 31. Dezember 2004 geltenden Fassung, die zusätzlich zu Löhnen und Gehältern gewährt werden; dies gilt auch für darin enthaltene Beiträge, die aus einer Entgeltumwandlung (§ 1 Abs. 2 Nr. 3 des Betriebsrentengesetzes) stammen,
4a. Zuwendungen nach § 3 Nr. 56 und § 40b des Einkommensteuergesetzes, die zusätzlich zu Löhnen und Gehältern gewährt werden und für die Satz 3 und 4 nichts Abweichendes bestimmen,
5. Beträge nach § 10 des Entgeltfortzahlungsgesetzes,

Sozialversicherungsentgeltverordnung (SvEV)

6. Zuschüsse zum Mutterschaftsgeld nach § 20 des Mutterschutzgesetzes,
7. in den Fällen des § 3 Abs. 3 der vom Arbeitgeber insoweit übernommene Teil des Gesamtsozialversicherungsbeitrags,
8. Zuschüsse des Arbeitgebers zum Kurzarbeitergeld und Saison-Kurzarbeitergeld, soweit sie zusammen mit dem Kurzarbeitergeld 80 Prozent des Unterschiedsbetrages zwischen dem Sollentgelt und dem Ist-Entgelt nach § 106 des Dritten Buches Sozialgesetzbuch nicht übersteigen,
9. steuerfreie Zuwendungen an Pensionskassen, Pensionsfonds oder Direktversicherungen nach § 3 Nr. 63 Satz 1 und 2 sowie § 100 Absatz 6 Satz 1 des Einkommensteuergesetzes im Kalenderjahr bis zur Höhe von insgesamt 4 Prozent der Beitragsbemessungsgrenze in der allgemeinen Rentenversicherung; dies gilt auch für darin enthaltene Beträge, die aus einer Entgeltumwandlung (§ 1 Abs. 2 Nr. 3 des Betriebsrentengesetzes) stammen.
10. Leistungen eines Arbeitgebers oder einer Unterstützungskasse an einen Pensionsfonds zur Übernahme bestehender Versorgungsverpflichtungen oder Versorgungsanwartschaften durch den Pensionsfonds, soweit diese nach § 3 Nr. 66 des Einkommensteuergesetzes steuerfrei sind,
11. steuerlich nicht belastete Zuwendungen des Beschäftigten zugunsten von durch Naturkatastrophen im Inland Geschädigten aus Arbeitsentgelt einschließlich Wertguthaben,
12. Sonderzahlungen nach § 19 Absatz 1 Satz 1 Nummer 3 Satz 2 bis 4 des Einkommensteuergesetzes der Arbeitgeber zur Deckung eines finanziellen Fehlbetrages an die Einrichtungen, für die Satz 3 gilt.
13. Sachprämien nach § 37a des Einkommensteuergesetzes,
14. Zuwendungen nach § 37h Abs. 1 des Einkommensteuergesetzes, soweit die Zuwendungen an Arbeitnehmer eines Dritten erbracht werden und diese Arbeitnehmer nicht Arbeitnehmer eines mit dem Zuwendenden verbundenen Unternehmens sind,
15. vom Arbeitgeber getragene oder übernommene Studiengebühren für ein Studium des Beschäftigten, soweit sie steuerrechtlich kein Arbeitslohn sind,
16. steuerfreie Aufwandsentschädigungen und die in § 3 Nummer 26 und 26a des Einkommensteuergesetzes genannten steuerfreien Einnahmen.

Dem Arbeitsentgelt sind die in Satz 1 Nummer 1 bis 4a, 9 bis 11, 13, 15 und 16 genannten Einnahmen, Zuwendungen und Leistungen nur dann nicht zuzurechnen, soweit diese vom Arbeitgeber oder von einem Dritten mit der Entgeltabrechnung für den jeweiligen Abrechnungszeitraum lohnsteuerfrei belassen oder pauschal besteuert werden. Die Summe der in Satz 1 Nr. 4a genannten Zuwendungen nach § 3 Nr. 56 und § 40b des Einkommensteuergesetzes, die vom Arbeitgeber oder von einem Dritten mit der Entgeltabrechnung für den jeweiligen Abrechnungszeitraum lohnsteuerfrei belassen oder pauschal besteuert werden, höchstens jedoch monatlich 100 Euro, sind bis zur Höhe von 2,5 Prozent des für ihre Bemessung maßgebenden Entgelts dem Arbeitsentgelt zuzurechnen, wenn die Versorgungsregelung mindestens bis zum 31. Dezember 2000 vor der Anwendung etwaiger Nettobegrenzungsregelungen eine allgemein erreichbare Gesamtversorgung von mindestens 75 Prozent des gesamtversorgungsfähigen Entgelts und nach dem Eintritt des Versorgungsfalles eine Anpassung nach Maßgabe der Entwicklung der Arbeitsentgelte im Bereich der entsprechenden Versorgungsregelung oder gesetzlicher Versorgungsbezüge vorsieht; die dem Arbeitsentgelt zuzurechnenden Beiträge und Zuwendungen vermindern sich um monatlich 13,30 Euro. Satz 3 gilt mit der Maßgabe, dass die Zuwendungen nach § 3 Nr. 56 und § 40b des Einkommensteuergesetzes dem Arbeitsentgelt insoweit zugerechnet werden, als sie in der Summe monatlich 100 Euro übersteigen.

(2) In der gesetzlichen Unfallversicherung und in der Seefahrt sind auch lohnsteuerfreie Zuschläge für Sonntags-, Feiertags- und Nachtarbeit dem Arbeitsentgelt zuzurechnen; dies gilt in der Unfallversicherung nicht für Erwerbseinkommen, das bei einer Hinterbliebenenrente zu berücksichtigen ist.

...

Körperschaftsteuer-Durchführungsverordnung (KStDV)

vom 22. Februar 1996 (BGBl. I 1996, S. 365),

zuletzt geändert durch das Gesetz zur Modernisierung der Finanzaufsicht über Versicherungen vom 01. April 2015 (BGBl I 2015, S. 434)

§§ 1 – 3 Zu § 5 Abs. 1 Nr. 3 des Gesetzes

§ 1 Allgemeines

Rechtsfähige Pensions-, Sterbe-, Kranken- und Unterstützungskassen sind nur dann eine soziale Einrichtung im Sinne des § 5 Abs. 1 Nr. 3 Buchstabe b des Gesetzes, wenn sie die folgenden Voraussetzungen erfüllen:

1. Die Leistungsempfänger dürfen sich in der Mehrzahl nicht aus dem Unternehmer oder dessen Angehörigen und bei Gesellschaften in der Mehrzahl nicht aus den Gesellschaftern oder deren Angehörigen zusammensetzen.
2. Bei Auflösung der Kasse darf ihr Vermögen vorbehaltlich der Regelung in § 6 des Gesetzes satzungsmäßig nur den Leistungsempfängern oder deren Angehörigen zugute kommen oder für ausschließlich gemeinnützige oder mildtätige Zwecke verwendet werden.
3. Außerdem müssen bei Kassen mit Rechtsanspruch der Leistungsempfänger die Voraussetzungen des § 2, bei Kassen ohne Rechtsanspruch der Leistungsempfänger die Voraussetzungen des § 3 erfüllt sein.

§ 2 Kassen mit Rechtsanspruch der Leistungsempfänger

(1) Bei rechtsfähigen Pensions- oder Sterbekassen, die den Leistungsempfängern einen Rechtsanspruch gewähren, dürfen die jeweils erreichten Rechtsansprüche der Leistungsempfänger vorbehaltlich des Absatzes 2 die folgenden Beträge nicht übersteigen:

als Pension 25 769 Euro jährlich,

als Witwengeld 17 179 Euro jährlich,

als Waisengeld 5 154 Euro jährlich für jede Halbwaise,

10 308 Euro jährlich für jede Vollwaise,

als Sterbegeld 7 669 Euro als Gesamtleistung.

(2) Die jeweils erreichten Rechtsansprüche, mit Ausnahme des Anspruchs auf Sterbegeld, dürfen in nicht mehr als 12 vom Hundert aller Fälle auf höhere als die in Absatz 1 bezeichneten Beträge gerichtet sein. Dies gilt in nicht mehr als 4 vom Hundert aller Fälle uneingeschränkt. Im übrigen dürfen die jeweils erreichten Rechtsansprüche die folgenden Beträge nicht übersteigen:

als Pension 38 654 Euro jährlich,

als Witwengeld 25 769 Euro jährlich,

als Waisengeld 7 731 Euro jährlich für jede Halbwaise,

15 461 Euro jährlich für jede Vollwaise.

§ 3 Kassen ohne Rechtsanspruch der Leistungsempfänger

Rechtsfähige Unterstützungskassen, die den Leistungsempfängern keinen Rechtsanspruch gewähren, müssen die folgenden Voraussetzungen erfüllen:

1. Die Leistungsempfänger dürfen zu laufenden Beiträgen oder zu sonstigen Zuschüssen nicht verpflichtet sein.
2. Den Leistungsempfängern oder den Arbeitnehmervertretungen des Betriebs oder der Dienststelle muß satzungsgemäß und tatsächlich das Recht zustehen, an der Verwaltung sämtlicher Beträge, die der Kasse zufließen, beratend mitzuwirken.
3. Die laufenden Leistungen und das Sterbegeld dürfen die in § 2 bezeichneten Beträge nicht übersteigen.

§ 4 Zu § 5 Abs. 1 Nr. 4 des Gesetzes

§ 4 Kleinere Versicherungsvereine

Kleinere Versicherungsvereine auf Gegenseitigkeit im Sinne des § 210 des Versicherungsaufsichtsgesetzes sind von der Körperschaftsteuer befreit, wenn

1. ihre Beitragseinnahmen im Durchschnitt der letzten drei Wirtschaftsjahre einschließlich des im Veranlagungszeitraum endenden Wirtschaftsjahrs die folgenden Jahresbeträge nicht überstiegen haben:
   a) 797 615 Euro bei Versicherungsvereinen, die die Lebensversicherung oder die Krankenversicherung betreiben,
   b) 306 775 Euro bei allen übrigen Versicherungsvereinen oder
2. sich ihr Geschäftsbetrieb auf die Sterbegeldversicherung beschränkt und sie im übrigen die Voraussetzungen des § 1 erfüllen.

§ 5 Zu § 26 Abs. 3 des Gesetzes

§ 5 [*weggefallen*]

§ 6 Schlußvorschriften

§ 6 Anwendungszeitraum

Die Körperschaftsteuer-Durchführungsverordnung in der am 1. Januar 2016 geltenden Fassung ist erstmals für den Veranlagungszeitraum 2016 anzuwenden.

Lohnsteuer-Durchführungsverordnung (LStDV)

vom 10. Oktober 1989 (BGBl. I 1989, S. 1848),

zuletzt geändert durch das Gesetz zur Vermeidung von Umsatzsteuerausfällen beim Handel mit Waren im Internet und zur Änderung weiterer steuerlicher Vorschriften vom 11. Dezember 2018 (BGBl I 2018, S. 2338)

§ 1 Arbeitnehmer, Arbeitgeber

(1) Arbeitnehmer sind Personen, die in öffentlichem oder privatem Dienst angestellt oder beschäftigt sind oder waren und die aus diesem Dienstverhältnis oder einem früheren Dienstverhältnis Arbeitslohn beziehen. Arbeitnehmer sind auch die Rechtsnachfolger dieser Personen, soweit sie Arbeitslohn aus dem früheren Dienstverhältnis ihres Rechtsvorgängers beziehen.

(2) Ein Dienstverhältnis (Absatz 1) liegt vor, wenn der Angestellte (Beschäftigte) dem Arbeitgeber (öffentliche Körperschaft, Unternehmer, Haushaltsvorstand) seine Arbeitskraft schuldet. Dies ist der Fall, wenn die tätige Person in der Betätigung ihres geschäftlichen Willens unter der Leitung des Arbeitgebers steht oder im geschäftlichen Organismus des Arbeitgebers dessen Weisungen zu folgen verpflichtet ist.

(3) Arbeitnehmer ist nicht, wer Lieferungen und sonstige Leistungen innerhalb der von ihm selbständig ausgeübten gewerblichen oder beruflichen Tätigkeit im Inland gegen Entgelt ausführt, soweit es sich um die Entgelte für diese Lieferungen und sonstigen Leistungen handelt.

§ 2 Arbeitslohn

(1) Arbeitslohn sind alle Einnahmen, die dem Arbeitnehmer aus dem Dienstverhältnis zufließen. Es ist unerheblich, unter welcher Bezeichnung oder in welcher Form die Einnahmen gewährt werden.

(2) Zum Arbeitslohn gehören auch
1. Einnahmen im Hinblick auf ein künftiges Dienstverhältnis;
2. Einnahmen aus einem früheren Dienstverhältnis, unabhängig davon, ob sie dem zunächst Bezugsberechtigten oder seinem Rechtsnachfolger zufließen. Bezüge, die ganz oder teilweise auf früheren Beitragsleistungen des Bezugsberechtigten oder seines Rechtsvorgängers beruhen, gehören nicht zum Arbeitslohn, es sei denn, daß die Beitragsleistungen Werbungskosten gewesen sind;
3. Ausgaben, die ein Arbeitgeber leistet, um einen Arbeitnehmer oder diesem nahestehende Personen für den Fall der Krankheit, des Unfalls, der Invalidität, des Alters oder des Todes abzusichern (Zukunftssicherung). Voraussetzung ist, daß der Arbeitnehmer der Zukunftssicherung ausdrücklich oder stillschweigend zustimmt. Ist bei einer Zukunftssicherung für mehrere Arbeitnehmer oder diesen nahestehende Personen in Form einer Gruppenversicherung oder Pauschalversicherung der für den einzelnen Arbeitnehmer geleistete Teil der Ausgaben nicht in anderer Weise zu ermitteln, so sind die Ausgaben nach der Zahl der gesicherten Arbeitnehmer auf diese aufzuteilen. Nicht zum Arbeitslohn gehören Ausgaben, die nur dazu dienen, dem Arbeitgeber die Mittel zur Leistung einer dem Arbeitnehmer zugesagten Versorgung zu verschaffen;
4. Entschädigungen, die dem Arbeitnehmer oder seinem Rechtsnachfolger als Ersatz für entgangenen oder entgehenden Arbeitslohn oder für die Aufgabe oder Nichtausübung einer Tätigkeit gewährt werden;
5. besondere Zuwendungen, die auf Grund des Dienstverhältnisses oder eines früheren Dienstverhältnisses gewährt werden, zum Beispiel Zuschüsse im Krankheitsfall;
6. besondere Entlohnungen für Dienste, die über die regelmäßige Arbeitszeit hinaus geleistet werden, wie Entlohnung für Überstunden, Überschichten, Sonntagsarbeit;
7. Lohnzuschläge, die wegen der Besonderheit der Arbeit gewährt werden;
8. Entschädigungen für Nebenämter und Nebenbeschäftigungen im Rahmen eines Dienstverhältnisses.

§ 3 *(weggefallen)*

§ 4 Lohnkonto

(1) Der Arbeitgeber hat im Lohnkonto des Arbeitnehmers Folgendes aufzuzeichnen:

1. den Vornamen, den Familiennamen, den Tag der Geburt, den Wohnort, die Wohnung sowie die in einer vom Finanzamt ausgestellten Bescheinigung für den Lohnsteuerabzug eingetragenen allgemeinen Besteuerungsmerkmale. Ändern sich im Laufe des Jahres die in einer Bescheinigung für den Lohnsteuerabzug eingetragenen allgemeinen Besteuerungsmerkmale, so ist auch der Zeitpunkt anzugeben, von dem an die Änderungen gelten;

2. den Jahresfreibetrag oder den Jahreshinzurechnungsbetrag sowie den Monatsbetrag, Wochenbetrag oder Tagesbetrag, der in einer vom Finanzamt ausgestellten Bescheinigung für den Lohnsteuerabzug eingetragen ist, und den Zeitraum, für den die Eintragungen gelten;

3. bei einem Arbeitnehmer, der dem Arbeitgeber eine Bescheinigung nach § 39b Abs. 6 des Einkommensteuergesetzes in der am 31. Dezember 2010 geltenden Fassung (Freistellungsbescheinigung) vorgelegt hat, einen Hinweis darauf, daß eine Bescheinigung vorliegt, den Zeitraum, für den die Lohnsteuerbefreiung gilt, das Finanzamt, das die Bescheinigung ausgestellt hat, und den Tag der Ausstellung,

4. in den Fällen des § 19 Abs. 2 des Einkommensteuergesetzes die für die zutreffende Berechnung des Versorgungsfreibetrags und des Zuschlags zum Versorgungsfreibetrag erforderlichen Angaben.

(2) Bei jeder Lohnabrechnung ist im Lohnkonto folgendes aufzuzeichnen:

1. der Tag der Lohnzahlung und der Lohnzahlungszeitraum;

2. in den Fällen des § 41 Absatz 1 Satz 5 des Einkommensteuergesetzes jeweils der Großbuchstabe U;

3. der Arbeitslohn, getrennt nach Barlohn und Sachbezügen, und die davon einbehaltene Lohnsteuer. Dabei sind die Sachbezüge einzeln zu bezeichnen und – unter Angabe des Abgabetags oder bei laufenden Sachbezügen des Abgabezeitraums, des Abgabeorts und des Entgelts – mit dem nach § 8 Abs. 2 oder 3 des Einkommensteuergesetzes maßgebenden und um das Entgelt geminderten Wert zu erfassen. Sachbezüge im Sinne des § 8 Abs. 3 des Einkommensteuergesetzes und Versorgungsbezüge sind jeweils als solche kenntlich zu machen und ohne Kürzung um Freibeträge

nach § 8 Abs. 3 oder § 19 Abs. 2 des Einkommensteuergesetzes einzutragen. Trägt der Arbeitgeber im Falle der Nettolohnzahlung die auf den Arbeitslohn entfallende Steuer selbst, ist in jedem Fall der Bruttoarbeitslohn einzutragen, die nach den Nummern 4 bis 8 gesondert aufzuzeichnenden Beträge sind nicht mitzuzählen;

4. steuerfreie Bezüge mit Ausnahme der Vorteile im Sinne des § 3 Nr. 45 des Einkommensteuergesetzes und der Trinkgelder. Das Betriebsstättenfinanzamt kann zulassen, daß auch andere nach § 3 des Einkommensteuergesetzes steuerfreie Bezüge nicht angegeben werden, wenn es sich um Fälle von geringer Bedeutung handelt oder wenn die Möglichkeit zur Nachprüfung in anderer Weise sichergestellt ist,

5. Bezüge, die nach einem Abkommen zur Vermeidung der Doppelbesteuerung oder unter Progressionsvorbehalt nach § 34c Abs. 5 des Einkommensteuergesetzes von der Lohnsteuer freigestellt sind;

6. außerordentliche Einkünfte im Sinne des § 34 Abs. 1 und 2 Nr. 2 und 4 des Einkommensteuergesetzes und die davon nach § 39b Abs. 3 Satz 9 des Einkommensteuergesetzes einbehaltene Lohnsteuer;

7. das Vorliegen der Voraussetzungen für den Förderbetrag nach § 100 des Einkommensteuergesetzes;

8. Bezüge, die nach den §§ 40 bis 40b des Einkommensteuergesetzes pauschal besteuert worden sind, und die darauf entfallende Lohnsteuer. Lassen sich in den Fällen des § 40 Absatz 1 Satz 1 Nummer 2 und Absatz 2 des Einkommensteuergesetzes die auf den einzelnen Arbeitnehmer entfallenden Beträge nicht ohne weiteres ermitteln, so sind sie in einem Sammelkonto anzuschreiben. Das Sammelkonto muß die folgenden Angaben enthalten: Tag der Zahlung, Zahl der bedachten Arbeitnehmer, Summe der insgesamt gezahlten Bezüge, Höhe der Lohnsteuer sowie Hinweise auf die als Belege zum Sammelkonto aufzubewahrenden Unterlagen, insbesondere Zahlungsnachweise, Bestätigung des Finanzamts über die Zulassung der Lohnsteuerpauschalierung. In den Fällen des § 40a des Einkommensteuergesetzes genügt es, wenn der Arbeitgeber Aufzeichnungen führt, aus denen sich für die einzelnen Arbeitnehmer Name und Anschrift, Dauer der Beschäftigung, Tag der Zahlung, Höhe des Arbeitslohns und in den Fällen des § 40a Abs. 3 des Einkommensteuergesetzes auch die Art der Beschäftigung ergeben. Sind in den Fällen der Sätze 3 und 4 Bezüge nicht mit dem ermä-

ßigten Kirchensteuersatz besteuert worden, so ist zusätzlich der fehlende Kirchensteuerabzug aufzuzeichnen und auf die als Beleg aufzubewahrende Unterlage hinzuweisen, aus der hervorgeht, daß der Arbeitnehmer keiner Religionsgemeinschaft angehört, für die die Kirchensteuer von den Finanzbehörden erhoben wird.

(2a) Der Arbeitgeber hat die nach den Absätzen 1 und 2 sowie die nach § 41 des Einkommensteuergesetzes aufzuzeichnenden Daten der Finanzbehörde nach einer amtlich vorgeschriebenen einheitlichen Form über eine digitale Schnittstelle elektronisch bereitzustellen. Auf Antrag des Arbeitgebers kann das Betriebsstättenfinanzamt zur Vermeidung unbilliger Härten zulassen, dass der Arbeitgeber die in Satz 1 genannten Daten in anderer auswertbarer Form bereitstellt.

(3) Das Betriebsstättenfinanzamt kann bei Arbeitgebern, die für die Lohnabrechnung ein maschinelles Verfahren anwenden, Ausnahmen von den Vorschriften der Absätze 1 und 2 zulassen, wenn die Möglichkeit zur Nachprüfung in anderer Weise sichergestellt ist. Das Betriebsstättenfinanzamt soll zulassen, daß Sachbezüge im Sinne des § 8 Abs. 2 Satz 11 und Absatz 3 des Einkommensteuergesetzes für solche Arbeitnehmer nicht aufzuzeichnen sind, für die durch betriebliche Regelungen und entsprechende Überwachungsmaßnahmen gewährleistet ist, daß die in § 8 Abs. 2 Satz 11 oder Absatz 3 des Einkommensteuergesetzes genannten Beträge nicht überschritten werden.

(4) In den Fällen des § 38 Abs. 3a des Einkommensteuergesetzes ist ein Lohnkonto vom Dritten zu führen. In den Fällen des § 38 Abs. 3a Satz 2 ist der Arbeitgeber anzugeben und auch der Arbeitslohn einzutragen, der nicht vom Dritten, sondern vom Arbeitgeber selbst gezahlt wird. In den Fällen des § 38 Abs. 3a Satz 7 ist der Arbeitslohn für jedes Dienstverhältnis gesondert aufzuzeichnen.

§ 5 Besondere Aufzeichnungs- und Mitteilungspflichten im Rahmen der betrieblichen Altersversorgung

(1) Der Arbeitgeber hat bei der Durchführung einer kapitalgedeckten betrieblichen Altersversorgung über eine Pensionskasse oder eine Direktversicherung im Fall des § 52 Absatz 40 des Einkommensteuergesetzes aufzuzeichnen, dass vor dem 1. Januar 2018 mindestens ein Beitrag nach § 40b Absatz 1 und 2 des Einkommensteuergesetzes in einer vor dem 1. Januar 2005 geltenden Fassung pauschal besteuert wurde.

Vom 01.01.2018 bis 14.12.2018:

(1) Der Arbeitgeber hat bei der Durchführung einer kapitalgedeckten betrieblichen Altersversorgung über einen Pensionsfonds, eine Pensionskasse oder eine Direktversicherung ergänzend zu den Aufzeichnungen nach § 4 Absatz 2 Nummer 8 Folgendes aufzuzeichnen:

1. *im Fall des § 52 Absatz 4 Satz 12 des Einkommensteuergesetzes die erforderliche Verzichtserklärung eines Arbeitnehmers und*

2. *im Fall des § 52 Absatz 40 Satz 1 des Einkommensteuergesetzes die Tatsache, dass vor dem 1. Januar 2018 mindestens ein Beitrag nach § 40b Absatz 1 und 2 des Einkommensteuergesetzes in der am 31. Dezember 2004 geltenden Fassung pauschal besteuert wurde.*

(2) Der Arbeitgeber hat der Versorgungseinrichtung (Pensionsfonds, Pensionskasse, Direktversicherung), die für ihn die betriebliche Altersversorgung durchführt, spätestens zwei Monate nach Ablauf des Kalenderjahres oder nach Beendigung des Dienstverhältnisses im Laufe des Kalenderjahres die für den einzelnen Arbeitnehmer geleisteten und

1. nach § 3 Nummer 56 und 63 sowie nach § 100 Absatz 6 Satz 1 des Einkommensteuergesetzes steuerfrei belassenen,

2. nach § 40b des Einkommensteuergesetzes in der am 31. Dezember 2004 geltenden Fassung pauschal besteuerten oder

3. individuell besteuerten

Beiträge mitzuteilen. Ferner hat der Arbeitgeber oder die Unterstützungskasse die nach § 3 Nr. 66 des Einkommensteuergesetzes steuerfrei belassenen Leistungen mitzuteilen. Die Mitteilungspflicht des Arbeitgebers oder der Unterstützungskasse kann durch einen Auftragnehmer wahrgenommen werden.

(3) Eine Mitteilung nach Absatz 2 kann unterbleiben, wenn die Versorgungseinrichtung die steuerliche Behandlung der für den einzelnen Arbeitnehmer im Kalenderjahr geleisteten Beiträge bereits kennt oder aus den bei ihr vorhandenen Daten feststellen kann, und dieser Umstand dem Arbeitgeber mitgeteilt worden ist. Unterbleibt die Mitteilung des Arbeitgebers, ohne dass ihm eine entsprechende Mitteilung der Versorgungseinrichtung vorliegt, so hat die Versorgungseinrichtung davon auszugehen, dass es sich insgesamt bis zu den in § 3 Nr. 56 oder 63 des Einkommensteuergesetzes genannten Höchstbeträgen um steuerbegünstigte Beiträge handelt, die in der Auszahlungsphase als Leistungen im Sinne von § 22 Nr. 5 Satz 1 des Einkommensteuergesetzes zu besteuern sind.

§§ 6 bis 7 *(weggefallen)*

§ 8 Anwendungszeitraum

(1) Die Vorschriften dieser Verordnung in der Fassung des Artikels 2 des Gesetzes vom 13. Dezember 2006 (BGBl. I S. 2878) sind erstmals anzuwenden auf laufenden Arbeitslohn, der für einen nach dem 31. Dezember 2006 endenden Lohnzahlungszeitraum gezahlt wird, und auf sonstige Bezüge, die nach dem 31. Dezember 2006 zufließen.

(2) § 6 Abs. 3 und 4 sowie § 7 in der am 31. Dezember 2001 geltenden Fassung sind weiter anzuwenden im Falle einer schädlichen Verfügung vor dem 1. Januar 2002. Die Nachversteuerung nach § 7 Abs. 1 Satz 1 unterbleibt, wenn der nachzufordernde Betrag 10 Euro nicht übersteigt.

(3) § 4 Absatz 2a ist für ab dem 1. Januar 2018 im Lohnkonto aufzuzeichnende Daten anzuwenden.

§ 9 *(gegenstandslos)*

Verwaltungsvorschriften

Einkommensteuer-Richtlinie

R 6a EStR 2012: Rückstellungen für Pensionsverpflichtungen

Zulässigkeit von Pensionsrückstellungen

(1) Nach § 249 HGB müssen für unmittelbare Pensionszusagen Rückstellungen in der Handelsbilanz gebildet werden. Entsprechend dem Grundsatz der Maßgeblichkeit der Handelsbilanz hat die handelsrechtliche Passivierungspflicht die Passivierungspflicht für Pensionszusagen in der Steuerbilanz dem Grunde, aber nicht der Höhe nach zur Folge, wenn die Voraussetzungen des § 6a Abs. 1 und 2 EStG vorliegen. Für laufende Pensionen und Anwartschaften auf Pensionen, die vor dem 1.1.1987 rechtsverbindlich zugesagt worden sind (Altzusagen), gilt nach Artikel 28 des Einführungsgesetzes zum HGB in der durch Gesetz vom 19.12.1985 (BGBl. I S. 2355, BStBl 1986 I S. 94) geänderten Fassung weiterhin das handels- und steuerrechtliche Passivierungswahlrecht; insoweit sind die Anweisungen in Abschnitt 41 EStR 1984 mit Ausnahme des Absatzes 24 Satz 5 und 6 weiter anzuwenden. Für die Frage, wann eine Pension oder eine Anwartschaft auf eine Pension rechtsverbindlich zugesagt worden ist, ist die erstmalige, zu einem Rechtsanspruch führende arbeitsrechtliche Verpflichtungserklärung maßgebend. Für Pensionsverpflichtungen, für die der Berechtigte einen Rechtsanspruch auf Grund einer unmittelbaren Zusage nach dem 31.12.1986 erworben hat (→ Neuzusagen), gelten die folgenden Absätze.

Rechtsverbindliche Verpflichtung

(2) Eine rechtsverbindliche Pensionsverpflichtung ist z. B. gegeben, wenn sie auf Einzelvertrag, Gesamtzusage (Pensionsordnung), Betriebsvereinbarung, Tarifvertrag oder Besoldungsordnung beruht. Bei Pensionsverpflichtungen, die nicht auf Einzelvertrag beruhen, ist eine besondere Verpflichtungserklärung gegenüber dem einzelnen Berechtigten nicht erforderlich. Ob eine rechtsverbindliche Pensionsverpflichtung vorliegt, ist nach arbeitsrechtlichen Grundsätzen zu beurteilen. Für auslän-

dische Arbeitnehmer sind Pensionsrückstellungen unter den gleichen Voraussetzungen zu bilden wie für inländische Arbeitnehmer.

Schädlicher Vorbehalt

(3) Ein schädlicher Vorbehalt i. S. d. § 6a Abs. 1 Nr. 2 EStG liegt vor, wenn der Arbeitgeber die Pensionszusage nach freiem Belieben, d. h. nach seinen eigenen Interessen ohne Berücksichtigung der Interessen des Pensionsberechtigten widerrufen kann. Ein Widerruf nach freiem Belieben ist nach dem Urteil des Bundesarbeitsgerichtes (BAG) vom 14.12.1956 (BStBl 1959 I S. 258) gegenüber einem noch aktiven Arbeitnehmer im Allgemeinen zulässig, wenn die Pensionszusage eine der folgenden Formeln

„freiwillig und ohne Rechtsanspruch",

„jederzeitiger Widerruf vorbehalten",

„ein Rechtsanspruch auf die Leistungen besteht nicht",

„die Leistungen sind unverbindlich"

oder ähnliche Formulierungen enthält, sofern nicht besondere Umstände eine andere Auslegung rechtfertigen. Solche besonderen Umstände liegen nicht schon dann vor, wenn das Unternehmen in der Vergangenheit tatsächlich Pensionszahlungen geleistet oder eine Rückdeckungsversicherung abgeschlossen hat oder Dritten gegenüber eine Verpflichtung zur Zahlung von Pensionen eingegangen ist oder wenn die unter den oben bezeichneten Vorbehalten gegebene Pensionszusage die weitere Bestimmung enthält, dass der Widerruf nur nach „billigem Ermessen" ausgeübt werden darf oder dass im Falle eines Widerrufes die gebildeten Rückstellungen dem Versorgungszweck zu erhalten sind. Vorbehalte der oben bezeichneten Art in einer Pensionszusage schließen danach die Bildung von Rückstellungen für Pensionsanwartschaften aus. Befindet sich der Arbeitnehmer bereits im Ruhestand oder steht er unmittelbar davor, ist der Widerruf von Pensionszusagen, die unter den oben bezeichneten Vorbehalten erteilt worden sind, nach dem BAG-Urteil vom 14.12.1956 nicht mehr nach freiem Belieben, sondern nur noch nach billigem Ermessen (→ Absatz 4) zulässig. Enthält eine Pensionszusage die oben bezeichneten allgemeinen Widerrufsvorbehalte, ist die Rückstellungsbildung vorzunehmen, sobald der Arbeitnehmer in den Ruhestand tritt; dies gilt auch hinsichtlich einer etwa zugesagten Hinterbliebenenversorgung.

Unschädlicher Vorbehalt

(4) Ein unschädlicher Vorbehalt i. S. d. § 6a Abs. 1 Nr. 2 EStG liegt vor, wenn der Arbeitgeber den Widerruf der Pensionszusage bei geänderten Verhältnissen nur nach billigem Ermessen (§ 315 BGB), d. h. unter verständiger Abwägung der berechtigten Interessen des Pensionsberechtigten einerseits und des Unternehmens andererseits aussprechen kann. Das gilt in der Regel für die Vorbehalte, die eine Anpassung der zugesagten Pensionen an nicht voraussehbare künftige Entwicklungen oder Ereignisse, insbesondere bei einer wesentlichen Verschlechterung der wirtschaftlichen Lage des Unternehmens, einer wesentlichen Änderung der Sozialversicherungsverhältnisse oder der Vorschriften über die steuerliche Behandlung der Pensionsverpflichtungen oder bei einer Treupflichtverletzung des Arbeitnehmers vorsehen. Danach sind z. B. die folgenden Vorbehalte als unschädlich anzusehen:

1. als allgemeiner Vorbehalt:

   „Die Firma behält sich vor, die Leistungen zu kürzen oder einzustellen, wenn die bei Erteilung der Pensionszusage maßgebenden Verhältnisse sich nachhaltig so wesentlich geändert haben, dass der Firma die Aufrechterhaltung der zugesagten Leistungen auch unter objektiver Beachtung der Belange des Pensionsberechtigten nicht mehr zugemutet werden kann";

2. als spezielle Vorbehalte:

   „Die Firma behält sich vor, die zugesagten Leistungen zu kürzen oder einzustellen, wenn

   a) die wirtschaftliche Lage des Unternehmens sich nachhaltig so wesentlich verschlechtert hat, dass ihm eine Aufrechterhaltung der zugesagten Leistungen nicht mehr zugemutet werden kann, oder

   b) der Personenkreis, die Beiträge, die Leistungen oder das Pensionierungsalter bei der gesetzlichen Sozialversicherung oder anderen Versorgungseinrichtungen mit Rechtsanspruch sich wesentlich ändern, oder

   c) die rechtliche, insbesondere die steuerrechtliche Behandlung der Aufwendungen, die zur planmäßigen Finanzierung der Versorgungsleistungen von der Firma gemacht werden oder gemacht worden sind, sich so wesentlich ändert, dass der Firma die Aufrechterhaltung der zugesagten Leistungen nicht mehr zugemutet werden kann, oder

d) der Pensionsberechtigte Handlungen begeht, die in grober Weise gegen Treu und Glauben verstoßen oder zu einer fristlosen Entlassung berechtigen würden",

oder inhaltlich ähnliche Formulierungen. Hat der Arbeitnehmer die Möglichkeit, anstelle einer bisher zugesagten Altersversorgung eine Erhöhung seiner laufenden Bezüge zu verlangen, liegt hierin kein schädlicher Vorbehalt.

Vorbehalt (Sonderfälle)

(5) In besonderen Vorbehalten werden oft bestimmte wirtschaftliche Tatbestände bezeichnet, bei deren Eintritt die zugesagten Pensionsleistungen gekürzt oder eingestellt werden können. Es wird z. B. vereinbart, dass die Pensionen gekürzt oder eingestellt werden können, wenn der Umsatz, der Gewinn oder das Kapital eine bestimmte Grenze unterschreiten oder wenn mehrere Verlustjahre vorliegen oder wenn die Pensionsleistungen einen bestimmten Prozentsatz der Lohn- und Gehaltssumme überschreiten. Diese Vorbehalte sind nur dann als unschädlich anzusehen, wenn sie in dem Sinne ergänzt werden, es müsse bei den bezeichneten Tatbeständen eine so erhebliche und nachhaltige Beeinträchtigung der Wirtschaftslage des Unternehmens vorliegen, dass es dem Unternehmen nicht mehr zumutbar ist, die Pensionszusage aufrechtzuerhalten, oder dass es aus unternehmerischer Verantwortung geboten erscheint, die Versorgungsleistungen einzuschränken oder einzustellen.

(6) Der Vorbehalt, dass der Pensionsanspruch erlischt, wenn das Unternehmen veräußert wird oder aus anderen Gründen ein Wechsel des Unternehmers eintritt (sog. Inhaberklausel), ist steuerlich schädlich. Entsprechendes gilt für Vorbehalte oder Vereinbarungen, nach denen die Haftung aus einer Pensionszusage auf das Betriebsvermögen beschränkt wird, es sei denn, es gilt eine gesetzliche Haftungsbeschränkung für alle Verpflichtungen gleichermaßen, wie z. B. bei Kapitalgesellschaften.

Schriftform

(7) Für die nach § 6a Abs. 1 Nr. 3 EStG vorgeschriebene Schriftform kommt jede schriftliche Festlegung in Betracht, aus der sich der Pensionsanspruch nach Art und Höhe ergibt, z. B. Einzelvertrag, Gesamtzusage (Pensionsordnung), Betriebsvereinbarung, Tarifvertrag,

Gerichtsurteil. Bei Gesamtzusagen ist eine schriftliche Bekanntmachung in geeigneter Form nachzuweisen, z. B. durch ein Protokoll über den Aushang im Betrieb. Die Schriftform muss am Bilanzstichtag vorliegen. Für Pensionsverpflichtungen, die auf betrieblicher Übung oder auf dem → Grundsatz der Gleichbehandlung beruhen, kann wegen der fehlenden Schriftform keine Rückstellung gebildet werden; dies gilt auch dann, wenn arbeitsrechtlich (§ 1b Abs. 1 Satz 4 Betriebsrentengesetz) eine unverfallbare Anwartschaft besteht, es sei denn, dem Arbeitnehmer ist beim Ausscheiden eine schriftliche Auskunft nach § 4a Betriebsrentengesetz erteilt worden. Pensionsrückstellungen müssen insoweit vorgenommen werden, als sich die Versorgungsleistungen aus der schriftlichen Festlegung dem Grunde und der Höhe nach ergeben. Zahlungsbelege allein stellen keine solche Festlegung dar.

Beherrschende Gesellschafter-Geschäftsführer von Kapitalgesellschaften

(8) Für die Bildung von Pensionsrückstellungen für beherrschende Gesellschafter-Geschäftsführer von Kapitalgesellschaften ist zu unterstellen, dass die Jahresbeträge nach § 6a Abs. 3 Satz 2 Nr. 1 Satz 3 EStG vom Beginn des Dienstverhältnisses, frühestens vom nach Absatz 10 Satz 3 maßgebenden Alter, bis zur vertraglich vorgesehenen Altersgrenze, mindestens jedoch bis zum folgenden geburtsjahrabhängigen Pensionsalter aufzubringen sind:

für Geburtsjahrgänge	Pensionsalter
bis 1952	65
ab 1953 bis 1961	66
ab 1962	67

Als Beginn des Dienstverhältnisses gilt der Eintritt in das Unternehmen als Arbeitnehmer. Das gilt auch dann, wenn der Geschäftsführer die Pensionszusage erst nach Erlangung der beherrschenden Stellung erhalten hat. Absatz 11 Satz 1, 3 bis 6, 8, 9 und 13 bis 15 ist nicht anzuwenden. Für anerkannt schwer behinderte Menschen kann geburtsjahrabhängig eine vertragliche Altersgrenze wie folgt zugrunde gelegt werden:

für Geburtsjahrgänge	Pensionsalter
bis 1952	60
ab 1953 bis 1961	61
ab 1962	62

Ehegatten-Arbeitsverhältnisse

(9) - unbesetzt -

Höhe der Pensionsrückstellung

(10) Als Beginn des Dienstverhältnisses ist ein früherer Zeitpunkt als der tatsächliche Dienstantritt zugrunde zu legen (sog. Vordienstzeiten), wenn auf Grund gesetzlicher Vorschriften Zeiten außerhalb des Dienstverhältnisses als Zeiten der Betriebszugehörigkeit gelten, z. B. § 8 Abs. 3 des Soldatenversorgungsgesetzes, § 6 Abs. 2 des Arbeitsplatzschutzgesetzes. Bei der Ermittlung des Teilwertes einer Pensionsverpflichtung sind folgende Mindestalter zu beachten:

Erteilung der Pensionszusage	maßgebendes Mindestalter
vor dem 1.1.2001	30
nach dem 31.12.2000 und vor dem 1.0.2009	28
nach dem 31.12.2008	27

Ergibt sich durch die Anrechnung von Vordienstzeiten ein fiktiver Dienstbeginn, der vor der Vollendung des nach Satz 2 maßgebenden Lebensjahres des Berechtigten liegt, gilt das Dienstverhältnis als zu Beginn des Wirtschaftsjahres begonnen, bis zu dessen Mitte der Berechtigte dieses Lebensjahr vollendet (→ § 6a Abs. 3 Satz 2 Nr. 1 letzter Satz EStG).

(11) Bei der Ermittlung des Teilwertes der Pensionsanwartschaft ist das vertraglich vereinbarte Pensionsalter zugrunde zu legen (Grundsatz). Der Stpfl. kann für alle oder für einzelne Pensionsverpflichtungen von einem höheren Pensionsalter ausgehen, sofern mit einer Beschäftigung des Arbeitnehmers bis zu diesem Alter gerechnet werden kann (erstes Wahlrecht). Bei der Ermittlung des Teilwertes der Pensionsanwartschaft nach § 6a Abs. 3 EStG kann mit Rücksicht auf § 6 Betriebsrentengesetz anstelle des vertraglichen Pensionsal-

ters nach Satz 1 für alle oder für einzelne Pensionsverpflichtungen als Zeitpunkt des Eintritts des Versorgungsfalles der Zeitpunkt der frühestmöglichen Inanspruchnahme der vorzeitigen Altersrente aus der gesetzlichen Rentenversicherung angenommen werden (zweites Wahlrecht). Voraussetzung für die Ausübung des zweiten Wahlrechtes ist, dass in der Pensionszusage festgelegt ist, in welcher Höhe Versorgungsleistungen von diesem Zeitpunkt an gewährt werden. Bei der Ausübung des zweiten Wahlrechtes braucht nicht geprüft zu werden, ob ein Arbeitnehmer die sozialversicherungsrechtlichen Voraussetzungen für die vorzeitige Inanspruchnahme der Altersrente erfüllen wird. Das zweite Wahlrecht kann unabhängig von der Wahl des Pensionsalters für die Berechnung der unverfallbaren Versorgungsanwartschaften nach § 2 Betriebsrentengesetz ausgeübt werden. Das erste Wahlrecht ist in der Bilanz des Wirtschaftsjahres auszuüben, in dem mit der Bildung der Pensionsrückstellung begonnen wird. Das zweite Wahlrecht ist in der Bilanz des Wirtschaftsjahres auszuüben, in dem die Festlegung nach Satz 4 getroffen worden ist. Hat der Stpfl. das zweite Wahlrecht ausgeübt und ändert sich danach der Zeitpunkt der frühestmöglichen Inanspruchnahme der vorzeitigen Altersrente aus der gesetzlichen Rentenversicherung (z. B. Beendigung des Arbeitsverhältnisses), ist die Änderung zum Ende des betreffenden Wirtschaftsjahres zu berücksichtigen; ist in diesem Wirtschaftsjahr die Festlegung nach Satz 4 für den neuen Zeitpunkt nicht getroffen worden, ist das vertragliche Pensionsalter nach Satz 1 bei der Ermittlung des Teilwertes der Pensionsanwartschaft zugrunde zu legen. Die gegenüber einem Berechtigten getroffene Wahl gilt einheitlich für die gesamte Pensionsverpflichtung, einschließlich einer etwaigen Entgeltumwandlung im Sinne von § 1 Abs. 2 Betriebsrentengesetz. Der Rückstellungsbildung kann nur die Pensionsleistung zugrunde gelegt werden, die zusagegemäß bis zu dem Pensionsalter erreichbar ist, für das sich der Stpfl. bei Ausübung der Wahlrechte entscheidet. Setzt der Arbeitnehmer nach Erreichen dieses Alters seine Tätigkeit fort und erhöht sich dadurch sein Ruhegehaltsanspruch, ist der Rückstellung in dem betreffenden Wirtschaftsjahr der Unterschiedsbetrag zwischen der nach den vorstehenden Sätzen höchstzulässigen Rückstellung (Soll-Rückstellung) und dem versicherungsmathematischen Barwert der um den Erhöhungsbetrag vermehrten Pensionsleistungen zuzuführen. Hat der Stpfl. bei der Ermittlung des Teilwertes einer Pensionsanwartschaft bereits bisher vom zweiten Wahlrecht Gebrauch gemacht, ist er bei einer Änderung des frühestmöglichen Pensionsalters auf Grund einer gesetzlichen Neuregelung auch künftig an diese Entscheidung gebunden; Satz 4 ist zu beachten. Für die sich wegen der Änderung des frühestmöglichen Pensionsalters ergebende Änderung der Teilwerte der Pensionsanwartschaft gilt das Nachholverbot, das sich aus § 6a Abs. 4 EStG herleitet, nicht. Liegen die in Satz 4 genannten Voraussetzungen für die Anwendung des zweiten Wahlrechtes am Bilanzstichtag nicht vor, ist das vertragliche Pensionsalter nach Satz 1 bei der Ermittlung des Teilwertes der Pensionsanwartschaft zugrunde zu legen.

Entgeltumwandlungen

(12) Für Pensionsverpflichtungen, die auf nach dem 31.12.2000 vereinbarten Entgeltumwandlungen im Sinne von § 1 Abs. 2 Betriebsrentengesetz beruhen, ist vor Vollendung des 28. Lebensjahres (für nach dem 31.12.2008 erstmals erteilte Pensionszusagen: des 27. Lebensjahres) des Pensionsberechtigten eine Rückstellung in Höhe des Barwerts der nach den §§ 1 und 2 Betriebsrentengesetz unverfallbaren künftigen Pensionsleistungen zu bilden (§ 6a Abs. 2 Nr. 1 zweite Alternative und § 6a Abs. 3 Satz 2 Nr. 1 Satz 6 zweiter Halbsatz EStG); nach Vollendung des 28. Lebensjahres (für nach dem 31.12.2008 erstmals erteilte Pensionszusagen: des 27. Lebensjahres) des Pensionsberechtigten ist für diese Pensionsverpflichtungen für die Ermittlung des Teilwertes nach § 6a Abs. 3 Satz 2 Nr. 1 Satz 1 EStG eine Vergleichsrechnung erforderlich. Dabei sind der Wert nach § 6a Abs. 3 Satz 2 Nr. 1 Satz 1 erster Halbsatz EStG und der Barwert der unverfallbaren künftigen Pensionsleistungen zu berechnen; der höhere Wert ist anzusetzen. Bei der Vergleichsrechnung sind die für einen Berechtigten nach dem 31.12.2000 vereinbarten Entgeltumwandlungen als Einheit zu behandeln. Die Regelungen des Satzes 1 gelten nicht für Pensionsverpflichtungen, soweit sie auf Grund einer vertraglichen Vereinbarung unverfallbar sind.

Arbeitgeberwechsel

(13) Übernimmt ein Stpfl. in einem Wirtschaftsjahr eine Pensionsverpflichtung gegenüber einem Arbeitnehmer, der bisher in einem anderen Unternehmen tätig gewesen ist, unter gleichzeitiger Übernahme von Vermögenswerten, ist bei der Ermittlung des Teilwertes der Verpflichtung der Jahresbetrag i. S. d. § 6a Abs. 3 Satz 2 Nr. 1 EStG so zu bemessen, dass zu Beginn des Wirtschaftsjahres der Übernahme der Barwert der Jahresbeträge zusammen mit den übernom-

menen Vermögenswerten gleich dem Barwert der künftigen Pensionsleistungen ist; dabei darf sich kein negativer Jahresbetrag ergeben.

Berücksichtigung von Renten aus der gesetzlichen Rentenversicherung

(14) Sieht die Pensionszusage vor, dass die Höhe der betrieblichen Rente in bestimmter Weise von der Höhe der Renten aus der gesetzlichen Rentenversicherung abhängt, darf die Pensionsrückstellung in diesen Fällen nur auf der Grundlage der von dem Unternehmen nach Berücksichtigung der Renten aus der gesetzlichen Rentenversicherung tatsächlich noch selbst zu zahlenden Beträge berechnet werden.

Doppelfinanzierung

(15) Wenn die gleichen Versorgungsleistungen an denselben Empfängerkreis sowohl über eine Pensions- oder Unterstützungskasse oder einen Pensionsfonds als auch über Pensionsrückstellungen finanziert werden sollen, ist die Bildung einer Pensionsrückstellung nicht zulässig. Eine schädliche Überschneidung liegt dagegen nicht vor, wenn es sich um verschiedene Versorgungsleistungen handelt, z. B. bei der Finanzierung der Invaliditäts-Renten über Pensions- oder Unterstützungskassen und der Altersrenten über Pensionsrückstellungen oder der Finanzierung rechtsverbindlich zugesagter Leistungen über Rückstellungen und darüber hinausgehender freiwilliger Leistungen über eine Unterstützungskasse.

Handelsvertreter

(16) Sagt der Unternehmer dem selbständigen Handelsvertreter eine Pension zu, muss sich der Handelsvertreter die versprochene Versorgung nach § 89b Abs. 1 Satz 1 Nr. 3 HGB auf seinen Ausgleichsanspruch anrechnen lassen. Die Pensionsverpflichtung des Unternehmers wird also durch die Ausgleichsverpflichtung nicht gemindert, es sei denn, es ist etwas anderes vereinbart.

Stichtagsprinzip

(17) Für die Bildung der Pensionsrückstellung sind die Verhältnisse am Bilanzstichtag maßgebend. Änderungen der Bemessungsgrundlagen,

die erst nach dem Bilanzstichtag wirksam werden, sind zu berücksichtigen, wenn sie am Bilanzstichtag bereits feststehen. Danach sind Erhöhungen von Anwartschaften und laufenden Renten, die nach dem Bilanzstichtag eintreten, in die Rückstellungsberechnung zum Bilanzstichtag einzubeziehen, wenn sowohl ihr Ausmaß als auch der Zeitpunkt ihres Eintritts am Bilanzstichtag feststehen. Wird die Höhe der Pension z. B. von Bezugsgrößen der gesetzlichen Rentenversicherungen beeinflusst, sind künftige Änderungen dieser Bezugsgrößen, die am Bilanzstichtag bereits feststehen, z. B. die ab 1.1. des Folgejahres geltende Beitragsbemessungsgrenze, bei der Berechnung der Pensionsrückstellung zum Bilanzstichtag zu berücksichtigen. Die für das Folgejahr geltenden Bezugsgrößen stehen in dem Zeitpunkt fest, in dem die jeweilige Sozialversicherungs-Rechengrößenverordnung im Bundesgesetzblatt verkündet wird.

Inventurerleichterung

(18) Die Pensionsverpflichtungen sind grundsätzlich auf Grund einer körperlichen Bestandsaufnahme (Feststellung der pensionsberechtigten Personen und der Höhe ihrer Pensionsansprüche) für den Bilanzstichtag zu ermitteln. In Anwendung von § 241 Abs. 3 HGB kann der für die Berechnung der Pensionsrückstellungen maßgebende Personenstand auch auf einen Tag (Inventurstichtag) innerhalb von drei Monaten vor oder zwei Monaten nach dem Bilanzstichtag aufgenommen werden, wenn sichergestellt ist, dass die Pensionsverpflichtungen für den Bilanzstichtag ordnungsgemäß bewertet werden können. Es ist nicht zu beanstanden, wenn im Falle der Vorverlegung der Bestandsaufnahme bei der Berechnung der Pensionsrückstellungen wie folgt verfahren wird:

1. Die für den Inventurstichtag festgestellten Pensionsverpflichtungen sind bei der Berechnung der Pensionsrückstellungen für den Bilanzstichtag mit ihrem Wert vom Bilanzstichtag anzusetzen.
2. Aus Vereinfachungsgründen können bei der Berechnung der Pensionsrückstellungen für den Bilanzstichtag die folgenden Veränderungen der Pensionsverpflichtungen, die in der Zeit vom Inventurstichtag bis zum Bilanzstichtag eintreten, unberücksichtigt bleiben:
    a) Veränderungen, die auf biologischen Ursachen, z. B. Tod, Invalidität, beruhen;

b) Veränderungen durch normale Zu- oder Abgänge von pensionsberechtigten Personen oder durch Übergang in eine andere Gehalts- oder Pensionsgruppe, z. B. Beförderung. Außergewöhnliche Veränderungen, z. B. Stilllegung oder Eröffnung eines Teilbetriebs, bei Massenentlassungen oder bei einer wesentlichen Erweiterung des Kreises der pensionsberechtigten Personen, sind bei der Rückstellungsberechnung für den Bilanzstichtag zu berücksichtigen.

Allgemeine Leistungsänderungen für eine Gruppe von Verpflichtungen, die nicht unter Satz 1 Buchstabe a oder b fallen, sind bei der Rückstellungsberechnung für den Bilanzstichtag mindestens näherungsweise zu berücksichtigen; für den folgenden Bilanzstichtag ist der sich dann ergebende tatsächliche Wert anzusetzen.

3. Soweit Veränderungen der Pensionsverpflichtungen nach Nummer 2 bei der Berechnung der Rückstellungen für den Bilanzstichtag unberücksichtigt bleiben, sind sie zum nächsten Bilanzstichtag bis zur steuerlich zulässigen Höhe zu berücksichtigen.

4. Werden werterhöhende Umstände, die nach Nummer 2 bei der Berechnung der Rückstellungen für den Bilanzstichtag unberücksichtigt bleiben können, dennoch in die Rückstellungsberechnung einbezogen, sind bei der Rückstellungsberechnung auch wertmindernde Umstände, die nach Nummer 2 außer Betracht bleiben können, zu berücksichtigen.

5. Die Nummern 2 bis 4 gelten nicht, wenn bei einem Stpfl. am Inventurstichtag nicht mehr als 20 Pensionsberechtigte vorhanden sind. Sie gelten ferner nicht für Vorstandsmitglieder und Geschäftsführer von Kapitalgesellschaften.

Ausscheiden eines Anwärters

(19) Die Rückstellung für Pensionsverpflichtungen gegenüber einer Person, die mit einer unverfallbaren Versorgungsanwartschaft ausgeschieden ist, ist beizubehalten, solange das Unternehmen mit einer späteren Inanspruchnahme zu rechnen hat. Sofern dem Unternehmen nicht bereits vorher bekannt ist, dass Leistungen nicht zu gewähren sind, braucht die Frage, ob mit einer Inanspruchnahme zu rechnen ist, erst nach Erreichen der vertraglich vereinbarten Altersgrenze geprüft zu werden. Steht bis zum Ende des Wirtschaftsjahres, das auf das Wirtschaftsjahr des Erreichens der Altersgrenze folgt, die spätere

Inanspruchnahme nicht fest, ist die Rückstellung zu diesem Zeitpunkt aufzulösen.

Zuführung zur Pensionsrückstellung

(20) Nach § 249 HGB i. V. m. § 6a Abs. 4 EStG muss in einem Wirtschaftsjahr der Rückstellung der Unterschiedsbetrag zwischen dem Teilwert am Schluss des Wirtschaftsjahres und dem Teilwert am Schluss des vorangegangenen Wirtschaftsjahres zugeführt werden.

Auflösung der Pensionsrückstellung

(21) Auflösungen oder Teilauflösungen in der Steuerbilanz sind nur insoweit zulässig, als sich die Höhe der Pensionsverpflichtung gemindert hat. Wird die Pensionszusage widerrufen (→ Absätze 3 bis 6), ist die Pensionsrückstellung in der nächstfolgenden Bilanz gewinnerhöhend aufzulösen und ist erst wieder zu passivieren, wenn die Zusage mit unschädlichen Vorbehalten wieder in Kraft gesetzt wird (z. B. durch rechtskräftiges Urteil oder Vergleich). Ist die Rückstellung ganz oder teilweise aufgelöst worden, ohne dass sich die Pensionsverpflichtung entsprechend geändert hat, ist die Steuerbilanz insoweit unrichtig. Dieser Fehler ist im Wege der Bilanzberichtigung (→ R 4.4) zu korrigieren. Dabei ist die Rückstellung in Höhe des Betrags anzusetzen, der nicht hätte aufgelöst werden dürfen, höchstens jedoch mit dem Teilwert der Pensionsverpflichtung.

(22) Nach dem Zeitpunkt des vertraglich vorgesehenen Eintritts des Versorgungsfalles oder eines gewählten früheren Zeitpunktes (→ zweites Wahlrecht, Absatz 11 Satz 3) ist die Pensionsrückstellung in jedem Wirtschaftsjahr in Höhe des Unterschiedsbetrages zwischen dem versicherungsmathematischen Barwert der künftigen Pensionsleistungen am Schluss des Wirtschaftsjahres und der am Schluss des vorangegangenen Wirtschaftsjahres passivierten Pensionsrückstellung gewinnerhöhend aufzulösen; die laufenden Pensionsleistungen sind dabei als Betriebsausgaben abzusetzen. Eine Pensionsrückstellung ist auch dann in Höhe des Unterschiedsbetrages nach Satz 1 aufzulösen, wenn der Pensionsberechtigte nach dem Zeitpunkt des vertraglich vorgesehenen Eintritts des Versorgungsfalles noch weiter gegen Entgelt tätig bleibt ("technischer Rentner""), es sei denn, dass bereits die Bildung der Rückstellung auf die Zeit bis zu dem voraussichtlichen Ende der Beschäftigung des Arbeitnehmers verteilt worden ist (→ Ab-

satz 11). Ist für ein Wirtschaftsjahr, das nach dem Zeitpunkt des vertraglich vorgesehenen Eintritts des Versorgungsfalles endet, die am Schluss des vorangegangenen Wirtschaftsjahres ausgewiesene Rückstellung niedriger als der versicherungsmathematische Barwert der künftigen Pensionsleistungen am Schluss des Wirtschaftsjahres, darf die Rückstellung erst von dem Wirtschaftsjahr ab aufgelöst werden, in dem der Barwert der künftigen Pensionsleistungen am Schluss des Wirtschaftsjahres niedriger ist als der am Schluss des vorangegangenen Wirtschaftsjahres ausgewiesene Betrag der Rückstellung. In dem Wirtschaftsjahr, in dem eine bereits laufende Pensionsleistung herabgesetzt wird oder eine Hinterbliebenenrente beginnt, darf eine bisher ausgewiesene Rückstellung, die höher ist als der Barwert, nur bis zur Höhe dieses Barwerts aufgelöst werden.

Rückdeckungsversicherung

(23) Eine aufschiebend bedingte Abtretung des Rückdeckungsanspruchs an den pensionsberechtigten Arbeitnehmer für den Fall, dass der Pensionsanspruch durch bestimmte Ereignisse gefährdet wird, z. B. bei Insolvenz des Unternehmens, wird – soweit er nicht im Insolvenzfall nach § 9 Abs. 2 Betriebsrentengesetz auf den Träger der Insolvenzsicherung übergeht – erst wirksam, wenn die Bedingung eintritt (§ 158 Abs. 1 BGB). Die Rückdeckungsversicherung behält deshalb bis zum Eintritt der Bedingung ihren bisherigen Charakter bei. Wird durch Eintritt der Bedingung die Abtretung an den Arbeitnehmer wirksam, wird die bisherige Rückdeckungsversicherung zu einer Direktversicherung.

Körperschaftsteuer-Richtlinien 2015

R 8.5 Verdeckte Gewinnausschüttung

Grundsätze der verdeckten Gewinnausschüttung

(1) Eine vGA i. S. d. § 8 Abs. 3 Satz 2 KStG ist eine Vermögensminderung oder verhinderte Vermögensmehrung, die durch das Gesellschaftsverhältnis veranlasst ist, sich auf die Höhe des Unterschiedsbetrags i. S. d. § 4 Abs. 1 Satz 1 EStG auswirkt und nicht auf einem den gesellschaftsrechtlichen Vorschriften entsprechenden Gewinnverteilungsbeschluss beruht. Bei nicht buchführungspflichtigen Körperschaften ist auf die Einkünfte abzustellen. Eine >Veranlassung durch das Gesellschaftsverhältnis ist auch dann gegeben, wenn die Vermögensminderung oder verhinderte Vermögensmehrung bei der Körperschaft zugunsten einer >nahestehenden Person erfolgt.

(2) Im Verhältnis zwischen Gesellschaft und beherrschendem Gesellschafter ist eine Veranlassung durch das Gesellschaftsverhältnis i. d. R. auch dann anzunehmen, wenn es an einer zivilrechtlich wirksamen, klaren, eindeutigen und im Voraus abgeschlossenen Vereinbarung darüber fehlt, ob und in welcher Höhe ein Entgelt für eine Leistung des Gesellschafters zu zahlen ist, oder wenn nicht einer klaren Vereinbarung entsprechend verfahren wird. Die beherrschende Stellung muss im Zeitpunkt der Vereinbarung oder des Vollzugs der Vermögensminderung oder verhinderten Vermögensmehrung vorliegen.

R 8.7 Rückstellungen für Pensionszusagen an Gesellschafter-Geschäftsführer von Kapitalgesellschaften

Bei Pensionsverpflichtungen ist in einem ersten Schritt zu prüfen, ob und in welchem Umfang eine Rückstellung gebildet werden darf. Ist eine Pensionszusage bereits zivilrechtlich unwirksam, ist die Pensionsrückstellung in der Handelsbilanz erfolgswirksam aufzulösen, dies ist maßgeblich für die steuerrechtliche Gewinnermittlung. Daneben müssen die Voraussetzungen des § 6a EStG erfüllt sein; sind sie nicht erfüllt, ist die Pensionsrückstellung insoweit innerhalb der steuerrechtlichen Gewinnermittlung erfolgswirksam aufzulösen. Die Regelungen in R 6a EStR sind für den Ansatz der Pensionsrückstellungen in der steuerrechtlichen Gewinnermittlung dem Grunde und der Höhe nach zu berücksichtigen. Ist die Pensionsrückstellung dem Grunde und der Höhe nach zutreffend bilanziert, ist in einem zweiten Schritt zu prüfen, ob und inwieweit die Pensionsverpflichtung auf einer vGA beruht. Bei dieser Prüfung sind insbesondere die Aspekte Ernsthaftigkeit, Erdienbarkeit und Angemessenheit zu prüfen.

H 8.5 Verdeckte Gewinnausschüttungen

I. Grundsätze

Auslegung von Vereinbarungen

Zur Auslegung von Vereinbarungen zwischen einer Kapitalgesellschaft und ihrem Gesellschafter-Geschäftsführer im Zusammenhang mit einer Pensionszusage → BMF vom 28.8.2001, BStBl I S. 594.

BgA

Eine vGA kann auch bei BgA von jPöR vorliegen (→ BFH vom 29.5.1968, I 46/65, BStBl II S. 692, → BFH vom 13.3.1974, I R 7/71, BStBl II S. 391 und → BFH vom 10.7.1996, I R 108-109/95, BStBl 1997 II S. 230).

Zum Verhältnis zwischen dem BgA und der Trägerkörperschaft → H 8.2 Vereinbarungen.

Zur Frage vGA bei Dauerverlustgeschäften → § 8 Abs. 7 KStG und → BMF vom 12.11.2009, BStBl I S. 1303

(Anlage 11 II)

Dauerschuldverhältnisse

→ H 8.5 I zivilrechtliche Wirksamkeit

Genossenschaften

Eine vGA kann auch bei Genossenschaften vorliegen (→ BFH vom 11.10.1989, I R 208/85, BStBl 1990 II S. 88 und → R 22 Abs. 13). Eingetragene Genossenschaften haben keine außerbetriebliche Sphäre (→ BFH vom 24.4.2007, I R 37/06, BStBl 2015 II S. 1056).

Korrektur innerhalb oder außerhalb der Steuerbilanz

→ BMF vom 28.5.2002, BStBl I S. 603

(Anlage 17 I)

Mündliche Vereinbarung

Wer sich auf die Existenz eines mündlich abgeschlossenen Vertrags beruft, einen entsprechenden Nachweis aber nicht führen kann, hat den Nachteil des fehlenden Nachweises zu tragen, weil er sich auf die Existenz des Vertrags zur Begründung des Betriebsausgabenabzugs beruft (→ BFH vom 29.7.1992, I R 28/92, BStBl 1993 II S. 247).

→ H 8.5 I zivilrechtliche Wirksamkeit

Nichtkapitalgesellschaften und vGA

Die Annahme einer vGA setzt voraus, dass der Empfänger der Ausschüttung ein mitgliedschaftliches oder mitgliedschaftsähnliches Verhältnis zur ausschüttenden Körperschaft hat (→ BFH vom 13.7.1994, I R 112/93, BStBl 1995 II S. 198). Entscheidend für eine vGA ist ihre Veranlassung durch das mitgliedschaftliche oder mitgliedschaftsähnliche Verhältnis. Aus diesem Grund kann eine vGA auch vorliegen, wenn im Zeitpunkt der Ausschüttung das mitgliedschaftliche oder mitgliedschaftsähnliche Verhältnis noch nicht oder nicht mehr besteht (→ BFH vom 24.1.1989, VIII R 74/84, BStBl II S. 419).

Realgemeinden und Vereine

Eine vGA kann auch bei Realgemeinden und Vereinen vorliegen (→ BFH vom 23.9.1970, I R 22/67, BStBl 1971 II S. 47). Ein eingetragener Verein hat eine außersteuerliche Sphäre (→ BFH vom 15.1.2015, I R 48/13, BStBl II S. 713).

Stiftungen

Destinatäre einer Stiftung haben kein mitgliedschaftliches oder mitgliedschaftsähnliches Verhältnis zur Stiftung (→ BFH vom 22.9.1959, I 5/59 U, BStBl 1960 III S. 37 und → BFH vom 12.10.2011, I R 102/10, BStBl 2014 II S. 484). Stiftungen verfügen über eine außerbetriebliche Sphäre (→ BFH vom 12.10.2011, I R 102/10, BStBl 2014 II S. 484).

Tatsächliche Durchführung von Vereinbarungen

Das Fehlen der tatsächlichen Durchführung ist ein gewichtiges Indiz dafür, dass die Vereinbarung nicht ernstlich gemeint ist. Leistungen der Gesellschaft an ihren Gesellschafter aufgrund einer nicht ernstlich gemeinten Vereinbarung führen zu vGA (→ BFH vom 28.10.1987, I R 110/83, BStBl 1988 II S. 301 und → BFH vom 29.7.1992, I R 28/92, BStBl 1993 II S. 247).

Tatsächliche Handlungen

Eine vGA setzt nicht voraus, dass die Vermögensminderung oder verhinderte Vermögensmehrung auf einer Rechtshandlung der Organe der Kapitalgesellschaft beruht. Auch tatsächliche Handlungen können den Tatbestand der vGA erfüllen (→ BFH vom 14.10.1992, I R 17/92, BStBl 1993 II S. 352).

VVaG

Eine vGA kann auch bei VVaG vorliegen (→ BFH vom 14.7.1976, I R 239/73, BStBl II S. 731)

Zivilrechtliche Wirksamkeit

Verträge mit beherrschenden Gesellschaftern müssen zivilrechtlich wirksam sein, um steuerlich anerkannt zu werden. Eine Wirksamkeitsvoraussetzung ist ein evtl. bestehendes Schriftformerfordernis (→ BFH vom 17.9.1992, I R 89-98/91, BStBl 1993 II S. 141). Rechtsgeschäfte, welche der durch das Gesetz vorgeschriebenen Form ermangeln, sind gem. § 125 Satz 1 BGB nichtig. Der Mangel einer durch Rechtsgeschäft vorgeschriebenen Form hat gem. § 125 Satz 2 BGB „im Zweifel" gleichfalls Nichtigkeit zur Folge. Maßgeblich für die Beurteilung der zivilrechtlichen Wirksamkeit ist, ob die Einhaltung der Schriftform Gültigkeitsvoraussetzung für den geänderten Vertrag sein soll (konstitutive Schriftform) oder ob der Inhalt des Vertrags lediglich zu Beweiszwecken schriftlich niedergelegt werden soll (deklaratorische Schriftform).

Änderungen des Gesellschaftsvertrags einer GmbH bedürfen gem. § 53 Abs. 2 GmbHG der notariellen Beurkundung. Die Befreiung eines Alleingesellschafters vom Selbstkontrahierungsverbot des § 181 BGB bedarf zu ihrer Wirksamkeit einer ausdrücklichen Gestattung im Gesellschaftsvertrag und der Eintragung im Handelsregister. Wird die Befreiung erst nach Abschluss von In-sich-Geschäften in der Satzung geregelt und ins Handelsregister eingetragen, sind diese als nachträglich genehmigt anzusehen. Das steuerliche Rückwirkungsverbot steht dem dann nicht entgegen, wenn den In-sich-Geschäften klare und von vornherein abgeschlossene Vereinbarungen zugrunde liegen

(→ BFH vom 17.9.1992, I R 89-98/91, BStBl 1993 II S. 141 und → BFH vom 23.10.1996, I R 71/95, BStBl 1999 II S. 35).

Miet- und Pachtverträge bedürfen nicht notwendig der Schriftform (§§ 550, 578, 581 BGB). Grundstückskaufverträge bedürfen der notariellen Beurkundung (§ 311b BGB).

Für **Dienstverträge** (z. B. mit Geschäftsführern) ist keine Schriftform vorgeschrieben. Gibt es Beweisanzeichen dafür, dass die Vertragsparteien eine mündlich getroffene Abrede gelten lassen wollen, obwohl sie selbst für alle Vertragsänderungen Schriftform vereinbart hatten, ist der Vertrag trotzdem wirksam geändert. Solche Beweisanzeichen liegen bei Dauerschuldverhältnissen vor, wenn aus gleichförmigen monatlichen Zahlungen und Buchungen erhöhter Gehälter sowie aus der Abführung von Lohnsteuer und Sozialversicherungsbeiträgen auf die Vereinbarung erhöhter Gehälter geschlossen werden kann (→ BFH vom 24.1.1990, I R 157/86, BStBl II S. 645 und → BFH vom 29.7.1992, I R 18/91, BStBl 1993 II S. 139). Stark schwankende Leistungen sprechen für eine vGA (→ BFH vom 14.3.1990, I R 6/89, BStBl II S. 795). Ist vertraglich ausdrücklich festgelegt, dass ohne Schriftform vorgenommene Änderungen unwirksam sein sollen, tritt ein diesbezüglicher Wille klar zu Tage (→ BFH vom 31.7.1991, I S 1/91, BStBl II S. 933). Ist die Zivilrechtslage zweifelhaft, durfte ein ordentlicher und gewissenhafter Geschäftsleiter aber von der Wirksamkeit ausgehen, liegt keine vGA vor (→ BFH vom 17.9.1992, I R 89-98/91, BStBl 1993 II S. 141).

Zuflusseignung/Vorteilsgeneigtheit

Die Minderung des Unterschiedsbetrags i. S. d. § 4 Abs. 1 Satz 1 EStG (→ R 8.5 Abs. 1) muss geeignet sein, beim Gesellschafter einen sonstigen Bezug i. S. d. § 20 Abs. 1 Nr. 1 Satz 2 EStG auszulösen (→ BFH vom 7.8.2002, I R 2/02, BStBl 2004 II S. 131 und → BFH vom 10.4.2013, I R 45/11, BStBl II S. 771).

II. Vermögensminderung oder verhinderte Vermögensmehrung

Darlehenszinsen

Zur Ermittlung der Vermögensminderung oder der verhinderten Vermögensmehrung bei vGA im Zusammenhang mit Darlehenszinsen (→ BFH vom 28.2.1990, I R 83/87, BStBl II S. 649 und → BFH vom 19.1.1994, I R 93/93, BStBl II S. 725).

Erstattungsanspruch

Zivilrechtliche Ansprüche der Gesellschaft gegen den Gesellschafter, die sich aus einem als vGA zu qualifizierenden Vorgang ergeben, sind stets als Einlageforderung gegen den Gesellschafter zu behandeln, die erfolgsneutral zu aktivieren und somit nicht geeignet ist, die durch die vorangegangene vGA eintretende Vermögensminderung auszugleichen (→ BFH vom 29.4.2008, I R 67/06, BStBl 2011 II S. 55).

Vorteilsausgleich

Eine vGA liegt nicht vor, wenn die Kapitalgesellschaft bei Anwendung der Sorgfalt eines ordentlichen und gewissenhaften Geschäftsleiters die Vermögensminderung oder verhinderte Vermögensmehrung unter sonst gleichen Umständen auch gegenüber einem Nichtgesellschafter hingenommen hätte. Dies kann der Fall sein, wenn zwischen Gesellschaft und Gesellschafter ein angemessenes Entgelt in anderer Weise vereinbart worden ist. Voraussetzungen für die Anerkennung eines derartigen Vorteilsausgleichs ist, dass eine rechtliche Verknüpfung von Leistung und Gegenleistung aus einem gegenseitigen Vertrag besteht (→ BFH vom 8.6.1977, I R 95/75, BStBl II S. 704 und → BFH vom 1.8.1984, I R 99/80, BStBl 1985 II S. 18). Bei einem beherrschenden Gesellschafter bedarf es zur Anerkennung eines Vorteilsausgleichs zudem einer im Voraus getroffenen klaren und eindeutigen Vereinbarung (→ BFH vom 7.12.1988, I R 25/82, BStBl 1989 II S. 248 und → BFH vom 8.11.1989, I R 16/86, BStBl 1990 II S. 244).

Zum Vorteilsausgleich bei international verbundenen Unternehmen → BMF vom 23.2.1983, BStBl I S. 218 (Tz. 2.3) und → BMF vom 24.12.1999, BStBl I S. 1076, (insbes. S. 1114 und 1119), unter Berücksichtigung der Änderungen durch BMF vom 20.11.2000 (BStBl I S. 1509), BMF vom 29.9.2004 (BStBl I S. 917) und BMF vom 25.8.2009 (BStBl I S. 888) (Anlagen 4 und 13)

III. Veranlassung durch das Gesellschaftsverhältnis

Allgemeines

Eine Veranlassung durch das Gesellschaftsverhältnis liegt dann vor, wenn ein ordentlicher und gewissenhafter Geschäftsleiter (§ 93 Abs. 1 Satz 1 AktG, § 43 Abs. 1 GmbHG, § 34 Abs. 1 Satz 1 GenG) die Vermögensminderung oder verhinderte Vermögensmehrung gegenüber einer Person, die nicht Gesellschafter ist, unter sonst gleichen Umständen nicht hingenommen hätte (Fremdvergleich, → BFH vom 11.2.1987, I R 177/83, BStBl II S. 461, → BFH vom 29.4.1987, I R 176/83, BStBl II S. 733, → BFH vom 10.6.1987, I R 149/83, BStBl 1988 II S. 25, → BFH vom 28.10.1987, I R 110/ 83, BStBl 1988 II S. 301, → BFH vom 27.7.1988, I R 68/84, BStBl 1989 II S. 57, → BFH vom 7.12.1988, I R 25/82, BStBl 1989 II S. 248 und → BFH vom 17.5.1995, I R 147/93, BStBl 1996 II S. 204). Der Fremdvergleich erfordert auch die Einbeziehung des Vertragspartners. Auch wenn ein Dritter einer für die Gesellschaft vorteilhaften Vereinbarung nicht zugestimmt hätte, kann deren Veranlassung im Gesellschaftsverhältnis liegen (→ BFH vom 17.5.1995, I R 147/93, BStBl 1996 II S. 204). Bei der Prüfung des sog. doppelten Fremdvergleichs ist nicht nur auf den - die Interessen der Gesellschaft im Auge behaltenden - ordentlichen und gewissenhaften Geschäftsleiter, sondern ebenso auf die Interessenlage des objektiven und gedachten Vertragspartners abzustellen (→ BFH vom 11.9.2013, I R 28/13, BStBl 2014 II S. 726).

Beherrschender Gesellschafter

- **Begriff**

  Eine beherrschende Stellung eines GmbH-Gesellschafters liegt im Regelfall vor, wenn der Gesellschafter die Mehrheit der Stimmrechte besitzt und deshalb bei Gesellschafterversammlungen entscheidenden Einfluss ausüben kann (→ BFH vom 13.12.1989, I R 99/87, BStBl 1990 II S. 454).

- **Beteiligungsquote**

  Eine Beteiligung von 50 % oder weniger reicht zur Annahme einer beherrschenden Stellung aus, wenn besondere Umstände hinzutreten, die eine Beherrschung der Gesellschaft begründen (→ BFH vom 8.1.1969, I R 91/66, BStBl II S. 347, → BFH vom 21.7.1976, I R 223/74, BStBl II S. 734 und → BFH vom 23.10.1985, I R 247/81, BStBl 1986 II S. 195).

- **Bilanzierung**

  Ein Rechtsgeschäft zwischen einer Kapitalgesellschaft und ihrem alleinigen Gesellschafter-Geschäftsführer ist als vGA zu werten, wenn es in der Bilanz der Gesellschaft nicht zutreffend abgebildet wird und ein ordentlicher und gewissenhafter Geschäftsführer den Fehler bei sorgsamer Durchsicht der Bilanz hätte bemerken müssen (→ BFH vom 13.6.2006, I R 58/05, BStBl II S. 928).

- **Gleichgerichtete Interessen**

  Wenn mehrere Gesellschafter einer Kapitalgesellschaft mit gleichgerichteten Interessen zusammenwirken, um eine ihren Interessen entsprechende einheitliche Willensbildung herbeizuführen, ist auch ohne Hinzutreten besonderer Umstände eine beherrschende Stellung anzunehmen (→ BFH vom 26.7.1978, I R 138/76, BStBl II S. 659, → BFH vom 29.4.1987, I R 192/82, BStBl II S. 797, → BFH vom 29.7.1992, I R 28/92, BStBl 1993 II S. 247 und → BFH vom 25.10.1995, I R 9/95, BStBl 1997 II S. 703).

  Gleichgerichtete wirtschaftliche Interessen liegen vor, wenn die Gesellschafter bei der Bemessung der dem einzelnen Gesellschafter jeweils zuzubilligenden Tantieme im Zusammenwirken gemeinsame Interessen verfolgen (→ BFH vom 11.12.1985, I R 164/82, BStBl 1986 II S. 469). Als Indiz für ein solches Zusammenwirken reichen die übereinstimmende Höhe der Gehälter und das zeitliche Zusammenfallen der Beschlussfassung aus (→ BFH vom 10.11.1965, I 178/63 U, BStBl 1966 III S. 73).

  Die Tatsache, dass die Gesellschafter nahe Angehörige sind, reicht allein nicht aus, um gleichgerichtete Interessen anzunehmen; vielmehr müssen weitere Anhaltspunkte hinzutreten (→ BVerfG vom 12.3.1985, 1 BvR 571/81, 1 BvR 494/82, 1 BvR 47/83, BStBl II S. 475 und → BFH vom 1.2.1989, I R 73/85, BStBl II S. 522).

- **Klare und eindeutige Vereinbarung**

  Vereinbarungen mit beherrschenden Gesellschaftern müssen, um steuerlich wirksam zu sein, im Vorhinein klar und eindeutig getroffen sein. Ohne eine klare und eindeutige Vereinbarung kann eine Gegenleistung nicht als schuldrechtlich begründet angesehen werden. Das gilt selbst dann, wenn ein Vergütungsanspruch aufgrund gesetzlicher Regelung bestehen sollte, wie z. B. bei einer Arbeitsleistung (§ 612 BGB) oder einer Darlehensgewährung nach Handelsrecht (§§ 352, 354 HGB, → BFH vom 2.3.1988, I R 63/82, BStBl II S. 590).

  Eine vGA kommt bei beherrschenden Gesellschaftern in Betracht, wenn nicht von vornherein klar und eindeutig bestimmt ist, ob und in welcher Höhe – einerlei ob laufend oder einmalig – ein Entgelt gezahlt werden soll. Auch eine getroffene Vereinbarung über Sondervergütungen muss zumindest erkennen lassen, nach welcher Bemessungsgrundlage (Prozentsätze, Zuschläge, Höchst- und Mindestbeträge) die Vergütung errechnet werden soll.

  Es muss ausgeschlossen sein, dass bei der Berechnung der Vergütung ein Spielraum verbleibt; die Berechnungsgrundlagen müssen so bestimmt sein, dass allein durch Rechenvorgänge die Höhe der Vergütung ermittelt werden kann, ohne dass es noch der Ausübung irgendwelcher Ermessensakte seitens der Geschäftsführung oder Gesellschafterversammlung bedarf (→ BFH vom 24.5.1989, I R 90/85, BStBl II S. 800 und → BFH vom 17.12.1997, I R 70/97, BStBl 1998 II S. 545).

Leistungen an den beherrschenden Gesellschaftern nahe stehende Personen bedürfen zu ihrer steuerlichen Anerkennung einer im Voraus getroffenen klaren und eindeutigen Vereinbarung (→ BFH vom 22.2.1989, I R 9/85, BStBl II S. 631).

- **Pensionszusagen**

  Rückstellung für Pensionszusagen an beherrschende Gesellschafter-Geschäftsführer → R 8.7, → H 8.7 (Erdienbarkeit)

- **Rückwirkende Vereinbarung**

  Rückwirkende Vereinbarungen zwischen der Gesellschaft und dem beherrschenden Gesellschafter sind steuerrechtlich unbeachtlich (→ BFH vom 23.9.1970, I R 116/66, BStBl 1971 II S. 64, → BFH vom 3.4.1974, I R 241/71, BStBl II S. 497 und → BFH vom 21.7.1976, I R 223/74, BStBl II S. 734).

- **Sperrwirkung des abkommensrechtlichen Grundsatzes des „dealing at arm's length"**

  Der abkommensrechtliche Grundsatz des „dealing at arm's length" entfaltet Sperrwirkung gegenüber den sog. Sonderbedingungen, denen beherrschende Gesellschafter bei Annahme einer vGA unterworfen sind (→ BFH vom 11.10.2012, I R 75/11, BStBl 2013 II S. 1046).

- **Stimmrechtsausschluss**

  Der Vorschrift des § 47 Abs. 4 GmbHG über einen Stimmrechtsausschluss des Gesellschafters bei Rechtsgeschäften zwischen ihm und der Gesellschaft kommt für die Frage der Beherrschung der Gesellschaft keine Bedeutung zu (→ BFH vom 26.1.1989, IV R 151/86, BStBl II S. 455 und → BFH vom 21.8.1996, X R 25/93, BStBl 1997 II S. 44).

Nahestehende Person

- **International verbundene Unternehmen**

  Zum Begriff des Nahestehens bei international verbundenen Unternehmen → BMF vom 23.2.1983, BStBl I S. 218 (Tz. 1.4 und 1.5) sowie → BFH vom 10.4.2013, I R 45/11, BStBl II S. 771.

  (Anlage 4)

- **Kreis der nahestehenden Personen**

  Zur Begründung des "Nahestehens" reicht jede Beziehung eines Gesellschafters der Kapitalgesellschaft zu einer anderen Person aus, die den Schluss zulässt, sie habe die Vorteilszuwendung der Kapitalgesellschaft an die andere Person beeinflusst. Ehegatten können als nahestehende Personen angesehen werden (→ BFH vom 2.3.1988, I R 103/86, BStBl II S. 786 und → BFH vom 10.4.2013, I R 45/11, BStBl II S. 771). Beziehungen, die ein Nahestehen begründen, können familienrechtlicher, gesellschaftsrechtlicher, schuldrechtlicher oder auch rein tatsächlicher Art sein (→ BFH vom 18.12.1996, I R 139/94, BStBl 1997 II S. 301). Eine beherrschende Stellung ist für ein Nahestehen nicht erforderlich (→ BFH vom 8.10.2008, I R 61/07, BStBl 2011 II S. 62). Eine Person, die an einer vermögensverwaltenden Personengesellschaft beteiligt ist, welche ihrerseits Gesellschafterin einer Kapitalgesellschaft ist, ist bei Prüfung einer vGA nicht als "Anteilseigner" der zuwendenden Kapitalgesellschaft zu behandeln. Die dem Anteilseigner nahestehende Person ist selbst kein Anteilseigner (→ BFH vom 21.10.2014, VIII R 22/11, BStBl 2015 II S. 687).

  Zum Kreis der dem Gesellschafter nahestehenden Personen zählen sowohl natürliche als auch juristische Personen, unter Umständen auch Personenhandelsgesellschaften (→ BFH vom 6.12.1967, I 98/65, BStBl 1968 II S. 322, → BFH vom 23.10.1985, I R 247/81, BStBl 1986 II S. 195 und → BFH vom 1.10.1986, I R 54/83, BStBl 1987 II S. 459).

- **Schwestergesellschaften**

  Zur Beurteilung von vGA zwischen Schwestergesellschaften → BFH vom 26.10.1987, GrS 2/86, BStBl 1988 II S. 348 und → BFH vom 10.4.2013, I R 45/11, BStBl II S. 771.

- **Verhältnis zum beherrschenden Gesellschafter**

  Bei dem beherrschenden Gesellschafter nahestehenden Personen bedarf eine Vereinbarung über die Höhe eines Entgelts für eine Leistung der vorherigen und eindeutigen Regelung, die auch tatsächlich durchgeführt worden muss (→ BFH vom 29.4.1987, I R 192/82, BStBl II S. 797, → BFH vom 2.3.1988, I R 103/86, BStBl II S. 786 und → BFH vom 22.2.1989, I R 9/85, BStBl II S. 631).

- **Zurechnung der vGA**

  Wenn eine vGA einer Person zufließt, die einem Gesellschafter nahesteht, ist diese vGA steuerrechtlich stets dem Gesellschafter als Einnahme zuzurechnen, es sei denn, die nahestehende Person ist selbst Gesellschafter. Darauf, dass der betreffende Gesellschafter selbst einen Vermögensvorteil erlangt, kommt es nicht an (→ BFH vom 29.9.1981, VIII R 8/77, BStBl 1982 II S. 248 und → BFH vom 18.12.1996, I R 139/94, BStBl 1997 II S. 301, sowie → BMF vom 20.5.1999, BStBl I S. 514).

IV. Vergütung der Gesellschafter-Geschäftsführer

Angemessenheit der Gesamtausstattung

→ BMF vom 14.10.2002, BStBl I S. 972

(Anlage 17 II)

Private Kfz-Nutzung

→ BMF vom 3.4.2012, BStBl I S. 478 zur Anwendung der Urteile → BFH vom 23.1.2008, I R 8/06, BStBl 2012 II S. 260, → BFH vom 23.4.2009, VI R 81/06, BStBl 2012 II S. 262 und → BFH vom 11.2.2010, VI R 43/09, BStBl 2012 II S. 266

Überstundenvergütung, Sonn-, Feiertags- und Nachtzuschläge

Die Zahlung einer Überstundenvergütung an den Gesellschafter-Geschäftsführer ist regelmäßig eine vGA, da die gesonderte Vergütung von Überstunden nicht dem entspricht, was ein ordentlicher und gewissenhafter Geschäftsleiter einer GmbH mit einem Fremdgeschäftsführer vereinbaren würde. Dies gilt erst recht dann, wenn die Vereinbarung von vorneherein auf die Vergütung von Überstunden an Sonntagen, Feiertagen und zur Nachtzeit beschränkt ist (→ BFH vom 19.3.1997, I R 75/96, BStBl II S. 577 und → BFH vom 27.3.2001, I R 40/00, BStBl II S. 655). Sofern eine Vereinbarung von Zuschlägen an Sonn- und Feiertagen und zur Nachtzeit im Einzelfall durch überzeugende betriebliche Gründe gerechtfertigt wird, die geeignet sind, die Regelvermutung für eine Veranlassung durch das Gesellschaftsverhältnis zu entkräften, kann eine vGA ausnahmsweise zu verneinen sein (→ BFH vom 14.7.2004, I R 111/03, BStBl 2005 II S. 307). Auch Zuschläge für Sonntagsarbeit, Feiertagsarbeit, Mehrarbeit und Nachtarbeit an den nicht beherrschenden, aber als leitenden Angestellten tätigen Gesellschafter können eine vGA sein (→ BFH vom 13.12.2006, VIII R 31/05, BStBl 2007 II S. 393).

Urlaub, Abgeltungszahlungen für nicht beanspruchte Tage

Soweit klare und eindeutige Vereinbarungen hinsichtlich des Urlaubsanspruches getroffen worden sind, stellen Abgeltungszahlungen für nicht in Anspruch genommenen Urlaub an den Gesellschafter-Geschäftsführer keine vGA dar, wenn der Nichtwahrnehmung des Urlaubsanspruches betriebliche Gründe zugrunde lagen. Dies ist insbesondere dann der Fall, wenn der Umfang der von ihm geleisteten Arbeit sowie seine Verantwortung für das Unternehmen die Gewährung von Freizeit im Urlaubsjahr ausgeschlossen haben. Gleiches kann für eine im Unternehmen beschäftige nahe stehende Person gelten, wenn diese gegenüber den übrigen Angestellten eine leitende Stellung innehat und die den Geschäftsführer betreffenden betrieblichen Gründe gleichermaßen einschlägig sind, den Jahresurlaub nicht antreten zu können (→ BFH vom 28.1.2004, I R 50/03, BStBl 2005 II S. 524).

Zeitwertkonten-Modelle

Zu Zeitwertkonten bei Organen von Körperschaften → BMF vom 17.6.2009, BStBl I S. 1286, Tz. A. IV. 2. Buchstabe b und Tz. F II.

V. Einzelfälle

Aktien/Anteile

- Zur Anwendung von § 8b KStG auf die Übertragung von Anteilen → BMF vom 28.4.2003, BStBl I S. 292 (Anlage 1 II)
- Zum Erwerb eigener Anteile → BMF vom 27.11.2013, BStBl I S. 1615 (Anlage 3)

Darlehensgewährung

Die Hingabe eines Darlehens an den Gesellschafter stellt eine vGA dar, wenn schon bei der Darlehenshingabe mit der Uneinbringlichkeit gerechnet werden muss (→ BFH vom 16.9.1958, I 88/57 U, BStBl III S. 451 und → BFH vom 14.3.1990, I R 6/89, BStBl II S. 795). Ein unvollständiger Darlehensvertrag zwischen Kapitalgesellschaft und beherrschendem Gesellschafter kann nicht in die Zuführung von Eigenkapital umgedeutet werden (→ BFH vom 29.10.1997, I R 24/97, BStBl 1998 II S. 573). Eine vGA kann auch bei Wertberichtigungen auf Darlehensforderungen gegenüber einem Gesellschafter vorliegen, wenn die Gesellschaft im Zeitpunkt der Darlehensgewährung auf dessen ausreichende Besicherung verzichtet hat; auf einen tatsächlichen Mittelabfluss bei der Gesellschaft kommt es nicht an (→ BFH vom 14.7.2004, I R 16/03, BStBl II S. 1010 und → BFH vom 8.10.2008, I R 61/07, BStBl 2011 II S. 62). Darlehensgewährungen im Konzern können nicht allein deshalb als vGA beurteilt werden, weil für sie keine Sicherheit vereinbart wurde (→ BFH vom 29.10.1997, I R 24/97, BStBl 1998 II S. 573).

Darlehenszinsen

Erhält ein Gesellschafter ein Darlehen von der Gesellschaft zinslos oder zu einem außergewöhnlich geringen Zinssatz, liegt eine vGA vor (→ BFH vom 25.11.1964, I 116/63 U, BStBl 1965 III S. 176 und → BFH vom 23.6.1981, VIII R 102/80, BStBl 1982 II S. 245).

Gibt ein Gesellschafter der Gesellschaft ein Darlehen zu einem außergewöhnlich hohen Zinssatz, liegt eine vGA vor (→ BFH vom 28.10.1964, I 198/62 U, BStBl 1965 III S. 119 und → BFH vom 25.11.1964, I 116/63 U, BStBl 1965 III S. 176).

Einbringung einer GmbH in eine KG

Bringt eine GmbH ihr Unternehmen unentgeltlich in eine KG ein, führt dies zu einer vGA in Höhe des fremdüblichen Entgelts für das eingebrachte Unternehmen, wenn am Vermögen der KG ausschließlich der beherrschende Gesellschafter der GmbH beteiligt ist (→ BFH vom 15.9.2004, I R 7/02, BStBl 2005 II S. 867).

Einkünfteabgrenzung bei international verbundenen Unternehmen

→ AStG, GAufzV, FVerlV

→ BMF vom 23.2.1983, BStBl I S. 218

(Anhänge 2, 3 und 5)

Verwaltungsgrundsätze Kostenumlagen → BMF vom 30.12.1999, BStBl I S. 1122

Verwaltungsgrundsätze Arbeitnehmerentsendung → BMF vom 9.11.2001, BStBl I S. 796

Verwaltungsgrundsätze-Verfahren → BMF vom 12.4.2005, BStBl I S. 570

Verwaltungsgrundsätze Funktionsverlagerung → BMF vom 13.10.2010, BStBl I S. 774

(Anlage 4)

Erstausstattung der Kapitalgesellschaft

Bei Rechtsverhältnissen, die im Rahmen der Erstausstattung einer Kapitalgesellschaft zustande gekommen sind, liegt eine vGA schon dann vor, wenn die Gestaltung darauf abstellt, den Gewinn der Kapitalgesellschaft nicht über eine angemessene Verzinsung des eingezahlten Nennkapitals und eine Vergütung für das Risiko des nicht eingezahlten Nennkapitals hinaus zu steigern (→ BFH vom 5.10.1977, I R 230/75, BStBl 1978 II S. 234, → BFH vom 23.5.1984, I R 294/81, BStBl II S. 673 und → BFH vom 2.2.1994, I R 78/92, BStBl II S. 479).

Geburtstag

Gibt eine GmbH aus Anlass des Geburtstags ihres Gesellschafter-Geschäftsführers einen Empfang, an dem nahezu ausschließlich Geschäftsfreunde teilnehmen, liegt eine vGA vor (→ BFH vom 28.11.1991, I R 13/90, BStBl 1992 II S. 359).

Gesellschafterversammlung

Zur Frage der steuerlichen Behandlung der Fahrtkosten, Sitzungsgelder, Verpflegungs- und Übernachtungskosten anlässlich einer Hauptversammlung oder Gesellschafterversammlung bzw. einer Vertreterversammlung → BMF vom 26.11.1984, BStBl I S. 591.

Gewinnverteilung

Stimmt die an einer Personengesellschaft beteiligte Kapitalgesellschaft rückwirkend oder ohne rechtliche Verpflichtung einer Neuverteilung des Gewinns zu, die ihre Gewinnbeteiligung zugunsten ihres gleichfalls an der Personengesellschaft beteiligten Gesellschafters einschränkt, liegt eine vGA vor (→ BFH vom 12.6.1980, IV R 40/77, BStBl II S. 723).

Gründungskosten

→ BMF vom 25.6.1991, BStBl I S. 661

Irrtum über Leistungspflicht

Leistet der Geschäftsführer einer Kapitalgesellschaft in der irrtümlichen Annahme einer vertraglichen Leistungspflicht eine Zahlung an einen vormaligen Gesellschafter, liegt hierin jedenfalls dann eine vGA, wenn die Begründung der nach der Vorstellung des Geschäftsführers bestehenden Leistungspflicht als vGA zu beurteilen wäre (→ BFH vom 29.4.2008, I R 67/06, BStBl 2011 II S. 55).

Kapitalerhöhungskosten

→ BFH vom 19.1.2000, I R 24/99, BStBl II S. 545

Konzernkasse

Besteht für die Unternehmen eines Konzerns eine gemeinsame Unterstützungskasse (Konzernkasse), können bei einem Missverhältnis der Zuwendungen der einzelnen Unternehmen an die Konzernkasse unter bestimmten Voraussetzungen vGA vorliegen (→ BFH vom 29.1.1964, I 209/62 U, BStBl 1965 III S. 27).

Markteinführungskosten

Ein ordentlicher und gewissenhafter Geschäftsleiter einer Kapitalgesellschaft wird für die Gesellschaft nur dann ein neues Produkt am Markt einführen und vertreiben, wenn er daraus bei vorsichtiger und vorheriger kaufmännischer Prognose innerhalb eines überschaubaren Zeitraums und unter Berücksichtigung der voraussichtlichen Marktentwicklung einen angemessenen Gesamtgewinn erwarten kann (→ BFH vom 17.2.1993, I R 3/92, BStBl II S. 457 und → BMF vom 23.2.1983, BStBl I S. 218 Tz. 3.4 und 3.5).

(Anlage 4)

Nutzungsüberlassungen

- Eine vGA liegt vor bei Mietverhältnissen oder Nutzungsrechtsüberlassungen zwischen Gesellschafter und Kapitalgesellschaft zu einem unangemessenen Preis (→ BFH vom 16.8.1955, I 160/54 U, BStBl III S. 353 und → BFH vom 3.2.1971, I R 51/66, BStBl II S. 408).
- Die Nutzung eines betrieblichen Kfz durch den Gesellschafter-Geschäftsführer ohne fremdübliche Überlassungs- oder Nutzungsvereinbarung führt zur vGA (→ BMF vom 3.4.2012, BStBl I S. 478 zur Anwendung der Urteile → BFH vom 23.1.2008, I R 8/06, BStBl 2012 II S. 260, → BFH vom 23.4.2009, VI R 81/06, BStBl 2012 II S. 262 und → BFH vom 11.2.2010, VI R 43/09, BStBl 2012 II S. 266).

Rechtsverzicht

Verzichtet eine Gesellschaft auf Rechte, die ihr einem Gesellschafter gegenüber zustehen, liegt eine vGA vor (→ BFH vom 3.11.1971, I R 68/70, BStBl 1972 II S. 227, → BFH vom 13.10.1983, I R 4/81, BStBl 1984 II S. 65 und → BFH vom 7.12.1988, I R 25/82, BStBl 1989 II S. 248).

Reisekosten des Gesellschafter-Geschäftsführers

Von der Kapitalgesellschaft getragene Aufwendungen für eine Auslandsreise des Gesellschafter-Geschäftsführers können eine vGA begründen, wenn die Reise durch private Interessen des Gesellschafters veranlasst oder in nicht nur untergeordnetem Maße mitveranlasst ist (→ BFH vom 6.4.2005, I R 86/04, BStBl II S. 666). Zum Abzugsverbot nach § 12 Nr. 1 EStG → BFH vom 21.9.2009, GrS 1/06, BStBl 2010 II S. 672 sowie → BMF vom 6.7.2010, BStBl I S. 614.

Risikogeschäfte

Tätigt eine Kapitalgesellschaft Risikogeschäfte (Devisentermingeschäfte), so rechtfertigt dies im Allgemeinen nicht die Annahme, die Geschäfte würden im privaten Interesse des (beherrschenden) Gesellschafters ausgeübt. Die Gesellschaft ist grundsätzlich darin frei, solche Geschäfte und die damit verbundenen Chancen, zugleich aber auch Verlustgefahren wahrzunehmen. Die Übernahme der Risiken wird sich deswegen allenfalls bei ersichtlich privater Veranlassung als Verlustverlagerung zuungunsten der Gesellschaft darstellen, beispielsweise dann, wenn die Gesellschaft sich verpflichtet, Spekulationsverluste zu tragen, Spekulationsgewinne aber an den Gesellschafter abzuführen, oder wenn sie sich erst zu einem Zeitpunkt zur Übernahme der in Rede stehenden Geschäfte entschließt, in dem sich die dauerhafte Verlustsituation bereits konkret abzeichnet (→ BFH vom 8.8.2001, I R 106/99, BStBl 2003 II S. 487).

(Anlage 17 V)

Rückstellung bei Mietzahlungen

Eine Rückstellung für die Verpflichtung einer Kapitalgesellschaft, einer Schwestergesellschaft die von dieser geleisteten Mietzahlungen nach den Grundsätzen der eigenkapitalersetzenden Gebrauchsüberlassung zu erstatten, führt zu einer vGA (→ BFH vom 20.8.2008, I R 19/07, BStBl 2011 II S. 60).

Schuldübernahme

Eine vGA liegt vor, wenn eine Gesellschaft eine Schuld oder sonstige Verpflichtung eines Gesellschafters übernimmt (→ BFH vom 19.3.1975, I R 173/73, BStBl II S. 614 und → BFH vom 19.5.1982, I R 102/79, BStBl II S. 631).

Stille Gesellschaft

Beteiligt sich ein Gesellschafter an der Gesellschaft als stiller Gesellschafter und erhält dafür einen unangemessen hohen Gewinnanteil, liegt eine vGA vor (→ BFH vom 6.2.1980, I R 50/76, BStBl II S. 477).

Träger der Sparkasse, Zinsaufbesserungen

Zu der Frage, ob vGA an den Träger der Sparkasse vorliegen, wenn eine Sparkasse diesem Zinsaufbesserungen für Einlagen und Zinsrückvergütungen für ausgereichte Darlehen gewährt → BFH vom 1.12.1982, I R 69-70/80, BStBl 1983 II S. 152.

Verlustgeschäfte

Ein ordentlicher und gewissenhafter Geschäftsleiter würde die Übernahme von Aufgaben, die vorrangig im Interesse des Alleingesellschafters liegen, davon abhängig machen, ob sich der Gesellschaft die Chance zur Erzielung eines angemessenen Gewinns stellt (→ BFH vom 2.2.1994, I R 78/92, BStBl II S. 479). Bei Dauerverlustgeschäften bei der öffentlichen Hand → § 8 Abs. 7 KStG und → BMF vom 12.11.2009, BStBl I S. 1303

(Anlage 11 II)

(Zinslose) Vorschüsse auf Tantieme

Zahlt eine GmbH ihrem Gesellschafter ohne eine entsprechende klare und eindeutige Abmachung einen unverzinslichen Tantiemevorschuss, ist der Verzicht auf eine angemessene Verzinsung eine vGA (→ BFH vom 22.10.2003, I R 36/03, BStBl 2004 II S. 307).

Waren

Liefert ein Gesellschafter an die Gesellschaft, erwirbt er von der Gesellschaft Waren und sonstige Wirtschaftsgüter zu ungewöhnlichen Preisen, oder erhält er besondere Preisnachlässe und Rabatte, liegt eine vGA vor (→ BFH vom 12.7.1972, I R 203/70, BStBl II S. 802, → BFH vom 21.12.1972, I R 70/70, BStBl 1973 II S. 449, → BFH vom 16.4.1980, I R 75/78, BStBl 1981 II S. 492 und → BFH vom 6.8.1985, VIII R 280/81, BStBl 1986 II S. 17).

(Anlage 4)

Zur Lieferung von Gütern oder Waren bei international verbundenen Unternehmen → BMF vom 23.2.1983, BStBl I S. 218 Tz. 3.1

H 8.7 Rückstellungen für Pensionszusagen an Gesellschafter-Geschäftsführer von Kapitalgesellschaften

Angemessenheit

In die Prüfung der Angemessenheit der Gesamtbezüge des Gesellschafter-Geschäftsführers ist auch die ihm erteilte Pensionszusage einzubeziehen. Diese ist mit der fiktiven Jahresnettoprämie nach dem Alter des Gesellschafter-Geschäftsführers im Zeitpunkt der Pensionszusage anzusetzen, die er selbst für eine entsprechende Versicherung zu zahlen hätte, abzüglich etwaiger Abschluss- und Verwaltungskosten. Sieht die Pensionszusage spätere Erhöhungen vor oder wird sie später erhöht, ist die fiktive Jahresnettoprämie für den Erhöhungsbetrag auf den Zeitpunkt der Erhöhung der Pensionszusage zu berechnen; dabei ist von den Rechnungsgrundlagen auszugehen, die für die Berechnung der Pensionsrückstellung verwendet werden. Das gilt nicht für laufende Anpassungen an gestiegene Lebenshaltungskosten. Zur Ermittlung der Angemessenheitsgrenze für die Gesamtbezüge → BMF vom 14.10.2002, BStBl I S. 972. Zur Überversorgung wegen überdurchschnittlich hoher Versorgungsanwartschaften und bei Nur-Pension → BMF vom 3.11.2004, BStBl I S. 1045, Rn. 7, → BMF vom 13.12.2012, BStBl 2013 I S. 35, → BFH vom 31.3.2004, I R 70/03, BStBl II S. 937, und → BFH vom 28.4.2010, I R 78/08, BStBl 2013 II S. 41.

(Anlage 17 II)

Erdienbarkeit

Die Zusage einer Pension an einen beherrschenden Gesellschafter-Geschäftsführer führt zu einer vGA, wenn der Zeitraum zwischen dem Zeitpunkt der Zusage der Pension und dem vorgesehenen Zeitpunkt des Eintritts in den Ruhestand weniger als 10 Jahre beträgt (→ BFH vom 21.12.1994, I R 98/93, BStBl 1995 II S. 419 sowie → BMF vom 1.8.1996, BStBl I S. 1138 und → BMF vom 9.12.2002, BStBl I S. 1393).

Die Zusage einer Pension an einen nicht beherrschenden Gesellschafter-Geschäftsführer führt zu einer vGA, wenn

- der Zeitraum zwischen dem Zeitpunkt der Zusage der Pension und dem vorgesehenen Zeitpunkt des Eintritts in den Ruhestand weniger als 10 Jahre beträgt, oder
- dieser Zeitraum zwar mindestens drei Jahre beträgt, der Gesellschafter-Geschäftsführer dem Betrieb aber weniger als 12 Jahre angehörte (→ BFH vom 24.1.1996, I R 41/95, BStBl 1997 II S. 440 und → BFH vom 15.3.2000, I R 40/99, BStBl II S. 504 und → BMF vom 7.3.1997, BStBl I S. 637).

Eine Pensionszusage muss zur Vermeidung einer vGA vor der Vollendung des 60. Lebensjahres des Gesellschafter-Geschäftsführers erteilt worden sein (→ BFH vom 5.4.1995, I R 138/93, BStBl II S. 478).

Diese Grundsätze sind auch bei einer nachträglichen Erhöhung der Zusage anzuwenden (→ BFH vom 23.9.2008, I R 62/07, BStBl 2013 II S. 39). Um eine nachträgliche Erhöhung kann es sich auch handeln, wenn ein endgehaltsabhängiges Pensionsversprechen infolge einer Gehaltsaufstockung mittelbar erhöht wird und das der Höhe nach einer Neuzusage gleichkommt (→ BFH vom 20.5.2015, I R 17/14, BStBl 2015 II S. 1022).

Finanzierbarkeit

Zur Finanzierbarkeit von Pensionszusagen gegenüber Gesellschafter-Geschäftsführern → BFH vom 8.11.2000, I R 70/99, BStBl 2005 II S. 653, → BFH vom 20.12.2000, I R 15/00, BStBl 2005 II S. 657, → BFH vom 7.11.2001, I R 79/00, BStBl 2005 II S. 659, → BFH vom 4.9.2002, I R 7/01, BStBl 2005 II S. 662 und → BFH vom 31.3.2004, I R 65/03, BStBl 2005 II S. 664 sowie → BMF vom 6.9.2005, BStBl I S. 875

Fortführung eines Dienstverhältnisses

Zur vGA bei Fortführung eines Dienstverhältnisses nach Eintritt des Versorgungsfalls → BFH vom 5.3.2008, I R 12/07, BStBl 2015 II S. 409 und → BFH vom 23.10.2013, I R 60/12, BStBl 2015 II S. 413

Invaliditätsversorgung - dienstzeitunabhängig

Die Zusage einer dienstzeitunabhängigen Invaliditätsversorgung zugunsten eines Gesellschafter-Geschäftsführers i. H. v. 75 % des Bruttogehalts führt wegen Unüblichkeit zur vGA (→ BFH vom 28.1.2004, I R 21/03, BStBl 2005 II S. 841).

Kapitalabfindung

Sagt eine Kapitalgesellschaft ihrem beherrschenden Gesellschafter-Geschäftsführer anstelle der monatlichen Rente „spontan" die Zahlung einer Kapitalabfindung der Versorgungsanwartschaft zu, so ist die gezahlte Abfindung regelmäßig vGA (→ BFH vom 11.9.2013, I R 28/13, BStBl 2014 II S. 726 und → BFH vom 23.10.2013, I R 89/12, BStBl 2014 II S. 729). Bei nicht beherrschenden Gesellschafter-Geschäftsführern → BFH vom 28.4.2010, I R 78/08, BStBl 2013 II S. 41.

Lebenshaltungskosten

Zur Pensionserhöhung wegen gestiegener Lebenshaltungskosten → BFH vom 27.7.1988, I R 68/84, BStBl 1989 II S. 57

Lebensgefährtin

Zur Pensionszusage zugunsten einer nichtehelichen Lebensgefährtin → BFH vom 29.11.2000, I R 90/99, BStBl 2001 II S. 204 sowie → BMF vom 25.7.2002, BStBl I S. 706 und → BMF vom 8.1.2003, BStBl I S. 93

Rückdeckungsversicherung

Beiträge, die eine GmbH für eine Lebensversicherung entrichtet, die sie zur Rückdeckung einer ihrem Gesellschafter-Geschäftsführer zugesagten Pension abgeschlossen hat, stellen auch dann keine vGA dar, wenn die Pensionszusage durch das Gesellschaftsverhältnis veranlasst ist (→ BFH vom 7.8.2002, I R 2/02, BStBl 2004 II S. 131).

Tatsächliche Durchführung

Scheidet der beherrschende Gesellschafter-Geschäftsführer einer GmbH vor Ablauf der Erdienenszeit aus dem Unternehmen als Geschäftsführer aus, wird der Versorgungsvertrag tatsächlich nicht durchgeführt. Die jährlichen Zuführungen zu der für die Versorgungszusage gebildeten Rückstellung stellen deswegen regelmäßig vGA dar (→ BFH vom 25.6.2014, I R 76/13, BStBl 2015 II S. 665).

Überversorgung

- Nur-Pension

  Sog. Nur-Pensionszusagen führen regelmäßig zur sog. Überversorgung, so dass eine Rückstellung nach § 6a EStG zu Lasten des Steuerbilanzgewinns nicht gebildet werden darf (→ BFH vom 9.11.2005, I R 89/04, BStBl 2008 II S. 523 und → BFH vom 28.4.2010, I R 78/08, BStBl 2013 II S. 41 sowie → BMF vom 13.12.2012, BStBl 2013 I S. 35). Die Zusage einer Nur-Pension ist im Übrigen durch das Gesellschaftsverhältnis veranlasst (→ BFH vom 17.5.1995, I R 147/93, BStBl 1996 II S. 204 und → BFH vom 28.4.2010, I R 78/08, BStBl 2013 II S. 41 sowie → BMF vom 28.1.2005, BStBl I S. 387).

- Reduzierung der Aktivbezüge

  → BFH vom 27.3.2012, I R 56/11, BStBl II S. 665 sowie → BMF vom 3.11.2004, BStBl I S. 1045

- Rentendynamik

  Zu fest zugesagten prozentualen Erhöhungen von Renten und Rentenanwartschaften → H 6a (17) Steigerungen der Versorgungsansprüche EStH

Unverfallbarkeit

Zu Vereinbarungen über eine Unverfallbarkeit in Zusagen auf Leistungen der betrieblichen Altersversorgung an Gesellschafter-Geschäftsführer → BMF vom 9.12.2002, BStBl I S. 1393 sowie → BFH vom 26.6.2013, I R 39/12, BStBl 2014 II S. 174

(Anlage 17 III)

Warte-/Probezeit

Die Erteilung einer Pensionszusage unmittelbar nach der Anstellung und ohne die unter Fremden übliche Wartezeit ist in aller Regel durch das Gesellschaftsverhältnis veranlasst. Eine derartige Wartezeit ist bei bereits erprobten Geschäftsführern insbesondere in Fällen der Umwandlung nicht erforderlich (→ BFH vom 15.10.1997, I R 42/97, BStBl 1999 II S. 316, → BFH vom 29.10.1997, I R 52/97, BStBl 1999 II S. 318, → BFH vom 24.4.2002, I R 18/01, BStBl II S. 670, → BFH vom 23.2.2005, I R 70/04, BStBl II S. 882, → BFH vom 28.4.2010, I R 78/08, BStBl 2013 II S. 41 und → BFH vom 26.6.2013, I R 39/12, BStBl 2014 II S. 174 sowie → BMF vom 14.12.2012, BStBl 2013 I S. 58). Eine unter Verstoß gegen eine angemessene Probezeit erteilte Pensionszusage wächst auch nach Ablauf der angemessenen Probezeit nicht in eine fremdvergleichsgerechte Pensionszusage hinein (→ BFH vom 28.4.2010, I R 78/08, BStBl 2013 II S. 41 sowie → BMF vom 14.12.2012, BStBl 2013 I S. 58).

Eine vGA kann bei einer unberechtigten Einbeziehung von Vordienstzeiten bei der Teilwertberechnung einer Pensionsrückstellung zu verneinen sein, wenn die Pensionszusage dem Grunde und der Höhe nach einem Fremdvergleich standhält (→ BFH vom 18.4.2002, III R 43/00, BStBl 2003 II S. 149).

(Anlage 17 IV)

Wegfall einer Pensionsverpflichtung

Eine wegen Wegfalls der Verpflichtung gewinnerhöhend aufgelöste Pensionsrückstellung ist im Wege einer Gegenkorrektur nur um die tatsächlich bereits erfassten vGA der Vorjahre außerbilanziell zu kürzen (→ BFH vom 21.8.2007, I R 74/06, BStBl 2008 II S. 277 sowie → BMF vom 28.5.2002, BStBl I S. 603).

(Anlage 17 I)

H 8.9 Verdeckte Einlage

Anwachsung

Scheiden die Kommanditisten einer GmbH & Co. KG, die zugleich Gesellschafter der Komplementär-GmbH sind, ohne Entschädigung mit der Folge aus, dass ihr Anteil am Gesellschaftsvermögen gem. §§ 736, 738 BGB der Komplementär-GmbH zuwächst, erbringen die

Kommanditisten eine verdeckte Einlage in die Komplementär-GmbH. Dabei bemisst sich der Wert der verdeckten Einlage nach der Wertsteigerung, die die GmbH einschließlich des anteiligen Geschäftswerts durch die Anwachsung erfährt (→ BFH vom 12.2.1980, VIII R 114/77, BStBl II S. 494 und → BFH vom 24.3.1987, I R 202/83, BStBl II S. 705 sowie → BMF vom 25.3.1998, BStBl I S. 268).

Anwendungsbereich

Der Anwendungsbereich verdeckter Einlagen ist auf solche Körperschaften beschränkt, die ihren Anteilseignern oder Mitgliedern kapitalmäßige oder mitgliedschaftsähnliche Rechte gewähren (→ BFH vom 21.9.1989, IV R 115/88, BStBl 1990 II S. 86).

Behandlung beim Gesellschafter

Die verdeckte Einlage eines Wirtschaftsguts in das Betriebsvermögen einer Kapitalgesellschaft führt auf der Ebene des Gesellschafters grundsätzlich zu nachträglichen Anschaffungskosten auf die Beteiligung an dieser Gesellschaft (→ BFH vom 12.2.1980, VIII R 114/77, BStBl II S. 494 und → BFH vom 29.7.1997, VIII R 57/94, BStBl 1998 II S. 652).

Zu Anschaffungskosten einer Beteiligung bei verdeckter Einlage → § 6 Abs. 6 Satz 2 und 3 EStG

Bürgschaftsübernahme des Gesellschafters zu Gunsten der Gesellschaft

Mangels einlagefähigem Wirtschaftsgut sind die Voraussetzungen zur Annahme einer verdeckten Einlage durch die bloße Abgabe des Bürgschaftsversprechens noch nicht erfüllt (→ BFH vom 19.5.1982, I R 102/79, BStBl II S. 631).

Wird der Gesellschafter aber aus der Bürgschaft in Anspruch genommen und war diese gesellschaftsrechtlich veranlasst, liegt eine verdeckte Einlage vor, soweit der Gesellschafter auf seine dadurch entstandene Regressforderung verzichtet. Dabei ist die verdeckte Einlage bei der Kapitalgesellschaft mit dem Teilwert der Forderung zu bewerten (→ BFH vom 18.12.2001, VIII R 27/00, BStBl 2002 II S. 733).

Einlage von Beteiligungen i. S. d. § 17 Abs. 1 Satz 1 EStG

Die Bewertung der verdeckten Einlage einer Beteiligung i. S. d. § 17 Abs. 1 Satz 1 EStG bei der aufnehmenden Körperschaft erfolgt mit dem Teilwert (→ BMF vom 2.11.1998, BStBl I S. 1227).

Einlagefähiger Vermögensvorteil

Gegenstand einer verdeckten Einlage kann nur ein aus Sicht der Gesellschaft bilanzierungsfähiger Vermögensvorteil sein. Dieser muss in der steuerrechtlichen Gewinnermittlung der Gesellschaft entweder

- zum Ansatz bzw. zur Erhöhung eines Aktivpostens oder
- zum Wegfall bzw. zur Minderung eines Passivpostens

geführt haben (→ BFH vom 24.5.1984, I R 166/78, BStBl II S. 747).

Gegenstand einer verdeckten Einlage kann auch ein immaterielles Wirtschaftsgut, wie z. B. ein nicht entgeltlich erworbener Firmenwert sein. Wegen der Notwendigkeit der Abgrenzung der gesellschaftsrechtlichen von der betrieblichen Sphäre einer Kapitalgesellschaft tritt hier das Aktivierungsverbot des § 5 Abs. 2 EStG zurück (→ BFH vom 24.3.1987, I R 202/83, BStBl II S. 705).

→ H 8.9 Nutzungsvorteile

→ H 8.9 Verzicht auf Tätigkeitsvergütungen

Erbfall

Vererbt ein Gesellschafter Wirtschaftsgüter seines Privatvermögens an seine Kapitalgesellschaft, handelt es sich um einen unentgeltlichen, nicht auf ihrer unternehmerischen Tätigkeit beruhenden Erwerb, der wie eine Einlage zu behandeln ist. Nachlassschulden sowie durch den Erbfall entstehende Verbindlichkeiten (z. B. Vermächtnisse) mindern die Höhe des Werts der Einlage (→ BFH vom 24.3.1993, I R 131/90, BStBl II S. 799).

Forderungsverzicht

Ein auf dem Gesellschaftsverhältnis beruhender Verzicht eines Gesellschafters auf seine nicht mehr vollwertige Forderung gegenüber seiner Kapitalgesellschaft führt bei dieser zu einer Einlage in Höhe des Teilwerts der Forderung. Dies gilt auch dann, wenn die entsprechende Verbindlichkeit auf abziehbare Aufwendungen zurückgeht. Der Verzicht des Gesellschafters auf eine Forderung gegenüber seiner Kapitalgesellschaft im Wege der verdeckten Einlage führt bei ihm zum Zufluss des noch werthaltigen Teils der Forderung. Eine verdeckte Einlage bei der Kapitalgesellschaft kann auch dann anzunehmen sein, wenn der Forderungsverzicht von einer dem Gesellschafter nahestehenden Person ausgesprochen wird (→ BFH vom 9.6.1997, GrS 1/94, BStBl 1998 II S. 307).

Die vorgenannten Grundsätze gelten auch dann, wenn auf eine Forderung verzichtet wird, die kapitalersetzenden Charakter hat (→ BFH vom 16.5.2001, I B 143/00, BStBl 2002 II S. 436).

Bei Darlehensverlust → BMF vom 21.10.2010, BStBl I S. 832

Forderungsverzicht gegen Besserungsschein

Verzichtet ein Gesellschafter auf eine Forderung gegen seine GmbH unter der auflösenden Bedingung, dass im Besserungsfall die Forderung wieder aufleben soll und ist der Verzicht durch das Gesellschaftsverhältnis veranlasst, liegt in Höhe des werthaltigen Teils der Forderung eine (verdeckte) Einlage vor. Die Erfüllung der Forderung nach Bedingungseintritt ist keine vGA, sondern gilt als zurückgewährte Einlage (→ BMF vom 2.12.2003, BStBl I S. 648).

Umfasst der Forderungsverzicht auch den Anspruch auf Darlehenszinsen, sind nach Bedingungseintritt Zinsen auch für die Dauer der Krise als Betriebsausgaben anzusetzen (→ BFH vom 30.5.1990, I R 41/87, BStBl 1991 II S. 588).

Gesellschaftsrechtliches Interesse

→ BFH vom 29.7.1997, VIII R 57/94, BStBl 1998 II S. 652

Für die Prüfung der Frage, ob die Zuwendung gesellschaftsrechtlich veranlasst ist, ist ausschließlich auf den Zeitpunkt des Eingehens der Verpflichtung, nicht auf den Zeitpunkt des späteren Erfüllungsgeschäfts abzustellen. Eine gesellschaftsrechtliche Veranlassung kann somit selbst dann anzunehmen sein, wenn zum Zeitpunkt der Erfüllung der Verpflichtung ein Gesellschaftsverhältnis nicht mehr besteht (analog zur vGA; → BFH vom 14.11.1984, I R 50/80, BStBl 1985 II S. 227).

Gesellschaftsrechtliche Veranlassung

Die Veranlassung durch das Gesellschaftsverhältnis ist gegeben, wenn ein Nichtgesellschafter bei Anwendung der Sorgfalt eines ordentlichen Kaufmanns den Vermögensvorteil der Gesellschaft nicht eingeräumt hätte (→ BFH vom 28.2.1956, I 92/54 U, BStBl III S. 154, →

BFH vom 19.2.1970, I R 24/67, BStBl II S. 442, → BFH vom 26.11.1980, I R 52/77, BStBl 1981 II S. 181, → BFH vom 9.3.1983, I R 182/78, BStBl II S. 744, → BFH vom 11.4.1984, I R 175/79, BStBl II S. 535, → BFH vom 14.11.1984, I R 50/80, BStBl 1985 II S. 227, → BFH vom 24.3.1987, I R 202/83, BStBl II S. 705 und → BFH vom 26.10.1987, GrS 2/86, BStBl 1988 II S. 348).

Immaterielle Wirtschaftsgüter

→ H 8.9 einlagefähiger Vermögensvorteil

Nachträgliche Preissenkungen

Nachträgliche Preissenkungen durch den Gesellschafter beim Verkauf von Wirtschaftsgütern an seine Kapitalgesellschaft stellen i. d. R. verdeckte Einlagen dar (→ BFH vom 14.8.1974, I R 168/72, BStBl 1975 II S. 123).

Nahestehende Person

Die als verdeckte Einlage zu qualifizierende Zuwendung kann auch durch eine dem Gesellschafter nahestehende Person erfolgen, z. B. durch eine andere Tochtergesellschaft (→ BFH vom 30.4.1968, I 161/65, BStBl II S. 720, → BFH vom 9.6.1997, GrS 1/94, BStBl 1998 II S. 307 und → BFH vom 12.12.2000, VIII R 62/93, BStBl 2001 II S. 234).

→ H 8.5 III. nahestehende Person

Nutzungsvorteile

Die Überlassung eines Wirtschaftsguts zum Gebrauch oder zur Nutzung kann mangels Bilanzierbarkeit des Nutzungsvorteils nicht Gegenstand einer Einlage sein (→ BFH vom 8.11.1960, I 131/59 S, BStBl III S. 513, → BFH vom 9.3.1962, I 203/61 S, BStBl III S. 338, → BFH vom 3.2.1971, I R 51/66, BStBl II S. 408, → BFH vom 24.5.1984, I R 166/78, BStBl II S. 747 und → BFH vom 26.10.1987, GrS 2/86, BStBl 1988 II S. 348). Das gilt auch, wenn der Gesellschafter ein verzinsliches Darlehen aufnimmt, um der Kapitalgesellschaft ein zinsloses Darlehen zu gewähren (→ BFH vom 26.10.1987, GrS 2/86, BStBl 1988 II S. 348).

Keine einlagefähigen Nutzungsvorteile sind insbesondere

- eine ganz oder teilweise unentgeltliche Dienstleistung (→ BFH vom 14.3.1989, I R 8/85, BStBl II S. 633),

- eine unentgeltliche oder verbilligte Gebrauchs- oder Nutzungsüberlassung eines Wirtschaftsguts und
- der Zinsvorteil bei unverzinslicher oder geringverzinslicher Darlehensgewährung (→ BFH vom 26.10.1987, GrS 2/86, BStBl 1988 II S. 348).

Rückgewähr einer vGA

Die Rückgewähr einer vGA führt regelmäßig zur Annahme einer Einlage. Das gilt unabhängig davon, ob sich die Rückzahlungsverpflichtung aus einer Satzungsklausel oder aus gesetzlichen Vorschriften (z. B. §§ 30, 31 GmbHG) ergibt, oder ob sie seitens des Gesellschafters freiwillig erfolgt (→ BFH vom 29.5.1996, I R 118/93, BStBl 1997 II S. 92, → BFH vom 31.5.2005, I R 35/04, BStBl 2006 II S. 132, sowie → BMF vom 6.8.1981, BStBl I S. 599).

→ H 8.6 Rückgängigmachung

Verdecktes Leistungsentgelt

Gleicht ein Gesellschafter durch Zuwendungen Nachteile einer Kapitalgesellschaft aus, die diese durch die Übernahme von Aufgaben erleidet, die eigentlich der Gesellschafter zu erfüllen hat, ist das Gesellschaftsverhältnis für die Leistung nicht ursächlich. Folglich liegt keine steuerfreie Vermögensmehrung in Form einer verdeckten Einlage, sondern vielmehr eine steuerpflichtige Betriebseinnahme vor (→ BFH vom 9.3.1983, I R 182/78, BStBl II S. 744).

Verzicht auf Pensionsanwartschaftsrechte

Verzichtet der Gesellschafter aus Gründen des Gesellschaftsverhältnisses auf einen bestehenden Anspruch aus einer ihm gegenüber durch die Kapitalgesellschaft gewährten Pensionszusage, liegt hierin eine verdeckte Einlage begründet. Dies gilt auch im Falle eines Verzichts vor Eintritt des vereinbarten Versorgungsfalles hinsichtlich des bis zum Verzichtszeitpunkt bereits erdienten (Anteils des) Versorgungsanspruches. Der durch die Ausbuchung der Pensionsrückstellung bei der Kapitalgesellschaft zu erfassende Gewinn ist im Rahmen der Einkommensermittlung in Höhe des Werts der verdeckten Einlage wieder in Abzug zu bringen. Aus der Annahme einer verdeckten Einlage folgt andererseits beim Gesellschafter zwingend die Annahme eines Zuflusses von Arbeitslohn bei gleichzeitiger Erhöhung der Anschaffungskosten für die Anteile an der Kapitalgesellschaft (→ BFH vom 9.6.1997, GrS

1/94, BStBl 1998 II S. 307). Sowohl hinsichtlich der Bewertung der verdeckten Einlage als auch hinsichtlich des Zuflusses beim Gesellschafter ist auf den Teilwert der Pensionszusage abzustellen und nicht auf den gem. § 6a EStG ermittelten Teilwert der Pensionsrückstellung der Kapitalgesellschaft. Bei der Ermittlung des Teilwerts ist die Bonität der zur Pensionszahlung verpflichteten Kapitalgesellschaft zu berücksichtigen (→ BFH vom 15.10.1997, I R 58/ 93, BStBl 1998 II S. 305).

Zum Verzicht auf künftig noch zu erdienende Pensionsanwartschaften (sog. Future Service) → BMF vom 14.8.2012, BStBl I S. 874

Verzicht auf Tätigkeitsvergütungen

Verzichtet der Gesellschafter (z. B. wegen der wirtschaftlichen Lage der Kapitalgesellschaft) als Geschäftsführer auf seine Tätigkeitsvergütungen, ist wie folgt zu unterscheiden:

- Verzicht nach Entstehung:

  Verzichtet der Gesellschafter-Geschäftsführer nach Entstehung seines Anspruchs auf die Tätigkeitsvergütungen, wird damit der Zufluss der Einnahmen, verbunden mit der Verpflichtung zur Lohnversteuerung, nicht verhindert. Die Tätigkeitsvergütungen sind als Einnahmen aus nichtselbständiger Arbeit zu versteuern. Der Verzicht stellt demgegenüber eine – die steuerlichen Anschaffungskosten des Gesellschafters erhöhende – verdeckte Einlage dar (→ BFH vom 19.7.1994, VIII R 58/92, BStBl 1995 II S. 362).

  Bestehen zum Zeitpunkt des Gehaltsverzichts Liquiditätsschwierigkeiten, berührt dies die Werthaltigkeit der Gehaltsforderung, so dass die verdeckte Einlage unter dem Nennwert ggf. sogar mit 0 Euro zu bewerten ist (→ BFH vom 19.5.1993, I R 34/92, BStBl II S. 804, → BFH vom 19.7.1994, VIII R 58/92, BStBl 1995 II S. 362 und → BFH vom 9.6.1997, GrS 1/94, BStBl 1998 II S. 307).

- Verzicht vor Entstehung:

  Verzichtet der Gesellschafter-Geschäftsführer auf noch nicht entstandene Gehaltsansprüche, ergeben sich hieraus weder bei der Kapitalgesellschaft noch beim Gesellschafter-Geschäftsführer ertragsteuerliche Folgen (→ BFH vom 24.5.1984, I R 166/78, BStBl II S. 747 und → BFH vom 14.3.1989, I R 8/85, BStBl II S. 633).

- Folgen eines Verzichts:

  Zur verdeckten Einlage in eine Kapitalgesellschaft und Zufluss von Gehaltsbestandteilen bei einem Gesellschafter-Geschäftsführer einer Kapitalgesellschaft (→ BFH-Urteile vom 3.2.2011, VI R 4/10, BStBl 2014 II S. 493 und VI R 66/09, BStBl 2014 II S. 491 und → BFH vom 15.5.2013, VI R 24/12, BStBl 2014 II S. 495 sowie → BMF vom 12.5.2014, BStBl I S. 860).

Zuschuss zur Abdeckung eines Bilanzverlustes

Der zur Abdeckung eines Bilanzverlustes der Kapitalgesellschaft durch den Gesellschafter-Geschäftsführer geleistete Zuschuss stellt eine verdeckte Einlage dar (→ BFH vom 12.2.1980, VIII R 114/77, BStBl II S. 494).

Erbschaftsteuer-Richtlinie

R E 3.5 Vertragliche Hinterbliebenenbezüge aus einem Arbeitsverhältnis des Erblassers

(1) Die kraft Gesetzes entstehenden Versorgungsansprüche Hinterbliebener unterliegen nicht der Erbschaftsteuer. Hinterbliebene in diesem Sinne sind nur der mit dem Erblasser bei dessen Tod rechtsgültig verheiratete Ehegatte oder Lebenspartner im Sinne des Lebenspartnerschaftsgesetzes und die Kinder des Erblassers. Zu den nicht steuerbaren Ansprüchen (Bezügen) gehören insbesondere:

1. Versorgungsbezüge der Hinterbliebenen von Beamten auf Grund der Beamtengesetze des Bundes und der Länder;
2. Versorgungsbezüge, die den Hinterbliebenen von Angestellten und Arbeitern aus der gesetzlichen Rentenversicherung zustehen. Dies gilt auch in den Fällen freiwilliger Weiter- und Höherversicherung;
3. Versorgungsbezüge, die den Hinterbliebenen von Angehörigen der freien Berufe aus einer berufsständischen Pflichtversicherung bei einer berufsständischen Versorgungseinrichtung zustehen. Dies gilt auch für Ansprüche aus einer vom Erblasser fortgeführten Pflichtversicherung, die an die Stelle einer Pflichtversicherung auf Grund einer weiter bestehenden Pflichtmitgliedschaft in der jeweils zuständigen Berufskammer tritt, sowie für Ansprüche, die auf einer freiwilligen Weiter- oder Höherversicherung in der Versorgungseinrichtung beruhen. Bei den letztgenannten Ansprüchen handelt es sich insbesondere um Fälle, in denen das frühere Pflichtmitglied eine berufsfremde Tätigkeit im Inland ausübt, die zur Versicherungspflicht in der gesetzlichen Rentenversicherung führt, oder eine berufsspezifische Tätigkeit im Ausland ausübt und auf freiwilliger Grundlage Mindestbeiträge an die Versorgungseinrichtung entrichtet;
4. Versorgungsbezüge, die den Hinterbliebenen von Abgeordneten auf Grund der Diätengesetze des Bundes und der Länder zustehen.

(2) Hinterbliebenenbezüge, die auf Tarifvertrag, Betriebsordnung, Betriebsvereinbarung, betrieblicher Übung oder dem Gleichbehandlungsgrundsatz beruhen, unterliegen ebenfalls nicht der Erbschaftsteuer. Hierzu gehören alle Bezüge, die auf ein Dienstverhältnis (§ 1 Absatz 1 LStDV) des Erblassers zurückzuführen sind. Ob ein Dienstverhältnis gegeben war, ist im Einzelfall danach zu entscheiden, wie die Aktivenbezüge des Erblassers bei der Einkommen- bzw. Lohnsteuer behandelt worden sind. War dort ein Arbeitnehmer-Verhältnis angenommen worden, gilt dies auch für die Erbschaftsteuer. In der Regel werden dann auch die Hinterbliebenenbezüge der Lohnsteuer unterliegen (§ 19 Absatz 2 EStG). Es ist aber auch möglich, dass diese Bezüge, wenn sie von einer Pensionskasse oder von der Sozialversicherung gezahlt werden, einkommensteuerrechtlich nach § 22 Nummer 1 EStG als wiederkehrende Bezüge oder als Leibrente zu behandeln sind. Für die Erbschaftsteuer ist diese unterschiedliche ertragsteuerliche Behandlung unerheblich. Steht fest, dass die Versorgungsbezüge auf ein Dienstverhältnis zurückzuführen sind, ist es erbschaftsteuerrechtlich ohne Bedeutung, ob sie vom Arbeitgeber auf Grund einer Pensionszusage, von einer Pensions- oder Unterstützungskasse oder einem Pensionsfonds, auf Grund einer Direktversicherung des Arbeitgebers oder auf Grund einer anderen Rechtsgrundlage gezahlt werden.

(3) Auch Hinterbliebenenbezüge, die auf einem zwischen dem Erblasser und seinem Arbeitgeber geschlossenen Einzelvertrag beruhen, sind, soweit sie angemessen sind, nicht steuerbar. Als „angemessen" sind solche Hinterbliebenenbezüge anzusehen, die 45 Prozent des Brutto-Arbeitslohnes des verstorbenen Arbeitnehmers nicht übersteigen. Unter diese nicht steuerbaren Hinterbliebenenbezüge fallen auch die Hinterbliebenenbezüge, die ein Gesellschafter-Geschäftsführer mit der GmbH, deren Geschäftsführer er war, vereinbart hat, wenn der Gesellschafter-Geschäftsführer wie ein Nichtgesellschafter als abhängiger Geschäftsführer anzusehen war und die Hinterbliebenenbezüge angemessen sind. War er demgegenüber ein herrschender Geschäftsführer, unterliegen die Hinterbliebenenbezüge der Erbschaftsteuer.

(4) Hinterbliebenenbezüge, die nicht auf ein Arbeitnehmer-Verhältnis des Erblassers zurückgehen, beispielsweise die Bezüge, die den Hinterbliebenen eines verstorbenen persönlich haftenden Gesellschafters einer Personengesellschaft auf Grund des Gesellschaftsvertrags zustehen, unterliegen grundsätzlich nach § 3 Absatz 1 Nummer 4 ErbStG der Erbschaftsteuer. Die Hinterbliebenenbezüge sind jedoch

ausnahmsweise nicht steuerbar, wenn der verstorbene persönlich haftende Gesellschafter einer Personenhandelsgesellschaft im Innenverhältnis gegenüber den die Gesellschaft beherrschenden anderen Gesellschaftern wie ein Angestellter gebunden war.

(5) Wegen der Auswirkungen der nicht steuerbaren Hinterbliebenenbezüge auf die Berechnung der fiktiven Zugewinnausgleichsforderung > R E 5.1 und des Versorgungsfreibetrags > R E 17.

Verwaltungsrundschreiben

BMF-Schreiben zur betrieblichen Altersversorgung (09.12.2016)

Maßgebendes Pensionsalter bei der Bewertung von Versorgungszusagen, Urteile des Bundesfinanzhofes (BFH) vom 11. September 2013 (BStBl 2016 II, S. xxx) und des Bundesarbeitsgerichtes (BAG) vom 15. Mai 2012 - 3 AZR 11/10 - und vom 13. Januar 2015 - 3 AZR 897/12 -

Schreiben des Bundesministeriums der Finanzen vom 09.12.2016, IV C 6 - S 2176/07/10004 :003

Der Bundesfinanzhof (BFH) und das Bundesarbeitsgericht (BAG) haben in drei Urteilen zu dem bei Versorgungszusagen maßgebenden Pensionsalter entschieden. Zu diesen Entscheidungen nehme ich nach Abstimmung mit den obersten Finanzbehörden der Länder wie folgt Stellung:

I. Maßgebendes Pensionsalter

1 Bei der bilanzsteuerrechtlichen Bewertung von Pensionszusagen nach § 6a Einkommensteuergesetz (EStG) ist grundsätzlich das Pensionsalter maßgebend, das in der jeweiligen Versorgungszusage festgeschrieben wurde; Änderungen erfordern eine schriftliche Anpassung der Pensionszusage (§ 6a Absatz 1 Nummer 3 EStG).

2 Wird in der Pensionszusage ausschließlich auf die Regelaltersgrenze in der gesetzlichen Rentenversicherung Bezug genommen (keine Angabe des Pensionsalters), ist als Pensionsalter die gesetzliche Regelaltersgrenze der Rückstellungsbewertung zugrunde zu legen, die am Bilanzstichtag für den Eintritt des Versorgungsfalles maßgebend ist; das BMF-Schreiben vom 5. Mai 2008 (BStBl I S. 569) zur Anhebung der Altersgrenzen der gesetzlichen Rentenversicherung durch das RV-Altersgrenzenanpassungsgesetz vom 20. April 2007 ist weiterhin anzuwenden.

II. BFH-Urteil vom 11. September 2013 (BStBl 2016 II S. xxx) zur Bewertung von Pensionsverpflichtungen gegenüber Gesellschafter-Geschäftsführern

3   Der BFH hat mit Urteil vom 11. September 2013 (a. a. O.) entschieden, dass nach dem eindeutigen Wortlaut des § 6a EStG bei der Bewertung von Pensionsverpflichtungen hinsichtlich des Pensionsalters ausschließlich auf den in der Pensionszusage vorgesehenen Zeitpunkt des Eintritts des Versorgungsfalles abzustellen ist. Maßgebend seien dabei die Verhältnisse zum Zeitpunkt der Zusageerteilung. Abweichend von R 6a Absatz 8 EStR schreibe das Gesetz auch bei Versorgungszusagen gegenüber beherrschenden Gesellschafter-Geschäftsführern kein Mindestpensionsalter vor.

4   Die Grundsätze dieses BFH-Urteils sind über den entschiedenen Einzelfall hinaus in allen noch offenen vergleichbaren Fällen anzuwenden.

1. Pensionsrückstellungen nach § 6a EStG

5   R 6a Absatz 8 Satz 1 letzter Teilsatz und Satz 5 EStR zum Mindestpensionsalter bei der Bildung von Pensionsrückstellungen für beherrschende Gesellschafter-Geschäftsführer sind nicht weiter anzuwenden; das BMF-Schreiben vom 3. Juli 2009 (BStBl I S. 712) zur erstmaligen Anwendung von R 6a Absatz 8 EStR i. d. F. der Einkommensteuer-Änderungsrichtlinien 2008 (EStÄR 2008) wird aufgehoben. Abweichend von R 6a Absatz 8 Satz 4 EStR ist R 6a Absatz 11 Satz 1 EStR (grundsätzliche Zugrundelegung des vertraglich vereinbarten Pensionsalters) nunmehr anzuwenden. Es ist grundsätzlich zu unterstellen, dass die Jahresbeträge nach § 6a Absatz 3 Satz 2 Nummer 1 Satz 3 EStG vom Beginn des Dienstverhältnisses bis zur vertraglich vorgesehenen Altersgrenze aufzubringen sind. Das sog. zweite Wahlrecht nach R 6a Absatz 11 Satz 3 EStR kann nicht in Anspruch genommen werden.

6   In den Fällen, in denen bislang aufgrund des Mindestalters nach R 6a Absatz 8 EStR der vertraglich vereinbarte frühere Pensionsbeginn nicht berücksichtigt wurde, kann von einem späteren Pensionseintritt ausgegangen werden, sofern mit einer Beschäftigung des Berechtigten bis zu diesem Alter gerechnet werden kann (analoge Anwendung des sog. ersten Wahlrechtes, R 6a Absatz 11

Satz 2 EStR). Dieses einmalige Wahlrecht ist spätestens in der Bilanz des Wirtschaftsjahres auszuüben, das nach dem 9. Dezember 2016 beginnt.

2. Verdeckte Gewinnausschüttungen (vGA) bei Pensionszusagen an Gesellschafter-Geschäftsführer von Kapitalgesellschaften

7   Ist die Pensionsrückstellung dem Grunde und der Höhe nach zutreffend bilanziert, ist bei Zusagen an Gesellschafter-Geschäftsführer von Kapitalgesellschaften im zweiten Schritt zu prüfen, ob und inwieweit die Gewinnminderung aufgrund der Pensionsverpflichtung eine vGA darstellt.

8   Bei Neuzusagen nach dem 9. Dezember 2016 ist bei einer vertraglichen Altersgrenze von weniger als 62 Jahren davon auszugehen, dass keine ernsthafte Vereinbarung vorliegt (vGA dem Grunde nach). Zuführungen zur Pensionsrückstellung sind in voller Höhe vGA. Bei zum 9. Dezember 2016 bereits bestehenden Zusagen gilt die R 38 Satz 8 KStR 2004 (Altersgrenze von 60 Jahren) weiter.

9   Bei beherrschenden Gesellschafter-Geschäftsführern ist bei Neuzusagen nach dem 9. Dezember 2016 grundsätzlich davon auszugehen, dass eine Pensionszusage insoweit unangemessen ist, als eine geringere vertragliche Altersgrenze als 67 Jahre vereinbart wird (vGA der Höhe nach). Zuführungen zur Pensionsrückstellung sind dann insoweit vGA, als diese nicht auf das 67. Lebensjahr, sondern auf das vertraglich vereinbarte geringere Pensionsalter berechnet werden. Den Steuerpflichtigen bleibt es aber unbenommen, die Fremdüblichkeit eines niedrigeren Pensionsalters darzulegen.

Bei zum 9. Dezember 2016 bereits bestehenden Zusagen wird es nicht beanstandet, wenn eine vertragliche Altersgrenze von mindestens 65 Jahren vereinbart wurde (BFH-Urteile vom 11. September 2013 (a. a. O.); vom 23. Januar 1991, I R 113/88, BStBl II S. 379; vom 28. April 1982, I R 51/76, BStBl II S. 612 und vom 23. Januar 1980, I R 12/77, BStBl II S. 304) oder nachträglich spätestens bis zum Ende des Wirtschaftsjahres vereinbart wird, das nach dem 9. Dezember 2016 beginnt. Ist eine vertragliche Altersgrenze von weniger als 65 Jahren vereinbart, gelten die Sätze 1 und 2 dieser Randnummer mit der Maßgabe entsprechend, dass für die Berechnung der vGA statt auf das 67. Lebensjahr auf das 65. Lebensjahr abzustellen ist.

10 Bei Neuzusagen nach dem 9. Dezember 2016 an beherrschende Gesellschafter-Geschäftsführer mit Behinderung im Sinne des § 2 Absatz 2 SGB IX ist es abweichend von Randnummer 9 nicht zu beanstanden, wenn eine vertragliche Altersgrenze von mindestens 62 Jahren zugrunde gelegt wird. Bei zum 9. Dezember 2016 bereits bestehenden Zusagen ist es nicht zu beanstanden, wenn eine vertragliche Altersgrenze von mindestens 60 Jahren zugrunde gelegt wird (R 38 Satz 7 KStR 2004).

11 Für die Frage, ob eine vGA vorliegt, ist grundsätzlich auf die Verhältnisse bei Erteilung der Zusage abzustellen (u. a. BFH-Urteil vom 31. März 2004, I R 65/03, BStBl II 2005 S. 664). Ein Statuswechsel vom nicht beherrschenden zum beherrschenden Gesellschafter begründet für sich alleine regelmäßig noch keinen Anlass zur Prüfung, ob das in der Zusage vereinbarte Pensionsalter durch das Gesellschaftsverhältnis veranlasst ist. Dies gilt jedoch nicht, wenn weitere Anhaltspunkte für eine mögliche Veranlassung durch das Gesellschaftsverhältnis hinzutreten (z. B. eine zeitliche Nähe von Erteilung der Zusage und Erwerb der beherrschenden Stellung). Wird die Zusage wesentlich geändert, ist stets auch im Hinblick auf das vereinbarte Pensionsalter erneut zu prüfen, ob die Pensionszusage durch das Gesellschaftsverhältnis veranlasst ist.

III. Auswirkungen der BAG-Urteile vom 15. Mai 2012 - 3 AZR 11/10 – und 13. Januar 2015 - 3 AZR 897/12 - auf Zusagen über Unterstützungskassen (§ 4d EStG) und unmittelbare Pensionszusagen (§ 6a EStG)

12 Nach den BAG-Urteilen vom 15. Mai 2012 – 3 AZR 11/10 – und vom 13. Januar 2015 – 3 AZR 897/12 – zu Gesamtversorgungssystemen ist die Bezugnahme auf die Vollendung des 65. Lebensjahres in einer vor dem Inkrafttreten des RV-Altersgrenzenanpassungsgesetzes vom 20. April 2007 (BGBl. I S. 554) entstandenen Versorgungsordnung regelmäßig dahingehend auszulegen, dass damit auf die Regelaltersgrenze in der gesetzlichen Rentenversicherung Bezug genommen wird.

13 Auch bei von der BAG-Rechtsprechung betroffenen Gesamtversorgungszusagen bleibt bilanzsteuerrechtlich das schriftlich fixierte Pensionseintrittsalter maßgebend.

14 Soll aufgrund der BAG-Entscheidungen das bislang schriftlich vereinbarte Pensionsalter geändert werden, ist diese Anpassung nach den allgemeinen Grundsätzen durch eine schriftliche Änderung der betroffenen Zusagen zu dokumentieren (Schriftformerfordernis gemäß § 4d Absatz 1 Satz 1 Nummer 1 Satz 1 Buchstabe b Satz 2 und 5 EStG bei Leistungsanwärtern sowie § 6a Absatz 1 Nummer 3 EStG bei Pensionszusagen); bei mit unverfallbaren Anwartschaften ausgeschiedenen Versorgungsberechtigten reicht eine betriebsöffentliche schriftliche Erklärung des Versorgungsverpflichteten aus (z. B. Veröffentlichung im Bundesanzeiger, Aushang am „schwarzen Brett"). Es ist bilanzsteuerrechtlich nicht zu beanstanden, wenn die betreffenden Versorgungszusagen spätestens bis zum Ende des Wirtschaftsjahres angepasst werden, das nach dem 9. Dezember 2016 beginnt (Übergangsfrist). Nach Ablauf der Übergangsfrist nicht nach den oben genannten Grundsätzen angepasste Versorgungszusagen können aufgrund der o. g. Regelungen in § 4d und § 6a EStG mangels hinreichender Schriftform bilanzsteuerrechtlich nicht mehr berücksichtigt werden; in der Steuerbilanz insoweit passivierte Pensionsrückstellungen sind gewinnerhöhend aufzulösen.

BMF-Schreiben zur steuerlichen Förderung der betrieblichen Altersversorgung (06.12.2017)

Schreiben des Bundesministeriums der Finanzen vom 06.12.2017, IV C 5 - S 2333/17/10002

Vor dem Hintergrund der Änderungen durch das Gesetz zur Stärkung der betrieblichen Altersversorgung und zur Änderung anderer Gesetze (Betriebsrentenstärkungsgesetz) vom 17.8.2017 (BGBl 2017 I S. 3214, BStBl 2017 I S. 1278) nehme ich im Einvernehmen mit den obersten Finanzbehörden der Länder zur steuerlichen Förderung der betrieblichen Altersversorgung wie folgt Stellung:

I. Allgemeines

1 Betriebliche Altersversorgung liegt vor, wenn dem Arbeitnehmer aus Anlass seines Arbeitsverhältnisses vom Arbeitgeber Leistungen oder Beiträge zur Absicherung mindestens eines biometrischen Risikos (Alter, Tod, Invalidität) zugesagt werden und Ansprüche auf diese Leistungen erst mit dem Eintritt des biologischen Ereignisses fällig werden (§ 1 des Betriebsrentengesetzes – BetrAVG). Werden mehrere biometrische Risiken abgesichert ist aus steuerrechtlicher Sicht die gesamte Vereinbarung/Zusage nur dann als betriebliche Altersversorgung anzuerkennen, wenn für alle Risiken die Vorgaben der Rz. 1 bis 7 beachtet werden. Keine betriebliche Altersversorgung in diesem Sinne liegt vor, wenn vereinbart ist, dass ohne Eintritt eines biometrischen Risikos die Auszahlung an beliebige Dritte (z.B. die Erben) erfolgt. Dies gilt für alle Auszahlungsformen (z.B. lebenslange Rente, Auszahlungsplan mit Restkapitalverrentung, Einmalkapitalauszahlung und ratenweise Auszahlung). Als Durchführungswege der betrieblichen Altersversorgung kommen die Direktzusage (§ 1 Abs. 1 Satz 2 BetrAVG), die Unterstützungskasse (§ 1b Abs. 4 BetrAVG), die Direktversicherung (§ 1b Abs. 2 BetrAVG), die Pensionskasse (§ 1b Abs. 3 BetrAVG, § 232 des Versicherungsaufsichtsgesetzes – VAG) oder der Pensionsfonds (§ 1b Abs. 3 BetrAVG, § 236 VAG) in Betracht.

2 Nicht um betriebliche Altersversorgung handelt es sich, wenn der Arbeitgeber oder eine Versorgungseinrichtung dem nicht bei ihm beschäftigten Ehegatten eines Arbeitnehmers eigene Versorgungsleistungen zur Absicherung seiner biometrischen Risiken (Alter, Tod, Invalidität) verspricht, da hier keine Versorgungszusage aus Anlass eines Arbeitsverhältnisses zwischen dem Arbeitgeber und dem Ehegatten vorliegt (§ 1 BetrAVG).

3 Das biologische Ereignis ist bei der Altersversorgung das altersbedingte Ausscheiden aus dem Erwerbsleben, bei der Hinterbliebenenversorgung der Tod des Arbeitnehmers und bei der Invaliditätsversorgung der Invaliditätseintritt, ohne dass es auf den Invaliditätsgrad ankommt. Als Untergrenze für betriebliche Altersversorgungsleistungen bei altersbedingtem Ausscheiden aus dem Erwerbsleben gilt im Regelfall das 60. Lebensjahr. In Ausnahmefällen können betriebliche Altersversorgungsleistungen auch schon vor dem 60. Lebensjahr gewährt werden, so z. B. bei Berufsgruppen wie Piloten, bei denen schon vor dem 60. Lebensjahr Versorgungsleistungen üblich sind. Ob solche Ausnahmefälle (berufsspezifische Besonderheiten) vorliegen, ergibt sich aus Gesetz, Tarifvertrag oder Betriebsvereinbarung. Erreicht der Arbeitnehmer im Zeitpunkt der Auszahlung das 60. Lebensjahr, hat aber seine berufliche Tätigkeit noch nicht beendet, so ist dies bei den Durchführungswegen Direktversicherung, Pensionskasse und Pensionsfonds unschädlich. Zur bilanzsteuerrechtlichen Berücksichtigung von Versorgungsleistungen, die ohne die Voraussetzung des Ausscheidens aus dem Dienstverhältnis gewährt werden, siehe BMF-Schreiben vom 18.9.2017 (BStBl 2017 I S. 1293). Für Versorgungszusagen, die nach dem 31.12.2011 erteilt werden, tritt an die Stelle des 60. Lebensjahres regelmäßig das 62. Lebensjahr (siehe auch BT-Drucksache 16/3794 vom 12.12.2006, S. 31 unter „IV. Zusätzliche Altersvorsorge" zum RV-Altersgrenzenanpassungsgesetz vom 20.4.2007, BGBl 2007 I S. 554). Bei der für die steuerrechtliche Beurteilung maßgeblichen Frage, zu welchem Zeitpunkt eine Versorgungszusage erteilt wurde, ist grundsätzlich die zu einem Rechtsanspruch führende arbeitsrechtliche bzw. betriebsrentenrechtliche Verpflichtungserklärung des Arbeitgebers maßgebend (z. B. Einzelvertrag, Betriebsvereinbarung oder Tarifvertrag). Entscheidend ist danach nicht, wann Mittel an die Versorgungseinrichtung fließen. Bei kollektiven, rein arbeitgeberfinanzierten Versorgungsregelungen ist die Zusage daher in der Regel mit Abschluss der Versorgungsregelung bzw. mit Beginn des Dienst-

verhältnisses des Arbeitnehmers erteilt. Ist die erste Dotierung durch den Arbeitgeber erst nach Ablauf einer von vornherein arbeitsrechtlich festgelegten Wartezeit vorgesehen, so wird der Zusagezeitpunkt dadurch nicht verändert. Im Fall der ganz oder teilweise durch Entgeltumwandlung finanzierten Zusage gilt diese regelmäßig mit Abschluss der erstmaligen Gehaltsänderungsvereinbarung (vgl. auch Rz. 9 ff.) als erteilt. Liegen zwischen der Gehaltsänderungsvereinbarung und der erstmaligen Herabsetzung des Arbeitslohns mehr als 12 Monate, gilt die Versorgungszusage erst im Zeitpunkt der erstmaligen Herabsetzung als erteilt.

4 Eine Hinterbliebenenversorgung im steuerlichen Sinne darf nur Leistungen an die Witwe/den Witwer der Arbeitnehmerin/des Arbeitnehmers, die Kinder im Sinne des § 32 Abs. 3, 4 Satz 1 Nr. 1 bis 3 und Abs. 5 EStG, den früheren Ehegatten oder die Lebensgefährtin/den Lebensgefährten vorsehen. Der Arbeitgeber hat bei Erteilung oder Änderung der Versorgungszusage zu prüfen, ob die Versorgungsvereinbarung insoweit generell diese Voraussetzungen erfüllt; ob im Einzelfall Hinterbliebene in diesem Sinne vorhanden sind, ist letztlich vom Arbeitgeber/Versorgungsträger erst im Zeitpunkt der Auszahlung der Hinterbliebenenleistung zu prüfen. Als Kind kann auch ein im Haushalt des Arbeitnehmers auf Dauer aufgenommenes Kind begünstigt werden, welches in einem Obhuts- und Pflegeverhältnis zu ihm steht und nicht die Voraussetzungen des § 32 EStG zu ihm erfüllt (Pflegekind/Stiefkind und faktisches Stiefkind). Dabei ist es – anders als bei der Gewährung von staatlichen Leistungen – unerheblich, ob noch ein Obhuts- und Pflegeverhältnis zu einem leiblichen Elternteil des Kindes besteht, der ggf. ebenfalls im Haushalt des Arbeitnehmers lebt. Es muss jedoch spätestens zu Beginn der Auszahlungsphase der Hinterbliebenenleistung eine schriftliche Versicherung des Arbeitnehmers vorliegen, in der, neben der geforderten namentlichen Benennung des Pflegekindes/Stiefkindes und faktischen Stiefkindes, bestätigt wird, dass ein entsprechendes Kindschaftsverhältnis besteht. Entsprechendes gilt, wenn ein Enkelkind auf Dauer im Haushalt der Großeltern aufgenommen und versorgt wird. Bei Versorgungszusagen, die vor dem 1.1.2007 erteilt wurden, sind für das Vorliegen einer begünstigten Hinterbliebenenversorgung die Altersgrenzen des § 32 EStG in der bis zum 31.12.2006 geltenden Fassung (27. Lebensjahr) maßgebend. Der Begriff des/der Lebensgefährten/in ist als Oberbegriff zu verstehen, der auch die gleichgeschlechtliche Lebenspartnerschaft mit erfasst. Ob eine gleich-

geschlechtliche Lebenspartnerschaft eingetragen wurde oder nicht, ist dabei zunächst unerheblich. Für Partner einer eingetragenen Lebenspartnerschaft besteht allerdings die Besonderheit, dass sie einander nach § 5 Lebenspartnerschaftsgesetz zum Unterhalt verpflichtet sind. Insoweit liegt eine mit der zivilrechtlichen Ehe vergleichbare Partnerschaft vor. Handelt es sich dagegen um eine andere Form der nicht ehelichen Lebensgemeinschaft, muss anhand der im BMF-Schreiben vom 25.7.2002 (BStBl 2002 I S. 706) genannten Voraussetzungen geprüft werden, ob diese als Hinterbliebenenversorgung anerkannt werden kann. Ausreichend ist dabei regelmäßig, dass spätestens zu Beginn der Auszahlungsphase der Hinterbliebenenleistung eine Versicherung des Arbeitnehmers in Textform vorliegt, in der neben der geforderten namentlichen Benennung des/der Lebensgefährten/in bestätigt wird, dass eine gemeinsame Haushaltsführung besteht.

5   Die Möglichkeit, andere als die in Rz. 4 genannten Personen als Begünstigte für den Fall des Todes des Arbeitnehmers zu benennen, führt steuerrechtlich dazu, dass es sich nicht mehr um eine Hinterbliebenenversorgung handelt, sondern von einer Vererblichkeit der Anwartschaften auszugehen ist. Gleiches gilt, wenn z.B. bei einer vereinbarten Rentengarantiezeit die Auszahlung auch an andere als die in Rz. 4 genannten Personen möglich ist. Ist die Auszahlung der garantierten Leistungen nach dem Tod des Berechtigten hingegen ausschließlich an Hinterbliebene im engeren Sinne (Rz. 4) möglich, ist eine vereinbarte Rentengarantiezeit ausnahmsweise unschädlich. Ein Wahlrecht des Arbeitnehmers zur Einmal- oder Teilkapitalauszahlung ist in diesem Fall nicht zulässig. Es handelt sich vielmehr nur dann um unschädliche Zahlungen nach dem Tod des Berechtigten, wenn die garantierte Rente in unveränderter Höhe (einschließlich Dynamisierungen) an die versorgungsberechtigten Hinterbliebenen im engeren Sinne weiter gezahlt wird. Dabei ist zu beachten, dass die Zahlungen einerseits durch die garantierte Zeit und andererseits durch das Vorhandensein von entsprechenden Hinterbliebenen begrenzt werden. Die Zusammenfassung von bis zu zwölf Monatsleistungen in einer Auszahlung sowie die gesonderte Auszahlung der zukünftig in der Auszahlungsphase anfallenden Zinsen und Erträge sind dabei unschädlich. Im Fall der Witwe/des Witwers oder der Lebensgefährtin/des Lebensgefährten wird dabei nicht beanstandet, wenn anstelle der Zahlung der garantierten Rentenleistung in unveränderter Höhe das im Zeitpunkt des Todes des Berechtigten noch

vorhandene „Restkapital" ausnahmsweise lebenslang verrentet wird. Die Möglichkeit, ein einmaliges angemessenes Sterbegeld an andere Personen als die in Rz. 4 genannten Hinterbliebenen auszuzahlen, führt nicht zur Versagung der Anerkennung als betriebliche Altersversorgung; bei Auszahlung ist das Sterbegeld gem. § 19 EStG oder § 22 Nr. 5 EStG zu besteuern (vgl. Rz. 145 ff.). Im Fall der Pauschalbesteuerung von Beiträgen für eine Direktversicherung nach § 40b EStG in der am 31.12.2004 geltenden Fassung (§ 40b EStG a. F.) ist es ebenfalls unschädlich, wenn eine beliebige Person als Bezugsberechtigte für den Fall des Todes des Arbeitnehmers benannt wird. Zur bilanzsteuerrechtlichen Berücksichtigung von vererblichen Versorgungsanwartschaften und Versorgungsleistungen, siehe Rz. 11 des BMF-Schreibens vom 18.9.2017 (BStBl 2017 I S. 1293).

6 Keine betriebliche Altersversorgung liegt vor, wenn zwischen Arbeitnehmer und Arbeitgeber die Vererblichkeit von Anwartschaften vereinbart ist. Auch Vereinbarungen, nach denen Arbeitslohn gutgeschrieben und ohne Abdeckung eines biometrischen Risikos zu einem späteren Zeitpunkt (z.B. bei Ausscheiden aus dem Dienstverhältnis) ggf. mit Wertsteigerung ausgezahlt wird, sind nicht dem Bereich der betrieblichen Altersversorgung zuzuordnen. Gleiches gilt, wenn von vornherein eine Abfindung der Versorgungsanwartschaft, z.B. zu einem bestimmten Zeitpunkt oder bei Vorliegen bestimmter Voraussetzungen, vereinbart ist und dadurch nicht mehr von der Absicherung eines biometrischen Risikos ausgegangen werden kann. Demgegenüber führt allein die Möglichkeit einer Beitragserstattung einschließlich der gutgeschriebenen Erträge bzw. einer entsprechenden Abfindung für den Fall des Ausscheidens aus dem Dienstverhältnis vor Erreichen der gesetzlichen Unverfallbarkeit und/oder für den Fall des Todes vor Ablauf einer arbeitsrechtlich vereinbarten Wartezeit sowie der Abfindung einer Witwenrente/Witwerrente für den Fall der Wiederheirat noch nicht zur Versagung der Anerkennung als betriebliche Altersversorgung. Ebenfalls unschädlich für das Vorliegen von betrieblicher Altersversorgung ist die Abfindung vertraglich unverfallbarer Anwartschaften; dies gilt sowohl bei Beendigung als auch während des bestehenden Arbeitsverhältnisses. Zu den steuerlichen Folgen im Auszahlungsfall siehe Rz. 145 ff.

7 Bei Versorgungszusagen, die vor dem 1.1.2005 erteilt wurden, ist es nicht zu beanstanden, wenn in den Versorgungsordnungen in

Abweichung von den Rz. 1 ff. die Möglichkeit einer Elternrente oder der Beitragserstattung einschließlich der gutgeschriebenen Erträge an die in Rz. 4 genannten Personen im Fall des Versterbens vor Erreichen der Altersgrenze und in Abweichung von Rz. 34 lediglich für die zugesagte Altersversorgung, nicht aber für die Hinterbliebenen- oder Invaliditätsversorgung die Auszahlung in Form einer Rente oder eines Auszahlungsplans vorgesehen ist. Dagegen sind Versorgungszusagen, die nach dem 31.12.2004 aufgrund von Versorgungsordnungen erteilt werden, die die Voraussetzungen dieses Schreibens nicht erfüllen, aus steuerlicher Sicht nicht mehr als betriebliche Altersversorgung anzuerkennen; eine steuerliche Förderung ist hierfür nicht mehr möglich. Im Fall der nach § 40b EStG a. F. pauschal besteuerten (Alt-)Direktversicherungen gilt nach Rz. 5 weiterhin keine Begrenzung bezüglich des Kreises der Bezugsberechtigten.

II. Lohnsteuerliche Behandlung von Zusagen auf Leistungen der betrieblichen Altersversorgung

1. Allgemeines

8 Der Zeitpunkt des Zuflusses von Arbeitslohn richtet sich bei einer durch Beiträge des Arbeitgebers (einschließlich Entgeltumwandlung oder anderer Finanzierungsanteile des Arbeitnehmers, vgl. Rz. 26) finanzierten betrieblichen Altersversorgung nach dem Durchführungsweg der betrieblichen Altersversorgung (vgl. auch R 40b.1 LStR zur Abgrenzung). Bei der Versorgung über eine Direktversicherung, eine Pensionskasse oder einen Pensionsfonds liegt Zufluss von Arbeitslohn im Zeitpunkt der Zahlung der Beiträge durch den Arbeitgeber an die entsprechende Versorgungseinrichtung vor. Erfolgt die Beitragszahlung durch den Arbeitgeber vor „Versicherungsbeginn", liegt ein Zufluss von Arbeitslohn jedoch erst im Zeitpunkt des „Versicherungsbeginns" vor. Die Einbehaltung der Lohnsteuer richtet sich nach § 38a Abs. 1 und 3 EStG (vgl. auch R 39b.2, 39b.5 und 39b.6 LStR). Bei der Versorgung über eine Direktzusage oder Unterstützungskasse fließt der Arbeitslohn erst im Zeitpunkt der Zahlung der Altersversorgungsleistungen an den Arbeitnehmer zu.

2. Entgeltumwandlung zugunsten betrieblicher Altersversorgung

9   Um durch Entgeltumwandlung finanzierte betriebliche Altersversorgung handelt es sich, wenn Arbeitgeber und Arbeitnehmer vereinbaren, künftige Arbeitslohnansprüche zugunsten einer betrieblichen Altersversorgung herabzusetzen (Umwandlung in eine wertgleiche Anwartschaft auf Versorgungsleistungen – Entgeltumwandlung – § 1 Abs. 2 Nr. 3 BetrAVG).

10 Davon zu unterscheiden sind die eigenen Beiträge des Arbeitnehmers, zu deren Leistung er aufgrund einer eigenen vertraglichen Vereinbarung mit der Versorgungseinrichtung originär selbst verpflichtet ist. Diese eigenen Beiträge des Arbeitnehmers zur betrieblichen Altersversorgung werden aus dem bereits zugeflossenen und versteuerten Arbeitsentgelt geleistet (vgl. auch Rz. 26).

11 Eine Herabsetzung von Arbeitslohnansprüchen zugunsten betrieblicher Altersversorgung ist steuerlich als Entgeltumwandlung auch dann anzuerkennen, wenn die in § 1 Abs. 2 Nr. 3 BetrAVG geforderte Wertgleichheit außerhalb versicherungsmathematischer Grundsätze berechnet wird. Entscheidend ist allein, dass die Versorgungsleistung zur Absicherung mindestens eines biometrischen Risikos (Alter, Tod, Invalidität) zugesagt und erst bei Eintritt des biologischen Ereignisses fällig wird.

12 Die Herabsetzung von Arbeitslohn (laufender Arbeitslohn, Einmal- und Sonderzahlungen) zugunsten der betrieblichen Altersversorgung wird aus Vereinfachungsgründen grundsätzlich auch dann als Entgeltumwandlung steuerlich anerkannt, wenn die Gehaltsänderungsvereinbarung bereits erdiente, aber noch nicht fällig gewordene Anteile umfasst. Dies gilt auch, wenn eine Einmal- oder Sonderzahlung einen Zeitraum von mehr als einem Jahr betrifft.

13 Bei einer Herabsetzung laufenden Arbeitslohns zugunsten einer betrieblichen Altersversorgung hindert es die Annahme einer Entgeltumwandlung nicht, wenn der bisherige ungekürzte Arbeitslohn weiterhin Bemessungsgrundlage für künftige Erhöhungen des Arbeitslohns oder andere Arbeitgeberleistungen (wie z.B. Weihnachtsgeld, Tantieme, Jubiläumszuwendungen, betriebliche Altersversorgung) bleibt, die Gehaltsminderung zeitlich begrenzt oder vereinbart wird, dass der Arbeitnehmer oder der Arbeitgeber sie für künftigen Arbeitslohn einseitig ändern können.

3. Behandlung laufender Zuwendungen und Sonderzahlungen des Arbeitgebers an einen Pensionsfonds, eine Pensionskasse oder für eine Direktversicherung (§ 19 Abs. 1 Satz 1 Nr. 3 EStG)

a) Sonderzahlungen und Sanierungsgelder an umlagefinanzierte Pensionskassen

14 Laufende Zuwendungen sind regelmäßig fortlaufend geleistete Zahlungen des Arbeitgebers für eine betriebliche Altersversorgung an eine Pensionskasse, die nicht im Kapitaldeckungsverfahren, sondern im Umlageverfahren finanziert wird. Hierzu gehören insbesondere Umlagen an die Versorgungsanstalt des Bundes und der Länder – VBL – bzw. an eine kommunale Zusatzversorgungskasse.

15 Sonderzahlungen des Arbeitgebers sind insbesondere Zahlungen, die an die Stelle der bei regulärem Verlauf zu entrichtenden laufenden Zuwendungen treten oder neben laufenden Beiträgen oder Zuwendungen entrichtet werden und zur Finanzierung des nicht kapitalgedeckten Versorgungssystems dienen. Hierzu gehören beispielsweise Zahlungen, die der Arbeitgeber anlässlich seines Ausscheidens aus einem umlagefinanzierten Versorgungssystem, des Wechsels von einem umlagefinanzierten zu einem anderen umlagefinanzierten Versorgungssystem oder der Zusammenlegung zweier nicht kapitalgedeckter Versorgungssysteme zu leisten hat. Keine Sonderzahlungen des Arbeitgebers sind hingegen Zahlungen, die der Arbeitgeber wirtschaftlich nicht trägt, sondern die mittels Entgeltumwandlung finanziert, als Eigenanteil des Arbeitnehmers oder Ähnliches erbracht werden.

16 Beispiel zum Wechsel der Zusatzversorgungskasse (ZVK):

Die ZVK A wird auf die ZVK B überführt. Der Umlagesatz der ZVK A betrug bis zur Überführung 6 % vom zusatzversorgungspflichtigen Entgelt. Die ZVK B erhobt nur 4 % vom zusatzversorgungspflichtigen Entgelt. Der Arbeitgeber zahlt nach der Überführung auf die ZVK B für seine Arbeitnehmer zusätzlich zu den 4 % Umlage einen festgelegten Betrag, durch den die Differenz bei der Umlagenhöhe (6 % zu 4 % vom zusatzversorgungspflichtigen Entgelt) ausgeglichen wird.

Bei dem Differenzbetrag, den der Arbeitgeber nach der Überführung auf die ZVK B zusätzlich leisten muss, handelt es sich um eine steuerpflichtige Sonderzahlung gem. § 19 Abs. 1 Satz 1 Nr. 3 Satz 2 Halbsatz 2 Buchstabe b EStG, die mit 15 % gem. § 40b Abs. 4 EStG pauschal zu besteuern ist.

17 Zu den nicht zu besteuernden Sanierungsgeldern gehören die Sonderzahlungen des Arbeitgebers, die er anlässlich der Umstellung der Finanzierung des Versorgungssystems von der Umlagefinanzierung auf die Kapitaldeckung für die bis zur Umstellung bereits entstandenen Versorgungsverpflichtungen oder -anwartschaften noch zu leisten hat. Gleiches gilt für die Zahlungen, die der Arbeitgeber im Fall der Umstellung auf der Leistungsseite für diese vor Umstellung bereits entstandenen Versorgungsverpflichtungen und -anwartschaften in das Versorgungssystem leistet. Davon ist z. B. auszugehen, wenn

- eine deutliche Trennung zwischen bereits entstandenen und neu entstehenden Versorgungsverpflichtungen sowie -anwartschaften sichtbar wird,
- der finanzielle Fehlbedarf zum Zeitpunkt der Umstellung hinsichtlich der bereits entstandenen Versorgungsverpflichtungen sowie -anwartschaften ermittelt wird und
- dieser Betrag ausschließlich vom Arbeitgeber als Zuschuss geleistet wird.

18 Beispiel zum Sanierungsgeld:

Die ZVK A stellt ihre betriebliche Altersversorgung auf der Finanzierungs- und Leistungsseite um. Bis zur Systemumstellung betrug die Umlage 6,2 % vom zusatzversorgungspflichtigen Entgelt. Nach der Systemumstellung beträgt die Zahlung insgesamt 7,7 % vom zusatzversorgungspflichtigen Entgelt. Davon werden 4 % zugunsten der nun im Kapitaldeckungsverfahren finanzierten Neuanwartschaften und 3,7 % für die weiterhin im Umlageverfahren finanzierten Anwartschaften einschließlich eines Sanierungsgeldes geleistet.

Die Ermittlung des nicht zu besteuernden Sanierungsgeldes erfolgt nach § 19 Abs. 1 Satz 1 Nr. 3 Satz 4 Halbsatz 2 EStG. Ein solches nicht zu besteuerndes Sanierungsgeld liegt nur vor, soweit der bisherige Umlagesatz überstiegen wird.

Zahlungen nach der Systemumstellung insgesamt	7,7 %
Zahlungen vor der Systemumstellung	<u>6,2 %</u>
Nicht zu besteuerndes Sanierungsgeld	1,5 %

Ermittlung der weiterhin nach § 19 Abs. 1 Satz 1 Nr. 3 Satz 1 EStG grundsätzlich zu besteuernden Umlagezahlung:

Nach der Systemumstellung geleistete Zahlung für das Umlageverfahren einschließlich des Sanierungsgeldes	3,7 %
Nicht zu besteuerndes Sanierungsgeld	<u>1,5 %</u>
grundsätzlich zu besteuernde Umlagezahlung	2,2 %

Eine Differenzrechnung nach § 19 Abs. 1 Satz 1 Nr. 3 Satz 4 Halbsatz 2 EStG entfällt, wenn es an laufenden und wiederkehrenden Zahlungen entsprechend dem periodischen Bedarf fehlt, also das zu erbringende Sanierungsgeld als Gesamtfehlbetrag feststeht und lediglich ratierlich getilgt wird.

b) Sonstige Sonderzahlungen des Arbeitgebers

19 Nicht zu besteuernder Arbeitslohn nach § 19 Abs. 1 Satz 1 Nr. 3 Satz 2 Halbsatz 1 Buchstabe b EStG sind Sonderzahlungen des Arbeitgebers an eine externe Versorgungseinrichtung (Pensionsfonds, Pensionskasse oder Direktversicherung), die neben den laufenden Beiträgen und Zuwendungen erbracht werden und

- der Wiederherstellung einer angemessenen Kapitalausstattung nach unvorhersehbaren Verlusten oder
- der Finanzierung der Verstärkung der Rechnungsgrundlagen aufgrund einer unvorhersehbaren und nicht nur vorübergehenden Änderung der Verhältnisse dienen.

Dabei dürfen die Sonderzahlungen nicht zu einer Absenkung des laufenden Beitrags führen oder durch eine Absenkung des laufenden Beitrags ausgelöst werden.

Die vorstehenden Voraussetzungen sind insbesondere beim Vorliegen folgender Sachverhalte dem Grunde nach erfüllt:

- Einbruch am Kapitalmarkt,
- Anstieg der Invaliditätsfälle,
- gestiegene Lebenserwartung,
- Niedrigzinsumfeld.

20 Um steuerpflichtigen Arbeitslohn handelt es sich hingegen bei Sonderzahlungen, die der Arbeitgeber an eine externe Versorgungseinrichtung der betrieblichen Altersversorgung erbringt
   - wegen Verlusten aus Einzelgeschäften oder
   - bei Fehlbeträgen, die durch früher gesetzte Risiken verursacht worden sind (z.B. Kalkulationsfehler, Insolvenzrisiken).

21 Die konkrete Höhe der nicht als Arbeitslohn zu besteuernden Sonderzahlungen des Arbeitgebers ist im jeweiligen Einzelfall unter Beachtung der versicherungsaufsichtsrechtlichen Vorgaben durch einen Aktuar festzustellen.

22 Für die Anwendung des § 19 Abs. 1 Satz 1 Nr. 3 Satz 2 Halbsatz 1 Buchstabe b EStG ist es unerheblich, ob es sich bei der Sonderzahlung des Arbeitgebers um eine einmalige Kapitalzahlung oder um eine regelmäßige Zahlungen (z.B. einen satzungsmäßig vorgesehenen Sonderzuschlag) neben den laufenden Beiträgen und Zuwendungen handelt.

4. Steuerfreiheit nach § 3 Nr. 63 EStG

a) Steuerfreiheit nach § 3 Nr. 63 Satz 1 EStG

aa) Begünstigter Personenkreis

23 Zu dem durch § 3 Nr. 63 EStG begünstigten Personenkreis gehören alle Arbeitnehmer (§ 1 LStDV), unabhängig davon, ob sie in der gesetzlichen Rentenversicherung pflichtversichert sind oder nicht (z.B. beherrschende Gesellschafter-Geschäftsführer, geringfügig Beschäftigte, in einem berufsständischen Versorgungswerk Versicherte).

24 Die Steuerfreiheit setzt lediglich ein bestehendes erstes Dienstverhältnis voraus. Diese Voraussetzung kann auch erfüllt sein, wenn es sich um ein weiterbestehendes Dienstverhältnis ohne Anspruch auf Arbeitslohn (z.B. während der Elternzeit, der Pflegezeit, des Bezugs von Krankengeld) oder ein geringfügiges Beschäftigungsverhältnis oder eine Aushilfstätigkeit handelt, bei der die Möglichkeit der Pauschalbesteuerung nach § 40a EStG in Anspruch genommen wird. In diesen Fällen ist, da die elektronischen Lohnsteuerabzugsmerkmale (ELStAM-Daten) nicht abgerufen werden, mittels Erklärung des Arbeitnehmers zu dokumentieren,

dass es sich um ein erstes Dienstverhältnis handelt. Die Steuerfreiheit ist nicht bei Arbeitnehmern zulässig, bei denen der Arbeitgeber den Lohnsteuerabzug nach der Steuerklasse VI vorgenommen hat.

bb) Begünstigte Aufwendungen

25 Zu den nach § 3 Nr. 63 EStG begünstigten Aufwendungen gehören nur Beiträge an Pensionsfonds, Pensionskassen und Direktversicherungen, die zum Aufbau einer betrieblichen Altersversorgung (Rz. 1 ff.) im Kapitaldeckungsverfahren erhoben werden. Für Umlagen, die vom Arbeitgeber an eine Versorgungseinrichtung entrichtet werden, kommt die Steuerfreiheit nach § 3 Nr. 63 EStG dagegen nicht in Betracht (siehe aber § 3 Nr. 56 EStG, Rz. 76 ff.). Werden sowohl Umlagen als auch Beiträge im Kapitaldeckungsverfahren erhoben, gehören Letztere nur dann zu den begünstigten Aufwendungen, wenn eine getrennte Verwaltung und Abrechnung beider Vermögensmassen erfolgt (Trennungsprinzip).

26 Steuerfrei sind nur Beiträge des Arbeitgebers. Das sind diejenigen Beiträge, die vom Arbeitgeber als Versicherungsnehmer (bzw. im Fall des § 21 Abs. 4 BetrAVG von einer gemeinsamen Einrichtung nach § 4 des Tarifvertragsgesetzes) selbst geschuldet und an die Versorgungseinrichtung geleistet werden. Dazu gehören
- die Beiträge des Arbeitgebers, die zusätzlich zum ohnehin geschuldeten Arbeitslohn erbracht werden (rein arbeitgeberfinanzierte Beiträge) sowie
- alle im Gesamtversicherungsbeitrag des Arbeitgebers enthaltenen Finanzierungsanteile des Arbeitnehmers (BFH-Urteil vom 9.12.2010 – VI R 57/08 –, BStBl 2011 II S. 978) wie z. B.
   • eine Eigenbeteiligung des Arbeitnehmers oder
   • die mittels Entgeltumwandlung finanzierten Beiträge (vgl. Rz. 9 ff.) einschließlich der Leistungen des Arbeitgebers im Sinne des § 1a Abs. 1a und § 23 Abs. 2 BetrAVG[1], die er als

---

[1] Das Bundesministerium für Arbeit und Soziales weist in diesem Zusammenhang auf Folgendes hin: § 1a Abs. 1a und § 23 Abs. 2 BetrAVG sehen ausdrücklich vor, dass der Arbeitgeberzuschuss nur zu leisten ist „soweit der Arbeitgeber durch die Entgeltumwandlung Sozialversicherungsbeiträge einspart". Ist das nicht der Fall, etwa wenn Entgelt oberhalb einer Beitragsbemessungsgrenze umgewandelt wird, ist insoweit auch kein Arbeitgeberzuschuss fällig. Wird Entgelt bspw. im Bereich zwischen der Beitragsbemessungsgrenze in der gesetzlichen Krankenver-

> Ausgleich für die ersparten Sozialversicherungsbeiträge in Folge einer Entgeltumwandlung erbringt. Im Fall der Finanzierung der Beiträge durch eine Entgeltumwandlung ist die Beachtung des Mindestbetrags gem. § 1a BetrAVG für die Inanspruchnahme der Steuerfreiheit nicht erforderlich.

Beiträge des Arbeitnehmers, zu deren Leistung er aufgrund einer eigenen vertraglichen Vereinbarung mit der Versorgungseinrichtung originär selbst verpflichtet ist (sog. eigene Beiträge des Arbeitnehmers), sind dagegen vom Anwendungsbereich des § 3 Nr. 63 EStG ausgeschlossen, auch wenn sie vom Arbeitgeber an die Versorgungseinrichtung abgeführt werden.

27 Die Steuerfreiheit nach § 3 Nr. 63 EStG kann nur dann in Anspruch genommen werden, wenn der vom Arbeitgeber zur Finanzierung der zugesagten Versorgungsleistung gezahlte Beitrag nach bestimmten individuellen Kriterien dem einzelnen Arbeitnehmer zugeordnet wird. Allein die Verteilung eines vom Arbeitgeber gezahlten Gesamtbeitrags nach der Anzahl der begünstigten Arbeitnehmer genügt hingegen für die Anwendung des § 3 Nr. 63 EStG nicht. Für die Anwendung des § 3 Nr. 63 EStG ist nicht Voraussetzung, dass sich die Höhe der zugesagten Versorgungsleistung an der Höhe des eingezahlten Beitrags des Arbeitgebers orientiert, da der Arbeitgeber nach § 1 BetrAVG nicht nur eine reine Beitragszusage, eine Beitragszusage mit Mindestleistung oder eine beitragsorientierte Leistungszusage, sondern auch eine Leistungszusage erteilen kann.

28 Maßgeblich für die betragsmäßige Begrenzung der Steuerfreiheit auf 8% der Beitragsbemessungsgrenze in der allgemeinen Rentenversicherung ist auch bei einer Beschäftigung in den neuen

---

sicherung und der Beitragsbemessungsgrenze in der gesetzlichen Rentenversicherung umgewandelt, kann der Arbeitgeber „spitz" abrechnen, er kann aber auch 15 % des umgewandelten Beitrags an die Versorgungseinrichtung weiterleiten. Wie die Weiterleitung des Arbeitgeberzuschusses an die Versorgungseinrichtung technisch umgesetzt wird, obliegt den Beteiligten. So kann der Arbeitgeberzuschuss zusätzlich zu dem vereinbarten Entgeltumwandlungsbetrag an die Versorgungseinrichtung weitergeleitet werden. Sofern die Versorgungeinrichtung nicht bereit ist, den Vertrag entsprechend anzupassen, kommt der Neuabschluss eines Vertrages nur für den Arbeitgeberzuschusses in Betracht. Denkbar ist aber auch z.B. eine Vereinbarung zwischen Arbeitgeber und Arbeitnehmer, wonach der an die Versorgungseinrichtung abzuführende Betrag gleich bleibt und künftig neben einem entsprechend verminderten umgewandelten Entgelt den Arbeitgeberzuschuss enthält.

Ländern oder Berlin (Ost) die in dem Kalenderjahr gültige Beitragsbemessungsgrenze (West). Bei dem Höchstbetrag des § 3 Nr. 63 Satz 1 EStG handelt es sich um einen Jahresbetrag. Eine zeitanteilige Kürzung des Höchstbetrags ist daher nicht vorzunehmen, wenn das Arbeitsverhältnis nicht während des ganzen Jahres besteht oder nicht für das ganze Jahr Beiträge gezahlt werden. Der Höchstbetrag kann erneut in Anspruch genommen werden, wenn der Arbeitnehmer ihn in einem vorangegangenen Dienstverhältnis bereits ausgeschöpft hat. Im Fall der Gesamtrechtsnachfolge und des Betriebsübergangs nach § 613a BGB kommt dies dagegen nicht in Betracht.

29 Soweit die Beiträge den steuerfreien Höchstbetrag (8 % der Beitragsbemessungsgrenze in der allgemeinen Rentenversicherung [West] abzüglich der tatsächlich nach § 40b EStG a. F. pauschal besteuerten Beiträge; vgl. Rz. 85 ff.) übersteigen, sind sie individuell zu besteuern. Für die individuell besteuerten Beiträge kann eine Förderung durch Sonderausgabenabzug nach § 10a und Zulage nach Abschnitt XI EStG in Betracht kommen (vgl. Rz. 66 ff.). Zur Übergangsregelung des § 52 Abs. 4 Satz 12 ff. EStG siehe Rz. 85 ff.

30 Bei monatlicher Zahlung der Beiträge bestehen keine Bedenken, wenn der Höchstbetrag in gleichmäßige monatliche Teilbeträge aufgeteilt wird. Stellt der Arbeitgeber vor Ablauf des Kalenderjahres, z. B. bei Beendigung des Dienstverhältnisses fest, dass die Steuerfreiheit im Rahmen der monatlichen Teilbeträge nicht in vollem Umfang ausgeschöpft worden ist oder werden kann, muss eine ggf. vorgenommene Besteuerung der Beiträge rückgängig gemacht (spätester Zeitpunkt hierfür ist die Übermittlung oder Erteilung der Lohnsteuerbescheinigung) oder der monatliche Teilbetrag künftig so geändert werden, dass der Höchstbetrag ausgeschöpft wird.

31 Rein arbeitgeberfinanzierte Beiträge sind steuerfrei, soweit sie den Höchstbetrag (8 % der Beitragsbemessungsgrenze in der allgemeinen Rentenversicherung [West] abzüglich der tatsächlich nach § 40b EStG a. F. pauschal besteuerten Beiträge; vgl. Rz. 85 ff.) nicht übersteigen. Der steuerfreie Höchstbetrag wird zunächst durch diese Beiträge ausgefüllt. Soweit der steuerfreie Höchstbetrag dadurch nicht ausgeschöpft worden ist, sind die verbleibenden, auf den verschiedenen Finanzierungsanteilen des Arbeitnehmers beruhenden Beiträge des Arbeitgebers zu berücksichtigen (vgl. Rz. 26; Leistungen des Arbeitgebers im Sinne des § 1a Abs. 1a und § 23 Abs. 2 BetrAVG, die er als Ausgleich für die er-

sparten Sozialversicherungsbeiträge infolge einer Entgeltumwandlung erbringt, sind dabei Teil der Entgeltumwandlung).

32 Beispiel:

steuerfreier Höchstbetrag (8 % BBG RV [West], angenommen 78.000 EUR)	6.240 EUR
abzgl. tatsächlich pauschal besteuerte Beiträge (angenommen Höchstbetrag)	./. 1.752 EUR
verbleiben als steuerfreies Volumen	= 4.488 EUR
abzüglich rein arbeitgeberfinanzierte Beiträge (angenommen)	./. 3.000 EUR
verbleiben als steuerfreies Volumen für Entgeltumwandlung	= 1.488 EUR

33 Die Anwendung der Pauschalbesteuerung nach § 40b EStG a. F. für Beiträge an Pensionskassen und für Direktversicherungen (siehe Rz. 85 ff.) ist nicht erst nach Übersteigen des steuerfreien Höchstbetrages von 8 % möglich, sondern mindert das maximal steuerfreie Volumen (§ 52 Abs. 4 Satz 14 EStG).

cc) Begünstigte Auszahlungsformen

34 Voraussetzung für die Steuerfreiheit ist, dass die Auszahlung der zugesagten Alters-, Invaliditäts- oder Hinterbliebenenversorgungsleistungen in Form einer lebenslangen Rente oder eines Auszahlungsplans mit anschließender lebenslanger Teilkapitalverrentung (§ 1 Abs. 1 Satz 1 Nr. 4 Buchstabe a AltZertG) vorgesehen ist. Davon ist auch bei einer betrieblichen Altersversorgung in Form der reinen Beitragszusage (§§ 21 ff. BetrAVG) auszugehen. Im Hinblick auf die entfallende Versorgungsbedürftigkeit z.B. für den Fall der Vollendung des 25. Lebensjahres der Kinder (siehe auch Rz. 4; bei Versorgungszusagen, die vor dem 1.1.2007 erteilt wurden, ist grundsätzlich das 27. Lebensjahr maßgebend), der Wiederheirat der Witwe/des Witwers, dem Ende der Erwerbsminderung durch Wegfall der Voraussetzungen für den Bezug (insbesondere bei Verbesserung der Gesundheitssituation oder Erreichen der Altersgrenze) ist es nicht zu beanstanden, wenn eine Rente oder ein Auszahlungsplan zeitlich befristet ist. Von einer Rente oder einem Auszahlungsplan ist auch noch auszugehen, wenn bis zu 30 % des zu Beginn der Auszahlungsphase zur Verfügung stehenden Kapitals außerhalb der monatlichen Leistungen ausgezahlt werden.

Die zu Beginn der Auszahlungsphase zu treffende Entscheidung und Entnahme des Teilkapitalbetrags aus diesem Vertrag (Rz. … des BMF-Schreibens vom …, BStBl 2018 I S. …) führt zur Besteuerung nach § 22 Nr. 5 EStG. Allein die Möglichkeit, anstelle dieser Auszahlungsformen eine Einmalkapitalauszahlung (100 % des zu Beginn der Auszahlungsphase zur Verfügung stehenden Kapitals) zu wählen, steht der Steuerfreiheit noch nicht entgegen; hieran wird ungeachtet des BFH Urteils vom 20.9.2016 – X R 23/15 – (BStBl 2017 II S. 347) festgehalten. Die Möglichkeit, eine Einmalkapitalauszahlung anstelle einer Rente oder eines Auszahlungsplans zu wählen, gilt nicht nur für Altersversorgungsleistungen, sondern auch für Invaliditäts- oder Hinterbliebenenversorgungsleistungen. Entscheidet sich der Arbeitnehmer zugunsten einer Einmalkapitalauszahlung, so sind von diesem Zeitpunkt an die Voraussetzungen des § 3 Nr. 63 EStG nicht mehr erfüllt und die Beitragsleistungen zu besteuern. Erfolgt die Ausübung des Wahlrechtes innerhalb des letzten Jahres vor dem altersbedingten Ausscheiden aus dem Erwerbsleben, so ist es aus Vereinfachungsgründen nicht zu beanstanden, wenn die Beitragsleistungen weiterhin nach § 3 Nr. 63 EStG steuerfrei belassen werden. Für die Berechnung der Jahresfrist ist dabei auf das im Zeitpunkt der Ausübung des Wahlrechts vertraglich vorgesehene Ausscheiden aus dem Erwerbsleben (vertraglich vorgesehener Beginn der Altersversorgungsleistung) abzustellen. Da die Auszahlungsphase bei der Hinterbliebenenleistung erst mit dem Zeitpunkt des Todes des ursprünglich Berechtigten beginnt, ist es in diesem Fall aus steuerlicher Sicht nicht zu beanstanden, wenn das Wahlrecht im zeitlichen Zusammenhang mit dem Tod des ursprünglich Berechtigten ausgeübt wird. Bei Auszahlung oder anderweitiger wirtschaftlicher Verfügung ist der Einmalkapitalbetrag gem. § 22 Nr. 5 EStG zu besteuern (siehe dazu Rz. 148 ff.).

dd) Sonstiges

35 Eine Steuerfreiheit der Beiträge kommt nicht in Betracht, soweit es sich hierbei nicht um Arbeitslohn im Rahmen eines Dienstverhältnisses, sondern um eine verdeckte Gewinnausschüttung im Sinne des § 8 Abs. 3 Satz 2 KStG handelt. Die allgemeinen Grundsätze zur Abgrenzung zwischen verdeckter Gewinnausschüttung und Arbeitslohn sind hierbei zu beachten.

36 Bei Beiträgen an ausländische betriebliche Altersversorgungssysteme ist zu entscheiden, ob das ausländische Altersversorgungssystem mit einem Durchführungsweg der betrieblichen Altersversorgung nach dem deutschen Betriebsrentengesetz vergleichbar ist bzw. einem der Durchführungswege als vergleichbar zugeordnet werden kann. Entsprechende Beiträge sind steuerfrei nach § 3 Nr. 63 EStG, wenn

- das ausländische betriebliche Altersversorgungssystem vergleichbar mit dem Pensionsfonds, der Pensionskasse oder der Direktversicherung ist und
- auch die weiteren wesentlichen Kriterien für die steuerliche Anerkennung einer betrieblichen Altersversorgung im Inland erfüllt werden (u. a. Absicherung mindestens eines biometrischen Risikos – vgl. Rz. 1 –, enger Hinterbliebenenbegriff – vgl. Rz. 4 –, keine Vererblichkeit – vgl. Rz. 6 –, begünstigte Auszahlungsformen – vgl. Rz. 34) und
- die ausländische Versorgungseinrichtung in vergleichbarer Weise den für inländische Versorgungseinrichtungen maßgeblichen Aufbewahrungs-, Mitteilungs- und Bescheinigungspflichten nach dem Einkommensteuergesetz und der Altersvorsorge-Durchführungsverordnung zur Sicherstellung der Besteuerung der Versorgungsleistungen im Wesentlichen nachkommt.

37 Darüber hinaus kann sich die unmittelbare Anwendbarkeit des § 3 Nr. 63 EStG aus einer völkerrechtlichen Vereinbarung ergeben (z.B. Nr. 16 des Protokolls zum Doppelbesteuerungsabkommen [DBA] USA).

38 In Entsendungsfällen hat für die Beiträge des Arbeitgebers zur kapitalgedeckten betrieblichen Altersversorgung die Regelung des § 3 Nr. 63 EStG gegenüber den Regelungen eines DBA Vorrang.

39 Unter den Voraussetzungen der Rz. 23 bis 35 sind auch die vom Arbeitgeber zusätzlich zum ohnehin geschuldeten Arbeitslohn erbrachten Beiträge an eine Zusatzversorgungskasse (wie z.B. zur Versorgungsanstalt der deutschen Bühnen – VddB –, zur Versorgungsanstalt der deutschen Kulturorchester – VddKO – oder zum Zusatzversorgungswerk für Arbeitnehmer in der Land- und Forstwirtschaft – ZLF –), die er nach der jeweiligen Satzung der Versorgungseinrichtung als Pflichtbeiträge für die Altersversorgung seiner Arbeitnehmer zusätzlich zu den nach § 3 Nr. 62 EStG steuerfreien Beiträgen zur gesetzlichen Rentenversicherung zu erbrin-

gen hat, ebenfalls im Rahmen des § 3 Nr. 63 EStG steuerfrei. Die Steuerfreiheit nach § 3 Nr. 62 Satz 1 EStG kommt für diese Beiträge nicht in Betracht. Die Steuerbefreiung des § 3 Nr. 63 (und auch Nr. 56) EStG ist nicht nur der Höhe, sondern dem Grunde nach vorrangig anzuwenden; die Steuerbefreiung nach § 3 Nr. 62 EStG ist bei Vorliegen von Zukunftssicherungsleistungen im Sinne des § 3 Nr. 63 (und auch Nr. 56) EStG daher auch dann ausgeschlossen, wenn die Höchstbeträge des § 3 Nr. 63 (und Nr. 56) EStG bereits voll ausgeschöpft werden.

b) Ausschluss der Steuerfreiheit nach § 3 Nr. 63 Satz 2 EStG

aa) Personenkreis

40 Auf die Steuerfreiheit können grundsätzlich nur Arbeitnehmer verzichten, die in der gesetzlichen Rentenversicherung pflichtversichert sind (§§ 1a, 17 Abs. 1 Satz 3 BetrAVG). Alle anderen Arbeitnehmer können von dieser Möglichkeit nur dann Gebrauch machen, wenn der Arbeitgeber zustimmt.

bb) Höhe und Zeitpunkt der Ausübung des Wahlrechts

41 Soweit der Arbeitnehmer einen Anspruch auf Entgeltumwandlung nach § 1a BetrAVG hat oder andere Finanzierungsanteile (vgl. Rz. 26) zur betrieblichen Altersversorgung erbringt, ist eine individuelle Besteuerung dieser Beiträge auf Verlangen des Arbeitnehmers durchzuführen; die Beiträge sind dabei gleichrangig zu behandeln. Der Arbeitnehmer kann sein Verlangen nach individueller Besteuerung (Verzicht auf die Steuerfreiheit) betragsmäßig oder prozentual begrenzen. In allen anderen Fällen der Entgeltumwandlung (z. B. Entgeltumwandlungsvereinbarung aus dem Jahr 2001 oder früher) ist die individuelle Besteuerung der Beiträge hingegen nur auf grund einvernehmlicher Vereinbarung zwischen Arbeitgeber und Arbeitnehmer möglich. Bei rein arbeitgeberfinanzierten Beiträgen kann auf die Steuerfreiheit nicht verzichtet werden (vgl. Rz. 31).

42 Die Ausübung des Wahlrechts nach § 3 Nr. 63 Satz 2 EStG muss bis zu dem Zeitpunkt erfolgen, zu dem die entsprechende Gehaltsänderungsvereinbarung steuerlich noch anzuerkennen ist (vgl. Rz. 12). Eine nachträgliche Änderung der steuerlichen Behandlung der im Wege der Entgeltumwandlung finanzierten Beiträge ist nicht zulässig.

c) Vervielfältigungsregelung nach § 3 Nr. 63 Satz 3 EStG

43 Beiträge an einen Pensionsfonds, eine Pensionskasse oder für eine Direktversicherung, die der Arbeitgeber aus Anlass der Beendigung des Dienstverhältnisses leistet, können im Rahmen des § 3 Nr. 63 Satz 3 EStG – zusätzlich zu den Beiträgen nach § 3 Nr. 63 Satz 1 EStG – steuerfrei belassen werden. Ein Zusammenhang mit der Beendigung des Dienstverhältnisses ist insbesondere dann zu vermuten, wenn der Beitrag innerhalb von drei Monaten vor dem Beendigungs-/Auflösungszeitpunkt geleistet wird. Die Vervielfältigungsregelung kann auch nach Beendigung des Dienstverhältnisses angewendet werden, wenn die Beitragsleistung oder Entgeltumwandlung spätestens bis zum Zeitpunkt der Beendigung des Dienstverhältnisses vereinbart wird.

44 Die Höhe der Steuerfreiheit ist begrenzt auf den Betrag, der sich ergibt aus 4 % der Beitragsbemessungsgrenze in der allgemeinen Rentenversicherung (West) vervielfältigt mit der Anzahl der Kalenderjahre, in denen das Dienstverhältnis des Arbeitnehmers zu dem Arbeitgeber bestanden hat, höchstens zehn Kalenderjahre.

45 Die Vervielfältigungsregelung steht jedem Arbeitnehmer aus demselben Dienstverhältnis insgesamt nur einmal zu. Werden die Beiträge statt als Einmalbeitrag in Teilbeträgen geleistet, sind diese so lange steuerfrei, bis der für den Arbeitnehmer maßgebende Höchstbetrag ausgeschöpft ist. Eine Anwendung der Vervielfältigungsregelung des § 3 Nr. 63 Satz 3 EStG ist nicht möglich, soweit die Vervielfältigungsregelung des § 40b Abs. 2 Satz 3 und 4 EStG a. F. auf die Beiträge, die der Arbeitgeber aus Anlass der Beendigung des Dienstverhältnisses leistet, angewendet wird (vgl. Rz. 94f.). Die hiernach pauschal besteuerten Beiträge und Zuwendungen sind folglich auf das steuerfreie Volumen anzurechnen.

d) Nachholung der Steuerfreiheit nach § 3 Nr. 63 Satz 4 EStG

46 Beiträge im Sinne des § 3 Nr. 63 Satz 1 EStG, die für Kalenderjahre nachgezahlt werden, in denen das erste Dienstverhältnis ruhte, vom Arbeitgeber im Inland kein steuerpflichtiger Arbeitslohn bezogen wurde und in diesen Zeiten keine Beiträge im Sinne des § 3 Nr. 63 Satz 1 EStG geleistet wurden, sind steuerfrei, soweit sie 8 Prozent der Beitragsbemessungsgrenze in der allgemeinen Rentenversicherung (West), vervielfältigt mit der Anzahl dieser Kalen-

derjahre, höchstens jedoch zehn Kalenderjahre, nicht übersteigen. Eine Nachzahlung kommt beispielsweise in Betracht für Zeiten einer Entsendung ins Ausland, während der Elternzeit oder eines Sabbatjahres. Für die Berechnung des maximalen steuerfreien Volumens wird auf die Beitragsbemessungsgrenze des Jahres der Nachzahlung abgestellt und diese mit der Anzahl der zu berücksichtigenden Jahre multipliziert.

47 Im Zeitraum des Ruhens und im Zeitpunkt der Nachzahlung muss ein erstes Dienstverhältnis vorliegen (§ 3 Nr. 63 Satz 4 EStG). Der Nachweis, dass ein erstes Dienstverhältnis vorliegt, ist vom Arbeitgeber zu führen. Dieser kann z.B. über die abgerufenen ELStAM-Daten, eine Bescheinigung für den Lohnsteuerabzug oder eine schriftliche Bestätigung des Arbeitnehmers erfolgen (siehe dazu auch Rz. 24).

48 Die Nachholungsregelung ist eine Jahres-Regelung, d.h., es sind nur solche Kalenderjahre zu berücksichtigen, in denen vom 1. Januar bis zum 31. Dezember vom Arbeitgeber im Inland kein steuerpflichtiger Arbeitslohn bezogen wurde. Berücksichtigt werden dabei auch Kalenderjahre vor 2018, sofern die Nachzahlung ab dem 1.1.2018 erfolgt. Arbeitslöhne aus anderen Dienstverhältnissen (Steuerklasse VI oder pauschal besteuert) bleiben unberücksichtigt.

49 Die Nachholung muss im Zusammenhang mit dem Ruhen des Dienstverhältnisses stehen. Von einem solchen Zusammenhang kann ausgegangen werden, wenn die Beiträge spätestens bis zum Ende des Kalenderjahres, das auf das Ende der Ruhensphase folgt, nachgezahlt werden. Die Nachholung kann in einem Betrag oder in mehreren Teilbeträgen erfolgen. Bei Teilbeträgen gilt die Beitragsbemessungsgrenze des Jahres der ersten Teilzahlung. In dem Kalenderjahr, das auf das Ende der Ruhensphase folgt, können die Steuerbefreiungen nach § 3 Nr. 63 Satz 1 und 4 EStG nebeneinander in Anspruch genommen werden

50 Übersteigen die nachgezahlten Beiträge das steuerfreie Volumen nach § 3 Nr. 63 Satz 4 EStG, können die übersteigenden Beiträge nach § 3 Nr. 63 Satz 1 EStG steuerfrei belassen werden, soweit der Höchstbetrag nach § 3 Nr. 63 Satz 1 EStG durch die laufenden Beiträge für das entsprechende Kalenderjahr noch nicht verbraucht ist. Für Beiträge an eine Pensionskasse oder für eine Direktversicherung kommt ggf. auch die Pauschalbesteuerung nach § 40b Abs. 1 und Abs. 2 Satz 1 und 2 EStG a. F. in Betracht, sofern

die Voraussetzungen für die Anwendung des § 40b EStG a. F. vorliegen (vgl. Rz. 85 bis 99).

5. Steuerfreiheit für Sicherungsbeiträge des Arbeitgebers nach § 3 Nr. 63a EStG

51 § 3 Nr. 63a EStG gilt für Zusatzbeiträge des Arbeitgebers im Sinne des § 23 Abs. 1 BetrAVG, die den einzelnen Arbeitnehmern nicht unmittelbar gutgeschrieben oder zugerechnet, sondern zunächst zur Absicherung der reinen Beitragszusage genutzt werden. Diese Zusatzbeiträge bleiben im Zeitpunkt der Dotierung/Leistung des Arbeitgebers an die Versorgungseinrichtung steuerfrei. Soweit aus den nach § 3 Nr. 63a EStG steuerfreien Beiträgen dem Arbeitnehmer später Versorgungsleistungen oder andere Vorteile zufließen, sind diese vollständig nach § 22 Nr. 5 Satz 1 EStG zu besteuern (vgl. Rz. 148 ff.).

52 Für Zusatzbeiträge des Arbeitgebers, die den einzelnen Arbeitnehmern direkt gutgeschrieben bzw. zugerechnet werden, gelten hingegen die gleichen steuerlichen Regelungen wie für die übrigen Beiträge des Arbeitgebers im Rahmen des Kapitaldeckungsverfahrens an einen Pensionsfonds, eine Pensionskasse oder für eine Direktversicherung zum Aufbau einer betrieblichen Altersversorgung (z.B. Steuerfreiheit nach § 3 Nr. 63 EStG, Förderung nach § 10a/Abschnitt XI EStG beim Arbeitnehmer).

6. Steuerfreiheit nach § 3 Nr. 65 EStG

53 Die sich aus § 3 Nr. 65 Satz 2 bis 4 EStG ergebenden Rechtsfolgen treten auch dann ein, wenn die Auszahlungen unmittelbar vom Träger der Insolvenzsicherung an den Versorgungsberechtigten oder seine Hinterbliebenen vorgenommen werden. In diesem Fall ist der Träger der Insolvenzsicherung Dritter im Sinne des § 3 Nr. 65 Satz 4 EStG und daher zum Lohnsteuereinbehalt verpflichtet.

54 Nach § 8 Abs. 3 BetrAVG hat der Arbeitnehmer im Insolvenzfall des Arbeitgebers das Recht, in eine für ihn abgeschlossene Rückdeckungsversicherung des Arbeitgebers oder der Unterstützungskasse als Versicherungsnehmer einzutreten und die Versicherung mit eigenen Beiträgen fortzusetzen. Macht der Arbeitnehmer von diesem Recht Gebrauch und tritt in die Versicherung ein, ist der

Erwerb der Ansprüche aus der Rückdeckungsversicherung steuerfrei nach § 3 Nr. 65 Satz 1 Buchstabe d EStG. Die späteren Versorgungsleistungen aus der Rückdeckungsversicherung, in die der Arbeitnehmer nach § 3 Nr. 65 Satz 1 Buchstabe d EStG eingetreten ist, gehören insgesamt zu den sonstigen Einkünften nach § 22 Nr. 5 Satz 1 EStG (§ 3 Nr. 65 Satz 5 Halbsatz 1 EStG). Das Versicherungsunternehmen muss keinen Lohnsteuerabzug durchführen, sondern lediglich – wie sonst auch – die Rentenbezugsmitteilung an die zentrale Stelle übermitteln (§ 22a EStG). Dies gilt auch für beherrschende Gesellschafter-Geschäftsführer einer GmbH.

55 Führt der Arbeitnehmer die nach § 8 Abs. 3 BetrAVG übernommene Rückdeckungsversicherung mit eigenen Beiträgen fort, sind die späteren Versorgungsleistungen nach § 22 Nr. 5 Satz 1 oder 2 EStG zu versteuern (§ 3 Nr. 65 Satz 5 Halbsatz 2 EStG). Die Leistungen, die auf geförderten Beiträgen beruhen, sind nach § 22 Nr. 5 Satz 1 EStG voll zu versteuern. Die Leistungen, die auf nicht geförderten Beiträgen beruhen, sind nach § 22 Nr. 5 Satz 2 Buchstabe a EStG entweder mit dem Ertragsanteil (lebenslangen Rentenleistungen sowie Berufsunfähigkeits-, Erwerbsminderungs- und Hinterbliebenenrenten) oder ggf. nach § 22 Nr. 5 Satz 2 Buchstabe b i. V. m. § 20 Abs. 1 Nr. 6 EStG (Kapitalleistungen) zu versteuern.

7. Steuerfreiheit nach § 3 Nr. 66 EStG

56 Voraussetzung für die Steuerfreiheit nach § 3 Nr. 66 EStG ist, dass vom Arbeitgeber ein Antrag nach § 4d Abs. 3 EStG oder § 4e Abs. 3 EStG gestellt worden ist. Die Steuerfreiheit nach § 3 Nr. 66 EStG gilt auch dann, wenn beim übertragenden Unternehmen keine Zuwendungen i.S. von § 4d Abs. 3 EStG oder Leistungen im Sinne des § 4e Abs. 3 EStG im Zusammenhang mit der Übernahme einer Versorgungsverpflichtung durch einen Pensionsfonds anfallen. Bei einer entgeltlichen Übertragung von Versorgungsanwartschaften aktiver Beschäftigter kommt die Anwendung von § 3 Nr. 66 EStG nur für Zahlungen an den Pensionsfonds in Betracht, die für die bis zum Zeitpunkt der Übertragung bereits erdienten Versorgungsanwartschaften geleistet werden (sog. „Past-Service"); Zahlungen an den Pensionsfonds für zukünftig noch zu erdienende Anwartschaften (sog. „Future-Service") sind ausschließlich in dem begrenzten Rahmen des § 3 Nr. 63 EStG lohnsteuerfrei; zu weiteren Einzelheiten, insbesondere zur Abgrenzung von „Past-" und

„Future-Service", siehe BMF-Schreiben vom 26.10.2006 (BStBl 2006 I S. 709) und vom 10.7.2015 (BStBl 2015 I S. 544). Erfolgt im Rahmen eines Gesamtplans zunächst eine nach § 3 Nr. 66 EStG begünstigte Übertragung der erdienten Anwartschaften auf einen Pensionsfonds und werden anschließend regelmäßig wiederkehrend (z.B. jährlich) die dann neu erdienten Anwartschaften auf den Pensionsfonds übertragen, sind die weiteren Übertragungen auf den Pensionsfonds nicht nach § 3 Nr. 66 EStG begünstigt, sondern nur im Rahmen des § 3 Nr. 63 EStG steuerfrei. Hinsichtlich des durch die Steuerbefreiungsvorschrift begünstigten Personenkreises vgl. Rz. 23.

8. Steuerfreiheit nach § 3 Nr. 55 EStG

57 Gem. § 4 Abs. 2 Nr. 2 BetrAVG kann nach Beendigung des Arbeitsverhältnisses im Einvernehmen des ehemaligen mit dem neuen Arbeitgeber sowie dem Arbeitnehmer der Wert der vom Arbeitnehmer erworbenen Altersversorgung (Übertragungswert nach § 4 Abs. 5 BetrAVG) auf den neuen Arbeitgeber übertragen werden, wenn dieser eine wertgleiche Zusage erteilt. § 4 Abs. 3 BetrAVG gibt dem Arbeitnehmer für Versorgungszusagen, die nach dem 31.12.2004 erteilt werden, das Recht, innerhalb eines Jahres nach Beendigung des Arbeitsverhältnisses von seinem ehemaligen Arbeitgeber zu verlangen, dass der Übertragungswert auf den neuen Arbeitgeber übertragen wird, wenn die betriebliche Altersversorgung beim ehemaligen Arbeitgeber über einen Pensionsfonds, eine Pensionskasse oder eine Direktversicherung durchgeführt worden ist und der Übertragungswert die im Zeitpunkt der Übertragung maßgebliche Beitragsbemessungsgrenze in der allgemeinen Rentenversicherung (West) nicht übersteigt.

58 Die Anwendung der Steuerbefreiungsvorschrift des § 3 Nr. 55 EStG setzt aufgrund des Verweises auf die Vorschriften des Betriebsrentengesetzes die Beendigung des bisherigen Dienstverhältnisses und ein anderes Dienstverhältnis voraus. Die Übernahme der Versorgungszusage durch einen Arbeitgeber, bei dem der Arbeitnehmer bereits beschäftigt ist, ist betriebsrentenrechtlich unschädlich und steht daher der Anwendung der Steuerbefreiungsvorschrift nicht entgegen. § 3 Nr. 55 EStG und Rz. 57 gelten entsprechend für Arbeitnehmer, die nicht in der gesetzlichen Ren-

tenversicherung pflichtversichert sind (z. B. beherrschende Gesellschafter-Geschäftsführer oder geringfügig Beschäftigte).

59 Die Steuerfreiheit gilt sowohl für Versorgungszusagen, die gesetzlich unverfallbar sind, als auch für Versorgungszusagen, die aufgrund vertraglicher Vereinbarungen mit oder ohne Fristerfordernis unverfallbar sind (§ 3 Nr. 55 Satz 1 Halbsatz 2 EStG).

60 Der geleistete Übertragungswert ist nach § 3 Nr. 55 Satz 1 EStG steuerfrei, wenn die betriebliche Altersversorgung sowohl beim ehemaligen Arbeitgeber als auch beim neuen Arbeitgeber über einen Pensionsfonds, eine Pensionskasse oder eine Direktversicherung durchgeführt wird. Es ist nicht Voraussetzung, dass beide Arbeitgeber auch den gleichen Durchführungsweg gewählt haben. Um eine Rückabwicklung der steuerlichen Behandlung der Beitragsleistungen an einen Pensionsfonds, eine Pensionskasse oder eine Direktversicherung vor der Übertragung (Steuerfreiheit nach § 3 Nr. 63, 66 EStG, individuelle Besteuerung, Besteuerung nach § 40b EStG) zu verhindern, bestimmt § 3 Nr. 55 Satz 3 EStG, dass die auf dem Übertragungsbetrag beruhenden Versorgungsleistungen weiterhin zu den Einkünften gehören, zu denen sie gehört hätten, wenn eine Übertragung nach § 4 BetrAVG nicht stattgefunden hätte. Der Übertragungswert ist gem. § 3 Nr. 55 Satz 2 EStG auch steuerfrei, wenn er vom ehemaligen Arbeitgeber oder von einer Unterstützungskasse an den neuen Arbeitgeber oder an eine andere Unterstützungskasse geleistet wird.

61 Die Steuerfreiheit des § 3 Nr. 55 EStG kommt jedoch nicht in Betracht, wenn die betriebliche Altersversorgung beim ehemaligen Arbeitgeber als Direktzusage oder mittels einer Unterstützungskasse ausgestaltet war, während sie beim neuen Arbeitgeber über einen Pensionsfonds, eine Pensionskasse oder eine Direktversicherung abgewickelt wird. Dies gilt auch für den umgekehrten Fall. Ebenso kommt die Steuerfreiheit nach § 3 Nr. 55 EStG bei einem Betriebsübergang nach § 613a BGB nicht in Betracht, da in einem solchen Fall die Regelung des § 4 BetrAVG keine Anwendung findet.

62 Wird die betriebliche Altersversorgung sowohl beim alten als auch beim neuen Arbeitgeber über einen Pensionsfonds, eine Pensionskasse oder eine Direktversicherung abgewickelt, liegt im Fall der Übernahme der Versorgungszusage nach § 4 Abs. 2 Nr. 1 BetrAVG lediglich ein Schuldnerwechsel und damit für den Arbeitnehmer kein lohnsteuerlich relevanter Vorgang vor. Entspre-

chendes gilt im Fall der Übernahme der Versorgungszusage nach § 4 Abs. 2 Nr. 1 BetrAVG, wenn die betriebliche Altersversorgung sowohl beim alten als auch beim neuen Arbeitgeber über eine Direktzusage oder Unterstützungskasse durchgeführt wird.

9. Steuerfreiheit nach § 3 Nr. 55c Satz 2 Buchstabe a EStG

63 Steuerfrei nach § 3 Nr. 55c Satz 2 Buchstabe a EStG ist die bei einem fortbestehenden Dienstverhältnis vorgenommene Übertragung von Anwartschaften aus einer betrieblichen Altersversorgung, die über einen Pensionsfonds, eine Pensionskasse oder ein Unternehmen der Lebensversicherung (Direktversicherung) durchgeführt wird, wenn die Anwartschaft lediglich auf einen anderen Träger einer betrieblichen Altersversorgung in Form eines Pensionsfonds, einer Pensionskasse oder eines Unternehmens der Lebensversicherung (Direktversicherung) übertragen wird. Dies gilt nicht für Zahlungen, die unmittelbar an den Arbeitnehmer erfolgen. Die Übertragung führt zu keiner Novation (§ 20 Abs. 1 Nr. 6 EStG), wenn sich im Zusammenhang mit der Übertragung die vertraglichen Hauptpflichten (insbesondere die Versicherungslaufzeit, die Versicherungssumme, der Versicherungsbeitrag, die Beitragszahlungsdauer oder die abgesicherten biometrischen Risiken) nicht ändern.

10. Übernahme von Pensionsverpflichtungen gegen Entgelt durch Beitritt eines Dritten in eine Pensionsverpflichtung (Schuldbeitritt) oder Ausgliederung/Abspaltung von Pensionsverpflichtungen

64 Bei der Übernahme von Pensionsverpflichtungen gegen Entgelt durch Beitritt eines Dritten in eine Pensionsverpflichtung (Schuldbeitritt) oder durch Ausgliederung von Pensionsverpflichtungen – ohne inhaltliche Veränderung der Zusage – handelt es sich weiterhin um eine Direktzusage des Arbeitgebers. Aus lohnsteuerlicher Sicht bleibt es folglich bei den für eine Direktzusage geltenden steuerlichen Regelungen, d.h. es liegen erst bei Auszahlung der Versorgungsleistungen – durch den Dritten bzw. durch die Pensionsgesellschaft anstelle des Arbeitgebers – Einkünfte im Sinne des § 19 EStG vor. Der Lohnsteuerabzug kann in diesem Fall

mit Zustimmung des Finanzamts anstelle vom Arbeitgeber auch von dem Dritten bzw. der Pensionsgesellschaft vorgenommen werden (§ 38 Abs. 3a Satz 2 EStG). Die vorstehenden Ausführungen gelten entsprechend, wenn es sich nach dem Umwandlungsgesetz nicht um eine Ausgliederung, sondern um eine Abspaltung handelt.

65 Zu den lohnsteuerlichen Folgerungen der Übernahme der Pensionszusage eines beherrschenden Gesellschafter-Geschäftsführers gegen eine Ablösungszahlung und zum Wechsel des Durchführungswegs siehe aber BMF-Schreiben vom 4.7.2017 (BStBl 2017 I S. 883).

11. Förderung durch Sonderausgabenabzug nach § 10a EStG und Zulage nach Abschnitt XI EStG

66 Zahlungen des Arbeitgebers im Rahmen der betrieblichen Altersversorgung an einen Pensionsfonds, eine Pensionskasse oder eine Direktversicherung können als Altersvorsorgebeiträge durch Sonderausgabenabzug nach § 10a EStG und Zulage nach Abschnitt XI EStG gefördert werden (§ 82 Abs. 2 EStG). Die zeitliche Zuordnung der Altersvorsorgebeiträge im Sinne des § 82 Abs. 2 EStG richtet sich grundsätzlich nach den für die Zuordnung des Arbeitslohns geltenden Vorschriften (§ 38a Abs. 3 EStG; R 39b.2, 39b.5 und 39b.6 LStR).

67 Um Beiträge im Rahmen der betrieblichen Altersversorgung handelt es sich nur, wenn die Beiträge für eine vom Arbeitgeber aus Anlass des Arbeitsverhältnisses zugesagte Versorgungsleistung erbracht werden (§ 1 BetrAVG). Dies gilt unabhängig davon, ob die Beiträge

- ausschließlich vom Arbeitgeber finanziert werden,
- auf einer Entgeltumwandlung beruhen,
- andere im Gesamtversicherungsbeitrag des Arbeitgebers enthaltene Finanzierungsanteile des Arbeitnehmers sind (BFH-Urteil vom 9.12.2010 – VI R 57/08 –, BStBl 2011 II S. 978) oder
- eigene Beiträge des Arbeitnehmers sind, die er aus seinem bereits zugeflossenen und versteuerten Arbeitsentgelt zur Finanzierung der betrieblichen Altersversorgung leistet.

Im Übrigen sind die Rz. 2 ff. zu beachten.

68 Voraussetzung für die steuerliche Förderung ist neben der individuellen Besteuerung der Beiträge, dass die Auszahlung der zugesagten Altersversorgungsleistung in Form einer lebenslangen Rente oder eines Auszahlungsplans mit anschließender lebenslanger Teilkapitalverrentung (§ 1 Abs. 1 Satz 1 Nr. 4 Buchstabe a AltZertG) vorgesehen ist. Davon ist auch bei einer betrieblichen Altersversorgung in Form der reinen Beitragszusage (§§ 21 ff. BetrAVG) auszugehen. Die steuerliche Förderung von Beitragsteilen, die zur Absicherung einer Invaliditäts- oder Hinterbliebenenversorgung verwendet werden, kommt nur dann in Betracht, wenn die Auszahlung in Form einer Rente (§ 1 Abs. 1 Satz 1 Nr. 4 Buchstabe a AltZertG; vgl. Rz. 34) vorgesehen ist. Rente oder Auszahlungsplan in diesem Sinne liegt auch dann vor, wenn bis zu 30 % des zu Beginn der Auszahlungsphase zur Verfügung stehenden Kapitals außerhalb der monatlichen Leistungen ausgezahlt werden. Die zu Beginn der Auszahlungsphase zu treffende Entscheidung und Entnahme des Teilkapitalbetrags aus diesem Vertrag (Rz. ... des BMF-Schreibens vom ..., BStBl 2018 I S. ...) führt zur Besteuerung nach § 22 Nr. 5 EStG. Allein die Möglichkeit, anstelle dieser Auszahlungsformen eine Einmalkapitalauszahlung (100 % des zu Beginn der Auszahlungsphase zur Verfügung stehenden Kapitals) zu wählen, steht der Förderung noch nicht entgegen. Die Möglichkeit, eine Einmalkapitalauszahlung anstelle einer Rente oder eines Auszahlungsplans zu wählen, gilt nicht nur für Altersversorgungsleistungen, sondern auch für Invaliditäts- oder Hinterbliebenenversorgungsleistungen. Entscheidet sich der Arbeitnehmer zugunsten einer Einmalkapitalauszahlung, so sind von diesem Zeitpunkt an die Voraussetzungen des § 10a und Abschnitts XI EStG nicht mehr erfüllt und die Beitragsleistungen können nicht mehr gefördert werden. Erfolgt die Ausübung des Wahlrechtes innerhalb des letzten Jahres vor dem altersbedingten Ausscheiden aus dem Erwerbsleben, so ist es aus Vereinfachungsgründen nicht zu beanstanden, wenn die Beitragsleistungen weiterhin nach § 10a/Abschnitt XI EStG gefördert werden. Für die Berechnung der Jahresfrist ist dabei auf das im Zeitpunkt der Ausübung des Wahlrechts vertraglich vorgesehene Ausscheiden aus dem Erwerbsleben (vertraglich vorgesehener Beginn der Altersversorgungsleistung) abzustellen. Da die Auszahlungsphase bei der Hinterbliebenenleistung erst mit dem Zeitpunkt des Todes des ursprünglich Berechtigten beginnt, ist es in diesem Fall aus steuerlicher Sicht nicht zu beanstanden, wenn das Wahlrecht zu die-

sem Zeitpunkt ausgeübt wird. Bei Auszahlung des Einmalkapitalbetrags handelt es sich um eine schädliche Verwendung im Sinne des § 93 EStG (vgl. Rz. 167f.), soweit sie auf steuerlich gefördertem Altersvorsorgevermögen beruht. Da es sich bei der Teil- bzw. Einmalkapitalauszahlung nicht um außerordentliche Einkünfte im Sinne des § 34 Abs. 2 EStG handelt, kommt eine Anwendung der Fünftelungsregelung des § 34 EStG auf diese Zahlungen nicht in Betracht (BFH vom 20.9.2016 – X R 23/15 , DStBl 2017 II S. 347, vgl. auch Rz. 149).

69 Die aus bereits zugeflossenem Arbeitslohn des Arbeitnehmers geleisteten Beiträge an einen Pensionsfonds, eine Pensionskasse oder eine Direktversicherung zum Aufbau einer kapitalgedeckten betrieblichen Altersversorgung, bei der eine Auszahlung der zugesagten Altersversorgungsleistung in Form einer Rente oder eines Auszahlungsplans (§ 1 Abs. 1 Satz 1 Nr. 4 AltZertG) vorgesehen ist, zählen auch dann zu den Altersvorsorgebeiträgen im Sinne von § 82 Abs. 2 EStG, wenn der Arbeitslohn aufgrund eines DBA nicht in Deutschland, sondern in einem anderen Land der inländischen individuellen Besteuerung vergleichbar versteuert wird.

70 Beitragsleistungen, die aus nach § 40a EStG pauschal versteuertem Arbeitslohn erbracht werden, gehören nicht zu den Altersvorsorgebeiträgen nach § 82 Abs. 2 Satz 1 Buchstabe a EStG.

71 Altersvorsorgebeiträge im Sinne des § 82 Abs. 2 EStG sind auch die Beiträge des ehemaligen Arbeitnehmers, die dieser im Fall einer zunächst ganz oder teilweise durch Entgeltumwandlung finanzierten und nach § 3 Nr. 63 oder § 10a/Abschnitt XI EStG geförderten betrieblichen Altersversorgung nach der Beendigung des Arbeitsverhältnisses nach Maßgabe des § 1b Abs. 5 Satz 1 Nr. 2 BetrAVG selbst erbringt. Dies gilt entsprechend in den Fällen der Finanzierung durch eigene Beiträge des Arbeitnehmers (vgl. Rz. 26).

72 Die vom Steuerpflichtigen nach Maßgabe des § 1b Abs. 5 Satz 1 Nr. 2 BetrAVG selbst zu erbringenden Beiträge müssen nicht aus individuell versteuertem Arbeitslohn stammen (z.B. Finanzierung aus steuerfreiem Arbeitslosengeld). Gleiches gilt, soweit der Arbeitnehmer trotz eines weiter bestehenden Arbeitsverhältnisses keinen Anspruch auf Arbeitslohn mehr hat und die Beiträge nun selbst erbringt (z.B. während der Schutzfristen des § 3 Abs. 2 und § 6 Abs. 1 des Mutterschutzgesetzes, der Elternzeit, des Bezugs von Krankengeld oder auch § 1a Abs. 4 BetrAVG) oder aufgrund einer gesetzlichen Verpflichtung Beiträge zur betrieblichen Alters-

versorgung entrichtet werden (z.B. nach §§ 14a und 14b des Arbeitsplatzschutzgesetzes).

73 Voraussetzung für die Förderung durch Sonderausgabenabzug nach § 10a EStG und Zulage nach Abschnitt XI EStG ist in den Fällen der Rz. 71f., dass der Steuerpflichtige zum begünstigten Personenkreis gehört. Die zeitliche Zuordnung dieser Altersvorsorgebeiträge richtet sich grundsätzlich nach § 11 Abs. 2 EStG.

74 Zu den begünstigten Altersvorsorgebeiträgen gehören nur Beiträge, die zum Aufbau einer betrieblichen Altersversorgung im Kapitaldeckungsverfahren erhoben werden. Für Umlagen, die an eine Versorgungseinrichtung gezahlt werden, kommt die Förderung dagegen nicht in Betracht. Werden sowohl Umlagen als auch Beiträge im Kapitaldeckungsverfahren erhoben, gehören Letztere nur dann zu den begünstigten Aufwendungen, wenn eine getrennte Verwaltung und Abrechnung beider Vermögensmassen erfolgt (Trennungsprinzip).

75 Die Versorgungseinrichtung hat dem Zulageberechtigten jährlich eine Bescheinigung zu erteilen (§ 92 EStG). Diese Bescheinigung muss u. a. den Stand des Altersvorsorgevermögens ausweisen (§ 92 Nr. 5 EStG). Altersvorsorgevermögen kann immer nur dann vorliegen, wenn sich der Steuerpflichtige bewusst für die Förderung nach § 10a EStG und Abschnitt XI EStG entschieden hat. Dies ist dann der Fall, wenn der Steuerpflichtige seiner Versorgungseinrichtung in der Vergangenheit mitgeteilt hat oder mit Wirkung für die Zukunft mitteilt, dass er diese Förderung in Anspruch nehmen möchte und die Versorgungseinrichtung daraufhin ihre Pflichten als Anbieter nach § 80 EStG wahrnimmt. Ein Zulageantrag muss nicht gestellt werden. Bei einer Leistungszusage (§ 1 Abs. 1 Satz 2 Halbsatz 2 BetrAVG) und einer beitragsorientierten Leistungszusage (§ 1 Abs. 2 Nr. 1 BetrAVG) kann stattdessen der Barwert der erdienten Anwartschaft bescheinigt werden.

12. Steuerfreiheit nach § 3 Nr. 56 EStG

a) Begünstigter Personenkreis

76 Die Rz. 23f. gelten entsprechend.

b) Begünstigte Aufwendungen

77 Zu den nach § 3 Nr. 56 EStG begünstigten Aufwendungen gehören nur laufende Zuwendungen des Arbeitgebers für eine betriebliche Altersversorgung an eine Pensionskasse, die nicht im Kapitaldeckungsverfahren, sondern im Umlageverfahren finanziert wird (wie z.B. Umlagen an die Versorgungsanstalt des Bundes und der Länder – VBL – bzw. an eine kommunale oder kirchliche Zusatzversorgungskasse). Soweit diese Zuwendungen nicht nach § 3 Nr. 56 EStG steuerfrei bleiben, können sie individuell oder nach § 40b Abs. 1 und 2 EStG pauschal besteuert werden. Im Übrigen gelten die Rz. 27f. und die Rz. 30 bis 34 entsprechend. Danach sind z. B. der Arbeitnehmereigenanteil an einer Umlage und die sog. eigenen Beiträge des Arbeitnehmers nicht steuerfrei nach § 3 Nr. 56 EStG.

78 Werden von der Versorgungseinrichtung sowohl Zuwendungen/ Umlagen als auch Beiträge im Kapitaldeckungsverfahren erhoben, ist § 3 Nr. 56 EStG auch auf die im Kapitaldeckungsverfahren erhobenen Beiträge anwendbar, wenn eine getrennte Verwaltung und Abrechnung beider Vermögensmassen (Trennungsprinzip, Rz. 25) nicht erfolgt.

79 Erfolgt eine getrennte Verwaltung und Abrechnung beider Vermögensmassen, ist die Steuerfreiheit nach § 3 Nr. 63 EStG für die im Kapitaldeckungsverfahren erhobenen Beiträge vorrangig zu berücksichtigen. Dies gilt unabhängig davon, ob diese Beiträge rein arbeitgeberfinanziert sind, auf einer Entgeltumwandlung oder anderen im Gesamtversicherungsbeitrag des Arbeitgebers enthaltenen Finanzierungsanteilen des Arbeitnehmers beruhen. Die nach § 3 Nr. 63 EStG steuerfreien Beträge mindern den Höchstbetrag des § 3 Nr. 56 EStG (§ 3 Nr. 56 Satz 3 EStG). Zuwendungen nach § 3 Nr. 56 EStG sind daher nur steuerfrei, soweit die nach § 3 Nr. 63 EStG steuerfreien Beiträge den Höchstbetrag des § 3 Nr. 56 EStG unterschreiten. Eine Minderung nach § 3 Nr. 56 Satz 3 EStG ist immer nur in dem jeweiligen Dienstverhältnis vorzunehmen; die Steuerfreistellung nach § 3 Nr. 56 EStG bleibt somit unberührt, wenn z.B. erst in einem späteren ersten Dienstverhältnis Beiträge nach § 3 Nr. 63 EStG steuerfrei bleiben.

80 Beispiel:

Arbeitgeber A zahlt an seine Zusatzversorgungskasse einen Betrag i. H. v.:

- 240 EUR (12 × 20 EUR) zugunsten einer getrennt verwalteten und abgerechneten kapitalgedeckten betrieblichen Altersversorgung und
- 1.680 EUR (12 × 140 EUR) zugunsten einer umlagefinanzierten betrieblichen Altersversorgung.

Der Beitrag i. H. v. 240 EUR ist steuerfrei gem. § 3 Nr. 63 EStG, denn der entsprechende Höchstbetrag wird nicht überschritten.

Von der Umlage sind (bei einer angenommenen Beitragsbemessungsgrenze in der allgemeinen Rentenversicherung (West) i. H. v. 78.000 EUR) 1.320 EUR steuerfrei gem. § 3 Nr. 56 Satz 1 und 3 EStG (grundsätzlich 1.680 EUR, aber maximal 2 % der Beitragsbemessungsgrenze in der allgemeinen Rentenversicherung (West) i. H. v. 1.560 EUR abzüglich 240 EUR). Die verbleibende Umlage i. H. v. 360 EUR (1.680 EUR abzüglich 1.320 EUR) ist individuell oder gem. § 40b Abs. 1 und 2 EStG pauschal zu besteuern.

81 Es bestehen keine Bedenken gegen eine auf das Kalenderjahr bezogene Betrachtung hinsichtlich der gem. § 3 Nr. 56 Satz 3 EStG vorzunehmenden Verrechnung, wenn sowohl nach § 3 Nr. 63 EStG steuerfreie Beiträge als auch nach § 3 Nr. 56 EStG steuerfreie Zuwendungen erbracht werden sollen. Stellt der Arbeitgeber vor Übermittlung der elektronischen Lohnsteuerbescheinigung fest (z.B. wegen einer erst im Laufe des Kalenderjahres vereinbarten nach § 3 Nr. 63 EStG steuerfreien Entgeltumwandlung aus einer Sonderzuwendung), dass die ursprüngliche Betrachtung nicht mehr zutreffend ist, hat er eine Korrektur vorzunehmen.

82 Beispiel:

Arbeitgeber A zahlt ab dem 1. Januar monatlich an eine Zusatzversorgungskasse 140 EUR zugunsten einer umlagefinanzierten betrieblichen Altersversorgung; nach § 3 Nr. 63 EStG steuerfreie Beiträge werden nicht entrichtet. Aus dem Dezembergehalt (Gehaltszahlung 15. Dezember) wandelt der Arbeitnehmer einen Betrag i. H. v. 240 EUR zugunsten einer kapitalgedeckten betrieblichen Altersversorgung um (wobei die Mitteilung an den Arbeitgeber am 5. Dezember erfolgt).

Der Beitrag i. H. v. 240 EUR ist vorrangig steuerfrei nach § 3 Nr. 63 EStG.

Von der Umlage wurde bisher ein Betrag i. H. v. 1.430 EUR (= 11 × 130 EUR [2 % der angenommenen Beitragsbemessungsgrenze in der allgemeinen Rentenversicherung (West) i. H. v. 78.000 EUR =

1.560 EUR, verteilt auf 12 Monate]) nach § 3 Nr. 56 EStG steuerfrei belassen.

Im Monat Dezember ist die steuerliche Behandlung der Umlagezahlung zu korrigieren, denn nur ein Betrag i. H. v. 1.320 EUR (1.560 EUR abzüglich 240 EUR) kann maximal im Kalenderjahr steuerfrei nach § 3 Nr. 56 EStG gezahlt werden. Ein Betrag i. H. v. 110 EUR (1.430 EUR abzüglich 1.320 EUR) ist noch individuell oder pauschal zu besteuern. Der Arbeitgeber kann wahlweise den Lohnsteuerabzug der Monate Januar bis November korrigieren oder im Dezember den Betrag als sonstigen Bezug behandeln. Der Betrag für den Monat Dezember i. H. v. 140 EUR ist vollständig individuell oder pauschal zu besteuern.

13. Anwendung des § 40b EStG in der geltenden Fassung

83 § 40b EStG erfasst nur noch Zuwendungen des Arbeitgebers für eine betriebliche Altersversorgung an eine Pensionskasse, die nicht im Kapitaldeckungsverfahren, sondern im Umlageverfahren finanziert wird (wie z.B. Umlagen an die Versorgungsanstalt des Bundes und der Länder – VBL – bzw. an eine kommunale oder kirchliche Zusatzversorgungskasse). Werden für den Arbeitnehmer solche Zuwendungen laufend geleistet, bleiben diese zunächst im Rahmen des § 3 Nr. 56 EStG steuerfrei. Die den Rahmen des § 3 Nr. 56 EStG übersteigenden Zuwendungen können dann nach § 40b Abs. 1 und 2 EStG pauschal besteuert werden (zur Anwendung der Pauschalbesteuerung nach § 40b EStG a. F. für den Bereich der kapitalgedeckten betrieblichen Altersversorgung vgl. Rz. 85 ff.). Werden von einer Versorgungseinrichtung sowohl Umlagen als auch Beiträge im Kapitaldeckungsverfahren erhoben, ist § 40b EStG auch auf die im Kapitaldeckungsverfahren erhobenen Beiträge anwendbar, wenn eine getrennte Verwaltung und Abrechnung beider Vermögensmassen (Trennungsprinzip, Rz. 25) nicht erfolgt.

84 Zuwendungen des Arbeitgebers im Sinne des § 19 Abs. 1 Satz 1 Nr. 3 Satz 2 EStG an eine Pensionskasse sind in voller Höhe pauschal nach § 40b Abs. 4 EStG mit 15 % zu besteuern. Dazu gehören z.B. Gegenwertzahlungen und Zahlungen im Erstattungsmodell nach § 23a und § 23c der Satzung der Versorgungsanstalt des Bundes und der Länder – VBL – oder nach § 15a und § 15b der AKA-Mustersatzung für die kommunalen und kirchlichen Zusatz-

versorgungskassen. Für die Anwendung des § 40b Abs. 4 EStG ist es unerheblich, wenn an die Versorgungseinrichtung keine weiteren laufenden Beiträge oder Zuwendungen geleistet werden.

14. Übergangsregelungen § 52 Abs. 4 Satz 12 ff. und Abs. 40 EStG zur Anwendung des § 3 Nr. 63 EStG sowie des § 40b EStG a. F.

a) Mindestens eine pauschal besteuerte Beitragsleistung vor dem 1.1.2018

85 Für die weitere Anwendung von § 40b Abs. 1 und 2 EStG a. F. ist als grundlegende personenbezogene Voraussetzung zunächst entscheidend, ob vor dem 1.1.2018 mindestens ein Beitrag des Arbeitgebers zum Aufbau einer kapitalgedeckten Altersversorgung an eine Pensionskasse oder Direktversicherung rechtmäßig nach § 40b Abs. 1 und 2 EStG a. F. pauschal besteuert wurde, weil die entsprechenden Beiträge aufgrund einer Versorgungszusage geleistet werden, die vor dem 1.1.2005 erteilt wurde (lediglich für die Frage der zulässigen Anwendung der Pauschalbesteuerung vor 2018 sind daher die Regelungen in den Rz. 349 ff. des BMF-Schreibens vom 24.7.2013 (BStBl 2013 I S. 1022), unter Berücksichtigung der Änderungen durch das BMF-Schreiben vom 13.1.2014 (BStBl 2014 I S. 97) und das BMF-Schreiben vom 13.3.2014 (BStBl 2014 I S. 554) weiter von Bedeutung).

86 Wurde für einen Arbeitnehmer vor dem 1.1.2018 mindestens ein Beitrag rechtmäßig nach § 40b EStG a. F. pauschal besteuert, liegen für diesen Arbeitnehmer die persönlichen Voraussetzungen für die weitere Anwendung des § 40b EStG a. F. sein ganzes Leben lang vor. Vertragsänderungen (z.B. Beitragserhöhungen), Neuabschlüsse, Änderungen der Versorgungszusage, Arbeitgeberwechsel etc. sind unbeachtlich. Im Fall eines Arbeitgeberwechsels genügt es, wenn der Arbeitnehmer gegenüber dem neuen Arbeitgeber nachweist, dass vor dem 1.1.2018 mindestens ein Beitrag an eine Pensionskasse oder eine Direktversicherung nach § 40b EStG a. F. pauschal besteuert wurde (beispielsweise durch eine Gehaltsabrechnung oder eine Bescheinigung eines Vorarbeitgebers bzw. des Versorgungsträgers). Der neue Arbeitgeber kann dann die in Betracht kommenden Beiträge zugunsten einer kapi-

talgedeckten Pensionskasse oder Direktversicherung im Sinne des R 40b.1 LStR ebenfalls weiterhin nach § 40b EStG a. F. pauschal besteuern. Übersteigen die Beiträge des Arbeitgebers den Pauschalierungshöchstbetrag von 1.752 EUR, sind diese unter den Voraussetzungen des § 3 Nr. 63 Satz 1 EStG i. V. m. § 52 Abs. 4 Satz 14 EStG steuerfrei (vgl. Rz. 31). Die Anwendung der Pauschalbesteuerung nach § 40b EStG a. F. für Beiträge an Pensionskassen und für Direktversicherungen ist somit nicht erst nach Übersteigen des steuerfreien Höchstbetrages von 8 % möglich, sondern mindert das maximal steuerfreie Volumen (§ 52 Abs. 4 Satz 14 EStG).

87 Beispiel 1:

Dem Arbeitnehmer A wurde vom Arbeitgeber B im Jahr 2000 eine Versorgungszusage über eine Pensionskasse und im Jahr 2010 in Form einer Direktversicherung erteilt. Die Beiträge für die Pensionskasse wurden – soweit sie die Steuerfreiheit nach § 3 Nr. 63 EStG überstiegen – bis zur Beendigung des Dienstverhältnisses am 30.6.2017 nach § 40b EStG a. F. pauschal besteuert. Die Beiträge für die Direktversicherung wurden aus individuell versteuertem Arbeitslohn geleistet. Nach einer Zeit der Arbeitslosigkeit (1.7.2017 bis 31.3.2018) nimmt A zum 1.4.2018 ein neues Beschäftigungsverhältnis beim Arbeitgeber C auf. C erteilt A eine neue Versorgungszusage über einen Pensionsfonds und übernimmt die Direktversicherung. A weist dem C nach, dass die Beiträge für die Pensionskasse in 2017 nach § 40b EStG a. F. pauschal besteuert wurden (Vorlage einer Gehaltsabrechnung).

Arbeitgeber C kann die Beiträge für die Direktversicherung bis zur Höhe von maximal 1.752 EUR nach § 40b EStG a. F. pauschal besteuern. Der Zeitpunkt der Erteilung der Versorgungszusage für die Direktversicherung ist ohne Bedeutung. Die Beiträge an den Pensionsfonds sind nach Maßgabe des § 3 Nr. 63 EStG steuerfrei.

88 Beispiel 2:

Dem Arbeitnehmer A wurde vom Arbeitgeber B im Jahr 2006 eine Versorgungszusage in Form einer Direktversicherung erteilt. Die Beiträge für die Direktversicherung waren bis zum 30.6.2017 steuerfrei nach § 3 Nr. 63 EStG. Nach einer Zeit der Arbeitslosigkeit (1.7.2017 bis 31.3.2018) nimmt A zum 1.4.2018 ein neues Beschäftigungsverhältnis beim Arbeitgeber C auf. C übernimmt die Direktversicherung und führt sie fort.

Arbeitgeber C kann die Beiträge für die Direktversicherung nicht nach § 40b EStG a. F. pauschal besteuern, da vor dem 1.1.2018 kein Beitrag nach § 40b Abs. 1 und 2 EStG a. F. pauschal besteuert wurde.

b) Weiteranwendung des § 40b Abs. 1 und 2 EStG a. F.

89 Neben diesen Vorgaben (s. Rz. 85f.) ist Folgendes zu beachten:

90 Im Fall der Durchschnittsberechnung nach § 40b Abs. 2 Satz 2 EStG a. F. sind zur Ermittlung des verbleibenden steuerfreien Volumens nach § 3 Nr. 63 Satz 1 EStG grundsätzlich die auf den einzelnen Arbeitnehmer entfallenden Leistungen des Arbeitgebers mindernd anzurechnen. Hat der Arbeitgeber keine individuelle Zuordnung der auf den einzelnen Arbeitnehmer entfallenden Leistungen vorgenommen, bestehen keine Bedenken, wenn der Arbeitgeber aus Vereinfachungsgründen einheitlich für alle Arbeitnehmer den nach § 40b EStG a. F. pauschal besteuerten Durchschnittsbetrag berücksichtigt.

91 Beispiel 1:

Der Arbeitgeber zahlt in einen Gruppendirektversicherungsvertrag 600 EUR jährlich für den Arbeitnehmer A und 2.000 EUR jährlich für den Arbeitnehmer B ein. Der Durchschnittsbetrag von 1.300 EUR (600 EUR zuzüglich 2.000 EUR : 2 Arbeitnehmer) wird mit 20 % pauschal besteuert.

Das steuerfreie Volumen von 8 % der Beitragsbemessungsgrenze in der allgemeinen Rentenversicherung (West) ist beim Arbeitnehmer A um 600 EUR und beim Arbeitnehmer B um 2.000 EUR zu vermindern.

92 Beispiel 2:

Der Arbeitgeber zahlt an seine Pensionskasse 3 % seiner Bruttolohnsumme als Beitrag für alle Arbeitnehmer. Der mit 20 % pauschal besteuerte auf jeden Arbeitnehmer entfallende Durchschnittsbetrag nach § 40b Abs. 2 Satz 2 EStG a. F. beträgt 1.500 EUR.

Das steuerfreie Volumen von 8 % der Beitragsbemessungsgrenze in der allgemeinen Rentenversicherung (West) wird bei allen Arbeitnehmern um 1.500 EUR gemindert.

93 Beiträge für eine Direktversicherung, die auch die Voraussetzungen des § 3 Nr. 63 EStG erfüllen, können nach § 40b Abs. 1 und 2 EStG a. F. pauschal besteuert werden, soweit der Arbeitnehmer zuvor gegenüber dem Arbeitgeber für diese Beiträge auf die Anwendung des § 3 Nr. 63 EStG verzichtet hat (§ 52 Abs. 40 Satz 2 EStG); der Ver-

zicht gilt für die Dauer des jeweiligen Dienstverhältnisses. Im Fall eines späteren Arbeitgeberwechsels ist in den Fällen des § 4 Abs. 2 Nr. 1 und 2 BetrAVG die Weiteranwendung des § 40b EStG a. F. möglich, wenn der Arbeitnehmer dem Angebot des Arbeitgebers, die Beiträge weiterhin nach § 40b EStG a. F. pauschal zu versteuern, spätestens bis zur ersten Beitragsleistung zustimmt.

c) Verhältnis von § 3 Nr. 63 Satz 3 EStG und § 40b Abs. 1, Abs. 2 Satz 3 und 4 EStG a. F.

94 Begünstigte Aufwendungen (Rz. 25 ff.), die der Arbeitgeber aus Anlass der Beendigung des Dienstverhältnisses leistet, können nach § 3 Nr. 63 Satz 3 EStG steuerfrei belassen oder nach § 40b Abs. 2 Satz 3 und 4 EStG a. F. pauschal besteuert werden.

95 Das steuerfreie Volumen von § 3 Nr. 63 Satz 3 EStG wird gemindert, soweit § 40b Abs. 1 und Abs. 2 Satz 3 und 4 EStG a. F. auf die Beiträge, die der Arbeitgeber aus Anlass der Beendigung des Dienstverhältnisses leistet, angewendet wird (§ 52 Abs. 4 Satz 15 EStG). Die Pauschalbesteuerung nach § 40b Abs. 2 Satz 1 und 2 EStG a. F. berührt hingegen das steuerfreie Volumen des § 3 Nr. 63 Satz 3 EStG nicht.

96 Beispiel:

steuerfreier Höchstbetrag (maximal 10 Jahre × 4 % BBG RV [West], angen. 78.000 EUR)	31.200 EUR
abzgl. nach § 40b Abs. 2 Satz 3 und 4 EStG a. F. tatsächlich pauschal besteuerte Beiträge z. B.	./. 26.280 EUR
verbleiben als steuerfreies Volumen nach § 3 Nr. 63 Satz 3 EStG	= 4.920 EUR

97 Eine Anwendung von § 3 Nr. 63 Satz 3 EStG ist allerdings nicht möglich, soweit der Arbeitnehmer bei Beiträgen für eine Direktversicherung auf die Anwendung der Steuerfreiheit nach § 3 Nr. 63 EStG für diese Beiträge zugunsten der Weiteranwendung des § 40b EStG a. F. verzichtet hatte (vgl. Rz. 93).

d) Verhältnis von § 3 Nr. 63 Satz 4 EStG und § 40b Abs. 1 und 2 Satz 1 und 2 EStG a. F.

98 Begünstigte Aufwendungen (Rz. 46), die der Arbeitgeber für Kalenderjahre nachzahlt, in denen das erste Dienstverhältnis ruh-

te, können nach § 3 Nr. 63 Satz 4 EStG sowie ggf. nach § 3 Nr. 63 Satz 1 EStG steuerfrei belassen oder nach § 40b Abs. 2 Satz 1 und 2 EStG a. F. pauschal besteuert werden (Rz. 50).

e) **Verhältnis von § 3 Nr. 63 EStG und § 40b EStG a. F., wenn die betriebliche Altersversorgung nebeneinander bei verschiedenen Versorgungseinrichtungen durchgeführt wird**

99 Leistet der Arbeitgeber nach § 3 Nr. 63 Satz 1 EStG begünstigte Beiträge an verschiedene Versorgungseinrichtungen, kann er § 40b EStG a. F. auf Beiträge an Pensionskassen und Direktversicherungen unabhängig von der zeitlichen Reihenfolge der Beitragszahlung anwenden, wenn die Voraussetzungen für die weitere Anwendung der Pauschalbesteuerung vorliegen.

15. BAV-Förderbetrag

a) Allgemeines

100 Mit § 100 EStG wird zum 1.1.2018 durch das Gesetz zur Stärkung der betrieblichen Altersversorgung und zur Änderung anderer Gesetze (Betriebsrentenstärkungsgesetz) vom 17.8.2017 (BGBl 2017 I S. 3214, BStBl 2017 I S. 1278) ein neues Fördermodell zur betrieblichen Altersversorgung mittels BAV-Förderbetrag eingeführt. Der BAV-Förderbetrag ist ein staatlicher Zuschuss zu einem vom Arbeitgeber zusätzlich zum ohnehin geschuldeten Arbeitslohn geleisteten Beitrag zur betrieblichen Altersversorgung von Arbeitnehmern mit geringem Einkommen (Bruttoarbeitslohn von monatlich nicht mehr als 2.200 EUR). Gefördert werden Beiträge von mindestens 240 EUR bis höchstens 480 EUR im Kalenderjahr. Der staatliche Zuschuss beträgt 30 % des gesamten zusätzlichen Arbeitgeberbeitrags, also mindestens 72 EUR bis höchstens 144 EUR im Kalenderjahr. Er wird dem Arbeitgeber im Wege der Verrechnung mit der von ihm abzuführenden Lohnsteuer gewährt, grundsätzlich für den Lohnsteuer-Anmeldungszeitraum, dem der jeweilige Beitrag des Arbeitgebers zuzuordnen ist.

b) Grundlegende Voraussetzungen und Abwicklung (§ 100 Abs. 1 EStG)

101 Arbeitgeber im Sinne des § 38 Abs. 1 EStG dürfen für jeden begünstigten Arbeitnehmer (vgl. Rz. 106 ff.) mit einem ersten Dienstverhältnis vom Gesamtbetrag der einzubehaltenden Lohnsteuer einen Teilbetrag des Arbeitgeberbeitrags zur kapitalgedeckten betrieblichen Altersversorgung (BAV-Förderbetrag) entnehmen und bei der nächsten Lohnsteuer-Anmeldung gesondert absetzen.

102 Ist keine Lohnsteuer einzubehalten (weil der Arbeitslohn nicht steuerbelastet ist oder lediglich die Pauschalsteuer an die Deutsche Rentenversicherung Knappschaft/Bahn/See zu entrichten ist) oder ist die vom Arbeitgeber einzubehaltende Lohnsteuer geringer als der BAV-Förderbetrag, kommt es mit der Lohnsteuer-Anmeldung zu einer Erstattung durch das Betriebsstättenfinanzamt.

103 Die Förderung beanspruchen kann somit nur ein Arbeitgeber, der dem Grunde nach zum Lohnsteuerabzug verpflichtet ist. Das sind inländische Arbeitgeber (§ 38 Abs. 1 Satz 1 Nr. 1 EStG), ausländische Verleiher (§ 38 Abs. 1 Satz 1 Nr. 2 EStG) und in den Fällen der Arbeitnehmerentsendung das in Deutschland ansässige aufnehmende Unternehmen, das den Arbeitslohn für die geleistete Arbeit wirtschaftlich trägt (§ 38 Abs. 1 Satz 2 EStG).

104 Der BAV-Förderbetrag setzt ein erstes Dienstverhältnis voraus (Steuerklassen I bis V oder die Bestimmung durch den Arbeitnehmer bei pauschal besteuertem Arbeitslohn; vgl. auch Rz. 24). Hierzu zählt auch ein weiterbestehendes Dienstverhältnis ohne Anspruch auf Arbeitslohn (z.B. während der Elternzeit, der Pflegezeit, des Bezugs von Krankengeld). Bei einem Arbeitgeberwechsel im Laufe des Jahres kann jeder Arbeitgeber den BAV-Förderbetrag jeweils bis zum Höchstbetrag ausschöpfen.

105 Durch den BAV-Förderbetrag wird die kapitalgedeckte betriebliche Altersversorgung bezuschusst. Werden sowohl Umlagen als auch Beiträge im Kapitaldeckungsverfahren erhoben, gehören letztere nur dann zu den begünstigten Aufwendungen, wenn eine getrennte Verwaltung und Abrechnung beider Vermögensmassen erfolgt (Trennungsprinzip); s. Rz. 25.

c) Begünstigte Personen, Einkommensgrenze (§ 100 Abs. 3 Nr. 3 EStG)

106 Begünstigt sind alle Arbeitnehmer (§ 1 LStDV, also auch Auszubildende, Teilzeitbeschäftigte oder geringfügig Beschäftigte), deren laufender steuerpflichtiger Arbeitslohn im Zeitpunkt der Beitragsleistung innerhalb der von § 100 Abs. 3 Nr. 3 EStG festgelegten Einkommensgrenze (2.200 EUR monatlich, 73,34 EUR täglich, 513,34 EUR wöchentlich und 26.400 EUR bei jährlicher Lohnzahlung) liegt. Maßgebend ist dabei der laufende Arbeitslohn des Arbeitnehmers im jeweiligen Lohnabrechnungszeitraum, der Berechnungsgrundlage für die Lohnsteuerberechnung gem. § 39b Abs. 2 Satz 1 EStG ist. Bei einem täglichen (z.B. untermonatiger Eintritt in das Dienstverhältnis), wöchentlichen oder monatlichem Lohnzahlungszeitraum ist der Lohn daher nicht auf einen voraussichtlichen Jahresarbeitslohn hochzurechnen. Ergibt sich z. B. aufgrund einer rechtlich fehlerhaften Lohnabrechnung oder einer Lohnsteuer-Außenprüfung nachträglich eine Korrektur des laufenden Arbeitslohns mit der Folge, dass die Voraussetzungen für die Gewährung des BAV-Förderbetrags im jeweiligen Lohnzahlungszeitraum nicht vorlagen, sind die entsprechenden Lohnsteuer-Anmeldungen zu ändern (vgl. Rz. 114 und 142).

107 Beispiel:

Ein Arbeitnehmer ist seit 1. Januar beim Arbeitgeber A beschäftigt (Monatsarbeitslohn 4.000 EUR). Ab 16. April ist er im Ausland tätig und bezieht seitdem nach DBA steuerfreien Arbeitslohn. Im April betragen der steuerpflichtige und der steuerfreie Arbeitslohn jeweils 2.000 EUR.

Der Lohnzahlungszeitraum im April ist der Kalendermonat (R 39b.5 Abs. 2 Satz 3 LStR). Im April beträgt das maßgebliche Einkommen 2.000 EUR. Die Einkommensgrenze des § 100 Abs. 3 Nr. 3 EStG wird nicht überschritten.

108 Steuerfreie Lohnbestandteile (z.B. nach § 3 Nr. 63 EStG steuerfreie Beiträge zur betrieblichen Altersversorgung, steuerfreie Arbeitslohnteile nach DBA), sonstige Bezüge (§ 39b Abs. 3 EStG, auch R 39b.5 Abs. 4 Satz 2 LStR), unter die 44 EUR-Freigrenze oder den Rabattfreibetrag fallende Sachbezüge (§ 8 Abs. 2 Satz 11 und § 8 Abs. 3 EStG) oder nach den §§ 37a, 37b, 40, 40b EStG oder § 40b EStG a. F. pauschal besteuerter Arbeitslohn bleiben bei der Prüfung der Einkommensgrenze unberücksichtigt.

109 Bei Teilzeitbeschäftigten und geringfügig Beschäftigten, bei denen die Lohnsteuer pauschal erhoben wird, gibt es keinen laufenden Arbeitslohn im Sinne des § 39b Abs. 2 Satz 1 und 2 EStG. Hier wird auf den pauschal besteuerten Arbeitslohn oder das pauschal besteuerte Arbeitsentgelt für den entsprechenden Lohnzahlungszeitraum abgestellt. Als sonstige Bezüge einzuordnende Arbeitsentgelt-/Arbeitslohnteile bleiben hier ebenfalls unberücksichtigt

110 Zu dem durch den BAV-Förderbetrag begünstigten Personenkreis gehören alle Arbeitnehmer (§ 1 LStDV), unabhängig davon, ob sie in der gesetzlichen Rentenversicherung pflichtversichert sind oder nicht (z.B. beherrschende Gesellschafter-Geschäftsführer, geringfügig Beschäftigte, in einem berufsständischen Versorgungswerk Versicherte).

d) Begünstigte Aufwendungen, zusätzlicher Arbeitgeberbeitrag (§ 100 Abs. 3 Nr. 2 EStG)

111 Nach § 100 Abs. 3 Nr. 2 EStG kann der BAV-Förderbetrag nur für einen vom Arbeitgeber zusätzlich zum ohnehin geschuldeten Arbeitslohn erbrachten Beitrag zur betrieblichen Altersversorgung an einen Pensionsfonds, eine Pensionskasse oder für eine Direktversicherung beansprucht werden. Die zusätzlichen Beiträge können z. B. tarifvertraglich, durch eine Betriebsvereinbarung oder auch einzelvertraglich festgelegt sein. Im Gesamtversicherungsbeitrag des Arbeitgebers enthaltene Finanzierungsanteile des Arbeitnehmers sowie die mittels Entgeltumwandlung finanzierten Beiträge oder Eigenbeteiligungen des Arbeitnehmers sind – anders als bei § 3 Nr. 63 und § 10a/Abschnitt XI EStG (s. Rz. 26 und 67) – daher nicht begünstigt.

112 Nicht begünstigt sind auch die Leistungen des Arbeitgebers im Sinne des § 1a Abs. 1a und § 23 Abs. 2 BetrAVG, die er als Ausgleich für die ersparten Sozialversicherungsbeiträge infolge einer Entgeltumwandlung erbringt. Diese Beiträge werden steuerlich wie die zu Grunde liegende Entgeltumwandlung behandelt (s. a. Einzelbegründung zu § 1a Abs. 1a BetrAVG in der BT-Drs. 18/12612 und Einzelbegründung zu § 23 Abs. 2 BetrAVG in der BT-Drs. 18/11286). Nicht begünstigt sind ferner Leistungen des Arbeitgebers im Sinne des § 23 Abs. 1 BetrAVG, die dem einzelnen Arbeitnehmer unmittelbar gutgeschrieben oder zugerechnet werden.

113 Die Förderung setzt des Weiteren voraus, dass der Arbeitgeber einen Mindestbetrag i. H. v. 240 EUR im Kalenderjahr geleistet hat. Wird der jährliche Mindestbetrag aus Gründen nicht erreicht, die zum Zeitpunkt der Inanspruchnahme des BAV-Förderbetrags nicht absehbar waren, beispielsweise weil der Arbeitgeber einen Monatsbetrag leistet und der Arbeitnehmer unerwartet aus dem Unternehmen ausscheidet, bevor der Mindestbetrag erreicht werden kann, ist der BAV-Förderbetrag nicht rückgängig zu machen (s. § 100 Abs. 4 Satz 1 EStG). Maximal begünstigt ist ein zusätzlicher Beitrag des Arbeitgebers i. H. v. 480 EUR im Kalenderjahr.

e) Verhältnisse im Zeitpunkt der Beitragsleistung

114 Für die Prüfung der Voraussetzungen des BAV-Förderbetrags sind immer nur die Verhältnisse im Zeitpunkt der Beitragsleistung maßgeblich (§ 100 Abs. 4 Satz 1 EStG). Sich nachträglich ergebende, rückwirkende Änderungen der Verhältnisse sind unbeachtlich. Die Regelung betrifft insbesondere Fälle mit schwankendem oder steigendem Arbeitslohn, rückwirkende Erhöhungen des Arbeitslohns sowie Fälle, in denen der Mindestbetrag nach § 100 Abs. 3 Nr. 2 EStG unvorhergesehen nicht erreicht wird. Etwas anderes gilt, wenn z.B. aufgrund einer rechtlich fehlerhaften Lohnabrechnung oder im Rahmen einer Lohnsteuer-Außenprüfung nachträglich festgestellt wird, dass der für die Einkommensgrenze nach § 100 Abs. 3 Nr. 3 EStG maßgebliche laufende Arbeitslohn unzutreffend ermittelt wurde.

115 Beispiel 1:

Bei einem Arbeitnehmer beträgt im Januar der laufende Arbeitslohn 2.150 EUR. Der Arbeitgeber zahlt monatlich zum 10. des Monats einen zusätzlichen Arbeitgeberbeitrag von 40 EUR und nimmt mit der Lohnsteuer-Anmeldung für Januar den BAV-Förderbetrag in Anspruch. Im August wird eine Gehaltserhöhung von 3 % vereinbart, und zwar rückwirkend ab Juni. Der laufende Arbeitslohn beträgt daher ab Juni 2.214,50 EUR. Der Arbeitgeber zahlt weiterhin monatlich den zusätzlichen Arbeitgeberbeitrag.

Ab August kann der BAV-Förderbetrag nicht mehr in Anspruch genommen werden. Das Überschreiten der Einkommensgrenze ab August hat aber keinen Einfluss auf den bereits in den Monaten Januar bis Juli zulässigerweise in Anspruch genommenen BAV-Förderbetrag.

116 Beispiel 2:

Bei einem Arbeitnehmer beträgt der laufende Arbeitslohn 2.150 EUR. Zusätzlich erhält der Arbeitnehmer steuerfreien Arbeitslohn von 200 EUR. Der Arbeitgeber zahlt monatlich zum 10. des Monats einen zusätzlichen Arbeitgeberbeitrag von 40 EUR und nimmt mit der Lohnsteuer-Anmeldung jeweils den BAV-Förderbetrag in Anspruch. Im Rahmen einer Lohnsteuer-Außenprüfung wird im folgenden Jahr festgestellt, dass die Voraussetzungen für die Steuerfreiheit im August nicht erfüllt sind.

Der BAV-Förderbetrag kann nicht in Anspruch genommen werden und ist zurückzuzahlen, weil der laufende Arbeitslohn unzutreffend ermittelt wurde. Die Lohnsteuer-Anmeldung für den Anmeldungszeitraum August des Vorjahres ist zu korrigieren.

117 Beispiel 3:

Der Arbeitgeber zahlt bei einem unbefristet beschäftigten Arbeitnehmer monatlich zum 10. des Monats einen zusätzlichen Arbeitgeberbeitrag i. H. v. 30 EUR. Der Arbeitgeber nimmt mit der Lohnsteuer-Anmeldung den BAV-Förderbetrag in Anspruch. Zum 1. Mai verlässt der Arbeitnehmer unerwartet das Unternehmen. Hierüber hat er den Arbeitgeber am 20. April informiert. Vom Arbeitgeber kann der zu zahlende Mindestbetrag von 240 EUR nicht mehr erreicht werden.

Das unerwartete Ausscheiden des Arbeitnehmers hat keinen Einfluss auf den bereits in den Monaten Januar bis April in Anspruch genommenen BAV-Förderbetrag (keine rückwirkende Korrektur).

118 Beispiel 4:

Der Arbeitgeber zahlt bei einem unbefristet beschäftigten Arbeitnehmer monatlich zum 10. des Monats einen zusätzlichen Arbeitgeberbeitrag i. H. v. 30 EUR. Der Arbeitgeber nimmt mit der Lohnsteuer-Anmeldung den BAV-Förderbetrag in Anspruch. Der Arbeitnehmer informiert seinen Arbeitgeber am 20. Januar über seine fristgemäße Kündigung zum 30. April des Jahres.

Das Ausscheiden des Arbeitnehmers hat keinen Einfluss auf den bereits im Monat Januar in Anspruch genommenen BAV-Förderbetrag (keine rückwirkende Korrektur). Ab Februar kann der BAV-Förderbetrag nicht mehr in Anspruch genommen werden, da der vom Arbeitgeber zu zahlende Mindestbetrag von 240 EUR (bei unveränderter Beitragszahlung) nicht mehr erreicht werden kann.

f) Höhe des BAV-Förderbetrags (§ 100 Abs. 2 EStG)

aa) Neue Vereinbarungen ab 2018

119 Der BAV-Förderbetrag beträgt im Kalenderjahr 30 % des begünstigten Arbeitgeberbeitrags, also mindestens 72 EUR bis höchstens 144 EUR (§ 100 Abs. 2 Satz 1 EStG). Der BAV-Förderbetrag ist ein Jahresbetrag. Für die Gewährung des BAV-Förderbetrags spielt es grundsätzlich keine Rolle, ob der zusätzliche Arbeitgeberbeitrag als Jahresbetrag, halb-, vierteljährlich, monatlich oder unregelmäßig gezahlt wird. Bei laufender oder unregelmäßiger Zahlung der Beiträge kann der BAV-Förderbetrag in entsprechenden Teilbeträgen bei der jeweiligen Lohnsteuer-Anmeldung geltend gemacht werden.

120 Beispiel:

Der Arbeitgeber zahlt vierteljährlich jeweils am 15. Januar, 15. April, 15. Juli und 15. Oktober einen zusätzlichen Arbeitgeberbeitrag i. H. v. 150 EUR.

Am 15. Januar, 15. April und 15. Juli beträgt der BAV-Förderbetrag jeweils 45 EUR (30 % von 150 EUR). Am 15. Oktober beträgt der BAV-Förderbetrag nur noch 9 EUR, denn bis dahin wurde der Höchstbetrag von 144 EUR bereits mit 135 EUR ausgeschöpft.

121 Wird der BAV-Förderbetrag dabei ganz oder teilweise unberechtigterweise in Anspruch genommen, z.B., weil sich aufgrund eines nachträglich festgestellten Fehlers (Rz. 114 ff.) herausstellt, dass die Einkommensgrenze überschritten ist, sind die jeweiligen Lohnsteuer-Anmeldungen zu ändern. Um solche Änderungen infolge nachträglich festgestellter Fehler zu vermeiden, bestehen keine Bedenken, wenn der auf die laufend oder unregelmäßig gezahlten Beiträge entfallende, rechtmäßig zustehende BAV-Förderbetrag in einer Summe spätestens bei der letzten Lohnsteuer-Anmeldung für das entsprechende Kalenderjahr geltend gemacht wird.

122 Beispiel 1:

> Der Arbeitgeber zahlt monatlich jeweils am 15. einen zusätzlichen Arbeitgeberbeitrag i. H. v. 40 EUR. Der laufende Arbeitslohn für Arbeitnehmer A beträgt 2.150 EUR. Der Arbeitgeber macht den BAV-Förderbetrag von 12 EUR (30 % von 40 EUR) monatlich bei seiner Lohnsteuer-Anmeldung geltend. Im Oktober stellt er fest, dass der für August zu berücksichtigende laufende Arbeitslohn des A zutreffend 2.250 EUR betragen hat.
>
> Der BAV-Förderbetrag durfte für August nicht in Anspruch genommen werden. Die entsprechende Lohnsteuer-Anmeldung für August ist zu korrigieren und der BAV-Förderbetrag i. H. v. 12 EUR zurückzuzahlen, weil der laufende Arbeitslohn für August unzutreffend ermittelt wurde.

123 Beispiel 2:

> Der Arbeitgeber zahlt monatlich jeweils am 15. einen zusätzlichen Arbeitgeberbeitrag i. H. v. 40 EUR. Der laufende Arbeitslohn für Arbeitnehmer A beträgt 2.150 EUR. Er macht vorerst den BAV-Förderbetrag nicht geltend. Im Oktober stellt er fest, dass der für August zu berücksichtigende laufende Arbeitslohn des A zutreffend 2.250 EUR beträgt und korrigiert die Lohnabrechnung. Für den Monat August liegen die Voraussetzungen für den BAV-Förderbetrag wegen Überschreitens der Einkommensgrenze somit nicht vor.
>
> Der Arbeitgeber kann den ihm insgesamt zustehenden BAV-Förderbetrag i. H. v. 132 EUR (11x 12 EUR) bei der Lohnsteuer-Anmeldung für Dezember in einer Summe geltend machen.

124 Wird der entsprechende Arbeitgeberbeitrag als Einmalbetrag im Kalenderjahr geleistet, müssen nur einmal (im Lohnzahlungszeitraum der Beitragsentrichtung) die Einkommensgrenze sowie die Erreichung des Mindestbetrags geprüft werden.

125 Stellt der Arbeitgeber vor Ablauf des Kalenderjahres fest, dass die Förderung nach § 100 EStG nicht vollständig beansprucht worden ist, muss eine anderweitige steuerliche Behandlung der Beiträge des Arbeitgebers zur betrieblichen Altersversorgung (z. B. § 3 Nr. 63 EStG oder § 40b EStG a. F.) rückgängig gemacht werden (spätester Zeitpunkt hierfür ist die Übermittlung oder Erteilung der Lohnsteuerbescheinigung) oder der monatliche Teilbetrag künftig so geändert werden, dass der BAV-Förderbetrag voll ausgeschöpft wird.

bb) Anwendung bei bereits bestehenden Vereinbarungen

126 In Fällen, in denen der Arbeitgeber bereits im Jahr 2016 einen zusätzlichen Arbeitgeberbeitrag an einen Pensionsfonds, eine Pensionskasse oder für eine Direktversicherung geleistet hat, ist der jeweilige BAV-Förderbetrag auf den Betrag beschränkt, den der Arbeitgeber über den bisherigen Beitrag hinaus leistet (§ 100 Abs. 2 Satz 2 EStG).

127 Beispiel 1:

Der Arbeitgeber zahlt seit mehreren Jahren einen zusätzlichen Arbeitgeberbeitrag i. H. v. jährlich 200 EUR. Er erhöht den Arbeitgeberbeitrag ab dem Jahr 2018 auf 240 EUR, um den Mindestbetrag zu erreichen.

Der BAV-Förderbetrag beträgt grundsätzlich 30 % von 240 EUR (= 72 EUR), wegen der Begrenzung nach § 100 Abs. 2 Satz 2 EStG jedoch nur 40 EUR (Erhöhung des Arbeitgeberbeitrags). Im Ergebnis wird trotz der Begrenzung also der Aufstockungsbetrag in vollem Umfang über den BAV-Förderbetrag finanziert. Der Beitrag des Arbeitgebers ist i. H. v. 240 EUR nach § 100 Abs. 6 EStG steuerfrei.

128 Beispiel 2:

Der Arbeitgeber zahlt seit mehreren Jahren einen zusätzlichen Arbeitgeberbeitrag i. H. v. jährlich 200 EUR. Er erhöht den Arbeitgeberbeitrag ab dem Jahr 2018 auf 300 EUR. Der BAV-Förderbetrag beträgt 30 % von 300 EUR (= 90 EUR). Es erfolgt keine Begrenzung nach § 100 Abs. 2 Satz 2 EStG, da der Arbeitgeberbeitrag um 100 EUR (also um mehr als 90 EUR) erhöht wird. Der Beitrag des Arbeitgebers ist i. H. v. 300 EUR nach § 100 Abs. 6 EStG steuerfrei.

129 Beispiel 3:

Der Arbeitgeber zahlt seit mehreren Jahren einen zusätzlichen Arbeitgeberbeitrag i. H. v. jährlich 350 EUR. Er erhöht den Arbeitgeberbeitrag ab dem Jahr 2018 um 144 EUR auf 494 EUR.

Der BAV-Förderbetrag beträgt 30 % von 480 EUR (= 144 EUR). Es erfolgt keine Begrenzung nach § 100 Abs. 2 Satz 2 EStG, da der Arbeitgeberbeitrag um 144 EUR erhöht wird. Im Ergebnis wird trotz der Begrenzung also der Aufstockungsbetrag in vollem Umfang über den BAV-Förderbetrag finanziert. Der Beitrag des Arbeitgebers ist i. H. v. von 480 EUR nach § 100 Abs. 6 EStG steuerfrei. Für den den Höchstbetrag von 480 EUR übersteigenden

Arbeitgeberbeitrag i. H. v. 14 EUR kommt die Steuerfreiheit nach § 3 Nr. 63 EStG in Betracht.

130 Beispiel 4:

Der Arbeitgeber zahlt seit mehreren Jahren einen zusätzlichen Arbeitgeberbeitrag i. H. v. jährlich 500 EUR. Er erhöht den Arbeitgeberbeitrag ab dem Jahr 2018 um 144 EUR auf 644 EUR.

Der BAV-Förderbetrag beträgt 30 % von 480 EUR (= 144 EUR). Es erfolgt keine Begrenzung nach § 100 Abs. 2 Satz 2 EStG, da der Arbeitgeberbeitrag um 144 EUR erhöht wird. Im Ergebnis wird trotz der Begrenzung also der Aufstockungsbetrag in vollem Umfang über den BAV-Förderbetrag finanziert. Der Beitrag des Arbeitgebers ist i. H. v. 480 EUR nach § 100 Abs. 6 EStG steuerfrei. Für den den Höchstbetrag von 480 EUR übersteigenden Arbeitgeberbeitrag i. H. v. 164 EUR kommt die Steuerfreiheit nach § 3 Nr. 63 EStG in Betracht.

131 Für die Begrenzung des BAV-Förderbetrags bei bereits bestehenden Versorgungsvereinbarungen wird auf das Referenzjahr 2016 abgestellt. Dadurch greift bei einer erst ab 2017 bestehenden betrieblichen Altersversorgung (z. B. Neueinstellung in 2017) die Begrenzung des § 100 Abs. 2 Satz 2 EStG nicht. Dies gilt entsprechend für alle Erhöhungen der zusätzlichen Arbeitgeberbeiträge ab 2017.

132 Beispiel 1:

Der Arbeitgeber zahlte in 2016 einen zusätzlichen Arbeitgeberbeitrag i. H. v. jährlich 180 EUR. Er erhöht den Arbeitgeberbeitrag ab dem Jahr 2017 auf 240 EUR. In 2017 stellt er außerdem Arbeitnehmer A, B und C neu ein.

Der BAV-Förderbetrag beträgt grundsätzlich 30 % von 240 EUR (= 72 EUR). Für die neu eingestellten Arbeitnehmer A, B und C kann der Arbeitgeber den BAV-Förderbetrag in der vollen Höhe von 72 EUR beanspruchen. Für die restlichen Arbeitnehmer kann der Arbeitgeber wegen § 100 Abs. 2 Satz 2 EStG den BAV-Förderbetrag i. H. v. 60 EUR (Erhöhung des Arbeitgeberbeitrags) beanspruchen. Der Beitrag des Arbeitgebers ist bei allen Arbeitnehmern i. H. v. 240 EUR nach § 100 Abs. 6 EStG steuerfrei.

133 Beispiel 2:

> Der Arbeitgeber zahlte in 2016 einen zusätzlichen Arbeitgeberbeitrag i. H. v. jährlich 210 EUR. Er erhöht den Arbeitgeberbeitrag ab 2017 auf 300 EUR.
>
> Der BAV-Förderbetrag beträgt 30 % von 300 EUR (= 90 EUR). Es erfolgt keine Begrenzung nach § 100 Abs. 2 Satz 2 EStG, da der Arbeitgeberbeitrag ab 2017 um 90 EUR erhöht wird. Im Ergebnis wird damit ab 2018 der Aufstockungsbetrag in vollem Umfang über den BAV-Förderbetrag finanziert. Der Beitrag des Arbeitgebers ist i. H. v. 300 EUR nach § 100 Abs. 6 EStG steuerfrei.

g) Weitere Voraussetzungen für die Inanspruchnahme (§ 100 Abs. 3 EStG)

aa) Lohnsteuerabzug im Inland (§ 100 Abs. 3 Nr. 1 EStG)

134 Nach § 100 Abs. 3 Nr. 1 EStG setzt die Inanspruchnahme des BAV-Förderbetrags zudem voraus, dass der Arbeitslohn des Arbeitnehmers im Lohnzahlungszeitraum, für den der BAV-Förderbetrag geltend gemacht wird, im Inland dem Lohnsteuerabzug unterliegt. Hiervon ist beispielsweise auch während der Eltern- und Pflegezeit, des Bezugs von Krankengeld auszugehen, obgleich der zu besteuernde Arbeitslohn 0 EUR beträgt. Auf die Art der Steuerpflicht des Arbeitnehmers (unbeschränkt oder beschränkt einkommensteuerpflichtig bzw. als unbeschränkt einkommensteuerpflichtig zu behandeln) kommt es nicht an.

135 Eine Förderung ist hingegen ausgeschlossen für Arbeitnehmer, die ausschließlich nach einem DBA steuerfreien Arbeitslohn beziehen. Nicht ausgeschlossen ist hingegen die Förderung für Arbeitnehmer, bei denen aufgrund eines DBA der Lohnsteuerabzug im Inland begrenzt ist (beispielsweise bei Grenzgängern aus der Schweiz auf 4,5 % des Bruttobetrags der Vergütungen).

bb) Auszahlungsform (§ 100 Abs. 3 Nr. 4 EStG)

136 Nach § 100 Abs. 3 Nr. 4 EStG setzt die Förderung mittels BAV-Förderbetrag zudem voraus, dass die Auszahlung der Versorgungsleistungen in Form einer Rente oder eines Auszahlungsplans vorgesehen sein muss. Davon ist auch bei einer betriebli-

chen Altersversorgung in Form der reinen Beitragszusage (§§ 21 ff. BetrAVG) auszugehen. Allein die Möglichkeit, anstelle lebenslanger Altersversorgungsleistungen eine Kapitalauszahlung zu wählen, steht der Förderung über § 100 EStG noch nicht entgegen. Die Möglichkeit, eine Einmalkapitalauszahlung anstelle einer Rente oder eines Auszahlungsplans zu wählen, gilt auch für Invaliditäts- oder Hinterbliebenenversorgungsleistungen. Entscheidet sich der Arbeitnehmer zugunsten einer Einmalkapitalauszahlung, so sind von diesem Zeitpunkt an die Voraussetzungen des § 100 EStG nicht mehr erfüllt, d.h. die Förderung entfällt und die Beitragsleistungen sind zu besteuern. Erfolgt die Ausübung des Wahlrechtes innerhalb des letzten Jahres vor dem altersbedingten Ausscheiden aus dem Erwerbsleben, so ist es aus Vereinfachungsgründen nicht zu beanstanden, wenn die Beitragsleistungen weiterhin nach § 100 EStG gefördert werden. Für die Berechnung der Jahresfrist ist dabei auf das im Zeitpunkt der Ausübung des Wahlrechts vertraglich vorgesehene Ausscheiden aus dem Erwerbsleben (vertraglich vorgesehener Beginn der Altersversorgungsleistung) abzustellen. Da die Auszahlungsphase bei der Hinterbliebenenleistung erst mit dem Zeitpunkt des Todes des ursprünglich Berechtigten beginnt, ist es in diesem Fall aus steuerlicher Sicht nicht zu beanstanden, wenn das Wahlrecht im zeitlichen Zusammenhang mit dem Tod des ursprünglich Berechtigten ausgeübt wird. Bei Auszahlung oder anderweitiger wirtschaftlicher Verfügung ist der Einmalkapitalbetrag gem. § 22 Nr. 5 Satz 1 EStG zu besteuern (siehe dazu Rz. 148 f.).

cc) Keine „Zillmerung" (§ 100 Abs. 3 Nr. 5 EStG)

137 Nach § 100 Abs. 3 Nr. 5 EStG kommt die steuerliche Förderung nur in Betracht, wenn sichergestellt ist, dass die Abschluss- und Vertriebskosten des Vertrages über die betriebliche Altersversorgung nur als fester Anteil der laufenden Beiträge einbehalten werden; die Finanzierung der Abschluss- und Vertriebskosten zulasten der ersten Beiträge („Zillmerung") ist förderschädlich. Bei am 1.1.2018 bereits bestehenden Verträgen kann die steuerliche Förderung ausnahmsweise in Anspruch genommen werden, sobald für die Restlaufzeit des Vertrages sichergestellt ist, dass

- die verbliebenen Abschluss- und Vertriebskosten und
- die ggf. neu anfallenden Abschluss- und Vertriebskosten

jeweils als fester Anteil der ausstehenden laufenden Beiträge einbehalten werden.

h) Rückgewährung des BAV-Förderbetrags (§ 100 Abs. 4 Satz 2 bis 4 EStG)

138 Verfällt die Anwartschaft auf Leistungen aus einer geförderten betrieblichen Altersversorgung, z. B. wenn das Dienstverhältnis zum Arbeitnehmer vor Ablauf der Unverfallbarkeitsfrist von drei Jahren endet (§ 1b Abs. 1 BetrAVG in der ab 1.1.2018 geltenden Fassung), und ergibt sich daraus eine ganz oder teilweise Rückzahlung der Beiträge an den Arbeitgeber, sind die entsprechende BAV-Förderbeträge zurück zu gewähren (§ 100 Abs. 4 Satz 2 bis 4 EStG).

139 Eine Verpflichtung zur Rückgewährung des BAV-Förderbetrages ergibt sich jedoch nur, soweit er auf den Rückzahlungsbetrag an den Arbeitgeber entfällt (§ 100 Abs. 4 Satz 3 EStG). Dies trägt dem Umstand Rechnung, dass nicht in allen Fällen mit der Verfallbarkeit der Anwartschaft Rückflüsse an den Arbeitgeber erfolgen. Dies kann z.B. der Fall sein bei einer verfallenen Invaliditäts- und Hinterbliebenenversorgung im Zusammenhang mit der Beitragszusage im Sinne des § 1 Abs. 2 Nr. 2a und § 21 ff. BetrAVG, bei der alle Beiträge im Kollektiv verbleiben.

140 Die Rückgewährung des BAV-Förderbetrages erfolgt über die Lohnsteuer-Anmeldung für den Lohnzahlungszeitraum, in dem die Rückzahlung zufließt. Der zurück zu gewährende Förderbetrag ist der an das Betriebsstättenfinanzamt abzuführenden Lohnsteuer hinzuzurechnen.

i) Anwendbarkeit anderer Vorschriften (§ 100 Abs. 5 EStG)

141 Nach § 100 Abs. 5 EStG gelten beispielsweise die Regelungen zur Lohnsteuer-Außenprüfung und zur lohnsteuerlichen Anrufungsauskunft entsprechend. Aber auch bestimmte Regelungen der AO sind entsprechend beim BAV-Förderbetrag anzuwenden. Das sind insbesondere die für Steuervergütungen geltenden Vorschriften und die Straf- und Bußgeldvorschriften der AO.

142 Wird bei einer Lohnsteuer-Außenprüfung festgestellt, dass bei einem Arbeitgeber die Voraussetzungen für den BAV-Förderbetrag und die Absetzung der an das Finanzamt abzuführenden Lohn-

steuer nicht vorgelegen haben, werden die entsprechenden Lohnsteuer-Anmeldungen geändert (denn die Lohnsteuer-Anmeldungen stehen als Steueranmeldungen einer Steuerfestsetzung unter dem Vorbehalt der Nachprüfung gleich, § 169 i. V. m. § 164 AO).

j) Steuerfreiheit des zusätzlich geleisteten Arbeitgeberbeitrags (§ 100 Abs. 6 EStG)

143 Liegen sämtliche Fördervoraussetzungen des § 100 EStG für den zusätzlichen Arbeitgeberbeitrag zur betrieblichen Altersversorgung vor, ist der Betrag maximal bis zum förderfähigen Höchstbetrag i. H. v. 480 EUR steuerfrei nach § 100 Abs. 6 EStG. Liegen die Fördervoraussetzungen des § 100 EStG nicht vor, greift auch die Steuerfreiheit nach § 100 Abs. 6 EStG nicht.

144 Die Steuerfreiheit nach § 100 Abs. 6 EStG hat Vorrang gegenüber der Steuerfreiheit nach § 3 Nr. 63 EStG. Ein über den förderfähigen Höchstbetrag nach § 100 Abs. 6 EStG hinaus gezahlter zusätzlicher Arbeitgeberbeitrag ist somit in der Regel nach § 3 Nr. 63 EStG steuerfrei, sofern das entsprechende Volumen des § 3 Nr. 63 EStG noch nicht anderweitig ausgeschöpft wurde.

III. Steuerliche Behandlung der Versorgungsleistungen

1. Allgemeines

145 Die Leistungen aus einer Versorgungszusage des Arbeitgebers können Einkünfte aus nichtselbständiger Arbeit oder sonstige Einkünfte sein oder nicht der Besteuerung unterliegen.

2. Direktzusage und Unterstützungskasse

146 Versorgungsleistungen des Arbeitgebers aufgrund einer Direktzusage und Versorgungsleistungen einer Unterstützungskasse führen zu Einkünften aus nichtselbständiger Arbeit (§ 19 EStG).

147 Werden solche Versorgungsleistungen nicht fortlaufend, sondern in einer Summe gezahlt, handelt es sich um Vergütungen (Arbeitslohn) für mehrjährige Tätigkeiten im Sinne des § 34 Abs. 2

Nr. 4 EStG (vgl. BFH-Urteil vom 12.4.2007 – VI R 6/02 –, BStBl 2007 II S. 581), die bei Zusammenballung als außerordentliche Einkünfte nach § 34 Abs. 1 EStG zu besteuern sind. Die Gründe für eine Kapitalisierung von Versorgungsbezügen sind dabei unerheblich. Im Fall von Teilkapitalauszahlungen in mehreren Kalenderjahren ist dagegen der Tatbestand der Zusammenballung nicht erfüllt; eine Anwendung des § 34 EStG kommt daher für diese Zahlungen nicht in Betracht.

3. Direktversicherung, Pensionskasse und Pensionsfonds

a) Allgemeines

148 Die steuerliche Behandlung der Leistungen aus einer Direktversicherung, Pensionskasse und Pensionsfonds in der Auszahlungsphase erfolgt nach § 22 Nr. 5 EStG (lex specialis, vgl. Rz. … des BMF-Schreibens vom …, BStBl 2018 I S. …). Der Umfang der Besteuerung hängt davon ab, inwieweit die Beiträge in der Ansparphase durch die Steuerfreiheit nach § 3 Nr. 63 EStG (vgl. Rz. 23 ff.), nach § 3 Nr. 63a EStG (vgl. Rz. 51 f.), nach § 3 Nr. 66 EStG (vgl. Rz. 56), nach § 100 EStG (vgl. Rz. 100 ff.) oder durch Sonderausgabenabzug nach § 10a EStG und Zulage nach Abschnitt XI EStG (vgl. Rz. 66 ff.) gefördert wurden oder die Leistungen auf steuerfreien Zuwendungen nach § 3 Nr. 56 EStG oder auf der nach § 3 Nr. 55b Satz 1 oder § 3 Nr. 55c EStG steuerfreien Leistung aus einem neu begründeten Anrecht basieren. Dies gilt auch für Leistungen aus einer ergänzenden Absicherung der Invalidität oder von Hinterbliebenen. Dabei ist grundsätzlich von einer einheitlichen Versorgungszusage und somit für den Aufteilungsmaßstab von einer einheitlichen Behandlung der Beitragskomponenten für Alter und Zusatzrisiken auszugehen. Ist nur die Absicherung von Zusatzrisiken Gegenstand einer Versorgungszusage, ist für den Aufteilungsmaßstab auf die gesamte Beitragsphase und nicht allein auf den letzten geleisteten Beitrag abzustellen. Zu den nicht geförderten Beiträgen gehören insbesondere die nach § 40b EStG a. F. pauschal besteuerten sowie die vor dem 1.1.2002 erbrachten Beiträge an eine Pensionskasse oder für eine Direktversicherung. Die Besteuerung erfolgt auch dann nach § 22 Nr. 5 EStG, wenn ein Direktversicherungsvertrag ganz oder teilweise privat fortgeführt wird.

149 Im Fall von Teil- bzw. Einmalkapitalauszahlungen handelt es sich nicht um außerordentliche Einkünfte im Sinne des § 34 Abs. 2 EStG. Daher kommt eine Anwendung der Fünftelungsregelung des § 34 EStG auf diese Zahlungen nicht in Betracht (BFH vom 20.9.2016 –X R 23/15 –, BStBl 2017 II S. 347).

b) Leistungen, die ausschließlich auf nicht geförderten Beiträgen beruhen

150 Leistungen, die ausschließlich auf nicht geförderten Beiträgen beruhen, sind, wenn es sich um eine lebenslange Rente, eine Berufsunfähigkeits-, Erwerbsminderungs- oder um eine Hinterbliebenenrente handelt, als sonstige Einkünfte gem. § 22 Nr. 5 Satz 2 Buchstabe a i. V. m. § 22 Nr. 1 Satz 3 Buchstabe a Doppelbuchstabe bb EStG mit dem Ertragsanteil zu besteuern.

151 Handelt es sich um Renten im Sinne der Rz. 150, die die Voraussetzungen des § 10 Abs. 1 Nr. 2 Satz 1 Buchstabe b EStG erfüllen, sind diese als sonstige Einkünfte gem. § 22 Nr. 5 Satz 2 Buchstabe a i. V. m. § 22 Nr. 1 Satz 3 Buchstabe a Doppelbuchstabe aa EStG zu besteuern. Liegen die Voraussetzungen des § 10 Abs. 1 Nr. 2 Satz 1 Buchstabe b EStG nicht vor, erfolgt die Besteuerung gem. § 22 Nr. 5 Satz 2 Buchstabe a i. V. m. § 22 Nr. 1 Satz 3 Buchstabe a Doppelbuchstabe bb EStG mit dem Ertragsanteil.

152 Auf andere als die in den Rz. 150f. genannten Leistungen (z. B. Kapitalauszahlungen, Teilraten aus Auszahlungsplänen, Abfindungen) sind die Regelungen in Rz. ... des BMF-Schreibens vom ... (BStBl 2018 I S. ...) entsprechend anzuwenden. Wird bei einem vor dem 1.1.2012 abgeschlossenen Vertrag die Untergrenze für betriebliche Altersversorgungsleistungen bis auf das 62. Lebensjahr oder der Zeitpunkt des erstmaligen Bezugs von Altersversorgungsleistungen bei altersbedingtem Ausscheiden aus dem Erwerbsleben auf das 67. Lebensjahr erhöht (vgl. Rz. 3) und dadurch die Laufzeit des Vertrages verlängert, führt dies allein zu keiner nachträglichen Vertragsänderung, wenn die Verlängerung einen Zeitraum von höchstens zwei Jahren umfasst. Eine entsprechende Verlängerung der Beitragszahlungsdauer ist zulässig. Eine Verlängerung der Laufzeit bzw. der Beitragszahlungsdauer infolge der Anhebung der Altersgrenze kann nur einmalig vorgenommen werden.

153 Zu Leistungen aus einer reinen Risikoversicherung vgl. insoweit Rz. 7 des BMF-Schreibens vom 1.10.2009 (BStBl 2009 I S. 1172), geändert durch die BMF-Schreiben vom 6.3.2012 (BStBl 2012 I S. 238), vom 18.6.2013 (BStBl 2013 I S. 768), vom 11.11.2016 (BStBl 2016 I S. 1238) und vom 29.9.2017 (BStBl 2017 I S. 1314).

c) Leistungen, die ausschließlich auf geförderten Beiträgen beruhen

154 Leistungen, die ausschließlich auf geförderten Beiträgen beruhen, unterliegen als sonstige Einkünfte nach § 22 Nr. 5 Satz 1 EStG in vollem Umfang der Besteuerung (vgl. auch Rz. ... f. des BMF-Schreibens vom ..., BStBl 2018 I S. ...).

d) Leistungen, die auf geförderten und nicht geförderten Beiträgen beruhen

155 Beruhen die Leistungen sowohl auf geförderten als auch auf nicht geförderten Beiträgen, müssen die Leistungen in der Auszahlungsphase aufgeteilt werden (vgl. Rz. ... ff. des BMF-Schreibens vom ..., BStBl 2018 I S. ...). Für die Frage des Aufteilungsmaßstabs ist das BMF-Schreiben vom 11.11.2004 (BStBl 2004 I S. 1061) unter Berücksichtigung der Änderungen durch das BMF-Schreiben vom 14.3.2012 (BStBl 2012 I S. 311) anzuwenden.

156 Soweit die Leistungen auf geförderten Beiträgen beruhen, unterliegen sie als sonstige Einkünfte nach § 22 Nr. 5 Satz 1 EStG in vollem Umfang der Besteuerung. Dies gilt unabhängig davon, ob sie in Form der Rente oder als Kapitalauszahlung geleistet werden.

157 Soweit die Leistungen auf nicht geförderten Beiträgen beruhen, gelten die Regelungen in den Rz. 150 bis 153 entsprechend.

e) Sonderzahlungen des Arbeitgebers nach § 19 Abs. 1 Satz 1 Nr. 3 EStG

158 Sonderzahlungen des Arbeitgebers im Sinne des § 19 Abs. 1 Satz 1 Nr. 3 Satz 2 EStG einschließlich der Zahlungen des Arbeitgebers zur erstmaligen Bereitstellung der Kapitalausstattung zur Erfüllung der Solvabilitätsvorschriften nach den §§ 89, 213 auch i. V. m. den §§ 234 und 238 VAG, zur Wiederherstellung einer an-

gemessenen Kapitalausstattung nach unvorhersehbaren Verlusten oder zur Finanzierung der Verstärkung der Rechnungsgrundlagen aufgrund einer unvorhersehbaren und nicht nur vorübergehenden Änderung der Verhältnisse, der Zahlungen des Arbeitgebers in der Rentenbezugszeit nach § 236 Abs. 2 VAG und der Sanierungsgelder sind bei der Ermittlung des Aufteilungsmaßstabs nicht zu berücksichtigen. Siehe im Übrigen Rz. 14 ff.

f) Bescheinigungspflicht

159 Nach § 22 Nr. 5 Satz 7 EStG hat der Anbieter beim erstmaligen Bezug von Leistungen sowie bei Änderung der im Kalenderjahr auszuzahlenden Leistungen dem Steuerpflichtigen nach amtlich vorgeschriebenem Muster den Betrag der im abgelaufenen Kalenderjahr zugeflossenen Leistungen zu bescheinigen. In dieser Bescheinigung sind die Leistungen entsprechend den Grundsätzen in den Rz. ... ff. des BMF-Schreibens vom ... (BStBl 2018 I S. ...) gesondert auszuweisen.

g) Sonderregelungen

aa) Leistungen aus einem Pensionsfonds aufgrund der Übergangsregelung nach § 22 Nr. 5 Satz 11 EStG

160 Haben Arbeitnehmer schon von ihrem Arbeitgeber aufgrund einer Direktzusage oder von einer Unterstützungskasse laufende Versorgungsleistungen erhalten und ist diese Versorgungsverpflichtung nach § 3 Nr. 66 EStG auf einen Pensionsfonds übertragen worden, werden bei den Leistungsempfängern nach § 22 Nr. 5 Satz 11 EStG weiterhin der Arbeitnehmer-Pauschbetrag i. H. v. 1.000 EUR (§ 9a Satz 1 Nr. 1 Buchstabe a EStG) bzw. der Pauschbetrag für Werbungskosten i. H. v. 102 EUR nach § 9a Satz 1 Nr. 1 Buchstabe b EStG und der Versorgungsfreibetrag sowie der Zuschlag zum Versorgungsfreibetrag (§ 19 Abs. 2 EStG) berücksichtigt. Dies gilt auch, wenn der Zeitpunkt des erstmaligen Leistungsbezugs und der Zeitpunkt der Übertragung der Versorgungsverpflichtung auf den Pensionsfonds in denselben Monat fallen. Die Leistungen unterliegen unabhängig davon als sonstige Einkunfte nach § 22 Nr. 5 Satz 1 EStG der Besteuerung. Die vorstehenden Ausführungen zur Berücksichtigung des Versorgungsfreibetrags und des Zuschlags zum Versorgungsfreibetrag gelten

entsprechend für einen Hinterbliebenenbezug, der auf den Versorgungsbezug folgt.

161 Handelt es sich bereits beim erstmaligen Bezug der Versorgungsleistungen um Versorgungsbezüge im Sinne des § 19 Abs. 2 EStG, wird der Pauschbetrag nach § 9a Satz 1 Nr. 1 Buchstabe b EStG abgezogen; zusätzlich werden der Versorgungsfreibetrag und der Zuschlag zum Versorgungsfreibetrag mit dem für das Jahr des Versorgungsbeginns maßgebenden Prozentsatz und Beträgen berücksichtigt. Handelt es sich beim erstmaligen Bezug der Versorgungsleistungen nicht um Versorgungsbezüge im Sinne des § 19 Abs. 2 EStG, weil z.B. keine der Altersgrenzen in § 19 Abs. 2 EStG erreicht sind, ist lediglich der Arbeitnehmer-Pauschbetrag (§ 9a Satz 1 Nr. 1 Buchstabe a EStG) abzuziehen. Wird eine der Altersgrenzen in § 19 Abs. 2 EStG erst zu einem späteren Zeitpunkt erreicht, sind ab diesem Zeitpunkt der für dieses Jahr maßgebende Versorgungsfreibetrag und der Zuschlag zum Versorgungsfreibetrag abzuziehen sowie anstelle des Arbeitnehmer-Pauschbetrags der Pauschbetrag nach § 9a Satz 1 Nr. 1 Buchstabe b EStG. Ein Abzug des Versorgungsfreibetrags nach § 19 Abs. 2 EStG in der bis zum 31.12.2004 geltenden Fassung kommt nach dem 31.12.2004 nicht mehr in Betracht. Dies gilt unabhängig vom Zeitpunkt der Übertragung der Versorgungsverpflichtung auf den Pensionsfonds. Folgt ein Hinterbliebenenbezug einem Versorgungsbezug, sind die Rz. 180 ff. des BMF-Schreibens vom 19.8.2013 (BStBl 2013 I S. 1087) in der jeweils aktuell gültigen Fassung entsprechend anzuwenden.

bb) Arbeitgeberzahlungen infolge der Anpassungsprüfungspflicht nach § 16 BetrAVG

162 Leistungen des Arbeitgebers aufgrund der Anpassungsprüfungspflicht nach § 16 Abs. 1 BetrAVG, mit der die Leistungen einer Versorgungseinrichtung ergänzt werden, gehören zu den Einkünften nach § 19 Abs. 1 Satz 1 Nr. 2 EStG. Rz. 161 gilt entsprechend.

Als Versorgungsbeginn im Sinne des § 19 Abs. 2 EStG ist der Beginn der Zahlung durch den Arbeitgeber anzusehen.

163 Erhöhen sich die Zahlungen des Arbeitgebers infolge der Anpassungsprüfungspflicht nach § 16 BetrAVG, liegt eine regelmäßige Anpassung vor, die nicht zu einer Neuberechnung des Versorgungsfreibetrags und des Zuschlags zum Versorgungsfreibetrag führen.

164 Ändert sich die Höhe der Arbeitgeberzahlung unabhängig von der Anpassungsprüfungspflicht, gilt Folgendes:

Übernimmt die Versorgungseinrichtung die Arbeitgeberzahlung nur zum Teil, ist dies als Anrechnungs-/Ruhensregelung im Sinne des § 19 Abs. 2 Satz 10 EStG anzusehen und führt zu einer Neuberechnung. Gleiches gilt für den Fall, dass die Versorgungseinrichtung die Zahlungen nicht mehr erbringen kann und sich die Arbeitgeberzahlung wieder erhöht.

165 Kann die Versorgungseinrichtung die Arbeitgeberzahlungen zunächst vollständig übernehmen und stellt diese später (z.B. wegen Liquiditätsproblemen) wieder ein, so dass der Arbeitgeber die Zahlungsverpflichtung wieder vollständig erfüllen muss, lebt der Anspruch wieder auf. Dies führt nicht zu einem neuen Versorgungsbeginn, so dass für die (Neu-)Berechnung des Versorgungsfreibetrags und des Zuschlags zum Versorgungsfreibetrag die „alte" Kohorte maßgebend ist.

cc) Beendigung einer betrieblichen Altersversorgung

166 Bei Beendigung einer nach § 3 Nr. 63 oder § 100 EStG geförderten betrieblichen Altersversorgung gilt Folgendes:

Liegt eine betriebliche Altersversorgung im Sinne des BetrAVG vor und wird diese lediglich mit Wirkung für die Zukunft beendet, z.B. durch eine Abfindung (ggf. auch in Form der Beitragsrückerstattung), dann handelt es sich bei der Zahlung der Versorgungseinrichtung an den Arbeitnehmer um sonstige Einkünfte im Sinne des § 22 Nr. 5 EStG und nicht um Einkünfte nach § 19 EStG.

Im Fall einer kompletten Rückabwicklung des Vertragsverhältnisses mit Wirkung für die Vergangenheit handelt es sich bei der Zahlung der Versorgungseinrichtung an den Arbeitnehmer um eine Arbeitslohnzahlung im Sinne des § 19 Abs. 1 EStG, die im Zeitpunkt des Zuflusses nach den allgemeinen lohnsteuerlichen Grundsätzen behandelt wird.

Kündigt der Arbeitgeber vorzeitig einen nach § 40b EStG a. F. begünstigten Direktversicherungsvertrag und wird der Rückkaufswert im Hinblick auf ein unwiderrufliches bzw. unverfallbares Bezugsrecht an den Arbeitnehmer ausgezahlt, ergeben sich aus diesem Vorgang keine lohnsteuerlichen Konsequenzen.

Im Gegensatz zur rückwirkenden Aufhebung einer Vereinbarung mit der Rechtsfolge, dass der Anspruch auf betriebliche Altersversorgung gänzlich untergeht, bewirkt die Abfindung des Anspruchs lediglich einen Rechtsverlust ab dem Zeitpunkt des Wirksamwerdens der Vereinbarung. Der Pauschalierung nach § 40b EStG a. F. steht die vorzeitige Kündigung durch den Arbeitnehmer entgegen. Eine Kündigung durch den Arbeitgeber ist dagegen unschädlich. Von einer Kündigung durch den Arbeitgeber ist auszugehen, wenn betriebliche Gründe (z.B. Liquiditätsschwierigkeiten) maßgebend waren oder die Kündigung durch den Arbeitgeber auf Wunsch des Arbeitnehmers erfolgt ist. Die Kündigung hat keine Auswirkung auf eine bis zu diesem Zeitpunkt erfolgte Pauschalierung nach § 40b EStG a. F.

IV. Schädliche Auszahlung von gefördertem Altersvorsorgevermögen

1. Allgemeines

167 Wird das nach § 10a/Abschnitt XI EStG steuerlich geförderte Altersvorsorgevermögen an den Arbeitnehmer nicht als Rente oder im Rahmen eines Auszahlungsplans ausgezahlt, handelt es sich grundsätzlich um eine schädliche Verwendung (§ 93 Abs. 1 EStG; Rz. ... ff. des BMF-Schreibens vom ..., BStBl 2018 I S. ...). Im Bereich der betrieblichen Altersversorgung kann eine solche schädliche Verwendung dann gegeben sein, wenn Versorgungsanwartschaften abgefunden oder übertragen werden. Entsprechendes gilt, wenn der Arbeitnehmer im Versorgungsfall ein bestehendes Wahlrecht auf Einmalkapitalauszahlung ausübt (vgl. Rz. 68).

168 Liegt eine schädliche Verwendung von gefördertem Altersvorsorgevermögen vor, gelten die Rz. ... ff. sowie ... bis ... des BMF-Schreibens vom ... (BStBl 2018 I S. ...).

2. Abfindungen von Anwartschaften, die auf nach § 10a/Abschnitt XI EStG geförderten Beiträgen beruhen

169 Im Fall der Abfindung von Anwartschaften der betrieblichen Altersversorgung gem. § 3 BetrAVG handelt es sich gem. § 93

Abs. 2 Satz 3 EStG um keine schädliche Verwendung, soweit das nach § 10a/Abschnitt XI EStG geförderte Altersvorsorgevermögen zugunsten eines auf den Namen des Zulageberechtigten lautenden zertifizierten privaten Altersvorsorgevertrags geleistet wird. Der Begriff der Abfindung umfasst außerdem auch Abfindungen, die in arbeitsrechtlich zulässiger Weise außerhalb des Regelungsbereiches des § 3 BetrAVG erfolgen, wie z.B. den Fall der Abfindung ohne Ausscheiden aus dem Arbeitsverhältnis. Liegen die übrigen Voraussetzungen des § 93 Abs. 2 Satz 3 EStG vor, kann somit auch in anderen Abfindungsfällen als denen des § 3 BetrAVG gefördertes Altersvorsorgevermögen aus der betrieblichen Altersversorgung auf einen zertifizierten privaten Altersvorsorgevertrag übertragen werden, ohne dass eine schädliche Verwendung vorliegt.

3. Abfindungen von Anwartschaften, die auf steuerfreien oder nicht geförderten Beiträgen beruhen

170 Wird eine Anwartschaft der betrieblichen Altersversorgung abgefunden, die ganz oder teilweise auf nach § 3 Nr. 63, 63a, 66 oder § 100 EStG steuerfreien oder nicht geförderten Beiträgen beruht und zugunsten eines auf den Namen des Steuerpflichtigen lautenden zertifizierten Altersvorsorgevertrags geleistet wird, unterliegt der Abfindungsbetrag im Zeitpunkt der Abfindung nicht der Besteuerung (§ 3 Nr. 55c Satz 2 Buchstabe b EStG; Rz. ... des BMF-Schreibens vom ..., BStBl 2018 I S. ...). Die Rz. ... ff. des BMF-Schreibens vom ... (BStBl 2018 I S. ...) gelten entsprechend.

171 Wird der Abfindungsbetrag nicht entsprechend der Rz. 170 verwendet, erfolgt eine Besteuerung des Abfindungsbetrags im Zeitpunkt der Abfindung entsprechend den Grundsätzen der Rz 150 bis 157.

4. Portabilität

172 Bei einem Wechsel des Arbeitgebers kann der Arbeitnehmer für Versorgungszusagen, die nach dem 31.12.2004 erteilt werden, gem. § 4 Abs. 3 BetrAVG verlangen, dass der bisherige Arbeitgeber den Übertragungswert (§ 4 Abs. 5 BetrAVG) auf eine Versor-

gungseinrichtung des neuen Arbeitgebers überträgt. Die Übertragung ist gem. § 93 Abs. 2 Satz 2 EStG dann keine schädliche Verwendung, wenn auch nach der Übertragung eine lebenslange Altersversorgung des Arbeitnehmers im Sinne des § 1 Abs. 1 Satz 1 Nr. 4 Buchstabe a AltZertG gewährleistet wird. Dies gilt auch, wenn der alte und neue Arbeitgeber sowie der Arbeitnehmer sich gem. § 4 Abs. 2 Nr. 2 BetrAVG freiwillig auf eine Übertragung der Versorgungsanwartschaften mittels Übertragungswert von einer Versorgungseinrichtung im Sinne des § 82 Abs. 2 EStG auf eine andere Versorgungseinrichtung im Sinne des § 82 Abs. 2 EStG verständigen.

173 Erfüllt die Versorgungseinrichtung des neuen Arbeitgebers nicht die Voraussetzungen des § 1 Abs. 1 Satz 1 Nr. 4 Buchstabe a AltZertG, gelten Rz. 150 bis 157 entsprechend.

5. Entschädigungsloser Widerruf eines noch verfallbaren Bezugsrechts

174 Hat der Arbeitnehmer für arbeitgeberfinanzierte Beiträge an eine Direktversicherung, eine Pensionskasse oder einen Pensionsfonds die Förderung durch Sonderausgabenabzug nach § 10a EStG und Zulage nach Abschnitt XI EStG erhalten und verliert er vor Eintritt der Unverfallbarkeit sein Bezugsrecht durch einen entschädigungslosen Widerruf des Arbeitgebers, handelt es sich um eine schädliche Verwendung im Sinne des § 93 Abs. 1 EStG. Das Versicherungsunternehmen, die Pensionskasse oder der Pensionsfonds hat der ZfA die schädliche Verwendung nach § 94 Abs. 1 EStG anzuzeigen. Die gutgeschriebenen Zulagen sind vom Anbieter einzubehalten. Darüber hinaus hat die ZfA den steuerlichen Vorteil aus dem Sonderausgabenabzug nach § 10a EStG beim Arbeitnehmer nach § 94 Abs. 2 EStG zurückzufordern. Der maßgebliche Zeitpunkt für die Rückforderung der Zulagen und des steuerlichen Vorteils ist der Zeitpunkt, in dem die den Verlust des Bezugsrechts begründenden Willenserklärungen (z. B. Kündigung oder Widerruf) wirksam geworden sind. Im Übrigen gilt R 40b.1 Abs. 13 ff. LStR.

175 Zahlungen, die das Versicherungsunternehmen, die Pensionskasse oder der Pensionsfonds an den Arbeitgeber leistet, weil der Arbeitnehmer für eine arbeitgeberfinanzierte betriebliche Altersversorgung vor Eintritt der Unverfallbarkeit sein Bezugsrecht ver-

loren hat (z.B. bei vorzeitigem Ausscheiden aus dem Dienstverhältnis), stellen Betriebseinnahmen dar. Die §§ 43 EStG ff. sind in diesem Fall zu beachten.

V. Anwendungsregelung

176 Dieses BMF-Schreiben ist mit Wirkung ab 1.1.2018 anzuwenden. Es wird im Bundessteuerblatt Teil I veröffentlicht und steht für eine Übergangszeit auf den Internet-Seiten des Bundesministeriums der Finanzen (www.bundesfinanzministerium.de) unter der Rubrik Themen – Steuern – Steuerarten Lohnsteuer – BMF-Schreiben/Allgemeines und unter der Rubrik Themen – Steuern – Steuerarten – Einkommensteuer zur Ansicht und zum Abruf bereit.

177 Das BMF-Schreiben vom 25.11.2011 (BStBl 2011 I S. 1250) und Teil B des BMF-Schreibens vom 24.7.2013 (BStBl 2013 I S. 1022), geändert durch das BMF-Schreiben vom 13.1.2014 (BStBl 2014 I S. 97) und das BMF-Schreiben vom 13.3.2014 (BStBl 2014 I S. 554) werden zum 31.12.2017 aufgehoben. Die Regelungen des BMF-Schreibens vom 24.7.2013 (a. a. O.) sind weiter zu beachten, wenn sie auch für Zeiträume ab dem 1.1.2018 Bedeutung haben.

BMF-Schreiben zur steuerlichen Förderung der betrieblichen Altersversorgung (08.08.2019)

Schreiben des Bundesministeriums der Finanzen vom 08.08.2019, IV C 5 - S 2333/19/10001

Bezug: BMF-Schreiben vom 6. Dezember 2017 (BStBl 2018 I Seite 147), Rz. 111

Unter Bezugnahme auf das Ergebnis der Erörterung mit den obersten Finanzbehörden der Länder und dem Bundesministerium für Arbeit und Soziales nehme ich zur wahlweisen Verwendung von vermögenswirksamen Leistungen zum Zwecke der betrieblichen Altersversorgung und zu in diesem Zusammenhang gewährten Erhöhungsbeträgen des Arbeitgebers wie folgt Stellung:

1. Allgemeines

Mit § 100 des Einkommensteuergesetzes (EStG) wurde zum 1. Januar 2018 durch das Gesetz zur Stärkung der betrieblichen Altersversorgung und zur Änderung anderer Gesetze (Betriebsrentenstärkungsgesetz) vom 17. August 2017 (BGBl. I Seite 3214, BStBl I Seite 1278) ein neues Fördermodell zur betrieblichen Altersversorgung mittels BAV-Förderbetrag eingeführt. Nach § 100 Absatz 3 Nummer 2 EStG kann der BAV-Förderbetrag nur für einen vom Arbeitgeber zusätzlich zum ohnehin geschuldeten Arbeitslohn erbrachten Beitrag zur betrieblichen Altersversorgung an einen Pensionsfonds, eine Pensionskasse oder für eine Direktversicherung beansprucht werden. Die zusätzlichen Beiträge können z. B. tarifvertraglich, durch eine Betriebsvereinbarung oder auch einzelvertraglich festgelegt sein. Im Gesamtversicherungsbeitrag des Arbeitgebers enthaltene Finanzierungsanteile des Arbeitnehmers sowie die mittels Entgeltumwandlung finanzierten Beiträge oder Eigenbeteiligungen des Arbeitnehmers sind nicht begünstigt (s. auch Rz. 111 des BMF-Schreibens vom 6. Dezember 2017, BStBl 2018 I Seite 147).

2. Wahlweise Verwendung von vermögenswirksamen Leistungen zum Zwecke der betrieblichen Altersversorgung und in diesem Zusammenhang gewährte Erhöhungsbeträge des Arbeitgebers

Macht ein Arbeitnehmer (z. B. aufgrund eines entsprechenden Tarifvertrags) von der Möglichkeit Gebrauch, zusätzliche vermögenswirksame Leistungen des Arbeitgebers für den Aufbau einer betrieblichen Altersversorgung über die Durchführungswege Pensionsfonds, Pensionskasse oder Direktversicherung im Rahmen einer Entgeltumwandlung zu verwenden, sind diese Beiträge unter den sonstigen Voraussetzungen nach § 3 Nummer 63 EStG steuerfrei.

Dies gilt auch für in diesem Zusammenhang gewährte Erhöhungsbeträge des Arbeitgebers (z. B. erhöhter Beitrag zur betrieblichen Altersversorgung i. H. v. 26 Euro statt vermögenswirksamer Leistungen i. H. v. 6,65 Euro) und für Erhöhungsbeträge des Arbeitgebers, die von einer zusätzlichen Entgeltumwandlung abhängen (z. B. erhöhter Beitrag zur betrieblichen Altersversorgung i. H. v. 50 Euro, wenn der Arbeitnehmer 13 Euro seines Arbeitslohns umwandelt).

Die zuvor genannten Beiträge zur betrieblichen Altersversorgung (für die betriebliche Altersversorgung verwendete vermögenswirksame Leistungen und Erhöhungsbeträge) erfüllen jedoch nicht die Voraussetzungen für den BAV-Förderbetrag. Die Voraussetzung „zusätzlich zum ohnehin geschuldeten Arbeitslohn" (§ 100 Absatz 3 Nummer 2 EStG) ist nicht erfüllt. Es entspricht im Übrigen auch nicht der Intention des Betriebsrentenstärkungsgesetzes, entsprechende Beiträge, die auch zu einer Zuschusspflicht nach § 1a Absatz 1a und § 23 Absatz 2 des Betriebsrentengesetzes (BetrAVG) führen, zu fördern.

Dieses Schreiben wird im Bundessteuerblatt Teil I veröffentlicht

BMF-Schreiben zur Anhebung der Altersgrenzen (06.03.2012)

Erhöhungen im Bereich Versicherungen im Sinne des § 20 Absatz 1 Nummer 6 EStG, Altersvorsorgeverträge, Basisrentenverträge, betriebliche Altersversorgung

Schreiben des Bundesministeriums der Finanzen vom 6.3.2012, IV C 3 - S 2220/11/10002/IV C 1 - S 2252/07/0001 :005

In Abstimmung mit den obersten Finanzbehörden der Länder gilt im Hinblick auf die steuerlichen Auswirkungen einer Anpassung von Vorsorgeverträgen an die Anhebung des Mindestrentenalters vom 60. auf das 62. Lebensjahr Folgendes:

I. Versicherungsleistungen, die nach § 20 Absatz 1 Nummer 6 EStG zu versteuern sind

Bei Versicherungsverträgen, die nach dem 31.12.2011 abgeschlossen werden, ist der hälftige Unterschiedsbetrag nach § 20 Absatz 1 Nummer 6 Satz 2 EStG mit der Maßgabe anzuwenden, dass die Versicherungsleistung nach Vollendung des 62. Lebensjahres des Steuerpflichtigen ausgezahlt wird.

Werden wesentliche Vertragsmerkmale einer Versicherung (Versicherungslaufzeit, Versicherungssumme, Beitragshöhe, Beitragszahlungsdauer), die vor dem 1.1.2012 abgeschlossen wurde, geändert und führt dies nach den Ausführungen im BMF-Schreiben vom 22.8.2002 (BStBl 2002 I S. 827) und den Rz. 67 ff. des BMF-Schreibens vom 1.10.2009 (BStBl 2009 I S. 1172) zu einem Neubeginn der Mindestvertragsdauer, dann ist bei Vertragsänderung nach dem 31.12.2011 der hälftige Unterschiedsbetrag nur dann anzusetzen, wenn

- die Versicherungsleistungen nach Vollendung des 62. Lebensjahres des Steuerpflichtigen und
- nach Ablauf von zwölf Jahren seit der Vertragsänderung ausgezahlt werden.

Soweit nachträglich vereinbarte Beitragserhöhungen oder Erhöhungen der Versicherungssumme im Umfang der Erhöhung steuerlich zu einem gesonderten neuen Vertrag führen, gelten die v.g. Regelungen nur für diesen neuen Vertrag.

Führt die Vertragsänderung bei vor dem 1.1.2012 abgeschlossen Versicherungsverträgen nicht zu einem Neubeginn der Mindestvertragsdauer, bspw. weil sie bereits bei Vertragsabschluss vereinbart wurde, kommt es für die Anwendung des § 20 Absatz 1 Nummer 6 Satz 2 EStG nicht zu einer Anhebung der Altersgrenze auf das 62. Lebensjahr. Der Zeitpunkt der Vertragsänderung ist insoweit ohne Bedeutung.

Darüber hinaus werden Rz. 71 und Rz. 92 des BMF-Schreibens vom 1.10.2009 (BStBl 2009 I S. 1172) um folgende Sätze ergänzt:

„Im Hinblick auf die gesetzliche Anhebung des Rentenalters von 65 auf 67 Jahre gilt Folgendes:

Die Verlängerung der Laufzeit eines Vertrages, der bisher einen Auszahlungszeitpunkt im 65. oder 66. Lebensjahr zum Inhalt hatte, führt nicht zu einer nachträglichen Vertragsänderung, wenn die Verlängerung einen Zeitraum von höchstens zwei Jahren umfasst. Eine entsprechende Verlängerung der Beitragszahlungsdauer ist zulässig. Eine solche Verlängerung der Laufzeit bzw. der Beitragszahlungsdauer infolge der Anhebung der Altersgrenze kann nur einmalig vorgenommen werden."

II. Zertifizierte Altersvorsorgeverträge

Bei Altersvorsorgeverträgen, die nach dem 31.12.2011 abgeschlossen werden, dürfen die sich ergebenden Altersleistungen nicht vor Vollendung des 62. Lebensjahres oder einer vor Vollendung des 62. Lebensjahres beginnenden Leistung aus einem gesetzlichen Alterssicherungssystem des Anlegers ausgezahlt werden.

Bei Altersvorsorgeverträgen ist im Hinblick auf die Förderbarkeit der Beiträge (§ 10a/Abschnitt XI EStG) insgesamt auf das Datum des ursprünglichen Vertragsabschlusses und das dem Vertragsabschluss zugrunde liegende Vertragsmuster abzustellen. D. h., wurde der Altersvorsorgevertrag vor dem 1.1.2012 abgeschlossen und sieht dieser für den Beginn der Altersleistungen ein Mindestrentenalter von 60 Jahren vor, dann gilt dies auch für eine nach dem 31.12.2011 vorgenommene Erhöhung des Beitrags bzw. der Versicherungssumme.

Die sich aus den geförderten Beträgen ergebenden Leistungen unterliegen der nachgelagerten Besteuerung nach § 22 Nummer 5 Satz 1 EStG. Der Zeitpunkt der Beitragserhöhung ist insoweit ohne Bedeutung.

Für die Besteuerung von Leistungen aus Altersvorsorgeverträgen, die auf ungeförderten Beiträgen beruhen, ist § 22 Nummer 5 Satz 2 EStG anzuwenden. Im Hinblick auf den Ansatz des hälftigen Unterschiedsbetrags nach § 20 Absatz 1 Nummer 6 Satz 2 EStG gelten für Versicherungsverträge die unter I. genannten Grundsätze. Für die Frage der anwendbaren Altersgrenze kommt es somit auf den Zeitpunkt des Vertragsabschlusses an. Für Altersvorsorgeverträge, deren Leistungen nach § 22 Nummer 5 Satz 2 Buchstabe c EStG besteuert werden, gelten die oben genannten Grundsätze entsprechend.

III. Basisrentenverträge

Bei Basisrentenverträgen, die nach dem 31.12.2011 abgeschlossen werden, dürfen die sich ergebenden Altersleistungen nicht vor Vollendung des 62. Lebensjahres des Anlegers ausgezahlt werden.

Wurde der Basisrentenvertrag vor dem 1.1.2012 abgeschlossen, dann führt die Erhöhung der Versicherungssumme bzw. der Beiträge nicht zu einer steuerlichen Aufteilung des Vertrags. Die zugunsten des Basisrentenvertrags geleisteten Beiträge sind nach § 10 Absatz 1 Nummer 2 Buchstabe b EStG begünstigt, da sie zugunsten eines zertifizierten Basisrentenvertrags gezahlt werden.

Die sich aus dem Basisrentenvertrag ergebenden Leistungen sind nach § 22 Nummer 1 Satz 3 Buchstabe a Doppelbuchstabe aa EStG nachgelagert zu versteuern. Der Zeitpunkt der Beitragserhöhung ist insoweit ohne Bedeutung.

IV. Betriebliche Altersversorgung

Im Bereich der betrieblichen Altersversorgung gilt als Untergrenze für betriebliche Altersversorgungsleistungen bei altersbedingtem Ausscheiden aus dem Erwerbsleben im Regelfall das 60. Lebensjahr. Für Versorgungszusagen, die nach dem 31.12.2011 erteilt werden, tritt an die Stelle des 60. Lebensjahres regelmäßig das 62. Lebensjahr (Rz. 249 des BMF-Schreibens vom 31.3.2010, BStBl 2010 I S. 270).

Wird in einer vor dem 1.1.2012 erteilten Zusage die Untergrenze für betriebliche Altersversorgungsleistungen bei altersbedingtem Ausscheiden aus dem Erwerbsleben entsprechend erhöht, führt dies allein nicht zu einer Neuzusage (s. auch Rz. 306 ff. des BMF-Schreibens vom 31.3.2010). Dabei ist es unerheblich, ob dies zusammen mit einer Verlängerung der Beitragszahlungsdauer erfolgt oder nicht.

Hinsichtlich der Besteuerung der Leistungen aus einer betrieblichen Altersversorgung in den Durchführungswegen Direktversicherung, Pensionskasse und Pensionsfonds gelten die Ausführungen unter Abschnitt I. bis III. entsprechend. Wird bei einem vor dem 1.1.2012 abgeschlossenen Vertrag die Untergrenze für betriebliche Altersversorgungsleistungen bis auf das 62. Lebensjahr erhöht und dadurch die Laufzeit des Vertrages verlängert, führt auch dies allein zu keiner nachträglichen Vertragsänderung, wenn die Verlängerung einen Zeitraum von höchstens zwei Jahren umfasst. Eine entsprechende Verlängerung der Beitragszahlungsdauer ist zulässig. Eine Verlängerung der Laufzeit bzw. der Beitragszahlungsdauer infolge der Anhebung der Altersgrenze kann nur einmalig vorgenommen werden.

Dieses Schreiben wird im Bundessteuerblatt Teil I veröffentlicht und steht für eine Übergangszeit auf den Internetseiten des Bundesministeriums der Finanzen (www.bundesfinanzministerium.de) zur Ansicht und zum Abruf bereit.

BMF-Schreiben zur Angemessenheit der Gesamtbezüge eines Gesellschafter-Geschäftsführers (14.10.2002)

Schreiben des Bundesministeriums der Finanzen vom
14.10.2002, IV A 2 - S 2742 - 62/02

Nach dem Ergebnis einer Erörterung mit den obersten Finanzbehörden der Länder nehme ich zu den Grundsätzen, nach denen die Frage nach der Angemessenheit der Gesamtausstattung des Gesellschafter-Geschäftsführers zu beurteilen ist, wie folgt Stellung:

A. Allgemeines

1 Das Zivilrecht behandelt die Kapitalgesellschaft und ihren Gesellschafter jeweils als eigenständige Rechts- und Vermögenssubjekte. Das Steuerrecht folgt den Wertungen des Zivilrechts. Die Kapitalgesellschaft und der dahinterstehende Gesellschafter sind jeweils selbstständige Steuersubjekte. Daher sind schuldrechtliche Leistungsbeziehungen (hier: Arbeits- oder Dienstverträge) zwischen der Kapitalgesellschaft und dem Gesellschafter grundsätzlich steuerlich anzuerkennen. Sie führen auf der Ebene der Kapitalgesellschaft zu Betriebsausgaben, die den Unterschiedsbetrag im Sinne des § 4 Abs. 1 Satz 1 EStG mindern.

2 Steuerlich ist zu prüfen, ob die Vereinbarung ganz oder teilweise durch das Gesellschaftsverhältnis veranlasst ist. Die Gewinnminderung, die auf dem durch das Gesellschaftsverhältnis veranlassten Teil der Vereinbarung beruht, ist außerhalb der Steurbilanz dem Steuerbilanzgewinn im Rahmen der Ermittlung des Einkommens hinzuzurechnen § 8 Abs. 3 Satz 2 KStG).

B. Einzelne Vergütungsbestandteile

3 Die Vergütung des Gesellschafter-Geschäftsführers setzt sich regelmäßig aus mehreren Bestandteilen zusammen. Es finden sich Vereinbarungen über Festgehälter (einschl. Überstundenvergü-

tung), zusätzliche feste jährliche Einmalzahlungen (z. B. Urlaubsgeld, Weihnachtsgeld), variable Gehaltsbestandteile (z. B. Tantieme, Gratifikationen), Zusagen über Leistungen der betrieblichen Altersversorgung (z. B. Pensionszusagen) und Sachbezüge (z. B. Fahrzeugüberlassung, private Telefonnutzung).

C. Steuerliche Beurteilung der Vergütungsbestandteile

I. Allgemeines

4 Die Beurteilung der gesellschaftlichen Veranlassung der Vergütungsvereinbarung bezieht sich zuerst auf die Vereinbarung des jeweils einzelnen Vergütungsbestandteils und danach auf die Angemessenheit der steuerlich anzuerkennenden Gesamtvergütung.

II. Prüfungsschema

5 In einem ersten Schritt sind alle vereinbarten Vergütungsbestandteile einzeln danach zu beurteilen, ob sie dem Grunde nach als durch das Gesellschaftsverhältnis veranlasst anzusehen sind. Ist dies der Fall, führt die Vermögensminderung, die sich durch die Vereinbarung ergibt, in vollem Umfang zu einer verdeckten Gewinnausschüttung. So ist beispielsweise die Vereinbarung von Überstundenvergütungen nicht mit dem Aufgabenbild eines Geschäftsführers vereinbar (vgl. BFH-Urteile vom 19.3.1997, BStBl 1997 II S. 577, und vom 27.3.2001, BStBl 2001 II S. 655). Auch Pensionszusagen, die gegen die Grundsätze der Wartezeit (vgl. BMF-Schreiben vom 14.5.1999, BStBl 1999 I S. 512, unter 1.) verstoßen, oder zeitlich unbefristete Nur-Tantiemezusagen (vgl. Grundsätze des BMF-Schreibens vom 1.2.2002, BStBl 2002 I S. 219) führen in vollem Umfang zu verdeckten Gewinnausschüttungen.

6 In einem zweiten Schritt sind die verbleibenden Vergütungsbestandteile danach zu beurteilen, ob sie der Höhe nach als durch das Gesellschaftsverhältnis veranlasst anzusehen sind. Vgl. z. B. zum Verhältnis der Tantieme zum Festgehalt die Grundsätze des BMF-Schreibens vom 1.2.2002, a.a.O.). Soweit die gesellschaftliche Veranlassung reicht, führt dies zu verdeckten Gewinnausschüttungen.

BMF-Schreiben zur Angemessenheit der Gesamtbezüge

7 Im dritten Schritt ist bezogen auf die verbliebene nicht durch das Gesellschaftsverhältnis veranlasste Vergütung zu prüfen, ob sie in der Summe als angemessen angesehen werden kann. Soweit die Vergütung die Grenze der Angemessenheit übersteigt, führt dies zu einer verdeckten Gewinnausschüttung.

8 Sind die einzelnen Vergütungsbestandteile nicht zeitgleich vereinbart worden und übersteigt die Vergütung die Angemessenheitsgrenze, ist der unangemessene Betrag in der Regel dem bzw. den zuletzt vereinbarten Bestandteilen zuzuordnen. Sind die einzelnen Vergütungsbestandteile zeitgleich vereinbart worden, ist der die Angemessenheitsgrenze übersteigende Betrag nach sachgerechten Kriterien (z. B. quotal) auf die einzelnen Vergütungsbestandteile zu verteilen.

9 **Beispiel**:

Die GmbH vereinbart ab dem Geschäftsjahr 02 mit ihrem Gesellschafter-Geschäftsführer ein Festgehalt von 350.000 EUR. Ab dem Geschäftsjahr 03 soll er zusätzlich eine Tantieme von 250.000 EUR erhalten. Die angemessene Gesamtausstattung beträgt
a) 600.000 EUR und b) 400.000 EUR.

zu a)

Zweite Stufe:

Anzuerkennende Tantieme:

25 % des vereinbarten Gesamtgehalts von 600.000 EUR = 150.000 EUR

verdeckte Gewinnausschüttung aus zweiter Stufe: 100.000 EUR

Dritte Stufe:

Anzuerkennende Vergütung nach der zweiten Stufe: 350.000 EUR (F) + 150.000 EUR (T) = 500.000 EUR

angemessene Gesamtausstattung: 600.000 EUR

Folge: keine (weitere) verdeckte Gewinnausschüttung aus dritter Stufe

verdeckte Gewinnausschüttung insgesamt: 100.000

zu b)

Zweite Stufe:

Anzuerkennende Tantieme:

25 % des vereinbarten Gesamtgehalts von 600.000 EUR = 150.000 EUR

verdeckte Gewinnausschüttung aus zweiter Stufe: 100.000 EUR

Dritte Stufe:

Anzuerkennende Vergütung nach der zweiten Stufe: 350.000 EUR (F) + 150.000 (T) = 500.000 EUR

angemessene Gesamtausstattung: 400.000 EUR

verdeckte Gewinnausschüttung aus dritter Stufe: 100.000 EUR

verdeckte Gewinnausschüttung insgesamt: 200.000 EUR

D. Festlegung der Angemessenheitsgrenze

I. Beurteilungskriterien für die Angemessenheit

10 Beurteilungskriterien für die Angemessenheit sind Art und Umfang der Tätigkeit, die künftigen Ertragsaussichten des Unternehmens, das Verhältnis des Geschäftsführergehaltes zum Gesamtgewinn und zur verbleibenden Eigenkapitalverzinsung sowie Art und Höhe der Vergütungen, die im selben Betrieb gezahlt werden oder in gleichartigen Betrieben an Geschäftsführer für entsprechende Leistungen gewährt werden (BFH-Urteil vom 5.10.1994, BStBl 1995 II S. 549).

1. Art und Umfang der Tätigkeit

11 Art und Umfang der Tätigkeit werden vorrangig durch die Größe des Unternehmens bestimmt. Je größer ein Unternehmen ist, desto höher kann das angemessene Gehalt des Geschäftsführers liegen, da mit der Größe eines Unternehmens auch Arbeitseinsatz, Anforderung und Verantwortung steigen. Die Unternehmensgröße ist vorrangig anhand der Umsatzhöhe und der Beschäftigtenzahl zu bestimmen.

12 Übt der Gesellschafter außerhalb seiner Geschäftsführerfunktion anderweitige unternehmerische Tätigkeiten aus (z. B. als Einzelunternehmer, in einer Personengesellschaft oder einer anderen Kapitalgesellschaft), so deckt sich die Angemessenheitsgrenze bei der betreffenden Gesellschaft mit dem Umfang, in dem er jeweils für die konkrete Gesellschaft tätig ist. Er kann in diesem Fall nicht seine gesamte Arbeitskraft der Kapitalgesellschaft zur Verfügung stellen.

13 Entsprechendes gilt in den Fällen, in denen zwei oder mehrere Geschäftsführer sich die Verantwortung für die Kapitalgesellschaft teilen. Vor allem bei kleineren Gesellschaften ist, auch wenn sie ertragsstark sind, in diesen Fällen ein Abschlag gerechtfertigt. Hier kann unterstellt werden, dass Anforderungen und Arbeitseinsatz des einzelnen Geschäftsführers geringer sind als bei einem Alleingeschäftsführer und dass von dem einzelnen Geschäftsführer im Regelfall deshalb auch solche Aufgaben wahrgenommen werden, die bei vergleichbaren Gesellschaften von Nichtgeschäftsführern erledigt werden (BFH-Urteil vom 11.12.1991, BStBl 1992 II S. 690).

2. Ertragsaussichten der Gesellschaft/Verhältnis zur Eigenkapitalverzinsung

14 Neben der Unternehmensgröße stellt die Ertragssituation das entscheidende Kriterium für die Angemessenheitsprüfung dar. Maßgebend ist hierbei vor allem das Verhältnis der Gesamtausstattung des Geschäftsführergehalts zum Gesamtgewinn der Gesellschaft und zur verbleibenden Eigenkapitalverzinsung. Ein ordentlicher und gewissenhafter Geschäftsleiter würde bei der Festlegung der Gesamtbezüge des Geschäftsführers sicherstellen, dass der Gesellschaft auch nach Zahlung der Bezüge mindestens eine angemessene Eigenkapitalverzinsung verbleibt.

15 Die angemessene Verzinsung des Eigenkapitals ist dabei aus dem gesamten von der Gesellschaft eingesetzten Eigenkapital zu ermitteln. Wird nahezu der gesamte Gewinn einer Kapitalgesellschaft durch die Gesamtvergütung „abgesaugt", stellt dies ein wesentliches Indiz für die Annahme einer unangemessenen Gesamtvergütung dar.

16 Die Mindestverzinsung des eingesetzten Eigenkapitals rechtfertigt es allerdings nicht, darüber hinausgehende Beträge in vollem Umfang als Geschäftsführergehalt auszukehren. Es ist Aufgabe der Kapitalgesellschaft, Gewinne zu erzielen und die Gewinne nach Möglichkeit zu steigern, und ein ordentlicher und gewissenhafter Geschäftsleiter wird auf jeden Fall dafür sorgen, dass der Kapitalgesellschaft ein entsprechender Gewinn verbleibt (BFH-Urteil vom 28.6.1989, BStBl 1989 II S. 854). Im Regelfall kann daher vor der Angemessenheit der Gesamtausstattung der Geschäftsführerbezüge ausgegangen werden, wenn der Gesellschaft nach Abzug der Geschäftsführervergütungen noch ein Jahresüberschuss vor Ertragsteuern in mindestens gleicher Höhe wie die Geschäftsführervergütungen verbleibt. Bei mehreren Gesellschafter-Geschäftsführern ist

hierbei auf die Gesamtsumme der diesen gewährten Vergütungen abzustellen.

17 Der dargestellte Grundsatz rechtfertigt es allerdings auch bei sehr ertragsstarken Gesellschaften nicht, die Vergütungen unbegrenzt zu steigern. Die jeweilige Obergrenze muss nach den Umständen des Einzelfalles bestimmt werden. Hierbei ist vor allem auf die Unternehmensgröße abzustellen. Orientierungshilfen für die Bemessung des zu ermittelnden Höchstbetrags können die in den Gehaltsstrukturuntersuchungen für die jeweilige Branche und Größenklasse genannten Höchstwerte bieten. Diese tragen auch dem Umstand hinreichend Rechnung, dass der Unternehmenserfolg maßgeblich von der Leistung des Geschäftsführers und von dessen hohem Arbeitseinsatz abhängt sowie dass sich das Unternehmen in einem Ballungsgebiet mit hohem Gehaltsniveau befindet; eines speziellen Gehaltszuschlags bedarf es hierdurch nicht.

18 Bei ertragsschwachen Gesellschaften ist hingegen davon auszugehen, dass auch ein Fremdgeschäftsführer selbst in Verlustjahren nicht auf ein angemessenes Gehalt verzichten würde. Das Unterschreiten einer Mindestverzinsung des eingesetzten Kapitals führt daher nicht zwangsläufig zu einer verdeckten Gewinnausschüttung. Vielmehr kann von einer angemessenen Ausstattung der Gesamtbezüge des Gesellschafter-Geschäftsführers dann ausgegangen werden, wenn er Gesamtbezüge erhält, die sich am unteren Ende des entsprechenden Vergleichsmaßstabes befinden.

3. Fremdvergleichmaßstab

19 Für die Ermittlung der Angemessenheitsgrenze ist der Fremdvergleich (vgl. BFH-Urteil vom 17.5.1995, BStBl 1996 II S. 204) maßgebend.

a) Interner Betriebsvergleich

20 Wird in der Gesellschaft neben dem Gesellschafter-Geschäftsführer ein Fremdgeschäftsführer beschäftigt, stellt dessen Vergütungshöhe ein wesentliches Indiz bei der Festlegung der Angemessenheitsgrenze der Vergütung des Gesellschafter-Geschäftsführers dar.

b) Externer Betriebsvergleich

21 Ein externer Betriebsvergleich lässt sich i. d. R. nur unter Heranziehung von nach den Regeln der wissenschaftlichen Statistik erstell-

ten neutralen Gehaltsuntersuchungen führen. Nach dem BFH-Urteil vom 14.7.1999, BFH/NV 1999 S. 1645, bestehen gegen die Heranziehung von Gehaltsstrukturuntersuchungen im Rahmen eines externen Betriebsvergleichs keine rechtlichen Bedenken. Daneben besteht die Möglichkeit, branchenspezifische Erfahrungswerte zu verwenden, die aber nur in seltenen Fällen vorliegen werden.

c) Durchführung der Angemessenheitsprüfung

22 Die Prüfung der Angemessenheit der Gesamtbezüge von Gesellschafter-Geschäftsführern ist im Einzelfall nach den o.a. Kriterien vorzunehmen. Die Prüfung darf auch nicht aus Vereinfachungsgründen unterbleiben, d. h. betragsmäßige Unter- oder Obergrenzen finden keine Anwendung.

23 Im Übrigen ist zu berücksichtigen, dass nach der Rechtsprechung des BFH bei einer nur geringfügigen Überschreitung der Angemessenheitsgrenze noch keine verdeckte Gewinnausschüttung vorliegt. Eine verdeckte Gewinnausschüttung ist danach jedenfalls dann anzunehmen, wenn die tatsächliche Vergütung die Angemessenheitsgrenze um mehr als 20 % überschreitet (BFH-Urteil vom 28.6.1989, BStBl 1989 II S. 854); eine Freigrenze ist hiermit nicht verbunden.

E. Anwendung vorstehender Grundsätze

24 Die vorstehenden Grundsätze sind in allen offenen Fällen anzuwenden. Soweit in der Vergangenheit hiervon abweichende allgemeine Grundsätze bestanden haben, sind diese ab dem Wirtschaftsjahr, das im Veranlagungszeitraum 2003 beginnt, nicht mehr anzuwenden.

Dieses Schreiben wird im Bundessteuerblatt Teil I veröffentlicht.

BMF-Schreiben zur Übertragung von Versorgungsverpflichtungen und Versorgungsanwartschaften auf Pensionsfonds (26.10.2006)

Schreiben des Bundesministeriums der Finanzen vom 26.10.2006, IV B 2 - S 2144 - 57/06

Nach § 4e Abs. 3 Satz 1 EStG können auf Antrag die insgesamt erforderlichen Leistungen an einen Pensionsfonds zur teilweisen oder vollständigen Übernahme einer bestehenden Versorgungsverpflichtung oder Versorgungsanwartschaft durch den Pensionsfonds erst in den dem Wirtschaftsjahr der Übertragung folgenden zehn Wirtschaftsjahren gleichmäßig verteilt als Betriebsausgabe abgezogen werden. Werden Versorgungszusagen über eine Unterstützungskasse von einem Pensionsfonds übernommen, ist die Verteilungsregelung mit der Maßgabe anzuwenden, dass die im Zusammenhang mit der Übernahme erforderliche Zuwendung an die Unterstützungskasse erst in den dem Wirtschaftsjahr der Zuwendung folgenden zehn Wirtschaftsjahren gleichmäßig verteilt als Betriebsausgaben abgezogen werden können (§ 4d Abs. 3 EStG). Der Antrag nach § 4d Abs. 3 EStG oder § 4e Abs. 3 EStG führt nach Maßgabe der folgenden Regelungen zur Lohnsteuerfreiheit der entsprechenden Leistungen des Arbeitgebers oder der Unterstützungskasse an den Pensionsfonds (§ 3 Nr. 63, 66 EStG).

Für die Anwendung dieser Regelungen gilt nach Abstimmung mit den obersten Finanzbehörden der Länder Folgendes:

1. **Anwendungsbereich der Regelungen in § 3 Nr. 63 und 66 EStG i.V.m. § 4d Abs. 3 EStG und § 4e Abs. 3 EStG**

a) Übertragung von Versorgungsverpflichtungen gegenüber Leistungsempfängern und von unverfallbaren Versorgungsanwartschaften ausgeschiedener Versorgungsberechtigter

1 Leistungen eines Arbeitgebers oder einer Unterstützungskasse an einen Pensionsfonds zur Übernahme bestehender Versorgungsverpflichtungen gegenüber Leistungsempfängern (laufende Rentenzahlungen) und unverfallbarer Versorgungsanwartschaften ausgeschiedener Versorgungsberechtigter sind insgesamt nach § 3

Nr. 66 EStG steuerfrei, wenn ein Antrag gemäß § 4d Abs. 3 EStG oder § 4e Abs. 3 EStG gestellt wird.

b) Übertragung von Versorgungsanwartschaften aktiver Beschäftigter

2   Bei einer entgeltlichen Übertragung von Versorgungsanwartschaften aktiver Beschäftigter kommt die Anwendung von § 3 Nr. 66 EStG nur für Zahlungen an den Pensionsfonds in Betracht, die für die bis zum Zeitpunkt der Übertragung bereits erdienten Versorgungsanwartschaften geleistet werden.

3   Zahlungen an den Pensionsfonds für zukünftig noch zu erdienende Anwartschaften sind ausschließlich in dem begrenzten Rahmen des § 3 Nr. 63 EStG lohnsteuerfrei.

4   Die bis zum Zeitpunkt der Übertragung bereits erdienten, entgeltlich übertragenen Versorgungsanwartschaften sind grundsätzlich mit dem steuerlich ausfinanzierbaren Teil, mindestens aber in Höhe des zeitanteilig quotierten Versorgungsanteiles nach § 2 Abs. 1 oder Abs. 5a des Betriebsrentengesetzes (Gesetz zur Verbesserung der betrieblichen Altersversorgung - BetrAVG) zu berücksichtigen.

5   Soll eine Versorgungsanwartschaft eines Aktiven aus einer Pensionszusage auf einen Pensionsfonds übertragen werden, ergibt sich der erdiente Teil der Anwartschaft als Quotient des Teilwertes gem. § 6a Abs. 3 Satz 2 Nr. 1 EStG zum Barwert der künftigen Pensionsleistungen, jeweils ermittelt auf den Übertragungszeitpunkt.

2. Berücksichtigung der insgesamt erforderlichen Leistungen zur Übernahme von Versorgungsverpflichtungen oder Versorgungsanwartschaften

6   Nach dem Sinn und Zweck der Regelungen in § 4d Abs. 3 EStG und § 4e Abs. 3 EStG können alle Leistungen des Steuerpflichtigen im Sinne der Randnummern 1 und 2 im Zusammenhang mit der Übernahme von Versorgungsverpflichtungen oder Versorgungsanwartschaften durch Pensionsfonds über den Verteilungszeitraum als Betriebsausgaben abgezogen werden. Das gilt auch für nach § 3 Nr. 66 EStG begünstigte Leistungen (Randnummern 1 und 2), die nach dem Wirtschaftsjahr der Übernahme der Versorgungsverpflichtung entstanden sind oder entrichtet werden (z. B.

nachträgliche zusätzliche Zuwendungen aufgrund einer nicht hinreichenden Deckung durch den zum Übernahmezeitpunkt geleisteten Einmalbetrag). Der Antrag auf Verteilung kann nur einheitlich für sämtliche Leistungen zur Übernahme einer Versorgungsverpflichtung oder Versorgungsanwartschaft gestellt werden. Wurden die erstmaligen Aufwendungen im vollen Umfang Gewinn mindernd geltend gemacht, ist auch eine Verteilung eventueller Nachschusszahlungen nicht möglich.

3. Beginn des Verteilungszeitraumes

7   Der zehnjährige Verteilungszeitraum beginnt bei einer Bilanzierung nach § 4 Abs. 1 und § 5 EStG in dem dem Wirtschaftsjahr des Entstehens der Leistungsverpflichtung folgenden Wirtschaftsjahr und bei einer Gewinnermittlung nach § 4 Abs. 3 EStG in dem dem Jahr der Leistung folgenden Wirtschaftsjahr. Das gilt auch für die Verteilung einer möglichen Nachschusszahlung, wobei es unerheblich ist, ob noch innerhalb des ursprünglichen Zehnjahresraumes nach dem Wirtschaftsjahr der Übertragung der Versorgungsverpflichtung oder Versorgungsanwartschaft oder erst zu einem späteren Zeitpunkt die Leistungsverpflichtung entsteht oder die Zahlung geleistet wird.

4. Beispiel

8   Arbeitgeber A passiviert in der steuerlichen Gewinnermittlung zum 31.12.2003 aufgrund einer Direktzusage zulässigerweise eine Pensionsrückstellung nach § 6a EStG in Höhe von 100.000 EUR. In 2004 wird die Versorgungsanwartschaft von einem Pensionsfonds übernommen. A zahlt hierfür 150.000 EUR (begünstigt nach § 3 Nr 66 EStG, vgl. Randnummer 2) und stellt einen Antrag nach § 4e Abs. 3 EStG auf Verteilung der Betriebsausgaben. Im Jahr 2010 leistet A aufgrund einer Deckungslücke einen weiteren unter § 3 Nr. 66 EStG fallenden Einmalbetrag von 30.000 EUR.

In 2004 ist die Rückstellung nach § 6a EStG Gewinn erhöhend aufzulösen. Da A einen Antrag auf Verteilung der dem Grunde nach sofort abzugsfähigen Betriebsausgaben gestellt hat, mindern in 2004 im Ergebnis nur 100.000 EUR (= Höhe der aufzulösenden Pensionsrückstellung, § 4e Abs. 3 Satz 3 EStG) den Gewinn. Der verbleibende Betrag von 50.000 EUR (150.000 EUR - 100.000 EUR) ist dem Gewinn 2004 außerbilanziell wieder hinzuzurechnen. In den Jahren 2005 bis 2014 ist der Gewinn um jeweils 1/10 × 50.000 EUR = 5.000 EUR außerbilanziell zu vermindern.

Auch die in 2010 geleistete Nachschusszahlung von 30.000 EUR ist aufgrund des für alle Leistungen im Zusammenhang mit der Übertragung bindenden Antrages nach § 4e Abs. 3 EStG zu verteilen. Demnach erhöht der Betrag von 30.000 EUR außerbilanziell den Gewinn in 2010. In den Jahren 2011 bis 2020 mindert sich der Gewinn außerbilanziell jährlich um je 1/10 × 30.000 EUR = 3.000 EUR. Hätte A die ursprüngliche Zahlung von 150.000 EUR vollumfänglich in 2004 als Betriebsausgabe geltend gemacht, hätte auch die in 2010 geleistete Nachschusszahlung nicht verteilt werden können.

Dieses Schreiben wird im Bundessteuerblatt Teil I veröffentlicht.

BMF-Schreiben zur betrieblichen Altersversorgung, Übertragung von Pensionsverpflichtungen und zu Versorgungsanwartschaften auf Pensionsfonds (10.07.2015)

Schreiben des Bundesministeriums der Finanzen vom
10.7.2015, IV C 6 - S 2144/07/10003

Anwendung der Regelungen in § 4d Absatz 3 EStG und § 4e Absatz 3 EStG i. V. m. § 3 Nummer 66 EStG

Bezug: BMF-Schreiben vom 26.10.2006 (BStBl 2006 I S. 709)

Unter Bezugnahme auf das BMF-Schreiben vom 26.10.2006 (BStBl 2006 I S. 709) zur Anwendung der Regelungen in § 4d Absatz 3 EStG und § 4e Absatz 3 EStG i. V. m. § 3 Nummer 66 EStG im Zusammenhang mit der Übertragung von Versorgungsverpflichtungen und Versorgungsanwartschaften auf Pensionsfonds nehme ich zur Berechnung des auf Antrag zu verteilenden Betriebsausgabenabzugs nach Abstimmung mit den obersten Finanzbehörden der Länder wie folgt Stellung:

1. **Berücksichtigung von künftigen Rentenanpassungen gemäß § 16 Absatz 1 des Gesetzes zur Verbesserung der betrieblichen Altersversorgung (Betriebsrentengesetz – BetrAVG) bei der Ermittlung der erdienten Versorgungsanwartschaften**

1   Bei einer entgeltlichen Übertragung von Versorgungsanwartschaften aktiver Beschäftigter kommt die Anwendung von § 3 Nummer 66 EStG nur für Zahlungen an den Pensionsfonds in Betracht, die für die bis zum Zeitpunkt der Übertragung bereits erdienten Versorgungsanwartschaften geleistet werden (Randnummer 2 des BMF-Schreibens vom 26.10.2006, a. a. O.).

2   Künftige Rentenanpassungen für zum Zeitpunkt der Übertragung bereits erdiente Versorgungsanwartschaften stellen keine bestehende Verpflichtung im Sinne von § 4e Absatz 3 Satz 1 EStG dar, soweit

sie noch nicht fest zugesagt sind. Aus Vereinfachungsgründen kann jedoch für Verpflichtungen, die einer Anpassungsprüfungspflicht gemäß § 16 Absatz 1 BetrAVG unterliegen, eine jährliche pauschale Erhöhung von bis zu einem Prozent berücksichtigt werden.

2. Ermittlung des erdienten Teils einer Pensionszusage nach § 6a EStG oder einer Zusage auf Unterstützungskassenleistungen nach § 4d EStG bei der Übertragung auf einen Pensionsfonds gemäß § 4e EStG

3 Die bis zum Zeitpunkt der Übertragung erdienten Versorgungsanwartschaften sind entsprechend den Regelungen in § 2 BetrAVG zu ermitteln. Dabei ist auf den jeweiligen Übertragungszeitpunkt abzustellen.

4 Soll nicht der erdiente Teil der zugesagten Versorgungsleistungen auf den Pensionsfonds übertragen werden, sondern ein konstanter Alters-, Invaliden- und Hinterbliebenenrentenanspruch durch den Pensionsfondstarif abgedeckt werden, ist durch einen Barwertvergleich auf Basis aktueller, steuerlich anerkannter Rechnungsgrundlagen für die Bewertung von Pensionsverpflichtungen gemäß § 6a EStG die Gleichwertigkeit des rechnerisch übertragungsfähigen sog. Past Service mit der auf den Pensionsfonds übertragenen Versorgung nachzuweisen.

5 Die körperschaftsteuerlichen Regelungen für beherrschende Gesellschafter-Geschäftsführer von Kapitalgesellschaften bleiben unberührt. Dies gilt insbesondere auch für das Rückwirkungs- und Nachzahlungsverbot. Demzufolge können steuerlich zugesagte Versorgungsleistungen und deren Erhöhungen erst ab dem Zeitpunkt der Zusage oder Erhöhung erdient werden.

3. Maßgebende Rückstellung im Sinne von § 4e Absatz 3 Satz 3 EStG

6 Ist infolge der Übertragung einer Versorgungsverpflichtung oder Versorgungsanwartschaft auf einen Pensionsfonds eine Pensionsrückstellung aufzulösen (§ 4e Absatz 3 Satz 3 EStG), ist bei der Ermittlung der sofort als Betriebsausgaben abzugsfähigen Leistungen auf die am vorangegangenen Bilanzstichtag gebildete Pensionsrückstellung abzustellen. Weicht der Übertragungszeitpunkt vom Bilanzstichtag ab, kommt eine Zugrundelegung der (fiktiven) Pensionsrückstellung, die zu diesem Zeitpunkt maßgebend wäre, auch

dann nicht in Betracht, wenn eine gebildete Rückstellung nicht aufzulösen ist (z.B. bei einer Erhöhung der Pensionsleistungen nach dem letzten Bilanzstichtag und vor dem Übertragungszeitpunkt).

7 Wird der erdiente Teil einer Versorgungsanwartschaft auf einen Pensionsfonds übertragen, ist der sofortige Betriebsausgabenabzug nach § 4e Absatz 3 Satz 3 EStG nur möglich, soweit die Auflösung der Pensionsrückstellung auf der Übertragung des erdienten Teils auf den Pensionsfonds beruht.

8 **Beispiel**

Am 1.1.2014 wird der erdiente Teil einer Versorgungsanwartschaft eines aktiven Anwärters aus einer Pensionszusage nach § 6a EStG auf einen Pensionsfonds und der noch zu erdienende Teil auf eine rückgedeckte Unterstützungskasse übertragen (sog. Kombinationsmodell). Am Übertragungsstichtag sind 60 % der Versorgungsleistungen erdient. Die am Bilanzstichtag 31.12.2013 passivierte Pensionsrückstellung beträgt 100.000 EUR.

Nach der Systematik der Teilwertermittlung gemäß § 6a EStG wäre unmittelbar nach der Übertragung des erdienten Teils auf den Pensionsfonds eine Pensionsrückstellung für den nicht übertragenen Teil der Versorgungsleistungen in Höhe von 40.000 EUR zu bilden. Die vollständige Auflösung der Pensionsrückstellung nach den Übertragungen beruht somit in Höhe von 40.000 EUR nicht auf der Übertragung des erdienten Teils der Versorgungsleistungen auf den Pensionsfonds, sondern auf der Übertragung des noch zu erdienenden Teils auf die Unterstützungskasse. Folglich ist ein sofortiger Betriebsausgabenabzug nach § 4e Absatz 3 Satz 3 EStG nur in Höhe von 60.000 EUR möglich.

4. Zeitliche Anwendung

9 Die Regelungen dieses Schreibens gelten für alle noch offenen Fälle. Die Randnummern 4 und 5 des BMF-Schreibens vom 26.10.2006 (a. a. O.), wonach die bereits erdienten Versorgungsanwartschaften auch mit dem höheren steuerlich ausfinanzierbaren Teil (Quotient des Teilwertes gem. § 6a Absatz 3 Satz 2 Nummer 1 EStG zum Barwert der künftigen Pensionsleistungen) im Übertragungszeitpunkt berücksichtigt werden können, können letztmals für Versorgungsanwartschaften anwendet werden, die vor dem 1.1.2016 auf einen Pensionsfonds übertragen werden.

10 Wird vor dem 1.1.2016 die Versorgungsanwartschaft aus einer Pensionszusage, bei der sich die Höhe der unverfallbaren Anwartschaft (zeitanteilig) nach § 2 Absatz 1 BetrAVG ermittelt, auf einen Pensionsfonds übertragen, ist ein Barwertvergleich im Sinne von Randnummer 4 nicht erforderlich, wenn ein konstanter Rentenanspruch auf Basis der zeitanteilig erdienten (m/n-) Altersrente auf den Pensionsfonds übertragen wird, auch wenn dieser nicht genau dem erdienten Teil der ursprünglich zugesagten Versorgungsleistungen entspricht (z.B. weil es sich dabei um eine steigende, dienstzeitabhängige Pensionszusage handelt). Eine steuerfreie Übertragung auf der Grundlage des steuerlich ausfinanzierbaren Teils (Quotient Teilwert/Barwert) der zugesagten Versorgungsleistungen ist in diesem Fall nicht zulässig. Dabei sind alle betroffenen Versorgungszusagen einheitlich zu behandeln.

11 **Beispiel**

Die Pensionszusage sieht eine jährliche Altersrente in Höhe von 100 EUR je Dienstjahr sowie eine Invalidenrente in Höhe von 80 % der bei Eintritt der Invalidität erreichten Altersrente vor. Nach 10 von insgesamt 30 erreichbaren Dienstjahren wird die erdiente Anwartschaft am 31.12.2013 auf einen Pensionsfonds übertragen.

Nach § 2 Absatz 1 BetrAVG sind zum Zeitpunkt der Übertragung arbeitsrechtlich 10/30 der Altersrente von 30 Dienstjahren × 100 EUR = 3000 EUR sowie 10/30 der bis auf 3.000 EUR × 80 % steigenden Invalidenrente erdient. Berücksichtigt werden kann dementsprechend der konstante Rentenanspruch für den Pensionsfondstarif, also eine Altersrente von 100 EUR × 30 Dienstjahre × 10/30 = 1.000 EUR sowie eine Invalidenrente von 100 EUR × 80 % × 30 Dienstjahre × 10/30 = 800 EUR.

12 Randnummer 10 ist bei beitragsorientierten Leistungszusagen und Entgeltumwandlungen mit der Maßgabe anwendbar, dass an die Stelle des zeitanteilig erdienten Anteils der im jeweiligen Umwandlungszeitpunkt erreichte Altersrentenanspruch (§ 2 Absatz 5a BetrAVG) tritt. Die Klassifizierung als beitragsorientierte Zusage ist grundsätzlich auf arbeitsrechtlicher Basis vorzunehmen und kann sich beispielsweise aus der tatsächlichen Handhabung des Arbeitgebers bei Rentenmitteilungen oder bei Ausscheiden mit unverfallbarer Anwartschaft ergeben.

13 Bei der Übertragung von Versorgungsanwartschaften aus einer Zusage auf Unterstützungskassenleistungen nach § 4d EStG im Sinne von Randnummer 4 auf einen Pensionsfonds vor dem 1.1.2016 ist Randnummer 10 entsprechend anwendbar.

Dieses Schreiben wird im Bundessteuerblatt Teil I veröffentlicht. Es steht auf den Internet-Seiten des Bundesministeriums der Finanzen unter der Rubrik Steuern – Veröffentlichungen zu Steuerarten – Einkommensteuer – zur Ansicht und zum Abruf bereit.

BMF-Schreiben zur steuerlichen Gewinnermittlung (30.11.2017)

Schreiben des Bundesministeriums der Finanzen vom 30.11.2017, IV C 6 - S 2133/14/10001

Bilanzsteuerrechtliche Berücksichtigung von Verpflichtungsübernahmen, Schuldbeitritten und Erfüllungsübernahmen mit vollständiger oder teilweiser Schuldfreistellung, Anwendung der Regelungen in § 4f und § 5 Absatz 7 Einkommensteuergesetz (EStG)

Bezug: BMF-Schreiben vom 16.12.2005 (BStBl 2005 I S. 1052) und 24.6.2011 (BStBl 2011 I S. 627), BFH-Urteile vom 14.12.2011 (BStBl 2017 II S. xxx), 26.4.2012 (BStBl 2017 II S. xxx) und vom 12.12.2012 (BStBl 2017 II S. xxx und xxx)

Der BFH hat in mehreren Urteilen entschieden, dass übernomme Verpflichtungen beim Übernehmer keinen Ansatz- und Bewertungsbeschränkungen unterliegen, sondern als ungewisse Verbindlichkeiten auszuweisen und mit den „Anschaffungskosten" oder dem höheren Teilwert zu bewerten sind (Urteile vom 14.12.2011 und 12.12.2012, a. a. O.). Tritt ein Dritter neben dem bisherigen Schuldner in die Verpflichtung ein (sog. Schuldbeitritt) und verpflichtet sich der Dritte, den bisherigen Schuldner von der Verpflichtung freizustellen, kann der bisherige Schuldner mangels Wahrscheinlichkeit der Inanspruchnahme weder eine Rückstellung für die Verpflichtung passivieren, noch einen Freistellungsanspruch gegenüber dem Schuldbeitretenden ansetzen (Urteil vom 26.4.2012, a.a.O.). Der BFH weicht somit von den BMF-Schreiben vom 16.12.2005 und 24.6.2011 (a. a. O.) ab. Für Wirtschaftsjahre, die nach dem 28.11.2013 enden, sind indes die Regelungen des § 5 Absatz 7 EStG in der Fassung des AIFM-Steuer-Anpassungsgesetzes vom 18.12.2013 (BGBl 2013 I S. 4318; BStBl 2014 I S. 2) zu beachten, wonach der Übernehmer einer Verpflichtung die gleichen Bilanzierungsvorschriften zu beachten hat, die auch für den ursprünglich Verpflichteten gegolten haben.

Zur Anwendung der Grundsätze der BFH-Rechtsprechung und zu den Auswirkungen auf die o. g. BMF-Schreiben vom 16.12.2005 und 24.6.2011 im Zusammenhang mit den gesetzlichen Neuregelungen in den §§ 4f und 5 Absatz 7 EStG nehme ich nach Abstimmung mit den obersten Finanzbehörden der Länder wie folgt Stellung:

1 Verpflichtungen können entweder im Wege einer Schuldübernahme nach den §§ 414 ff. Bürgerliches Gesetzbuch (BGB) oder durch Übernahme der mit der Verpflichtung verbundenen Lasten (Schuldbeitritte und Erfüllungsübernahmen mit vollständiger oder teilweiser Schuldfreistellung) übernommen werden.

2 Übernommene Verpflichtungen, die beim ursprünglich Verpflichteten bilanzsteuerlichen Ansatzverboten, -beschränkungen oder Bewertungsvorbehalten unterlegen haben, sind in der steuerlichen Gewinnermittlung des Übernehmers oder dessen Rechtsnachfolger nach Maßgabe des § 5 Absatz 7 EStG anzusetzen und zu bewerten. § 5 Absatz 7 EStG gilt ausschließlich für am Bilanzstichtag bestehende Verpflichtungen, die aufgrund der Vorschriften des EStG (z. B. § 5 Absatz 2a bis 4b, Absatz 5 Satz 1 Nummer 2, § 6 Absatz 1 Nummer 3 und 3a sowie § 6a EStG) und des Körperschaftsteuergesetzes (KStG, z.B. Schwankungs- und Schadenrückstellungen nach § 20 KStG) nicht oder niedriger anzusetzen und zu bewerten sind als die für die Übernahme der Verpflichtung erhaltene Gegenleistung („Anschaffungskosten" i. S. d. BFH-Rechtsprechung).

3 Auf Seiten des Übertragenden kommt eine Verteilung des Aufwandes nach § 4f EStG nur dann in Betracht, wenn die Verpflichtung an dem der Übertragung vorangegangenen Bilanzstichtag bestand und die Verpflichtung beim Übernehmer oder dessen Rechtsnachfolger in den Anwendungsbereich des § 5 Absatz 7 EStG fällt oder § 5 Absatz 7 EStG zur Anwendung käme, wenn der Übernehmer dem deutschen Steuerrecht unterläge.

4 Ändert sich bei einer betrieblichen Altersversorgungszusage der Durchführungsweg (Direktzusage, Unterstützungskassenzusage, Direktversicherung, Pensionskasse oder Pensionsfonds), sind die §§ 4f und 5 Absatz 7 EStG nicht anzuwenden; das bei einer Übertragung von Versorgungsleistungen auf Pensionsfonds bestehende Wahlrecht zur Verteilung der Betriebsausgaben gemäß § 4d Absatz 3 und § 4e Absatz 3 i. V. m. § 3 Nummer 66 EStG bleibt unberührt.

I. Schuldübernahme nach §§ 414 ff. BGB

5 Eine Schuld kann von einem Dritten durch Vertrag mit dem Gläubiger in der Weise übernommen werden, dass der Dritte an die Stelle des bisherigen Schuldners tritt (§§ 414 ff. BGB). Verpflichtungen können einzeln oder im Rahmen einer entgeltlichen Betriebsübertragung übertragen werden oder kraft Gesetzes (z. B. nach § 613a BGB) auf einen Dritten übergehen.

1. Bilanzielle Behandlung beim Verpflichtungsübernehmer

a) Ansatz und Bewertung in Wirtschaftsjahren, die vor dem 29. November 2013 enden

6 In vor dem 29.11.2013 endenden Wirtschaftsjahren ist die o.g. BFH-Rechtsprechung zu beachten, wonach übernommene Verpflichtungen im Wirtschaftsjahr der Übernahme mit den „Anschaffungskosten" oder dem höheren Teilwert anzusetzen sind.

7 Auf Antrag können die Neuregelungen des § 5 Absatz 7 EStG (Randnummern 8 bis 10) bereits für vor dem 29.11.2013 endende Wirtschaftsjahre angewendet werden (§ 52 Absatz 9 Satz 2 EStG). Der Antrag ist nicht formgebunden und gilt durch den entsprechenden Ansatz in der steuerlichen Gewinnermittlung als ausgeübt.

b) Ansatz und Bewertung in Wirtschaftsjahren, die nach dem 28.11.2013 enden

8 In nach dem 28.11.2013 endenden Wirtschaftsjahren ist die Neuregelung in § 5 Absatz 7 EStG maßgebend (§ 52 Absatz 9 Satz 1 EStG). Der Übernehmer hat die gleichen Bilanzierungsvorschriften zu beachten, die auch für den ursprünglich Verpflichteten am Bilanzstichtag gegolten hätten, wenn er die Verpflichtung nicht übertragen hätte. Unterlag der ursprünglich Verpflichtete nicht dem deutschen Steuerrecht, ist der Wert maßgebend, der nach den Regelungen des EStG oder KStG anzusetzen gewesen wäre. Dadurch wird sichergestellt, dass der Übernehmer entsprechend dem Sinn und Zweck der Regelungen in § 5 Absatz 7 EStG die Verpflichtung unter Berücksichtigung der steuerlichen Ansatz- und Bewertungsvorbehalte ansetzt (Randnummer 10).

9 Wurde eine Verpflichtung bereits mehrfach übertragen, ist derjenige ursprünglich verpflichtet im Sinne von § 5 Absatz 7 Satz 1 EStG, der die Schuld erstmalig begründet hat.

10 In der ersten für die Besteuerung maßgebenden Schlussbilanz nach der Übernahme sind Verpflichtungen unter Berücksichtigung der

steuerlichen Ansatz- und Bewertungsvorbehalte anzusetzen; insbesondere die Regelungen in § 5 Absatz 2a bis 4b, Absatz 5 Satz 1 Nummer 2, § 6 Absatz 1 Nummer 3 und 3a sowie § 6a EStG (vgl. Randnummern 26 bis 33 zu Pensionsverpflichtungen) sind zu beachten. Bilanzsteuerliche Wahlrechte (z. B. Teilwert- oder Pauschalwertverfahren bei Jubiläumsrückstellungen) können unabhängig von der Wahl des Rechtsvorgängers in Anspruch genommen werden.

c) Gewinnmindernde Rücklagen nach § 5 Absatz 7 Satz 5 und 6 EStG

11 Für den Gewinn, der sich aus der Anwendung von § 5 Absatz 7 EStG ergibt, kann gemäß § 5 Absatz 7 Satz 5 EStG jeweils i.H.v. 14/15 eine gewinnmindernde Rücklage gebildet werden, die in den folgenden 14 Wirtschaftsjahren jeweils mit mindestens 1/14 gewinnerhöhend aufzulösen ist (Auflösungszeitraum). Wurde die Verpflichtung vor dem 14.12.2011 übernommen, können 19/20 des Gewinns als Rücklage passiviert werden, die in den folgenden 19 Wirtschaftsjahren aufzulösen ist (§ 52 Absatz 9 Satz 3 EStG). Scheidet eine Verpflichtung vor Ablauf des Auflösungszeitraums aus dem Betriebsvermögen aus, ist eine für diese Verpflichtung noch nicht aufgelöste Rücklage gewinnerhöhend auszubuchen (§ 5 Absatz 7 Satz 6 EStG).

12 Die in Randnummer 11 genannten Verteilungszeiträume sind auch dann maßgebend, wenn die Verpflichtung, für die eine Rücklage gebildet wurde, voraussichtlich bereits vor Ende des Auflösungszeitraums nicht mehr bestehen wird. In diesen Fällen kann aber die bei Ausscheiden erforderliche Auflösung der verbleibenden Rücklage dadurch vermieden werden, dass jährlich mehr als 1/14 oder 1/19 gewinnerhöhend aufgelöst werden (z.B. Verteilung über die tatsächliche Laufzeit der Verpflichtung).

13 Gewinn im Sinne von § 5 Absatz 7 Satz 5 EStG ist der Unterschiedsbetrag zwischen den „Anschaffungskosten" zum Zeitpunkt der Übernahme der Verpflichtung und dem in der folgenden Schlussbilanz nach § 5 Absatz 7 EStG anzusetzenden niedrigeren Wert (Randnummer 10). Scheidet eine übernommene Verpflichtung bereits vor dem folgenden Bilanzstichtag aus dem Betriebsvermögen aus, kann für einen sich insoweit ergebenden Gewinn keine Rücklage gebildet werden (vgl. auch Randnummer 2).

Beispiel 1

Unternehmer U pachtet seit dem 1.1.2003 für 20 Jahre ein unbebautes Grundstück und errichtet darauf eine betrieblich genutzte

Lagerhalle. U hat sich verpflichtet, die Lagerhalle nach Ablauf des Pachtvertrages am 31.12.2022 abzureißen. Am Bilanzstichtag 31.12.2012 betragen die voraussichtlichen Abrisskosten 10.000 EUR. U hat für die Abrissverpflichtung eine Rückstellung für ungewisse Verbindlichkeiten passiviert. Da für das Entstehen der Verpflichtung im wirtschaftlichen Sinne der laufende Betrieb ursächlich ist (Nutzung der Lagerhalle), ist die Rückstellung nach § 6 Absatz 1 Nummer 3a Buchstabe d Satz 1 EStG zeitanteilig in gleichen Raten anzusammeln und nach § 6 Absatz 1 Nummer 3a Buchstabe e Satz 1 EStG abzuzinsen. Die von U zum 31.12.2012 passivierte Rückstellung beträgt bei einer Restlaufzeit von 10 Jahren und einem Abzinsungsfaktor von 0,585 (Tabelle 2 des BMF-Schreibens vom 26.5.2005, BStBl 2005 I S. 699) zutreffend 10.000 EUR × 10/20x 0,585 = 2.925 EUR.

Am 2.1.2013 übernimmt A (Wirtschaftsjahr = Kalenderjahr) mit Zustimmung des Verpächters den Pachtvertrag von U. Der von A an U zu zahlende Kaufpreis für die Lagerhalle beträgt 50.000 EUR. Die mit der übernommenen Abrissverpflichtung verbundenen Kosten werden entsprechend den voraussichtlichen Abrisskosten zum 31.12.2012 zutreffend auf 10.000 EUR geschätzt und mit dem Kaufpreis für die Lagerhalle verrechnet. A bucht den Geschäftsvorfall zutreffend wie folgt:

Betriebsanlage	50 000 EUR	an	Bank	40 000 EUR
			Abrissverpflichtung	10 000 EUR

Bis zum Ende des Wirtschaftsjahres 2013 ergeben sich folgende Änderungen bei den prognostizierten Abrisskosten:

Variante a: keine
Variante b: 20.000 EUR
Variante c: 5.000 EUR

Die „Anschaffungskosten" der Abrissverpflichtung betragen 10.000 EUR. Am folgenden Bilanzstichtag 31.12.2013 ist diese Pflicht gemäß § 5 Absatz 7 Satz 1 EStG so zu bilanzieren, wie sie beim ursprünglich Verpflichteten U ohne Übertragung zu bilanzieren wäre. Demzufolge hat A für die Abrissverpflichtung eine Rückstellung für ungewisse Verbindlichkeiten zu passivieren und bei einer Restlaufzeit von 9 Jahren und einem Abzinsungsfaktor von 0,618 wie folgt zu bewerten:

Variante a: 10.000 EUR × 11/20x 0,618 = 3.399 EUR
Variante b: 20.000 EUR × 11/20x 0,618 = 6.798 EUR
Variante c: 5.000 EUR × 11/20x 0,618 = 1.700 EUR

Es ergibt sich unter Berücksichtigung der bei Schuldübernahme eingebuchten Abrissverpflichtung von 10.000 EUR folgender Gewinn, für den i.H.v. 14/15 eine gewinnmindernde Rücklage gebildet werden kann:

Variante a: 10.000 EUR − 3.399 EUR = 6.601 EUR (Rücklage 6.161 EUR)
Variante b: 10.000 EUR − 6.798 EUR = 3.202 EUR (Rücklage 2.989 EUR)
Variante c: 10.000 EUR − 1.700 EUR = 8.300 EUR (Rücklage 7.747 EUR)

14 In den Fällen der Randnummer 6 (Passivierung der „Anschaffungskosten" in vor dem 29.11.2013 endenden Wirtschaftsjahren) ist Gewinn im Sinne von § 5 Absatz 7 Satz 5 EStG der Unterschiedsbetrag zwischen den letztmals passivierten „Anschaffungskosten" und dem am folgenden Bilanzstichtag erstmals nach § 5 Absatz 7 EStG angesetzten Wert (Randnummer 10). Randnummer 13 Satz 2 (keine Rücklage bei vor dem folgenden Bilanzstichtag ausscheidenden Verpflichtungen) gilt entsprechend.

15 Soweit die Steuer- oder Feststellungsbescheide des Wirtschaftsjahres der Verpflichtungsübernahme und die folgenden Steuer- oder Feststellungsbescheide bereits bestandskräftig sind, sind die Randnummern 6 bis 14 in der steuerlichen Gewinnermittlung des ersten noch änderbaren Steuer- oder Feststellungsbescheides anzuwenden.

2. Abzug des Aufwandes beim ursprünglich Verpflichteten (§ 4f Absatz 1 EStG)

a) Verteilung des Aufwandes

16 Ein Aufwand, der sich für den ursprünglich Verpflichteten in einem nach dem 28.11.2013 endenden Wirtschaftsjahr aus einem Übertragungsvorgang ergibt, kann gemäß § 4f Absatz 1 Satz 1 i. V. m. § 52 Absatz 8 EStG grundsätzlich nur auf das Jahr der Schuldübernahme und die folgenden 14 Wirtschaftsjahre gleichmäßig verteilt als Betriebsausgabe abgezogen werden. Die Verteilung des Aufwandes erfolgt durch außerbilanzielle Hinzurechnungen und Abrechnungen.

17 Ein zu verteilender Aufwand aus einem Übertragungsvorgang kann auch dann nicht mit Gewinnen aus anderen Geschäftsvorfällen verrechnet werden, wenn diese Gewinne in einem mittelbaren

oder unmittelbaren Zusammenhang mit dem Aufwand aus dem Übertragungsvorgang stehen.

b) Gewinnerhöhend aufzulösende Passivposten im Sinne des § 4f Absatz 1 Satz 2 EStG

18 Sind infolge der Übertragung einer Verpflichtung in der steuerlichen Gewinnermittlung des Vorjahres ausgewiesene Passivposten wie Rückstellungen, Verbindlichkeiten und steuerliche Rücklagen (z. B. nach R 6.11 Absatz 3 EStR bei niedrigeren handelsrechtlichen Bilanzansätzen) gewinnerhöhend aufzulösen, ist der sich aus dem Übertragungsvorgang ergebende Aufwand in dem Wirtschaftsjahr der Übertragung nach § 4f Absatz 1 Satz 2 erster Halbsatz EStG in Höhe der aufgelösten Passivposten als Betriebsausgabe abzugsfähig. Dabei ist immer auf die am vorangegangenen Bilanzstichtag angesetzten Passivposten abzustellen, soweit die Auflösung auf der Übertragung der Verpflichtung beruht. Der Bilanzansatz in einer im Zusammenhang mit einem Umwandlungssteuervorgang erstellten steuerlichen Schlussbilanz ist insoweit unbeachtlich. Weicht der Übertragungszeitpunkt vom Bilanzstichtag ab, kommt eine Zugrundelegung fiktiver Passivposten, die zu diesem Zeitpunkt maßgebend gewesen wären, nicht in Betracht. Der übersteigende Aufwand ist auf das Jahr der Schuldübernahme und die folgenden 14 Wirtschaftsjahre gleichmäßig zu verteilen (§ 4f Absatz 1 Satz 2 EStG). Im Ergebnis ist ein Aufwand, der sich daraus ergibt, dass die Gegenleistung höher ist als die bislang in der steuerlichen Gewinnermittlung passivierte Verpflichtung, nur über 15 Jahre verteilt als Betriebsausgabe abzugsfähig.

c) Teilbetriebsaufgaben/-veräußerungen, Umwandlungen und Einbringungen

19 Bei der Veräußerung oder Aufgabe eines Teilbetriebes wird der Übertragungsaufwand nach § 4f Absatz 1 Satz 1 und 2 EStG nur verteilt, soweit er einen Verlust begründet oder erhöht (§ 4f Absatz 1 Satz 4 EStG). Der insoweit hinzugerechnete Aufwand ist wie bei einer im laufenden Wirtschaftsjahr erfolgten Schuldübertragung auf das Wirtschaftsjahr der Schuldübernahme und die nachfolgenden Wirtschaftsjahre zu verteilen, d. h. der sofort abzugsfähige Aufwand von 1/15 ist im Rahmen der Ermittlung des Veräußerungs- oder Aufgabegewinns nach § 16 Absatz 2 EStG zu berücksichtigen und der verbleibende Betrag auf die folgenden 14 Wirtschaftsjahre zu verteilen. Entsprechendes gilt bei Umwandlungen und Einbringungen von Teilbetrieben nach dem Umwandlungssteuergesetz.

d) Übertragung von (Teil-) Mitunternehmeranteilen

20 Eine Verpflichtung kann auch durch entgeltliche Übertragung von (Teil-) Mitunternehmeranteilen übertragen werden. Wird der gesamte Mitunternehmeranteil übertragen, unterbleibt nach § 4f Absatz 1 Satz 3 EStG eine Verteilung des sich ergebenden Aufwandes.

e) Ausnahmen von der Aufwandsverteilung

21 Die Verteilungsregelung gilt nach § 4f Absatz 1 Satz 3 EStG nicht für kleine und mittlere Betriebe im Sinne von § 7g EStG sowie für Betriebsveräußerungen und Betriebsaufgaben.

II. Übernahme von mit einer Verpflichtung verbundenen Lasten (Schuldbeitritte und Erfüllungsübernahmen mit vollständiger oder teilweiser Schuldfreistellung)

22 Bei Schuldbeitritten und Erfüllungsübernahmen mit vollständiger oder teilweiser Schuldfreistellung besteht das bisherige Vertragsverhältnis zwischen dem Freigestellten und dem Gläubiger der Verpflichtung unverändert fort. Der Übernehmer verpflichtet sich, den bislang alleine Verpflichteten von den künftigen Leistungspflichten ganz oder teilweise freizustellen.

1. Bilanzierung beim Übernehmer oder Beitretenden

23 Für die zu passivierende Freistellungsverpflichtung gelten die Randnummern 6 bis 15 entsprechend.

2. Bilanzielle Folgen beim Freistellungsberechtigten

24 Eine vom Freistellungsberechtigten bislang passivierte Rückstellung ist aufgrund fehlender Wahrscheinlichkeit der Inanspruchnahme gewinnerhöhend aufzulösen (BFH-Urteil vom 26.4.2012, a. a. O.). Der Freistellungsberechtigte hat in der steuerlichen Gewinnermittlung keinen Freistellungsanspruch gegenüber dem Freistellungsverpflichteten auszuweisen.

25 Ist die Gegenleistung für den Schuldbeitritt oder die Erfüllungsübernahme höher als die bislang passivierte Rückstellung, entsteht ein Aufwand im Sinne von § 4f Absatz 2 i. V. m. Absatz 1 EStG; die Randnummern 16 bis 18 gelten entsprechend. Bei Schuldbeitritten und Erfüllungsübernahmen kommen Ausnahmen von der Verteilungspflicht nach § 4f Absatz 1 Satz 3 EStG (vgl. Randnummer 21) nicht in Betracht, da gemäß § 4f Absatz 2 EStG nur die Sätze 1, 2 und 7 des Absatzes 1 entsprechend gelten.

III. Schuldübernahmen, Schuldbeitritte und Erfüllungsübernahmen mit vollständiger oder teilweiser Schuldfreistellung im Zusammenhang mit Pensionsverpflichtungen im Sinne von § 6a EStG

26 Bei der Bewertung übernommener Pensionsverpflichtungen nach § 6a EStG können bilanzsteuerrechtliche Wahlrechte (insbesondere das Pensionsalter nach R 6a Absatz 11 EStR und die Wahl der biometrischen Rechnungsgrundlagen) unabhängig von der Entscheidung des Rechtsvorgängers in Anspruch genommen werden (vgl. Randnummer 10). Das sog. Nachholverbot nach § 6a Absatz 4 EStG gilt für bei einem Rechtsvorgänger entstandene Fehlbeträge in der ersten Schlussbilanz nach der Übernahme nicht.

27 In den Fällen der Übernahme von Pensionsverpflichtungen gegenüber Arbeitnehmern, die bisher in einem anderen Unternehmen tätig waren (Unternehmenswechsel), unter gleichzeitiger Übernahme von Vermögenswerten gilt für die Bewertung der Pensionsverpflichtungen die Sonderregelung des § 5 Absatz 7 Satz 4 EStG: Bei der Ermittlung des Teilwertes der jeweiligen Verpflichtung ist der Jahresbetrag nach § 6a Absatz 3 Satz 2 Nummer 1 EStG so zu bemessen, dass zu Beginn des Wirtschaftsjahres der Übernahme der Barwert der Jahresbeträge zusammen mit den übernommenen Vermögenswerten gleich dem Barwert der künftigen Pensionsleistungen ist, wobei sich kein negativer Jahresbetrag ergeben darf. Das gilt unabhängig von der Anzahl der übernommenen Pensionsverpflichtungen. Bei Betriebsübergängen gemäß § 613a BGB kommt die Anwendung der Sonderregelung nach § 5 Absatz 7 Satz 4 EStG nicht in Betracht, da in diesen Fällen der neue Betriebsinhaber in die Rechte und Pflichten aus den bestehenden Arbeitsverhältnissen eintritt und kein Unternehmenswechsel erfolgt.

28 Wurde eine Pensionsverpflichtung bereits mehrfach übertragen und wurde bei mindestens einer der Übertragungen die in § 5 Absatz 7 Satz 4 EStG dargelegte Sonderregelung angewendet, ist abweichend von Randnummer 9 derjenige ursprünglich verpflichtet im Sinne von § 5 Absatz 7 Satz 1 EStG, der zuletzt die Sonderregelung angewendet hat.

29 Nach § 4f Absatz 1 Satz 3 zweiter Teilsatz EStG unterbleibt die Verteilung von Aufwand im Zusammenhang mit der Übertragung von Pensionsansprüchen von Versorgungsberechtigten, die zu einem neuen Arbeitgeber wechseln. Das gilt auch für Verpflichtungen aus Jubiläumszusagen, Altersteilzeitvereinbarungen und ähn-

lichen Verpflichtungen gegenüber dem Arbeitnehmer, die auf den neuen Arbeitgeber übertragen werden. In den Fällen des § 613a BGB ist § 4f Absatz 1 Satz 3 zweiter Teilsatz EStG aber nicht anzuwenden (vgl. Randnummer 27 letzter Satz).

26 **Beispiel 2**

Arbeitgeber K (Wirtschaftsjahr = Kalenderjahr) hat seinem Arbeitnehmer Pensionsleistungen zugesagt und in seiner Steuerbilanz zum 31.12.2012 eine Pensionsrückstellung nach § 6a EStG i. H. v. 100.000 EUR zutreffend passiviert. Mit Vertrag vom 16.12.2013 vereinbart K mit F (Wirtschaftsjahr = Kalenderjahr) einen Schuldbeitritt mit Freistellungsverpflichtung und zahlt hierfür am 17.12.2013 150.000 EUR an F.

Wegen der Freistellungsverpflichtung des F ist nicht mehr davon auszugehen, dass K aus der Pensionsverpflichtung in Anspruch genommen wird. Die bislang passivierte Pensionsrückstellung nach § 6a EStG ist daher in der Bilanz zum 31.12.2013 gewinnerhöhend aufzulösen (BFH-Urteil vom 26.4.2012, a. a. O.). Die Zahlung von 150.000 EUR an F ist Betriebsausgabe, so dass sich im Ergebnis ein Verlust von 50.000 EUR ergibt. Dieser Verlust ist nach § 4f EStG über 15 Jahre zu verteilen, da der Aufwand in einem nach dem 28.11.2013 endenden Wirtschaftsjahr entstanden ist (vgl. § 52 Absatz 8 EStG). In den Wirtschaftsjahren 2013 bis 2027 können jeweils 1/15x 50.000 EUR = 3.333 EUR als Betriebsausgabe abgezogen werden (außerbilanzielle Hinzurechnungen und Abrechnungen).

Die aufgrund des Schuldbeitrittes bei F zu passivierende Pensionsverpflichtung ist zunächst mit den „Anschaffungskosten" von 150.000 EUR anzusetzen (Buchung: Bank 150.000 EUR an Pensionsverpflichtung 150.000 EUR). Am folgenden Bilanzstichtag 31.12.2013 ist § 5 Absatz 7 Satz 2 EStG zu beachten. Die Freistellungsverpflichtung ist so zu bilanzieren, wie sie der ursprünglich alleine verpflichtete K am 31.12.2013 anzusetzen gehabt hätte (Pensionsrückstellung, Teilwert nach § 6a EStG zum 31.12.2013, hier angenommen 110.000 EUR). Nimmt F die Rücklagenregelung gemäß § 5 Absatz 7 Satz 5 EStG in Anspruch, kann der Gewinn aus dem Teilwertansatz nach § 6a EStG (150.000 EUR – 110.000 EUR = 40.000 EUR) zu 14/15 = 37.334 EUR als Rücklage passiviert werden. Es verbleibt ein Gewinn von 1/15x 40.000 EUR = 2.666 EUR. Dementsprechend ergibt sich folgende Steuerbilanz:

Steuerbilanz F 31.12.2013

Aktiva		Passiva	
Bank	150.000 EUR	Schuldbeitrittsverpflichtung, § 6a EStG	110.000 EUR
		Rücklage § 5 (7) S. 5 EStG	37.334 EUR
		Kapital	
		Anfangsbestand 0 EUR	
		+ Gewinnansatz 2.666 EUR § 6a EStG	2.666 EUR

31 Verpflichtet sich der Beitretende, den bislang alleine Verpflichteten von den künftigen Leistungspflichten gegenüber einem Anwärter ganz freizustellen, zahlt der bislang alleine Verpflichtete als Gegenleistung für den Schuldbeitritt aber zunächst nur ein Basisentgelt für die bis zum Beitritt erdiente Versorgungsanwartschaft und vergütet die nach diesem Stichtag erdienten Anwartschaften durch entsprechende Entgelterhöhungen, gilt als Wirtschaftsjahr des Schuldbeitrittes für die gesamte Pensionsverpflichtung das Wirtschaftsjahr, in dem die Verpflichtung zur Zahlung des Basisentgeltes gewinnwirksam wird. Die Verteilungs- und Rücklagenregelung der §§ 4f und 5 Absatz 7 EStG kommen aus Vereinfachungsgründen nur für das Basisentgelt in Betracht. Die in den dem Schuldbeitritt folgenden Wirtschaftsjahren für die neu erdienten Anwartschaften gezahlten Entgelterhöhungen sind beim bislang alleine Verpflichteten uneingeschränkt in voller Höhe als Betriebsausgabe abzugsfähig und beim Beitretenden in voller Höhe als Betriebseinnahme anzusetzen.

32 <u>**Abwandlung Beispiel 2**</u>

K zahlt am 17.12.2013 an F für den Schuldbeitritt zunächst nur ein Basisentgelt in Höhe des nach HGB-Grundsätzen ermittelten Barwertes der bis zum Schuldbeitritt erdienten Anwartschaft des noch im Unternehmen tätigen Versorgungsberechtigten (120.000 EUR). Die Vergütung der nach dem Schuldbeitritt erdienten Anwartschaft soll durch jährliche Entgelterhöhungen erfolgen.

K hat die bislang passivierte Pensionsrückstellung nach § 6a EStG i. H. v. 100.000 EUR in der Bilanz zum 31.12.2013 vollständig gewinnerhöhend aufzulösen, da er von der gesamten Versorgungsverpflichtung freigestellt wird. Das gezahlte Basisentgelt von 120.000 EUR ist bis zur Höhe der aufgelösten Rückstellung sofort als Betriebsausgabe abzugsfähig. Der übersteigende Betrag von

20.000 EUR ist in den Wirtschaftsjahren 2013 bis 2027 gleichmäßig verteilt abzuziehen. Die in den folgenden Jahren für die neu erdienten Anwartschaften gezahlten Entgelterhöhungen sind in voller Höhe Betriebsausgabe.

F hat zum 31.12.2013 die gesamte übernommene Verpflichtung nach § 6a EStG zu bewerten (110.000 EUR). Unter Berücksichtigung der erhaltenen Zahlung von 120.000 EUR ergibt sich ein Gewinn von 10.000 EUR, für den nach § 5 Absatz 7 Satz 5 EStG eine gewinnmindernde Rücklage gebildet werden kann, die über 15 Jahre zu verteilen ist. Die Entgelte in den Folgejahren sind jeweils in vollem Umfang gewinnwirksam.

33 Die Regelungen gemäß Randnummer 31 gelten entsprechend bei Erhöhungsbeträgen, die aufgrund des Bilanzrechtsmodernisierungsgesetzes gezahlt werden, wenn der bislang alleinige Verpflichtete das handelsrechtliche Wahlrecht zur Verteilung der Rückstellungszuführung nach Artikel 65 Absatz 1 des Einführungsgesetzes zum Handelsgesetzbuch in Anspruch genommen hat.

IV. Zeitliche Anwendung

34 Dieses Schreiben gilt in allen noch offenen Fällen. Das BMF-Schreiben vom 16.12.2005 (a. a. O.) zur bilanziellen Behandlung von Schuldbeitrittsvereinbarungen und das BMF-Schreiben vom 24.6.2011 (a. a. O.) zu den bilanzsteuerrechtlichen Ansatz- und Bewertungsvorbehalten bei der Übernahme von schuldrechtlichen Verpflichtungen werden aufgehoben.

35 Hat der Freistellungsberechtigte abweichend von Randnummer 24 bislang aufgrund der in Randnummer 34 genannten BMF-Schreiben eine Rückstellung und einen Freistellungsanspruch gegenüber dem Freistellungsverpflichteten angesetzt, ist es nicht zu beanstanden, wenn Rückstellung und Anspruch spätestens in dem Wirtschaftsjahr gewinnwirksam aufgelöst werden, das nach der Veröffentlichung dieses Schreibens im Bundessteuerblatt endet. Die Betriebsausgabenverteilung gemäß § 4f Absatz 2 i. V. m. Absatz 1 EStG kommt nur dann in Betracht, wenn die Vereinbarung auch ohne Anwendung der in Randnummer 34 genannten BMF-Schreiben in nach dem 28.11.2013 endenden Wirtschaftsjahren zu einem Aufwand geführt hätte.

Dieses Schreiben wird im Bundessteuerblatt Teil I veröffentlicht.

BMF-Schreiben zu Zusagen auf Leistungen der betrieblichen Altersversorgung; Bilanzsteuerrechtliche Berücksichtigung von überdurchschnittlich hohen Versorgungsanwartschaften (Überversorgung) (03.11.2004)

Schreiben des Bundesministeriums der Finanzen vom 3.11.2004, IV B 2 - S 2176 - 13/04

Zur Frage der bilanzsteuerrechtlichen Berücksichtigung von überdurchschnittlich hohen Zusagen auf Leistungen der betrieblichen Altersversorgung nehme ich nach Abstimmung mit den obersten Finanzbehörden der Länder wie folgt Stellung:

I. Grundsatz

1 Überdurchschnittlich hohe Versorgungszusagen sind steuerrechtlich grundsätzlich anzuerkennen, soweit die Zusagen betrieblich veranlasst sind und arbeitsrechtlich keine Reduzierung der Versorgungszusagen aufgrund planwidriger Überversorgung möglich ist (vgl. u. a. Urteile des Bundesarbeitsgerichtes vom 9.7.1985, BB 1986 S. 1088 und 28.7.1998, DB 1999 S. 389).

II. Versorgungszusagen über Direktversicherungen, Pensionskassen und Pensionsfonds

2 Der Betriebsausgabenabzug von Beiträgen an Direktversicherungen, Pensionskassen und Pensionsfonds ergibt sich aus den §§ 4 Abs. 4, 4c und 4e EStG. Das gilt auch für überdurchschnittlich hohe Versorgungszusagen. Weitere Beschränkungen bestehen – vorbehaltlich Randnummer 21 – grundsätzlich nicht.

III. Zuwendungen an Unterstützungskassen und Direktzusagen (Pensionszusagen)

3 Zuwendungen an Unterstützungskassen für Leistungsanwärter können nach § 4d Abs. 1 Satz 1 Nr. 1 Satz 1 Buchstabe b Satz 1 EStG nur nach den Verhältnissen am Schluss des Wirtschaftsjah-

res der Zuwendungen als Betriebsausgaben abgezogen werden. Änderungen, die erst nach dem Bilanzstichtag wirksam werden, sind nur zu berücksichtigen, wenn sie am Bilanzstichtag bereits feststehen (R 27a Abs. 4 Satz 8 Einkommensteuerrichtlinien – EStR). Liegen die Voraussetzungen einer rückgedeckten Unterstützungskasse im Sinne von § 4d Abs. 1 Satz 1 Nr. 1 Satz 1 Buchstabe c EStG vor, sind hinsichtlich der Zuwendungen für Leistungsanwärter oder Leistungsempfänger ebenfalls die Verhältnisse am Schluss des Wirtschaftsjahres maßgebend.

4 Nach § 6a Abs. 3 Satz 2 Nr. 1 Satz 4 EStG können bei der Teilwertberechnung von Versorgungsverpflichtungen gegenüber Pensionsberechtigten, deren Dienstverhältnis noch nicht beendet ist, Erhöhungen oder Verminderungen der Pensionsleistungen nach dem Schluss des Wirtschaftsjahres, die hinsichtlich des Zeitpunkts ihres Wirksamwerdens oder ihres Umfangs ungewiss sind, bei der Berechnung des Barwerts der künftigen Pensionsleistungen und der Jahresbeträge erst berücksichtigt werden, wenn sie eingetreten sind. Entsprechendes gilt beim Ansatz des Barwertes der künftigen Pensionsleistungen am Schluss des Wirtschaftsjahres nach Beendigung des Dienstverhältnisses unter Aufrechterhaltung der Pensionsanwartschaft oder nach Eintritt des Versorgungsfalles (§ 6a Abs. 3 Satz 2 Nr. 2 zweiter Teilsatz EStG).

5 Versorgungszusagen, die über die üblicherweise durch Betriebsrenten abgedeckten Einkommensausfälle hinaus gehen und entgegen den in den Randnummern 3 und 4 genannten Regelungen künftige Einkommens- und Lohnentwicklungen vorwegnehmen, können steuerlich nur berücksichtigt werden, soweit sie im Verhältnis zum letzten Aktivlohn angemessen sind (vgl. Urteile des Bundesfinanzhofes – BFH – vom 17.5.1995, BStBl 1996 II S. 420 und vom 31.3.2004, BStBl 2004 II S. ... und S. ...).

IV. Unzulässige Vorwegnahme künftiger Einkommensentwicklungen durch überdurchschnittlich hohe betriebliche Versorgungszusagen

6 Die Frage, ob durch überdurchschnittlich hohe Versorgungszusagen künftige Einkommens- und Lohnentwicklungen vorweg genommen werden und somit ein Verstoß gegen die Regelungen in § 4d Abs. 1 Satz 1 Nr. 1 Satz 1 Buchstabe b und c EStG oder § 6a Abs. 3 Satz 2 Nr. 1 Satz 4 EStG (Randnummer 4) vorliegt, richtet

sich nach den Umständen des jeweiligen Einzelfalles. Maßgebend ist, ob unter Heranziehung objektiver Merkmale das überdurchschnittlich hohe Versorgungsniveau von vornherein beabsichtigt wurde oder eine Vorwegnahme künftiger Einkommens- und Lohnentwicklungen anzunehmen ist. Bei laufenden und ausfinanzierten Rentenleistungen kommt eine Vorwegnahme künftiger Lohnentwicklungen regelmäßig nicht in Betracht.

1. 75 %-Grenze im Sinne der BFH-Rechtsprechung

7 Von einer möglichen Vorwegnahme künftiger Einkommensentwicklungen kann regelmäßig ausgegangen werden, wenn die sog. 75 %-Grenze im Sinne der BFH-Urteile vom 17.5.1995 und 31.3.2004 (a. a. O.) überschritten wird. Danach kann eine Vorwegnahme künftiger Einkommenstrends anzunehmen sein, soweit die insgesamt zugesagten Leistungen der betrieblichen Altersversorgung (Direktzusage, Direktversicherung, Pensionskasse, Unterstützungskasse und Pensionsfonds) zusammen mit einer zu erwartenden Rente aus der gesetzlichen Rentenversicherung höher sind als 75 % der Bezüge des Versorgungsberechtigten. Dabei ist es unerheblich, ob der Versorgungsverpflichtete für die Verpflichtung eine Rückdeckungsversicherung abgeschlossen oder die Ansprüche aus der Rückdeckungsversicherung an den Berechtigten verpfändet hat.

Bei der Prüfung der 75 %-Grenze sind folgende Bezugsgrößen maßgebend:

a) Grundsatz

8 Für die Höhe der insgesamt zugesagten Versorgungsleistungen und der Bezüge des Berechtigten sind die Verhältnisse am Bilanzstichtag maßgebend. Hat sich zu einem späteren Bilanzstichtag der Umfang der Stichtagsbezüge und/oder die Höhe der Ansprüche auf betriebliche Altersversorgung geändert, sind die geänderten Bezugsgrößen für diesen Bilanzstichtag zu berücksichtigen. Haben sich beispielsweise die laufenden Gehaltsansprüche des Berechtigten gemindert, gilt dies mit Ausnahme der in Randnummer 19 genannten Fälle unabhängig davon, welche Gründe für die Minderung dieser Ansprüche ausschlaggebend waren.

b) Bezüge des Versorgungsberechtigten

9 Es sind sämtliche Aktivbezüge des Versorgungsberechtigten am Bilanzstichtag zu berücksichtigen. Dabei ist es unerheblich, ob die

Bezüge zu Rentenleistungen führen. Die Aktivbezüge entsprechen dem Arbeitslohn i. S. des § 2 Lohnsteuer-Durchführungsverordnung (LStDV).

10 Ist ein Leistungsanwärter mit unverfallbaren, nicht ausfinanzierten Versorgungsansprüchen ausgeschieden, sind die fiktiven Aktivbezüge zugrunde zu legen, die der Berechtigte erhalten hätte, wenn er nicht vorzeitig das Unternehmen verlassen hätte.

11 Soweit variable Gehaltsbestandteile (z. B. Tantiemen, Boni, Sachzuwendungen) einzubeziehen sind, ist der Durchschnitt dieser Bezüge aus den letzten fünf Jahren maßgebend.

Beispiel

Der Versorgungsberechtigte hat in den letzten 6 Jahren folgende Gehälter bezogen:

	1997	1998	1999	2000	2001	2002
Grundgehalt:	3.000 €	3.100 €	3.300 €	3.300 €	3.400 €	3.450 €
Sonderzuwendungen:	500 €	0 €	1.000 €	900 €	1.500 €	0 €

Zu prüfen ist die Zusage im Jahr 2002. Bei der Prüfung der 75 %-Grenze für 2002 sind als maßgebende Bezüge nicht nur das Grundgehalt von 3.450 EUR zu berücksichtigen, sondern auch der Durchschnitt der Sonderzuwendungen der letzten 5 Jahre. Dabei ist es unerheblich, dass der Versorgungsberechtigte in 2002 keine Sonderzuwendungen erhalten hat. Der Durchschnitt der Sonderzuwendungen beträgt

(0 EUR + 1.000 EUR + 900 EUR + 1.500 EUR + 0 EUR) / 5 = 680 EUR.

Somit ergeben sich für das Jahr 2002 maßgebende Bezüge in Höhe von 3.450 EUR + 680 EUR = 4.130 EUR.

c) Zugesagte Versorgungsleistungen

12 Für die Prüfung der 75 %-Grenze sind sämtliche am Bilanzstichtag vertraglich zugesagten Altersversorgungsansprüche (Direktzusage, Direktversicherung, Pensionskasse, Unterstützungskasse und Pensionsfonds) des Steuerpflichtigen im rechnerischen Pensionsalter (vgl. R 41 Abs. 12 EStR) einschließlich der zu erwartenden Rente aus der gesetzlichen Rentenversicherung maßgebend. Fest zuge-

sagte Erhöhungen dieser Ansprüche während der Rentenlaufzeit zur Abgeltung von Verpflichtungen im Sinne von § 16 des Gesetzes zur Verbesserung der betrieblichen Altersversorgung (Betriebsrentengesetz – BetrAVG) bleiben dabei außer Betracht, soweit die jährlichen Steigerungsraten 3 % nicht übersteigen (BFH-Urteil 31.3.2004, I R 79/03, a. a. O.). Das gilt auch für Leistungen der Invaliditäts- und Hinterbliebenenversorgung.

13 Bei Beitragszusagen mit Mindestleistung im Sinne von § 1 Abs. 2 Nr. 2 BetrAVG ist auf die Mindestleistung im rechnerischen Pensionsalter abzustellen.

14 Sieht die Versorgungszusage an Stelle von lebenslänglich laufenden Leistungen eine einmalige Kapitalleistung vor, gelten 10 % der Kapitalleistung als Jahresbetrag einer lebenslänglich laufenden Leistung (analog § 4d Abs. 1 Satz 1 Nr. 1 Satz 7 EStG).

15 Es ist nicht zu beanstanden, wenn die Höhe der zu erwartenden Rente aus der gesetzlichen Rentenversicherung nach dem steuerlichen Näherungsverfahren zur Berücksichtigung von Sozialversicherungsrenten bei der Bewertung von Pensionsverpflichtungen und bei der Ermittlung der als Betriebsausgaben abzugsfähigen Zuwendungen an Unterstützungskassen (BMF-Schreiben vom 5.10.2001, BStBl 2001 I S. 661, mit späteren Änderungen) berechnet wird. Unabhängig davon kann im Einzelfall die nachgewiesene Höhe der zu erwartenden Sozialversicherungsrente angesetzt werden.

d) Gehaltsabhängige Zusagen und Entgeltumwandlungen

16 Beruht die Versorgungszusage auf gehaltsabhängigen Leistungen, liegt ein Verstoß gegen das Stichtagsprinzip nach § 4d Abs. 1 Satz 1 Nr. 1 Satz 1 Buchstabe b und c EStG und § 6a Abs. 3 Satz 2 Nr. 1 Satz 4 EStG regelmäßig nicht vor. Gehaltsabhängige Versorgungsleistungen in diesem Sinne liegen nur dann vor, wenn die zugesagten Leistungen ausschließlich von einem erreichbaren, festgelegten Prozentsatz des letzten Aktivlohnes oder des Durchschnittes der letzten Aktivbezüge vor Eintritt des Versorgungsfalles abhängen (Endgehaltsplan) oder es sich ausschließlich um beitragsorientierte Versorgungszusagen im Sinne von § 1 Abs. 2 Nr. 1 BetrAVG handelt.

17 Wurden neben einem gehaltsabhängigen Bestandteil auch Festbetragsleistungen zugesagt, sind die auf die gehaltsabhängigen Leistungen entfallenden Bezüge in die Ermittlung der 75 %-Grenze einzubeziehen und nachfolgend von dem sich ergebenden Betrag abzusetzen.

18 Soweit die Versorgungsleistungen auf Entgeltumwandlungen beruhen, können die umgewandelten Entgelte und die diesen entsprechenden Versorgungsleistungen bei der Berechnung der 75 %-Grenze – vorbehaltlich der Randnummer 21 – unberücksichtigt bleiben.

Beispiel:

Der Versorgungsberechtigte V (fremder Arbeitnehmer) erzielt nach den Verhältnissen am Bilanzstichtag folgende jährliche Bezüge:

vereinbartes Festgehalt:	80.000 €
abzgl. Entgeltumwandlungen über Direktzusage:	5.000 €
auszuzahlendes Entgelt:	75.000 €
versorgungsfähiges Entgelt ("Schattengehalt"):	80.000 €

V hat keine Ansprüche aus der gesetzlichen Rentenversicherung. Der jährliche Versorgungsanspruch des V aus der Direktzusage setzt sich wie folgt zusammen:

a. 60 % des versorgungsfähigen Entgeltes (80.000 €)
b. 15.000 €
c. Leistungen aus den Entgeltumwandlungen

Der die gehaltsabhängigen Versorgungsleistungen zu a) betreffende Bestandteil des versorgungsfähigen Entgeltes ist in die Ermittlung der 75 %-Grenze einzubeziehen und nachfolgend von dem sich ergebenden Betrag (Zwischenergebnis) abzusetzen. Die Entgeltumwandlungen zu c) bleiben vollständig unberücksichtigt. Lediglich hinsichtlich der Versorgungszusage zu b) kommt eine Vorwegnahme künftiger Lohnentwicklungen durch Überversorgung in Betracht. Die maßgebenden Bezugsgrößen ermitteln sich wie folgt:

Versorgungsfähiges Entgelt:	80.000 €
abzgl. Entgeltumwandlungen über die Direktzusage:	5.000 €
maßgebende Aktivbezüge (§ 2 LStDV):	75.000 €
davon 75 %:	56.250 €
ab gehaltsabhängiger Bestandteil der Zusage: 60 % × 80.000 €:	48.000 €
verbleiben:	8.250 €
Festbetragsrente:	15.000 €
übersteigender Betrag:	**6.750 €**

Nur hinsichtlich des übersteigenden Betrages kann eine Vorwegnahme künftiger Lohnentwicklungen vorliegen. Maßgebend sind die Verhältnisse des Einzelfalles e) Wechsel Vollzeit-/Teilzeitbeschäftigungsverhältnis Sinkt oder steigt das Gehaltsniveau aufgrund eines Wechsels des Beschäftigungsgrades, z. B. infolge eines Wechsels von einem Vollzeit- zu einem Teilzeitbeschäftigungsverhältnis, ergibt sich in Bezug auf das maßgebende volle (fiktive) Gehalt anstelle der 75 %-Grenze folgender prozentualer Grenzwert G:

$$G = [g \times (m_1/n)] + [g \times (b/100) \times (m_2/n)]$$

Erläuterungen

g = bislang gültige Prozent-Grenze (vor dem erstmaligen Wechsel des Beschäftigungsgrades beträgt diese immer 75 %)

b = aufgrund des Wechsels des Beschäftigungsgrades geändertes Gehaltsniveau auf Basis des ursprünglichen Beschäftigungsgrades (= 100)

m_1 = Zeitraum, für den die bisherige Prozent-Grenze maßgebend war

m_2 = Zeitraum, für den die neue Prozent-Grenze maßgebend ist
n = Gesamtlaufzeit des Dienst- oder sonstigen Rechtsverhältnisses

Beispiel

Der Versorgungsberechtigte N hat 20 Jahre ein (volles) Gehalt von monatlich 1.000 EUR (maßgebende Bezugsgröße) bezogen. Die letzten 5 Jahre bis zum Eintritt in den Ruhestand erhält er aufgrund des Wechsels in ein Teilzeitbeschäftigungsverhältnis nur noch 50 % der vollen Bezüge. Aufgrund der Änderung des Gehaltsniveaus ist die 75 %-Grenze auf den Grenzwert G wie oben anzupassen. Ab dem dem Wechsel des Beschäftigungsgrades folgenden Bilanzstichtag ergibt sich der folgende prozentuale Grenzwert in Bezug auf das maßgebende (fiktive) volle Gehalt von 1.000 EUR:

$$G = [\,75 \times (20/25)] + [\,75 \times (50/100) \times (5/25)] = [60] + [7{,}5] = 67{,}5\ \%$$

2. Steuerrechtliche Folgen bei Verstoß gegen das Stichtagsprinzip nach § 4d Abs. 1 Satz 1 Nr. 1 Satz 1 Buchstabe b und c EStG oder § 6a Abs. 3 Satz 2 Nr. 1 Satz 4 EStG

Ist von einer unzulässigen Vorwegnahme künftiger Einkommens- und Lohnentwicklungen auszugehen, kann die Verpflichtung beim Betriebsausgabenabzug nach § 4d EStG oder bei der Bewertung der Pensionsrückstellung nach § 6a EStG nur insoweit berücksichtigt werden, wie sie die 75 %-Grenze (Randnummer 7) nicht überschreitet.

V. Zusagen auf Leistungen der betrieblichen Altersversorgung an mitarbeitende Ehegatten und in einem anderen Rechtsverhältnis stehende Versorgungsberechtigte

21 Die Grundsätze über die steuerliche Anerkennung von Aufwendungen für die betriebliche Altersversorgung der mitarbeitenden Ehegatten bleiben unberührt.

22 Die dargestellten Regelungen gelten auch für Zusagen an Pensionsberechtigte, die in einem anderen Rechtsverhältnis als einem Dienstverhältnis stehen.

VI. Zeitliche Anwendung

23 Die Grundsätze dieses Schreibens gelten für alle noch offenen Fälle. Die sog. Vereinfachungsregelung (Aufwendungen des Versorgungsverpflichteten übersteigen nicht 30 % der Stichtagsbezüge, vgl. u. a. BFH-Urteil vom 16.5.1995, BStBl 1995 II S. 873, und Urteil 31.3.2004, I R 70/03, a. a. O., mit weiteren Nachweisen) ist letztmals für Wirtschaftsjahre anzuwenden, die vor dem 1.1.2005 beginnen.

Dieses Schreiben wird im Bundessteuerblatt Teil I veröffentlicht.

BMF-Schreiben zu Pensionszusagen an Gesellschafter-Geschäftsführer: Vereinbarung einer sofortigen ratierlichen Unverfallbarkeit, Länge des Erdienungszeitraums (09.12.2002)

Schreiben des Bundesministeriums der Finanzen vom 9.12.2002, IV A 2 - S 2742 - 68/02

Im Einvernehmen mit den obersten Finanzbehörden der Länder gilt zur steuerlichen Behandlung einer Pensionszusage an einen Gesellschafter-Geschäftsführer Folgendes:

1. Unverfallbarkeit

Vereinbarungen über eine Unverfallbarkeit in Zusagen auf Leistungen der betrieblichen Altersversorgung an Gesellschafter-Geschäftsführer einer Kapitalgesellschaft sehen häufig abweichend von den Regelungen im Gesetz zur Verbesserung der betrieblichen Altersversorgung (BetrAVG) vor, dass dem Berechtigten eine sofortige Unverfallbarkeit der zugesagten Ansprüche eingeräumt wird. Eine derartige Vereinbarung ist grundsätzlich für sich genommen nur dann nicht als durch das Gesellschaftsverhältnis veranlasst anzusehen, wenn es sich um eine sofortige ratierliche Unverfallbarkeit handelt. Bei einem Anspruch auf betriebliche Altersversorgung durch Entgeltsumwandlung ist nicht zu beanstanden, wenn sich die Unverfallbarkeit nach § 2 Abs. 5a BetrAVG richtet.

Ist die Zusage danach als durch das Gesellschaftsverhältnis veranlasst anzusehen, liegt bei einem vorzeitigen Ausscheiden des Berechtigten auf der Ebene der Gesellschaft eine verdeckte Gewinnausschüttung insoweit vor, als der Rückstellungsausweis für die Verpflichtung nach § 6a EStG den Betrag übersteigt, der sich bei einer sofortigen ratierlichen Unverfallbarkeit ergeben würde. Bei Zusagen an beherrschende Gesellschafter-Geschäftsführer ist zur Ermittlung des Betrags, der sich bei einer sofortigen ratierlichen Unverfallbarkeit ergeben würde, nicht der Beginn der Betriebszugehörigkeit, sondern der Zeitpunkt der Zusage maßgebend. Auf die verdeckte Gewinnausschüttung sind die Grundsätze des BMF-Schreibens vom 28.5.2002 (BStBl 2002I S. 603) anzuwenden.

2. Erdienungszeitraum

Nach den BMF-Schreiben vom 1.8.1996 (BStBl 1996I S. 1138) bzw. vom 7.3.1997 (BStBl 1997I S. 637) lehnen sich die Zeiträume, in denen sich der Gesellschafter-Geschäftsführer seine Ansprüche aus einer Zusage auf Leistungen der betrieblichen Altersversorgung erdienen muss, an die Unverfallbarkeitsfristen des BetrAVG in dessen damaliger Fassung an. Diese Fristen sind durch das Altersvermögensgesetz vom 26.6.2001 verkürzt worden.

Die in den BMF-Schreiben vom 1.8.1996 (a. a. O.) bzw. vom 7.3.1997 (a. a. O.) genannten Fristen sind weiterhin zu beachten. Ein Unterschreiten ist als Indiz dafür anzusehen, dass die Zusage ihre Ursache im Gesellschaftsverhältnis hat.

Dieses Schreiben wird im Bundessteuerblatt Teil I veröffentlicht.

BMF-Schreiben zur bilanzsteuerrechtlichen Berücksichtigung von Abfindungsklauseln in Pensionszusagen (06.04.2005)

Schreiben des Bundesministerium der Finanzen vom 6.4.2005, IV B 2 - S 2176 - 10/05

Zusagen auf Leistungen der betrieblichen Altersversorgung können Regelungen zur Abfindung der Versorgungsanwartschaften und/oder der laufenden Versorgungsleistungen enthalten. Für die bilanzsteuerrechtliche Berücksichtigung von Abfindungsklauseln in Pensionszusagen gemäß § 6a EStG gilt nach Abstimmung mit den obersten Finanzbehörden der Länder Folgendes:

1. Allgemeines

Nach § 6a Abs. 1 Nr. 2 EStG können für Pensionszusagen insoweit keine Rückstellungen gebildet werden, als die Zusagen Vorbehalte enthalten, nach denen Anwartschaften oder laufende Leistungen gemindert oder entzogen werden können. Das gilt nicht, soweit sich die Vorbehalte nur auf Tatbestände erstrecken, bei deren Vorliegen nach den allgemeinen Rechtsgrundsätzen unter Beachtung billigen Ermessens eine Minderung oder ein Entzug der Versorgungsansprüche zulässig ist.

2. Gleichwertigkeit der Abfindung und der ursprünglichen Pensionszusage

Der BFH hat mit Urteil 10.11.1998, I R 49/97 (BStBl 2005 II S. 261) entschieden, dass die dem Arbeitgeber vorbehaltene Möglichkeit, Pensionsverpflichtungen jederzeit in Höhe des Teilwertes nach § 6a Abs. 3 EStG abfinden zu können, einen steuerschädlichen Vorbehalt i. S. d. § 6a Abs. 1 Nr. 2 EStG darstellt und deshalb einer Passivierung derartiger Pensionsverpflichtungen entgegen steht. Dem Urteil lag die Annahme zu Grunde, dass der mögliche Abfindungsbetrag mindestens dem Wert des gesamten Versorgungsversprechens zum Abfindungszeitpunkt entsprechen muss.

Abfindungsklauseln in Pensionszusagen führen zu einer Steuerschädlichkeit i. S. vom § 6a Abs. 1 Nr. 2 EStG und damit zu einem Nichtausweis der Pensionsrückstellungen, wenn die Versorgungszusagen gegenüber aktiven Anwärtern mit dem Teilwert gemäß § 6a Abs. 3 Satz 2 Nr. 1 EStG abgefunden werden können. Dagegen ist ein Abfindungsrecht, das sich für aktive Anwärter nach dem Barwert der künftigen Pensionsleistungen i. S. von § 6a Abs. 3 Satz 2 Nr. 1 EStG (d. h. der volle, unquotierte Anspruch) zum Zeitpunkt der Abfindung bemisst, unschädlich. Das gleiche gilt für die Abfindung von laufenden Versorgungsleistungen und unverfallbaren Ansprüchen gegenüber ausgeschiedenen Anwärtern (sofern arbeitsrechtlich zulässig), wenn vertraglich als Abfindungsbetrag der Barwert der künftigen Pensionsleistungen gemäß § 6a Abs. 3 Satz 2 Nr. 2 EStG vorgesehen ist.

3. Schriftliche Festlegung des Verfahrens zur Ermittlung der Abfindungshöhe (§ 6a Abs. 1 Nr. 3 EStG)

Die Regelungen zum Schriftformerfordernis nach dem BMF-Schreiben vom 28.8.2001 (BStBl 2001 I S. 594) gelten für in Pensionszusagen enthaltenen Abfindungsklauseln entsprechend. Wird das Berechnungsverfahren zur Ermittlung der Abfindungshöhe nicht eindeutig und präzise schriftlich fixiert, scheidet die Bildung einer Pensionsrückstellung insgesamt aus.

4. Zeitliche Anwendung

Die Grundsätze dieses Schreibens gelten für alle noch offenen Fälle. Aus Vertrauensschutzgründen sind jedoch nach den Textziffern 2 und 3 schädliche Abfindungsklauseln in Pensionszusagen, die bis zum Tag der Veröffentlichung dieses Schreibens im Bundessteuerblatt erteilt wurden, nicht zu beanstanden, wenn sie bis zum 31.12.2005 unter Berücksichtigung der o. g. Grundsätze schriftlich angepasst werden.

Dieses Schreiben wird im Bundessteuerblatt Teil I veröffentlicht.

BMF-Schreiben zur bilanzsteuerrechtlichen Berücksichtigung von Versorgungsleistungen (18.09.2017)

Schreiben des Bundesministeriums der Finanzen vom 18.09.2017, IV C 6 - S 2176/07/10006

Betriebliche Altersversorgung; Bilanzsteuerrechtliche Berücksichtigung von Versorgungsleistungen, die ohne die Voraussetzung des Ausscheidens aus dem Dienstverhältnis gewährt werden, und von vererblichen Versorgungsanwartschaften

Der Bundesfinanzhof (BFH) hat mit Urteilen vom 5. März 2008 (BStBl 2015 II S. 409) und vom 23. Oktober 2013 (BStBl 2015 II S. 413) entschieden, dass Versorgungszusagen nicht den Charakter als betriebliche Altersversorgung verlieren, wenn Leistungen nicht von dem Ausscheiden des Begünstigten aus dem Dienstverhältnis abhängig gemacht werden. Der BFH stellt aber klar, dass Pensionsleistungen in erster Linie der Deckung des Versorgungsbedarfes dienen und folglich regelmäßig erst bei Wegfall der Bezüge aus der betrieblichen Tätigkeit gezahlt werden.

Zur bilanzsteuerrechtlichen Berücksichtigung von Versorgungsleistungen, die ohne die Voraussetzung des Ausscheidens aus dem Dienstverhältnis gewährt werden, und von vererblichen Versorgungsanwartschaften nehme ich nach Abstimmung mit den obersten Finanzbehörden der Länder wie folgt Stellung:

1. Grundsatz der Ausgeglichenheitsvermutung von Arbeitsleistung und Entgelt

1 Pensionsrückstellungen nach § 6a EStG können wegen der Ausgeglichenheitsvermutung von Arbeitsleistung und Entgelt grundsätzlich nur auf Basis der nach dem Ausscheiden aus dem Dienstverhältnis zu gewährenden Leistungen angesetzt und bewertet werden.

2. Versorgungszusagen ohne Aussagen zum Ausscheiden aus dem Dienstverhältnis als Voraussetzung für die Gewährung von Pensionsleistungen

2   Enthält eine Pensionszusage im Sinne von § 6a EStG keine Aussagen zum Ausscheiden aus dem Dienstverhältnis als Voraussetzung für die Gewährung der Versorgungsleistungen nach Eintritt des Versorgungsfalles, ist davon auszugehen, dass zeitgleich mit der Inanspruchnahme der Leistungen auch das Arbeitsverhältnis beendet wird. Die Möglichkeit einer Ausübung des sog. zweiten Wahlrechtes nach R 6a Absatz 11 Satz 3 ff. EStR bleibt davon unberührt. In der Anwartschaftsphase ist die Versorgungsverpflichtung nach § 6a Absatz 3 Satz 2 Nummer 1 EStG zu bewerten.

3   Werden bei Eintritt der Invalidität oder bei Erreichen einer vereinbarten Altersgrenze die schriftlich zugesagten Versorgungsleistungen gewährt, gilt der Versorgungsfall auch dann als eingetreten, wenn das Arbeitsverhältnis weiter bestehen bleibt. Ab diesem Zeitpunkt ist die Pensionsrückstellung nach § 6a Absatz 3 Satz 2 Nummer 2 EStG zu berechnen.

4   Randnummer 2 des BMF-Schreibens vom 11. November 1999 (BStBl I S. 959) ist nicht weiter anzuwenden.

5   Beiträge an Direktversicherungen, Pensionskassen und Pensionsfonds sind unter den Voraussetzungen der §§ 4 Abs. 4, 4c und 4e EStG unabhängig davon als Betriebsausgaben abzugsfähig, ob das Arbeitsverhältnis für den Erhalt der zugesagten Leistungen beendet werden muss.

6   Zuwendungen an Unterstützungskassen sind nach Maßgabe des § 4d EStG abzugsfähig. Bei Zusagen auf lebenslänglich laufende Leistungen ist das Deckungskapital nach § 4d Absatz 1 Satz 1 Nummer 1 Satz 1 Buchstabe a EStG aber erst maßgebend, wenn der Berechtigte aus dem Dienstverhältnis ausgeschieden ist, da nur ehemalige Arbeitnehmer Leistungsempfänger im Sinne dieser Regelung sind.

3. Versorgungszusagen, die Versorgungsleistungen neben dem Arbeitslohn in Aussicht stellen

7   Steht bei Pensionszusagen, die den Bezug von Versorgungsleistungen neben dem laufenden Arbeitslohn eröffnen oder vorsehen, der

Ausscheidezeitpunkt noch nicht fest, ist dieser wegen der Ausgeglichenheitsvermutung von Arbeitsleistung und Entgelt (Randnummer 1) sachgerecht zu schätzen und der Bewertung der Pensionsrückstellung nach § 6a EStG zugrunde zu legen. Ein Anhaltspunkt für die Schätzung kann die Regelaltersgrenze in der gesetzlichen Rentenversicherung oder das Ende des Anstellungsvertrages sein. Die Randnummer 3 sowie die Randnummern 5 und 6 bei den Durchführungswegen Direktversicherungen, Pensionskassen, Pensionsfonds und Unterstützungskassen gelten entsprechend.

4. Teilweise Inanspruchnahme von Versorgungsleistungen ohne Ausscheiden

8   Werden die zugesagten Versorgungsleistungen bei Erreichen einer bestimmten Altersgrenze oder bei Eintritt der Invalidität unter entsprechender Herabsetzung des Beschäftigungsgrades und des Arbeitslohns nur teilweise in Anspruch genommen, gilt der Versorgungsfall insoweit als eingetreten. In diesem Fall ist die Bewertung der Pensionsverpflichtung an Bilanzstichtagen zwischen der erstmaligen teilweisen Inanspruchnahme von Versorgungsleistungen und dem Erreichen des vom Steuerpflichtigen zulässigerweise gewählten Finanzierungsendalters (sog. rechnerisches Pensionsalter) für bilanzsteuerliche Zwecke aufzuteilen. Soweit Leistungen bereits gewährt werden, gilt Randnummer 3 entsprechend. Für die noch nicht laufenden Leistungen ist bis zum Erreichen des maßgebenden rechnerischen Pensionsalters weiterhin § 6a Absatz 3 Satz 2 Nummer 1 EStG maßgebend. Für Bilanzstichtage nach Erreichen des rechnerischen Pensionsalters bedarf es einer Aufteilung nicht, da in diesen Fällen die Bewertung der noch nicht laufenden Leistungen nach § 6a Absatz 3 Satz 2 Nummer 1 EStG (Teilwert eines sog. technischen Rentners) dem Barwert nach § 6a Absatz 3 Satz 2 Nummer 2 EStG entspricht. Die Nachholung von Fehlbeträgen gemäß § 6a Absatz 4 Satz 5 EStG ist nur insoweit zulässig, als der Versorgungsfall nach Satz 1 als eingetreten gilt.

9   Das BMF-Schreiben vom 25. April 1995 (BStBl I S. 250) zu Pensionsrückstellungen für betriebliche Teilrenten ist nicht weiter anzuwenden und wird aufgehoben.

5. Körperschaftsteuerliche Regelungen

10 Die körperschaftsteuerlichen Regelungen für Gesellschafter-Geschäftsführer von Kapitalgesellschaften bleiben unberührt (BFH-Ur-

teile vom 5. März 2008, a. a. O. und vom 23. Oktober 2013, a. a. O.). In der Anwartschaftsphase ist eine Pensionszusage an den Gesellschafter-Geschäftsführer, die zwar die Vollendung des vereinbarten Pensionsalters voraussetzt, nicht jedoch dessen Ausscheiden aus dem Betrieb oder die Beendigung des Dienstverhältnisses, körperschaftsteuerrechtlich grundsätzlich nicht zu beanstanden. Sie führt nicht von vornherein wegen Unüblichkeit oder fehlender Ernsthaftigkeit zu einer verdeckten Gewinnausschüttung.

In der Auszahlungsphase der Pension führt die parallele Zahlung von Geschäftsführergehalt und Pension – sowohl bei einem beherrschenden als auch bei einem nicht beherrschenden – Gesellschafter-Geschäftsführer zu einer verdeckten Gewinnausschüttung, soweit das Aktivgehalt nicht auf die Pensionsleistung angerechnet wird.

Die Grundsätze gelten sowohl bei monatlicher Pensionsleistung als auch bei Ausübung eines vereinbarten Kapitalwahlrechts bei Erreichen der vereinbarten Altersgrenze.

Die Auflösung der Pensionsrückstellung steht der Annahme einer verdeckten Gewinnausschüttung nicht entgegen. Eine verdeckte Gewinnausschüttung ist auch dann zu bejahen, wenn das Aktivgehalt und die Arbeitszeit nach Eintritt des Versorgungsfalls deutlich reduziert werden, da eine „Teilzeittätigkeit" mit dem Aufgabenbild eines Gesellschafter-Geschäftsführers nicht vereinbar ist.

6. Vererbliche Versorgungsanwartschaften und Versorgungsleistungen

11 Sieht eine Pensionszusage die Vererblichkeit von Versorgungsanwartschaften oder Versorgungsleistungen vor und sind nach der Zusage vorrangig Hinterbliebene entsprechend der Randnummer 287 des BMF-Schreibens vom 24. Juli 2013 (BStBl I S. 1022) Erben, ist die Pensionsverpflichtung nach § 6a EStG zu bewerten. Im Vererbungsfall ist für die Bewertung der Leistungen, soweit sie nicht an Hinterbliebene im Sinne des Satzes 1 erbracht werden, § 6 EStG maßgebend.

Dieses Schreiben wird im Bundessteuerblatt Teil I veröffentlicht.

BMF-Schreiben zu Zeitwertkonten-Modellen (17.06.2009)

Schreiben des Bundesministeriums der Finanzen vom 17.06.2009, IV C 5 - S 2332/07/004

Zur lohn-/einkommensteuerlichen Behandlung von Zeitwertkonten-Modellen sowie den Voraussetzungen für die steuerliche Anerkennung nehme ich im Einvernehmen mit den obersten Finanzbehörden der Länder wie folgt Stellung:

A. Allgemeines zu Zeitwertkonten

I. Steuerlicher Begriff des Zeitwertkontos

Bei Zeitwertkonten vereinbaren Arbeitgeber und Arbeitnehmer, dass der Arbeitnehmer künftig fällig werdenden Arbeitslohn nicht sofort ausbezahlt erhält, sondern dieser Arbeitslohn beim Arbeitgeber nur betragsmäßig erfasst wird, um ihn im Zusammenhang mit einer vollen oder teilweisen Freistellung von der Arbeitsleistung während des noch fortbestehenden Dienstverhältnisses auszuzahlen. In der Zeit der Arbeitsfreistellung ist dabei das angesammelte Guthaben um den Vergütungsanspruch zu vermindern, der dem Arbeitnehmer in der Freistellungsphase gewährt wird. Der steuerliche Begriff des Zeitwertkontos entspricht insoweit dem Begriff der Wertguthabenvereinbarungen im Sinne von § 7b SGB IV (sog. Lebensarbeitszeit- bzw. Arbeitszeitkonto).

Keine Zeitwertkonten in diesem Sinne sind dagegen Vereinbarungen, die das Ziel der flexiblen Gestaltung der werktäglichen oder wöchentlichen Arbeitszeit oder den Ausgleich betrieblicher Produktions- und Arbeitszeitzyklen verfolgen (sog. Flexi- oder Gleitzeitkonten). Diese dienen lediglich zur Ansammlung von Mehr- oder Minderarbeitszeit, die zu einem späteren Zeitpunkt ausgeglichen wird. Bei Flexi- oder Gleitzeitkonten ist der Arbeitslohn mit Auszahlung bzw. anderweitiger Erlangung der wirtschaftlichen Verfügungsmacht des Arbeitnehmers zugeflossen und zu versteuern.

II. Besteuerungszeitpunkt

Weder die Vereinbarung eines Zeitwertkontos noch die Wertgutschrift auf diesem Konto führen zum Zufluss von Arbeitslohn, sofern die getroffene Vereinbarung den nachfolgenden Voraussetzungen entspricht. Erst die Auszahlung des Guthabens während der Freistellung löst Zufluss von Arbeitslohn und damit eine Besteuerung aus. Die Gutschrift von Arbeitslohn (laufender Arbeitslohn, Einmal- und Sonderzahlungen) zugunsten eines Zeitwertkontos wird aus Vereinfachungsgründen auch dann steuerlich anerkannt, wenn die Gehaltsänderungsvereinbarung bereits erdiente, aber noch nicht fällig gewordene Arbeitslohnteile umfasst. Dies gilt auch, wenn eine Einmal- oder Sonderzahlung einen Zeitraum von mehr als einem Jahr betrifft.

III. Verwendung des Guthabens zugunsten betrieblicher Altersversorgung

Wird das Guthaben des Zeitwertkontos aufgrund einer Vereinbarung zwischen Arbeitgeber und Arbeitnehmer vor Fälligkeit (planmäßige Auszahlung während der Freistellung) ganz oder teilweise zugunsten der betrieblichen Altersversorgung herabgesetzt, ist dies steuerlich als eine Entgeltumwandlung zugunsten der betrieblichen Altersversorgung anzuerkennen. Der Zeitpunkt des Zuflusses dieser zugunsten der betrieblichen Altersversorgung umgewandelten Beträge richtet sich nach dem Durchführungsweg der zugesagten betrieblichen Altersversorgung (vgl. BMF-Schreiben vom 20.1.2009, BStBl 2009 I S. 273, Rz. 189).

Bei einem Altersteilzeitarbeitsverhältnis im sog. Blockmodell gilt dies in der Arbeitsphase und der Freistellungsphase entsprechend. Folglich ist auch in der Freistellungsphase steuerlich von einer Entgeltumwandlung auszugehen, wenn vor Fälligkeit (planmäßige Auszahlung) vereinbart wird, das Guthaben des Zeitwertkontos oder den während der Freistellung auszuzahlenden Arbeitslohn zugunsten der betrieblichen Altersversorgung herabzusetzen.

IV. Begünstigter Personenkreis

1. Grundsatz: Arbeitnehmer in einem gegenwärtigen Dienstverhältnis

Ein Zeitwertkonto kann für alle Arbeitnehmer (§ 1 LStDV) im Rahmen eines gegenwärtigen Dienstverhältnisses eingerichtet werden. Dazu gehören auch Arbeitnehmer mit einer geringfügig entlohnten Beschäftigung i. S. des § 8 bzw. § 8a SGB IV. Besonderheiten gelten bei befristeten Dienstverhältnissen und bei Arbeitnehmern, die gleichzeitig Organ einer Körperschaft sind.

2. Besonderheiten:

a) Befristete Dienstverhältnisse

Bei befristeten Dienstverhältnissen werden Zeitwertkonten steuerlich nur dann anerkannt, wenn die sich während der Beschäftigung ergebenden Guthaben bei normalem Ablauf während der Dauer des befristeten Dienstverhältnisses, d.h. innerhalb der vertraglich vereinbarten Befristung, durch Freistellung ausgeglichen werden.

b) Organe von Körperschaften

Vereinbarungen über die Einrichtung von Zeitwertkonten bei Arbeitnehmern, die zugleich als Organ einer Körperschaft bestellt sind – z. B. bei Mitgliedern des Vorstands einer Aktiengesellschaft oder Geschäftsführern einer GmbH –, sind mit dem Aufgabenbild des Organs einer Körperschaft nicht vereinbar. Infolgedessen führt bereits die Gutschrift des künftig fällig werdenden Arbeitslohns auf dem Zeitwertkonto zum Zufluss von Arbeitslohn. Die allgemeinen Grundsätze der verdeckten Gewinnausschüttung bleiben unberührt.

Der Erwerb einer Organstellung hat keinen Einfluss auf das bis zu diesem Zeitpunkt aufgebaute Guthaben eines Zeitwertkontos. Nach Erwerb der Organstellung führen alle weiteren Zuführungen zu dem Konto steuerlich zu Zufluss von Arbeitslohn. Nach Beendigung der Organstellung und Fortbestehen des Dienstverhältnisses kann der Arbeitnehmer das Guthaben entsprechend der unter A. I. dargestellten Grundsätze weiter aufbauen oder das aufgebaute Guthaben für Zwecke der Freistellung verwenden.

c) Als Arbeitnehmer beschäftigte beherrschende Anteilseigner

Buchst. b) gilt entsprechend für Arbeitnehmer, die von der Körperschaft beschäftigt werden, die sie beherrschen.

B. Modellinhalte

I. Aufbau des Zeitwertkontos

In ein Zeitwertkonto können keine weiteren Gutschriften mehr unversteuert eingestellt werden, sobald feststeht, dass die dem Konto zugeführten Beträge nicht mehr durch Freistellung vollständig aufgebraucht werden können.

Bei Zeitwertkontenvereinbarungen, die die Anforderungen des § 7 Abs. 1a Satz 1 Nr. 2 SGB IV hinsichtlich der Angemessenheit der Höhe des während der Freistellung fälligen Arbeitsentgeltes berücksichtigen, wird davon ausgegangen, dass die dem Konto zugeführten Beträge durch Freistellung vollständig aufgebraucht werden können und somit eine solche Prognosenentscheidung regelmäßig entbehrlich ist. Für Zeitwertkonten, die diese Anforderungen nicht berücksichtigen und eine Freistellung für Zeiten, die unmittelbar vor dem Zeitpunkt liegen, zu dem der Beschäftigte eine Rente wegen Alters nach dem SGB VI bezieht oder beziehen könnte, vorsehen, ist hierfür einmal jährlich eine Prognoseentscheidung zu treffen. Für diese Prognoseentscheidung ist zum einen der ungeminderte Arbeitslohnanspruch (ohne Berücksichtigung der Gehaltsänderungsvereinbarung) und zum anderen der voraussichtliche Zeitraum der maximal noch zu beanspruchenden Freistellung maßgeblich. Der voraussichtliche Zeitraum der Freistellung bestimmt sich dabei grundsätzlich nach der vertraglichen Vereinbarung. Das Ende des voraussichtlichen Freistellungszeitraums kann allerdings nicht über den Zeitpunkt hinausgehen, zu dem der Arbeitnehmer eine Rente wegen Alters nach dem SGB VI spätestens beanspruchen kann (Regelaltersgrenze). Jede weitere Gutschrift auf dem Zeitwertkonto ist dann Einkommensverwendung und damit steuerpflichtiger Zufluss von Arbeitslohn.

Beispiel zur Begrenzung der Zuführung:

Zwischen dem 55-jährigen Arbeitnehmer B und seinem Arbeitgeber wird vereinbart, dass künftig die Hälfte des Arbeitslohns in ein Zeitwertkonto eingestellt wird, das dem Arbeitnehmer während der Freistellungsphase ratierlich ausgezahlt werden soll. Das Arbeitsverhältnis soll planmäßig mit Vollendung des 67. Lebensjahrs (Jahr 12) beendet werden. Der aktuelle Jahresarbeitslohn beträgt 100.000 EUR. Nach sieben Jahren beträgt das Guthaben 370.000 EUR (einschließlich Wertzuwächsen). Der Jahresarbeitslohn im Jahr 08 beläuft sich auf 120.000 EUR. Kann hiervon wieder die Hälfte dem Zeitwertkonto zugeführt werden?

Nach Ablauf des achten Jahres verbleiben für die Freistellungsphase noch vier Jahre. Eine Auffüllung des Zeitwertkonto ist bis zum Betrag von 480.000 EUR (= ungekürzter Arbeitslohn des laufenden Jahres × Dauer der Freistellungsphase in Jahren) steuerlich unschädlich. Daher können im Jahr 08 weitere 60.000 EUR dem Zeitwertkonto zugeführt werden (370.000 EUR + 60.000 EUR = 430.000 EUR Stand Guthaben

31.12.08). Sollte im Jahr 09 die Freistellungsphase noch nicht begonnen haben, können keine weiteren Beträge mehr unversteuert in das Zeitwertkonto eingestellt werden (Prognoserechnung: bei einem Jahresarbeitslohn von 120.000 EUR für die Freistellungsphase von drei Freistellungsjahren = 360.000 EUR).

Bei erfolgsabhängiger Vergütung ist dabei neben dem Fixum auch der erfolgsabhängige Vergütungsbestandteil zu berücksichtigen. Es bestehen keine Bedenken insoweit den Durchschnittsbetrag der letzten fünf Jahre zu Grunde zu legen. Wird die erfolgsabhängige Vergütung noch keine fünf Jahre gewährt oder besteht das Dienstverhältnis noch keine fünf Jahre, ist der Durchschnittsbetrag dieses Zeitraumes zu Grunde zu legen.

Beispiel zu erfolgsabhängigen Vergütungen:

Zwischen dem 55-jährigen Arbeitnehmer C und seinem Arbeitgeber wird Anfang 01 vereinbart, dass künftig die Hälfte des Arbeitslohns in ein Zeitwertkonto eingestellt wird, das dem Arbeitnehmer während der Freistellungsphase ratierlich ausgezahlt werden soll. Das Arbeitsverhältnis soll planmäßig mit Vollendung des 67. Lebensjahrs (Jahr 12) beendet werden. C bezieht im Jahr 01 ein Festgehalt von 100.000 EUR. Daneben erhält er erfolgsabhängige Vergütungsbestandteile, die ebenfalls hälftig dem Zeitwertkonto zugeführt werden sollen. Nach sieben Jahren beträgt das Guthaben des Zeitwertkontos 520.000 EUR. Die Fixvergütung beläuft sich im Jahr 08 auf 120.000 EUR. Die variablen Vergütungsbestandteile im Jahr 08 betragen 80.000 EUR; in den letzten fünf Jahren standen ihm variable Vergütungen in Höhe von insgesamt 300.000 EUR zu.

Dem Zeitwertkonto können im achten Jahr (Jahr 08) 100.000 EUR unversteuert zugeführt werden. Damit beläuft sich das Guthaben des Zeitwertkontos am Ende des Jahres 08 auf 620.000 EUR und ist – bezogen auf eine mögliche Freistellungsphase von noch vier Jahren – weiterhin geringer als das Vierfache des aktuellen jährlichen Fixgehalts (120.000 EUR) zuzüglich der durchschnittlichen jährlichen variablen Vergütungen von 60.000 EUR (300.000 EUR : 5), die sich somit für einen Freistellungszeitraum von vier Jahren auf 720.000 EUR belaufen (=180.000 EUR × 4 Jahre).

II. Verzinsung der Zeitwertkontenguthaben

Im Rahmen von Zeitwertkonten kann dem Arbeitnehmer auch eine Verzinsung des Guthabens zugesagt sein. Diese kann beispielsweise bestehen in einem festen jährlichen Prozentsatz des angesammelten Guthabens, wobei sich der Prozentsatz auch nach dem Umfang der jährlichen Gehaltsentwicklung richten kann, oder in einem Betrag in Abhängigkeit von der Entwicklung bestimmter am Kapitalmarkt angelegter Vermögenswerte.

Die Zinsen erhöhen das Guthaben des Zeitwertkontos, sind jedoch erst bei tatsächlicher Auszahlung an den Arbeitnehmer als Arbeitslohn zu erfassen.

III. Zuführung von steuerfreiem Arbeitslohn zu Zeitwertkonten

Wird vor der Leistung von steuerlich begünstigtem Arbeitslohn bestimmt, dass ein steuerfreier Zuschlag auf dem Zeitwertkonto eingestellt und getrennt ausgewiesen wird, bleibt die Steuerfreiheit bei Auszahlung in der Freistellungsphase erhalten (R 3b Abs. 8 LStR 2008). Dies gilt jedoch nur für den Zuschlag als solchen, nicht hingegen für eine darauf beruhende etwaige Verzinsung oder Wertsteigerung.

IV. Kein Rechtsanspruch gegenüber einem Dritten

Wird das Guthaben eines Zeitwertkontos auf Grund der Vereinbarung zwischen Arbeitgeber und Arbeitnehmer z.B. als Depotkonto bei einem Kreditinstitut oder Fonds geführt, darf der Arbeitnehmer zur Vermeidung eines Lohnzuflusses keinen unmittelbaren Rechtsanspruch gegenüber dem Dritten haben.

Beauftragt der Arbeitgeber ein externes Vermögensverwaltungsunternehmen mit der Anlage der Guthabenbeträge, findet die Minderung wie auch die Erhöhung des Depots z.B. durch Zinsen und Wertsteigerungen infolge von Kursgewinnen zunächst in der Sphäre des Arbeitgebers statt. Beim Arbeitnehmer sind die durch die Anlage des Guthabens erzielten Vermögensminderungen/-mehrungen – unter Berücksichtigung der Regelung zur Zeitwertkontengarantie unter B. V. – erst bei Auszahlung der Beträge in der Freistellungsphase lohnsteuerlich zu erfassen. Ein Kapitalanlagewahlrecht des Arbeitnehmers ist dann unschädlich.

Beim Erwerb von Ansprüchen des Arbeitnehmers gegenüber einem Dritten im Fall der Eröffnung des Insolvenzverfahrens ist § 3 Nr. 65 Buchst. c 2. Halbsatz EStG zu beachten.

V. Zeitwertkontengarantie

1. Inhalt der Zeitwertkontengarantie

Zeitwertkonten werden im Hinblick auf die in §§ 7d und 7e SGB IV getroffenen Regelungen steuerlich nur dann anerkannt, wenn die zwischen Arbeitgeber und Arbeitnehmer getroffene Vereinbarung vorsieht, dass zum Zeitpunkt der planmäßigen Inanspruchnahme des Guthabens mindestens ein Rückfluss der dem Zeitwertkonto zugeführten Arbeitslohn-Beträge (Bruttoarbeitslohn im steuerlichen Sinne ohne den Arbeitgeberanteil am Gesamtsozialversicherungsbeitrag) gewährleistet ist (Zeitwertkontengarantie). Im Fall der arbeitsrechtlichen Garantie des Arbeitgebers für die in das Zeitwertkonto für den Arbeitnehmer eingestellten Beträge, bestehen keine Bedenken von der Erfüllung der Zeitwertkontengarantie auszugehen, wenn der Arbeitgeber für diese Verpflichtung insbesondere die Voraussetzungen des Insolvenzschutzes nach § 7e SGB IV entsprechend erfüllt. Dies gilt nicht nur zu Beginn, sondern während der gesamten Auszahlungsphase, unter Abzug der bereits geleisteten Auszahlungen.

Wertschwankungen sowie die Minderung des Zeitwertkontos (z. B. durch die Abbuchung von Verwaltungskosten und Depotgebühren) in der Zuführungsphase sind lohnsteuerlich unbeachtlich.

Beispiel zur Zeitwertkontengarantie und Wertschwankungen:

Im Rahmen eines vereinbarten Zeitwertkontos ergibt sich zum Ende des dritten Jahres innerhalb der zehnjährigen Ansparphase ein Guthaben von 10.000 EUR. Bei jährlichen Zuführungen von 4.000 EUR ergab sich durch Wertschwankungen sowie die Belastung von Provisionszahlungen und Verwaltungskosten ein geringerer Wert als die Summe der zugeführten Arbeitslohnbeträge. Die Minderung des Guthabens des Zeitwertkontos ist unschädlich, wenn bis zum Beginn der Auszahlungsphase die Wertminderung durch Wertsteigerungen der Anlage oder durch Erträge aus der Anlage wieder ausgeglichen wird.

Beispiel 1 zur Zeitwertkontengarantie und Verwaltungskosten:

Der Bestand des Zeitwertkontos beträgt zu Beginn der Freistellungsphase 60.000 EUR, die aus jährlichen Gutschriften von jeweils 5.000 EUR innerhalb der achtjährigen Aufbauphase sowie Erträgen aus der Anlage und Wertsteigerungen herrühren. Während der Freistellungsphase fallen jährlich Verwaltungskosten in Höhe von 120 EUR an, die dem Zeitwertkonto belastet werden sollen.

Die Belastung des Zeitwertkontos mit Verwaltungskosten und sonstigen Gebühren ist unschädlich, denn die Summe der bis zu Beginn der Freistellungsphase zugeführten Beträge (= 40.000 EUR) wird hierdurch nicht unterschritten.

Beispiel 2 zur Zeitwertkontengarantie und Verwaltungskosten:

Der Bestand des Zeitwertkontos beträgt zu Beginn der Auszahlungsphase 40.200 EUR, die aus jährlichen Zuführungen von jeweils 5.000 EUR innerhalb der achtjährigen Aufbauphase sowie Erträgen aus der Anlage herrühren, aber auch durch Wertschwankungen in der Vergangenheit beeinflusst wurden. Im Hinblick auf die ertragsschwache Anlage wird eine Beratung in Anspruch genommen, die Kosten von 500 EUR verursacht. Ferner fallen weitere Verwaltungskosten in Höhe von 180 EUR an.

Die Belastung des Zeitwertkontos ist nur bis zu einem Betrag von 200 EUR unschädlich (Summe der zugeführten Arbeitslohnbeträge zu Beginn der Freistellungsphase und als steuerpflichtiger Arbeitslohn während der Freistellung mindestens auszuzahlen 40.000 EUR). Die restlichen Aufwendungen in Höhe von 480 EUR (= 500 EUR + 180 EUR - 200 EUR) muss der Arbeitgeber, der für den Erhalt des Zeitwertkontos einzustehen hat, tragen.

2. Zeitwertkontengarantie des Anlageinstituts

Wird das Guthaben eines Zeitwertkontos auf Grund der Vereinbarung zwischen Arbeitgeber und Arbeitnehmer bei einem externen Anlageinstitut (z.B. Kreditinstitut oder Fonds) geführt und liegt keine Zeitwertkontengarantie nach Ziffer 1 vor, muss eine vergleichbare Garantie durch das Anlageinstitut vorliegen.

C. Planwidrige Verwendung der Zeitwertkontenguthaben

I. Auszahlung bei existenzbedrohender Notlage

Die Vereinbarungen zur Bildung von Guthaben auf einem Zeitwertkonto werden steuerlich auch dann noch anerkannt, sofern die Möglichkeit der Auszahlung des Guthabens bei fortbestehendem Beschäftigungsverhältnis neben der Freistellung von der Arbeitsleistung auf Fälle einer existenzbedrohenden Notlage des Arbeitnehmers begrenzt wird.

Wenn entgegen der Vereinbarung ohne existenzbedrohende Notlage des Arbeitnehmers das Guthaben dennoch ganz oder teilweise ausgezahlt wird, ist bei dem einzelnen Arbeitnehmer das gesamte Guthaben – also neben dem ausgezahlten Betrag auch der verbleibende Guthabenbetrag – im Zeitpunkt der planwidrigen Verwendung zu besteuern.

II. Beendigung des Dienstverhältnisses vor oder während der Freistellungsphase

Eine planwidrige Verwendung liegt im Übrigen vor, wenn das Dienstverhältnis vor Beginn oder während der Freistellungsphase beendet wird (z. B. durch Erreichen der Altersgrenze, Tod des Arbeitnehmers, Eintritt der Invalidität, Kündigung) und der Wert des Guthabens an den Arbeitnehmer oder seine Erben ausgezahlt wird. Lohnsteuerlich gelten dann die allgemeinen Grundsätze, d. h. der Einmalbetrag ist in der Regel als sonstiger Bezug zu besteuern. Wurde das Guthaben über einen Zeitraum von mehr als 12 Monate hinweg angespart, ist eine tarifermäßigte Besteuerung im Rahmen des § 34 EStG vorzunehmen (Arbeitslohn für mehrjährige Tätigkeit).

III. Planwidrige Weiterbeschäftigung

Der Nichteintritt oder die Verkürzung der Freistellung durch planwidrige Weiterbeschäftigung ist ebenfalls eine planwidrige Verwendung. Eine lohnsteuerliche Erfassung erfolgt in diesen Fällen im Zeitpunkt der Auszahlung des Guthabens.

D. Übertragung des Zeitwertkontenguthabens bei Beendigung der Beschäftigung

Bei Beendigung einer Beschäftigung besteht die Möglichkeit, ein in diesem Beschäftigungsverhältnis aufgebautes Zeitwertkonto zu erhalten und nicht auflösen zu müssen.

Bei der Übertragung des Guthabens an den neuen Arbeitgeber (§ 7f Abs. 1 Satz 1 Nr. 1 SGB IV) tritt der neue Arbeitgeber an die Stelle des alten Arbeitgebers und übernimmt im Wege der Schuldübernahme die Verpflichtungen aus der Zeitwertkontenvereinbarung. Die Leistungen aus dem Zeitwertkonto durch den neuen Arbeitgeber sind Arbeitslohn, von dem er bei Auszahlung Lohnsteuer einzubehalten hat.

Im Fall der Übertragung des Guthabens auf die Deutsche Rentenversicherung Bund (§ 7f Abs. 1 Satz 1 Nr. 2 SGB IV) wird die Übertragung durch § 3 Nr. 53 EStG steuerfrei gestellt. Ein tatsächlich noch bestehendes Beschäftigungsverhältnis ist hierfür nicht erforderlich. Bei der Auszahlung des Guthabens durch die Deutsche Rentenversicherung Bund handelt es sich um Arbeitslohn, für den die Deutsche Rentenversicherung Bund Lohnsteuer einzubehalten hat (§ 38 Abs. 3 Satz 3 EStG).

E. Bilanzielle Behandlung der Zeitwertkonten

Zur bilanziellen Berücksichtigung von Arbeitszeit-, Zeitwert- und Lebensarbeitszeitkonten wird in einem gesonderten BMF-Schreiben Stellung genommen.

F. Anwendungsregelung

Dieses Schreiben ist mit Wirkung ab 1.1.2009 anzuwenden.

I. Übergangsregelung für vor dem 1.1.2009 eingerichtete Zeitwertkonten

Bei Zeitwertkonten-Modellen, die vor dem 1.1.2009 eingerichtet wurden und ohne die Regelungen zur Zeitwertkontengarantie nach Abschnitt B. V. steuerlich anzuerkennen gewesen wären, sind aus Vertrauensschutzgründen der am 31.12.2008 vorhandene Wertbestand des Zeitwertkontos sowie die Zuführungen vom 1. Januar bis zum 31.12.2009 erst bei Auszahlung zu besteuern. Zuführungen ab dem 1.1.2010 führen steuerlich zum Zufluss von Arbeitslohn.

Wird spätestens bis zum 31.12.2009 eine Zeitwertkontengarantie nach Abschnitt B. V. für den am 31.12.2008 vorhandenen Wertbestand des Zeitwertkontos sowie die Zuführungen vom 1.1. bis zum 31.12.2009 nachträglich vorgesehen, können diese Modelle steuerlich weiter als Zeitwertkonten anerkannt werden, so dass auch die Zuführungen nach dem 31.12.2009 erst bei Auszahlung zu besteuern sind. Abschnitt C. bleibt unberührt.

II. Übergangsregelung für Zeitwertkonten zugunsten von Organen von Körperschaften (Geschäftsführer und Vorstände) und als Arbeitnehmer beschäftigte beherrschende Anteilseigner

Bei Zeitwertkonten-Modellen für Organe von Körperschaften sowie als Arbeitnehmer beschäftigte beherrschende Anteilseigner, die bis zum 31.1.2009 eingerichtet wurden und aus Vertrauensschutzgründen steuerlich anzuerkennen gewesen wären, sind alle Zuführungen bis zum 31.1.2009 erst bei Auszahlung zu besteuern. Die Übergangsregelung gilt nicht für verdeckte Gewinnausschüttungen. Abschnitt C. bleibt unberührt.

III. Besondere Aufzeichnungen

Als Arbeitslohn zu besteuernde Zuführungen nach F. I. und F. II. sind im Zeitwertkonto gesondert aufzuzeichnen. Eine etwaige Verzinsung (vgl. Abschnitt B. II.) ist entsprechend aufzuteilen; die auf zu besteuernde Zuführungen nach dem Stichtag entfallenden Zinsen fließen dem Arbeitnehmer als Einkünfte aus Kapitalvermögen zu.

Dieses Schreiben wird im Bundessteuerblatt Teil I veröffentlicht. (Zuordnung ESt-Kartei: § 38 EStG)

BMF-Schreiben zur Probezeit vor Zusage einer Pension an den Gesellschafter-Geschäftsführer einer Kapitalgesellschaft (14.12.2012)

Schreiben des Bundesministeriums der Finanzen vom 14.12.2012, IV C 2 - S 2742/10/10001

Nach dem Ergebnis der Erörterungen mit den obersten Finanzbehörden der Länder bitte ich zur Frage der Probezeit bei Pensionszusagen an Gesellschafter-Geschäftsführer von Kapitalgesellschaften folgende Auffassung zu vertreten:

Als Probezeit ist der Zeitraum zwischen Dienstbeginn und der erstmaligen Vereinbarung einer schriftlichen Pensionszusage (zusagefreie Zeit) zu verstehen. Der Zeitraum zwischen der Erteilung einer Pensionszusage und der erstmaligen Anspruchsberechtigung (versorgungsfreie Zeit) zählt nicht zur Probezeit.

1. Dauer der Probezeit

Für die steuerliche Beurteilung einer Pensionszusage ist regelmäßig eine Probezeit von zwei bis drei Jahren als ausreichend anzusehen. Die Erteilung der Pensionszusage an den Gesellschafter-Geschäftsführer unmittelbar nach der Anstellung und ohne die unter Fremden übliche Erprobung ist in der Regel nicht betrieblich, sondern durch das Gesellschaftsverhältnis veranlasst (BFH-Urteile vom 15.10.1997, I R 42/97, BStBl 1999 II S. 316, vom 29.10.1997, I R 52/97, BStBl 1999 II S. 318, vom 24.4.2002, I R 18/01, BStBl 2002 II S. 670, vom 23.2.2005, I R 70/04, BStBl 2005 II S. 882 und vom 28.4.2010, I R 78/08, BStBl 2010 II S. …).

Ein ordentlicher und gewissenhafter Geschäftsleiter einer neu gegründeten Kapitalgesellschaft wird einem gesellschaftsfremden Geschäftsführer erst dann eine Pension zusagen, wenn er die künftige wirtschaftliche Entwicklung und damit die künftige wirtschaftliche Leistungsfähigkeit der Kapitalgesellschaft zuverlässig abschätzen kann (ständige Rechtsprechung des BFH, a.a.O.). Hierzu bedarf es in der Regel eines Zeitraums von wenigstens fünf Jahren.

Eine Probezeit ist bei solchen Unternehmen verzichtbar, die aus eigener Erfahrung Kenntnisse über die Befähigung des Geschäftsleiters haben und die die Ertragserwartungen aufgrund ihrer bisherigen unternehmerischen Tätigkeit hinreichend deutlich abschätzen können. Diese Kriterien sind bei einem Unternehmen erfüllt, das seit Jahren tätig war und lediglich sein Rechtskleid ändert, wie beispielsweise bei Begründung einer Betriebsaufspaltung oder einer Umwandlung (BFH-Urteile vom 29.10.1997, I R 52/97, BStBl 1999 II S. 318 und vom 23.2.2005, I R 70/04, BStBl 2005 II S. 882) und der bisherige, bereits erprobte Geschäftsleiter das Unternehmen fortführt. Wird ein Unternehmen durch seine bisherigen leitenden Angestellten „aufgekauft" und führen diese Angestellten den Betrieb in Gestalt einer neu gegründeten Kapitalgesellschaft als Geschäftsführer fort (sog. Management-Buy-Out), so kann es ausreichen, wenn bis zur Erteilung der Zusagen nur rund ein Jahr abgewartet wird (BFH-Urteil vom 24.4.2002, I R 18/01, BStBl 2002 II S. 670).

2. Verstoß gegen die angemessene Probezeit

Eine unter Verstoß gegen eine angemessene Probezeit erteilte Pensionszusage ist durch das Gesellschaftsverhältnis veranlasst und führt nach den Grundsätzen des BMF-Schreibens vom 28.5.2002 (BStBl 2002 I S. 603) zu verdeckten Gewinnausschüttungen im Sinne des § 8 Absatz 3 Satz 2 KStG. Ausschlaggebend ist die Situation im Zeitpunkt der Zusage, so dass die Anwartschaft auch nach Ablauf der angemessenen Probezeit nicht zu einer fremdvergleichsgerechten Pensionszusage wird (BFH-Urteil vom 28.4.2010, I R 78/08, BStBl 2010 II S. ...). Das gilt auch dann, wenn die Pensionszusage in der Folgezeit geändert, also z.B. erhöht wird.

Die Möglichkeit einer Aufhebung der ursprünglichen und des Abschlusses einer neuen Pensionszusage nach Ablauf der angemessenen Probezeit bleibt hiervon unberührt.

Dieses Schreiben ersetzt das BMF-Schreiben vom 14.5.1999 (BStBl 1999 I S. 512). Tz. 2 gilt für Pensionsvereinbarungen, die nach dem 29.7.2010 (Datum der Veröffentlichung des Urteils vom 28.4.2010, I R 78/08, BStBl 2010 II S. ... auf den Internetseiten des Bundesfinanzhofs) abgeschlossen worden sind.

Das Schreiben wird im Bundessteuerblatt Teil I veröffentlicht.

BMF-Schreiben zur Finanzierbarkeit von Pensionszusagen gegenüber Gesellschafter-Geschäftsführern (06.09.2005)

Schreiben des Bundesministeriums der Finanzen vom 6.9.2005, IV B 7 - S 2742 - 69/05

Anwendung der BFH-Urteile vom 8.11.2000 (Az. I R 70/99), vom 20.12.2000 (Az. I R 15/00), vom 7.11.2001 (Az. I R 79/00), vom 4.9.2002 (Az. I R 7/01) und vom 31.3.2004 (Az. I R 65/03).

Der BFH hat in seinen Urteilen vom 8.11.2000, I R 70/99 (BStBl 2005 II S. 653), vom 20.12.2000, I R 15/00 (BStBl 2005 II S. 657), vom 7.11.2001, I R 79/00 (BStBl 2005 II S. 659), vom 4.9.2002, I R 7/01 (BStBl 2005 II S. 662) und vom 31.3.2004, I R 65/03 (BStBl 2005 II S. 664) zu den Voraussetzungen für die Annahme einer verdeckten Gewinnausschüttung bei fehlender Finanzierbarkeit einer Pensionszusage gegenüber dem beherrschenden Gesellschafter-Geschäftsführer Stellung genommen. Nach dem Ergebnis der Erörterung mit den obersten Finanzbehörden der Länder sind die Grundsätze der Urteile in allen offenen Fällen allgemein anzuwenden; Tz. 2 des BMF-Schreibens vom 14.5.1999 (BStBl 1999 I S. 512) wird aufgehoben.

Ist auf eine Pensionszusage vor dem 20. Oktober 2005 vollständig oder teilweise verzichtet worden, wird es nicht beanstandet, wenn auf übereinstimmenden Antrag der Gesellschaft und des Gesellschafters die vor der Veröffentlichung der BFH-Urteile geltenden Grundsätze der Tz. 2 des BMF-Schreibens vom 14.5.1999 weiter angewandt werden. Der Antrag ist bis zur Bestandskraft des Körperschaftsteuerbescheides für den Veranlagungszeitraum des Verzichts zu stellen.

Die Rechtsgrundsätze der o. g. Urteile des BFH sowie die Möglichkeit zur abweichenden Antragstellung im Verzichtsfalle sind auch auf nicht beherrschende Gesellschafter-Geschäftsführer anzuwenden.

BMF-Schreiben: Lohnsteuerliche Folgerungen der Übernahme der Pensionszusage eines beherrschenden Gesellschafter-Geschäftsführers (04.07.2017)

Betriebliche Altersversorgung, lohnsteuerliche Folgerungen der Übernahme der Pensionszusage eines beherrschenden Gesellschafter-Geschäftsführers gegen eine Ablösungszahlung und Wechsel des Durchführungswegs

Schreiben des Bundesministeriums der Finanzen vom 04.07.2017, IV C 5 - S 2333/16/10002

Der BFH hat mit Urteil vom 18.8.2016 – VI R 18/13 – (BStBl 2016 II Seite ...) seine Rechtsprechung bestätigt, nach der im Fall eines beherrschenden Gesellschafter-Geschäftsführers die Ablösung einer vom Arbeitgeber erteilten Pensionszusage beim Arbeitnehmer dann zum Zufluss von Arbeitslohn führt, wenn der Ablösungsbetrag auf Verlangen des Arbeitnehmers zur Übernahme der Pensionsverpflichtung an einen Dritten gezahlt wird (BFH-Urteil vom 12.4.2007 – VI R 6/02 –, BStBl 2007 II S. 581). Hat der Arbeitnehmer kein Wahlrecht, den Ablösungsbetrag alternativ an sich auszahlen zu lassen, wird mit der Zahlung des Ablösungsbetrags an den die Pensionsverpflichtung übernehmenden Dritten der Anspruch des Arbeitnehmers auf die künftigen Pensionszahlungen (noch) nicht wirtschaftlich erfüllt. Zufluss von Arbeitslohn liegt in diesem Fall nicht vor.

Nach dem Ergebnis der Erörterung mit den obersten Finanzbehörden der Länder ist Folgendes zu beachten:

1. Das o.g. BFH-Urteil vom 18.8.2016 ist zum speziellen Fall der Ablösung einer vom Arbeitgeber erteilten Pensionszusage eines beherrschenden Gesellschafter-Geschäftsführers, der nicht unter das Betriebsrentengesetz fällt, ergangen. Es ist in gleichgelagerten Fällen anzuwenden. Führt danach die Zahlung des Ablösungsbetrags an den die Pensionsverpflichtung übernehmenden Dritten

nicht zu einem Zufluss von Arbeitslohn beim Gesellschafter-Geschäftsführer, liegt Zufluss von Arbeitslohn im Zeitpunkt der Auszahlung der späteren (Versorgungs-)Leistungen vor (§ 24 Nummer 2, § 2 Absatz 1 Satz 1 Nummer 4 und § 19 Absatz 1 Satz 1 Nummer 2 EStG). Der übernehmende Dritte hat die Lohnsteuer dann einzubehalten und alle anderen lohnsteuerlichen Arbeitgeberpflichten zu erfüllen.

2. Anders als in dem mit o.g. BFH-Urteil vom 18.8.2016 entschiedenen Fall fließt einem Arbeitnehmer allerdings dann Arbeitslohn zu, wenn der Durchführungsweg nach dem Betriebsrentengesetzes von einer Pensions-/Direktzusage oder von einer Versorgungszusage über eine Unterstützungskasse auf einen Pensionfonds, eine Pensionskasse oder eine Direktversicherung gewechselt wird und der Arbeitgeber in diesem Zusammenhang einen Ablösungsbetrag zahlt (§ 19 EStG). Dies steht im Einklang mit der ständigen Rechtsprechung des BFH, wonach bei Zukunftssicherungsleistungen dann von Arbeitslohn auszugehen ist, wenn die Leistung des Arbeitgebers an einen Dritten (Versicherer) erfolgt und sich der Vorgang – wirtschaftlich betrachtet – so darstellt, als ob der Arbeitgeber dem Arbeitnehmer die Mittel zur Verfügung gestellt und der Arbeitnehmer sie zum Zweck seiner Zukunftssicherung verwendet hat (u. a. BFH-Urteil vom 5.7.2012 – VI R 11/11 –, BStBl 2013 II S. 190). Der Ablösungsbetrag kann in diesem Fall nur unter den entsprechenden Voraussetzungen des § 3 Nummer 66 oder § 3 Nummer 63 EStG steuerfrei bleiben. Von einem steuerpflichtigen Ablösungsbetrag hat der Arbeitgeber Lohnsteuer einzubehalten (§ 38 EStG).

Dieses Schreiben ist in allen offenen Fällen anzuwenden. Es wird im Bundessteuerblatt Teil I veröffentlicht und steht ab sofort für eine Übergangszeit auf den Internetseiten des Bundesministeriums der Finanzen (http://www.bundesfinanzministerium.de) unter der Rubrik Themen – Steuern – Steuerarten – Lohnsteuer – BMF-Schreiben/Allgemeines zur Ansicht und zum Abruf bereit.

BMF-Schreiben: Betriebliche Altersversorgung; Berücksichtigung von gewinnabhängigen Pensionsleistungen bei der Bewertung von Pensionsrückstellungen nach § 6a EStG (18.10.2013)

Schreiben des Bundesministeriums der Finanzen vom 18.10.2013, IV C 6 - S 2176/12/10001

Nach § 6a Absatz 1 Nummer 2 erster Halbsatz Einkommensteuergesetz (EStG) kommt die Bildung einer Rückstellung für eine Pensionsverpflichtung nur in Betracht, wenn und soweit die Pensionszusage keine Leistungen in Abhängigkeit von künftigen gewinnabhängigen Bezügen vorsieht.

Mit Beschluss vom 3. März 2010 (BStBl II 2013 S. xxx) hat der Bundesfinanzhof (BFH) entschieden, dass die Passivierung von Pensionsverpflichtungen aus gewinnabhängigen Vergütungen (hier: Gewinntantiemen) nach § 6a Absatz 1 Nummer 2 erster Halbsatz EStG auch dann nicht möglich ist, wenn sie am Bilanzstichtag zwar dem Grunde und der Höhe nach unwiderruflich feststehen, zum Zeitpunkt der Zusage der Versorgungsleistungen jedoch noch ungewiss waren. Hierzu gilt nach Abstimmung mit den obersten Finanzbehörden der Länder Folgendes:

Gemäß § 6a Absatz 1 Nummer 2 erster Halbsatz EStG darf eine Pensionsrückstellung nicht gebildet werden, wenn und soweit die Pensionszusage Leistungen in Abhängigkeit von künftigen gewinnabhängigen Bezügen vorsieht. Bei der Bewertung der Pensionsverpflichtungen sind Änderungen der Pensionsleistungen nicht zu berücksichtigen, die erst nach dem Schluss des Wirtschaftsjahres (Bilanzstichtag) eintreten (§ 6a Absatz 3 Satz 2 Nummer 1 Satz 4 EStG).

Am Bilanzstichtag bereits feststehende gewinnabhängige Pensionsleistungen sind bei der Bewertung einzubeziehen, wenn und soweit sie dem Grunde und der Höhe nach eindeutig bestimmt sind und die Erhöhung der Versorgungsleistungen schriftlich durch eine Ergänzung der Pensionszusage gemäß § 6a Absatz 1 Nummer 3 EStG festgeschrieben wurde. Unabhängig vom maßgebenden Gewinnentstehungsjahr können die zusätzlichen Versorgungsleistungen wegen des Schriftformerfordernisses nach § 6a Absatz 1 Nummer 3 EStG erstmals an dem der schriftlichen Festschreibung folgenden Bilanzstichtag bei der Rückstellungsbewertung berücksichtigt werden.

Aus Vertrauensschutzgründen wird es nicht beanstandet, wenn die bis zum Tag der Veröffentlichung dieses Schreibens im Bundessteuerblatt feststehenden und entstandenen gewinnabhängigen Pensionsleistungen, die an bereits zum jeweiligen Bilanzstichtag erwirtschaftete und zugeteilte Gewinne gebunden sind, bis spätestens zum 31. Dezember 2014 schriftlich zugesagt werden.

Dieses Schreiben wird im Bundessteuerblatt Teil I veröffentlicht. Es steht auf den Internet-Seiten des Bundesministeriums der Finanzen unter der Rubrik Steuern – Veröffentlichungen zu Steuerarten – Einkommensteuer – zur Ansicht und zum Abruf bereit.

BMF-Schreiben zur Nur-Pension (13.12.2012)

Betriebliche Altersversorgung, bilanzsteuerrechtliche Berücksichtigung von sog. Nur-Pensionszusagen

Schreiben des Bundesministeriums der Finanzen vom 13.12.2012, IV C 6 - S 2176/07/10007

Bezug: BMF-Schreiben vom 16.6.2008 (BStBl 2008 I S. 681) Urteil des Bundesfinanzhofes (BFH) vom 28.4.2010 (BStBl 2012 II S. ...)

Der BFH hat mit Urteil vom 28.4.2010 (BStBl 2012 II S. ...) abermals entschieden, dass die Zusage einer sog. Nur-Pension zu einer sog. Überversorgung führt, wenn dieser Verpflichtung keine ernsthaft vereinbarte Entgeltumwandlung zugrunde liegt. In diesen Fällen könne keine Pensionsrückstellung nach § 6a EStG gebildet werden.

Nach Abstimmung mit den obersten Finanzbehörden der Länder ist dieser Grundsatz über den entschiedenen Einzelfall hinaus in allen noch offenen Fällen anzuwenden. Das hiervon abweichende BMF-Schreiben vom 16.6.2008 (BStBl 2008 I S. 681) wird aufgehoben.

Dieses Schreiben wird im Bundessteuerblatt Teil I veröffentlicht.

BMF-Schreiben zum Verzicht des Gesellschafter-Geschäftsführers auf eine Pensionsanwartschaft (14.08.2012)

Verzicht des Gesellschafter-Geschäftsführers einer Kapitalgesellschaft auf eine Pensionsanwartschaft als verdeckte Einlage

Schreiben des Bundesministeriums der Finanzen vom 14.8.2012, IV C 2 - S 2743/10/10001 :001

1 Verzicht auf künftig noch zu erdienende Pensionsanwartschaften (sog. Future Service)

Unter Bezugnahme auf die Erörterung mit den obersten Finanzbehörden der Länder gilt zur ertragsteuerlichen Behandlung des Verzichts eines Gesellschafter-Geschäftsführers auf eine Pensionsanwartschaft gegenüber seiner Kapitalgesellschaft Folgendes:
Nach dem BFH-Beschluss vom 9.6.1997, GrS 1/94 (BStBl 1998 II S. 307) führt der durch das Gesellschaftsverhältnis veranlasste Verzicht eines Gesellschafter-Geschäftsführers auf eine werthaltige Forderung gegenüber seiner Kapitalgesellschaft zu einer verdeckten Einlage nach § 8 Absatz 3 Satz 3 KStG in die Kapitalgesellschaft und zu einem Zufluss von Einnahmen beim Gesellschafter-Geschäftsführer. Diese Grundsätze gelten auch bei einem Verzicht des Gesellschafter-Geschäftsführers auf eine Pensionsanwartschaft. Für die Bewertung der verdeckten Einlage ist dabei nach dem BFH-Urteil vom 15.10.1997, I R 58/93 (BStBl 1998 II S. 305) auf den Teilwert der Pensionsanwartschaft des Gesellschafter-Geschäftsführers abzustellen und nicht auf den gemäß § 6a EStG ermittelten Teilwert der Pensionsverbindlichkeit der Kapitalgesellschaft. Der Teilwert ist dabei unter Beachtung der allgemeinen Teilwertermittlungsgrundsätze im Zweifel nach den Wiederbeschaffungskosten zu ermitteln. Demnach kommt es darauf an, welchen Betrag der Versorgungsberechtigte zu dem Zeitpunkt des Verzichtes hätte aufwenden müssen, um eine gleich hohe Pensionsanwartschaft gegen einen vergleichbaren Schuldner zu erwer-

432 BMF-Schreiben zum Verzicht auf Pensionsanwartschaft

ben. Dabei kann die Bonität des Forderungsschuldners berücksichtigt werden. Außerdem kann von Bedeutung sein, ob die Pension unverfallbar ist oder ob sie voraussetzt, dass der Berechtigte bis zum Pensionsfall für den Verpflichteten nichtselbständig tätig ist (BFH-Urteil vom 15.10.1997, I R 58/93, BStBl 1998 II S. 305).

2 Im Falle des vollständigen Verzichts auf eine Pensionsanwartschaft vor Eintritt des Versorgungsfalls liegt eine verdeckte Einlage in Höhe des bis zum Verzichtszeitpunkt bereits erdienten Anteils des Versorgungsanspruches vor. Bei einem teilweisen Verzicht ist eine verdeckte Einlage insoweit anzunehmen, als der Barwert der bis zu dem Verzichtszeitpunkt bereits erdienten Versorgungsleistungen des Gesellschafter-Geschäftsführers den Barwert der nach dem Teilverzicht noch verbleibenden Versorgungsleistungen übersteigt. Dies gilt unabhängig davon, ob sich die Verzichtsvereinbarung der Bezeichnung nach nur auf künftig noch zu erdienende Anwartschaften (sog. Future Service) bezieht oder ob es sich dabei um eine durch das Gesellschaftsverhältnis veranlasste Änderung einer Pensionszusage handelt, die mit einer Reduzierung der bisher zugesagten Versorgungsleistungen verbunden ist.

3 Es wird nicht beanstandet, wenn als erdienter Teil der Versorgungsleistungen bei einer Leistungszusage an einen beherrschenden Gesellschafter-Geschäftsführer der Teilanspruch aus den bisher zugesagten Versorgungsleistungen angesetzt wird, der dem Verhältnis der ab Erteilung der Pensionszusage bis zum Verzichtszeitpunkt abgeleisteten Dienstzeit (s) einerseits und der ab Erteilung der Pensionszusage bis zu der in der Pensionszusage vorgesehenen festen Altersgrenze (t) andererseits entspricht (zeitanteilig erdienter Anwartschaftsbarwert ab Pensionszusage - s/t). Bei einem nicht beherrschenden Gesellschafter-Geschäftsführer ist insoweit nicht auf den Zeitpunkt der (erstmaligen) Erteilung einer Pensionszusage, sondern auf den Beginn des Dienstverhältnisses abzustellen (sog. m/n-Anwartschaftsbarwert).

Beispiel:

- Beherrschender Gesellschafter-Geschäftsführer einer GmbH, geb. 1.1.1960
- Diensteintritt in die GmbH am 1.1.1986
- Zusage am 1.1.1996 einer Alters- und Invalidenrente über 3.000 EUR/monatlich

- Pensionseintritt mit Vollendung des 66. Lebensjahres
- Herabsetzung der Versorgungsanwartschaft am 1.1.2011 auf 1.500 EUR/monatlich

Lösung:

Ermittlung des erdienten Anteils der Versorgungsleistungen zum Zeitpunkt der Herabsetzung:

Quotient nach Rz. 3: tatsächlich geleistete Dienstjahre ab Zusageerteilung (da beherrschend)/maximal mögliche Dienstjahre ab Zusageerteilung = 15/30 = 0,5

Erdienter Anteil zum 1.1.2011: 1.500 EUR/monatlich

Ergebnis:

Da die nach Herabsetzung noch verbleibenden Versorgungsleistungen genau dem bereits erdienten Anteil entsprechen, beträgt der Wert der verdeckten Einlage nach § 8 Absatz 3 Satz 3 KStG 0 EUR.

4 Bei der Berechnung des Barwerts der bis zum Verzichtszeitpunkt erdienten sowie des Barwerts der danach herabgesetzten Pensionsanwartschaft sind die gleichen, im Verzichtszeitpunkt anerkannten Rechnungsgrundlagen und anerkannten Regeln der Versicherungsmathematik anzuwenden. Es wird dabei für den Barwertvergleich nicht beanstandet, wenn die Rechnungsgrundlagen verwendet werden, die am vorangegangenen Bilanzstichtag der steuerlichen Bewertung der Pensionsverpflichtung zugrunde lagen.

Dieses Schreiben wird im Bundessteuerblatt Teil I veröffentlicht.

BMF-Schreiben zu Unterstützungskasse, Steuerfreiheit, Auswirkung einer internen Teilung beim Versorgungsausgleich (10.11.2011)

Unterstützungskasse, Steuerfreiheit, Auswirkung einer internen Teilung beim Versorgungsausgleich, Ehegatte des Ausgleichsberechtigten als begünstigter Angehöriger

Schreiben des Bundesministeriums der Finanzen vom 10.11.2011, IV C 2 - S 2723/07/10001

Bezug: BMF-Schreiben vom 29.9.2011, IV C 2 - S 2723/07/10001 (2011/0777406)

Auf Grund des Gesetzes zur Strukturreform des Versorgungsausgleichs (VAStrRefG) wird im Falle einer sog. internen Teilung dem Ehegatten (Ausgleichsberechtigten) ein eigenständiger Versorgungsanspruch eingeräumt. Dieser Versorgungsanspruch soll im Verhältnis zum Arbeitnehmer den Ausgleichsberechtigten eine gleichwertige Teilhabe am Risikoschutz gewähren (§ 11 Abs. 1 Nr. 3 Versorgungsausgleichsgesetz – VersAusglG). Gehört zu dem Risikoschutz eine Hinterbliebenenversorgung, erstreckt sich die eigenständige Versorgung des Ausgleichsberechtigten auch auf die Hinterbliebenenversorgung. Der Ausgleichsberechtigte hat danach nicht nur einen eigenständigen Anspruch auf Altersversorgung (als „ausgeschiedener Arbeitnehmer"), sondern sein neuer Ehegatte hat im Falle einer Wiederverheiratung auch einen Anspruch auf Hinterbliebenenversorgung.

Nach dem Ergebnis einer Erörterung mit den obersten Finanzbehörden der Länder gilt für die Frage, welche Auswirkung diese Versorgungsrechtslage auf die Steuerfreiheit einer Unterstützungskasse hat, die auch Hinterbliebenenversorgung in Aussicht stellt, Folgendes:

1. Abgeschlossener Kreis der Leistungsberechtigten

Die Unterstützungskasse ist nach § 5 Abs. 1 Nr. 3 Buchst. a KStG nur dann steuerbefreit, wenn sich der Kreis ihrer Leistungsberechtigten auf Zugehörige und Arbeitnehmer (bzw. frühere Zugehörige und frühere Arbeitnehmer) als unmittelbar Begünstigte sowie deren Angehörige beschränkt.

Ob ein Angehöriger in diesem Sinne vorliegt, bestimmt sich nach den Vorgaben des § 15 AO. Kommt es in Folge einer Scheidung nach Maßgabe des VAStRefG zu neuen Begünstigten der Kasse, so ist die Frage, ob diese im steuerlichen Sinne Angehörige sind, weiterhin nach Maßgabe des § 15 AO (hier insbesondere § 15 Abs. 2 Nr. 1 AO) zu beurteilen.

Nach diesen Grundsätzen rechnet der Ausgleichsberechtigte auch nach der Scheidung steuerlich zum Kreis der Angehörigen im Sinne von § 5 Abs. 1 Nr. 3 Buchst. a KStG in Verbindung mit § 15 AO. Der Ausgleichsberechtigte nimmt in Folge der Scheidung versorgungsrechtlich die Stellung eines ausgeschiedenen Arbeitnehmers ein. Dies rechtfertigt es, im Falle einer Wiederverheiratung den neuen Ehegatten des Ausgleichsberechtigten als Angehörigen anzusehen, der damit zum Kreis der von § 5 Abs. 1 Nr. 3 Buchst. a KStG Begünstigten zählt.

Entsprechendes gilt, wenn der Ausgleichsberechtigte in Folge der Scheidung versorgungsrechtlich Ansprüche erhält, der geschiedene Ehegatte aber nicht zum Kreis der von § 17 Abs. 1 BetrAVG erfassten Arbeitnehmer zählt (hier: beherrschender Gesellschafter Geschäftsführer und Unternehmer im Sinne des § 1 Nr. 1 KStDV).

2. Satzungsgemäße Vermögensverwendung

Die Unterstützungskasse ist – will sie ihre Steuerbefreiung nicht gefährden – auf Grund § 5 Abs. 1 Nr. 3 Buchst. c KStG nach Satzung und tatsächlicher Geschäftsführung gehalten, nur Leistungen an Personen zu erbringen, die zum Begünstigtenkreis im Sinne des § 5 Abs. 1 Nr. 3 Buchst. a KStG gehören. Erbringt die Kasse im Falle einer Wiederverheiratung des Ausgleichsberechtigten Leistungen an diesen neuen Ehegatten, liegt auch dann kein Verstoß gegen § 5 Abs. 1 Nr. 3 Buchst. c KStG vor, wenn dieser Begünstigte in der Satzung nicht ausdrücklich erwähnt ist.

Dieses Schreiben wird im Bundessteuerblatt Teil I veröffentlicht.

BMF-Schreiben zu rückgedeckten Unterstützungskassen (31.01.2002)

Versicherung gegen laufende Einmalbeiträge, sinkende Beiträge

Schreiben des Bundesministeriums der Finanzen vom 31.01.2002, IV A 6 - S 2144c - 9/01

Bezug: BMF-Schreiben vom 14.11.2001, IV A 6 – S 2144c – 9/01

Nach § 4d Abs. 1 Satz 1 Nr. 1 Satz 1 Buchst. c EStG kann ein Trägerunternehmen den Betrag des Beitrages, den die Unterstützungskasse an einen Versicherer zahlt, soweit sie sich die Mittel für ihre Versorgungsleistungen durch Abschluss einer Versicherung verschafft (rückgedeckte Unterstützungskasse), als Betriebsausgaben abziehen, sofern bestimmte Voraussetzungen erfüllt sind. Insbesondere sind jährliche Beiträge an eine Rückdeckungsversicherung erforderlich, die der Höhe nach gleich bleiben oder steigen und für die Dauer bis zu dem Zeitpunkt gezahlt werden, für den erstmals Leistungen der Altersversorgung vorgesehen sind § 4d Abs. 1 Satz 1 Nr. 1 Satz 1 Buchst. c Satz 2 EStG).

Zu der Frage, ob Versicherungen gegen laufende Einmalbeiträge und sinkende Beiträge aufgrund einer Bemessung nach variablen Gehaltsbestandteilen einem Betriebsausgabenabzug nach § 4d EStG entgegen stehen, nehme ich unter Bezugnahme auf die Erörterung mit den obersten Finanzbehörden der Länder wie folgt Stellung:

1. Versicherung gegen laufende Einmalbeiträge

Die Regelung des § 4d Abs. 1 Satz 1 Nr. 1 Satz 1 Buchst. c EStG unterstellt, dass der Berechtigte seine Versorgungsansprüche während der Zeit zwischen Zusage und Eintritt des Versorgungsfalls durch seine Tätigkeit für das Trägerunternehmen laufend erdient. Daher ist eine über diese Zeit verteilte Ausfinanzierung der gesamten in Aussicht gestellten Altersversorgungsleistungen vorgesehen. Bei der in § 4d Abs. 1 Satz 1 Nr. 1 Satz 1 Buchst. c Satz 2 EStG genannten Versicherung handelt es sich deshalb grundsätzlich um eine Versicherung gegen laufende Beitragszahlung; eine Versicherung gegen laufende Einmalbeiträge (d.h. eine Folge von Versicherungen gegen Einmalbeiträge) ist von dieser Vorschrift grundsätzlich nicht erfasst.

Eine Versicherung gegen laufende Einmalbeiträge kann jedoch ausnahmsweise dann unter § 4d Abs. 1 Satz 1 Nr. 1 Satz 1 Buchst. c Satz 2 EStG fallen, wenn eine (mittelbare) Verpflichtung besteht, die Beiträge bis zum Eintritt des Versorgungsfalls zu zahlen. Voraussetzung ist, dass die gesamte garantierte Versicherungsleistung über die Zeit zwischen Erteilung der Versorgungszusage und Eintritt des Versorgungsfalls mittels gleich bleibender oder steigender laufender Einmalbeiträge finanziert werden soll und damit die in Aussicht gestellte Versorgungsleistung rückgedeckt wird, die auf während dieser Zeit den Einmalbeiträgen entsprechenden, laufend erdienten „Versorgungsbausteinen" beruht und wenn im Fall der Einstellung oder der Herabsetzung der vereinbarten laufenden Zuwendungen an die Unterstützungskasse insoweit eine inhaltsgleiche (Direkt-)Zusage tritt, die nur nach den von den Arbeitsgerichten aufgestellten Grundsätzen geändert werden kann.

In diesem Fall wird die Abzugsfähigkeit der Zuwendungen nicht dadurch beeinträchtigt, dass die Leistungshöhe an die „Zuwendungsklasse" bzw. an den „zuwendungspflichtigen Monat" anknüpft.

2. Sinkende Beiträge aufgrund einer Bemessung nach variablen Gehaltsbestandsteilen

Voraussetzung für die steuerliche Berücksichtigung von Zuwendungen an rückgedeckte Unterstützungskassen sind jährliche Beiträge, die der Höhe nach gleich bleiben oder steigen § 4d Abs. 1 Satz 1 Nr. 1 Satz 1 Buchst. c Satz 2 EStG). Sinkende Beiträge führen somit grundsätzlich zu einer Versagung des Betriebsausgabenabzugs. Dadurch soll verhindert werden, dass Aufwand vorgezogen wird, um steuerliche Wirkungen zu verbessern (Bundestags-Drucksache 12/ 1506, S. 169).

Nach Sinn und Zweck dieser Regelung gilt das jedoch nicht, wenn das sinkende Gehalt – und damit die Verminderung der Beiträge an die Unterstützungskasse – auf einer Änderung der Versorgungszusage beruht und die Prämienzahlungen nach der Vertragsänderung mindestens in konstanter Höhe bis zum Eintritt des Versorgungsfalls zu leisten sind. So ist beispielsweise eine Beitragsreduzierung infolge eines Wechsels von einem Vollzeit- zu einem Teilzeitbeschäftigungsverhältnis steuerunschädlich für einen Betriebsausgabenabzug nach § 4d EStG. Auch sachliche Gründe im Sinne der Rechtsprechung des Bundesarbeitsgerichts zur Reduzierung von Versorgungsansprüchen, die aufgrund einer Verschlechterung der wirtschaftlichen Lage des Unternehmens zu einer Verminderung der zugesagten Leistungen und damit der Beitragszahlungen an die Versicherung führen, stehen einem Betriebsausgabenabzug nach § 4d Abs. 1 Satz 1 Nr. 1 Satz 1 Buchst. c EStG nicht entgegen.

Hingegen sind sinkende Beiträge aufgrund variabler Gehaltsbestandteile (z. B. freiwillige Gewährung von Weihnachtsgeld, Leistungsprämien, Erfolgsbeteiligungen oder vom Gewinn bzw. Umsatz des Unternehmens abhängige Zahlungen) steuerschädlich im Sinne von § 4d Abs. 1 Satz 1 Nr. 1 Satz 1 Buchst. c Satz 2 EStG.

Dieses Schreiben wird im Bundessteuerblatt Teil I veröffentlicht.

BMF-Schreiben zu betrieblicher Altersversorgung, Unterstützungskassen (12.11.2010)

Betriebliche Altersversorgung, Unterstützungskassen, Pensionszusagen, Auswirkungen des Gesetzes zur Struktur des Versorgungsausgleiches

Schreiben des Bundesministeriums der Finanzen vom 12.11.2010, IV C 6 - S 2144-c/07/10001

Der sog. Versorgungsausgleich hat das Ziel, die von den Ehegatten während der Ehe und von Lebenspartnern i.S. des Gesetzes über die Eingetragene Lebenspartnerschaft (Lebenspartnerschaftsgesetz – LPartG) während der Lebenspartnerschaft erworbenen Anrechte auf Leistungen der betrieblichen Altersversorgung gleichmäßig aufzuteilen. Die Vorschriften zum Versorgungsausgleich wurden durch das im Rahmen des Gesetzes zur Strukturreform des Versorgungsausgleiches (VAStrRefG) vom 3.4.2009 (BGBl 2009 I S. 700) eingeführte Versorgungsausgleichsgesetz (VersAusglG) grundlegend geändert. Bislang wurden die von den Ehegatten während der Ehezeit erworbenen Anrechte auf Leistungen der betrieblichen Altersversorgung bewertet und im Wege des Einmalausgleichs vorrangig über die gesetzliche Rentenversicherung ausgeglichen. Nach dem reformierten Recht wird jedes Anrecht gesondert geteilt.

Nach dem VersAusglG findet grundsätzlich die interne Teilung der Versorgungsanrechte, also auch der Systeme der betrieblichen Altersversorgung, statt. Durch die interne Teilung wird jedes in der Ehe oder in der Lebenspartnerschaft erworbene Anrecht in dem jeweiligen Versorgungssystem hälftig zwischen den Ehegatten oder den Lebenspartnern geteilt. Hierdurch erhält der ausgleichsberechtigte Ehegatte oder Lebenspartner ein eigenständiges Versorgungsanrecht, das unabhängig von dem Anrecht des ausgleichspflichtigen Ehegatten oder Lebenspartners in dem Versorgungssystem weitergeführt wird.

Zu einem Ausgleich bei einem anderen Versorgungsträger (externe Teilung) kommt es in den in §§ 14 bis 17 VersAusglG geregelten Fällen. Bei der externen Teilung einer betrieblichen Altersvorsorge wird der

Kapitalwert des auszugleichenden Anrechtes vom Versorgungsträger des ausgleichspflichtigen Ehegatten oder Lebenspartners an den gewählten Versorgungsträger des ausgleichsberechtigten Ehegatten oder Lebenspartners gezahlt. Wird kein Versorgungsträger ausgewählt, dient seit dem 1.4.2010 nach § 15 Abs. 5 Satz 2 VersAusglG die neu geschaffene Versorgungsausgleichskasse als Auffang-Zielversorgungsträger (vgl. BGBl 2010 I S. 340).

Nach Abstimmung mit den obersten Finanzbehörden der Länder gilt für die Teilung von Versorgungsanrechten über Unterstützungskassen i. S. des § 4d EStG und Pensionszusagen nach § 6a EStG Folgendes:

I. Zuwendungen an Unterstützungskassen nach § 4d EStG

1. Leistungsanwärter und Leistungsempfänger

1 Zu den Leistungsempfängern i.S. von § 4d Abs. 1 Satz 1 Nr. 1 Satz 1 Buchst. a Satz 2 EStG und Leistungsanwärtern nach § 4d Abs. 1 Satz 1 Nr. 1 Satz 1 Buchst. b Satz 2 EStG gehören auch Personen, für die nach dem VersAusglG ein Anrecht auf betriebliche Altersversorgung über eine Unterstützungskasse begründet wurde. Gilt für das auszugleichende Anrecht das Gesetz zur Verbesserung der betrieblichen Altersversorgung (Betriebsrentengesetz – BetrAVG), erlangt die ausgleichsberechtigte Person gem. § 12 VersAusglG mit der Übertragung des Anrechtes die Stellung eines ausgeschiedenen Arbeitnehmers im Sinne des Betriebsrentengesetzes. Für ausgleichberechtigte Ehegatten, Lebenspartner oder andere Personen i.S. von § 4d Abs: 1 Satz 1 Nr. 1 Buchst. b Satz 5 EStG, deren Ansprüche nicht unter das Betriebsrentengesetz fallen, gilt bilanzsteuerrechtlich Entsprechendes.

2. Schriftformgebot nach § 4d Abs. 1 Satz 1 Nr. 1 Satz 1 Buchst. b Satz 2 EStG

2 Die Auswirkungen des Versorgungsausgleiches auf Versorgungszusagen über Unterstützungskassen können wegen des Schriftformgebotes gem. § 4d Abs. 1 Satz 1 Nr. 1 Buchst. b Satz 2 EStG bilanzsteuerrechtlich erst ab Rechtskraft des Beschlusses des Familiengerichtes berücksichtigt werden, aus dem Art und Umfang der Versorgung der ausgleichsberechtigten Person eindeutig hervorgehen.

3. Finanzierung der Versorgungsleistungen an die ausgleichsberechtigte Person

a) Externe Teilung

3 Wird das Anrecht durch Leistung eines Kapitalbetrages an einen anderen Versorgungsträger geteilt, ist die Zuwendung des Trägerunternehmens in Höhe des Betrages, den die Unterstützungskasse im Rahmen des Versorgungsausgleiches an den anderen Versorgungsträger zahlt, nach § 4d Abs. 1 Satz 1 Nr. 1 Satz 1 Buchst. d EStG als Betriebsausgabe beim Trägerunternehmen abzugsfähig; die Regelungen des § 4d Abs. 1 Satz 1 Nr. 1 Satz 2 ff. EStG zum Kassenvermögen sind zu beachten.

b) Zusätzliche Zuwendungen an die Unterstützungskasse für das durch interne Teilung neu entstandene Versorgungsanrecht

aa) Nicht rückgedeckte Unterstützungskassen

4 Nach einer internen Teilung eines Anrechtes können Zuwendungen weiterhin ausschließlich nach § 4d Abs. 1 Satz 1 Nr. 1 Satz 1 Buchst. a oder b EStG als Betriebsausgabe abgezogen werden.

bb) Rückgedeckte Unterstützungskassen

5 Bei rückgedeckten Unterstützungskassen i.S. des § 4d Abs. 1 Satz 1 Nr. 1 Satz 1 Buchst. c EStG kann der zur vollständigen Abdeckung des Anrechtes der ausgleichsberechtigten Person erforderliche Betrag steuerunschädlich aus dem für die ausgleichspflichtige Person angesammelten Kassenvermögen (Deckungskapital gem. § 4d Abs. 1 Satz 1 Nr. 1 Satz 3 EStG oder Zeitwert nach § 4d Abs. 1 Satz 1 Nr. 1 Satz 6 EStG) entnommen und als Einmalbetrag beim gleichen Versicherungsunternehmen übertragen werden. Eine dadurch entstehende Finanzierungslücke bei dem Anrecht der ausgleichspflichtigen Person kann durch gleich bleibende oder steigende laufende Beiträge i.S. von § 4d Abs. 1 Satz 1 Nr. 1 Satz 1 Buchst. c Satz 2 EStG ausgeglichen werden.

6 Wird dagegen das im Wege der internen Teilung geschaffene eigenständige Versorgungsanrecht der ausgleichsberechtigten Person mit zusätzlichen Finanzmitteln über einen Einmalbetrag finanziert, können weder der Einmalbetrag noch die reduzierten Zuwendungen für das verbleibende Versorgungsanrecht der ausgleichspflichtigen Person nach § 4d Abs. 1 Satz 1 Nr. 1 Satz 1 Buchst. c EStG als Betriebsausgabe abgezogen werden. In diesen

Fällen sind die Zahlungen ausschließlich nach § 4d Abs. 1 Satz 1 Nr. 1 Satz 1 Buchst. a und b EStG berücksichtigungsfähig.

7 Etwaige Nachschüsse zur Finanzierung bestehender Rückdeckungsversicherungsverträge infolge eines Versorgungsausgleiches (z. B. im Zusammenhang mit der Berechnung der Pensionsverpflichtung gem. § 45 Abs. 1 VersAusglG i.V.m. § 4 Abs. 5 BetrAVG) sind nur steuerunschädlich i.S. des § 4d Abs. 1 Satz 1 Nr. 1 Satz 1 Buchst. c EStG, soweit auf das Deckungskapital der bestehenden Rückdeckungsversicherung zurückgegriffen wird, die für die Anrechte der ausgleichspflichtigen Person bereits abgeschlossen wurde.

II. Pensionszusagen nach § 6a EStG

8 Bei Pensionszusagen gem. § 6a EStG wird der ausgleichsberechtigten Person zu Lasten der Versorgungsanwartschaft des oder der Ausgleichsverpflichteten entweder eine unmittelbare Pensionszusage erteilt (interne Teilung) oder dem von der ausgleichsberechtigten Person zu benennenden Versorgungsträger ein Kapitalbetrag übertragen (externe Teilung).

1. Schriftformerfordernis nach § 6a Abs. 1 Nr. 3 EStG

9 Die Auswirkungen des Versorgungsausgleiches auf eine Pensionszusage können wegen des Schriftformerfordernisses gem. § 6a Abs. 1 Nr. 3 EStG bilanzsteuerrechtlich erst ab Rechtskraft des Beschlusses des Familiengerichtes berücksichtigt werden, aus dem Art und Umfang der Versorgung der ausgleichsberechtigten Person eindeutig hervorgehen.

2. Bewertung des reduzierten Anrechtes der ausgleichspflichtigen Person

10 Das verbleibende Versorgungsanrecht der ausgleichspflichtigen Person ist vor Beendigung des Dienstverhältnisses mit dem Teilwert nach § 6a Abs. 3 Satz 2 Nr. 1 EStG auf Basis des geminderten Pensionsanrechtes zu passivieren.

3. Bewertung des neuen Anrechtes der ausgleichsberechtigten Person bei einer internen Teilung

11 Bei einer internen Teilung erlangt die ausgleichsberechtigte Person gem. § 12 VersAusglG die Stellung eines ausgeschiede-

nen Arbeitnehmers im Sinne des Betriebsrentengesetzes. Das gilt bilanzsteuerrechtlich auch für ausgleichberechtigte Ehegatten, Lebenspartner oder andere Personen, deren Ansprüche nicht unter das Betriebsrentengesetz fallen (vgl. Randnummer 1). Das Anrecht ist dementsprechend nach § 6a Abs. 3 Satz 2 Nr. 2 und Satz 3 EStG mit dem Barwert des durch den Versorgungsausgleich begründeten Anrechtes auf künftige Pensionsleistungen zu bewerten.

III. Vereinbarungen über den Versorgungsausgleich gem. § 6 VersAusglG

12 Kommt es infolge einer Vereinbarung über den Versorgungsausgleich gemäß § 6 VersAusglG zu einer Teilung des Anrechtes, gelten die Randnummern 1 bis 11 entsprechend.

Dieses Schreiben wird im Bundessteuerblatt Teil I veröffentlicht.

BMF-Schreiben zu verdeckter Einlage in eine Kapitalgesellschaft und Zufluss von Gehaltsbestandteilen bei einem Gesellschafter-Geschäftsführer einer Kapitalgesellschaft (12.5.2014)

Schreiben des Bundesministeriums der Finanzen vom 12.5.2014, IV C 2 - S 2743/12/10001

Der Bundesfinanzhof hat in den Urteilen vom 3. Februar 2011 - VI R 4/10 - (BStBl 2014 II S. xxx) und - VI R 66/09 - (BStBl 2014 II S. xxx) sowie vom 15. Mai 2013 - VI R 24/12 - (BStBl 2014 II S. xxx) zur lohnsteuerlichen Behandlung bestimmter Gehaltsbestandteile eines Gesellschafter-Geschäftsführers einer Kapitalgesellschaft Stellung genommen, die im Anstellungsvertrag vereinbart, tatsächlich aber nicht ausgezahlt wurden.

Nach dem Ergebnis der Erörterungen mit den obersten Finanzbehörden der Länder sind die Entscheidungen vom 3. Februar 2011 (a. a. O.) unter Berücksichtigung der Entscheidung vom 15. Mai 2013 (a. a. O.) auszulegen.

Dem beherrschenden Gesellschafter fließt eine eindeutige und unbestrittene Forderung gegen „seine" Kapitalgesellschaft bereits mit deren Fälligkeit zu (BFH-Urteil vom 3. Februar 2011 – VI R 66/09 – m. w. N.). Ob sich der Vorgang in der Bilanz der Kapitalgesellschaft tatsächlich gewinnmindernd ausgewirkt hat, etwa durch die Bildung einer Verbindlichkeit, ist für die Anwendung dieser sog. Zuflussfiktion unerheblich, sofern eine solche Verbindlichkeit nach den Grundsätzen ordnungsmäßiger Buchführung hätte gebildet werden müssen.

Für den Zufluss beim Gesellschafter-Geschäftsführer durch eine verdeckte Einlage in die Kapitalgesellschaft kommt es darauf an, ob der Gesellschafter-Geschäftsführer vor oder nach Entstehen seines Anspruches darauf verzichtet hat (H 40 KStH 2008). Maßgeblich dafür ist, inwieweit Passivposten in eine Bilanz der Gesellschaft hätten eingestellt werden müssen, die zum Zeitpunkt des Verzichts erstellt worden wäre (BFH-Urteile vom 15. Mai 2013 a. a. O. und vom 24. Mai 1984 – I R 166/78 – BStBl 1984 II S. 747). Auf die tatsächliche Buchung in der Bilanz der Gesellschaft kommt es für die Frage des Zuflusses aufgrund einer verdeckten Einlage nicht an.

Das Schreiben wird im Bundessteuerblatt Teil I veröffentlicht.

BMF-Schreiben zur Änderung des § 4 Nr. 8 Buchst. h UStG durch Artikel 5 des Investmentsteuerreformgesetzes (13.12.2017)

Änderung der Abschnitte 4.8.9 und 4.8.13 Umsatzsteuer-Anwendungserlass

Schreiben des Bundesministerium der Finanzen vom 13.12.2017, III C 3 - S 7160 - h/16/10001

Durch das Gesetz zur Reform der Investmentbesteuerung (Investmentsteuerreformgesetz – InvStRefG) vom 19.7.2016 (BGBl 2016 I S. 1730) wurde eine grundlegende Reform der Investmentbesteuerung beschlossen. Hierzu wurde durch Artikel 1 InvStRefG das Investmentsteuergesetz (InvStG) mit Wirkung zum 1.1.2018 neu gefasst. Diese Neufassung erforderte auch eine Änderung der Gesetze, die Bezug auf das InvStG nehmen. Daher wurde durch Artikel 5 InvStRefG der Wortlaut der Steuerbefreiung für die „Verwaltung von Investmentfonds im Sinne des Investmentsteuergesetzes" des § 4 Nr. 8 Buchstabe h UStG ebenso mit Wirkung zum 1.1.2018 neu gefasst. Durch die zum 1.1.2018 eintretende Ausweitung des Anwendungsbereiches des InvStG kann in § 4 Nr. 8 Buchstabe h UStG nicht mehr wie bislang auf das gesamte InvStG verwiesen werden; die Steuerbefreiung nimmt nunmehr Bezug auf die Verwaltung bestimmter nach dem Kapitalanlagegesetzbuch (KAGB) regulierter Investmentvermögen.

Zugleich wurde in der Neufassung des § 4 Nr. 8 Buchstabe h UStG das Urteil des EuGH vom 9.12.2015, C-595/13, Fiscale Eenheid X, umgesetzt. Danach wird die Steuerbefreiung punktuell auf bestimmte nach dem KAGB regulierte Investmentvermögen erweitert.

Die Steuerbefreiung erstreckt sich nunmehr auf die Verwaltung von Organismen für gemeinsame Anlagen in Wertpapieren (OGAW) im Sinne des § 1 Abs. 2 KAGB, die Verwaltung von Alternativen Investmentfonds (AIF) im Sinne des § 1 Abs. 3 KAGB, die mit den OGAW vergleichbar sind, und die Verwaltung von Versorgungseinrichtungen im Sinne des Versicherungsaufsichtsgesetzes.

Im Übrigen wird der Umfang der nach bisherigem Recht umsatzsteuerfreien Verwaltungsleistungen bzw. der begünstigten Investmentvermögen unverändert aufrechterhalten.

Unter Bezugnahme auf das Ergebnis der Erörterungen mit den obersten Finanzbehörden der Länder gilt zur Anwendung der Umsatzsteuerbefreiung nach § 4 Nr. 8 Buchstabe h UStG Folgendes:

I. Allgemeines

Die Steuerbefreiung nach § 4 Nr. 8 Buchstabe h UStG dient der umsatzsteuerlichen Gleichbehandlung von Investmentanlagen und Direktanlagen. Privatanleger, insbesondere Kleinanleger, sollen mit ihren Anlagen in Investmentvermögen (z. B. Wertpapier- oder Immobilien-Sondervermögen) nicht stärker mit Umsatzsteuer belastet werden als im Fall der Direktanlage.

Investmentvermögen i. S. des § 1 Abs. 1 KAGB, deren Verwaltung unter die Umsatzsteuerbefreiung nach § 4 Nr. 8 Buchstabe h UStG fällt (sog. begünstigte Investmentvermögen)

Investmentvermögen, die die Anforderungen der sog. OGAW-Richtlinie (Richtlinie 2009/65/EG des Europäischen Parlaments und des Rates vom 13.7.2009 zur Koordinierung der Rechts- und Verwaltungsvorschriften betreffend bestimmte OGAW, zuletzt geändert durch Richtlinie 2011/61/EU des Europäischen Parlaments und des Rates vom 8.6.2011 (ABl. EU 2011 Nr. L 174/1)) erfüllen, stellen grundsätzlich steuerbegünstigte Investmentvermögen dar. Darüber hinaus können auch AIF in den Anwendungsbereich der Steuerbefreiung fallen, sofern diese dieselben Merkmale aufweisen wie OGAW und somit dieselben Umsätze tätigen oder diesen soweit ähnlich sind, dass sie mit ihnen im Wettbewerb stehen.

Die Vergleichbarkeit mit OGAW setzt voraus, dass die AIF einer vergleichbaren staatlichen Aufsicht wie die OGAW unterliegen.

Eine solche Aufsicht kann sich aus der sog. AIFM-Richtlinie (Richtlinie 2011/61/EU des Europäischen Parlaments und des Rates vom 8.6.2011 über die Verwaltung alternativer Investmentfonds) oder aus nationalem Recht ergeben, durch das AIF einer speziellen aufsichtsrechtlichen Regelung unterliegen (Regulierung gemäß KAGB).

Als weitere kumulativ zu erfüllende Vergleichskriterien werden aufgrund des mit der Steuerbefreiung verfolgten Ziels und des Grundsatzes der steuerlichen Neutralität nach der Rechtsprechung des EuGH (vgl. Urteil vom 9.12.2015, C-595/13, Fiscale Eenheid X) insbesondere vorausgesetzt, dass:

1. diese AIF den gleichen Anlegerkreis wie die OGAW ansprechen,

2. diese AIF den gleichen Wettbewerbsbedingungen wie die OGAW unterliegen,
3. diese AIF Anteilsrechte an mehrere Anleger ausgeben,
4. der Ertrag der Anlage von den Ergebnissen der Anlage abhängt, die die Verwalter im Laufe des Zeitraums, in dem die Anteilsinhaber diese Anteilsrechte innehaben, getätigt haben,
5. die Anteilsinhaber Anrecht auf die vom AIF erzielten Gewinne und auf den Gewinn infolge einer Wertsteigerung ihres Anteils haben und auch das Risiko tragen, das mit der Verwaltung des darin gesammelten Vermögens einhergeht und
6. die Anlage des gesammelten Vermögens nach dem Grundsatz der Risikomischung zum Zwecke der Risikostreuung erfolgt.

Offene inländische Spezial-AIF mit festen Anlagebedingungen i. S. des § 284 KAGB sowie vergleichbare EU-Investmentvermögen und ausländische AIF können unabhängig von den in den Nummern 1 bis 3 genannten Bestimmungen begünstigtes Investmentvermögen darstellen.

Begriff der Verwaltung

Der EuGH bestätigt mit seinem Urteil vom 9.12.2015, C-595/13, Fiscale Eenheid X, seine bisherige Rechtsauffassung hinsichtlich des Begriffs der „Verwaltung", wonach die Steuerbefreiung nur in Betracht kommt, wenn die Dienstleistungen für die Verwaltung von Investmentvermögen spezifisch und wesentlich sind.

Die tatsächliche Bewirtschaftung von Immobilien zählt nach den Vorgaben des EuGH nicht zu den befreiten spezifischen Tätigkeiten der Investmentvermögensverwaltung.

II. Änderung des Umsatzsteuer-Anwendungserlasses

Der Umsatzsteuer-Anwendungserlass (UStAE) vom 1.10.2010, BStBl 2010 I S. 846, der zuletzt durch das BMF-Schreiben vom 13.12.2017 – III C 3 -S 7015/16/10003 (2017/1017217), BStBl 2017 I S. xxx geändert worden ist, wird wie folgt geändert:

1. Im Inhaltsverzeichnis wird die Angabe zu dem Abschnitt 4.8.13 wie folgt gefasst: „4.8.13. Verwaltung von Investmentvermögen und von Versorgungseinrichtungen".
2. Das Abkürzungsverzeichnis wird wie folgt geändert:
    1. Nach der Angabe „AgZSt = Ausgangszollstelle" wird die Angabe „AIF = Alternative Investmentfonds" eingefügt.

2. Nach der Angabe „NJW = Neue Juristische Wochenschrift" wird die Angabe „OGAW = Organismen für gemeinsame Anlagen in Wertpapieren" eingefügt.
3. Abschnitt 4.8.9 Abs. 2 Satz 4 wird wie folgt gefasst: „Zur Abgrenzung der Vermögensverwaltung von der Verwaltung von Investmentvermögen (§ 4 Nr. 8 Buchstabe h UStG) siehe Abschnitt 4.8.13."
4. Abschnitt 4.8.13 wird wie folgt gefasst:

„4.8.13. Verwaltung von Investmentvermögen und von Versorgungseinrichtungen

Allgemeines und Begriffsbestimmungen

(1) Die Steuerbefreiung nach § 4 Nr. 8 Buchstabe h UStG erstreckt sich auf die Verwaltung von OGAW im Sinne des § 1 Abs. 2 KAGB, die Verwaltung von AIF im Sinne des § 1 Abs. 3 KAGB, die mit OGAW vergleichbar sind, und die Verwaltung von Versorgungseinrichtungen im Sinne des Versicherungsaufsichtsgesetzes (siehe Absatz 22). Nicht unter die Steuerbefreiung fallen Leistungen der Vermögensverwaltung mit Wertpapieren, bei der die mit den Leistungen beauftragte Bank auf Grund eigenen Ermessens über den Kauf und Verkauf von Wertpapieren entscheidet und diese Entscheidung durch den Kauf und Verkauf der Wertpapiere vollzieht (vgl. EuGH-Urteil vom 19.7.2012, C-44/11, Deutsche Bank, BStBl 2012 II S. 945, und BFH-Urteil vom 11.10.2012, V R 9/10, BStBl 2014 II S. 279).

(2) OGAW sind Investmentvermögen, die die Anforderungen der sog. OGAW-Richtlinie (Richtlinie 2009/65/EG des Europäischen Parlaments und des Rates vom 13.7.2009 zur Koordinierung der Rechts- und Verwaltungsvorschriften betreffend bestimmte OGAW, ABl. EU 2009 Nr. L 302/32) erfüllen (§ 1 Abs. 2 KAGB). AIF sind alle Investmentvermögen, die keine OGAW sind (§ 1 Abs. 3 KAGB). Unter AIF fallen somit alle geschlossenen Investmentvermögen und alle offenen Investmentvermögen, die nicht als OGAW gelten. Ein Investmentvermögen ist nach § 1 Abs. 1 Satz 1 KAGB jeder Organismus für gemeinsame Anlagen, der von einer Anzahl von Anlegern Kapital einsammelt, um es nach einer festgelegten Anlagestrategie zum Nutzen dieser Anleger zu investieren und der kein operativ tätiges Unternehmen außerhalb des Finanzsektors ist. Eine Anzahl von Anlegern ist gegeben, wenn die Anlagebedingungen, die Satzung oder der Gesellschaftsvertrag des Organismus für gemeinsame Anlagen die Anzahl möglicher Anleger nicht auf einen Anleger begrenzen (§ 1 Abs. 1 Satz 2 KAGB). Inländische Investmentvermögen sind Investmentvermögen, die dem inländi-

schen Recht unterliegen (§ 1 Abs. 7 KAGB). EU-Investmentvermögen sind Investmentvermögen, die dem Recht eines anderen Mitgliedstaates des Abkommens über den Europäischen Wirtschaftsraum unterliegen (§ 1 Abs. 8 KAGB). Ausländische AIF sind AIF, die dem Recht eines Drittstaates unterliegen (§ 1 Abs. 9 KAGB).

(3) Offene inländische Investmentvermögen dürfen unter den Voraussetzungen des § 91 KAGB in Form eines Sondervermögens, einer Investmentaktiengesellschaft mit veränderlichem Kapital oder einer offenen Investmentkommanditgesellschaft gebildet werden. Geschlossene inländische Investmentvermögen dürfen nach § 139 KAGB als Investmentaktiengesellschaft mit fixem Kapital oder als geschlossene Investmentkommanditgesellschaft aufgelegt werden. Sondervermögen sind inländische offene Investmentvermögen in Vertragsform, die von einer Verwaltungsgesellschaft, z. B. der Kapitalverwaltungsgesellschaft im Sinne des § 17 Abs. 2 Nr. 1 KAGB, für Rechnung der Anleger nach Maßgabe des KAGB und den Anlagebedingungen, nach denen sich das Rechtsverhältnis der Verwaltungsgesellschaft zu den Anlegern bestimmt, verwaltet werden (§ 1 Abs. 10 KAGB).

(4) Kapitalverwaltungsgesellschaften sind Unternehmen mit satzungsmäßigem Sitz und Hauptverwaltung im Inland, deren Geschäftsbetrieb darauf gerichtet ist, inländische Investmentvermögen, EU-Investmentvermögen oder ausländische AIF zu verwalten (§ 17 Abs. 1 Satz 1 KAGB). Je nach Art des verwalteten Investmentvermögens bestehen Kapitalverwaltungsgesellschaften in zwei Ausprägungen. OGAW-Kapitalverwaltungsgesellschaften sind Kapitalverwaltungsgesellschaften nach § 17 KAGB, die mindestens einen OGAW verwalten oder zu verwalten beabsichtigen (§ 1 Abs. 15 KAGB). AIF-Kapitalverwaltungsgesellschaften sind Kapitalverwaltungsgesellschaften nach § 17 KAGB, die mindestens einen AIF verwalten oder zu verwalten beabsichtigen (§ 1 Abs. 16 KAGB). Kapitalverwaltungsgesellschaften, die vom Investmentvermögen oder im Namen des Investmentvermögens bestellt sind und auf Grund dieser Bestellung für die Verwaltung des Investmentvermögens verantwortlich sind (externe Kapitalverwaltungsgesellschaften, § 17 Abs. 2 Nr. 1 KAGB), dürfen neben der kollektiven Vermögensverwaltung (§ 1 Abs. 19 Nr. 24 KAGB) von OGAW bzw. AIF nur die Dienstleistungen und Nebendienstleistungen nach § 20 Abs. 2 bzw. Abs. 3 KAGB erbringen. Sie dürfen jedoch nicht ausschließlich die in § 20 Abs. 2 Nr. 1 bis 4 KAGB bzw. § 20 Abs. 3 Nr. 1 bis 6 KAGB genannten Leistungen erbringen, ohne auch die kollektive Vermögensverwaltung zu erbringen (§ 20 Abs. 4 KAGB).

(5) Die OGAW-Kapitalverwaltungsgesellschaft hat sicherzustellen, dass für jeden von ihr verwalteten OGAW eine Verwahrstelle beauftragt wird, die ein zugelassenes Kreditinstitut im Sinne des § 68 Abs. 2 KAGB ist (§ 68 Abs. 1 Satz 1 KAGB); die AIF-Kapitalverwaltungsgesellschaft muss nach § 80 Abs. 1 Satz 1 KAGB dafür sorgen, dass eine Verwahrstelle im Sinne des § 80 Abs. 2 oder 3 KAGB beauftragt wird. Die Verwahrstelle ist neben den Verwahraufgaben nach § 72 KAGB bzw. § 81 KAGB zu sonstigen Aufgaben nach Maßgabe der §§ 74 bis 79 KAGB bzw. der §§ 83 bis 89a KAGB verpflichtet. Nach Artikel 22 Abs. 3 Buchstaben a und b der OGAW-Richtlinie muss die Verwahrstelle u.a. dafür sorgen, dass die Ausgabe und die Rücknahme sowie die Berechnung des Wertes der Anteile nach den gesetzlichen Vorschriften oder Vertragsbedingungen erfolgt. Für OGAW-Kapitalverwaltungsgesellschaften bestimmt § 76 Abs. 1 Nr. 1 KAGB demgemäß, dass die Verwahrstelle im Rahmen ihrer Kontrollfunktion sicherzustellen hat, dass die Ausgabe und Rücknahme von Anteilen und die Ermittlung des Wertes der Anteile den Vorschriften des KAGB und den Anlagebedingungen entsprechen. Die Ausgabe und die Rücknahme der Anteile hat die Verwahrstelle selbst vorzunehmen (§ 71 Abs. 1 Satz 1 KAGB). Die Bewertung des Werts eines inländischen OGAW je Anteil oder Aktie wird entweder von der Verwahrstelle unter Mitwirkung der OGAW-Kapitalverwaltungsgesellschaft oder nur von der OGAW-Kapitalverwaltungsgesellschaft vorgenommen (§ 212 KAGB). Hinsichtlich der Bestimmungen für die Verwahrstellen von AIF-Kapitalverwaltungsgesellschaften wird auf die Vorschriften für AIF-Verwahrstellen (§§ 80 bis 90 KAGB) verwiesen.

(6) Die Kapitalverwaltungsgesellschaft kann unter den Bedingungen des § 36 Abs. 1 KAGB Aufgaben, die für die Durchführung der Geschäfte wesentlich sind, zum Zwecke einer effizienteren Geschäftsführung auf ein anderes Unternehmen (Auslagerungsunternehmen) auslagern. So muss das Auslagerungsunternehmen z. B. über ausreichende Ressourcen für die Ausführung der ihm übertragenen Aufgaben verfügen und die Personen, die die Geschäfte des Auslagerungsunternehmens tatsächlich leiten, müssen zuverlässig sein und über ausreichende Erfahrung verfügen (§ 36 Abs. 1 Satz 1 Nr. 2 KAGB). Eine weitere Bedingung ist, dass die Auslagerung die Wirksamkeit der Beaufsichtigung der Kapitalverwaltungsgesellschaft in keiner Weise beeinträchtigen darf; insbesondere darf sie weder die Kapitalverwaltungsgesellschaft daran hindern, im Interesse ihrer Anleger zu handeln, noch darf sie verhindern, dass das Investmentvermögen im Interesse der Anleger verwaltet wird (§ 36 Abs. 1 Satz 1 Nr. 5 KAGB).

Das Auslagerungsunternehmen darf die ihm übertragenen ausgelagerten Aufgaben unter den Bedingungen des § 36 Abs. 6 KAGB weiter übertragen (Unterauslagerung).

(7) Die Verwahrstelle darf der Kapitalverwaltungsgesellschaft aus den zu einem inländischen OGAW bzw. AIF gehörenden Konten nur die für die Verwaltung des inländischen OGAW bzw. AIF zustehende Vergütung und den ihr zustehenden Ersatz von Aufwendungen auszahlen (§§ 79 Abs. 1 und 89a Abs. 1 KAGB). Werden die zu einem inländischen AIF gehörenden Konten bei einer anderen Stelle nach § 83 Abs. 6 Satz 2 KAGB geführt, bedarf die Auszahlung der der AIF-Kapitalverwaltungsgesellschaft für die Verwaltung des inländischen AIF zustehenden Vergütung und des ihr zustehenden Ersatzes von Aufwendungen der Zustimmung der Verwahrstelle (§ 89a Abs. 1 Satz 2 KAGB).

Investmentvermögen, deren Verwaltung unter die Umsatzsteuerbefreiung nach § 4 Buchstabe h UStG fällt (sog. begünstigte Investmentvermögen)

(8) Steuerbegünstigt können inländische Investmentvermögen, EU-Investmentvermögen und ausländische AIF sein. Investmentvermögen, die die Anforderungen der OGAW-Richtlinie erfüllen, stellen grundsätzlich steuerbegünstigte Investmentvermögen dar. Darüber hinaus können auch AIF in den Anwendungsbereich der Steuerbefreiung fallen, sofern sie mit OGAW vergleichbar sind (vgl. EuGH-Urteil vom 9.12.2015, C-595/13, Fiscale Eenheid X). Die Vergleichbarkeit mit OGAW setzt insbesondere folgende kumulativ zu erfüllende Kriterien voraus:

1. die AIF unterliegen einer vergleichbaren besonderen staatlichen Aufsicht. AIF, die gemäß KAGB reguliert sind, unterliegen dieser vergleichbaren Aufsicht grundsätzlich,

2. die AIF sprechen den gleichen Anlegerkreis an (Kleinanleger, vgl. EuGH-Urteile vom 4.5.2006, C-169/04, Abbey National, und vom 28.6.2007, C-363/05, JP Morgan Fleming Claverhouse Investment Trust und The Association of Investment Trust Companies),

3. die AIF unterliegen den gleichen Wettbewerbsbedingungen (unterliegen vergleichbaren Pflichten und Kontrollen),

4. die AIF haben Anteilsrechte an mehrere Anleger ausgegeben,

5. der Ertrag der Anlage hängt von den Ergebnissen der Anlage ab, die die Verwalter im Laufe des Zeitraums, in dem die Anteilsinhaber diese Anteilsrechte innehaben, getätigt haben,

6. die Anteilsinhaber haben Anrecht auf die vom AIF erzielten Gewinne und auf den Gewinn infolge einer Wertsteigerung ihres Anteils und tragen das Risiko, das mit der Verwaltung des darin gesammelten Vermögens einhergeht und

7. die Anlage des gesammelten Vermögens erfolgt nach dem Grundsatz der Risikomischung zum Zwecke der Risikostreuung. Der Grundsatz gilt regelmäßig als erfüllt, wenn das Vermögen in mindestens drei Vermögensgegenständen mit unterschiedlichen Anlagerisiken angelegt ist. Hierbei sind die Anlagenfristen des KAGB zu beachten.

Beispiel:

Ein Investmentvermögen, das bis zu 30 % in physischem Gold angelegt ist und darüber hinaus ausschließlich 1:1-Zertifikate von mindestens drei unterschiedlichen Emittenten erwirbt, die alle die Entwicklung des Goldpreises abbilden, kann nicht als risikogemischt angesehen werden. Es werden zwar mindestens drei Vermögensgegenstände für das Investmentvermögen erworben, jedoch bilden alle Vermögensgegenstände das gleiche Anlagerisiko ab. Der Anleger erleidet einen hohen Verlust, wenn der Goldpreis sinkt.

(9) Offene inländische Spezial-AIF mit festen Anlagebedingungen im Sinne des § 284 KAGB sowie vergleichbare EU-Investmentvermögen und ausländische AIF können unabhängig von den in Absatz 8 Satz 4 Nummern 2 bis 4 genannten Bestimmungen begünstigte Investmentvermögen darstellen. Begünstigt können auch geschlossene Investmentvermögen sein, soweit solche geschlossenen Investmentvermögen die Kriterien nach Absatz 8 Satz 4 erfüllen (vgl. EuGH-Urteil vom 28.6.2007, C-363/05, JP Morgan Fleming Claverhouse Investment Trust und The Association of Investment Trust Companies, BStBl 2010 II S. 573).

Verwaltung von Investmentvermögen

(10) Die Steuerbefreiung umfasst lediglich Tätigkeiten der Verwaltung; andere Tätigkeiten als die Verwaltung, insbesondere Tätigkeiten der Verwahrung von Vermögensgegenständen des Investmentvermögens sowie sonstige Aufgaben nach Maßgabe der §§ 72 bis 79 KAGB bzw. der §§ 81 bis 89a KAGB, sind nicht steuerbegünstigt.

(11) Die Anwendung der Steuerbefreiung setzt das Vorliegen eines steuerbaren Leistungsaustauschs voraus. Die Steuerbefreiung ist unabhängig davon anzuwenden, in welcher Rechtsform der Leistungserbringer auftritt. Für die Steuerbefreiung ist auch unerheblich, dass § 36 Abs. 1 Satz 1 Nr. 3 KAGB (Auslagerung) verlangt, dass bei der

Übertragung der Portfolioverwaltung ein für Zwecke der Vermögensverwaltung oder Finanzportfolioverwaltung zugelassenes oder registriertes Unternehmen, das der Aufsicht unterliegt, benannt wird.

Verwaltung des Investmentvermögens durch eine externe Kapitalverwaltungsgesellschaft

(12) Bei einem Investmentvermögen in der Form eines Sondervermögens erfüllt die Kapitalverwaltungsgesellschaft durch die Verwaltung des Investmentvermögens ihre gegenüber den Anlegern auf Grund des Investmentvertrags bestehenden Verpflichtungen. Dabei können die zum Investmentvermögen gehörenden Vermögensgegenstände nach Maßgabe der Vertragsbedingungen im Eigentum der Kapitalverwaltungsgesellschaft oder im Miteigentum der Anleger stehen. Es liegt eine Verwaltungsleistung gegenüber den Anlegern als Leistungsempfänger vor. Bei einem Investmentvermögen in der Form einer Investmentgesellschaft (§ 1 Abs. 11 KAGB), das eine externe Kapitalverwaltungsgesellschaft mit der Verwaltung und Anlage ihrer Mittel bestellt hat, wird die Kapitalverwaltungsgesellschaft ausschließlich auf Grund der vertraglichen Vereinbarung zwischen ihr und der Investmentgesellschaft tätig. Es liegt eine Verwaltungsleistung gegenüber der Investmentgesellschaft als Leistungsempfänger vor.

Investmentvermögen in Form einer intern verwalteten Investmentgesellschaft

(13) Hat das Investmentvermögen die Organisationsform einer Investmentaktiengesellschaft im Sinne des KAGB oder einer Investmentkommanditgesellschaft im Sinne des KAGB, ist der Anleger Aktionär bzw. Gesellschafter. Seine konkrete Rechtsstellung richtet sich nach gesellschaftsrechtlichen Regelungen und der Satzung bzw. dem Gesellschaftsvertrag der Investmentgesellschaft. Soweit keine separate schuldrechtliche Vereinbarung über die Erbringung einer besonderen Verwaltungsleistung besteht, ist insofern kein Leistungsaustausch zwischen der Investmentgesellschaft und ihren Aktionären bzw. Gesellschaftern anzunehmen. Der Anspruch auf die Verwaltungsleistung ergibt sich aus der Gesellschafterstellung. Die Verwaltung des Investmentvermögens durch die Investmentgesellschaft ist insoweit ein nicht steuerbarer Vorgang.

Auslagerung von Verwaltungstätigkeiten durch eine Kapitalverwaltungsgesellschaft

(14) Beauftragt eine Kapitalverwaltungsgesellschaft einen Dritten mit der Verwaltung des Investmentvermögens, erbringt dieser eine Leis-

tung gegenüber der Kapitalverwaltungsgesellschaft, indem er die ihr insoweit obliegende Pflicht erfüllt. Der Dritte wird ausschließlich auf Grund der vertraglichen Vereinbarung zwischen ihm und der Kapitalverwaltungsgesellschaft tätig, so dass er auch nur ihr gegenüber zur Leistung verpflichtet ist.

Auslagerung von Verwaltungstätigkeiten bei Investmentgesellschaften

(15) Beauftragt eine intern verwaltete Investmentaktiengesellschaft bzw. eine intern verwaltete Investmentkommanditgesellschaft einen Dritten mit der Wahrnehmung von Aufgaben, erbringt der Dritte ihr gegenüber eine Leistung, da grundsätzlich der intern verwalteten Investmentgesellschaft die Anlage und die Verwaltung ihrer Mittel obliegt. Beauftragt eine extern verwaltete Investmentgesellschaft eine Kapitalverwaltungsgesellschaft mit der Verwaltung und Anlage ihrer Mittel, ist die Kapitalverwaltungsgesellschaft Vertragspartnerin des von ihr mit bestimmten Verwaltungstätigkeiten beauftragten Dritten. Dieser erbringt somit auch nur gegenüber der Kapitalverwaltungsgesellschaft und nicht gegenüber der Investmentgesellschaft eine Leistung.

Ausgelagerte Verwaltungstätigkeiten als Gegenstand der Steuerbefreiung

(16) Für Tätigkeiten im Rahmen der Verwaltung von Investmentvermögen, die nach § 36 Abs. 1 KAGB auf ein anderes Unternehmen ausgelagert worden sind, kann ebenfalls die Steuerbefreiung in Betracht kommen. Zur steuerfreien Verwaltung gehören auch Dienstleistungen der administrativen und buchhalterischen Verwaltung von Investmentvermögen durch einen außen stehenden Verwalter, wenn sie ein im Großen und Ganzen eigenständiges Ganzes bilden und für die Verwaltung dieses Investmentvermögens spezifisch und wesentlich sind. Rein materielle oder technische Dienstleistungen, die in diesem Zusammenhang erbracht werden, wie z. B. die Zurverfügungstellung eines Datenverarbeitungssystems, fallen nicht unter die Steuerbefreiung. Ob die Dienstleistungen der administrativen und buchhalterischen Verwaltung von Investmentvermögen durch einen außen stehenden Verwalter ein im Großen und Ganzen eigenständiges Ganzes bilden, ist danach zu beurteilen, ob die übertragenen Aufgaben für die Durchführung der Geschäfte der Kapitalverwaltungsgesellschaft/Investmentgesellschaft unerlässlich sind und ob der außen stehende Verwalter die Aufgaben eigenverantwortlich auszuführen hat. Vorbereitende Handlungen, bei denen sich die Kapitalverwaltungsgesellschaft/Investmentgesellschaft eine abschließende Entscheidung vorbehält, bilden regelmäßig nicht ein

im Großen und Ganzen eigenständiges Ganzes. Demgegenüber fallen Leistungen, die in der Abgabe von Empfehlungen zum An- und Verkauf von Vermögenswerten (z. B. Wertpapiere oder Immobilien) gegenüber einer Kapitalverwaltungsgesellschaft bestehen, unter die Steuerbefreiung, wenn eine enge Verbindung zu der spezifischen Tätigkeit einer Kapitalverwaltungsgesellschaft besteht. Davon ist auszugehen, wenn die Empfehlung für den Kauf oder Verkauf von Vermögenswerten konkret an den rechtlichen und tatsächlichen Erfordernissen der jeweiligen Wertpapieranlage ausgerichtet ist, die Empfehlung für den Kauf oder Verkauf von Vermögenswerten auf Grund ständiger Beobachtung des Fondsvermögens erteilt wird und auf einem stets aktuellen Kenntnisstand über die Zusammenstellung des Vermögens beruht (vgl. BFH-Urteil vom 11.4.2013, V R 51/10, BStBl 2013 II S. 877, EuGH-Urteil vom 7.3.2013, C-275/11, GfBk, BStBl 2013 II S. 900).

(17) Für die Beurteilung der Steuerbefreiung ist im Übrigen grundsätzlich ausschließlich die Art der ausgelagerten Tätigkeiten maßgebend und nicht die Eigenschaft des Unternehmens, das die betreffende Leistung erbringt. § 36 KAGB ist insoweit für die steuerliche Beurteilung der Auslagerung ohne Bedeutung. Soweit Aufgaben der Kapitalverwaltungsgesellschaft/Investmentgesellschaft von den Verwahrstellen wahrgenommen oder auf diese übertragen werden, die zu den administrativen Tätigkeiten der Kapitalverwaltungsgesellschaft/Investmentgesellschaft und nicht zu den Tätigkeiten als Verwahrstelle gehören, kann die Steuerbefreiung auch dann in Betracht kommen, wenn sie durch die Verwahrstellen wahrgenommen werden.

Steuerfreie Verwaltungstätigkeiten

(18) Insbesondere folgende Tätigkeiten der Verwaltung von Investmentvermögen durch die Kapitalverwaltungsgesellschaft, die Investmentaktiengesellschaft, die Investmentkommanditgesellschaft oder die Verwahrstelle sind steuerfrei nach § 4 Nr. 8 Buchstabe h UStG:

1. Portfolioverwaltung,
2. Risikomanagement,
3. Ausübung des Sicherheitenmanagements (Verwalten von Sicherheiten, sog. Collateral Management, das im Rahmen von Wertpapierleihgeschäften nach § 200 Abs. 2 KAGB Aufgabe der OGAW-Kapitalverwaltungsgesellschaft ist),

BMF-Schreiben zur Änderung des § 4 Nr. 8 Buchst. h UStG

4. Folgende administrative Leistungen, soweit sie nicht dem Anteilsvertrieb dienen:
   1. Gesetzlich vorgeschriebene und im Rahmen der Fondsverwaltung vorgeschriebene Rechnungslegungsdienstleistungen (u.a. Fondsbuchhaltung und die Erstellung von Jahresberichten und sonstiger Berichte),
   2. Bewertung und Preisfestsetzung (Ermittlung und verbindliche Festsetzung des Anteilspreises),
   3. Überwachung und Einhaltung der Rechtsvorschriften (u.a. Kontrolle der Anlagegrenzen und der Marktgerechtigkeit (Fonds-Controlling)),
   4. Ausgabe und Rücknahme von Anteilen (diese Aufgabe wird nach § 71 Abs. 1 KAGB von der Verwahrstelle ausgeführt),
   5. Führung des Anteilinhaberregisters,
   6. Beantwortung von Kundenanfragen und Übermittlung von Informationen an Kunden, auch für potentielle Neukunden,
   7. Tätigkeiten im Zusammenhang mit der Gewinnausschüttung,
   8. Erstellung von Kontraktabrechnungen (einschließlich Versand und Zertifikate, ausgenommen Erstellung von Steuererklärungen),
   9. Führung gesetzlich vorgeschriebener und im Rahmen der Fondsverwaltung vorgeschriebener Aufzeichnungen,
   10. die aufsichtsrechtlich vorgeschriebene Prospekterstellung.

(19) Wird von einem außen stehenden Dritten, auf den Verwaltungsaufgaben übertragen wurden, nur ein Teil der Leistungen aus dem vorstehenden Leistungskatalog erbracht, kommt die Steuerbefreiung nur in Betracht, wenn die erbrachte Leistung ein im Großen und Ganzen eigenständiges Ganzes bildet und für die Verwaltung von Investmentvermögen spezifisch und wesentlich ist. Leistungen, die in der Abgabe von Empfehlungen zum An- und Verkauf von Vermögenswerten (z. B. Wertpapiere oder Immobilien) gegenüber einer Kapitalverwaltungsgesellschaft bestehen, können unter die Steuerbefreiung fallen (vgl. Absatz 16 Sätze 6 und 7). Für eine administrative Leistung nach Absatz 18 Nr. 4 Buchstabe e bis j kommt im Fall der Auslagerung auf einen außen stehenden Dritten die Steuerbefreiung nur in Betracht, wenn die Leistung von dem Dritten gemeinsam mit einer der in Absatz 18 Nr. 4 Buchstabe a bis d aufgeführten administrativen Leistungen erbracht wird. Erbringt eine Kapitalverwaltungsgesellschaft, eine Investmentaktiengesellschaft, eine Investmentkommanditgesellschaft oder eine

Verwahrstelle Verwaltungsleistungen bezüglich des ihr nach dem KAGB zugewiesenen Investmentvermögens, kann die Steuerbefreiung unabhängig davon in Betracht kommen, ob ggf. nur einzelne Verwaltungsleistungen aus dem vorstehenden Leistungskatalog erbracht werden.

Steuerpflichtige Tätigkeiten im Zusammenhang mit der Verwaltung

(20) Insbesondere folgende Tätigkeiten können nicht als Tätigkeiten der Verwaltung von Investmentvermögen angesehen werden und fallen daher nicht unter die Steuerbefreiung nach § 4 Nr. 8 Buchstabe h UStG, soweit sie nicht Nebenleistungen zu einer nach Absatz 18 steuerfreien Tätigkeit sind (zur allgemeinen Abgrenzung von Haupt- und Nebenleistung vgl. Abschnitt 3.10):

1. Erstellung von Steuererklärungen,
2. Tätigkeiten im Zusammenhang mit der Portfolioverwaltung wie allgemeine Rechercheleistungen – sofern diese nicht unselbständige Nebenleistungen zu Beratungsleistungen mit konkreten Kauf- oder Verkaufsempfehlungen für Vermögenswerte (z. B. Wertpapiere oder Immobilien) sind –, insbesondere
   1. die planmäßige Beobachtung der Wertpapiermärkte,
   2. die Beobachtung der Entwicklungen auf den Märkten,
   3. das Analysieren der wirtschaftlichen Situation in den verschiedenen Währungszonen, Staaten oder Branchen,
   4. die Prüfung der Gewinnaussichten einzelner Unternehmen,
   5. die Aufbereitung der Ergebnisse dieser Analysen.
3. Beratungsleistungen ohne konkrete Kauf- oder Verkaufsempfehlungen,
4. Tätigkeiten im Zusammenhang mit dem Anteilsvertrieb, wie z. B. die Erstellung von Werbematerialien.,
5. Tätigkeiten im Zusammenhang mit der tatsächlichen Bewirtschaftung gehaltener Immobilien, insbesondere ihre Vermietung, die Verwaltung der bestehenden Mietverhältnisse, die Beauftragung Dritter mit Instandhaltungsmaßnahmen sowie deren Überwachung und Überprüfung (vgl. EuGH-Urteil vom 9.12.2015, C-595/13 Fiscale Eenheid X).

Andere steuerpflichtige Tätigkeiten

(21) Nicht nach § 4 Nr. 8 Buchstabe h UStG steuerfrei sind insbesondere alle Leistungen der Verwahrstelle als Verwahr- oder Kontrollstelle gegenüber der Kapitalverwaltungsgesellschaft. Dies sind insbesondere folgende Leistungen:

BMF-Schreiben zur Änderung des § 4 Nr. 8 Buchst. h UStG

1. Verwahrung der Vermögensgegenstände des Investmentvermögens; hierzu gehören z. B.:
   1. die Verwahrung der zu einem Investmentvermögen gehörenden Wertpapiere, Einlagenzertifikate und Bargeldbestände in gesperrten Depots und Konten,
   2. die Verwahrung von als Sicherheiten für Wertpapiergeschäfte oder Wertpapier-Pensionsgeschäfte verpfändeten Wertpapieren oder abgetretenen Guthaben bei der Verwahrstelle oder unter Kontrolle der Verwahrstelle bei einem geeigneten Kreditinstitut,
   3. die Übertragung der Verwahrung von zu einem Investmentvermögen gehörenden Wertpapieren an eine Wertpapiersammelbank oder an eine andere in- oder ausländische Bank,
   4. die Unterhaltung von Geschäftsbeziehungen mit Drittverwahrern;
2. Leistungen zur Erfüllung der Zahlstellenfunktion,
3. Einzug und Gutschrift von Zinsen und Dividenden,
4. Mitwirkung an Kapitalmaßnahmen (Corporate Actions) und der Stimmrechtsausübung (Proxy Voting),
5. Abwicklung des Erwerbs und Verkaufs der Vermögensgegenstände inklusive Abgleich der Geschäftsdaten mit dem Broker (Broker-Matching); hierbei handelt es sich nicht um Verwaltungstätigkeiten, die von der Kapitalverwaltungsgesellschaft auf die Verwahrstelle übertragen werden könnten, sondern um Tätigkeiten der Verwahrstelle im Rahmen der Verwahrung der Vermögensgegenstände;
6. Leistungen der Kontrolle und Überwachung, die gewährleisten, dass die Verwaltung des Investmentvermögens nach den entsprechenden gesetzlichen Vorschriften erfolgt, wie insbesondere
   1. Kontrolle der Ermittlung und der verbindlichen Feststellung des Anteilspreises,
   2. Kontrolle der Ausgabe und Rücknahme von Anteilen,
   3. Erstellung aufsichtsrechtlicher Meldungen, z. B. Meldungen, zu denen die Verwahrstelle verpflichtet ist

Verwaltung von Versorgungseinrichtungen

(22) Nach § 4 Nr. 8 Buchstabe h UStG ist die Verwaltung von Versorgungseinrichtungen, welche Leistungen im Todes- oder Erlebensfall, bei Arbeitseinstellung oder bei Minderung der Erwerbstätigkeit vorsehen, steuerfrei (§ 1 Abs. 2 VAG). Die Versorgungswerke der Ärzte, Apotheker, Architekten, Notare, Rechtsanwälte, Steuerberater bzw. Steuerbevoll-

mächtigten, Tierärzte, Wirtschaftsprüfer und vereidigten Buchprüfer sowie Zahnärzte zählen zu den Versorgungseinrichtungen im Sinne des § 1 Abs. 2 VAG; Pensionsfonds sind Versorgungseinrichtungen im Sinne des § 236 Abs. 1 VAG. Damit sind die unmittelbaren Verwaltungsleistungen durch Unternehmer an die auftraggebenden Versorgungseinrichtungen steuerfrei. Voraussetzung für die Steuerbefreiung ist jedoch nicht, dass die Versorgungseinrichtungen der Versicherungsaufsicht unterliegen. Einzelleistungen an die jeweilige Versorgungseinrichtung, die keine unmittelbare Verwaltungstätigkeit darstellen (z. B. Erstellung eines versicherungsmathematischen Gutachtens) fallen dagegen nicht unter die Steuerbefreiung nach § 4 Nr. 8 Buchstabe h UStG. Zu weiteren Einzelheiten, insbesondere bei Unterstützungskassen, vgl. BMF-Schreiben vom 18.12.1997, BStBl 1997 I S. 1046. Bei Leistungen zur Durchführung des Versorgungsausgleichs nach dem Gesetz über den Versorgungsausgleich (Versorgungsausgleichsgesetz – VersAusglG) handelt es sich abweichend von diesem BMF-Schreiben um typische und somit steuerfreie Verwaltungsleistungen.

Vermögensverwaltung

(23) Bei der Vermögensverwaltung (Portfolioverwaltung) nimmt eine Bank einerseits die Vermögensverwaltung und andererseits Transaktionen vor (vgl. Abschnitt 4.8.9 Abs. 2). Die Steuerbefreiung nach § 4 Nr. 8 Buchstabe h UStG kommt in Betracht, soweit tatsächlich begünstigte Investmentvermögen verwaltet werden (vgl. Absätze 1 bis 19)."

Die Grundsätze dieses Schreibens sind auf nach dem 31.12.2017 ausgeführte Umsätze anzuwenden. Für vor dem 1.1.2018 erbrachte Umsätze wird es nicht beanstandet, wenn der Unternehmer für die Steuerfreiheit seiner Leistungen die Grundsätze dieses Schreibens unter Hinweis auf das EuGH-Urteil vom 9.12.2015, C-595/13, Fiscale Eenheid X und auf Artikel 135 Abs. 1 Buchstabe g MwStSystRL anwendet. Dabei sind die Regelungen des § 14c Abs. 1 UStG zu beachten.

Dieses Schreiben wird im Bundessteuerblatt Teil I veröffentlicht. Es steht ab sofort für eine Übergangszeit auf den Internetseiten des Bundesministeriums der Finanzen (http://www.bundesfinanzministerium.de) unter der Rubrik Themen – Steuern – Steuerarten – Umsatzsteuer – Umsatzsteuer-Anwendungserlass zum Herunterladen bereit.

BMF-Schreiben zur Mitteilung über steuerpflichtige Leistungen aus einem Altersvorsorgevertrag oder aus einer betrieblichen Altersversorgung ab dem Kalenderjahr 2019 (2.10.2019)

Amtlich vorgeschriebenes Vordruckmuster nach § 22 Nummer 5 Satz 7 EStG

BMF, 2.10.2019, IV C 3 - S 2257-b/19/10005 :001

1 Anlage

Nach § 22 Nummer 5 Satz 7 Einkommensteuergesetz (EStG) hat der Anbieter eines Altersvorsorgevertrags oder einer betrieblichen Altersversorgung

- bei erstmaligem Bezug von Leistungen,
- in den Fällen der steuerschädlichen Verwendung nach § 93 EStG sowie
- bei Änderung der im Kalenderjahr auszuzahlenden Leistungen

dem Steuerpflichtigen nach amtlich vorgeschriebenem Muster den Betrag der im abgelaufenen Kalenderjahr zugeflossenen Leistungen im Sinne des § 22 Nummer 5 Satz 1 bis 3 EStG jeweils gesondert mitzuteilen. Das gilt auch für die Abschluss- und Vertriebskosten eines Altersvorsorgevertrages, die dem Steuerpflichtigen erstattet werden.

Im Einvernehmen mit den obersten Finanzbehörden der Länder wird hiermit ein neues Vordruckmuster für die Mitteilung nach § 22 Nummer 5 Satz 7 EStG bekannt gemacht. Das in der Anlage beigefügte Vordruckmuster ist erstmals zur Bescheinigung von Leistungen des Kalenderjahres 2019 zu verwenden.

Für die maschinelle Herstellung des Vordrucks werden folgende ergänzenden Regelungen getroffen:

Der Vordruck kann auch maschinell hergestellt werden, wenn nach Inhalt, Aufbau und Reihenfolge vom Vordruckmuster nicht abgewichen wird und die Leistungen auf Seite 2 oder 3 des Vordrucks bescheinigt werden. Der Vordruck hat das Format DIN A 4. Maschinell erstellte Vordrucke können zweiseitig bedruckt werden; sie brauchen nicht unterschrieben zu werden.

Folgende Abweichungen werden zugelassen:

1. Die Zeilen des Vordrucks, bei denen im Einzelfall keine Leistungen zu bescheinigen sind, können einschließlich der zugehörigen Hinweise entfallen. Dies gilt auch für die letzte Tabellenzeile einschließlich des Hinweises 12. Die Nummerierung der ausgedruckten Zeilen und Hinweise ist dabei dem Vordruckmuster entsprechend beizubehalten.
2. Werden die Zeile 1 und der Hinweis 1 des Vordruckmusters nicht ausgedruckt, da keine Leistungen im Sinne der Nummer 1, sondern ausschließlich Leistungen im Sinne der Nummer 2 oder der Nummer 3 bezogen werden, kann bei der Nummer 2 und der Nummer 3 auch der Klammerzusatz in Zeile 2 „(in Nummer 1 nicht enthalten)" entfallen.
3. Werden Leistungen bescheinigt, kann unter der entsprechenden Zeile des Vordrucks ein Hinweis auf die Zeile der Anlage R aufgenommen werden, in die ggf. der entsprechende Betrag einzutragen ist. Ebenso kann der Anbieter weitere für die Durchführung der Besteuerung erforderliche Angaben (z.B. Beginn der Rente) in den Vordruck aufnehmen.
4. Sind Nachzahlungen zu mehr als einer Zeile zu bescheinigen, ist die Zeile mit der Nummer 11 des Vordruckmusters mehrfach aufzunehmen.

Der Vordruck darf durch weitere Erläuterungen ergänzt werden, sofern die Ergänzungen im Anschluss an die Inhalte des Vordruckmusters einschließlich der Hinweise erfolgen und hiervon optisch abgesetzt werden.

Dieses Schreiben wird im Bundessteuerblatt Teil I veröffentlicht.

BMF-Schreiben zur Mitteilung über steuerpflichtige Leistungen 463

(Bezeichnung und Anschrift des Anbieters)

Datum der Absendung

(Bekanntgabeadresse)

Wichtiger Hinweis:

Diese Mitteilung informiert Sie über die Höhe der steuerpflichtigen Leistungen aus Ihrem Altersvorsorgevertrag oder aus Ihrer betrieblichen Altersversorgung. Die Daten werden **elektronisch an Ihr Finanzamt übermittelt**. Die Eintragung auf Seite 2 der Anlage R zur Einkommensteuererklärung ist nur erforderlich, wenn Sie von den übermittelten Daten abweichen oder Ergänzungen vornehmen möchten.

Mitteilung

über steuerpflichtige Leistungen aus einem Altersvorsorgevertrag oder aus einer betrieblichen Altersversorgung (§ 22 Nummer 5 Satz 7 Einkommensteuergesetz - EStG)

für das Kalenderjahr _____

Name, Vorname	Geburtsdatum (soweit bekannt)
Straße, Hausnummer	
Postleitzahl, Wohnort	
Vertragsnummer (soweit vorhanden)	Sozialversicherungsnummer/Zulagenummer (soweit vorhanden)
Anbieternummer (soweit vorhanden)	Zertifizierungsnummer (soweit vorhanden)

Grund für die Mitteilung:

☐ erstmalige regelmäßige Leistungen im Sinne des § 22 Nummer 5 EStG

☐ Änderung des Leistungsbetrags gegenüber dem Vorjahr

☐ ausschließlich einmalige Leistungen im Sinne des § 22 Nummer 5 EStG

☐ Berichtigung der für dieses Kalenderjahr erstellten Mitteilung vom _____

Folgende Leistungen aus Ihrem Altersvorsorgevertrag oder aus Ihrer betrieblichen Altersversorgung im Kalenderjahr _____ unterliegen der Besteuerung nach § 22 Nummer 5 EStG:

Nummer	Besteuerung nach	Betrag in Euro/Cent
1	§ 22 Nummer 5 Satz 1 EStG [1]	
2	§ 22 Nummer 5 Satz 1 in Verbindung mit Satz 11 EStG (in Nummer 1 nicht enthalten) [2] **Freiwillige Angaben:** Bemessungsgrundlage für den Versorgungsfreibetrag Maßgebendes Kalenderjahr des Versorgungsbeginns Bei unterjähriger Zahlung: Erster und letzter Monat, für den Versorgungsbezüge gezahlt wurden	
3	§ 22 Nummer 5 Satz 1 in Verbindung mit § 22 Nummer 5 Satz 13 EStG (in Nummer 1 nicht enthalten [3]	
4	§ 22 Nummer 5 Satz 2 Buchstabe a in Verbindung mit § 22 Nummer 1 Satz 3 Buchstabe a Doppelbuchstabe aa EStG [4] darin enthaltender Rentenanpassungsbetrag	
5	§ 22 Nummer 5 Satz 2 Buchstabe a in Verbindung mit § 22 Nummer 1 Satz 3 Buchstabe a Doppelbuchstabe bb EStG ggf. in Verbindung mit § 55 Absatz 1 Nummer 1 EStDV [5]	
6	§ 22 Nummer 5 Satz 2 Buchstabe a in Verbindung mit § 22 Nummer 1 Satz 3 Buchstabe a Doppelbuchstabe bb Satz 5 EStG in Verbindung mit § 55 Absatz 2 EStDV ggf. in Verbindung mit § 55 Absatz 1 Nummer 1 EStDV [6]	
7	§ 22 Nummer 5 Satz 2 Buchstabe b in Verbindung mit § 20 Absatz 1 Nummer 6 EStG [7]	
8	§ 22 Nummer 5 Satz 2 Buchstabe c EStG [8]	
9a	§ 22 Nummer 5 Satz 3 in Verbindung mit Satz 2 Buchstabe a in Verbindung mit § 22 Nummer 1 Satz 3 Buchstabe a Doppelbuchstabe bb EStG in Verbindung mit § 55 Absatz 1 Nummer 1 EStDV [9]	
9b	§ 22 Nummer 5 Satz 3 in Verbindung mit Satz 2 Buchstabe a in Verbindung mit § 22 Nummer 1 Satz 3 Buchstabe a Doppelbuchstabe bb Satz 5 EStG in Verbindung mit § 55 Absatz 2 EStDV ggf. in Verbindung mit § 55 Absatz 1 Nummer 1 EStDV [9]	
9c	§ 22 Nummer 5 Satz 3 in Verbindung mit Satz 2 Buchstabe b in Verbindung mit § 20 Absatz 1 Nummer 6 EStG [9]	
9d	§ 22 Nummer 5 Satz 3 in Verbindung mit Satz 2 Buchstabe c EStG [9]	
10	§ 22 Nummer 5 Satz 8 EStG [10]	
11	In der Nummer ____ enthaltene Nachzahlungen für mehrere vorangegangene Jahre [11]	
Bei den Leistungen der Nummer(n) ____ handelt es sich um Leistungen an den Rechtsnachfolger bei vereinbarter Rentengarantiezeit. [12]		

Diese Bescheinigung ist maschinell erstellt und daher nicht unterschrieben. Die bescheinigten Leistungen werden gemäß § 22a EStG auch der zentralen Stelle (§ 81 EStG) zur Übermittlung an die Landesfinanzbehörden mitgeteilt (Rentenbezugsmitteilungsverfahren).

Hinweise

Geförderte Beträge im Sinne des § 22 Nummer 5 EStG sind

- Beiträge, auf die § 3 Nummer 63, § 3 Nummer 63a, § 10a, Abschnitt XI oder Abschnitt XII EStG angewendet wurde,
- steuerfreie Leistungen nach § 3 Nummer 55b Satz 1, § 3 Nummer 55c oder § 3 Nummer 66 EStG oder
- steuerfreie Zuwendungen nach § 3 Nummer 56 EStG.

Gefördertes Kapital ist Kapital, das auf geförderten Beträgen und Zulagen im Sinne des Abschnitts XI EStG beruht.

[1] Es handelt sich um Leistungen aus einem Altersvorsorgevertrag im Sinne des § 82 EStG, einem Pensionsfonds, einer Pensionskasse oder aus einer Direktversicherung, soweit die Leistungen auf gefördertem Kapital beruhen. **Die bescheinigten Leistungen unterliegen in vollem Umfang der Besteuerung.**

[2] Es handelt sich um Leistungen aus einem Pensionsfonds, wenn laufende Versorgungsleistungen auf Grund einer Versorgungszusage in Form einer Direktzusage oder aus einer Unterstützungskasse bezogen wurden und die Ansprüche steuerfrei nach § 3 Nummer 66 EStG auf einen Pensionsfonds übertragen wurden. **Die bescheinigten Leistungen unterliegen in vollem Umfang der Besteuerung. Das Finanzamt gewährt jedoch einen Pauschbetrag für Werbungskosten nach § 9a Satz 1 Nummer 1 EStG sowie den Versorgungsfreibetrag und den Zuschlag zum Versorgungsfreibetrag nach § 19 Absatz 2 EStG, wenn die entsprechenden Voraussetzungen vorliegen; die Abzugsbeträge werden einkunftsübergreifend im Verhältnis der Einnahmen berücksichtigt.**

Der Anbieter kann auf freiwilliger Basis zusätzlich die Bemessungsgrundlage für den Versorgungsfreibetrag, das maßgebende Kalenderjahr des Versorgungsbeginns und den Beginn und das Ende einer unterjährigen Zahlung angeben.

[3] Es handelt sich um Leistungen zur Abfindung einer Kleinbetragsrente aus zertifizierten Altersvorsorge-Verträgen nach § 93 Absatz 3 EStG. Auf die bescheinigte Leistung wird das Finanzamt § 34 Absatz 1 EStG entsprechend anwenden.

[4] Es handelt sich um Leistungen aus einem Pensionsfonds, einer Pensionskasse (inkl. Versorgungsausgleichskasse) oder einer Direktversicherung, soweit sie auf nicht gefördertem Kapital beruhen und für die die Voraussetzungen der Basisrente gemäß § 10 Absatz 1 Nummer 2 Buchstabe b EStG erfüllt sind (zertifiziert nach § 5a AltZertG). Die der Leistung zu Grunde liegende Versorgungszusage wurde nach dem 31. Dezember 2004 erteilt (Neuzusage). **Die Besteuerung erfolgt nach § 22 Nummer 5 Satz 2 Buchstabe a EStG in Verbindung mit § 22 Nummer 1 Satz 3 Buchstabe a Doppelbuchstabe aa EStG (Kohorte).**

5 Es handelt sich um eine lebenslange Leibrente aus einem Altersvorsorgevertrag im Sinne des § 82 EStG, einem Pensionsfonds, einer Pensionskasse oder einer Direktversicherung, soweit sie auf nicht gefördertem Kapital beruht. Bei der betrieblichen Altersversorgung wurde die der Leibrente zu Grunde liegende Versorgungszusage vor dem 1. Januar 2005 erteilt (Altzusage; § 10 Absatz 1 Nummer 3a EStG) oder die Voraussetzungen des § 10 Absatz 1 Nummer 2 Buchstabe b EStG werden nicht erfüllt. **Die Rente unterliegt der Besteuerung mit dem Ertragsanteil (§ 22 Nummer 5 Satz 2 Buchstabe a EStG in Verbindung mit § 22 Nummer 1 Satz 3 Buchstabe a Doppelbuchstabe bb EStG, bei einem Rentenbeginn vor dem 1. Januar 1955 in Verbindung mit § 55 Absatz 1 Nummer 1 EStDV).**

6 Es handelt sich um eine abgekürzte Leibrente (Berufsunfähigkeits-, Erwerbsminderungs- oder nicht lebenslang gezahlte Hinterbliebenenrente) aus einem Altersvorsorgevertrag im Sinne des § 82 EStG, einem Pensionsfonds, einer Pensionskasse oder einer Direktversicherung, soweit sie auf nicht gefördertem Kapital beruht. Bei der betrieblichen Altersversorgung wurde die der abgekürzten Leibrente zu Grunde liegende Versorgungszusage vor dem 1. Januar 2005 erteilt (Altzusage; § 10 Absatz 1 Nummer 3a EStG) oder die Voraussetzungen des § 10 Absatz 1 Nummer 2 Buchstabe b EStG werden **nicht** erfüllt. **Die abgekürzte Leibrente unterliegt der Besteuerung mit dem Ertragsanteil (§ 22 Nummer 5 Satz 2 Buchstabe a EStG in Verbindung mit § 22 Nummer 1 Satz 3 Buchstabe a Doppelbuchstabe bb EStG, bei einem Rentenbeginn vor dem 1. Januar 1955 in Verbindung mit § 55 Absatz 1 Nummer 1 EStDV). Der Ertragsanteil ergibt sich aus der Tabelle in § 55 Absatz 2 EStDV (bei einem Rentenbeginn vor dem 1. Januar 1955 in Verbindung mit § 55 Absatz 1 Nummer 1 EStDV).**

7 Es handelt sich um andere Leistungen (insbesondere Kapitalauszahlungen) aus einem versicherungsförmigen Altersvorsorgevertrag im Sinne des § 82 EStG, einem Pensionsfonds, einer Pensionskasse oder einer Direktversicherung (Versicherungsvertrag), soweit sie auf nicht gefördertem Kapital beruhen. Wenn der Versicherungsvertrag, der die Voraussetzungen des § 10 Absatz 1 Nummer 2 Buchstabe b EStG in der am 31. Dezember 2004 geltenden Fassung erfüllt, vor dem 1. Januar 2005 abgeschlossen wurde und die Auszahlung vor Ablauf von 12 Jahren seit Vertragsabschluss erfolgt, werden die rechnungsmäßigen und außerrechnungsmäßigen Zinsen bescheinigt. Wenn der Versicherungsvertrag nach dem 31. Dezember 2004 abgeschlossen wurde, enthält die Mitteilung den positiven oder negativen Unterschiedsbetrag zwischen der Versicherungsleistung und der Summe der auf sie entrichteten Beiträge oder – wenn die Auszahlung erst nach Vollendung des 60. Lebensjahrs (bei Vertragsabschlüssen nach dem 31. Dezember 2011: nach Vollendung des 62. Lebensjahrs) erfolgt und der Vertrag im Zeitpunkt der Auszahlung mindestens 12 Jahre bestanden hat – die Hälfte dieses Unterschiedsbetrags. Soweit gemäß § 22 Nummer 5 Satz 15 EStG § 20 Absatz 1 Nummer 6 Satz 9 EStG Anwendung findet, ist der nach Teilfreistellung steuerpflichtige Unterschiedsbetrag angegeben. **Der bescheinigte Betrag unterliegt in diesem Umfang der Besteuerung.**

BMF-Schreiben zur Mitteilung über steuerpflichtige Leistungen

8 Bescheinigt werden die auf nicht gefördertem Kapital beruhenden Leistungen, die nicht bereits nach § 22 Nummer 5 Satz 2 Buchstabe a oder b EStG erfasst werden (z. B. Leistungen, die auf ungefördertem Kapital beruhen, aus zertifizierten Bank- oder Investmentfondssparplänen). Hierbei ist der Unterschiedsbetrag zwischen den Leistungen und der Summe der auf sie entrichteten Beiträge anzusetzen. Wenn die Auszahlung erst nach Vollendung des 60. Lebensjahrs (bei Vertragsabschlüssen nach dem 31. Dezember 2011: nach Vollendung des 62. Lebensjahrs) erfolgt und der Vertrag im Zeitpunkt der Auszahlung mindestens 12 Jahre bestanden hat, ist die Hälfte des Unterschiedsbetrags anzusetzen. **Die bescheinigten Leistungen unterliegen in diesem Umfang der Besteuerung.**

9 Das ausgezahlte geförderte Altersvorsorgevermögen (= Kapital, das auf nach § 10a oder Abschnitt XI EStG geförderten Altersvorsorgebeiträgen und den gewährten Altersvorsorgezulagen beruht) wurde steuerschädlich im Sinne des § 93 Absatz 1 Satz 1 und 2 EStG verwendet. In welchem Umfang eine Besteuerung erfolgt, richtet sich in Anwendung des § 22 Nummer 5 Satz 2 EStG nach der Art der ausgezahlten Leistung. Hierbei ist der Hinweis 5 für Nummer 9a, der Hinweis 6 für Nummer 9b, der Hinweis 7 für Nummer 9c und der Hinweis 8 für Nummer 9d zu beachten. Als Leistung im Sinne des § 22 Nummer 5 Satz 2 EStG gilt das ausgezahlte geförderte Altersvorsorgevermögen nach Abzug der Zulagen im Sinne des Abschnitts XI EStG.

10 Es handelt sich um Provisionserstattungen bei geförderten Altersvorsorgeverträgen. Als Leistung sind vom Anbieter die Abschluss- und Vertriebskosten eines Altersvorsorgevertrages zu bescheinigen, die dem Steuerpflichtigen erstattet werden, unabhängig davon, ob der Erstattungsbetrag auf den Altersvorsorgevertrag eingezahlt oder an den Steuerpflichtigen ausgezahlt wurde. **Der bescheinigte Betrag unterliegt in diesem Umfang der Besteuerung.**

11 Nachzahlungen von Leistungen nach § 22 Nummer 5 EStG sind ggf. als außerordentliche Einkünfte nach § 34 EStG ermäßigt zu besteuern. **Die Entscheidung über die Anwendung des § 34 EStG trifft das Finanzamt.** Die bescheinigten Nachzahlungen müssen in dem bescheinigten Betrag der bezeichneten Zeile enthalten sein.

12 Es handelt sich um eine Rentenzahlung, die für die Dauer einer Rentengarantiezeit unabhängig vom Überleben des Rentenempfängers gezahlt wird. **Die Besteuerung dieser Leistung erfolgt an den Rechtsnachfolger mit dem für die versicherte Person maßgebenden Ertragsanteil.** Hierfür muss der Rentenempfänger stets das Geburtsdatum der versicherten Person und den Beginn der Rente an die versicherte Person in die Anlage R zur Einkommensteuererklärung eintragen.

Abkommen zur Übertragung zwischen den Durchführungswegen Direktversicherung, Pensionskasse oder Pensionsfonds[1] bei Arbeitgeberwechsel

Version: 19. Juni 2015

1. Für den Fall, dass zugunsten eines Arbeitnehmers oder einer nach § 17 Abs. 1 Satz 2 BetrAVG gleichgestellten Person (im Folgenden versorgungsberechtigte Person genannt) eine Direktversicherung, eine Versicherung bei einer Pensionskasse oder eine nicht unter § 236 Abs 2 VAG fallende Versorgung in einem Pensionsfonds besteht (im Folgenden generell Versorgung genannt) und die versorgungsberechtigte Person in die Dienste eines neuen Arbeitgebers überwechselt, verpflichten sich die unterzeichnenden Lebensversicherer, Pensionskassen und Pensionsfonds (im Folgenden Versorgungsträger genannt) untereinander, dem neuen Arbeitgeber die Fortsetzung der bestehenden Versorgung nach Maßgabe des folgenden Verfahrens zu ermöglichen:

    a) Dem vom neuen Arbeitgeber mit Zustimmung des bisherigen Versicherungsnehmers/Vertragspartners, des Arbeitnehmers und ggf. des unwiderruflich Bezugsberechtigten bzw. Anspruchsberechtigten zu stellenden Antrag auf Übertragung der Versorgung auf den Versorgungsträger des neuen Arbeitgebers und ihrer Fortsetzung werden die beteiligten Versorgungsträger zustimmen, sofern der Antrag innerhalb von 15 Monaten nach dem Ausscheiden des Arbeitnehmers aus dem bisherigen Arbeitsverhältnis bei einem der beteiligten Versorgungsträger eingereicht wird. Der übertragende Versorgungsträger teilt dem übernehmenden Versorgungsträger die technischen Daten der zu übertragenden Versorgung mit.

    b) Der übertragende Versorgungsträger überweist an den übernehmenden Versorgungsträger bei Direktversicherungen und Versicherungen in einer Pensionskasse den Rückkaufswert der Versicherung (einschließlich bereits zugeteilter Überschussanteile, Schlussüberschussanteile und Bewertungsreserven wie bei Rückkauf; die Gutschriften aus Bewertungsreserven werden beim übernehmenden Versorgungsträger wie die übertragenen Guthaben aus der Überschussbeteiligung verwendet)

---

[1] Gilt nicht für Pensionspläne gemäß § 236 Abs. 2 VAG.

und bei Pensionsfonds den Übertragungswert gemäß § 4 Abs. 5 BetrAVG. Er verzichtet dabei auf Abzüge.

Bei der Übertragung von gezillmerten Tarifen in gezillmerte Tarife (bei Direktversicherungen und Versicherungen in einer Pensionskasse) überweist der übernehmende Versorgungsträger an den übertragenden die Differenz zwischen dem garantierten Rückkaufswert ohne Abzüge und dem gezillmerten Deckungskapital, sofern diese Differenz positiv ist. Dabei wird als Zillmersatz der in der Prämienkalkulation verwendete, höchstens jedoch der aufsichtsrechtlich zulässige Höchstzillmersatz zugrunde gelegt. Der von dem übernehmenden Versorgungsträger zu überweisende Wert ist auf den Wert der höchstens zu aktivierenden Forderungen gegenüber dem Vertragspartner (Versicherungsnehmer) bei Beginn der Versorgung bei dem übernehmenden Versorgungsträger begrenzt.

c) Soweit die Versorgung mit gleichwertigen Versicherungs-/Versorgungsleistungen weitergeführt werden soll, wird der übernehmende Versorgungsträger diese Versorgung nicht nochmals mit Abschlusskosten belasten. Soweit die Versorgung bei dem übernehmenden Versorgungsträger gleiche biometrische Risiken mit gleichwertigen Versorgungsleistungen wie bei dem übertragenden Versorgungsträger absichert, wird der übernehmende Versorgungsträger die Übertragung der Versorgung nicht von dem Ergebnis einer Gesundheitsprüfung abhängig machen.

2. Gemäß Ziffer 1 ist für Versorgungen auch zu verfahren, wenn ein Arbeitgeber mit mehreren Versorgungsträgern Kollektiv(Rahmen)verträge abgeschlossen hat und ein Arbeitnehmer von dem zu versorgenden Personenkreis eines Kollektiv(Rahmen)vertrages (bei Arbeitsplatzwechsel) in den zu versorgenden Personenkreis eines anderen Kollektiv(Rahmen)vertrages wechselt. Das gleiche gilt bei Betriebsübergang nach § 613a BGB, wenn alter und neuer Arbeitgeber bei verschiedenen Versorgungsträgern Versorgungen (Einzelversorgungen oder Versorgungen innerhalb eines Kollektiv(Rahmen)vertrages) abgeschlossen haben.

Überschreitet im Falle eines Betriebsübergangs nach § 613a BGB der Übertragungswert für den gesamten betroffenen Personenkreis das 20-fache der zum Zeitpunkt der Übertragung geltenden Beitragsbemessungsgrenze in der Deutschen Rentenversicherung (§§ 159, 160 SGB VI), so steht es im Ermessen des übertragenden Versorgungsträgers, ob er der Übertragung zustimmt.

3. Ist ein Lebensversicherer vor dem 29. Juli 1994 dem Abkommen zur Übertragung von Direktversicherungen bei Arbeitgeberwechsel

noch nicht beigetreten und überträgt Direktversicherungen, die vor dem 29. Juli 1994 abgeschlossen worden sind, bzw. überträgt eine Pensionskasse Versicherungen, denen regulierte Tarife zugrunde liegen, in regulierte Tarife, verpflichtet sich der übertragende Versorgungsträger, für diese Versicherungen die Bestimmungen gemäß Ziffer 1 der BaFin gegenüber zu erklären.

4. Dem Abkommen können Lebensversicherungsunternehmen, Pensionskassen und Pensionsfonds im Sinne von § 236 VAG beitreten, die in der Bundesrepublik Deutschland zum Geschäftsbetrieb zugelassen und Mitglied im Gesamtverband der Deutschen Versicherungswirtschaft e. V. (GDV) sind. Zusätzliche Voraussetzung für Pensionskassen ist die Mitgliedschaft im gesetzlichen Sicherungsfonds für die Lebensversicherer gemäß §§ 223, 224 VAG; hiervon ausgenommen sind Pensionskassen, die dem Abkommen in der bis zum 31. Dezember 2007 geltenden Fassung beigetreten und bis zu diesem Zeitpunkt noch nicht Mitglied im gesetzlichen Sicherungsfonds waren. Die unterzeichnenden Versorgungsträger erteilen dem GDV Vollmacht, mit jedem Versorgungsträger, der jeweils die o. g. Voraussetzungen erfüllt, den Beitritt zu diesem Abkommen zu vereinbaren.

5. Sofern eine oder mehrere der Voraussetzungen für den Beitritt zum Abkommen entfallen, kann das Abkommen von dem betreffenden Versorgungsträger nicht angewendet werden.

6. Die beigetretenen Versorgungsträger erteilen dem GDV Vollmacht, in ihrem Namen dieses Abkommen mit einer Frist von 6 Monaten zum Ende eines Monats gegenüber sämtlichen Versorgungsträgern zu kündigen. Die Kündigung erfolgt in elektronischer Form, zum Beispiel per Verbandsrundschreiben. Im Falle der Kündigung endet das Abkommen mit Ablauf des Kündigungstermins.

Die beigetretenen Versorgungsträger können ihre Mitgliedschaft zu dem Abkommen unter Einhaltung einer Frist von 18 Monaten zum Ende eines Monats gegenüber dem GDV kündigen. Die Kündigung bedarf zu ihrer Wirksamkeit der Schriftform. Im Falle der Kündigung scheidet der kündigende Versorgungsträger mit Ablauf des Kündigungstermins aus dem Abkommen aus. Das Abkommen gilt dann unter den verbleibenden Versorgungsträgern fort.

_____ , den _____
(Ort) (Datum)

_____

(Unterschrift / Firmenstempel)

Besprechung des GKV-Spitzenverbandes, der Deutschen Rentenversicherung Bund und der Bundesagentur für Arbeit über Fragen des gemeinsamen Beitragseinzugs am 08.11.2017

...

7. Beitragsrechtliche Beurteilung von Beiträgen und Zuwendungen zur betrieblichen Altersversorgung;
hier: Auswirkungen des Betriebsrentenstärkungsgesetzes

Mit dem Gesetz zur Stärkung der betrieblichen Altersversorgung und zur Änderung anderer Gesetze (Betriebsrentenstärkungsgesetz) vom 17.08.2017 (BGBl. I S. 3214) soll die möglichst weite Verbreitung der betrieblichen Altersversorgung und damit verbunden ein höheres Versorgungsniveau der Beschäftigten durch kapitalgedeckte Zusatzrenten erreicht werden. Hierfür sind insbesondere im Arbeits- und Steuerrecht Neuregelungen vorgesehen.

Für die steuerrechtliche Behandlung der Arbeitgeberbeiträge zur kapitalgedeckten betrieblichen Altersversorgung werden zukünftig die Höchstbeträge für steuerfreie Beiträge an Pensionskassen, Pensionsfonds und Direktversicherungen (bisher 4 % der Beitragsbemessungsgrenze der allgemeinen Rentenversicherung – BBG – zuzüglich 1.800 EUR für Neuzusagen) zu einem einheitlichen Freibetrag in Höhe von 8 % der BBG zusammengefasst (§ 3 Nr. 63 Satz 1 EStG). Die Regelung zur steuerfreien Behandlung der aus Anlass der Beendigung einer Beschäftigung gezahlten Arbeitgeberbeiträge wird ebenfalls geändert (§ 3 Nr. 63 Satz 3 EStG) und eine steuerfreie Nachzahlungsmöglichkeit von Arbeitgeberbeiträgen für Zeiten der ruhenden Beschäftigung geschaffen (§ 3 Nr. 63 Satz 4 EStG). Der beitragsrechtliche Freibetrag für nach § 3 Nr. 63 Satz 1 EStG steuerfreie Arbeitgeberbeiträge bleibt unverändert in Höhe von 4 % der BBG bestehen (§ 1 Abs. 1 Satz 1 Nr. 9 SvEV).

Arbeitgeber werden zudem zukünftig verpflichtet, im Falle einer Entgeltumwandlung zur kapitalgedeckten betrieblichen Altersversorgung einen Arbeitgeberzuschuss an den Pensionsfonds, die Pensionskasse oder die Direktversicherung in Höhe von 15 % des umgewandelten Arbeitsentgelts zugunsten des Beschäftigten zu zahlen, soweit sie durch die Entgeltumwandlung Sozialversicherungsbeiträge einsparen (§§ 1a Abs. 1a und 23 Abs. 2 BetrAVG).

Darüber hinaus kann zukünftig durch Tarifvertrag oder auf Grund eines Tarifvertrages in einer Betriebs- oder Dienstvereinbarung eine verpflichtende Entgeltumwandlung geregelt werden, die der einzelne Arbeitnehmer aber ablehnen kann (sog. „Opting-Out"- bzw. „Optionsmodelle" nach § 20 Abs. 2 BetrAVG).

Des Weiteren wird ein steuerliches Fördermodell für Geringverdiener eingeführt. Arbeitgeber erhalten für Beiträge zur kapitalgedeckten betrieblichen Altersversorgung von Geringverdienern einen Förderbetrag (§ 100 EStG). Für die Arbeitgeberbeiträge zur betrieblichen Altersversorgung der Geringverdiener wird zudem eine eigenständige Regelung der Steuerfreiheit geschaffen, die sich nicht auf die Steuerfreiheit nach § 3 Nr. 63 Satz 1 EStG auswirkt (§ 100 Abs. 6 EStG).

Im Betriebsrentengesetz wird zudem die Möglichkeit eröffnet, durch Tarifvertrag oder auf Grund eines Tarifvertrages in einer Betriebs- oder Dienstvereinbarung die kapitalgedeckte betriebliche Altersversorgung als reine Beitragszusage durchzuführen (§ 1 Abs. 2 Nr. 2a BetrAVG). Die Zusage des Arbeitgebers zur betrieblichen Altersversorgung beschränkt sich dabei auf die Zahlung der Beiträge. Die Leistungsansprüche richten sich hingegen ausschließlich gegen den Pensionsfonds, die Pensionskasse oder die Direktversicherung und sind an die Vermögensentwicklung dieser Einrichtungen gekoppelt, ohne Mindest- bzw. Garantieleistungen vorzusehen. Zur Absicherung der reinen Beitragszusage soll tarifvertraglich ein zusätzlicher Sicherungsbeitrag des Arbeitgebers vereinbart werden (§ 23 Abs. 1 BetrAVG).

Außerdem werden Leistungen aus einer „riestergeförderten" betrieblichen Altersversorgung mit Leistungen der „riestergeförderten" privaten Altersversorgung gleichgestellt und von der Beitragspflicht zur Kranken- und Pflegeversicherung für Versorgungsbezüge ausgenommen (§ 229 SGB V).

Aufgrund der sich aus den arbeits- und steuerrechtlichen Neuregelungen zur kapitalgedeckten betrieblichen Altersversorgung ergebenden Änderungen wird das Gemeinsame Rundschreiben der Spitzenorganisationen der Sozialversicherung zur beitragsrechtlichen Beurteilung von Beiträgen und Zuwendungen zum Aufbau betrieblicher Altersversorgung vom 25.09.2008 überarbeitet, sobald das aktualisierte

BMF-Schreiben zur steuerlichen Förderung der privaten Altersvorsorge und betrieblichen Altersversorgung vorliegt.

Der Überarbeitung werden die folgenden Ausführungen zugrunde gelegt werden:

1. Arbeitgeberbeiträge zur kapitalgedeckten betrieblichen Altersversorgung

Arbeitgeberbeiträge zugunsten einer kapitalgedeckten betrieblichen Altersversorgung an einen Pensionsfonds, eine Pensionskasse oder eine Direktversicherung sind ab 01.01.2018 nach § 3 Nr. 63 Satz 1 EStG bis zu 8 % der BBG steuerfrei. Im Gegenzug entfällt der zusätzliche steuerfreie Höchstbetrag von 1.800 EUR (für nach dem 31.12.2004 erfolgte Versorgungszusagen, sog. Neuzusagen). Zudem wird zukünftig die pauschale Besteuerung von Arbeitgeberbeiträgen nach § 40b EStG in der Fassung vom 31.12.2004 (für vor dem 01.01.2005 erfolgte Versorgungszusagen, sog. Altzusagen) auf den steuerfreien Höchstbetrag nach § 3 Nr. 63 EStG angerechnet (§ 52 Abs. 4 Satz 14 EStG).

Der beitragsrechtliche Freibetrag für nach § 3 Nr. 63 Satz 1 EStG steuerfreie Arbeitgeberbeiträge bleibt unverändert in Höhe von 4 % der BBG bestehen (§ 1 Abs. 1 Satz 1 Nr. 9 SvEV).

Aus Anlass der Beendigung einer Beschäftigung gezahlte Beiträge zugunsten einer kapitalgedeckten betrieblichen Altersversorgung an einen Pensionsfonds, eine Pensionskasse oder eine Direktversicherung sind zukünftig nach § 3 Nr. 63 Satz 3 EStG steuerfrei, soweit sie 4 % der BBG, vervielfältigt mit der Anzahl der Kalenderjahre der Beschäftigung, allerdings nunmehr mit höchstens zehn Kalenderjahren, nicht übersteigen. Eine Anrechnung der im laufenden und den vorherigen sechs Kalenderjahren nach § 3 Nr. 63 Satz 1 EStG steuerfreien Beiträge erfolgt nicht mehr. Zudem besteht zukünftig die Möglichkeit, Beiträge zugunsten einer kapitalgedeckten betrieblichen Altersversorgung an einen Pensionsfonds, eine Pensionskasse oder eine Direktversicherung nach § 3 Nr. 63 Satz 4 EStG für Zeiten steuerfrei nachzuzahlen, in denen das Beschäftigungsverhältnis ruhte und im Inland kein steuerpflichtiger Arbeitslohn bezogen wurde (z. B. aufgrund einer Entsendung, einer Elternzeit oder eines Sabbaticals). Die steuerfreie Nachzahlung ist bis zu 8 % der BBG vervielfältigt mit der Anzahl der Kalenderjahre, in denen die Beschäftigung ruhte, maximal 10 Kalenderjahre, möglich. Die Nachzahlung ist nur für volle Kalenderjahre einer ruhenden Beschäftigung möglich. Eine Anrechnung bereits zuvor in der Beschäftigung nach § 3 Nr. 63 Satz 1 EStG steuerfrei geleistete Beiträge erfolgt nicht.

Diese zusätzlichen Arbeitgeberbeiträge werden jedoch nicht von der Beitragspflicht ausgenommen, da sich die Beitragsfreiheit der Arbeitgeberbeiträge zur kapitalgedeckten betrieblichen Altersversorgung weiterhin auf die nach § 3 Nr. 63 Satz 1 EStG steuerfreien Beträge beschränkt, sofern sie 4 % der BBG nicht übersteigen (§ 1 Abs. 1 Satz 1 Nr. 9 SvEV).

2. Arbeitgeberzuschuss bei Entgeltumwandlung

Werden Beiträge zugunsten einer kapitalgedeckten betrieblichen Altersversorgung an einen Pensionsfonds, eine Pensionskasse oder eine Direktversicherung aus einer Entgeltumwandlung gezahlt, muss der Arbeitgeber zukünftig 15 % des umgewandelten Arbeitsentgelts zusätzlich als Arbeitgeberzuschuss zur betrieblichen Altersversorgung zahlen, soweit er dadurch Sozialversicherungsbeiträge spart (§§ 1a Abs. 1a bzw. 23 Abs. 2 BetrAVG). Unterschreiten die eingesparten Sozialversicherungsbeiträge 15 % des umgewandelten Arbeitsentgelts (z. B. bei Arbeitsentgelten nah an der BBG oder bei Arbeitnehmern, die nicht in allen Zweigen der Sozialversicherung versicherungspflichtig sind) ist die Pflicht zur Zahlung des Arbeitgeberzuschusses auf den Betrag der eingesparten Sozialversicherungsbeiträge begrenzt.

Die Verpflichtung zur Zahlung des Arbeitgeberzuschusses gilt ab 01.01.2018 für betriebliche Altersversorgung, die in Form der reinen Beitragszusage nach § 1 Abs. 2 Nr. 2a BetrAVG vereinbart wird. Für die übrigen Formen der betrieblichen Altersversorgung tritt die Verpflichtung – vorbehaltlich einer anderslautenden tarifvertraglichen Regelung nach § 19 Abs. 1 BetrAVG – ab 01.01.2019 in Kraft, wobei sie für individual- und kollektivrechtliche Entgeltumwandlungsvereinbarungen, die vor dem 01.01.2019 geschlossen worden sind, erst ab dem 01.01.2022 gilt (§ 26a BetrAVG in der Fassung ab 01.01.2019).

Der Arbeitgeberzuschuss ist bei Neuzusagen steuerfrei, sofern er zusammen mit den übrigen Beiträgen zur betrieblichen Altersversorgung 8 % der BBG nicht übersteigt (§ 3 Nr. 63 Satz 1 EStG). In der Sozialversicherung ist der Arbeitgeberzuschuss beitragsfrei, sofern insgesamt der für die Beitragsfreiheit nach § 1 Abs. 1 Satz 1 Nr. 9 SvEV maßgebende Höchstbetrag (4 % der BBG) nicht überschritten wird. Handelt es sich um einen Arbeitgeberzuschuss zu einer Entgeltumwandlung für eine Altzusage, die nach § 40b EStG in der Fassung vom 31.12.2004 pauschal besteuert wird, besteht Beitragsfreiheit, wenn der Arbeitgeberzuschuss ebenfalls hiernach pauschal versteuert wird (§ 1 Abs. 1 Satz 1 Nr. 4 SvEV).

3. Arbeitgeberbeitrag für Geringverdiener

Arbeitgeber, die zukünftig Beiträge für eine kapitalgedeckte betrieblichen Altersversorgung an einen Pensionsfonds, eine Pensionskasse oder eine Direktversicherung für Geringverdiener nach § 100 EStG zahlen, erhalten hierfür einen Förderbetrag, der von der einzubehaltenden Lohnsteuer für den Beschäftigten entnommen werden kann. Übersteigt der Förderbetrag die einzubehaltende Lohnsteuer, wird der übersteigende Betrag auf Antrag vom Finanzamt erstattet (§ 100 Abs. 1 EStG).

Der Förderbetrag wird gezahlt, wenn u. a. der

- Beschäftigte lohnsteuerpflichtigen bzw. (bei Teilzeitbeschäftigten oder geringfügig Beschäftigten) pauschal besteuerten Arbeitslohn bezieht,
- Arbeitgeber die Beiträge zur betrieblichen Altersversorgung zusätzlich zum Arbeitslohn und mindestens in Höhe von 240 EUR zahlt und
- laufende monatliche Arbeitslohn 2.200 EUR nicht übersteigt (§ 100 Abs. 3 EStG).

Der Förderbetrag beträgt 30 % des Arbeitgeberbeitrags zur betrieblichen Altersversorgung, maximal 144 EUR im Kalenderjahr. Wurde für den Beschäftigten bereits 2016 ein Beitrag zur betrieblichen Altersversorgung gezahlt, ist der Förderbetrag auf den Betrag begrenzt, den der Arbeitgeber darüber hinaus zahlt, um eine Entlastung des Arbeitgebers ohne Vorteil für den Beschäftigten zu vermeiden (§ 100 Abs. 2 EStG).

Der dem Förderbetrag zugrunde liegende Arbeitgeberbeitrag zur betrieblichen Altersversorgung des Geringverdieners ist nach § 100 Abs. 6 EStG steuerfrei, soweit er im Kalenderjahr 480 EUR nicht übersteigt. Die Steuerfreiheit dieses Arbeitgeberbeitrages wird nicht auf die Steuerfreiheit nach § 3 Nr. 63 Satz 1 EStG angerechnet. Der Arbeitgeber könnte demnach zusätzlich über 480 EUR hinaus steuerfreie Beiträge zur betrieblichen Altersversorgung des Geringverdieners bis zu 8 % der BBG zahlen.

In der Sozialversicherung ist der geförderte Arbeitgeberbeitrag für den Geringverdiener beitragsfrei (§ 1 Abs. 1 Satz 1 Nr. 9 SvEV). Bei dem Förderbetrag handelt es sich nicht um einen geldwerten Vorteil für den Beschäftigten. Beitragspflicht besteht dafür daher nicht.

4. Beitragszusage nach § 1 Abs. 2 Nr. 2a BetrAVG

Für die neue Zusageform der betrieblichen Altersversorgung als reine Beitragszusage (§ 1 Abs. 2 Nr. 2a BetrAVG) soll als Ausgleich für den Wegfall der Einstandspflicht des Arbeitgebers für die Versorgungsleistung im Tarifvertrag vereinbart werden, dass der Arbeitgeber einen Sicherungsbeitrag zahlt (§ 23 Abs. 1 BetrAVG). Der Sicherungsbeitrag kann dazu genutzt werden, die Versorgungsleistung (Betriebsrente) etwa dadurch zusätzlich abzusichern, dass die Versorgungseinrichtung einen höheren Kapitaldeckungsgrad oder eine konservativere Kapitalanlage realisiert; im Rahmen eines kollektiven Sparmodells kann er auch zum Aufbau kollektiven Kapitals verwendet werden.

Der Sicherungsbeitrag ist nach § 3 Nr. 63a EStG steuerfrei, soweit er nicht unmittelbar dem einzelnen Beschäftigten direkt gutgeschrieben oder zugerechnet wird. Bei diesen Beiträgen handelt es sich daher nicht um einen geldwerten Vorteil für den Beschäftigten. Beitragspflichtiges Arbeitsentgelt in der Sozialversicherung liegt nicht vor. Werden Sicherungsbeiträge hingegen nicht lediglich für die zusätzliche Absicherung der reinen Beitragszusage gezahlt, sondern dem einzelnen Beschäftigten direkt gutgeschrieben oder zugerechnet, gelten die allgemeinen steuer- und beitragsrechtlichen Regelungen für Beiträge zur kapitalgedeckten betrieblichen Altersversorgung.

5. Beitragspflicht von Versorgungsbezügen

Renten der betrieblichen Altersversorgung sind als Versorgungsbezüge beitragspflichtig zur Kranken- und Pflegeversicherung (§ 229 Abs. 1 Satz 1 Nr. 5 SGB V). Dies galt bisher auch für Leistungen der betrieblichen Altersversorgung, die aus Beiträgen resultieren, für die nach § 3 Nr. 63 Satz 2 EStG zugunsten der sog. Riesterförderung (§ 10a/Abschnitt XI EStG) auf die Steuerfreiheit verzichtet wurde.

Ab 01.01.2018 werden Leistungen, die aus einer „riestergeförderten" betrieblichen Altersversorgung (Leistungen aus Altersvorsorgevermögen im Sinne des § 92 EStG) resultieren, von den beitragspflichtigen Versorgungsbezügen nach § 229 Abs. 1 Satz 1 Nr. 5 SGB V ausgenommen. Dies gilt auch in allen laufenden Leistungsfällen.

Allgemeine Informationen zur betrieblichen Altersvorsorge

Wie sieht unser Altersvorsorge-System aus?

Nach grundlegenden Reformen ist die Altersvorsorge kompliziert wie nie zuvor. Das Gute daran: Sie bietet auch Chancen wie nie zuvor – wenn jeder das Angebot wählt, das zu ihm passt. Berufsstand, Familienstand und Einkommenshöhe entscheiden zum Beispiel über die richtige Weichenstellung. Das komplexe Angebot wird in drei Gruppen (Schichten) eingeteilt.

Von Säulen zu Schichten

Bis 2004 ruhte das Gebäude der Altersvorsorge in Deutschland auf drei Säulen: Der gesetzlichen Rentenversicherung, der betrieblichen Altersversorgung und der privaten Vorsorge. Seit 2005 haben die Säulen als bildhafte Darstellung ausgedient – das Gesamtsystem ist seither in drei Schichten eingebettet.

So wie die Archäologie Säulen untergegangener Reiche in Erdschichten entdeckt, finden sich auch die Vorsorgesäulen im neuen System wieder.

Die drei Schichten setzen sich wie folgt zusammen:

Art der Versorgung	Bestandteile
„Schicht 1" Basisversorgung	gesetzliche Rente landwirtschaftliche Alterskasse berufsständische Versorgung „Basis-Rente" o. a. „Rürup-Rente"
„Schicht 2" Zusatzversorgung	betriebliche Altersversorgung „Riester-Rente"
„Schicht 3" Restversorgung	(fondsgebundene) Lebens- und Rentenversicherungen Bank- und Fondssparpläne etc.

Die nachgelagerte Besteuerung

Gleichzeitig mit dem Wechsel von den Säulen zu den Schichten wurde im Rahmen des Alterseinkünftegesetzes zum 1.1.2005 die sogenannte nachgelagerte Besteuerung eingeführt. Das heißt, dass Rentenleistungen nicht versteuert werden, wenn die Beiträge aus bereits versteuertem Einkommen gezahlt wurden, also aus dem Nettoeinkommen. Und umgekehrt, dass Renten versteuert werden, die aus steuerlich abzugsfähigen Beiträgen resultieren. Dies war bisher bei der Riester-Rente sowie bei der betrieblichen Altersversorgung ohnehin schon der Fall.

Das Kohortenprinzip

Die Rentenzahlungen aus der gesetzlichen Rente, den landwirtschaftlichen Alterskassen, den berufsständischen Versorgungswerken und der Basis-Rente werden also seit 2005 höher versteuert (§ 22 Nr. 1 Satz 3 a, aa EStG). Renten mit Beginn im Jahr 2005 sind zu 50 % steuerpflichtig. Dies betrifft auch Renten, die bereits vor 2005 begannen. Die Steuerpflicht steigt von 2005 bis 2020 um 2 Prozentpunkte pro Jahr und ab 2020 um 1 Prozentpunkt, sodass in 2040 100 % erreicht werden (siehe dazu nachfolgende Tabelle).

Renteneintritts-jahrgang	Besteuerungs-anteil	Renteneintritts-jahrgang	Besteuerungs-anteil
bis 2005	50 %	2022	82 %
2006	52 %	2023	83 %
...	...	2024	84 %
...	...	...	...
2020	80 %	2039	99 %
2021	81 %	2040	100 %

Allerdings bleibt der steuerpflichtige Anteil gemäß dem Prozentsatz von dem Jahr des Rentenbeginns gleich. Bei Ruhestandsbeginn z. B. in 2020 sind 80 % der Rente steuerpflichtig – der Steuerpflichtige ist dann in der sogenannten „80-Prozent-Kohorte". Somit sind 20 % der Rente steuerfrei. Die Festschreibung des steuerfreien Betrages gilt jedoch erst ab dem Jahr, das auf das Jahr des Rentenbeginns folgt. Eine Anpassung des steuerfreien Anteils der Rente erfolgt nur bei außergewöhnlichen Veränderungen – die regelmäßige Erhöhung der Rente führt nicht zu einer Neuberechnung des steuerfreien Anteils.

Dazu ein Beispiel:

Ein Arbeitnehmer geht im August des Jahres 2020 in Rente. Er erhält monatlich 1.000 €. Zum 1. Juli 2021 erfolgt eine Rentenanpassung auf 1.100 €. Im Jahr 2020 gilt ein Besteuerungsanteil von 80 %. Der Rentner hat daher folgende Beträge zu versteuern:

5 x 1.000 €	5.000 €
Summe	5.000 €
x 20 % = steuerfreier Anteil	1.000 €
abzüglich Werbungskosten-Pauschbetrag	102 €
zu versteuern	3.898 €

In 2021 gilt:

6 x 1.000 €	6.000 €
6 x 1.100 €	6.600 €
Summe	12.600 €
x 20 % = steuerfreier Anteil	2.520 €
abzüglich Werbungskosten-Pauschbetrag	102 €
zu versteuern	9.978 €

Für die restliche Laufzeit bis zum Ende der Leibrentenzahlung wird der steuerfreie Anteil mit 2.520 € pro Jahr festgeschrieben.

Steuerersparnis-Effekt durch AltEinkG und Bürgerentlastungsgesetz

Die geleisteten Altersvorsorgeaufwendungen sind ab dem Jahr 2005 beginnend mit einem Prozentsatz von 60 % und bis 2025 mit dem Satz von 100 % jährlich um 2 Prozentpunkte ansteigend abziehbar (§ 10 Abs. 1 Nr. 2 und Abs. 3 EStG). Dabei wird auch der Arbeitgeberanteil zur gesetzlichen Rentenversicherung (und ein gleichgestellter Arbeitgeberzuschuss) hinzuaddiert, auch wenn er gem. § 3 Nr. 62 EStG steuerfrei ist. Die Abzugsfähigkeit liegt im Veranlagungszeitraum 2020 bei 90 % von maximal 25.046 € (= 22.542 €; bei Zusammenveranlagung das Doppelte) und wird bis zum Jahr 2025 auf 100 % ansteigen (bis 2014 lagen die Höchstgrenzen starr bei 20.000 € bzw. 40.000 €).

Der Höchstbetrag ist seit der Novellierung durch den Bundestag, die Ende 2014 vom Bundesrat bestätigt wurde, stets an die Beitragsbemessungsgrenze (BBG) der knappschaftlichen Rentenversicherung und den zugehörigen Beitragssatz gekoppelt (für 2020: 101.400 € und 24,7 %). Unterstellt man, dass die BBG und der Beitragssatz der knappschaftlichen Rentenversicherung konstant bleiben, ergeben sich folgende Höchstbeträge:

Jahr	Prozentuale Höhe der abzugsfähigen Altersvorsorgeaufwendungen	Höchstbetrag in € (auf den nächsten vollen € aufgerundet)
2005	60 %.	12.000
...	...	...
2019	88 %	21.389
2020	90 %	22.542
2021	92 %	23.043
...		
2024	98 %	24.546
2025	100 %	25.046

Die Absetzbarkeit der Altersvorsorgeaufwendungen führt z. B. für einen konfessionslosen, ledigen 40-Jährigen, der im Jahr 2020 40.000 € brutto verdient, zu einer Ersparnis von knapp 940 €.

Bitte beachten Sie: Diese Ersparnis ergibt sich allein aus den Beiträgen zur gesetzlichen Rente. Bei Beamten ist deshalb diese Steuerersparnis nicht vorhanden. Bei Selbstständigen ebenfalls nicht, außer bei freiberuflich Tätigen, die in ein berufsständisches Versorgungswerk einzahlen.

Zwar muss die Rente später i. d. R. versteuert werden und damit müssen Einbußen in Kauf genommen werden. Doch wer frühzeitig seine monatliche Steuerersparnis bis zum Rentenbeginn anlegt, erzielt dennoch v. a. unter Berücksichtigung der möglichen Verzinsung i. d. R. einen erheblichen Vorteil.

Das Bürgerentlastungsgesetz schafft seit 2010 oftmals zusätzlich freie Liquidität. Seit 2010 können alle Beiträge zur Kranken- und Pflegeversicherung bei der Einkommensteuer als Sonderausgaben abgesetzt werden, soweit damit eine Absicherung auf Basis der gesetzlichen Kranken- und sozialen Pflegeversicherung erreicht wird. Die Absetzbarkeit gilt unabhängig davon, ob jemand Arbeitnehmer oder Selbstständiger, gesetzlich oder privat versichert ist und Beiträge für den Nachwuchs an eine private Kasse zahlen muss oder nicht. Nicht absetzbar sind Beiträge für Wahl- und Zusatzleistungen in der privaten Krankenversicherung (z. B. Einbettzimmer bzw. Chefarztbehandlung), sowie Beiträge, die der Finanzierung des Krankengelds dienen. Insoweit wird der absetzbare Beitrag zur gesetzlichen Krankenkasse um 4 % gekürzt.

Durch diese Umgestaltung auf ein neues Basisabsicherungsniveau kommt es im Gegenzug fast immer zu einer Nichtabsetzbarkeit jeglicher weiterer sonstiger Vorsorgeaufwendungen wie Arbeitslosenversicherung, Risikoversicherungen bzw. Unfall- und Haftpflichtversicherungen. Diese wirken sich nur noch im Rahmen der seit 2010 gültigen Höchstbeträge aus. Der Höchstbetrag beträgt für Arbeitnehmer 1.900 € und für Selbstständige 2.800 €.

Beispiel: Steuerersparnis aus Beiträgen zur Kranken-/Pflegeversicherung (Bürgerentlastungsgesetz)

Hans Bodensteiner ist ledig, kinderlos, konfessionslos, verdient 40.000 € und ist gesetzlich versichert (allgemeiner Beitragssatz 14,6 % zzgl. durchschnittlicher Zusatzbeitrag 1,1 %), d. h., er zahlt Beiträge in Höhe von 3.140 € für die gesetzliche Krankenversicherung und 710 € für die Pflegeversicherung. Für 2020 kann er daher 3.724,40 € (3.140 € gekürzt um 4 % zzgl. 710 €) als sonstige Vorsorgeaufwendungen als Sonderausgaben ansetzen. Die aus der Steuerersparnis entstehende freie Liquidität sollte der Finanzierung des „persönlichen Wohlstands" im Alter dienen.

Die Betriebsrente

Die Betriebsrente – gesetzlicher Begriff: betriebliche Altersversorgung (bAV) – stellt, neben den privaten Wegen, Riester- und Basis-Rente, die dritte Form staatlich geförderter Altersvorsorge dar. Zusammen mit der Riester-Rente wird die bAV der Schicht 2 zugeordnet.

Was macht die bAV attraktiv?

Die bAV aus dem Arbeitsentgelt des Arbeitnehmers ist insbesondere dann sinnvoll, wenn sie den anderen Formen der Altersversorgung überlegen ist oder die Beitragshöchstgrenzen der Konkurrenzprodukte bereits ausgeschöpft sind und die Betriebsrente daher zusätzlich zum Einsatz kommt.

Wird die bAV vom Arbeitgeber zusätzlich zum Arbeitsentgelt des Arbeitnehmers erbracht, ist sie natürlich konkurrenzlos gut und der Arbeitnehmer wird sie gerne annehmen. Muss der Arbeitnehmer sie jedoch im Kern selber ansparen (Entgeltumwandlung), ist sie mit privater Vorsorge zu vergleichen. Folgende Kriterien machen die bAV in diesem Vergleich attraktiv:

- Rabatte aufgrund von Gruppentarifen,
- Zuschüsse des Arbeitgebers, teilweise durch Tarifvertrag, teilweise durch das Betriebsrentenstärkungsgesetz geregelt,
- Steuervorteile und Ersparnis von Sozialabgaben auf der Beitragsseite. Dabei spielt auch die Technik der Gewährung der Steuervorteile eine Rolle: Wandelt ein Arbeitnehmer Gehalt in bAV-Beiträge um, mindert er nämlich bereits die Lohnsteuer, während die Steuerersparnis aus der Riester- (und auch der Basisrenten-)Versorgung erst über die Abgabe der Einkommensteuer-Erklärung realisiert werden kann,
- zusätzlicher arbeitsrechtlicher Schutz der Förderung durch das Betriebsrentengesetz,
- zusätzliche Auffangsicherung der Leistungen durch den Pensionssicherungsverein und den Arbeitgeber.

Aufgrund dieser (potenziellen) Vorteile ist die bAV den anderen Formen staatlich geförderter Altersversorgung in vielen Fällen überlegen.

Wer kann eine bAV abschließen?

Das für die bAV grundlegende Betriebsrentengesetz ermöglicht den Abschluss der bAV allen Arbeitnehmern, es sei denn, der maßgebliche Tarifvertrag würde diese Versorgungsform nicht gestatten. Letzteres kommt mittlerweile nicht mehr vor – im Gegenteil: Tarifverträge fördern heutzutage in den meisten Fällen die Vereinbarung von Betriebsrenten. Darüber hinaus wird der Schutz des Betriebsrentengesetzes auch Nicht-Arbeitnehmern gewährt (z. B. Handelsvertretern, Steuerberatern), die im Rahmen ihrer Tätigkeit für das Unternehmen bAV zugesagt bekommen haben oder eine Entgeltumwandlung praktizieren.

Im Gegensatz zur Riester-Versorgung können daher auch nicht sozialversicherungspflichtige Personen (beherrschende Gesellschafter-Geschäftsführer einer GmbH und Vorstände einer AG) von der bAV profitieren. Andererseits bleibt die bAV den sozialversicherungspflichtigen Unternehmern (z. B. Handwerker, Künstler etc.) und den arbeitnehmerähnlichen Selbstständigen versagt, obwohl diese „riesterfähig" sind, es sei denn, sie sind, wie oben erwähnt, geschäftsführende Gesellschafter einer Kapitalgesellschaft.

In welchen Formen gibt es die bAV?

Die bAV kennt fünf Durchführungswege. Der am häufigsten vorkommende ist die bekannte Direktversicherung (DV). Zusammen mit Pensionskassen (PK) und Pensionsfonds (PF) wird sie der Gruppe der „versicherungsförmigen Durchführungswege" zugeordnet, die steuerlich allesamt gleich behandelt werden, sofern die arbeitsrechtliche Vereinbarung nach 2004 erfolgt ist.

Die Direktzusage (DZ) – hier zahlt der Arbeitgeber selbst die Betriebsrente und bildet dafür Pensionsrückstellungen – und die Unterstützungskasse (UK) unterscheiden sich von den versicherungsförmigen Durchführungswegen wie folgt:

Wesentliche Unterschiede der Durchführungswege aus Sicht der Arbeitnehmer					
Merkmal	DV	PK	PF	DZ	UK
Nur im ersten Dienstverhältnis möglich, also nicht bei Steuerklasse VI	Ja	Ja	Ja	Nein in allen	Nein in allen
Kann der Vertrag bei Ausscheiden mitgenommen werden?	Ja	Ja	Nein	Nein	Nein
Kann die Riester-Förderung (Zulage und Sonderausgabe) über die bAV gewählt werden?	Ja	Ja	Ja	Nein	Nein

Durchführungswege und Vertragspartner

Direktversicherungen sind Rentenversicherungen (Altverträge – bis einschl. 2004 – sind auch als Kapitallebensversicherungen zulässig), deren versicherte Person der Arbeitnehmer ist. Als Versicherungsnehmer fungiert der Arbeitgeber, d. h., er schließt den Vertrag mit dem Versicherer (auch bei Entgeltumwandlung). Der Arbeitnehmer ist hinsichtlich der späteren Leistung direkt bezugsberechtigt. Auch Zusatzversicherungen (Invaliditäts- und Hinterbliebenenrente) können eingeschlossen werden. Grundsätzlich wird eine Garantieleistung gewährt mit Ausnahme der fondsgebundenen Verträge, die dafür höhere Chancen versprechen. Für die Pensionskasse und den Pensionsfonds gilt prinzipiell das Gleiche, allerdings mit dem Unterschied, dass eine Pensionskasse ein kleines Versicherungsunternehmen mit geringerer Tarifbreite darstellt und für den Pensionsfonds – im Vergleich zu Direktversicherungen und Pensionskassen – erleichterte Anlagevorschriften gelten. Versicherer, Pensionskassen und Pensionsfonds unterliegen der behördlichen Aufsicht durch die Bundesanstalt für Finanzdienstleistungsaufsicht (BaFin).

Im Gegensatz zu den versicherungsförmigen Durchführungswegen richtet sich die Bezugsberechtigung des Arbeitnehmers bei der Direktzusage gegen den Arbeitgeber selbst, und zwar auch dann, wenn dieser – zur Finanzierung der Leistungen – eine Versicherung (Rückdeckungsversicherung), einen Fonds oder eine ähnliche Form der Rückdeckung abschließt. Unterstützungskassen sind der verlängerte Arm des Arbeitgebers. Sie gewähren daher auch keinen Rechtsanspruch und unterliegen keiner behördlichen Aufsicht. Kann die Unterstützungskasse nicht zahlen, muss insoweit der (ehemalige) Arbeitgeber unmittelbar einspringen. Unterstützungskassen sind häufig rückgedeckt, d. h., sie schließen zur Finanzierung der späteren Leistungen ihrerseits eine Rückdeckungsversicherung ab.

Wer trägt die Belastung der Beiträge?

Jeder der fünf Durchführungswege der bAV erlaubt es, dass die Beiträge vom Arbeitgeber oder vom Arbeitnehmer (bzw. Gesellschafter-Geschäftsführer einer GmbH oder AG) getragen werden. Auch die Kombination von beidem ist zulässig. Bei der Entgelt- oder Gehaltsumwandlung werden die Beiträge/Zuwendungen zwar vom Arbeitgeber an den Versicherer, die Pensionskasse, den Pensionsfonds oder die Unterstützungskasse abgeführt, der Arbeitnehmer trägt sie jedoch selber, indem er sie aus seinem Bruttoeinkommen finanziert, d. h. dieses mindert und dadurch mit weniger Steuern und Sozialabgaben belastet wird. Sogar eine Direktzusage, bei der u. U. gar keine Beiträge anfallen, kann per Entgeltumwandlung finanziert werden. Der Mitarbeiter verzichtet in diesem Falle heute auf Teile seines Einkommens, um diese Teile im Pensionsalter als Rente von seinem ehemaligen Arbeitgeber zu beziehen.

Steuerminderung durch Entgeltumwandlung

Die Entgeltumwandlung wird steuermindernd nur anerkannt, wenn Arbeitgeber und Arbeitnehmer vereinbaren, **künftige** Arbeitslohnansprüche herabzusetzen. Diese Voraussetzung ist auch dann erfüllt, wenn bereits erdiente, aber noch nicht fällig gewordene Anteile umgewandelt werden, z. B. im Falle des Weihnachtsgeldes.

Beispiel: Umwandlung bereits erdienter Entgeltansprüche

Wird Weihnachtsgeld im November fällig, darf es in bAV-Beiträge umgewandelt werden, sofern die bAV-Vereinbarung vor Fälligkeit erfolgt, obwohl zu diesem Zeitpunkt des Jahres bereits der größte Teil der Gratifikation erdient ist.

Werden hingegen bereits erdiente und fällige Lohnansprüche umgewandelt, tritt die steuermindernde Wirkung nicht ein. Es liegen jedoch sog. „Eigenbeiträge" vor, die den Schutz des Betriebsrentengesetzes gewähren.

Das Betriebsrentengesetz gibt dem Arbeitnehmer einen Rechtsanspruch auf Entgeltumwandlung (§ 1a BetrAVG), d. h., wenn der Arbeitnehmer bAV aus eigenem Einkommen haben möchte, darf ihm der Arbeitgeber dies nicht verwehren. Ausnahme: Ein Tarifvertrag kann den Anspruch außer Kraft setzen.

Anspruch auf Entgeltumwandlung

Bietet der Arbeitgeber eine bAV über Direktversicherung, Pensionskasse oder Pensionsfonds an, so kann der Arbeitnehmer seinen Anspruch auf Entgeltumwandlung nur über einen dieser Durchführungswege oder – bei Angebot aller drei oder zweier Wege – über mehrere aus diesen realisieren. Lässt der Arbeitgeber hingegen nur Entgeltumwandlung über die Direktzusage oder die Unterstützungskasse zu, kann der Arbeitnehmer diese wählen oder hat stattdessen das Recht auf eine Direktversicherung. Das heißt: Die Direktversicherung kann der Arbeitnehmer wählen, wenn der Arbeitgeber sie anbietet oder wenn der Arbeitgeber eine Direktzusage oder Unterstützungskasse bereithält. Ansonsten sind lediglich Pensionskasse oder/und Pensionsfonds möglich.

Höhe der Entgeltumwandlung

Der gesetzliche Anspruch auf Entgeltumwandlung ist seit Inkrafttreten des BRSG zum 1.1.2018 steuerrechtlich auf einen Jahresbeitrag in Höhe von 8 % der Beitragsbemessungsgrenze (West) der gesetzlichen Rentenversicherung begrenzt (2020: 6.900 €). Sozialversicherungsrechtlich bleibt es allerdings bei der Begrenzung auf 4 % der Beitragsbemessungsgrenze. Mindestens muss der Arbeitnehmer im Jahr den hundertsechzigsten Teil der Bezugsgröße der Sozialversicherung (2020: 238,88 € p. a.) in Beiträge umwandeln, will er den Anspruch einfordern.

Höchstgrenze

Die Höchstgrenzen von 8 bzw. 4 % der Beitragsbemessungsgrenze (West) gilt für alle drei versicherungsförmigen Durchführungswege zusammen, wenn der Arbeitgeber mehr als einen anbietet. Lässt der

Arbeitgeber ein höheres Beitragsvolumen zu, so kann der Arbeitnehmer auch mehr Entgeltumwandlung betreiben.

Wunschanbieter

Der Arbeitgeber braucht keinen Anbieter (bestimmter Versicherer, Pensionskasse etc.) zu akzeptieren, den er nicht will. Kann der Arbeitnehmer seinen Wunschanbieter daher nicht durchsetzen, bleibt ihm nur übrig, die vom Arbeitgeber favorisierten Anbieter zu akzeptieren oder komplett auf die bAV zu verzichten. Ausländische Anbieter aus der EU sowie aus Drittstaaten, mit denen besondere Abkommen abgeschlossen wurden, sind zulässig, wenn diese Finanzdienstleister aufsichtsrechtlich zur Ausübung ihrer Tätigkeit im Inland befugt sind.

Beispiel: Entgeltumwandlung

Bäcker Karl Backwahn bietet eine bAV über eine Unterstützungskasse per Entgeltumwandlung an. Arbeitnehmer Peter Altbacken wünscht hingegen eine Versorgung über eine Pensionskasse. Diese kann er nicht fordern, wohl aber eine Direktversicherung. Dazu ist Altbacken schließlich bereit. Der von ihm favorisierte Versicherer, die spanische Pablo Incasso Seguros (aufsichtsrechtliche Zulassung in Deutschland vorhanden), stößt jedoch nicht auf die Gegenliebe des Bäckereibesitzers. Backwahns langjähriger Versicherer, die deutsche Bleibtreu Leben, wird hingegen von Altbacken abgelehnt. Somit kommt es letztlich nicht zu einer bAV für Altbacken.

Alternative: Arbeitnehmer Altbacken akzeptiert die Bleibtreu Leben als Anbieter der Direktversicherung. Es wird eine Entgeltumwandlung mit z. B. 1.200 € Jahresbeitrag vereinbart.

Welche Leistungen bietet die bAV?

Unter die bAV fallen Leistungen, auf

- Altersversorgung oder/und
- Hinterbliebenenversorgung oder/und
- Invaliditätsversorgung.

Bereits die Vereinbarung **einer** dieser drei Leistungsarten ist bAV. Es können auch zwei oder alle drei miteinander kombiniert werden.

Leistungen lassen sich in Rentenform (lebenslange Leibrente), als Auszahlungsplan oder in einer Summe als Kapital vereinbaren. Der Standardfall ist die Leibrente, die grundsätzlich bei Tod endet, durch entsprechende Vereinbarung jedoch bis zum Ende einer Garantiezeit verlängert werden kann.

Beispiel: Leibrente mit Garantiezeit

Der Arbeitnehmer Bernhard Bedächtig schließt eine Pensionskassenversorgung per Entgeltumwandlung mit Leibrentenzahlung ab dem Jahr der Vollendung seines 62. Lebensjahres und einer Garantiezeit von 15 Jahren ab. Im Falle seines Ablebens zwischen Rentenbeginn und Ablauf der 15 Jahre wird die Rente bis zu dem Jahr weitergezahlt, in dem Bernhard sein 77. Lebensjahr vollendet hätte.

Bezugsberechtigte der Rentenweiterzahlung innerhalb der Garantiezeit dürfen lediglich die Witwe/der Witwer, ehemalige Ehegatten, aktuelle Lebensgefährten (auch gleichgeschlechtliche) und Kinder sein, für die der betreffende Arbeitnehmer einen Anspruch auf Kindergeld hat. Auf diesen Kreis von Bezugsberechtigten („enger Hinterbliebenen-Kreis") sind auch echte Hinterbliebenenrenten beschränkt. Sie unterscheiden sich von der Rentenweiterzahlung innerhalb der Garantiezeit dadurch, dass erstere bereits in der Beitragszahlungsphase der bAV beginnen können und mit dem Tode des Bezugsberechtigten (bei Waisenrente spätestens mit Volljährigkeit bzw. – bei Ausbildung – Erreichen des 25. Lebensjahres) enden.

Eine Vererblichkeit der Anwartschaft führt zur Aberkennung der steuerlichen Vorteile als bAV. Bei der Beitragserstattung sieht die Finanzverwaltung jedoch Ausnahmen vor (vgl. dazu z. B. BMF 24.07.2013, Rz. 289). Probleme hierbei können durch Vereinbarung der oben erwähnten Hinterbliebenenrente vermieden werden.

Eine Ausnahme dazu stellt die Vereinbarung eines Sterbegeldes (einmaliger Kapitalbetrag) dar, sofern es angemessen ist, d. h. 8.000 € nicht übersteigt (bei der Unterstützungskasse sind es 7.669 €, vgl. § 2 und § 3 KStDV). Seine Bezugsberechtigung ist nicht auf den engen Hinterbliebenenkreis (s. o.) begrenzt. (Sind die tatsächlichen Bestattungskosten niedriger als das vereinbarte Sterbegeld, so kommen nur diese Kosten zur Auszahlung.)

Auch ein Auszahlungsplan mit gleichbleibenden oder steigenden Raten erfüllt die Voraussetzungen der bAV, sofern eine Restverrentung ab spätestens dem 85. Lebensjahr erfolgt. Im Vergleich zur Leibrente hat dies den Vorteil, dass bei Tod vor Vollendung des 85. Lebensjahres die Raten bis zum fiktiven Alter 85 weiter gezahlt werden. Eine derart lange Garantiezeit ist bei Leibrenten grundsätzlich nicht zulässig.

Leibrente und Auszahlungsplan dürfen mit einem Kapitalwahlrecht versehen werden, d. h. der Arbeitnehmer kann später statt Renten bzw. Raten einmaliges Kapital wählen. Allerdings würde er durch die Wahl des Kapitals seine gesamten bisherigen Steuervorteile verlieren, wenn er diese Wahl vor Beginn des letzten Jahres vor dem altersbedingten Ausscheiden aus dem Erwerbsleben treffen würde. Trifft er die Wahl hingegen in diesem letzten Jahr, bleiben ihm seine Steuervorteile erhalten (vgl. dazu BMF 24.07.2013, Rz. 312).

Leistungs- und Beitragszusagen

Sämtliche fünf Durchführungswege der bAV können als (beitragsorientierte) Leistungszusagen ausgestaltet werden. Bleibt die spätere tatsächliche unter der ursprünglich zugesagten Leistung (Rente, Auszahlungsplan oder Kapital) muss der Arbeitgeber die Differenz decken, egal, ob es sich um arbeitgeberfinanzierte bAV oder Entgeltumwandlung handelt. Kommt mehr heraus als zugesagt, erhält der Arbeitgeber den übersteigenden Teil.

Wurde stattdessen eine Beitragszusage (mit Mindestleistung) eingerichtet – dies ist bei Direktzusage und Unterstützungskasse nicht möglich –, so erhält der Arbeitnehmer die gesamte Leistung, trägt jedoch auch das Risiko einer geringen Auszahlung – als Mindestauszahlung erhält er jedoch die Summe der gezahlten Beiträge mit Ausnahme der Risikoanteile.

Durch das Betriebsrentenstärkungsgesetz ist seit dem 1.1.2018 für die versicherungsförmigen Durchführungswege auch eine reine Beitragszusage möglich. Auf die daraus resultierenden Neuerungen wird im Kapitel „Das BRSG und seine Folgen" nochmals detailliert eingegangen.

Beispiel: Beitragszusage mit Mindestleistung

Der Arbeitnehmer Kai Ahnung schließt eine fondsgebundene Direktversicherung per Entgeltumwandlung und Beitragszusage mit Mindestleistung ab. Die Summe der Beiträge bis Rentenbeginn beläuft sich auf 30.000 €. Davon sind 2.000 € Risikoanteile für eine Invaliditätsleistung. Die Mindestleistung beträgt somit 28.000 €. Das Kapital der Versicherung hat zu diesem Zeitpunkt einen Wert von 25.000 €. Kai Ahnungs Arbeitgeber muss die Differenz (3.000 €) decken.

Die Betriebsrente 491

Wie entstehen Betriebsrenten?

Betriebsrenten werden zwischen den Arbeitnehmern und ihrem Arbeitgeber vertraglich vereinbart (Einzelzusagen oder – bei Aushang am „schwarzen Brett" – Gesamtzusagen) oder per Betriebsvereinbarung zwischen Arbeitgeber und Betriebsrat. Sie können auch durch Tarifvertrag oder betrieblicher Übung ins Leben gerufen werden.

Arbeitgeberfinanzierte Ansprüche auf bAV können darüber hinaus aus dem arbeitsrechtlichen Grundsatz der Gleichbehandlung entstehen, der es verbietet, bestimmten Arbeitnehmern bAV zu gewähren, anderen in gleicher Funktion hingegen nicht, auch wenn diese Teilzeitbeschäftigte sind.

Vorzeitiges Verlassen des Unternehmens

Anwartschaften auf betriebliche Leibrenten, Auszahlungspläne und einmalige Kapitalbeträge werden unter bestimmten Voraussetzungen – unabhängig vom Durchführungsweg – unverfallbar, auch wenn der Arbeitnehmer vor Eintritt des Versorgungsfalles aus dem Unternehmen ausscheidet. Bei arbeitgeberfinanzierter bAV muss im Zeitpunkt des vorzeitigen Ausscheidens

- der Arbeitnehmer das 21. Lebensjahr vollendet und
- die Zusage mindestens drei Jahre bestanden haben.

Durch das Gesetz zur Umsetzung der Mobilitätsrichtlinie der EU vom 16.04.2014 beträgt die Unverfallbarkeitsfrist für Betriebsrentenanwartschaften für alle Zusagen seit dem 01.01.2018 drei Jahre (bisher fünf Jahre). Das Mindestalter für das Erreichen einer unverfallbaren Anwartschaft wurde vom 25. auf das 21. Lebensjahr abgesenkt. Es gilt für vorher erteilte Zusagen eine Übergangsregelung: Wenn die Zusage ab dem 01.01.2018 drei Jahre bestanden hat und bei Beendigung des Arbeitsverhältnisses das 21. Lebensjahr vollendet ist, ist die Zusage ebenfalls unverfallbar. Durch das Gesetz zur Förderung der bAV – vom Bundesrat am 30.11.2007 verabschiedet – wurde das Mindestalter für die gesetzliche Unverfallbarkeit in der Vergangenheit bereits von 30 auf 25 Jahre herabgesetzt. Dies gilt für arbeitgeberfinanzierte Versorgungszusagen, die nach dem 31.12.2008 erteilt worden sind.

Welchen Anspruch darf der vorzeitig Ausgeschiedene bei Unverfallbarkeit nun behalten? Im Falle der Direktversicherung und der Pensionskasse ist es einfach: Er darf den Vertrag mitnehmen – und damit auch privat oder evtl. beim neuen Arbeitgeber fortführen – und behält damit alles, was bis zum Ausscheiden an Wert gebildet wurde, vorausgesetzt, dass

- eine (beitragsorientierte) Leistungszusage vereinbart wurde,
- die Überschüsse nur zur Verbesserung der Versicherungsleistung verwendet werden,
- der Arbeitgeber dem Versicherer bzw. der Pensionskasse das Ausscheiden innerhalb von drei Monaten mitteilt,
- der Arbeitnehmer spätestens drei Monate nach dem Ausscheiden ein unwiderrufliches Bezugsrecht auf die Versicherungsleistung erhalten hat.
- Die Versicherung darf nicht abgetreten oder beliehen sein oder werden. Auch eine vorzeitige Kündigung durch den Arbeitgeber muss ausgeschlossen sein.
- Der Arbeitnehmer muss das Recht erhalten, die Versicherung mit eigenen Beiträgen weiterzuführen.

Anwartschaften aus Pensionsfonds, Direktzusagen und Unterstützungskassen hingegen dürfen grundsätzlich nicht mitgenommen und daher auch nicht fortgeführt werden. Wurden sie als reine Leistungszusage ausgestaltet und sind sie arbeitgeberfinanziert, errechnet sich der unverfallbare Anspruch aus dem Verhältnis der zurückgelegten zur bis Rentenbeginn möglichen Dienstzeit (ratierlicher Anspruch).

Beispiel: Ratierlicher Anspruch bei Leistungszusage

Der Arbeitnehmer Ulf Untreu trat im Alter von 27 in das Unternehmen ein, erhielt eine Direktzusage mit 37 Jahren über 200 € Altersrente ab 67 und schied im Alter von 47 aus der Firma aus. Die bei Ausscheiden zurückgelegte Dienstzeit beträgt 20 Jahre, die mögliche Dienstzeit 40 Jahre. Sein ratierlicher Anspruch ist daher 20/40 der 200 €, d. h. 100 €. Auf die Laufzeit der Zusage (10 Jahre) kommt es nicht an.

Wurden Anwartschaften aus Pensionsfonds, Direktzusagen und Unterstützungskassen als beitragsorientierte Leistungszusage (boLZ) nach dem 31.12.2000 vereinbart oder nach diesem Datum per Entgeltumwandlung finanziert, gilt ein anderer Modus: Unverfallbar wird die bei Ausscheiden erreichte Anwartschaft auf Leistungen aus den vom Zusagezeitpunkt bis zum Ausscheiden eingezahlten Beiträgen. Dies gilt gem. § 30g Abs. 1 Satz 2 BetrAVG auch für boLZ, die vor 2001 zugesagt worden sind, wenn Arbeitgeber und Arbeitnehmer dies einvernehmlich vereinbart haben.

Beispiel: Anspruch bei beitragsorientierter Leistungszusage

Der Arbeitnehmer Fred Flüchtig trat ebenfalls im Alter von 27 in dasselbe Unternehmen wie Ulf Untreu (voriges Beispiel) ein. Auch Fred erhielt eine Direktzusage über 200 € mtl. Altersrente ab 67 mit 37, allerdings mit dem Zusatz, dass die 200 € aus einem Jahresbeitrag in Höhe von 831 €, 4 % Rechnungszins und einem Rentenfaktor von 15 resultieren. Scheidet Fred nun auch im Alter von 45 aus der Firma aus, erhält er weniger als Ulf, denn der Zusatz (beitragsorientierte Leistungszusage) führt dazu, dass die Berechnung nun erst mit 37 beginnt, nicht wie bei Ulf bereits mit 27. Der unverfallbare Anspruch des Fred beträgt daher lediglich 57,66 € mtl. (Beitrag über 10 Jahre mit 4 % verzinst und davon 1/15 und monatlich), während Ulf bei reiner Leistungszusage 100 € behält.

Zu Beginn dieses Abschnitts wurde die Möglichkeit der Mitnahme und Fortführung von Direktversicherungen und Pensionskassenzusagen nach Ausscheiden des Arbeitnehmers herausgestellt. Akzeptiert der neue Arbeitgeber diesen bestimmten Vertrag nicht, weil er einen anderen Anbieter bevorzugt, hat der Arbeitnehmer das Recht auf Übertragung des im Vertrag befindlichen Kapitals auf einen neuen Vertrag beim Anbieter, den der neue Arbeitgeber anerkennt. Dieses Recht besteht nur für die beiden gerade genannten Durchführungswege und für den Pensionsfonds. Eine Übertragung ist auf alle diese drei versicherungsförmigen Durchführungswege möglich, also auch z. B. von einem Pensionsfonds auf eine Direktversicherung (Portabilität).

Wenn der Arbeitgeber insolvent ist

Bei Insolvenz des Arbeitgebers – nicht des externen Versorgungsträgers (z. B. Versicherer) – übernimmt der Pensionssicherungsverein (PSV) folgende Pensionsverpflichtungen:

Merkmal	DV	PK	PF	DZ	UK
Gesetzlich unverfallbare Anwartschaft	Nein	Nein	Ja	Ja	Ja
Laufende Leistungen	Nein	Nein	Ja	Ja	Ja

Im Zusammenhang mit den unverfallbaren Anwartschaften spielt es keine Rolle, ob der Arbeitnehmer noch aktiv im betreffenden Unternehmen oder bereits vorzeitig ausgeschieden ist. Der Schutz greift lediglich bei den **gesetzlich** unverfallbaren Anwartschaften (Entgeltumwandlung: ohne Frist; arbeitgeberfinanziert: siehe die im vorangegangenen Abschnitt definierten Fristen).

Der PSV übernimmt diese Verpflichtungen, jedoch begrenzt auf das Dreifache der mtl. sozialversicherungsrechtlichen Bezugsgröße (2020: 9.555 € Monatsrente in den alten und 9.030 € in den neuen Bundesländern). Im Falle einer Kapitalzahlung beträgt die Höchstgrenze das 120fache der max. Monatsrente.

Der PSV-Schutz kostet Geld – Jahresbeiträge, die der Arbeitgeber in der Anwartschafts- und Rentenphase aufzubringen hat. In der Vergangenheit schwankten die PSV-Beiträge zwischen 0,3 ‰ (1990) und 14,2 ‰ (2009) der Bemessungsgrundlage.

Aufgrund erhöhter Unternehmensinsolvenzen, die voll auf die Höhe des PSV-Beitrags durchgeschlagen haben, musste für das Jahr 2009 der bisher höchste Beitragssatz von 14,2 ‰ festgelegt werden. Um die Liquidität der betroffenen Unternehmen zu schonen, nutzte der PSV damals die Möglichkeit der Verteilung (Glättung) des Beitrages auf fünf Jahre.

Das heißt, im Jahr 2009 wurde ein Beitrag von 8,2 ‰ der jeweiligen Bemessungsgrundlage erhoben. Die übrigen 6 ‰ wurden mit jeweils 1,5 ‰ zusätzlichem Jahresbeitrag bis 2013 fällig. Dies ermöglichte eine Verankerung der Verteilungsmöglichkeit im Betriebsrentengesetz.

Für das Jahr 2016 hat der PSV erstmals seit Beginn des Geschäftsbetriebs keinen Beitrag erhoben, d. h., der Beitragssatz betrug 0,00 ‰. Für das Beitragsjahr 2019 beträgt der Beitragssatz 3,10 ‰.

Weiterhin sind Direktversicherungen und Pensionskassen aus Arbeitgebersicht sehr beliebt, denn sie erfordern keine PSV-Beiträge. Hintergrund ist die Tatsache, dass eine Insolvenz des Arbeitgebers das bis dahin in jenen beiden Durchführungswegen angesammelte Kapital nicht gefährdet und beide i. d. R. eine Garantieleistung bieten.

Was aber, wenn der Versicherer bzw. die Pensionskasse insolvent wird? Dann übernimmt der durch das Versicherungsaufsichtsgesetz (VAG) ins Leben gerufene Sicherungsfonds zumindest die Garantieleistungen. Alle Versicherer sind Mitglied dieses Fonds, Pensionskassen dürfen ihm beitreten, die namhaften sind es bereits.

> **Beachten Sie:**
> Bevor man einen Vertrag mit einer Pensionskasse schließt, sollte man sich erkundigen, ob sie Mitglied im VAG-Sicherungsfonds ist oder ob sie eine Tochtergesellschaft einer solventen Unternehmensgruppe ist.

Rentendynamisierung

Renten sind grundsätzlich konstante Leistungen. Im Laufe ihrer regelmäßig langen Dauer werden sie daher von der Inflation teilweise entwertet. Das Betriebsrentengesetz ordnet deshalb grundsätzlich eine Dynamisierung ab Rentenbeginn an (§ 16 BetrAVG). Von der gesetzlichen Dynamisierungspflicht sind allerdings ausgeschlossen:

- Kapitalbeträge, da sie nur einmal zufließen,
- Auszahlungspläne (auch die Restverrentung ab Vollendung des 85. Lebensjahres),
- Beitragszusagen mit Mindestleistung (vgl. Abschnitt „Leistungs- und Beitragszusagen") und
- Direktversicherungen und Pensionskassenzusagen, deren ab Rentenbeginn anfallende Überschüsse zur Rentenerhöhung verwendet werden.

In allen anderen Fällen können Sie von Ihrem Arbeitgeber die Anpassung der laufenden Rente verlangen (eine Dynamisierungspflicht während der Anwartschaftszeit besteht nicht). Er kann die Anpassung alle drei Jahre anhand des Verbraucherpreisindexes für Deutschland oder anhand des Anstiegs der Nettolöhne vergleichbarer Arbeitnehmergruppen Ihres Unternehmens vornehmen (Methode 1). Bei schlechter wirtschaftlicher Lage darf der Arbeitgeber die Anpassung aussetzen.

Die Methode 2 erlaubt ihm alternativ eine jährliche Dynamik von 1 %, jedoch ohne Aussetzung bei schlechter wirtschaftlicher Lage.

Die gerade genannten Grundsätze inklusive der o. g. Ausnahmen gelten auch bei Entgeltumwandlung. Hier jedoch mit der Maßgabe, dass bei Dynamisierungspflicht ausschließlich die Methode 2 anzuwenden ist. Eine demnach bestehende Dynamisierungspflicht trifft den Arbeitgeber in Höhe des Differenzbetrages.

Beispiel: Dynamisierung bei Unterstützungskasse

Berta Bedächtig bezieht bereits ihre Betriebsrente aus einer Unterstützungskasse die sie aus Entgeltumwandlung selber dotierte. Die

Unterstützungskasse steigerte die Rente des Jahres 2020 gegenüber dem Vorjahr um 50 Cent auf 100,50 €. Dies sind nur 0,5 % Dynamik. Der Arbeitgeber muss daher noch 50 Cent hinzulegen.

Die Dynamisierungspflicht des Arbeitgebers noch einmal in der Übersicht für laufende Renten, wobei „M 1" = Dynamisierung nach Methode 1, „M 2" = Dynamisierung nach Methode 2 und „Nein" = keine Dynamisierung bedeutet:

Merkmal	DV	PK	PF	DZ	UK
Arbeitgeberfinanziert (beitragsorientierte) Leistungszusage, Überschüsse ab Rentenbeginn dienen der Rentenerhöhung	Nein	Nein	M1 oder M2	M1 oder M2	M1 oder M2
Beitragszusage mit Mindestleistung (BZmMl), egal, ob arbeitgeberfinanziert oder Entgeltumwandlung	Nein	Nein	Nein	unmöglich	unmöglich
Entgeltumwandlung ohne BZmMl, Überschüsse ab Rentenbeginn dienen der Rentenerhöhung	Nein	Nein	M 2	M 2	M 2
Entgeltumwandlung ohne BZmMl, Überschüsse ab Rentenbeginn dienen nicht der Rentenerhöhung	M 2	M 2	M 2	M 2	M 2

Eingriffe in bestehende bAV

Gegenwärtig denken viele Unternehmen darüber nach, wie sie ihre Versorgungswerke anders gestalten können. Hintergrund sind hohe Aufwendungen, die auf die Arbeitgeber zukommen, weil

- die Lebenserwartung in den letzten Jahrzehnten deutlich angestiegen ist (gegenwärtig nimmt sie im Durchschnitt alle zehn Jahre um 2,5 Jahre zu) und daher die Betriebsrenten an die Belegschaft im Schnitt länger als in der Vergangenheit zu zahlen sind,
- die Verwaltungskosten ein hohes Niveau erreicht haben, was insbesondere auf die zugenommenen PSV-Beiträge zurückzuführen ist, aber auch auf die hohe Komplexität der bAV, durch welche die durch die Personalabteilung und externe Berater erzeugten Aufwendungen ansteigen und
- die Steuerbilanzen nach wie vor durch Pensionsrückstellungen stark belastet werden, da diese im Vergleich zu mittelbaren Durchführungswegen zu einer Bilanzverlängerung und daher zu einer

doppelten Auszehrung der Eigenkapitalquote führen (über die Bilanz einerseits und die GuV aufgrund der Rückstellungszuführung andererseits). Hinweis: In der Handelsbilanz hingegen kann seit Einführung des Bilanzrechtsmodernisierungsgesetzes die Saldierung der Pensionsrückstellungen mit zweckgebundenen Vermögen wieder zur Entlastung (Bilanzverkürzung) führen.

Auslagerung auf externe Versorgungsträger

Das Wort „Outsourcing" macht daher die Runde, worunter die Auslagerung von Direktzusagen auf externe Versorgungsträger zu verstehen ist. Die Anstrengungen zur Umstrukturierung bestehender bAV werden nämlich vor allem dort gemacht, wo jener unmittelbare Durchführungsweg anzutreffen ist. Dies hängt damit zusammen, dass lediglich Direktzusagen zu einer Passivierungspflicht von Pensionsrückstellungen und daher zu o. g. Bilanzverlängerung führen, und gleichzeitig mit hohen Verwaltungskosten und PSV-Beiträgen einhergehen. Darüber hinaus sind es insbesondere die Direktzusagen, die dem Arbeitgeber die ganze Last der dramatisch zunehmenden Lebenserwartung und damit Rentenzahlungsdauer aufbürden.

Dies wurde im Jahr 2004 besonders deutlich, als zwei der größten deutschen Finanzdienstleister ihren Mitarbeitern die Betriebsrenten auf dem bis dahin erdienten Niveau einfroren. Hintergrund war hier insbesondere, dass die Vorstände im Angesicht der demografischen Entwicklung unserer Bevölkerung „kalte Füße" bekamen und die Reißleine zogen.

Das Problem trifft zwar die Direktzusagen besonders stark, da sich bei ihnen auch die Bilanzverlängerung auswirkt. Es betrifft jedoch darüber hinaus sämtliche (beitragsorientierten) Leistungszusagen, bei denen keine ausreichende Rückdeckung besteht, da hier der Arbeitgeber bis zum Tode des Begünstigten bzw. seiner Hinterbliebenen zur Kasse gebeten wird. Damit gibt es das Problem nicht nur bei der Direktzusage, sondern auch bei den Unterstützungskassen, wenn diese nicht kongruent rückgedeckt sind. So wie bei der Direktzusage fällt auch bei der Unterstützungskasse die volle Belastung mit PSV-Beiträgen an.

Welche Maßnahmen werden nun in der Praxis ergriffen, um die Lasten einer bestehenden bAV zu reduzieren? Dabei muss zwischen einer reinen Umgestaltung der Versorgung unter Aufrechterhaltung der Ansprüche der Begünstigten und einer Verschlechterung unterschieden werden.

Verschlechterung bestehender bAV

Im vorangegangenen Kapitel wurde das Vorgehen zweier namhafter Finanzdienstleister erwähnt, welche Betriebsrenten auf dem bisher erdienten Niveau einfroren. Wie kann in bereits erteilte Versorgungszusagen eingegriffen werden? Eine Schließung des Versorgungswerks für Arbeitnehmer, die ab einem vorher festgelegten Zeitpunkt (Stichtag) in das Unternehmen eintreten ist jederzeit zulässig, ohne dass es dazu der Zustimmung des Betriebsrats bedarf. Wichtig ist dabei, dass diese Maßnahme im Unternehmen öffentlich bekannt gemacht und ein entsprechender Stichtag festgelegt wird, da ansonsten ein Anspruch neu eingetretener Mitarbeiter aus dem arbeitsrechtlichen Grundsatz der betrieblichen Übung erwachsen kann.

Unter welchen Voraussetzungen darf eine Verschlechterung erfolgen?

Für Versorgungszusagen, die bereits erteilt worden sind, kann – unabhängig vom Durchführungsweg – eine Verschlechterung nur unter ganz bestimmten Voraussetzungen erfolgen. Dabei ist zu unterscheiden,

- ob es sich um eine individualrechtliche (Einzelzusage, Gesamtzusage, betriebliche Übung oder Gleichbehandlung) oder um eine kollektivrechtliche (Betriebsvereinbarung oder Tarifvertrag) Versorgungszusage handelt und,
- ob der Anspruch bereits erdient worden oder erst noch künftig zu erdienen ist.

Die Verschlechterung individualrechtlicher Versorgungszusagen erfordert das ausdrückliche Einverständnis der Betroffenen. Dies gilt auch für künftig noch zu erdienende Anwartschaften. Stillschweigen ist hier grundsätzlich nicht als Einverständnis zu werten. Wegen des erhöhten Vertrauensschutzes im Bereich der bAV muss der Arbeitgeber den Betroffenen ausführlich und umfassend über die Nachteile der einzelvertraglichen Änderung seiner Individualzusage aufklären. Ohne Einverständnis des Betroffenen kann eine Individualzusage zwar im Zusammenhang mit einer Änderungskündigung verschlechtert werden. Allerdings sind hierbei die Schutzvorschriften des Kündigungsschutzgesetzes zu beachten, weshalb eine Verschlechterung über diesen Weg selten realisierbar ist.

Verschlechterungen individualrechtlicher Versorgungszusagen werden aber ermöglicht, wenn die Versorgungszusagen betriebsvereinbarungsoffen sind, d. h. der Arbeitgeber in die Individualzusage den Zusatz aufgenommen hat, dass eine spätere Betriebsvereinbarung den Vorrang haben soll.

In diesem Fall und bei Änderungen kollektivrechtlicher Versorgungszusagen durch eine Betriebsvereinbarung kann in bestehende bAV verschlechternd eingegriffen werden. Dies kann durch eine neue Betriebsvereinbarung oder durch bloße Kündigung der bestehenden geschehen. Jedoch ist auch in diesen Fällen die gerichtliche Billigkeitskontrolle zu beachten.

Eine Billigung der Verschlechterung bestehender bAV durch das zuständige Gericht muss den in langjähriger Rechtsprechung erarbeiteten Rahmen beachten. Danach ist ein Eingriff grundsätzlich nur in künftig noch erdienbare Anwartschaften, nicht hingegen in bereits erdiente Ansprüche möglich, auch dann nicht, wenn der Betriebsrat einer entsprechenden neuen Betriebsvereinbarung zugestimmt hat. Die Reduzierung oder gänzliche Aberkennung einer bAV-Leistung ist somit bei Empfängern bereits laufender Leistungen und mit unverfallbarer Anwartschaft ausgeschiedenen (ehemaligen) Arbeitnehmern grundsätzlich nicht möglich.

Die „Drei-Stufen-Theorie"

Vom Bundesarbeitsgericht wurde dazu die sog. „Drei-Stufen-Theorie" entwickelt. In der dritten, der schwächsten Stufe sind Verschlechterungen nur möglich, wenn sog. „sachliche" Gründe vorliegen. Der Eingriff erschöpft sich dabei im Einfrieren bereits erdienter Ansprüche, wobei im Falle der Gehaltsabhängigkeit das Einkommen nicht mit eingefroren werden darf. „Sachliche" Gründe sind z. B.

- eine Neuverteilung der Gesamtmittel, um bisher unversorgte Arbeitnehmer einzubeziehen, den Gesamtaufwand jedoch nicht auszuweiten,
- starke Kostensteigerungen durch die bAV aufgrund von zunehmender Lebenserwartung der Arbeitnehmer,
- die Vereinheitlichung der bAV innerhalb eines Konzerns,
- Mehraufwand aufgrund von Steuerreformen oder Änderungen des Betriebsrentengesetzes.

Beispiel: Eingriff durch „sachliche" Gründe

Gisela Pechstein hat bei ihrem Diensteintritt vor 20 Jahren eine Betriebsrente in Höhe von 10 % ihres letzten Monatsgehaltes vor Eintritt in den Ruhestand zugesagt bekommen. In 20 Jahren wird sie das vertragsgemäße Rentenalter erfüllt haben. Ihr heutiges Gehalt beträgt 5.000 € brutto. Liegen „sachliche" Gründe vor, so darf der Arbeitgeber die Rente auf 20/40 der 10 %, d. h. 5 % des späteren Einkommens einfrieren.

Die zweite, die mittlere Stufe ermöglicht weitergehende Eingriffe gegenüber der dritten Stufe nur, wenn sog. „triftige" Gründe vorliegen. Diese sind bei

- schlechter wirtschaftlicher Lage des Unternehmens oder
- langfristiger Gefährdung der wirtschaftlichen Substanz des Unternehmens durch die bAV gegeben.

Hier darf nun auch die Bemessungsgrundlage der späteren bAV-Leistung eingefroren werden.

Beispiel: Eingriff durch „triftige" Gründe

Lägen bei Gisela Pechstein „triftige" Gründe vor, so darf der Arbeitgeber die Rente auf 20/40 der 10 %, d. h. 5 % des heutigen Gehaltsniveaus von 5.000 € einfrieren. Ihre spätere Rente läge dann bei 250 € monatlich.

Eingriffe auf Stufe zwei und drei konnten somit den bereits erdienten Anwartschaften bzw. laufenden Leistungen nichts anhaben. Hier ist ein Eingriff nur auf der ersten Stufe möglich, wozu „zwingende" Gründe vorliegen müssen.

Jene sind gegeben

- bei wirtschaftlicher Notlage des Unternehmens (bis 1998 ein Fall für den PSV),
- bei ganz außergewöhnlicher Mehrbelastung des Unternehmens durch die bAV,
- bei schwerer Treuepflichtverletzung durch den (ehemaligen) Arbeitnehmer und
- insoweit wie eine Überversorgung vorliegt (mehr als 100 % des letzten Nettoeinkommens vor Rentenbeginn).

Beispiel: Eingriff durch „zwingende" Gründe

Lägen bei Gisela Pechstein „zwingende" Gründe vor, so darf der Arbeitgeber die Rente auf unter 250 € monatlich (vgl. das Beispiel zu „triftige" Gründe) absenken.

Umgestaltung bestehender bAV

Kommt es lediglich zu einer Umgestaltung der bAV, ohne dass eine Verschlechterung eintritt, kann der Arbeitgeber freier schalten und walten. Teilweise muss er jedoch auch hier das Einverständnis des Betroffenen einholen. In wenigen Fällen ist die Umstrukturierung gesetzlich verboten. Nachfolgend werden die in der Praxis wichtigsten Fälle der Umgestaltung erwähnt.

Umwandlung von Rente in Kapital

Wandelt man Renten- in Kapitalleistungen um, ergeben sich daraus drei Vorteile aus Arbeitgebersicht:
- es spielt keine Rolle, wie alt die Rentenempfänger werden,
- PSV-Beiträge in der Rentenphase und
- Anpassungen gem. § 16 BetrAVG entfallen.

Der letztere Vorteil kann durch die Wahl des Durchführungsweges und der Art der Zusage bereits gelöst werden (s. u. Kapitel „Welcher Durchführungsweg?"). Der erstere Vorteil kann bei kleinen Kollektiven auch in einen Nachteil umschlagen, wenn sämtliche Leistungsempfänger früh versterben sollten.

Plant man eine solche Umwandlung, so bedarf es der Zustimmung der Betroffenen. Der Kapitalbetrag muss zur bisherigen Rente wertgleich sein. Im Vergleich zur Rente ist eine Kapitalzahlung wegen der Steuerprogression regelmäßig mit einem höheren Einkommensteuersatz verbunden. Die Wirkung kann abgemildert werden, indem das Kapital in Raten – z. B. über drei, vier oder fünf Jahre – ausgezahlt wird.

Der Maßstab für die Wertgleichheit ist nicht geklärt. Wendet man den bei Abfindungen relevanten § 3 Abs. 5 i. V. m. § 4 Abs. 5 BetrAVG an, so reicht der nach versicherungsmathematischen Grundsätzen errechnete Barwert der Rente aus. Dies wäre der steuerlich zulässige Rückstellungsbetrag bei Rentenbeginn. Dies erscheint jedoch zu gering, denn der Einmalbeitrag einer vergleichbaren Rentenversicherung ist wesentlich höher.

Umwandlung von Leistungszusagen in beitragsorientierte Leistungszusagen

Die beitragsorientierte Leistungszusage bürdet dem Arbeitgeber im Vergleich zur reinen Leistungszusage grundsätzlich weniger Belastungen auf. Es empfiehlt sich daher, entsprechend umzustellen. Für Zusagen, die vor dem 1.1.2001 erteilt worden sind, ist dies jedoch nur mit Zustimmung des Betroffenen möglich.

Umwandlung des Durchführungswegs

Durchführungswege dürfen verändert werden, ohne dass es der Zustimmung des Betroffenen bedarf, wenn die Umwandlung wertgleich abläuft. Prinzipiell ist jede Umwandlung möglich. Steuerliche Gründe setzen derartigen Umwandlungen jedoch Grenzen. In der Praxis kommt es im Rahmen des „Outsourcings" (s. Kapitel „Eingriffe in bestehende bAV") hauptsächlich zur Umwandlung von Direktzusagen in andere Durchführungswege.

Abfindung von Renten(-anwartschaften)

Durch Abfindung erschließen sich dem Arbeitgeber dieselben Vorteile, wie sie bereits im Kapitel zur Umwandlung von Rente in Kapital dargestellt wurden. Der Unterschied ist, dass eine Abfindung bereits heute zur Auszahlung gelangt, die Umwandlung von Rente in Kapital jedoch erst bei Rentenbeginn zahlungswirksam wird. Das Betriebsrentengesetz belegt Abfindungen von Betriebsrenten teilweise mit einem Verbot. Abfindbar sind Rentenanwartschaften Aktiver ohne Begrenzung, wenn die Betroffenen zustimmen.

Rentenanwartschaften unverfallbar Ausgeschiedener können nur dann abgefunden werden, wenn die Monatsrente 1 % der monatlichen Bezugsgröße gem. § 18 SGB IV (2020: 31,85 €) nicht übersteigt; einer Zustimmung des Betroffenen bedarf es nicht. Für alle anderen Anwartschaften gilt ein Abfindungsverbot.

Laufende Renten dürfen bis zur gleichen Höhe ohne Zustimmung abgefunden werden. Höhere laufende Renten dürfen nicht abgefunden werden, es sei denn, der Rentenbeginn liegt bereits vor dem 1.1.2005. Dann bedarf es jedoch für die übersteigenden Renten der Zustimmung des Rentners.

Dabei bietet sich für bereits laufende Renten die Umwandlung in die Unterstützungskasse an, die im Umwandlungszeitpunkt komplett ausfinanziert werden darf. Die Belastung mit PSV-Beiträgen ändert sich dadurch grundsätzlich nicht. Daher ist die Umwandlung in den Pensionsfonds eigentlich erstrebenswerter, jedoch steuerlich problematischer. Der Einzelfall muss entscheiden.

Umwandlung während der Anwartschaft

In der Anwartschaftszeit ist die Umwandlung in die rückgedeckte Unterstützungskasse aus steuerlichen Gründen nur für die noch zu erdienenden Anwartschaften (future service) sinnvoll. Die nach § 3 Nr. 66 EStG steuerfreie Umwandlung in den Pensionsfonds lässt die Finanzverwaltung mittlerweile lediglich für die bereits erdienten Anwartschaften zu (past service). Beide ergänzen sich somit. Auf Seiten der Betroffenen sind derartige Umwandlungen grundsätzlich steuerneutral im Umwandlungszeitpunkt. Bei Pensionsfonds kann sich eine Steuermehrbelastung ergeben.

Steuervorteile auf der Beitragsseite

Direktzusagen

Direktzusagen gewähren dem Arbeitnehmer eine Anwartschaft auf eine spätere Leistung (Leibrente, Kapitalzahlung oder Auszahlungsplan), die der Arbeitgeber selbst (direkt) erbringt. Eine Prämie ist dabei ebenso wenig im Spiel wie bei einer Beamtenpension. Wo kein Beitrag, da keine Besteuerung. Steuerjuristisch heißt dies: Die Direktzusage ist beim Arbeitnehmer in der Beitragsphase nicht steuerbar, fällt also bei ihm nicht unter das Einkommensteuergesetz. Wo nichts unter das Gesetz fällt, kann auch keine Höchstgrenze greifen. Direktzusagen können daher ohne Beitragshöchstgrenze gewährt werden.

Unterstützungskasse

Das Gleiche gilt für Unterstützungskassen, da diese lediglich den verlängerten Arm des Arbeitgebers selbst darstellen. Dies erlaubt es gut verdienenden Arbeitnehmern, auch per Entgeltumwandlung z. B. fünfstellige Monatsbeiträge einer Unterstützungskasse zuzuwenden. Diese bleiben beim Arbeitnehmer komplett unbesteuert.

Höchstrente aus der bAV

Ein indirektes Maximum kommt jedoch von der Leistungsseite her: Die Finanzverwaltung erlaubt eine Höchstrente aus der bAV (egal, welcher Durchführungsweg) und der gesetzlichen Rente in Höhe von 75 % des Einkommens (inkl. Sachbezüge) des laufenden Jahres, wobei Tantieme mit dem Durchschnittsbetrag der letzten fünf Jahre eingehen.

Beispiel: Überversorgungsgrenze bei bAV

Gerd Großkopf (45) hat 2020 ein festes Bruttoeinkommen in Höhe von 240.000 €. Der geldwerte Vorteil seines Dienstwagens beträgt 20.000 € p. a. und der Durchschnitt der Tantieme der letzten fünf Jahre 80.000 €. 75 % seiner gesamten aktiven Bezüge betragen daher 255.000 €. Davon sind die Anwartschaften auf gesetzliche Rente zum gegenwärtigen Zeitpunkt (15.000 €) abzuziehen. Gerd darf daher eine Monatsrente aus der bAV von 20.000 € zugesagt bekommen. Daraus resultiert ein monatlicher Beitrag an die X-Unterstützungskasse in Höhe von 9.150 €.

> **Beachten Sie:**
> Bei Entgeltumwandlung ist die 75 %-Grenze unbeachtlich.

Zwischenfazit: Direktzusage und Unterstützungskasse schränken die Steuervorteile auf der Beitragsseite bei Entgeltumwandlung nicht ein; sind ihre Leistungen arbeitgeberfinanziert, ist die äußerst großzügige 75 %-Grenze zu beachten.

Anders die versicherungsförmigen Durchführungswege Direktversicherung, Pensionskasse und Pensionsfonds: Ihre Prämien sind als Lohnbestandteile steuerbar, fallen damit unter das Einkommensteuergesetz und müssen durch eine Spezialnorm extra steuerfrei gestellt werden. Diese Norm (vgl. § 3 Nr. 63 EStG) begrenzt die Steuerfreiheit des Beitrags auf 8 % der Beitragsbemessungsgrenze in der Rentenversicherung (West), das sind 2020: 6.624 € Jahresbeitrag, unabhängig davon, ob arbeitgeberfinanziert oder Entgeltumwandlung.

Die steuerlichen Konsequenzen eines Beitrags zu einem der versicherungsförmigen Durchführungswege bzw. einer Zuwendung zu einer Unterstützungskasse oder Direktzusage sind somit identisch: Der Beitrag ist nicht mit Steuer belastet bzw. es tritt – bei Entgeltumwandlung – eine volle Steuerersparnis ein. Die versicherungsförmigen Durchführungswege schränken diesen Vorteil jedoch aufgrund ihrer Beitragshöchstgrenze ein. Diese Höchstgrenze teilen sich alle drei versicherungsförmigen Durchführungswege gemeinsam, auch wenn daneben noch eine Zusage aus den beiden nicht versicherungsförmigen Durchführungswegen besteht. Wendet der Arbeitnehmer mehr als die Höchstgrenze für die versicherungsförmigen Durchführungswege auf, ist der übersteigende Beitrag individuell zu besteuern. Auch für ihn greift der Schutz des Betriebsrentengesetzes.

Riester und die bAV

Für die versicherungsförmigen Durchführungswege kann auch die „Riester-Förderung" im Rahmen ihrer Höchstgrenzen genutzt werden. Dies gilt sowohl anstelle der im vorangegangenen Kapitel erwähnten Behandlung mit den dort genannten Maxima als auch zusätzliche Beiträge, welche jene Höchstgrenzen übersteigen. Sogar die Förderung der Basis-Rente lässt die Finanzverwaltung für die bAV zu, sofern die Voraussetzungen dieser Versorgungsform erfüllt sind. Dies gilt für arbeitgeberfinanzierte bAV genauso wie bei Entgeltumwandlung. Auf das Thema Riester-bAV wird im Kapitel „Das BRSG und seine Folgen" nochmals detailliert eingegangen, da sich durch das Betriebsrentenstärkungsgesetz an dieser Stelle für eine Vielzahl von Arbeitnehmern eine hervorragende Form der Altersversorgung aufgetan hat.

Abgaben sparen bei bAV-Beiträgen

Die Befreiung der Beiträge und Zuwendungen zur bAV von Sozialabgaben ist teilweise identisch mit der Befreiung von der Steuer, teilweise gehen beide Rechtsgebiete getrennte Wege.

Bevor weitere Unterschiede tabellarisch erwähnt werden sei noch auf Folgendes hingewiesen: Die Befreiung von den Sozialabgaben erfordert bei Entgeltumwandlung grundsätzlich keine Verwendung von Sondervergütungen wie z. B. Weihnachtsgeld. Ausnahme: Pauschal besteuerte Altverträge von Direktversicherungen und Pensionskassen.

Nachfolgend eine Gesamtübersicht über die Wirkungen (BBG = Beitragsbemessungsgrenze der gesetzlichen Rentenversicherung West):

Merkmal	DV	PK	PF	DZ	UK
arbeitgeber-finanziert	• steuerfrei bis 8 % der BBG • sozialabgabenfrei bis 4 % der BBG			• keine Besteuerung (ohne Grenze) • vollkommen sozialabgabenfrei	
Entgelt-umwandlung	• steuerfrei bis 8 % der BBG • sozialabgabenfrei bis 4 % der BBG			• keine Besteuerung (ohne Grenze) • sozialabgabenfrei bis 4 % der BBG	

Auch die Sozialabgaben behandeln Direktzusage und Unterstützungskasse als besondere Gruppe neben den versicherungsförmigen Durchführungswegen. Bei Entgeltumwandlung tritt daher die Sozialabgabenbefreiung bis 4 % der BBG (gemeinsam für Direktzusagen und Unterstützungskasse als Gruppe) neben die gleich hohe Befreiung für die Gruppe der versicherungsförmigen Durchführungswege.

Eine Befreiung von den Sozialabgaben wirkt sich allerdings nur aus, wenn das sozialversicherungspflichtige Entgelt vor Berücksichtigung einer arbeitgeberfinanzierten bAV bzw. nach Berücksichtigung einer Entgeltumwandlung unter der Beitragsbemessungsgrenze der gesetzlichen Rentenversicherung liegt.

Beispiel: Effektive Ersparnisse

Michael Mittelmann (40), verheiratet, 1 Kind, keine Kirchensteuer, bezieht ein Bruttoeinkommen aus Arbeitnehmertätigkeit in Höhe von 40.000 €. Er ist damit auch kranken- (allg. Beitragssatz 14,6 % zzgl. durchschnittlicher Zusatzbeitrag 1,1 %) und pflegeversicherungspflichtig (3,05 %). Michael will wissen, welche effektive Beitragsbelastung aus einer bAV im Jahr 2020 resultieren würde, wenn er 3.120 € p. a. in einen Pensionskassen- und 480 € p. a. in einen Unterstützungskassenbeitrag umwandeln würde.

Steuermindernd wären dann 3.600 € abzugsfähig. Die Einkommensteuer würde von bisher 2.694 € auf 1.886 € sinken. Die effektive Steuerersparnis beträgt daher 808,00 €. Die Entlastung mit Sozialabgaben auf der Arbeitnehmerseite wirkt sich bei der Pensionskasse bis 4 % der BBG aus und ebenso bei der Unterstützungskasse, da hier die Höchstgrenze von 4 % zusätzlich gilt. Die Sozialabgabenersparnis beträgt daher 715,44 €, sodass Michael 2020 eine effektive Beitragsbelastung in Höhe von 2.076,56 € trägt.

Vermögenswirksame Leistung und bAV

Sowohl für den Arbeitgeber als auch für den Arbeitnehmer ist die Anlage der vermögenswirksamen Leistungen (vwL) in die bAV äußerst interessant. Dadurch können Steuer und Sozialversicherungsabgaben (soweit unter der Beitragsbemessungsgrenze) gespart werden, was bei den alternativen vwL-Möglichkeiten nicht der Fall ist.

Wir wollen Ihnen dies an Hand eines Beispiels mit dem ledigen und kinderlosen Arbeitnehmer Hugo Balger aufzeigen. Er verdient in 2020 30.000 € brutto inkl. 480 € p. a. vwL. Verglichen wird dabei die Anlage in einen Bausparvertrag in Höhe von 480 € p. a. und in eine Direktversicherung in Höhe von 864 € p. a.:

	480 € in Bausparvertrag	864 € in Direktversicherung
Bruttogehalt inkl. vwL	30.000 €	30.000 €
Umwandlung in bAV	0 €	864 €
Sozialvers.pflichtiges Gehalt	30.000 €	29.136 €
abzgl. Steuern	3.601 €	3.391 €
abzgl. Sozialversicherung	6.038 €	5.864 €
minus Einzahlung in vwL	480 €	0 €
plus Arbeitnehmerzulage	0 €	0 €
Nettogehalt pro Jahr	19.881 €	19.881 €

Der Beitrag in die bAV entspricht dem 1,8-fachen wie beim Bausparvertrag. Selbst bei Gewährung einer Arbeitnehmersparzulage in Höhe von 9 % auf den Beitrag zum Bausparvertrag (auf max. 470 € p. a. – wird nur bei zu versteuernden Einkommen bis 17.900 €/35.800 € p. a ledig/verheiratet gezahlt), kann man knapp 70 % mehr in die bAV investieren und erhält trotzdem das gleiche Nettogehalt, d. h. die bAV ist hier eindeutig zu empfehlen.

Besteuerung der bAV-Leistung

Leistungen aus Direktversicherungen, Pensionskassen, Pensionsfonds sind zu 100 % steuerpflichtig (§ 22 Nr. 5 EStG). Dies gilt auch, soweit die Riester-Förderung über die bAV bezogen wurde, und ist unabhängig von der Form der Auszahlung (Rente oder Kapital). Lediglich ein Pauschbetrag in Höhe von 102 € p. a. (pro Empfänger, keine automatische Verdoppelung bei Ehegatten) wird gem. § 9a Satz 1 Nr. 3 EStG abgezogen, es sei denn, die tatsächlichen Werbungskosten im Zusammenhang mit der bAV fallen höher aus.

Grundsätzlich gilt für Leistungen aus Unterstützungskassen und Direktzusagen das Gleiche mit dem Unterschied, dass zusätzlich gem. § 19 Abs. 2 Satz 3 EStG noch ein Versorgungs-Freibetrag subtrahiert wird. Dieser bleibt bei Rentenzahlung über deren gesamte Laufzeit hin konstant. Er verringert sich jedoch in Bezug auf das Jahr des jeweiligen Rentenbeginns bis zum Jahr 2040 auf null. Bei Rentenbeginn 2020 beträgt dieser Freibetrag über die gesamte Laufzeit hinweg 16,0 % der Leistung, max. 1.200 € p. a. (Höchstbetrag). Das Minimum aus beiden Beträgen wird noch um einen Zuschlag von 360 € erhöht. Der Prozentsatz reduziert sich bei späterem Rentenbeginn jedes Jahr um 0,8 Prozentpunkte, der Höchstbetrag um 60 € und der Zuschlag um 18 €.

Beispiel: Besteuerung der Leistung

Angenommen, die Pensionskasse würde Michael Mittelmann (40) aus dem vorangegangenen Beispiel im Jahr 2031 eine Rente von 7.800 € p. a. zahlen und die Unterstützungskasse 1.800 €. Die jährliche Leistung aus der Pensionskasse wäre dann (bei Weitergeltung des heutigen Steuerrechts) mit 7.800 € abzgl. 102 €, d. h. 7.698 € steuerpflichtig. Von der Rente der Unterstützungskasse wäre der Versorgungs-Freibetrag abzuziehen, der im Jahr 2031 noch 7,2 % (129,60 €), max. 540 € zzgl. 162 €, insgesamt also 291,60 € beträgt. Außerdem erhält er gem. § 9a Satz 1 Nr. 2 EStG einen zusätzlichen Pauschbetrag (102 €) auch für die Rente aus der Unterstützungskasse. Steuerpflichtig aus dieser sind daher 1.406,40 €, zusammen mit der Rente aus der Pensionskasse somit 9.104,40 €.

Leistungen aus pauschal besteuerten Direktversicherungen (Altverträge) oder Pensionskassen bleiben komplett steuerfrei, sofern sie einmalig in Kapitalform fließen und die Mindestlaufzeit von 12 Jahren erfüllt ist oder es sich um eine Todesfallleistung handelt. Renten derartiger Verträge sind lediglich mit dem günstigen Ertragsanteil nach § 22 Nr. 1 Satz 3 a, bb EStG steuerpflichtig, da der Beitrag ja (pauschal) besteuert wurde. Bei Rentenbeginn mit 60 (65) beträgt der Ertragsanteil konstant über die ganze Rentenlaufzeit 22 % (18 %). Auch hier darf lediglich der Pauschbetrag (102 €) abgezogen werden, es sei denn, die tatsächlichen Werbungskosten fallen höher aus.

Wurde bAV mit der Basis-Renten-Versorgung kombiniert, gelten die zu dieser Versorgungsform bereits dargestellten Besteuerungswirkungen (siehe dazu den Abschnitt „Das Kohortenprinzip" im Kapitel „Nachgelagerte Besteuerung").

bAV-Leistungen und Sozialabgaben

So wie das Einkommen eines Arbeitnehmers sind auch die Betriebsrenten grundsätzlich mit Beiträgen zur gesetzlichen Sozialversicherung belastet. Da Renten- und Arbeitslosenversicherungspflicht im Rentenalter nicht mehr besteht, kann es sich nur noch um Beiträge zur Kranken- und Pflegeversicherung der Rentner (KVdR) handeln. Dies gilt, wenn der Rentner in der KVdR beitragspflichtig ist oder freiwillig einzahlt.

Kranken- und Pflegeversicherung der Rentner

Seit dem 1.1.2004 werden Leistungen aus der bAV mit den vollen Beiträgen zur KVdR belastet. Dabei spielt es keine Rolle, ob es sich um Rente oder Kapitalzahlung handelt. Der Beitrag zur KVdR wird durch Multiplikation der Rente mit dem gesamten Beitragssatz (Krankenversicherung 14,6 % zzgl. durchschnittlicher Zusatzbeitrag 1,1 Prozentpunkte, Pflegeversicherung 3,05 %, insgesamt also 18,75 %, bei Kinderlosen zusätzlich 0,25 Prozentpunkte mehr, also 19,00 %) errechnet. Eine Kapitalzahlung ist vorher noch durch 120 zu teilen; der monatliche KVdR-Beitrag auf die Kapitalzahlung ist dann 10 Jahre zu zahlen, es sei denn, der Rentner stirbt in diesem Zeitraum.

Es ist egal, ob die Leistung aus einer arbeitgeber- oder einer arbeitnehmerfinanzierten bAV zufließt. Auch der Durchführungsweg spielt keine Rolle. Selbst bAV, die vor 2004 vereinbart wurde (Altverträge), ist betroffen.

Nicht zu einer Belastung mit Beiträgen zur KVdR kam es seitdem, wenn die monatliche Betriebsrente bzw. ein 120tel der Kapitalzahlung ein Zwanzigstel der monatlichen Bezugsgröße des Sozialversicherungsrechts (sog. „Freigrenze", 2020: 159,25 €) nicht übersteigt. Wurde dieser Wert hingegen überschritten, kam es zur vollen Belastung, ohne Abzug der Freigrenze von der Bemessungsgrundlage.

Im Rahmen des GKV-Betriebsrentenfreibetragsgesetz (kurz: GKV-BRG) will der Gesetzgeber zum 01.01.2020 einen dynamischen Freibetrag in der gesetzlichen Krankenversicherung einführen. Dadurch sollen einerseits versicherungspflichtige Mitglieder entlastet und gleichzeitig die Attraktivität der bAV gestärkt werden.

Die Freibetragshöhe orientiert sich ebenfalls an der monatlichen Bezugsgröße nach § 18 SGB IV (2020: 159,25 €). Künftig werden demzufolge erst für monatliche Betriebsrenten über diesem Betrag KVdR-Beiträge fällig.

Für die Pflegeversicherung gilt zum Redaktionsschluss weiterhin lediglich die bereits bestehende Freigrenze. Ein von verschiedenen Seiten geforderter ergänzender Freibetrag, wie für Beiträge zur GKV, ist nicht beschlossen. Beachten Sie: Eine Freigrenze bzw. ein Freibetrag gelten auch nicht für freiwillige Beiträge zur gesetzlichen Kranken- und Pflegeversicherung.

Beispiel: Krankenversicherungsbeitrag bei bAV

Rita Runzheimer (KVdR, krankenversicherungspflichtig mit insgesamt 15,7 %, pflegeversicherungspflichtig mit 3,05 %) erhält 2020 eine Kapitalzahlung von 14.400 € aus ihrer 1995 abgeschlossenen und per Entgeltumwandlung finanzierten Direktversicherung. Zusätzlich bekommt sie eine Rente aus einer arbeitgeberfinanzierten Unterstützungskasse in Höhe von 50 € mtl. Ein 120tel des Kapitals (120 €) plus die 50 € Rente übersteigen zusammen den für 2020 gültigen Referenzwert von 159,25 €. Für den Krankenversicherungsanteil gilt somit zuerst der Freibetrag und nur der darüber hinausgehende Betrag von 10,75 € ist zu verbeitragen (1,69 €). Für die Pflegeversicherung gilt jedoch nur die Freigrenze, und da diese überschritten ist, sind die gesamten 170 € mit dem Beitragssatz zu verbeitragen (5,19 €). Daher ist für 2020 ein monatlicher KVdR-Beitrag von 6,88 € zu zahlen. Auf die Direktversicherung entfallen davon 4,86 €, die 10 Jahre lang monatlich (bzw. bis zum früher eintretenden Tod) zu zahlen sind. Zum Vergleich: im Jahr 2019 betrug der KVdR-Beitrag noch 31,54 €.

Das Bundesverfassungsgericht (BVerfG) hatte sich in den letzten Jahren vermehrt mit der Frage zu beschäftigen, wie die Verbeitragung von privat fortgeführten bAV-Verträgen zu handhaben ist. Bisher unterlagen bAV-Leistungen aus Direktversicherungen und Pensionskassen – egal ob die Beiträge auf betrieblicher oder privater Ebene flossen – im Alter der KVdR. Das heißt, es kam zu einer Doppelverbeitragung für Beiträge, die auf privater Ebene flossen, und der späteren Leistung daraus. Mit Urteilen vom 28.09.2010 und 27.06.2018 wurde Klarheit geschaffen: Wenn der Arbeitnehmer nach beendetem Arbeitsverhältnis als Versicherungsnehmer des Vertrags Beiträge leistet, ist die spätere Leistung, die aus diesen Beiträgen resultiert, nicht zu verbeitragen.

Das Gericht bezog sich darauf, dass, wenn die Versicherung nach Ende des Arbeitsverhältnisses auf den Arbeitnehmer übertragen wird, kein Unterschied mehr zu Leistungen aus privaten Lebensversicherungen, für die keine KVdR gezahlt werden muss, besteht. In diesem Falle verstoße die Erhebung von Beiträgen gegen das im Grundgesetz festgelegte Gebot der Gleichbehandlung.

Es ist zu beachten, dass das Bundessozialgericht (BSG) in Fragen der Beitragspflicht bei privat fortgeführten Verträgen bis dato sehr pedantisch urteilte. Während es für die DV und PK mittlerweile BVerfG-Urteile gibt, steht für den Pensionsfonds nur ein Rundschreiben des GKV-Spitzenverbandes zur Verfügung. Dieses empfiehlt die gleiche Anwendung wie bei der DV und PK – Krankenkassen müssen sich aber nicht daran halten.

Welcher Durchführungsweg?

Aus Sicht des Arbeitnehmers gibt es erhebliche Unterschiede hinsichtlich der einzelnen Durchführungswege. Welchen Weg man wählen sollte, hängt auch von Einkommenshöhe und Stellung des Arbeitnehmers im Unternehmen ab.

Merkmal	DV	PK	PF	DZ	UK
Mitnahme des Vertrages bei vorzeitigem Ausscheiden	+	+	–	–	–
Risiko für die angelegten Mittel	+	+	–	–	+
keine Höchstgrenze für Steuerfreiheit	–	–	–	+	+
Beitrag variabel	+	+	+	+	–
steuerlicher Freibetrag auf Leistung	–	–	–	+	+

Direktzusage und Unterstützungskasse sind demnach – je nach Gewichtung – mindestens so attraktiv wie Direktversicherung und Pensionskasse. Der Arbeitgeber bietet die Direktzusage und Unterstützungskasse jedoch für die Masse der Arbeitnehmer selten an, da sie ihn regelmäßig stärker belasten als die anderen Wege.

Auch aus Sicht der Arbeitnehmer wiegt die mangelnde Mitnahmefähigkeit bei vorzeitigem Ausscheiden bei Direktzusage und Unterstützungskasse schwer, sodass die Wahl der Direktversicherung oder der Pensionskasse auch aus Arbeitnehmersicht sinnvoll ist.

Versorgungsausgleich

Scheiden tut weh. Der seit 1.9.2009 geltende öffentlich rechtliche Versorgungsausgleich ist eine hochkomplexe Rechtsmaterie. In Bezug auf Anrechte aus der bAV kumuliert sich die Komplexität geradezu, da das eigenständige Recht des Versorgungsausgleichs, welches insbesondere im VersAusglG, aber auch im FamFG verankert ist, neben das Betriebsrentengesetz tritt.

Ansprüche aus der bAV sind nach dem Versorgungsausgleichsrecht ebenso zwischen den geschiedenen Ehegatten aufzuteilen wie Anrechte aus anderen Versorgungswerken. Im Gegensatz zum bisherigen

Recht, bei dem eine Umrechnung der Differenzen aller Versorgungsansprüche in fiktive Ansprüche der gesetzlichen Rentenversicherung unter Zuhilfenahme der Barwertverordnung stattfand, betrachtet das neue Recht jeden Anspruch einzeln und teilt ihn nach dem Halbteilungsgrundsatz, soweit er auf die Ehezeit entfällt.

Ansprüche aus der bAV werden allerdings nur dann öffentlich-rechtlich geteilt, wenn die scheidungswilligen Eheleute nichts anderes vereinbart haben. Sie können also den ganzen Prozess insoweit durch dispositives Recht aushebeln. Haben die Eheleute keine Vereinbarung geschlossen, erfolgt der Versorgungsausgleich durch einen Wertausgleich bei der Scheidung.

Anrechte werden grundsätzlich „intern", also innerhalb des jeweiligen Versorgungssystems, geteilt. Der ausgleichsberechtigte Ehegatte erhält dadurch einen Anspruch auf eine Versorgung bei dem Versorgungsträger (Arbeitgeber bzw. Versicherer) des ausgleichspflichtigen Ehegatten. Das heißt, Arbeitgeber bzw. Versicherer haben nach einer Scheidung künftig zwei Versorgungsberechtigte. In Ausnahmefällen werden Anrechte auch „extern" geteilt. Der ausgleichsberechtigte Ehegatte erhält dadurch einen Anspruch auf eine Versorgung bei einem von ihm ausgewählten anderen Versorgungsträger.

In Sonderfällen, wie z. B. bei einer nur kurzen Ehezeit, einem geringfügigen Ausgleichswert oder grober Unbilligkeit, kann das Familiengericht, welches über den Einzelfall zu entscheiden hat, auch ein Anrecht nicht ausgleichen.

Wie so häufig steckt der Fehler im Detail. Um vor einer Scheidung eine für Arbeitgeber und Arbeitnehmer von Anfang an klare Lösung zu schaffen, empfiehlt es sich, eine Ausgleichsordnung erstellen zu lassen. In dieser wird beispielsweise das Versorgungswerk an die Vorschriften des Versorgungsausgleichs angepasst, es werden die Bestimmungen über interne und externe Teilung getroffen und ferner werden Zweifelsfragen ausgeräumt. Die Gestaltung der Ausgleichsordnung sollte auf jeden Fall ein Experte begleiten.

Das BRSG und seine Folgen

Zum 01.01.2018 ist das Gesetz zur Stärkung der betrieblichen Altersversorgung und zur Änderung anderer Gesetze (Betriebsrentenstärkungsgesetz, nachfolgend: BRSG) in Kraft getreten.

Hintergrund der Reform ist die Erkenntnis der Bundesregierung, dass Betriebsrenten in Deutschland noch nicht ausreichend verbreitet sind. Besonders in kleinen und mittelständischen Unternehmen (KMU) und bei Beschäftigten mit niedrigem Einkommen bestünden demnach erhebliche Lücken. Die Verbreitung der betrieblichen Altersversorgung unter Beschäftigten in KMU liegt aktuell bei ca. einem Drittel, während fast 60 % aller sozialversicherungspflichtig Beschäftigten eine bAV ihr Eigen nennen können; knapp 47 % der Beschäftigten mit weniger als monatlich 1.500 € Erwerbseinkommen haben weder eine Betriebs- noch eine Riester-Rente, weil sie sich eine per Entgeltumwandlung finanzierte bAV grundsätzlich nicht leisten können und ihr Unternehmen keine arbeitgeberfinanzierte Vorsorge anbietet.

Klar definierte Hauptzielgruppen des BRSG sind daher die Arbeitnehmerinnen und Arbeitnehmer von kleinen und mittleren Unternehmen (KMU) und die Geringverdiener.

Eine weitere Verbreitung der bAV wäre nach Aussage des Gesetzgebers auch mit einem gesetzlich obligatorischen Betriebsrentensystem zu erreichen oder auch damit, dass ein alle Arbeitgeber verpflichtendes gesetzliches Opting-Out-System eingeführt würde. Das heißt, dass grundsätzlich jeder Arbeitnehmer dazu verpflichtet wäre, in eine bAV einzubezahlen, und nur durch eine explizite Ablehnung bzw. ein Opting-Out davon befreit wäre. Die Eingriffsintensität derartiger Systeme für Arbeitgeber und Beschäftigte ist allerdings höher als die des gerade beschlossenen BRSG, weshalb der Gesetzgeber weiterhin auf einen freiwilligen Ausbau der bAV setzt.

Um dem Leser die Notwendigkeit des BRSG vor Augen zu führen, werden im Folgenden zwei der hauptsächlichen Attraktivitätsdefizite, die durch das BRSG gelöst bzw. reduziert werden sollen, näher beschrieben.

„20-35-Asymmetrie" im Rahmen der gesetzlichen Sozialversicherung

Übersteigt das sozialversicherungspflichtige Arbeitsentgelt die Beitragsbemessungsgrenze zur gesetzlichen Kranken- und Pflegeversicherung nicht (in 2020: 56.250 €), so spart ein „Entgeltumwandlung-zur-bAV-betreibender" Arbeitnehmer in 2020 insgesamt 20,125 % des bAV-Beitrags an Sozialabgaben ein. Dies ist stets dann der Fall, wenn er kinderlos ist, der Zusatzbeitrag zur gesetzlichen Krankenkasse 1,1 % beträgt (Durchschnittswert 2020 gem. § 242a SGB V) und er die Beitragshöchstgrenzen zur bAV nicht überschreitet.

Die Summe aller Arbeitnehmeranteile zur gesetzlichen Sozialversicherung errechnet sich für 2020 wie folgt:

- gesetzliche Arbeitslosenversicherung: die Hälfte von 2,4 % gem. § 341 Abs. 2 SGB III;
- gesetzliche Rentenversicherung: die Hälfte von 18,6 % gem. § 158 Abs. 4 SGB VI i. V. m. RVBeitrSBek 2017;
- gesetzliche Krankenversicherung: die Hälfte von 14,6 % sowie die Hälfte des durchschnittlichen Zusatzbeitrags von 1,1 % gem. §§ 241 und 242a SGB V;
- gesetzliche Pflegeversicherung: die Hälfte von 3,05 % plus 0,25 % Zusatzbeitrag gem. § 55 Abs. 1 und Abs. 3 SGB XI.

Die Sozialabgaben seines Arbeitgebers reduzieren sich dann um 19,875 % jenes bAV-Beitrags, die von diesem allerdings vor Inkrafttreten des BRSG nicht an den Arbeitnehmer weitergegeben werden mussten.

Während jener Arbeitnehmer daher gut 20 % seines bAV-Beitrags einspart, muss er die späteren Sozialabgabenlasten von den bAV-Leistungen komplett alleine tragen (asymmetrische Partizipation an Nutzen und Lasten).

Jene Lasten errechnen sich aus:

- den Beiträgen zur gesetzlichen Kranken- und Pflegeversicherung in Höhe von insgesamt 19,0 % – diese ergeben sich aus 14,6 % plus 1,1 % zur gesetzlichen Kranken- und den 3,05 % plus 0,25 % zur gesetzlichen Pflegeversicherung – der beitragspflichtigen Einnahmen aus bAV (Basis: 2020).

  Der Gesetzgeber kennt allerdings Ausnahmen. In § 226 Abs. 2 SGB V enthält Satz 1 eine Freigrenze und Satz 2 einen Freibetrag (siehe dazu Kapitel 2.19 „bAV-Leistungen und Sozialabgaben"). Für das Jahr 2020 beträgt dieser Referenzwert 159,25 € bei monatlicher Zahlung und bei einer einmaligen Kapitalleistung: 19.110 €. Bei freiwilligen Beiträgen zur gesetzlichen Kranken- und Pflegeversicherung gilt jene Freigrenze nicht.

- Zusätzlich zu den oben dargestellten Belastungen im Rentenalter muss ein Arbeitnehmer durch eine bAV auch noch eine Reduzierung der gesetzlichen Rente hinnehmen. Diese resultiert bei einer sozialabgabenfreien bAV gem. § 70 Abs.1 i. V. m. § 161 Abs. 1 SGB VI aus der Minderung der Entgeltpunkte.

Für eine heute 40jährige Person, die mit 67 in Rente geht, macht die Reduzierung der gesetzlichen Rente ca. 16,8 % der Betriebsrente aus, wenn man das Durchschnittsentgelt gem. § 1 SVRechGrV 2020 in der Beitragsphase um 2 % p. a. und den aktuellen Rentenwert gem. § 1 RWBestV 2019 um 1 % p. a. dynamisiert.

Die Addition jener beiden Lasten (19,0 % Beitragsbelastung und 16,8 % Reduzierung der gesetzlichen Rente) summiert sich auf 35,8 % der Leistung. Bei einer kürzeren Anwartschaftsphase wird die Belastung in Prozent der bAV-Leistung sogar noch größer. Für Personen, die in den Genuss des Freibetrags gem. § 226 Abs. 2 S. 2 SGB V kommen, sinkt die Belastung in Prozent wieder.

Die 20-35-Asymmetrie (ca. 20 % an Sozialabgaben in der Beitragsphase einsparen, jedoch mit ca. 35 % in der Rentenphase belastet werden) ist eine gewaltige Belastung für die bAV, die durch mögliche Vorteile der bAV, z. B. nachgelagerte Besteuerung, Kollektivtarife etc., erst einmal kompensiert werden muss.

Neben dem beschriebenen Problem sollte die Novellierung ein zweites Problem lösen: die Doppelverbeitragung im Rahmen der gesetzlichen Kranken- und Pflegeversicherung.

Doppelverbeitragung im Rahmen der gesetzlichen Kranken- und Pflegeversicherung

Bereits die vorab geschilderte 20-35-Asymmetrie kann ein K.-o.-Kriterium für die Vorsorgeform bAV sein. Erzielen Beschäftigte in der Anwartschaftsphase sogar Sozialabgabenersparnisse von weniger als den in Punkt 1 genannten ca. 20 %, weil z. B. ihr beitragspflichtiges Arbeitsentgelt die Beitragsbemessungsgrenze der Kranken- oder sogar der Rentenversicherung übersteigt, dann entsteht nämlich eine sog. „Doppelverbeitragung" im Rahmen der gesetzlichen Kranken- und Pflegeversicherung, wenn im Rentenalter Beiträge für jene beiden Sozialversicherungszweige gezahlt werden müssen.

Die Doppelverbeitragung verschärft das Problem der 20-35-Asymmetrie teilweise deutlich, und zwar besonders dann, wenn der Arbeitnehmer mehr verdient als die Beitragsbemessungsgrenze der Krankenversicherung, aber nicht mehr als die Beitragsbemessungsgrenze der Rentenversicherung und in der Rentenphase verpflichtet ist, Beiträge zur gesetzlichen Kranken- und Pflegeversicherung zu zahlen. Dann nämlich kommt er in 2020 nicht auf ca. 20 % Ersparnis in der Anwartschaftsphase, sondern nur auf 10,50 % (Arbeitnehmeranteile zu gesetzlicher Arbeitslosen- und Rentenversicherung), wird aber dennoch im Rentenalter mit den unter Punkt 1) berechneten 35,8 % zu Kasse gebeten („11-35-Asymmetrie").

Im Folgenden werden nun die wichtigsten Eckpunkte des BRSG und seine Auswirkungen auf andere Gesetze, wie z. B. das BetrAVG skizziert und es wird ferner aufgezeigt, ob die vorab dargestellten Probleme der „20-35-Asymmetrie" sowie der Doppelverbeitragung gelöst bzw. eingedämmt werden konnten.

Sozialpartnermodell

In der Entstehungsphase des BRSG, die im Herbst 2014 begann, stand und steht bis heute noch immer das sogenannte „Sozialpartnermodell" (vgl. BT-Drucks. 18/12612 vom 31.5.2017, S. 2, 19 und 24 bis 27) im Vordergrund. Es schafft erstmals eine neue Parallelwelt der bAV (nachfolgend auch bAV II genannt) in Deutschland, die neben die bisherige bAV I treten oder sie sogar ersetzen kann. Die wesentlichen Inhalte des in § 1 Abs. 2 Nr. 2a sowie §§ 19 bis 25 BetrAVG geregelten Sozialpartnermodells sind:

- Es ist seitdem eine reine Beitragszusage ohne Mindestleistung möglich (§ 1 Abs. 2 Nr. 2a 2. Halbs. BetrAVG).
- Das Sozialpartnermodell kann nur mit Beiträgen an einen Pensionsfonds, eine Pensionskasse oder eine Direktversicherung umgesetzt werden (§ 1 Abs. 2 Nr. 2a 1. Halbs. BetrAVG).
- Die Verträge müssen stets so ausgestaltet sein, dass eine Erbringung von lebenslangen laufenden Zahlungen als Altersversorgungsleistung sichergestellt ist (§ 22 Abs. 1 BetrAVG und § 244b Abs. 1 Nr. 2 VAG).
- Geregelt werden muss das Sozialpartnermodell in einem Tarifvertrag oder, bei Nichttarifgebundenen, in einer Betriebs- oder Dienstvereinbarung mit Bezug auf denjenigen, das Sozialpartnermodell regelnden Tarifvertrag, der bei Tarifbindung gelten würde (§ 20 Abs. 2 Satz 3 BetrAVG). Existiert kein derartiger einschlägiger Tarifvertrag, bleibt der Weg zum Sozialpartnermodell verschlossen (vgl. Schipp, J., Der Entwurf des Betriebsrentenstärkungsgesetzes, in: ArbRB 12/2016, S. 380).
- Das Sozialpartnermodell sieht einen ausdrücklichen Ausschluss der Einstandspflicht („Subsidiärhaftung") des Arbeitgebers i. S. v. § 1 Abs. 1 Satz 3 BetrAVG (§ 1 Abs. 2 Nr. 2a, 2. Halbs. BetrAVG). Das heißt, der Arbeitgeber darf keinerlei Verpflichtungen eingehen,

eventuell entstehende Unterdeckungen eines Versicherers auszugleichen.
- Flankiert wird der Ausschluss der Einstandspflicht durch ein Verbot für den Versorgungsträger, Verpflichtungen einzugehen, die garantierte Leistungen beinhalten (§ 244b Abs. 1 Nr. 1 VAG).
- Die Leistungen im Sozialpartnermodell sind gesichert – auch bei arbeitgeberfinanzierter bAV II – durch eine sofortige, fristlose Unverfallbarkeit die auch bei einem vorzeitigen Ausscheiden des Beschäftigten gilt (§ 22 Abs. 2 Satz 1 BetrAVG).
- Aufgewertet wird die beschriebene Novellierung durch einen gesetzlich erzwungenen Zuschuss des Arbeitgebers in Höhe von 15 % des umgewandelten Entgelts, „soweit" der Arbeitgeber durch die Entgeltumwandlung Sozialversicherungsbeiträge einspart (§ 23 Abs. 2 BetrAVG).

Das im betreffenden Tarifvertrag konkret geregelte Sozialpartnermodell darf darüber hinaus ein rechtssicheres Opting-Out-Modell zur automatischen Entgeltumwandlung beinhalten. Die gilt für alle, auch zum Tag der Einführung bereits im Beschäftigungsverhältnis zu jenem Unternehmen stehende Arbeitnehmer oder für bestimmte Arbeitnehmergruppen des Unternehmens oder einzelne Betriebe unter den Voraussetzungen des § 20 Abs. 2 BetrAVG.

Zweifellos stellt das Sozialpartnermodell eine Bereicherung, wenn auch Verkomplizierung der ohnehin schon sehr komplexen deutschen bAV-Welt dar. Insbesondere die Befreiung des Arbeitgebers von der Subsidiärhaftung des § 1 Abs. 1 Satz 3 BetrAVG und des Versorgungsträgers von Garantieverpflichtungen gem. § 244b Abs. 1 Nr. 1 VAG ermöglicht erstmals die Einführung kapitalmarktorientierter Vorsorgeprodukte in der deutschen bAV, was in Zeiten niedrigster Zinsen von besonderer Bedeutung sein kann. Darüber hinaus werden auf Arbeitgeberseite Haftungsfolgen vermieden, die bisher nicht selten ein Argument dafür waren, auf die bAV zu verzichten.

Ob diese theoretischen Lichtblicke des Sozialpartnermodells dazu geeignet sind, die erwünschte deutliche Erhöhung der Durchdringungsquote der bAV herbeizuführen, muss aus Sicht der Autoren allerdings bezweifelt werden.

Verpflichtender Arbeitgeberzuschuss

Gem. § 1a Abs. 1a BetrAVG wird der Arbeitgeber zu einem Zuschuss in Höhe von 15 % des umgewandelten Beitrags zugunsten einer Direktversicherung, Pensionskasse oder eines Pensionsfonds verpflichtet, „soweit" er durch die Entgeltumwandlung Sozialversicherungsbeiträge einspart; der Zuschuss kann per Tarifvertrag auch abweichend festgelegt werden. Wurde die Entgeltumwandlungsvereinbarung vor dem 01.01.2019 geschlossen, gilt die Verpflichtung gem. § 26a BetrAVG erstmals ab 01.01.2022, ansonsten ab 01.01.2019. Im Falle des Sozialpartnermodells mit Vereinbarung einer reinen Beitragszusage ergibt sich die Zuschussverpflichtung aus der neuen Sondervorschrift des § 23 Abs. 2 BetrAVG. Beide Zuschüsse genießen eine sofortige gesetzl. Unverfallbarkeit (vgl. § 1b Abs. 5 Satz 1 BetrAVG).

Steuerrechtliche Novellierungen

§ 3 Nr. 63 EStG:

Die bisherige Höchstgrenze (4 % der BBG Renten) wurde auf 8 % der BBG Renten erhöht und die 1.800 € p. a. an Zusatzbeitrag sind dafür weggefallen. Nach § 40b EStG pauschalversteuerte Beiträge werden künftig in ihrer tatsächlichen Höhe auf die Höchstgrenze von 8 % angerechnet; dies ist günstiger als die alte Rechtslage, nach der jene 1.800 € an Zusatzbeitrag selbst in Jahren geringster pauschalbesteuerter § 40b EStG-Beiträge wegfallen. Weitere Verbesserungen bestehen in einer günstigeren Vervielfältigungsregelung bei Beendigung des Dienstverhältnisses und einer neu eingeführten Möglichkeit, Beiträge für Zeiten, in denen das Dienstverhältnis ruhte und vom Arbeitgeber im Inland kein steuerpflichtiger Arbeitslohn gezahlt wurde, nachzuholen.

§ 84 EStG:

Die Grundzulage im Rahmen der Riester-Förderung wurde von 154 € auf 175 € p. a. erhöht.

§ 100 EStG:

Die Vorschrift zielt auf Geringverdiener ab, die sich keine Entgeltumwandlung leisten können. Der Arbeitgeber soll durch einen Förderbetrag in Höhe von 30 % des Beitrags zugunsten einer Direktversicherung, Pensionskasse oder eines Pensionsfonds zu einer arbeitgeberfinanzierten bAV motiviert werden. Die 30 % darf er vom Gesamtbetrag der Lohnsteuer, der im Rahmen der nächsten Anmeldung ans Finanzamt abzuführen wäre, einbehalten. Der Beitrag muss mindestens 240 € p. a. betragen und darf 480 € p. a. nicht übersteigen. Der Förderbetrag wird allerdings nur gewährt, wenn der laufende Bruttoarbeitslohn i. S. v. § 39b Absatz 2 Satz 1 und 2 EStG 2.200 € monatlich (Geringverdiener-Grenze) nicht übersteigt.

Hat der Arbeitgeber bereits 2016 einen arbeitgeberfinanzierten Beitrag oder Zuschuss gewährt, wird der Förderbetrag auf denjenigen Beitrag begrenzt, den das Unternehmen ab 2017 oder später zusätzlich zahlt (Aufstockung). Wendete ein Arbeitgeber z. B. 2016 300 € p. a. für eine Direktversicherung auf, wäre der Förderbetrag bei 60 € Aufstockung nicht 108 € (30 % der 360 €), sondern lediglich 60 €. Bei 128,57 € Aufstockung werden exakt jene 128,57 €, gefördert, bei höherer Aufstockung weniger als der Aufstockungsbetrag jedoch 30 % des Gesamtbeitrages. Gem. § 100 Abs. 6 EStG ist der Arbeitgeberbeitrag bis zu 480 € p. a. steuerfrei; jene Steuerfreiheit tritt zu derjenigen des § 3 Nr. 63 EStG hinzu.

Im Rahmen eines Beschlusses des Koalitionsausschusses zur Grundrente vom 10.11.2019 wurde eine Verdoppelung dieses bAV-Förderbetrages thematisiert. Gegebenenfalls steigt somit die Förderhöhe im Laufe des Jahres.

Sozialversicherungsrechtliche Novellierungen

§ 1 Abs. 1 Satz 1 Nr. 9 SvEV:

Die Steuerfreiheit des Arbeitgeberbeitrags i. S. v. § 100 Abs. 6 Satz 1 EStG wird sozialversicherungsrechtlich durch § 1 Abs. 1 Satz 1 Nr. 9 SvEV vollständig flankiert. Allerdings teilen sich jene max. 480 € p. a. und die Beiträge i. S. v. § 3 Nr. 63 EStG seit 2018 die sozialabgabenfreie Höchstgrenze von unverändert 4 % der BBG Renten, wodurch es de facto zu einer Reduzierung des bisherigen Maximums i. S. v. § 3 Nr. 63 EStG kommt. Da § 100 EStG jedoch nur solange Relevanz hat, wie der betreffende Arbeitnehmer Geringverdiener i.S.v. § 100 Abs. 3 Nr. 3 EStG ist (monatlicher Arbeitslohn übersteigt 2.200 € nicht), ist dieser theoretische Wermutstropfen praktisch ohne Bedeutung, da ein Geringverdiener kaum auf einen Gesamtbeitrag von mehr als 4 % der BBG Renten (2020: 3.312 € p. a.) kommen wird.

§ 229 Abs. 1 Satz 1 Nr. 5 SGB V:

Werden Beiträge zu Direktversicherungen, Pensionskassen und Pensionsfonds mit der Riester-Förderung gem. § 1a Abs. 3 BetrAVG und § 82 Abs. 2 EStG kombiniert, wurden die Beiträge insoweit nicht sozialabgabenfrei, da § 1 Abs. 1 Satz 1 Nr. 9 SvEV infolge § 3 Nr. 63 Satz 2 EStG nicht greifen kann. Darauf nahm § 229 Abs. 1 Satz 1 Nr. 5 SGB V in der bis zum 31.12.2017 geltenden Fassung jedoch keine

Rücksicht und unterwarf die Leistungen aus riestergeförderter bAV unter dem Vorbehalt der Freigrenze des § 226 Abs. 2 SGB V der vollen Beitragslast zur gesetzlichen Kranken- und Pflegeversicherung und damit der Doppelverbeitragung.

Seit 2018 ist damit auch für bereits vorher vereinbarte Verträge Schluss: § 229 Abs. 1 Satz 1 Nr. 5 SGB V eliminiert riestergeförderte bAV vorbehaltlos aus jener Sozialabgabenpflicht und damit auch gleich die gesamten Sozialabgabenwirkungen in Beitrags- und Rentenphase bei Kombination von bAV und Riester. Das BRSG sieht keine Übergangsregelung für Altfälle vor, d. h.: Auch wenn in der Vergangenheit bereits eine Kombination von bAV und Riester-Förderung erfolgte, wird die Leistung – selbst dann, wenn sie bereits vor 2018 erstmals gezahlt wurde – nach dem 31.12.2017 aus der Verbeitragung zur gesetzlichen Kranken- und Pflegeversicherung komplett ausgenommen.

§ 82 Abs. 4 und 5 SGB XII:

Seit dem 1.1.2018 gilt ein Freibetrag, der die Anrechnung von „Einkommen aus einer zusätzlichen Altersvorsorge" auf die Grundsicherung in Höhe von zunächst bis zu 100 € monatlich verhindert. Übersteigt jene zusätzliche Altersvorsorge 100 €, erhöht der übersteigende Betrag zu 30 % den Freibetrag. Der gesamte Freibetrag ist auf 50 % der Regelbedarfsstufe 1 (2020: 216,00 € monatlich) begrenzt.

Als „Einkommen aus einer zusätzlichen Altersvorsorge" in diesem Sinne gelten gem. § 82 Abs. 5 Satz 2 SGB XII Leistungen aus allen Durchführungswegen der bAV, sowie aus Riester- und Basisrentenverträgen, aber auch aus der Schicht 3 sowie aus freiwilligen Beiträgen zur gesetzlichen Rentenversicherung (vgl. die Gesetzesbegründung in: BT-Drucks. 18/11286, S. 46), allerdings nur, wenn diese Leistungen monatlich bis zum Lebensende geleistet werden; ein Kapitalwahlrecht ist schädlich (vgl. die Gesetzesbegründung in: BT-Drucks. 18/11286, S. 46).

Analyse des BRSG

Die bAV litt in ihrer vor dem Jahr 2018 geltenden Form unter erheblichen Suboptimalitäten. Diese resultieren insbesondere aus der 20-35-Asymmetrie (der Arbeitnehmer spart in der Anwartschaftsphase lediglich ca. 20 % seines bAV-Beitrages an Sozialabgaben, muss aber grundsätzlich in der Rentenphase 35 % seiner Betriebsrente an Beiträgen zur gesetzlichen Kranken- und Pflegeversicherung und Reduzierung der gesetzlichen Rente verkraften), welche vielen Vorsorge Treibenden derartige Probleme bereitet, dass die bAV gegenwärtig bei ihnen nicht selten schlechter abschneidet als die staatlich nicht geförderte, dafür aber wesentlich flexiblere Schicht 3. Etwas anderes gilt für diejenigen Arbeitnehmer, deren spätere Leistungen aus der bAV in den Vorteilsbereich des § 226 Abs. 2 SGB V fallen.

Dafür sind diese Personen aber oft Geringverdiener, deren Problem die Anrechnung der bAV auf die Grundsicherung oder schlichtweg ihr niedriges Einkommen ist; Faktoren, die eine Eigeninitiative in der betrieblichen Vorsorge oftmals verhindern. Verdient der Beschäftigte mehr als die BBG Kranken, gesellt sich zur 20-35-Asymmetrie zusätzlich das Problem der Doppelverbeitragung hinzu. Schließlich mindern auch noch der gesetzlich fixierte Rechnungszinsfuß des § 6a Abs. 3 Satz 3 EStG und die hohe Komplexität jener Vorsorgeform deren Attraktivität.

Eine wirkliche Reform der bAV hat daher eine große Herausforderung vor sich. Das Sozialpartnermodell (bAV II) mit seiner neuen Beitragszusage ohne Mindestleistung kann diese Herausforderung alleine nicht meistern. Darüber hinaus wird es im Kern tarifvertraglich geregelt und dürfte daher an der Hauptzielgruppe des Gesetzes, den Arbeitnehmern von KMU und den Geringverdienern, die noch keine bAV haben, zielstrebig vorbeigehen.

Zum Glück führte das BRSG neben der bAV II noch zahlreiche andere Neuerungen ein, die auch für die alte Welt der bAV (bAV I) jenseits des Sozialpartnermodells gelten. Allen voran ist hier der neue, frühestens ab 2019 geltende gesetzlich obligatorische Arbeitgeber-Zuschuss in Höhe von 15 % des Entgeltumwandlungsbeitrages zu nennen. Er kann die 20-35-Asymmetrie in eine 35-35-Symmetrie verkehren und somit das Problem der Sozialabgabenüberbelastung der bAV vermeiden. Durch die Kombination der bAV mit der Riester-Förderung gelingt es darüber hinaus, die Doppelverbeitragung komplett – auch für Altverträge und für diejenigen, die mehr als die BBG Kranken verdienen – zu vermeiden. Der neue § 100 EStG führt erstmals eine Förderung für den Arbeitgeber ein, wenn er Geringverdienern mit arbeitgeberfinanzierter bAV unter die Arme greift. Gut ist, dass diese Maßnahmen mit einem neuen Freibetrag bei der Anrechnung von Betriebsrenten auf die Grundsicherung kombiniert werden, auch wenn dieser künftig unbedingt auszuweiten und zu dynamisieren ist. Die Erweiterung des § 3 Nr. 63 EStG ist zu begrüßen, fällt jedoch zu gering aus und wird in vielen Einkommensbereichen ins Leere gehen. Leider ist jene Erweiterung nicht sozialversicherungsrechtlich flankiert; dies gilt auch für die Ausdehnung der bereits heute möglichen Vervielfältigung und die neue Möglichkeit, bei ruhendem Arbeitsvertrag unterlassene Beiträge nachzuholen.

Alles in allem ist das BRSG gelungen und wird die bAV voraussichtlich wieder attraktiver machen. Auf diese Weise kann die o. g. Hauptzielgruppe des Gesetzes sogar erreicht werden. Etliche Details müssen allerdings in nächsten Schritten unbedingt verbessert werden. Gerade jetzt, wo das BRSG eine attraktive bAV schaffen wird, ist ein gesetzliches Opting-Out für alle Unternehmen dringend einzuführen, um durch die neuen Möglichkeiten der bAV eine gleichermaßen schnelle wie flächendeckende Verbreitung zu erreichen.

Kennzahlen 2020

Nachfolgend finden Sie die wichtigsten Kennzahlen aus dem Sozialversicherungsrecht für das Jahr 2020 (Beträge in Euro):

Rechengrößen/Werte für das Kalenderjahr 2020	Alte Bundesländer	Neue Bundesländer
Bezugsgrößen (Achtung: Zur **KV** und **PV** gilt auch für die neuen Bundesländer stets die Bezugsgröße West)		
▪ Bezugsgröße – jährlich	38.220,00	36.120,00
▪ Bezugsgröße – monatlich	3.185,00	3.010,00
Versicherungspflichtgrenze in der Krankenversicherung (Jahresarbeitsentgeltgrenze/JAE)		
▪ allgemein	62.550,00 (jährlich)	
▪ für am 31.12.2002 wegen Überschreitens der JAE 2002 privat Krankenversicherte	56.250,00 (jährlich)	
Vorläufiges Durchschnittsentgelt für gesetzliche Rentenversicherung	40.551,00	
Vorläufiger Umrechnungswert (Ost)	1,0700	
Beitragsbemessungsgrenzen (BBG)		
▪ Kranken- und Pflegeversicherung – jährlich	56.250,00	56.250,00
▪ Rentenversicherung (allgemein) – jährlich	82.800,00	77.400,00
▪ Rentenversicherung (Knappschaft) – jährlich	101.400,00	94.800,00
▪ Arbeitslosenversicherung s. Rentenversicherung – jährlich	82.800,00	77.400,00
Aktuelle Rentenwerte	33,05	31,89

Rechengrößen/Werte für das Kalenderjahr 2020	Alte Bundesländer	Neue Bundesländer
Geringfügigkeitsgrenze (für „Mini-Jobs") (Versicherungsfreiheit in der Kranken- und Pflegeversicherung, sowie in der Renten- und Arbeitslosenversicherung)	450,00	450,00
Geringverdienergrenze (Azubis) (Der Arbeitgeber hat neben seinem eigenen Beitragsanteil auch die Arbeitnehmeranteile zur Sozialversicherung zu tragen.)	325,00	325,00
Regelbeitrag für Selbstständige in der RV ▪ monatlich (berechnet aus dem Beitragssatz in Höhe von 18,6 v. H.)	592,41	559,86
Mindestzahlbetrag für die eventuelle Beitragspflicht von Versorgungsbezügen in der KV und PV	159,25	159,25
Mindestbeitragsbemessungsgrenze in der RV für geringfügig Beschäftigte	175,00	175,00
Beitragssätze Sozialversicherung ▪ Krankenversicherung ▪ Pflegeversicherung ▪ Rentenversicherung allgemein ▪ Rentenversicherung Knappschaft ▪ Arbeitslosenversicherung		(gesetzl.) 14,6 %* 3,05 % 18,6 % 24,7 % 2,40 %

* Zzgl. eines Zusatzbeitrages, der von jeder Krankenkasse selbst festgelegt werden kann. Im Durchschnitt wird dieser eine Höhe von 1,1 % haben.

Stichwortverzeichnis

11-35-Asymmetrie 516
20-35-Asymmetrie 513

A

Abfindungsklauseln 406
Abfindungsklauseln in Pensionszusagen 406
Altersversorgung 488
Altersvorsorge-Durchführungsverordnung 222
AltvDV 222
Änderung des § 4 Nr. 8 Buchst. h UStG 446
Angemessenheit der Gesamtbezüge eines Gesellschafter-Geschäftsführers 368
Anhebung der Altersgrenzen 364
Arbeitgeberwechsel 468
Arbeitgeberzuschuss 517

B

Basisversorgung 479
Bausparvertrag 507
bAV 483
- Abschlussberechtigte 484
- Attraktivität 483
- Besteuerung 507
- Durchführungswege 485
- Eingriff 500
- Formen 485
- Höchstrente 503
- Leistungen 488
- Träger der Beitragsbelastung 486
- Umgestaltung 501
- Vertragspartner 485
Beitragsbemessungsgrenze 487
Beitragszusage 490
Besteuerung 479
Besteuerung der bAV 507
BetrAVG 7
betriebliche Altersversorgung 483
Betriebliche Altersversorgung, Unterstützungskassen 439
Betriebsrente 483, 485
 Entstehung 491
Betriebsrentengesetz 7, 484
Betriebsrentenstärkungsgesetz 512
Bewertung von Pensionsrückstellungen 428
BMF-Schreiben
- Abfindungsklauseln in Pensionszusagen 406
- Änderung des § 4 Nr. 8 Buchst. h UStG 446
- Angemessenheit der Gesamtbezüge 368
- Anhebung der Altersgrenzen 364
- betriebliche Altersversorgung, Unterstützungskassen 439
- Finanzierbarkeit von Pensionszusagen 425
- gewinnabhängige Pensionsleistungen bei Bewertung von Pensionsrückstellungen 428
- lohnsteuerliche Folgerung der Übernahme der Pensionszusage 426
- Mitteilung über steuerpflichtige Leistungen 461

- Nur Pension 430
- Pensionsrückstellungen 297
- Pensionszusagen 404
- Probezeit vor Zusage einer Pension 423
- rückgedeckte Unterstützungskassen 436
- steuerliche Förderung der betrieblichen Altersversorgung 302, 362
- Übertragung von Anwartschaften 375
- Unterstützungskasse, Steuerfreiheit 434
- verdeckte Einlage 444
- Versorgungsverpflichtungen und Versorgungsanwartschaften 379
- Verzicht des Gesellschafter-Geschäftsführers 431
- Zeitwertkonten-Modelle 412
- Zusage auf Leistungen der bAV 396

BRSG 512
Analyse 520
Bürgerentlastungsgesetz 481

D

Direktversicherung 485, 507
- Übertragung 468

Direktzusage 485, 503
Doppelverbeitragung 515
Drei-Schichten-System 479
Drei-Stufen-Theorie 499
Durchführungsverordnung
- Altersvorsorge 222
- Körperschaftsteuer 239
- Lohnsteuer 242

Durchführungswege 511
Dynamisierungspflicht 496

E

EGHGB 124
Einführungsgesetz zum Handelsgesetzbuch 124
Eingriff in bAV 500
Eingriffe in bestehende bAV 496
Einkommensteuergesetz 47
Einkommensteuerrichtlinie 251
Entgeltumwandlung 483, 486
- Anspruchsberechtigter 487
- Höhe 487

Erbschaftsteuer-Richtlinie 292
EStG 47
EStR 2008 R 6a 251

F

Finanzierbarkeit von Pensionszusagen 425
Fragen des gemeinsamen Beitragseinzugs 471

G

gemeinsamer Beitragseinzug 471
Gesellschafter-Geschäftsführer 404, 425
Gesetz zur Förderung der bAV 491
gewinnabhängige Pensionsleistungen 428
GKV-Betriebsrentenfreibetragsgesetz 509

H

Handelsgesetzbuch 125
- Einführungsgesetz 124

Stichwortverzeichnis

HGB 125
Hinterbliebenenversorgung 488
Höchstrente aus bAV 503

I
Insolvenz des Arbeitgebers 493
Invaliditätsversorgung 488

K
Kennzahlen 522
Kohortenprinzip 480
Körperschaftsteuer-Durchführungsverordnung 239
Körperschaftsteuergesetz 135
Körperschaftsteuer-Richtlinien 264
- R 36 264
Krankenversicherung 509
Krankenversicherungsbeitrag 510
KStDV 239
KStG 135

L
Leibrente mit Garantiezeit 489
Leistungszusage 490, 492
Lohnsteuer-Durchführungsverordnung 242
LStDV 242

M
Mitteilung über steuerpflichtige Leistungen 461

N
nachgelagerte Besteuerung 479
Novellierungen, sozialversicherungsrechtliche 519
Novellierungen, steuerrechtliche 518
Nur-Pension 430

O
Opting-Out 513

P
Pensionsalter 297
Pensionsfonds 485
Pensionskassen 485
Pensionsrückstellungen 485
Pensionsverpflichtungen 379
- Rückstellungen für 251
Pensionszusage 426
Pensionszusagen 404, 406, 425
Pflegeversicherung 509
Probezeit vor Zusage einer Pension 423

R
Rentendynamisierung 495
Rentenweiterzahlung 489
Restversorgung 479
Riester 505
rückgedeckte Unterstützungskassen 436
Rückstellungen für Pensionsverpflichtungen 251

S
SGB II 146, 148, 171
SGB IV 160
SGB V 162
Sozialabgaben 508
Sozialgesetzbuch 146, 148, 160, 162, 171
- Erstes Buch 146
- Fünftes Buch 162
- Viertes Buch 160

- Zweites Buch 148
- Zwölftes Buch 171

Sozialpartnermodell 516
Sozialversicherungsentgeltverordnung 236
sozialversicherungsrechtliche Novellierungen 519
Sterbegeld 489
Steuerersparnis 481
steuerliche Förderung der betrieblichen Altersversorgung 302, 362
steuerrechtliche Novellierungen 518
Steuervorteile 503
SvEV 236

U

Übertragung von Direktversicherungen 468
Überversorgungsgrenze 504
Umgestaltung 501
Unterstützungskasse 485, 503
- Dynamisierung 495
- Steuerfreiheit 434

V

VAG 178
verdeckte Einlage in Kapitalgesellschaft 444

vermögenswirksame Leistung 506
Verschlechterung bestehender bAV 498
Versicherungsaufsichtsgesetz 178
Versorgungsanwartschaften 375, 379, 396
Versorgungsausgleich 511
Versorgungsleistungen 408
- bilanzsteuerrechtliche Berücksichtigung 408
Versorgungsverpflichtungen 375
Verzicht des Gesellschafter-Geschäftsführers 431
vorzeitiges Ausscheiden 491

W

Wunschanbieter 488

Z

Zeitwertkonten-Modelle 412
Zusatzversorgung 479